Neuseeland

Hans Klüche

DUMONT
Reise-Handbuch

Inhalt

Wissenswertes über Neuseeland

Weiter weg geht nicht 10
Steckbrief Neuseeland 12

Natur und Umwelt 14
Geologie 14
Flora und Fauna 15

Wirtschaft, Soziales und aktuelle Politik 21
Aktuelle Politik 21
Wirtschaft 23

Geschichte 26
Zeittafel 34

Gesellschaft und Alltagskultur 36
Völkermix 36
Tolerant und sportvernarrt 38
›Nachbarliebe‹ · Feste und Festivals 41

Kunst und Kultur 44
Architektur · Bildende Kunst 44
Literatur 46
Musik · Film 47

Essen und Trinken 50
Neuseeländische Küche 50
Wein und Bier 52
Kulinarisches Lexikon 53

Wissenswertes für die Reise

Informationsquellen 56
Reise- und Routenplanung 58
Anreise und Verkehr 66
Unterkunft 78
Sport und Aktivurlaub 82
Einkaufen 89
Ausgehen 91
Gut zu wissen 92
Reisekasse und Reisebudget 97

Reisezeit und Reiseausrüstung 98
Gesundheit und Sicherheit 99
Kommunikation 100
Sprachführer 102

Unterwegs in Neuseeland

Kapitel 1 North Island – Auckland und der Norden

Auf einen Blick: North Island – Auckland und der Norden 108
Auckland und Hauraki Gulf 110
Auckland – City of Sails 110
Aktiv unterwegs: Wandern über Aucklands Vulkane 122
Devonport 129
North Shore und die Küste bis Cape Rodney 130
Westlich Aucklands 132
Hauraki Gulf 135

Northland – nördlich von Auckland 140
Kauri Coast 141
Hokianga Harbour 146
Ahipara, Kaitaia und der hohe Norden 147
Karikari bis Kerikeri 150
Bay of Islands 152
Aktiv unterwegs: Ein Tag in der Bay 153
Der Osten – Bay of Islands bis Cape Rodney 162

Coromandel Peninsula 165
Miranda und die Seabird Coast 166
Coromandels Westküste 168
West-Ost-Verbindungen 171
Coromandels Ostküste 173
Tairua bis Waihi 176

Kapitel 2 North Island – die Mitte und der Süden

Auf einen Blick: North Island – die Mitte und der Süden 180
Tasman-Sea-Küste – der Westen der Nordinsel 182
Waikato – das Binnenland 182
Waikato – die Küste 185

Inhalt

Waitomo 189
Aktiv unterwegs: Ruakuri Bushwalk – der Fünf-Sterne-Weg 190
Anschluss zur Route durch das Zentrum der Nordinsel 193
Taranaki 194
Forgotten World Highway 199
Surf Highway SH45 und South Taranaki 201
Wanganui 202
Palmerston North 204
Kapiti Coast 205

Central Plateau – das Zentrum der Nordinsel 208
Cambridge, Tirau und Matamata 208
Rotorua 211
Aktiv unterwegs: Action kompakt vor den Toren von Rotorua 216
Verbindungen nach Osten 221
Von Rotorua nach Taupo 224
Taupo und Umgebung 226
Tongariro National Park 233
Aktiv unterwegs: Hiken und biken im Tongariro National Park 234
Whanganui National Park 241
Aktiv unterwegs: Whanganui River, der Kanu-Fluss 242
SH1 – vom Central Plateau bis Wellington 244

Die Pazifik-Küste – der Osten der Nordinsel 246
Bay of Plenty 246
Eastland 250
Hawke's Bay 259
Zwischen Hawke's Bay und Wellington 266

Wellington 271
Durch die City 273
Die Küstenvororte 281
Hutt Valley 282

Kapitel 3 South Island – Canterbury und West Coast

Auf einen Blick: South Island – Canterbury und West Coast 292
Christchurch und Banks Peninsula 294
Christchurch 294
Lyttelton 309
Banks Peninsula 310
Aktiv unterwegs: Banks Peninsula Track 316

North Canterbury 317
Weinregion Waipara Valley 317
Hanmer Springs 319
Molesworth Station 320
Kaikoura 321
Aktiv unterwegs: Schwimmen mit Robben vor Kaikoura 323
Lewis Pass Road 326
Arthur's Pass 329

South Canterbury und die Southern Alps 334
Die Küsten-Route 334
Inland Scenic Route 72 336
Mackenzie Country 338
Aoraki Mt Cook 343
Aktiv unterwegs: Bergtouren in den Southern Alps 347

West Coast 350
Die nördliche West Coast 352
Westport und Charleston 355
Aktiv unterwegs: Buller Coalfields Heritage Trail 356
Paparoa National Park 359
Greymouth 361
Von Hokitika nach Okarito 364
Okarito/Ōkārito 367
Westland National Park 370
Aktiv unterwegs: Gletschertouren im Westland National Park 371
Die südliche West Coast 376

Kapitel 4 South Island – der Süden

Auf einen Blick: South Island – der Süden 382
Otago 384
Wege nach Oamaru 384
Oamaru 385
Zwischen Oamaru und Dunedin 389
Dunedin 392
Otago Peninsula 398
Aktiv unterwegs: Taieri Gorge Railway & Otago Central Rail Trail 404
Central Otago 404

Southern Lakes und Fiordland 415
Von Norden nach Wanaka 416

Inhalt

Wanaka 416
Zwischen Wanaka und Queenstown 419
Queenstown 426
Glenorchy 433
Zwischen Queenstown und Te Anau 434
Te Anau 434
Aktiv unterwegs: Fiordland Tracks 436
Fiordland National Park 439

Southland – der Süden der Südinsel 448
Zwischen Te Anau und Invercargill 448
Invercargill und Bluff 450
Stewart Island 452
Aktiv unterwegs: Stewart Island –
kleine Gänge, legendäre Tracks 456
Zwischen Invercargill und Dunedin 458

Kapitel 5 South Island – der Norden

Auf einen Blick: South Island – der Norden 464
Marlborough 466
Marlborough Sounds 466
Weinregion Marlborough 471

Bays und Berge um Nelson 474
Nelson 475
Nelson bis Motueka · Abel Tasman National Park 481
Golden Bay 485
Cape Farewell und Farewell Spit 489
Aktiv unterwegs: Wharariki Beach und Hilltop Walk
– *my favourite walk* 490
Kahurangi National Park 493
Aktiv unterwegs: Heaphy Track – der lange Great Walk 494
St Arnaud und Nelson Lake 495
SH6 zwischen Tasman Bay und West Coast 496
Westport oder Greymouth? 497

Register 498

Abbildungsnachweis/Impressum 505

► Dieses Symbol im Buch verweist auf die Extra-Reisekarte Neuseeland

Alle Karten auf einen Blick

North Island – Auckland und der Norden: Überblick 109
Auckland: Cityplan 114
Auckland: Umgebung 120
Aucklands Vulkane: Wanderkarte 123
Bay of Islands mit Cityplan Russell 154
Coromandel Peninsula 167
North Island – Die Mitte und der Süden: Überblick 181
Ruakuri Scenic Reserve: Wanderkarte 190
Region Rotorua/Taupo mit Cityplan Rotorua 212
Tongariro National Park 235
Whanganui River 243
Hawke's Bay mit Cityplan Napier 260
Wellington: City- und Umgebungsplan 276
South Island: Canterbury & West Coast: Überblick 293
Christchurch: City- und Umgebungsplan 300
Banks Peninsula: Wanderkarte 316
Deniston Plateau: Wanderkarte 357
South Island – Der Süden: Überblick 383
Oamaru: Cityplan 386
Dunedin: Cityplan 394
Otago Central Rail Trail: Wanderkarte 405
Lake District mit Cityplänen Arrowtown, Queenstown, Wanaka 420
South Island – Der Norden: Überblick 465
Tasman Bay und Nelson 478
Wharariki Beach und Cape Farewell: Wanderkarte 491

Themen

DOC – Lizenz zum Schützen 18
Bill auf Speed 24
Edmund Hillary – Sir der Berge 33
Traum und Trauma – der America's Cup 40
Architektur für Rituale – das Marae 43
Der Hügel der Hobbit-Höhlen 209
Supervulkan unter Wasser 228
Art déco – Markenzeichen Bubikopf 262
Cook-Strait-Überfahrt 288
Wie an einem anderen Tag – Chatham Islands 308
Pinot Noir – das neue Gold ist rot 410
Freier Fall am Gummizug – Bungee Jumping 424

Regenwald auf dem Routeburn Track im Mt Aspiring National Park

Wissenswertes über Neuseeland

Weiter weg geht nicht

Für Mitteleuropäer bietet Neuseeland eine unschlagbare Exotik: Weiter weg geht nicht! Hat man die Reise um die halbe Welt hinter sich, trifft man auf ein Land, das anders ist, aber nicht gänzlich fremd. Neuseeland wirkt auf den ersten Blick europäisch, aber mit jeder Minute öffnen sich neue Perspektiven in der abwechslungsreichen Natur ebenso wie in der Vielfalt der Kulturen.

Trotz der Entfernung ist das Traumziel dank modernen Fluggeräts problemlos, bezahlbar und in akzeptabler Zeit zu erreichen. Belohnt wird man mit einem ›Best of‹ der Kontinente. Auf der Südinsel reißen Gletscher das Grün der Regenwälder hinter der rauen West Coast auf und streben bis zu den Dreitausendern der Southern Alps hinauf. Ein paar Fahrstunden südlich dringt das Meer mit langen, dünnen Fingern in das kaum erschlossene Fiordland, als giere es nach dem süßen Wasser, das müde Wolken am Ende ihrer Reise über die Tasman Sea abwerfen. Ungerecht: Jenseits der Südalpen schreit das braungelbe Tussockgras von Central Otago nach jedem Tropfen, der herüberkommt. Eine knappe Tagesreise nach Norden vermitteln Palmen und Baumfarne an den Stränden des Abel Tasman National Park karibische Gefühle, während sich einen Katzensprung entfernt die Landzunge Farewell Spit mit ihren Wanderdünen vor die Golden Bay schiebt – eine meerumspülte Mini-Sahara.

Die etwas kleinere Nordinsel zeigt sich vielerorts urbaner als der Süden, hat aber trotzdem entlegene, einsame Regionen zu bieten. Auch sie schickt abwechslungsreiche Landschaften voller großartiger Natureindrücke ins Rennen um die Gunst der Besucher: die subtropische Inselwelt der Bay of Islands und die Wälder der tausendjährigen Kauri-Baumriesen im Northland, die Vulkanwelten im Central Plateau um den weit über 2000 m in den Himmel schießenden Mt Ruapehu im Tongariro National Park, die dampfende Vulkaninsel White Island mitten in der Bay of Plenty und den Mt Taranaki im Westen. Der ist so formvollendet, dass er schon Japans heiligen Berg Fuji im Hollywoodkino doubeln durfte.

Was aber wäre die Landschaft ohne die ungewöhnliche, viele Millionen Jahre vom Rest der Welt isolierte Flora und Fauna. Sie haben seit dem Auftauchen der Menschen schon viel an Einzigartigkeit eingebüßt, sind aber immer noch für zahlreiche Arten weltberühmt, die nur in Neuseeland heimisch sind, allen voran der flugunfähige Nationalvogel Kiwi. Die Flora profitiert von der sich über viele Breitengrade hinstreckenden Form des Landes und changiert von tropisch über alpin bis subantarktisch.

Die Kultur steht im Schatten der Natur, aber wieder ist Vielfalt das Stichwort. An jeder Ecke merkt man die multikulturellen Tupfer eines Einwandererlandes. Die Millionenstadt Auckland ist Schmelztiegel europäischer, asiatischer und polynesischer Einflüsse. Auf der Südinsel galt Christchurch wenigstens bis zum Erdbeben 2011 als englischste aller Städte der südlichen Hemisphäre. Dunedin kokettiert mit schottischen Wurzeln, das kleine Akaroa auf der Banks Peninsula mit französischen. In der Region Tararua machen die von Skandinaviern gegründeten Siedlungen Dannevirke und Norsewood mit Wikingerfiguren an der Straße auf sich aufmerksam, an der Ostküste nördlich Auckland sind Holländer gut vertreten und die Tasman Bay bei Nelson, an der schon im 19. Jh. deutsche Siedler heimisch wurden, lockt bis heute Auswanderer aus Deutschland.

Neben allem, was die Weißen brachten, hat die Kultur der Maori einen hohen Stellenwert. Lange geradezu unterdrückt, ist sie heute wieder ein lebendiges Band der Identität für die immer selbstbewussteren Nachfahren der polynesischen Erstbesiedler Neuseelands. Man muss dies als Besucher respektieren und darf den Alltag der zweitgrößten Volksgruppe nicht wie in einem Freilichtmuseum betrachten. Dazu gehört auch die Achtung der Privatsphäre der Maori in ihren Versammlungshäusern. Das schließt Begegnungen nicht aus. Wo viele Maori leben, organisieren sie Stadt- oder Naturexkursionen und erklären Landschaften und Geschichte mit all den daran geknüpften Mythen und Legenden aus ihrer Sicht. Und es gibt natürlich auch ethno-folkloristische Kulturshows, nirgendwo so perfekt inszeniert wie in Rotorua.

Die Vielfalt von Natur und Kultur verbunden mit der großen Palette der Urlaubsmöglichkeiten vom relaxten Strandurlaub bis zum Extrem-Bergsteigen, die Chancen, bei wahrlich hautnahen Begegnungen Wale, Delfine Robben, Seelöwen, Pinguine, Kiwis und andere ungewohnte Tiere zu erleben, die zahllosen Nervenkitzel für Adrenalinjunkies vom Bungee-Jumping bis zum Zorbing sowie Wellness und gehobener Lifestyle zu erschwinglichen Preisen, all das lockt eine bunte, vielschichtige Besucherschar nach Neuseeland. Dort kommt dann jeder auf seine Kosten, der sparsame Rucksackreisende im Etagenbett eines Backpacker-Schlafsaals von Queenstown ebenso wie ein paar Kilometer weiter der Hollywood-Promi in seiner Suite der Blanket Bay Lodge am Ufer des Lake Wakatipu mit Blick über den See auf die Southern Alps ... Und alle sind willkommen – Kia Ora.

Traumstrand Totaranui Beach im Abel Tasman National Park

Steckbrief Neuseeland

Daten und Fakten

Name: New Zealand, Aotearoa
Fläche: 268 680 km^2, davon North Island (NI) 115 557 km^2, South Island (SI) 151 215 km^2, Stewart Island 1746 km^2, Chatham Islands 963 km^2
Teilautonome Regionen: ›The Realm of New Zealand‹, das Königreich Neuseeland, schließt die Pazifikarchipele Cook Islands (15 Inseln, 240 km^2, 20 000 Einw.), Niue (260 km^2, 1400 Einw.) und Tokelau (3 Atolle, 10 km^2, 1500 Einw.) sowie die von Neuseeland beanspruchte Ross Dependency in Antarktika (ca. 450 000 km^2, 2 Forschungsstationen) ein.
Hauptstadt: Wellington (NI), City 198 000, Metropolitan Area 394 000 Einw.
Größte Städte: Auckland (NI), City 445 000, Metropolitain Area 1,3 Mio., Christchurch (SI) 377 000, Manukau (NI) 370 000 Einw.
Amtssprachen: Englisch, Maori (seit 1987), New Zealand Sign Language (Zeichensprache; seit April 2006)
Einwohner: 4,4 Mio., ca. 16 Einw./km^2, davon auf NI ca. 75 %. 23 % der Einw. wurden außerhalb Neuseelands geboren. Abstammung (Selbsteinschätzung bei Volksbefragung 2006): Europäer/Pakeha 68 %, Maori 15 %, Asiaten 9 %, Pazifik-Insulaner 7 %. Als ›New Zealander‹ bezeichneten sich 11 %; gut jeder 10. Einwohner nannte mehr als eine ethnische Zugehörigkeit.
Statistisches Durchschnittsalter: 36 Jahre
Bevölkerungswachstum: 1 %
Lebenserwartung: 80,5 Jahre
Währung: Neuseeland Dollar (NZD)
Zeitzone: New Zealand Standard Time (NZST = UTC +12 Std.); 1. So Okt. bis 3. So März gilt New Zealand Daylight Time (Sommerzeit; NZDT = UTC +13 Std.). Chatham Islands (S. 311) + 45 Min. zu den Hauptinseln
Internationale Kennungen: Internet .co.nz, .govt.nz, .org.nz; Kfz-Kennzeichen NZ; Telefonvorwahl +64; Währungskürzel NZD
Landesflagge: Dunkelblaues Tuch mit Union Jack im Viertel oben links und 4 Sternen (symbolisiert das Sternbild Kreuz des Südens) in der rechten Hälfte; die Zivilschifffahrt benutzt rotes, die Marine weißes Tuch. Maori benutzen inoffiziell seit Jahren eine eigene Flagge (S. 36).

Geografie

Inselstaat mit 15 000 km Küstenlinie im südlichen Pazifik. Teil Ozeaniens. Nächstliegendes Land: Australien, ca. 2000 km westl. Nord-Süd-Ausdehnung ca. 1600 km. **Höchster Gipfel:** Mt Cook/Aoraki (SI; 3754 m), auf der Nordinsel Mt Ruapehu (2797 m). **Längster Fluss:** Waikato (NI; 462 km), auf der Südinsel Clutha River (322 km). **Größter See:** Lake Taupo (NI; 606 km^2), auf der Südinsel Lake Te Anau (344 km^2). **Größtes Naturschutzgebiet:** Te Wahipounamu – South West New Zealand World Heritage Area (2,6 Mio. Hektar, ca. ein Zehntel Neuseelands).

Geschichte

Systematische Besiedlung durch Polynesier ca. 13.–15. Jh. Ab dem 17. Jh. Entdeckung, ab 19. Jh. Kolonialisierung durch Europäer. Der ›Treaty of Waitangi‹ macht Neuseeland 1840 zur britischen Kronkolonie, Dominion ab 1907, volle Souveränität ab 1947.

Staat und Politik

Neuseeland ist konstitutionelle Monarchie mit parlamentarischer Demokratie. Alle drei Jahre wird gewählt. Ende 2008 kamen sieben Parteien ins Parlament, u. a. National (Konservative, 58 Mandate), Labour (Sozialdemokraten, 43), Green (Grüne, 9) und Maori Party (5). Seit der Wahl ist John Key (National) Regierungschef. Offizielles Staatsoberhaupt ist der Regent des britischen Königreichs, derzeit Elizabeth II., als **Königin von Neuseeland.** Sie ernennt auf Vorschlag des Prime Minister einen **Governor-General,** im August 2011 den Ex-Berufsoffizier Jerry Mateparae, ein Maori. Seine Amtszeit ist nicht exakt festgelegt, 5 Jahre sind üblich. Eine Gesetzesinitiative will die nächste Berufung ca. 2011/12 demokratischer legitimieren. Ein **Maori-König** repräsentiert vier Stämme im Westen der Nordinsel, ohne dass das Amt in der Verfassung verankert ist. Stammesälteste wählten immer Abkömmlinge des ersten Monarchen Potatau Te Wherowhero in das Amt, zuletzt im August 2006 den siebten Maori-König Tuheita Paki. Zuvor hatte dessen Mutter Te Arikinui Dame Atairangikaahu den Thron 40 Jahre inne.

Wirtschaft und Tourismus

Tourismus ist wichtigster Devisenbringer. 2009 reisten fast 2,5 Mio. Besucher ein und gaben ca. 9,3 Mrd. NZD aus, was etwa einem Fünftel der Exporteinnahmen entspricht. So erwirtschaftet der Tourismus gut 9 % des Bruttoinlandproduktes und bietet fast 190 000 Vollzeitarbeitsplätze – etwa jeden zehnten Job im Land. Darüber hinaus sind Lebensmittelproduktion und -veredlung, sowie Land- und Forstwirtschaft wichtige Wirtschaftszweige. Die Arbeitslosenquote stieg in der globalen Wirtschaftskrise nach 2008 auf lange nicht erreichte 7–8 %, war im 4. Quartal 2010 aber wieder auf knapp über 6 % gesunken.

Religion

Ca. 55 % der Antwortenden beim Zensus 2006 rechneten sich christlichen Gemeinschaften zu. Gegenüber früher sank der Anteil der klassischen Einwandererreligionen (Anglikaner, Presbyterianer), während der der Katholiken, Orthodoxen sowie fundamentalchristlicher Gruppen stieg. Markant wächst die Anhängerschaft nichtchristlicher Religionsgemeinschaften mit Wurzeln in Asien.

Verwaltung

Elf Regionen mit Bezirksregierungen, *regional councils,* sind noch in Land- und Stadtbezirke untergliedert, in fünf weiteren sind beide Ebenen zu einer Zentralverwaltung, *unitary authoriy* bzw. *special territorial authority* auf Chatham Islands, verschmolzen. Innerhalb der Maori-Bevölkerung existiert eine dynastische Gliederung mit dem Stamm *(iwi)* als größter Einheit, untergliedert in Sippen *(hapu)* und Großfamilien *(whanau).* Eine Organisation aller Maori gab es nie.

Statistik

Neuseeland führt alle fünf Jahre eine weitgehend akzeptierte Volksbefragung durch. Die meisten Zahlen in diesem Buch basieren auf fortgeschriebenen Daten des Zensus 2006, der nächste steht im März 2011 an

Natur und Umwelt

Gewaltige Erdkräfte haben das Land aufgefaltet, die Elemente formen es. 70 Millionen Jahre Isolation bewahrten die Flora und Fauna, oft archaisch und in vielen Details einzigartig – ein Erbe des Urkontinents Gondwana. Mit der Ankunft der Menschen begann die Bedrohung. Viel ging verloren, vieles wird heute mit großem Aufwand geschützt.

Geologie

Neuseeland zählt zu den geologisch jungen Ländern der Erde, hervorgegangen aus dem südlichen **Urkontinent Gondwana.** Von den seit etwa 190 Mio. Jahren über dem flüssigen Kern der Erde dahindriftenden Platten stoßen die Indisch-Australische und die Pazifische mit einer konträr verlaufenden Drehbewegung aufeinander, ineinander verzahnt etwa auf Höhe der Cook Strait. Nördlich schiebt sich die Pazifische unter die Indisch-Australische Platte, südlich ist es umgekehrt. Neuseeland ist das Produkt dieses Zusammenstoßes. Der faltet seit etwa 80 Mio. Jahren jene Reihe von Bergketten auf, sie sich vom Fiordland über die Southern Alps bis hinauf zum East Cape auf der Nordinsel erstreckt – drei Viertel Neuseelands liegen höher als 200 m über dem Meeresspiegel.

Seit 70 Millionen Jahren solo

Vor etwa 70 Mio. Jahren trennte sich dieser Höhenzug vom australischen Kontinent und driftet seitdem ostwärts; die Landbrücke wurde überflutet. Was die Erdkräfte in die Höhe pressen, modellieren die Elemente: Kilometerdicke **Gletscher** der Eiszeiten, die vor über 2 Mio. Jahren begannen und vor gut 15 000 Jahren ein vorläufiges Ende fanden, gruben Täler in die Landschaft, in denen sich Fjorde und Flüsse breit machten. Schmelzwasserströme lagerten in den Bergen abgehobelten Schotter und Sand in weiten Ebenen vor der Küste ab: Das Fiordland auf der einen und die Canterbury Plains auf der anderen Seite der Südinsel sind Folgen dieser Prozesse. Nach der Eiszeit stieg der Meeresspiegel, weite Gebiete eines Vorzeit-Neuseeland versanken, Wasserwege trennten fortan Nordinsel, Südinsel und Stewart Island.

Vulkanismus und Erdbeben

An der Gestaltung der Nordinsel beteiligen sich feurige Kräfte: Die im Crash-Bereich instabile, von vertikalen Rissen durchzogene Indisch-Australische Platte lässt Magma sehr nah an die Erdoberfläche heran, bei verstärktem Druck kommt es dort zu Ausbrüchen. So stößt man vom Northland bis zum Mt Taranaki westlich der Ranges auf viele Spuren von Vulkanismus wie bei Auckland, auf der Halbinsel Coromandel und in der Taupo-Vulkanzone. Die bezeichnet eine der vulkanisch aktivsten Regionen der Erde von der Bay of Plenty mit dem marinen Vulkan White Island bis zu seinen Festlandskollegen Mt Tongariro, Mt Ngauruhoe und dem zuletzt 1996 aktiven Mt Ruapehu im Central Plateau.

Ein anderes Markenzeichen plattentektonischer Bruchzonen sind Erdbeben. Seismographen zeichnen pro Jahr rund 14 000 Erdstöße in Neuseeland auf, etwa alle drei Tage wackelt die Erde spürbar, zweimal im Jahr wird die 6 auf der Richterskala überschritten, etwa alle drei Jahre kommt ein *big shake* mit Stärke 7 oder mehr wie am 4. September 2010 nahe Christchurch. Fatal dort: Monatelang kam die Erde nicht zur Ruhe und am 22. Februar 2011 hatte ein Nachbeben die Stärke 6.3: schwächer auf der Skala, aber ganz nah unter der Stadt und somit viel verheerender. Bis zu diesem Tag galt das Erdbeben von Napier und Hastings 1931 als größte Katastrophe, die das Land je traf (S. 259). Verglichen mit anderen Regionen am Rande der Pazifischen Platte wie Kamtschatka, Japan oder den Philippinen ist Neuseeland jedoch ein relativ ruhiges Land.

Klimazonen

Das Kern-Neuseeland mit Nord- und Südinsel sowie Stewart Island streckt sich sichelförmig über 1700 km von Nord- nach Südwesten mit einem nach Nordosten weisenden Horn, dem East Cape. Zwischen Ost- und Westküste liegen nie mehr als 300 km Landmasse. Zur Nord-Süd-Ausdehnung mit den Eckdaten 34,5° bis 47,5° südlicher Breite passt ein fiktiver Antipoden-Staat vom Nordrand der Sahara bis in die Bayerischen Alpen. Das bringt dem Land Klimazonen von subtropisch im Norden bis gemäßigt im Süden. Alle Zonen sind von der Nähe der Meere geprägt, im Westen mehr als im Osten. Aufgrund der vorherrschenden Westwinde ist es östlich, im Regenschatten der Gebirgsketten, die markante Wetterscheiden bilden, deutlich trockener als im Westen (S. 98).

Flora und Fauna

70 Mio. Jahre Isolation bescherten Neuseeland eine außergewöhnliche Flora und Fauna mit ausschließlich hier vorkommenden Arten. Seit der Entdeckung hat der Mensch der Natur Schaden zugefügt, direkt durch Jagd und Rodung, indirekt durch die Einfuhr fremder Tiere und Pflanzen, denen das Ökosystem nicht gewachsen ist. Schon mit den ersten Siedlerkanus kamen Ratten, die sich an Vogeleiern und Jungvögeln gütlich taten. Rund 700 Arten heimischer Vögel, Meeressäuger, Insekten und Pflanzen gelten als bedroht.

Trotz alledem kommt man nur an wenigen Flecken des Erdballs einer **urzeitlichen Tier- und Pflanzenwelt** so nahe. Überall findet man einzigartige Urformen, bei Bäumen und Gräsern, Fröschen und Insekten, Reptilien und Vögeln. Die nächsten Verwandten der Dinosaurier, Neuseelands Brückenechse Tuatara, überstanden Jahrmillionen fast unverändert. Der Gelbaugenpinguin dürfte entwicklungsgeschichtlich der älteste Pinguin überhaupt sein. Saddleback und Kokako, deutsch Sattelstar und Graulappenvogel, sind an ihren Hautlappen im Schnabelwinkel als Lappenvögel erkennbar und aus der Sicht der Evolution Urahnen aller Singvögel.

Ikone der Natur: der Kiwi

Von den knapp 200 Brutvogelarten Neuseelands sind ein Drittel Landvögel, fast alle endemisch. Sie entwickelten sich praktisch ohne Feinde, denn als sich Neuseeland vom Rest der Welt verabschiedete, gab es **keine Landsäugetiere,** die mit auf die Reise gehen konnten; nur drei Fledermausarten – eine davon seit den 1960ern ausgestorben – schafften später den Sprung. Viele Vögel verlernten das Fliegen, legten beim Körperbau ordentlich zu und ließen sich beim sorglos verrichteten Brutgeschäft viel Zeit. Einige nahmen den Boden der Wälder als Lebensraum in Besitz, ein Bereich, in dem andernorts Säugetiere das Sagen haben. Dazu gehört der Kiwi, eines der begehrtesten Objekte von Naturbeobachtungen in Neuseeland. Als **Nationalvogel** ist er geradezu eine Ikone, als Vogel ein

Alles über den Kiwi
Umfangreiche Informationen zum Kiwi, zum neusten Stand der Kiwi-Forschung und zu allen Optionen, wo man die Vögel in Gefangenschaft oder unter freiem Himmel beobachten kann, bietet www.savethekiwi.org.nz, die Internetpräsenz von DOC und dem derzeitigen Hauptsponsor des Kiwi-Rettungsprogramms. Gute Chancen, Kiwis unter freiem Himmel zu erleben, hat man u. a. im Trounson Kauri Park (S. 143) im Norden, in Okarito an der West Coast (S. 367) oder ganz im Süden auf Stewart Island (S. 452).

Unikum: Kiwis haben keine Flügel, leben auf dem Boden in Erdlöchern und Baumhöhlen, besitzen kleine Nüstern auf dem Schnabel. Nahrung und Feinde ›erriechen‹ sie. Die Weibchen werden spät geschlechtsreif und legen pro Saison nur ein Ei, das größte in der Vogelwelt proportional zum Muttertier. Rund zweieinhalb Monate dauert dann das Brutgeschäft.

Mit einem Aufwand wie bei kaum einem anderen Tier wird der Kiwi gehegt, gepflegt und bei der Brut unterstützt, gut zu beobachten bei Kiwi Encounter in Rotorua (S. 219). Da der Kiwi nachtaktiv ist, ist er in freier Wildbahn selten zu sehen, häufiger zu hören, denn sein lautes Rufen – Teil der Reviermarkierung – schallt über Kilometer.

DNA schafft neue Arten

Bis 1995 war es Stand der Lehre, dass es drei Arten des knuffigen Vogels gäbe, dann wurde eine vierte identifiziert. 2006 ergaben DNA-Untersuchungen, dass es fünf Arten gibt, eine davon in vier Unterarten. Am akutesten bedroht ist der Rowi oder Okarito Brown Kiwi mit einem geschätzten Bestand von knapp 350 Exemplaren, am weitesten verbreitet der Brown Kiwi in verschiedenen Regionen der Nordinsel mit etwa 25 000 Exemplaren. Sein Bestand geht jedoch außerhalb von Schutzgebieten um bis zu 5 % pro Jahr zurück. Als am wenigsten gefährdet gelten die 20 000 Stewart Island Tokoeka, die einzigen Mitglieder der Kiwi-Familie, die tagsüber etwas munterer sind. Während kleine Räuber wie Wiesel und Frettchen Eier und Jungvögel gefährden, haben ausgewachsene Kiwis vor allem einen Feind: wildernde Hunde. 1987 riss einer binnen sechs Wochen im Northland fast 1000 frei lebende Kiwis, eher er erlegt wurde.

Jüngste DNA-Forschungen widerlegen die lange angenommene These, dass Kiwis enge Verwandte der ausgerotteten Moas sind. Die größten gefiederten Tiere, die es je gab, waren eher mit Afrikas Straußen verwandt. Kiwis sind genetisch Australiens Emus und Neuguineas Helmkasuaren näher. Von den Moas lebten zwei Dutzend Arten in Neuseeland, die größten bis zu fünf Zentner schwer und fast fünf Meter hoch. Sie wurden von den Maori wegen ihres Fleisches und der langen, haarigen Federn gejagt und ausgerottet, bevor die ersten Weißen auf die Inseln kamen. Seit dem Auftauchen der ersten Menschen sind etwa 90 der endemischen Vogelarten Neuseelands für immer verschwunden.

Rettungen in letzter Sekunde

Einige Male konnte das Ende einer Art im letzten Augenblick verhindert werden. Legendär ist die Rettung des **Black Robin** *(Petroica traversi)*, einer endemischen Art des Langbeinschnäppers auf den Chatham Islands: Aus einem Weibchen und vier Männchen im Sommer 1980/81 hat sich mit systematischer Brutkontrolle und -förderung wieder ein Bestand von mehreren hundert Exemplaren entwickelt. Auf ähnliche Weise wurden die flugunfähigen **Takahe** *(Notornis mantelli)* gerettet, die sogar schon als ausgestorben galten, ehe 1948 eine kleine Population im Fiordland entdeckt und auf heute etwa 300 Exemplare hochgepäppelt wurde, mittlerweile auf Vogelreservate im ganzen Land verteilt.

Sorgenvogel Nummer 1 ist der Eulenpapagei **Kakapo.** Der wahrscheinlich seltenste Vogel der Welt ist mit seinen 65 cm Größe und bis zu 4 kg Gewicht zwar stämmig, zeigt aber Verhaltensweisen, die ihn im Wandel des Ökosystems zum Verlierer machten: Von einem Baum kann er allenfalls noch zum Boden gleiten, wieder hinauf muss er klettern. Die Männchen sind laut, vor allem bei der Balz, und strömen einen süßen Geruch aus, der sie für Feinde leicht lokalisierbar macht. Wird ein Kakapo bedroht, harrt er bewegungslos der dann leider oft tödlichen Dinge, die auf ihn zukommen. Die Jungen, die meist unbeaufsichtigt in Erdnestern zurückgelassen werden, sind laut schreiende, strahlend weiße Federbällchen – leichte Beute für Nesträuber. Ein um Imagepflege bemühtes Industrieunternehmen finanziert seit 1995, als noch 50 Kakapo bekannt waren, ein DOC-Projekt zu ihrer Erhaltung (www.kakaporecovery.org.nz). Heute sind alle bekannten Exemplare auf zwei Inseln vor Stewart Island und im Fiord-

Ungewohnte Begegnungen im Penguin Place bei Dunedin

land gesammelt, alle Nester stehen rund um die Uhr unter Beobachtung. Ist die Brut bedroht, werden Jungvögel zur Not mit der Hand aufgezogen. Eine breite Öffentlichkeit folgt dem Auf und Ab beim Bestand der Tiere: 122 sind es Ende 2010 bei Redaktionsschluss dieser Auflage. Eine breit angelegte Suche nach eventuell unerkannt in der Wildnis des Fiordland lebenden Tieren Anfang 2006 verlief erfolglos.

Einzigartige Alpenflora

Auch bei der Flora machen sich Einflüsse des Menschen überall bemerkbar: Laut DOC-Zählung sind über 2400 der etwa 2700 einheimischen Pflanzenarten endemisch. Sie werden inzwischen von rund 1800 importierten ›Exoten‹ be- und zum Teil verdrängt, von denen sich einige kaum noch kontrollierbar ausbreiten wie Stechginster, Lupinen oder die gemeine Waldrebe Old Man's Beard.

Das besondere Interesse der Botaniker gilt Neuseelands **Alpenflora:** Das Land bot auch in Eiszeiten immer Refugien, in denen diese kältegewohnten Bergpflanzen ›überwintern‹ konnten, während wärmeliebende Arten nicht überlebten. Folglich spiegelt die Alpenflora am konsequentesten die Eigenentwicklung seit der Trennung von Gondwana wider: Der Anteil endemischer Arten ist mit 95 % überdurchschnittlich hoch. Zudem blieb die Alpenflora dank natürlicher Gegebenheiten vor Veränderungen besser geschützt als Pflanzengesellschaften tieferer Regionen, die der Landkultivierung zum Opfer fielen.

Immergrüne Wälder

Nur ein Bruchteil der natürlichen Waldfläche ist erhalten, der Rest wurde Kulturland, meist Weideland. Oft mahnen frei stehende, an eine überdimensionale Zimmerpalme erinnernde **Cabbage Trees,** dass an dieser Stelle Wald das Land bedeckte, denn der Baum kann sich aus kleinsten Stücken reproduzieren und sogar Brandrodungen überleben. Die auffälligsten heimischen Bäume, die gewaltigen **Kauri-Fichten,** wurden bis auf wenige Exemplare abgeholzt. Dafür schießen jetzt überall schnellwachsende Bäume wie die aus Amerika importierte Monterey Pine in den Himmel, Nachschub für Holz- und Papierindustrie. Nutzhölzer werden im neuseeländischen Kli-

DOC – Lizenz zum Schützen

Thema

DOC ist das Kürzel für Neuseelands Superbehörde zum Schutz von Natur- und Kulturerbe. Sie verwaltet gut ein Drittel des Staatsgebietes, darunter alle Nationalparks, präpariert und wartet Tausende von Kilometern Wanderwege, baut Hütten und legt Campingplätze an.

1987 entstand aus verschiedenen Natur- und Denkmalschutzbehörden das Department of Conservation, Maori-Name Te Papa Atawhai. Am deutlichsten merkt ein Tourist die Präsenz des DOC in den 14 Nationalparks, vier auf der Nord-, neun auf der Südinsel sowie einer auf Stewart Island.

Zwar kommt ein großer Teil des Etats aus dem Staatshaushalt, aber ein Teil der DOC-Einnahmen stammt aus Hütten- und Campinggebühren und aus der Vermarktung der Great Walks (S. 87). »Neuseelands bewahrte Wildnis und unberührte Plätze, historische Bauten sowie Stätten von großer kultureller Bedeutung sind ein unermesslich wertvoller Schatz. Er gehört dem neuseeländischen Volk und wird in seinem Auftrag vom Department verwaltet« beschreibt das DOC selbst seine Zielsetzung. Dazu gehört, diesen »Schatz« seinen Besitzern zugänglich zu machen: Rund 30 DOC Visitor Centre, das riesige Wegenetz sowie weit über 1000 Hütten und Zeltplätze helfen dabei.

Zum Populärsten, was Neuseeland bietet, gehört das Beobachten seltener Tiere. Geschieht dies organisiert, ist es in der Regel vom DOC überprüft, lizenziert und gegebenenfalls mit Auflagen belegt: Wenn z. B. ein Boot, das mit Touristen an Bord zum Schwimmen mit Delfinen unterwegs ist, eine Gruppe ungestört lässt, weil Muttertiere mit Jungen dabei sind, dann aufgrund von DOC-Auflagen. So sind organisierte Naturexkursionen für Tiere oft mit weniger Stress verbunden als individuelles Beobachten von unerfahrenen Einzelpersonen. Im Reiseteil dieses Buches sind zahlreiche lizenzierte Veranstalter von Naturbeobachtungen genannt, freie Beobachtungsplätze jedoch nur dann, wenn vom DOC Hütten oder Unterstände eingerichtet sind. Bitte nutzen Sie diese und respektieren Sie Zugangsbeschränkungen.

Neben der Verwaltung von Schutzgebieten ist Artenschutz eine der wichtigsten DOC-Aufgaben. Ganz oben auf der Liste stehen Vögel wie Kakapo, Kiwi, Kokako, Takahe und Gelbaugenpinguin. Extrem gefährdete Arten werden auf von Schädlingen befreiten Inseln in Sicherheit gebracht. Zwei davon, Tiritiri Matangi (S. 136) und Kapiti Island (S. 205), sind öffentlich zugänglich. Zunehmend wird das Konzept sogenannter Festlandsinseln umgesetzt wie im Trounson Kauri Park (S. 143) oder am Mt Maungatautari (S. 210). Toleranzlose Schädlingsbekämpfung sollen die zum Teil großflächig eingezäunten Gebiete zu Oasen für endemische Arten machen. Erste Erfahrungen zeigen: Die Überlebenschancen eines Jungkiwi in einer Festlandsinsel sind achtmal so hoch wie in einem nicht überwachten Habitat. Solch ein Schutz der einheimischen Flora und Fauna heißt aber auch, radikal gegen Importtiere und -pflanzen zu sein wie bei der *Pest Control* mit Giftködern und Fallen im Kampf gegen die Possums. Informationen über die Organisation, laufende Schutzprojekte, die Nationalparks und Möglichkeiten, als Freiwilliger – bevorzugt werden jedoch lokale Helfer – beim DOC zu arbeiten, unter www.doc.govt.nz.

ma etwa fünfmal schneller schlagreif als z. B. im Holzland Kanada.

Die meisten heimischen Bäume tragen das Attribut immergrün. Das trifft nicht nur auf Nadel-, sondern auch auf Laubbäume zu, wie die vier **Südbuchenarten,** Red Beech, Silver Beech, Hard Beech und Black Beech, die die Wälder der Südinsel prägen und sich von ihren europäischen Namensvettern durch die kleineren Blätter unterscheiden. In einigen Regionen sind sie bevorzugte Opfer einer Pflanzenlaus, deren süße Ausscheidung – Honigtau – Nahrungsquelle seltener Vogelarten, aber auch von Wespen ist. Befallene Bäume sehen wie verbrannt aus, da sich auf dem Honigtau ein schwarzer Pilz bildet.

Dinofutter

Den meisten Bäumen Neuseelands ist gemein, dass sie entwicklungsgeschichtlich sehr alt sind – an solchem Grün knabberten schon die Dinosaurier. Die von Nadel- und Laubbäumen aufgebauten, gemäßigten – nirgendwo tropischen – **Regenwälder** sind sehr komplexe Ökosysteme. Von außen betrachtet, sieht man fast immer einige Baumriesen aus dem grünen Meer herausragen. Im Northland und auf Coromandel – der 38. Breitengrad gilt als südlichste Grenze ihres Verbreitungsgebietes – sind es meist Kauri-Fichten. Aber auch Red Pines (Rimu) und die gern im Nassen stehenden White Pines (Kahikatea) erreichen Höhen von 50–60 m.

Unterhalb der Kronen dieser Riesen schließen Laubbäume in rund 20 m Höhe das grüne Dach. 5–10 m tiefer bilden hohe Baumfarne, **Nikau-Palmen,** die südlichste Palmenart der Welt, und kleinwüchsigere oder junge Laubbäume ein zweites, grünes Gewölbe. Sträucher und kleinere Baumfarne bilden das nächste Stockwerk, einfache Farne und Kräuter nehmen das Erdgeschoss ein, und auf dem Boden breiten sich Pilze, Moose, Flechten und vereinzelte Blütenpflanzen aus.

Vielfalt der Farne

Ungewohnt für Besucher aus Europa ist die Vielfalt der Farne mit weit über hundert Arten, etwa ein Drittel davon endemisch. Herausragend: acht sehr unterschiedliche Baumfarne. Der auf Höhen von über 20 m aufschießende **Mamaku** ist der Riese unter ihnen, der Ponga oder **Silver Fern** der bekannteste, weil sein an der Unterseite silberfarbenes Blatt zu den nationalen Symbolen gehört. Das sich spiralförmig aufrollende Blatt des jungen Baumfarns, Koru genannt, zählt als Zeichen der ständigen Erneuerung allen Lebens zu den bedeutenden Natursymbolen der Maori.

Für den Regenwald sind ferner **Epiphyten,** ›Aufsitzer‹, typisch. Sie wachsen in allen Höhen auf Bäumen, um dem Lebenskraft gebenden Licht näher zu sein. Obwohl sie keinen Wurzelkontakt zum Boden haben, sind sie keine Schmarotzer, denn sie zapfen ihre Wirtspflanzen nicht an, sondern sitzen, wie der Name besagt, nur auf. Ausnahmen bestätigen die Regel: Der Samen der wunderschön rot blühenden Rata kann normal im Boden keimen und sich wie ein anständiger Baum entwickeln, aber er hat auch eine Überlebensstrategie, wenn er zufällig auf einem anderen Baum landet. Dort beginnt er sein Dasein als harmloser Epiphyt, entpuppt sich aber bald als rücksichtsloser Würger: Er bildet immer breitere Luftwurzeln aus, umschlingt den Stamm der Wirtspflanze, nimmt ihr das Licht und erdrückt sie.

Signalfarbe der Nacht: Weiß

Mit ihren leuchtend roten Blüten fallen die **Southern Rata** und ihre größere Verwandte, die Northern Rata, aus dem Rahmen, ebenso wie der an den milden Ostküsten der Nordinsel beheimatete **Pohutukawa,** der wegen seiner Blütezeit um den Jahreswechsel als neuseeländischer Weihnachtsbaum berühmt ist. Eigentlich blühen einheimische Pflanzen unscheinbar in Grün oder Weiß. Sie waren im Laufe ihrer Evolution zur Bestäubung vor allem auf nachtaktive Insekten angewiesen, für die Weiß mehr Signalwirkung hat als Farben. Nicht zum grünen Bild Neuseelands passen die wie verdorrt wirkenden **Tussockgras-Flächen,** die die zentralen Teile der Südinsel im Regenschatten der Southern Alps braun einfärben. Ursprünglich wuchsen die verschiedenen, bis zu zweieinhalb Meter hohen

Gräser oberhalb der Baumgrenze. Sie profitierten aber schon in voreuropäischer Zeit von Brandrodungen durch Maori und drangen in tiefere, niederschlagsarme Gebiete vor, in denen sich der Wald nicht schnell regenerieren konnte. Da Schafe bestimmte Tussock-Arten fressen, hat das Short Tussock heute als Weidegras Bedeutung.

Gondwanas Erbe in Not

Zu den schlimmsten Ökoproblemen, die der Mensch Neuseeland beschert hat, gehören die etwa 70 Mio. nachtaktiven Fuchskusu *(Trichosurus vulpecul)*, wegen ihres englischen Namens **Possum** oft mit der in Amerika beheimateten Beutelratte *Opossum (Didelphis marsupialis)* verwechselt. Possums importierte man 1837 aus Australien und setzte sie als Pelzlieferanten aus. Ohne natürliche Feinde und dank des guten Nahrungsangebots gediehen sie prächtig. Das Gleichgewicht blieb gewahrt, solange sich die Felle verkaufen ließen. Sie wurden weltweit als Billigpelz verarbeitet.

Dann brach der Markt mit den globalen Anti-Pelz-Kampagnen zusammen. Weil nicht mehr bejagt, vermehrten sich die Possums explosionsartig: Etwa 7 Mio. Tonnen frisches Grün vertilgen die als ›Kettensäge im Fell‹ geschmähten Viecher pro Jahr und haben dadurch ganze Landstriche verändert. Zudem bedrohen sie als Eierräuber seltene Vogelarten wie den Kiwi, mit dem sie auch um Nahrung und Lebensraum konkurrieren. Das DOC bekämpft sie mit Fallen oder Giftködern, sie werden geschossen und zu Tausenden überfahren. Touristen, die kundtun, einem Possum auf der Straße ausgewichen zu sein, ernten nur Kopfschütteln: So etwas tut man einfach nicht. Inzwischen sollen innovative Possumfell-Produkte (S. 89) die Jagd wieder aktivieren.

Possums sind nur eine von vielen **Plagen:** Wespen, Ratten, Rotwild, Damwild, Gämsen, Kaninchen, Marder, Iltisse, verwilderte Hunde, Katzen, Ziegen oder sogar Pferde, Brumbies genannt, haben alle auf ihre Art zur Zerstörung des über Millionen Jahre stabilen Gleichgewichts der Natur beigetragen. Der Mensch kann heute nur den Schaden begrenzen und versuchen, das noch erhaltene Erbe Gondwanas zu bewahren.

Neuseelands Nationalvogel, der Kiwi

Wirtschaft, Soziales und aktuelle Politik

Neuseeland ist eine funktionierende Demokratie und trotz vieler Einschnitte ein noch funktionierender Sozialstaat. Drastische Reformen von Wirtschaft, Verwaltung und Politik ab Mitte der 1980er-Jahre sorgten für eine boomende Volkswirtschaft. Im Schatten bleiben Maori und Pazifik-Insulaner mit hoher Arbeitslosigkeit und großen sozialen Problemen.

Aktuelle Politik

Neuseeland besitzt keine geschriebene Verfassung, das Staatswesen beruht im Wesentlichen auf dem **Treaty of Waitangi** (S. 28) aus dem Jahr 1840. Mit einer Präambel und drei kurzen Artikeln passt er auf eine DIN-A4-Seite, seine Folgen füllen Kilometer von Aktenordnern. Maori können das Waitangi-Tribunal anrufen, das jeden Vertrag, jeden Landhandel rückwirkend bis 1840 auf die Einhaltung dieser Vereinbarung prüft und bei Verstößen Empfehlungen ausspricht. Die Regierenden bringt das oft in eine Zwickmühle: Hier die Interessen der weißen Majorität und der meisten Wähler, dort Ansprüche der Maori. Manchmal sind ihnen Rechte zuzugestehen, die anderen Neuseeländern verwehrt bleiben. Grund für Neid und Missgunst, wenn zum Beispiel Fischereirechte und -quoten exklusiv an Maori übertragen werden, als **Wiedergutmachung** für Fehlentscheidungen, die mehr als ein Jahrhundert zurückliegen.

Streit am Wasser

Die hitzig geführte Debatte um den Foreshore and Seabed Act zeigt die Brisanz: Ein Gericht sprach 2003 Maori das Recht zu, in Waitangi-Verfahren Ansprüche auf Ufer und Meeresboden zu erheben. Aufgeschreckt peitschte die damalige Labour-Regierung 2004 ein Gesetz durch, das beide Bereiche zu Staatsbesitz machte, aber den Maori Kontrollrechte gewährte – für die einen Aufgabe von Pakeha-Interessen, für andere Einschränkung der Rechte aus dem Treaty of Waitangi. Sogar der UN-Ausschuss gegen rassistische Diskriminierung, von Maori angerufen, ermittelte. Erboste Maori-Parlamentarier verließen Labour und gründeten die Maori Party, rechte Populisten hetzten gegen Zugeständnisse an die Maori. 2010 kündigte der jetzt mit Hilfe der Maori Party regierende National Premier John Key an, das Gesetz zurückzunehmen und neu zu verhandeln – das Reizthema bleibt also.

Politikwandel dank Wahlreform

Seit einer Reform des Wahlrechts1996 wird das Parlament in Wellington per Verhältniswahl nach deutschem Vorbild gewählt. Zu 70 Direkt- und 50 Listenmandaten kommen oft Überhangmandate – aktuell gibt es 122 Abgeordnete. Davon sind sieben in *Maori electorates*, überregionalen Wahlkreisen nach Stammes-Zugehörigkeit, gewählt. Wer dort seine Stimme abgeben will, muss sich in spezielle Wählerlisten einschreiben, alternativ kann jeder Maori aber auch in dem Wahlkreis, in dem er lebt, zur Urne gehen. Auch kandidieren können Maori natürlich überall: außer in der Maori Party sind sie in der Labour-Fraktion traditionell gut vertreten.

Machten vor 1996 Labour und National Wahlen unter sich aus und der Sieger stellte die Regierung, so teilten sich seitdem bis zu acht Parteien die Mandate, allein regieren konnte noch keine. Das Wahlrecht lässt

Fischerei bringt viel Geld, aber auch Neid zwischen den Volksgruppen

kleine Parteien, die mindestens einen Direktkandidaten durchbringen, auch dann ins Parlament, wenn sie die 5 % Sperrklausel verpassen – 2008 vier der sieben Parteien.

Dies führt zu manch skurriler Konstellation: Labour-Chefin Helen Clark überstand ihre dritte Amtsperiode 2005–08 mit einer Minderheitskoalition aus 50 Labour MPs und dem einzigen Abgeordneten der Progressive Party, toleriert von den Grünen und unterstützt von einer rechts-populistischen sowie einer christlichen Partei, deren Vorsitzende sie zu ›Ministern außerhalb des Kabinetts‹ berief. Auch National braucht seit 2008 für seine bürgerlich-konservative Regierung unter John Key Unterstützung: ACT, United Future und Maori Party stellen fünf ›Minister außerhalb des Kabinetts‹. Diese ›Koalition light‹ erlaubt den betreffenden Ressortchefs in allen Angelegenheiten außerhalb ihres Arbeitsbereichs, die Regierung zu kritisieren und sogar gegen Beschlüsse des Kabinetts zu opponieren, das sonst einstimmig beschließt und auftritt. Spätestens im November 2011 muss es Neuwahlen geben.

Monarchie oder Republik

Formelles Staatsoberhaupt ist Elizabeth II. als ›Königin von Neuseeland‹, vor Ort durch einen Generalgouverneur vertreten. Dazu wird schon seit langem ein angesehener, von der Regierung vorgeschlagener Neuseeländer berufen. Eine republikanische Bewegung fordert unter dem Motto ›Resident for President‹ trotzdem, dieses letzte verfassungsrechtliche Band zur einstigen Kolonialmacht zu kappen. Nach Umfragen stehen etwa gleich große Gruppen hinter Monarchie oder Republik. Für den Wechsel sind vor allem junge Neuseeländer (Infos: www.republic.org.nz).

Die Mitte 2006 durch den Tod der 40 Jahre ›regierenden‹ Königin in den Fokus der Weltöffentlichkeit geratene Maori-Monarchie, Kingitanga, repräsentiert allenfalls ein Viertel der Maori-Bevölkerung und ist nicht in der Verfassung verankert (S. 13).

Groß im Pazifik

Neuseeland ist global betrachtet mit gut 4,4 Mio. Einwohnern kein gewichtiger Staat. Seit den 1980ern ist es atomwaffen- und atomenergiefreie Zone, dadurch ist das Verhältnis zu den USA etwas unterkühlt (S. 32). Außenpolitisch engagiert sich das Land vor allem im Pazifikraum, griff militärisch im Osttimor-Konflikt ein, verwaltet die Tokelau Islands in der **polynesischen Inselwelt** und ist dort mit zwei weiteren Staatsgebilden assoziiert, Cook Islands und Niue, deren Bürger in Neuseeland freies Aufenthaltsrecht genießen.

Wirtschaft

Nach einer Studie der Weltbank bot Neuseeland aufgrund radikaler Deregulierung und Entbürokratisierung ab den 1980ern (S. 32) das **unternehmerfreundlichste Klima der Welt.** Rigoros wurden Staatsbetriebe privatisiert, mit teilweise katastrophalen Folgen, die zum Umdenken führten: So ließen private Eigner die Bahn verkommen. 2003 kaufte die Regierung das zehn Jahre zuvor veräußerte Schienennetz für einen symbolischen Dollar zurück. 690 Millionen Dollar kostet 2008 der Rückkauf der ›rollenden‹ Bahn sowie der InterIslander Fähren (S. 288). Erster Aufsichtsratsvorsitzender des neuen Staatsbetriebs KiwiRail wurde Ex-Premier Jim Bolger, unter dessen Regierung die Bahn privatisiert wurde. Rund eine halbe Milliarde Dollar verschlang eine erste Sanierung, um den Güterverkehr wieder attraktiv zu machen, jetzt werden 2 Mrd. Dollar in die dringend notwendige Modernisierung des Nahverkehrs der Großräume Auckland und Wellington gesteckt. Derweil fordern die Grünen auch eine Renaissance des Personenfernverkehrs (S. 76).

Auf Weiden und Feldern

Trotz allen Wandels blieben **landwirtschaftliche Produkte** wie Molkereiwaren, Fertiggerichte, Fleisch, Fisch und Krustentiere wichtigste Exportgüter. Sie werden von der Lebensmittelindustrie im Lande veredelt, unterstützt von bio- und gentechnischen Forschungen an den Universitäten des Landes. Geradezu Element des Landschaftsbildes ist die **Viehzucht.** Die ersten Schafe zur Wollgewinnung kamen 1834 ins Land. Mit Erfindung der Kühlschiffe im späten 19. Jh. wurde die Fleischerzeugung wichtiger, inzwischen liefern Schafe auch Leder, Naturdärme für Würstchen und Rohstoffe für die Pharmaindustrie. Nach Abschaffung der Subventionen für Tierhaltung 1984 sank der Bestand von 70 Mio. auf heute ca. 32 Mio. Tiere. Daneben gibt es fast 6 Mio. Milchkühe und über 4 Mio. Rinder zur Fleischproduktion. Und seit ersten Versuchen 1970 boomt Rotwildzucht: Rund 1,2 Mio. Tiere stehen auf Weiden vor allem im Süden der Südinsel – größter Abnehmer für das Fleisch, das zur Unterscheidung vom ›wilden‹ *venison* als *cervena* bezeichnet wird, ist Deutschland. Über 75 % der landwirtschaftlich genutzten Flächen dienen als Weideland oder zum Anbau von Futtermitteln.

Unter den veredelten Produkten, die von Neuseelands Böden stammen, boomt der **Wein:** 2009 wurden für knapp 1 Mrd. NZD über 110 Mio. Liter exportiert, gut 80 % davon Sauvignon Blanc. Australien, Großbritannien und die USA nehmen am meisten ab, während die Deutschen noch nicht so auf den Geschmack gekommen sind – selbst Holländer, Nr. 5 unter den Abnehmern, und Dänen importieren mehr. Rasant steigend ist der Weinexport nach China. Deutsche kaufen lieber **Kiwi-Früchte** (S. 25) und Äpfel. Eigentlich gibt es kaum eine Frucht- oder Gemüsesorte, die nicht agrarwirtschaftlich genutzt wird. Kreativität ist notwendig: Neuseelands Landwirte leben weltweit mit den niedrigsten Subventionen.

Streit gibt es um den Einsatz der **Gentechnik** (GE = genetic engeneering) in der Landwirtschaft. Agrarforschung und Agrarindustrie wollen sie einsetzen, eine breite Protestbewegung will das verhindern. Während Lebensmittel mit gentechnisch behandelten Bestandteilen (GM-food = genetically modified) gekennzeichnet sein müssen, bewerben immer mehr Nahrungsmittelproduzenten ihre Produkte als GE-free bzw. GM-free. Eine Produktliste unter: www.gefreefood.org.nz.

Bill auf Speed

Thema

Für manche ist es nur eine rasende und röhrende Zumutung der Spaßgesellschaft, für andere ein Segen, der Menschen und Güter, Forscher und Ausrüstung, Ärzte und Medizin in entlegenste Winkel bringt. Und kaum ein Tourist verlässt Neuseeland, ohne zumindest einmal in einem der Jet-Boote des Sir Bill Hamilton gesessen zu haben.

Charles William Feilden Hamilton (1899–1978), meist nur Bill genannt, verkörpert den Typ Neuseeländer, den man gern als ›Kiwi‹ bezeichnet: hemdsärmelig, pragmatisch, Outdoor-Fan und zupackend, wenn gefordert. Er betreibt eine Schaffarm, Irishman Creek, im High Country am Lake Tekapo. Und er liebt Tempo: 1923 bringt er von einer Englandreise einen Rennwagen mit, gewinnt in Neuseeland ein Rennen nach dem anderen und durchbricht als erster Mensch in Ozeanien die 100-mph-Grenze. Außerdem bastelt und erfindet er Dinge, die das Leben im High Country erleichtern. Da gibt es in jedem Herbst ein Problem, wenn die Farmer ihre Schafe von den Hochlandweiden holen. Tagelang ziehen sie mit allen Vorräten auf Pferden von Tal zu Tal und stehen immer wieder vor schwer zu überwindenden Flüssen. Bill sieht in den Flüssen keine Hindernisse, sondern Wege. Wie sie aber bezwingen, vor allem stromaufwärts? Alle haben flache Stellen, manchmal verschwinden sie ganz von der Oberfläche und gurgeln unter dem Schotter weiter.

Ein befreundeter Bootsbauer zeigt Bill Prospekte eines amerikanischen Herstellers, der Boote mit einer Art Düsenantrieb anbietet. Das Prinzip lässt sich nicht 1:1 umsetzen, aber Bill entwickelt daraus in den 1950ern seinen Jetantrieb. Der saugt unter dem Rumpf Wasser an, komprimiert es in einen dünnen harten Strahl und stößt es hinter dem Rumpf mit einem Aggregat wieder aus, das de facto auf der Wasseroberfläche liegt. Bewegungen des Druckstrahls steuern das Boot und machen es ungemein wendig, ein solider Aluminiumrumpf verzeiht auch einen Rutscher über den Schotter. Bald zeigt Bill bei Demonstrationen das spektakulärste Manöver der Jet-Boote, die 360°-Drehung aus vollem Speed von 90 km/h. Der ›Hamilton Turn‹ ist eigentlich eine Notbremse, denn das Boot steht nach dem Dreh – James Bond brachte das Manöver schon auf der Leinwand.

Bill Hamilton macht den Jetantrieb serienreif. Der Durchbruch kommt in den USA 1960 bei einem Bootsmarathon den Colorado River stromaufwärts. Nur vier Boote schaffen die ganzen 160 km, alle vier mit einem Hamilton Jet. 1974 adelt Queen Elisabeth Bill Hamilton für sein Lebenswerk. 1990 wird der Rennfahrer und Sportbootpilot in die Neuseeländische ›Sports Hall of Fame‹ aufgenommen, 2004 der Erfinder, Firmengründer und Wirtschaftsführer in die ›Business Hall of Fame‹. Denn der Jetantrieb ist auch wirtschaftlich ein Erfolg, kommt nicht nur in den bekannten Flitzern auf den Flüssen zum Einsatz, sondern auch in High-Speed-Fähren, Lotsenbooten oder Marineschiffen. Eine Fabrik in Christchurch, nach wie vor von der Hamilton Familie gelenkt, ist ein bedeutender Arbeitgeber der Stadt. Mehr zur technischen Entwicklung auf der Homepage von Hamilton Jet: www.hamjet.co.nz.

Goldene Exporte

Industrieerzeugnisse stehen beim Export in zweiter Reihe. Größter Posten in der Exportstatistik ist mit billiger Energie produziertes Aluminium, für das der Rohstoff aus Australien herangeschifft wird. Zur Sorge der Umweltschützer erleben die eigenen **Rohstoffe,** vor allem Kohle, Gold und Eisensand, dank global steigender Nachfrage eine Renaissance. Der **Kohleabbau** an der West Coast sowie die **Goldgewinnung** in Central Otago und auf Coromandel galten schon als Auslaufmodelle, jetzt erlauben neue Techniken sogar, dort wirtschaftlich zu buddeln, wo man vor Jahrzehnten Gruben und Mienen stillgelegt hat. Australien ist bei Import und Export mit jeweils einem Viertel des Volumens Handelspartner Nummer 1, gefolgt von den USA und Japan.

Reisen bringt Geld

Zum boomenden Dienstleistungssektor mit den meisten Arbeitsplätzen im Lande gehört der seit den 1980ern intensiv geförderte **Tourismus.** Über 10 % aller Jobs hängen direkt oder indirekt davon ab. Was rund 2,5 Mio. Besucher pro Jahr ausgeben, sorgt für den größten Einzelposten unten allen Devisenbringern. Gegen wachsende Konkurrenz u. a. durch Südafrika und Indochina setzt die Branche eine Qualitätsoffensive, um betuchte Kurzurlauber aus den asiatischen Ländern und von der amerikanischen Westküste zu gewinnen. Die Zahl der 5-Sterne-Unterkünfte steigt überproportional.

Schattenseiten

Nach etlichen Boomjahren setzte die globale Finanzkrise 2008/09 auch Neuseeland zu. Die Preise für Immobilien, auf die viele Kiwis ihre Zukunft bauen, brachen ein, mehrere Hypothekenbanken gingen pleite. Vor allem gut ausgebildete, junge Neuseeländer arbeiten lieber im Ausland, zu Hause sind ihnen die Löhne zu niedrig.

Nicht schlecht im internationalen Vergleich ist die Arbeitslosenrate (Sept. 2010: 6,4 %), Sorge macht jedoch die Verteilung: Weit mehr als Pakeha (weiße Neuseeländer) und Asiaten sind Pazifik-Insulaner und Maori ohne Jobs. Gewaltdelikte in Familien besonders gegen Frauen und Mädchen sowie Drogen- und Alkoholmissbrauch sind in beiden Volksgruppen hoch. Ethnisch organisierte **Jugendbanden** machen aus den Suburbs der Großstädte soziale Brennpunkte (www.safe-nz.org.nz/murdermap.htm). Auch in den Mühlen der Justiz ist der Anteil der Maori überproportional. Ein UN-Bericht Anfang 2006 bemängelt, dass Maori an den positiven Entwicklungen des Landes sozial wie wirtschaftlich nicht in gleichem Maße teilhaben wie Pakeha.

Alles über die Kiwi

Bekanntestes Exportprodukt Neuseelands ist die **Chinesische Stachelbeere,** wissenschaftlich *Actinidia deliciosa,* Marketingname Zespri Kiwifruit, Kurzform Kiwi. Erst 1906 kam die Ranke aus dem Reich der Mitte ins Land, verzierte Vorgärten, bis sie Ende der 1940er-Jahre als Fruchtlieferant entdeckt wurde. Kalorienarm, reich an verdauungsregulierenden Faserstoffen, Kalium, Kalzium, Magnesium sowie Vitamin C und E, wurde die Kiwi bei ihrem globalen Siegeszug ab den 1980ern zum Trendobst in den Industriestaaten: leicht, fruchtig, gesund. Auch wenn die Kiwi als neuseeländisches Produkt schlechthin gilt, ist das ›Erfinderland‹ als Produzent hinter Italien auf Platz zwei zurückgefallen. Nr. 3 ist inzwischen China, Nr. 4 Chile.

Den Schutz ihrer Züchtung hatten die Neuseeländer bei der grünen ›Hayward Kiwi‹ versäumt, das Plagiieren durch Export der Setzlinge sogar gefördert. Seit Ende der 1990er-Jahre ist neben der grünen Kiwi eine ›geschützte‹ Züchtung aus Neuseeland auf dem Weltmarkt, die ›Zespri Gold‹, melonensüß und mit glatter Haut. Der Name Zespri, hinter dem der Zentralverband der rund 2500 neuseeländischen Kiwi-Bauern steht, ist ein Kunstwort, weil die Namensrechte an ›Kiwi‹ und ›Kiwi-Fruit‹ nicht mehr frei waren. Alles über die Kiwi aus Neuseeland in Deutsch auf www.zespri-europe.com.

Geschichte

Neuseelands weiße Geschichte ist seit den Logbuchaufzeichnungen von Abel Tasman und James Cook schriftlich festgehalten. Bei den Maori-Stämmen existieren hingegen verschiedene, mündlich überlieferte Geschichtsvarianten, die erst ab dem 19. Jh. von weißen Missionaren aufgezeichnet und in ein Zeitschema gepresst wurden.

Erste Begegnungen

Wann kommen **erste Menschen** nach Neuseeland? Archäologen sind gefordert. Die haben jüngst die Zahlen justiert und gehen heute von einer systematischen Besiedlung ab ca. 1250–1300 aus. Bis ins 15. Jh. erreichen mehrere Siedlerwellen aus Ost-Polynesien Neuseelands Küsten. Aber sind die Vorfahren der Maori wirklich die ersten Menschen in Aotearoa, dem Land der weißen Wolke? Sind Tasman und Cook die ersten Weißen? Auf das 2. Jh. datierte Rattenknochen, gut 1000 Jahre bevor die Nager eigentlich im Gefolge von Menschen hätten auf die Inseln gelangen können, ein spanischer Helm aus dem 16. Jh. vom Grund des Wellington Harbour, ›Standing Stones‹ keltischen Ursprungs – mehr oder minder seriöse Anlässe für Spekulationen gibt es reichlich.

Fast alle seefahrenden Kulturen der Weltgeschichte kamen so schon in den Fokus wilder und wildester Theorien über den ersten Kontakt (Übersicht: www.zealand.org.nz, dort ›History‹ klicken). Dahinter steckt oft das Interesse, die Erstbesiedlung des Landes durch Maori zu widerlegen, die aus ihrer indigenen Rolle einen Sonderstatus ableiten (S. 36). Aber selbst ein aufgrund der erwähnten Rattenknochen lange als möglich angenommener Besuch von Polynesiern um 150 n. Chr. gilt als widerlegt. Die Anwesenheit von Menschen lässt sich einwandfrei erst ab Ende des 13. Jh. belegen.

Maori-Geschichte

Die eng mit der Mythologie verwobene **Geschichte der Maori** wird jahrhundertelang mündlich überliefert. Weiße Missionare zeichnen sie im 19. Jh. auf und sorgen für ein zeitliches Gerüst: Alle Jahreszahlen vor Tasman und Cook gehen auf ihre Hochrechnungen zurück. Die föderale Struktur der Maori bringt von Stamm zu Stamm unterschiedliche Geschichtsversionen hervor. Für gemeinsame Wurzeln sprechen gleiche Götter, Geister und heldenhafte Ahnen. Was sie tun und welche Nebenfiguren ihnen zur Seite stehen, unterscheidet sich jedoch erheblich. Somit ist jede Geschichte der Maori eine von mehreren.

Ursprungsland – und das Reich, zu dem sich die Toten aufmachen – ist das sagenhafte **Hawaiki,** das ähnlich in der Mythologie fast aller Pazifikvölker existiert. Von dort bricht Maui, menschgeborener Ziehsohn der Götter, mit seinen Brüdern zu jenem Fischzug auf, bei dem er Neuseelands Nordinsel an den Haken bekommt, während sich sein Kanu als Südinsel und dessen Ankerstein als Stewart Island dauerhaft materialisieren.

Schon um 950 n. Chr. segelt Entdecker Kupe mit seinem Kanu Matahourua von Hawaiki los. In vielen Erzählungen ist er der erste Seefahrer, der Aotearoa erreicht. Er kehrt in seine Heimat zurück und berichtet von dem neuen Land. Ein Netz von Legenden spannt sich um Kupes Expedition, auf die viele geographische Namen zurückgehen. Über seine

Reisen gibt es Ausführliches in Berichten über polynesische Seefahrer, die die Polynesian Voyaging Society auf Hawaii sammelt: http://pvs.kcc.hawaii.edu/ike/moolelo/ohana.html.

1350 reist auf den von Kupe überlieferten Routen eine **Flotte großer Kanus** nach Neuseeland, sie tragen Namen wie Aotea, Te Arawa, Araiteuru, Horouta, Mahuhu, Mamaari, Te Mamaru, Mataatua, Nukutere, Tainui. Da sich die Zugehörigkeit zu den Tribes wesentlich durch die Genealogie definiert, beginnen viele Ahnenreihen bei den Besatzungen dieser Kanus.

Belegte Besiedlung

Fortbewegungsmittel der ersten Ankömmlinge an Neuseelands Stränden sind hochseetüchtige Katamarane und Auslegerboote. Die Gründe für ihre riskanten Reisen liegen im Dunklen, werden aber als gewollt, nicht als Zufall gesehen. Polynesier jener Zeit sind gewohnt, bei jeder Seereise irgendwann auf Land zu stoßen. So suchen Emigranten ziellos nach neuen Ufern und die Seetüchtigkeit ihrer Schiffe bringt sie weit. Während Thor Heyerdahl 1947 mit der KonTiki-Expedition eine Herkunft der Südseebewohner aus Südamerika beweisen wollte, brachten DNS-Analysen neue Erkenntnisse: Die Polynesier stammen aus Südostasien. Eine maritime Völkerwanderung bringt sie über Indonesien und Neuguinea um 1000 v. Chr. nach Samoa und Tonga, in einem späteren Sprung auf die Marquesas-Inseln. Von dort verteilen sie sich in alle Himmelsrichtungen, erreichen um 600 n. Chr. Hawaii, später die Oster-, die Gesellschafts-, die Cook-Inseln, schließlich Neuseeland – nie aber Australien: Aboriginies und Maori haben keine gemeinsame Herkunft.

Die erste Zuwanderungswelle nach Aotearoa ist im 15. Jh. abgeschlossen, etwa 25 000 Menschen dürften zu dieser Zeit auf Aotearoa leben. Älteste Siedlungsgebiete liegen im Northland, auf Coromandel und in den Marlborough Sounds immer in der Nähe zum Meer. Nur auf der Südinsel folgen Moa-Jäger ihrer Beute weit ins Landesinnere.

Kulturen und Kämpfe

Zwei Kulturstufen machen Archäologen in der voreuropäischen Geschichte Neuseelands aus. Von einer archaischen **Jäger- und Sammlerkultur** ist kaum mehr bekannt als dass sie die flugunfähigen Moas ausrotten. Vom Norden ausgehend entwickelt sich eine sesshafte **Bauernkultur,** ob durch Evolution oder von späteren Ankömmlingen importiert, ist unklar. Mit dem Anwachsen der Bevölkerung kommt es zu Verdrängungskonflikten. Von unfriedlichen Zeiten zeugen unzählige **Pa,** Wehrdörfer, die strategisch für die Verteidigung angelegt waren, gern auf Hügelkuppen, Landspitzen oder Landzungen und mit soliden, manchmal gestaffelten Palisaden gesichert. Kein *pa* ist im Original erhalten, ihre terrassenförmigen Anlagen sind jedoch vor allem an Hügeln deutlich sichtbar, z. B. am Mt Eden in Auckland (S. 122). Das *pa* war, wie ähnliche Anlagen im prähistorischen Europa, ein Fluchtpunkt im Krisenfall. Der Alltag der Bauerngesellschaft spielte sich in umliegenden Dörfern ab, die man heute nur noch als Rekonstruktionen sehen kann.

Auf der für Ackerbau nicht so geeigneten und deutlich dünner besiedelten Südinsel hält sich die ältere Kulturstufe am längsten, ehe sie von expandierenden Nordinsel-Tribes verdrängt wird. Die auf den Chatham-Inseln bis in die 1920er-Jahre existierenden Moriori gelten als Nachfahren der Menschen dieser Südinsel-Kultur. Die These von zwei ethnisch unterschiedlichen Gruppen gilt als überholt.

Die Weißen kommen

Am 13. Dezember 1642 erreicht **Abel Janszoon Tasman** mit seinen beiden Schiffen Heemskerck und Zeehaen die Westküste der Südinsel. Der irrende Holländer beschreibt das Land als groß und hoch, glaubt sich aber an der Westküste des vom Atlantik her bereits bekannten Südamerika und nennt seine Entdeckung danach *Staten Landt.* Fünf Tage später hat er einen vermeintlich einladenden Landungsplatz entdeckt, seine Schiffe ankern an der Golden Bay. Am folgenden Tag greifen Maori mit Kanus ein Beiboot der Holländer an, vier Matrosen sterben. Tasman nennt den Ort ›Mörderbucht‹, sticht schnell wieder in See und hat selbst nie den Fuß auf neuseeländischen Boden gesetzt.

Seine Auftraggeber von der holländischen Ostindien-Kompanie haken die Expedition als gescheitert ab: kein lukrativer Handel möglich. Als die Holländer bald darauf feststellen, dass Tasmans Entdeckung unmöglich Teil ihres Staten Landt sein kann, benennen sie es um in **Nova Zelandia** oder holländisch *Nieuw Zeeland* nach der Provinz Zeeland im Süden der Niederlande. Mitte des 17. Jh. taucht der Name in ersten rudimentären Karten der Region auf.

Über ein Jahrhundert vergeht, ehe wieder ein Weißer die Inseln erkundet: **James Cook** erreicht am 8. Oktober 1769 die Nordinsel bei Gisborne und beweist den Inselstatus. 1772 und 1775 kommt er zurück, kartografiert, verteilt Namen und erklärt alles zum Besitz der englischen Krone. Neuseeland gilt vorerst als Außenposten der britischen Australien-Kolonie New South Wales. Zu dieser Zeit leben maximal 200 000 Maori im Lande. Fast zeitgleich mit Cook sind zwei Franzosen mit Expeditionen in neuseeländischen Gewässern unterwegs, sie bleiben Fußnoten der Geschichte. Nach den Entdeckern kommen **Wal- und Robbenjäger** in großer Zahl, ihnen folgen Händler und **Missionare.** Diese christianisieren die Maori ab 1814.

Ein erstes ›Ballungszentrum‹ wird die Bay of Islands. Dort kommt ein schwungvoller Handel zwischen den Maori und den Pakeha in Gang, mit fatalen Folgen: Da die Weißen mit Waffen zahlen, sind die in engem Kontakt zu den Neusiedlern lebenden Tribes bald den Stämmen in anderen Landesteilen militärisch überlegen. Alte Rechnungen werden beglichen. Ein Drittel bis die Hälfte der Maori-Bevölkerung fällt in den **Musketen-Kriegen** 1820–35 Stammesvendetten zum Opfer.

Um Ordnung in das Chaos zu bringen, gründen 34 Häuptlinge aus dem Northland, vom britischen Gesandten James Busby angeleitet, 1835 die **Confederation of United Tribes.** Dieses erste Staatengebilde auf neuseeländischem Boden setzt sich jedoch nicht durch, nur seine Flagge, die erste offizielle Fahne Neuseelands, wird heute noch geschwenkt, wenn Maori für ihre Interessen demonstrieren.

In London gründet derweil E. G. Wakefield gegen den Willen der Krone die **New Zealand Company,** die von 1837 bis 1858 besteht. Es kommt zu einem regelrechten Wettlauf um Land. Wakefields Agenten versuchen so viel aufzukaufen wie möglich, ehe die sich abzeichnende Kolonie offiziell wird und die Krone die Landverteilung regulieren könnte. Die heutige Hauptstadt Wellington wird 1840 erste Siedlung der Kolonialgesellschaft.

Staatsgründung und Bürgerkrieg (1840–70)

Mit der Befugnis, im Namen der britischen Krone zu verhandeln, landet am 29. Januar 1840 der Offizier und spätere erste Gouverneur von Neuseeland, William Hobson, in der Bay of Islands. Neun Tage später, am 6. Februar, setzen 43 Häuptlinge ihre Unterschriften oder ihr *moko* – das der Gesichtstätowierung nachempfundene Häuptlingssiegel – unter einen von Hobson vorgelegten Vertrag, den **Treaty of Waitangi.**

Die Hoffnung, die Stammeskämpfe ihres Volkes untereinander zu beenden und den lukrativen Handel mit den Weißen zu fördern sowie eine massive Einflussnahme durch Missionare bringen trotz anfänglicher Skepsis seitens der Maori die Entscheidung für die Unterzeichnung nach nur einem Verhandlungstag. Anschließend tingeln in Hobsons Auftrag Beamte und Missionare durch das Land. Sie überzeugen zwar nicht alle Häuptlinge, bringen aber 512 Unterschriften zusammen. Um die rührige New Zealand Company der Wakefield-Brüder in Wellington besser im Zaume halten zu können, proklamiert William Hobson schon im Mai 1840 die britische Souveränität über das ganze Land, fünf Monate vor Ende der Unterschriftenaktion. Neuseeland wird **Kronkolonie.**

Vertrag der zwei Zungen

Die meisten Häuptlinge unterzeichnen die Maori-Version des Treaty, nicht einmal jeder zehnte den englischen Text, der jedoch wird zur offiziellen Version. Darin treten die Maori »absolut und ohne Einschränkungen die volle Souveränität« über ihr Land an die Königin von England ab. Ihnen wird ein dauerhaftes Besitz- und Nutzungsrecht an ihren Ländereien, Wäldern, Fischgründen und sonstigen Werten garantiert. Sie gewähren der Krone ein Vorkaufsrecht auf alles Land, im Gegenzug verspricht die Königin allen Maori ihren königlichen Schutz sowie alle Rechte und Privilegien eines britischen Untertanen.

Vor allem am Begriff Souveränität scheiden sich die Geister, zumal er in der Maori-Sprache unbekannt ist. In der Maori-Version des Vertrags heißt es an entsprechender Stelle, die Unterzeichner geben die »komplette Verwaltung ihres Landes« an die Königin ab. Die Häuptlinge sehen im Treaty of Waitangi eine Vereinbarung unter Gleichen, mit Queen Victoria als Partnerin. Sie glauben, dass der Vertrag ihre traditionelle Macht nicht angreift, sondern eher vor den Wirren der neuen Zeit schützt. Zudem garantiert ihnen die Maori-Version das traditionelle Häuptlingsrecht, *te tino rangatiratanga* über das Territorium ihres Stammes. Damit behalten sie nach ihrem Verständnis gerade jene Souveränität über das Land ihrer Clans, die ihnen die englische Version nimmt.

Landhunger

Fünf Jahre nach der Unterzeichnung kommt es im Northland zu ersten Kämpfen zwischen Siedlern und vom Vertrag enttäuschten Maori. Immer deutlicher wird den Häuptlingen, dass sie mit dem Land die Grundlage ihrer Macht verhökerten. Trotzdem verkaufen Maori, von Regierungsseite unter Druck gesetzt und von ›weißen‹ Gesetzen benachteiligt, Millionen Hektar Land, darunter fast die ganze Südinsel, für ›Peanuts‹ an die Krone, die beim Weiterverkauf an Siedler gute Gewinne macht. Für die Weißen geht mit jedem Landkauf ein dauerhafter Besitzerwechsel einher, während die Maori aus der Tradition ihres Kollektivbesitzes im Stammesverbund eine Art Leasing-Vertrag und damit eine Rückgabe erwarten, sobald ein Käufer oder die Krone Land nicht mehr nutzen. Gestritten wird auch über Fischereirechte, denn Fisch hat für Maori sowohl als Grundnahrungsmittel als auch für traditionelle Mahlzeiten bei rituellen Festen einen hohen Stellenwert

König und Krieg

Um eine bessere Verhandlungsposition bemüht, gründen die im mittleren Teil der Nordinsel ansässigen Tribes 1857 die **Maori-Königsbewegung** *Te Kingitanga.* Sie wollen mit den Briten und ihrer Königin auf Augenhöhe verhandeln. Te Kingitanga ist der Kolonialverwaltung ein Dorn im Auge, ihre Anhänger sind der Rebellion verdächtigt. Als sich die Gelegenheit bietet, nehmen Kolonialisten 1860 den eskalierenden Streit um einen Landhandel zum Anlass für einen Feldzug in den fruchtbaren Waikato District. Der weitet sich zu den **Landkriegen** aus, die sich über mehr als ein Jahrzehnt hinziehen und das Land bis hinüber ins Eastland erfassen. Ein Rückzugsgebiet, über das der Maori-König und seine Anhänger jedoch nie die Kontrolle verlieren, ist das bergige, unwirtliche King Country.

Der Krieg spaltet auch die Maori. Einige Tribes, vor allem die Te Awara aus der Region um Rotorua, kämpfen auf Seiten der Briten, manchmal sogar ohne sie. Wieder werden alte Rechnungen zwischen den Stämmen beglichen. Nach anfänglichen Erfolgen hatten die ›Aufständischen‹ trotz allen Mutes und aller Kriegsfinten dem zahlen- und waffenmäßig hoch überlegenen Berufsheer der Briten mitsamt deren Unterstützern aus Kreisen der Kolonialisten und verbündeten Maori-Stämmen auf Dauer nicht stand. Zudem ist es bei den Maori-Verbänden üblich, dass die Krieger immer nur für ein paar Monate ihren Kriegsherren zur Verfügung stehen und dann zu ihren Familien zurückkehren, um notwendige Arbeiten für das alltägliche Überleben zu erledigen. Die **Niederlage der Maori** nutzt die Kolonialregierung anschließend, um alles begehrte Land zu konfiszieren oder gegen lächerliche Entschädigungen zu enteignen.

Separatismus

Während der Norden vom Bürgerkrieg gelähmt ist, stärken **Goldfunde** ab 1861 die Südinsel. Dort ist der Anteil der Maori an der Bevölkerung zudem so gering, dass der Funke des Aufruhrs nicht überspringt. Vor allem Dunedin profitiert vom Goldrush, später von der schnell wachsenden Viehzucht in seinem Hinterland und ist über Jahre eine der modernsten Städte des Empire. 1869 entsteht dort Neuseelands erste Universität. Mit dem neuen Reichtum im Rücken denken Provinzen wie Canterbury und Otago an Selbstständigkeit. Um dem entgegenzukommen, zieht die Regierung 1865 von Auckland in die neue **Hauptstadt Wellington** um. Die Macht der Provinzen wird endgültig mit der Zentralisierung 1876 gebrochen, die das Ende der Regionalparlamente und -regierungen bringt.

Weg ins 20. Jahrhundert

1880 brechen die Wollpreise auf dem Weltmarkt ein, die folgende Depression wird mit Arbeitsbeschaffungsmaßnahmen bekämpft. Das Land entwickelt seine Infrastruktur, verschuldet sich aber wie keine andere britische Kolonie. Eine neue Geschäftsidee zeigt Licht am Horizont: 1882 fährt erstmals ein Kühlschiff mit Schaffleisch von Dunedin Richtung England. Erste zarte Blüten des Tourismus werden 1886 von der Lavaasche der Eruption des Mt Tarawera verschüttet, unter den 153 Toten sind zahlreiche ›Globetrotter‹. Ein Jahr später entsteht durch eine Schenkung der Maori an die Krone der erste Nationalpark des Landes, der Tongariro National Park rund um die Vulkane des Central Plateau.

Fortschrittliche Gesetze, die den Frauen das allgemeine Wahlrecht bringen (1893 auf nationaler Ebene eine Weltpremiere), Kleinbauern eine Existenzgrundlage verschaffen (1892) und eine staatliche Mindestrente garantieren (1898), bringen Neuseeland den Ruf, ›Geburtsort des 20. Jahrhunderts‹ zu sein. 1907 bekommt Neuseeland den Status eines Dominion, eines autonomen Staates im Commonwealth of Nations.

Wendepunkt für die Maori

Indifferent bleibt das Verhältnis zwischen Krone und Maori. 1865 wird mit der Einführung eines Grundbuchs der Landbesitz den formalen Regeln der Pakeha-Gesellschaft angepasst. Dies erleichtert Landkäufe für die Weißen, erschwert aber die Anerkennung von Besitzansprüchen der Maori. Eine Wahlrechtsreform garantiert ihnen 1867 erstmals vier Mandate im Parlament. Auf der anderen Seite offenbart der Zensus von 1891 eine Tragödie: Seit Ankunft der Weißen ist die Zahl der Maori nie so gering gewesen: 44 177. Die aber politisieren sich langsam.

Ein **Maori-Parlament,** das 1892–1902 tagt, bleibt noch ohne Bedeutung. Anders die 1918 gegründete Ratana Church, eine christliche Maori-Kirche. Sie entwickelt sich zu einer bis in die Gegenwart einflussreichen Bewegung weit über den religiösen Rahmen hinaus, stellt in den folgenden Jahrzehnten viele bedeutende Parlamentarier, die meist innerhalb der Labour-Fraktion arbeiten. Mit ihrer Hilfe schafft es Labour 1935 erstmals, die Regierung zu stellen. In den folgenden Legislaturperioden wird der Grundstein für einen modernen **Wohlfahrtsstaat** gelegt.

Weltkriege und Bündnisse

In den beiden Weltkriegen steht Neuseeland auf Seiten der Alliierten und beklagt hohe Verluste an Menschenleben, darunter sehr viele Maori. Bis heute Trauma und Anlass für den nationalen Gedenktag **ANZAC Day** ist die verlustreiche Niederlage des Australian and New Zealand Army Corps 1915 bei Gallipoli an den Dardanellen gegen die Türken, die wohl blutigste Schlacht des Ersten Weltkriegs.

Um eine befürchtete japanische Invasion im Zweiten Weltkrieg zu verhindern, stationieren die USA Schutztruppen auf Neuseeland, daraus entsteht 1951 der Verteidigungspakt ANZUS, in den auch Australien eingebunden ist. 1947 erlangt Neuseeland die volle Souveränität, bleibt aber **Mitglied des Commonwealth** und behält den Regenten des britischen Königreichs als formelles Staatsoberhaupt.

Fast schon Ritual: Demonstration am Waitangi-Tag

Neuseeland heute

Emanzipation der Maori

Ende der 1960er-Jahre setzen junge, von der amerikanischen Black-Power-Bewegung inspirierte Maori eine kritische Auseinandersetzung mit der Rolle ihres Volkes in der Geschichte in Gang. Mit einem Marsch vom Northland zum Parlament in Wellington protestieren Maori 1975 gegen die ›ignorante Politik‹ der Regierung. Sie fordern »Honour the Treaty«: Die weiße Gesellschaft soll den Vertrag von Waitangi im Wortlaut beachten.

Die Weißen haben diesen Vertrag fast vergessen: So feiern sie lange die Koloniegründung am 29. Januar, dem Tag der Ankunft von William Hobson. Der 6. Februar, der Tag der ersten Vertragsunterzeichnung, wird erst 1960 Gedenk- und 1973 nationaler Feiertag.

Entschädigungen

Neue Bedeutung erhält der Treaty of Waitangi 1975: Verstöße werden nun geprüft, seit 1985 sogar rückwirkend bis 1840. Das Waitangi-Tribunal spricht zwar nur Empfehlungen aus, aber keine Regierung wagt, sie zu ignorieren.

Mitte der 1990er versucht die ›Krone‹, einmalig 1 Mrd. NZD als Ausgleich für alle Verstöße gegen den Vertrag von Waitangi an die Maori zu zahlen, doch der ›General-Vergleich‹ scheitert. Stattdessen werden Vereinbarungen mit einzelnen Stämmen oder zu komplexen Bereichen wie der Fischerei und der Forstwirtschaft getroffen. 1995 erhalten die Tainui-Tribes im Westen der Nordinsel für illegale Landenteignungen 125 Jahre zuvor einen Ausgleich im Wert von rund 170 Mio. NZD – nur ein Bruchteil des verlorenen Wertes sagen Kritiker. In ähnlichem Umfang werden 1997 die mehrheitlich auf der Südinsel ansässigen Ngai Tahu entschädigt. Die bis dato größte Reparationsvereinbarung spricht im Juli 2008 mehreren Nordinsel-Tribes Forstflächen im Wert von rund 200 Mio. NZD zu, außerdem erhalten sie die Erträge dieser Flächen rückwirkend für fast zwei Jahrzehnte – noch einmal 223 Mio. NZD.

Gelder und Sachwerte fließen meist in Stiftungen. Damit werden u. a. soziale Projekte, Förderung von Maori-Unternehmen oder Ausbildungsprojekte für Mitglieder der Tribes finanziert. Insgesamt haben die Entschädigungen seit 1992 das Volumen des angestrebten Generalvergleichs von 1 Mrd. NZD längst überschritten und ein Ende der Verfahren wird nicht vor 2020 erwartet.

Natürlich werden bei der Verwaltung solcher Summen auch Fehler gemacht. Gegner der Reparationen zeigen nur zu gern darauf und polemisieren zunehmend gegen eine die nationale Einheit gefährdende ›Waitangi-Klage-Industrie‹.

Erstarrung und Aufbruch

1949–84 regiert National mit nur kurzen Unterbrechungen. Der EG-Beitritt Großbritanniens 1973 lässt die Exporte dorthin einbrechen und verstärkt eine durch steigende Ölpreise längst schwelende Wirtschaftskrise. Das Land dümpelt im Griff der Bürokraten und von Subventionen alimentiert vor sich hin. Auch Großprojekte nach dem Think-Big-Konzept des 1975–84 regierenden National-Premiers Robert Muldoon bringen diese ›gelenkte Volkswirtschaft‹ nicht auf Erfolgskurs: Billige Energie und bessere Infrastruktur sollen mehr Industrieansiedlungen ermöglichen. Muldoon liebäugelt sogar mit der Atomkraft. Wahlen sorgen jedoch 1984 für einen radikalen Politikwechsel. Den Staatsbankrott vor Augen, dereguliert Labour radikal die Märkte und baut ebenso radikal Subventionen ab, v. a. in der Landwirtschaft (S. 23).

Katastrophen

1931 Am 3. Februar zerstört ein Erdbeben die Städte Napier und Hastings an der Hawke Bay – 256 Tote.

1953 Unterhalb des Mt Ruapehu reißt am Heiligabend eine Schlammlawine eine Eisenbahnbrücke weg. Minuten später stürzt der Nachtexpress Wellington–Auckland in die Tiefe – 151 Menschen verlieren ihr Leben.

1968 Am 10. April gerät die Fähre ›Wahine‹ auf dem Weg von Christchurch nach Wellington in einen der schwersten im Land je registrierten Stürme, wird auf Felsen in der Einfahrt des Wellington Harbour gedrückt und kentert – 51 Menschen sterben.

1979 Am 28. November zerschellt Air New Zealand Flight 901, ein Sightseeing-Flug über Antarktika, am Mt Eborus (Ross Island) – mit 257 Toten das opferreichste Unglück in Friedenszeiten, das das Land je erlebt.

2011 Am 22. Februar zerstört ein Erdbeben Christchurch und die benachbarte Hafenstadt Lyttelton. Bis Redaktionsschluss sind 170 Tote geborgen, es werden aber noch mehr Opfer unter den Trümmern vermutet. Ob Christchurch je wieder ganz aufgebaut wird, gilt als sehr fraglich.

Nuclear-Free New Zealand

Der deutschstämmige Premier David Lange manövriert das Land an die Spitze der internationalen Friedensbewegung. Neuseeland sperrt seine Häfen für atomgetriebene und -bewaffnete US-Schiffe und erklärt sich 1987 zur **atomwaffen- und atomenergiefreien Zone.** Danach läuft kein Schiff der US-Marine mehr Neuseeland an und die USA setzen alle Verpflichtungen aus dem Verteidigungspakt ANZUS gegenüber Neuseeland aus.

In Neuseeland nimmt das Vertrauen in die alten Verbündeten am 10. Juli 1985 weiteren Schaden: Im Hafen von Auckland explodiert eine Bombe auf dem Greenpeace-Schiff **Rainbow Warrior,** die schnell gefassten Attentäter sind Mitglieder des französischen Geheimdienstes. Frankreich will mit der Aktion Proteste gegen seine Atombombentests im Südpazifik verhindern, die sich bis in den Sommer 1995/96 hinziehen. Neben dem internationalen Protest von Umweltschützern und Atomgegnern zählt Neuseeland als Staat zu den schärfsten Kritikern der Franzosen und setzt sogar Kriegsschiffe zum Schutz privater Protestflotten ein.

Diese Anti-Atom-Haltung prägt wie kaum etwas sonst das grüne, friedliebende, geradezu paradiesische Image Neuseelands. Dabei wird oft übersehen, dass neuseeländische Truppen in Korea, Vietnam und Afghanistan Seite an Seite mit den Amerikanern kämpften. 2003 verweigerten sich die Kiwis zwar der Invasion im Irak, sind inzwischen aber am dortigen ›Wiederaufbau‹ beteiligt.

Edmund Hillary – Sir der Berge

Thema

Als sich das Ereignis zum 45. Mal jährte, setzte es die Deutsche Presseagentur in einer Würdigung mit der Mondlandung gleich, die 16 Jahre später stattfand: Die Erstbesteigung des Gipfels der Welt, des 8872 m hohen Mount Everest durch den Neuseeländer Edmund Hillary und seinen nepalesischen Partner Tensing Norgay am 29. Mai 1953.

Diese Weltsensation brachte den 34-jährigen, eher introvertierten Hillary – von Beruf Imker – ins Rampenlicht der Weltöffentlichkeit und auf die Knie vor der gerade gekrönten Elisabeth von England, die ihn adelte. Der Mann, der mit 16 Jahren auf einer Klassenfahrt in den Tongariro National Park zum ersten Mal Schnee gesehen hatte, nahm bis Mitte der 1960er an weiteren Himalaja-Expeditionen teil, stand aber nie wieder auf einem 8000er.

Schlagzeilen machte er trotzdem: 1957/58 führte er die neuseeländische Gruppe bei der *Commonwealth Trans-Antarctic Expedition,* der ersten Überquerung des sechsten Kontinents mit Fahrzeugen. Die Kiwis sollten nur Depots für den Rückweg der Hauptgruppe zur neuseeländischen Scott Base anlegen. Hillary erlaubte sich jedoch am 3. Januar 1958, ›mal eben‹ dem Südpol einen Besuch abzustatten, zwei Wochen vor dem englischen Expeditionsleiter Vivian Fuchs mit seinem Team. Die Weltöffentlichkkeit goutierte dank Funktechnik begeistert das Geplänkel zwischen dem herablassenden Briten und dem unkonventionellen Neuseeländer. Auf jeden Fall war Hillarys Kiwitruppe nach den Expeditionen von Amundsen und Scott 1911/12 erst die dritte Gruppe, die den Südpol auf dem Landweg erreichte.

Edmund Hillary münzte seine Popularität in Hilfe für die Menschen der Himalaja-Region um und gründete den *Himalayan Trust,* eine Stiftung, die vor allem das Volk der nepalesischen Sherpa unterstützt, in ihren Gebieten Schulen und Krankenhäuser finanziert, Kultstätten restaurierte und Aufforstung betreibt (www.himalayan-trust.org.np, deutsche Sektion: www.sir-edmund-hillary-stiftung-deutschland-ev.de).

Der Erfolgsmensch erlebte aber auch Schicksalsschläge, die ihn zeitweilig aus der Bahn warfen. 1975 kamen seine Frau Louise und seine 16-jährige Tochter Belinda bei einem Flugzeugabsturz in Nepal um. Er selbst hatte die Reise zur Eröffnung eines Krankenhauses seiner Stiftung angeregt. Vier Jahre später starb sein langjähriger Freund und Expeditionspartner Peter Mulgrew, als Flug Air New Zealand 901 bei einem Sightseeing-Flug über die Antarktis am Mt Erebus zerschellte. Mulgrew war als Kommentator an Bord, ein Job, für den auf diesem Flug eigentlich Hillary vorgesehen war, doch hatte der kurzfristig absagen müssen. 1989 heiratete Edmund Hillary in zweiter Ehe Mulgrews Witwe June. Zwischenzeitlich vertrat er Neuseeland als Botschafter für Nepal, Indien und Bangladesh.

Zum 50. Jahrestag der Mt Everest-Erstbesteigung 2003 wurde Sir Edmund Hillary als erster Ausländer überhaupt Ehrenbürger Nepals und aus demselben Anlass standen wenig später sein Sohn Peter und Tensings Enkel Tashi gemeinsam auf dem Gipfel. Als Edmund Hillary, eine der geachtetsten und bekanntesten Persönlichkeiten seines Landes, im Januar 2008 starb, trauerte nicht nur Neuseeland.

Zeittafel Neuseeland

13.–15. Jh.	Nachgewiesene Besiedlung von Ost-Polynesien aus.
1642	Der Holländer Abel J. Tasman erreicht Neuseelands Westküste.
1769–75	James Cook umsegelt und erkundet Neuseeland auf drei Reisen.
Ab 1800	Wal- und Robbenjäger gründen Stützpunkte. Erstes Macht- und Handelszentrum an der Bay of Islands. Christianisierung der Maori.
1837–52	Systematische Besiedlung von den britischen Inseln aus.
6. Febr. 1840	Vertrag von Waitangi. Neuseeland wird britische Kronkolonie.
1852	Der *New Zealand Constitution Act* bringt mehr Selbstverwaltung. Provinzen entstehen. Erste Parlamentswahlen benachteiligen Maori, weil das Wahlrecht an individuellen Grundbesitz gebunden ist.
1857–70	Maori-Stämme im mittleren Teil der Nordinsel wählen einen König. In den Landkriegen werden sie besiegt. Landenteignungen folgen.
1880–82	Preisverfall auf dem Wollmarkt bringt Depression. Erster Gefrierfleischexport per Schiff zeigt neue Verdienstmöglichkeiten.
1893	Frauen bekommen das Wahlrecht – Weltpremiere.
1898	Einführung einer staatlichen Grundrente – Weltpremiere.
1891	Nur noch 44 177 Maori leben im Lande – historischer Tiefststand.
1907	Neuseeland wird Dominion mit weitgehender Souveränität.
1915	Niederlage des *Australian and New Zealand Army Corps* (ANZAC) auf Seiten der Alliierten bei Gallipoli gegen die Türken.
1908	1 Million Einwohner.
1935	Erste Labour-Regierung.
Zweiter Weltkrieg	Neuseeländer kämpfen auf Seiten der Alliierten, über 11 000 fallen.
1947	Neuseeland bleibt trotz voller Souveränität im Commonwealth.

Verteidigungspakt ANZUS mit USA und Australien.	**1951**
2 Millionen Einwohner.	**1952**
Politisierung der Maori, ausgehend von den Universitäten.	**Ab 1967**
3 Millionen Einwohner.	**1973**
Mit einem langen Marsch vom Northland nach Wellington fordern Maori mehr Rechte. Das Waitangi-Tribunal wird eingerichtet.	**1975**
›Think Big‹-Wirtschaftspolitik und massive Subventionen führen fast zum Staatsbankrott. Kehrtwende ab 1984 unter Labour-Premier Lange mit totalem Subventionsabbau und Haushaltssanierung.	**1975–89**
Neuseeland wird atomwaffenfreie Zone. Die USA setzen den Verteidigungspakt ANZUS aus. Bombenattentat auf Greenpeace-Schiff ›Rainbow Warrior‹. Waitangi-Vertrag bekommt Verfassungsstatus.	**1985/86**
Drei Labour-Wahlsiege unter Helen Clark.	**1999, 2002, 2005**
4 Millionen Einwohner. Neuseeland verweigert sich dem Irak-Krieg.	**2003**
Das ›Foreshore and Seabed‹-Gesetz (S. 21) spaltet die Nation. Maori-Parlamentarier gründen die Maori Party.	**2004**
Nach 40 Jahren im Amt stirbt Maori-Königin Dame Te Atairangikaahu. Ihr Sohn Tuheitia Paki wird zum Nachfolger bestimmt.	**2006**
Im Zuge der Finanzkrise brechen die Immobilienpreise ein. National gewinnt die Parlamentswahlen. Unterstützt von der Maori Party wird der Ex-Banker und Multimillionär John Key neuer Premier.	**2008**
Key erklärt, das ›Foreshore and Seabed‹-Gesetz von 2004 zurückzunehmen. Im November sterben nahe Greymouth an der West Coast 29 Kumpel bei einer Grubengasexplosion unter Tage.	**2010**
Am 22. Februar erschüttert ein 6.3-Erdbeben Christchurch und fordert viele Opfer. Schon im September 2010 hatte ein 7.1-Beben die Stadt getroffen, verlief aber glimpflich, jedoch folgten Tausende (!).	**2011**

Gesellschaft und Alltagskultur

Tolerant. Flippig. Outdoor-Fanatiker. In Neuseeland gibt es viele offene, umgängliche Typen, aber keinen typischen Neuseeländer: Coole Rapper aus Polynesien, smarte Manager und Managerinnen im globalen Businesslook, machohafte Southland-Cowboys, Very-british-Ladies, modisch schrill gekleidete Asiatinnen, von Kopf bis Fuß tätowierte Drei-Zentner-Maori – die Vielfalt der Völker sorgt für eine Vielfalt der Charaktere.

Völkermix

Von den gut vier Millionen Einwohnern sind etwa zwei Drittel **Pakeha** mit Wurzeln in England, Schottland, Irland, aber auch in Holland, Skandinavien, auf dem Balkan oder in Italien. Knapp 11 000 gebürtige Deutsche leben permanent im Land, ca. 200 000 Neuseeländer dürften deutsche Vorfahren im Stammbaum haben. Beim Zensus 2006 erklärten sich knapp 15 % der Bevölkerung zu **Maori,** Nachfahren der polynesischer Erstbesiedler des Landes, 11 % bezeichneten sich einfach als New Zealander, ohne besonderen ethnischen Hintergrund. Aufgrund hoher Zuwanderung seit den 1990er-Jahren stellen **Asiaten** die viertstärkste Gruppe, noch vor den in jüngerer Zeit zugewanderten **Pazifik-Insulanern.** Maori und Pazifik-Insulaner haben die höchsten Geburtenraten und sind statistisch sehr jung: Das Durchschnittsalter der Maori liegt 13 Jahre unter dem der Gesamtbevölkerung.

Flagge zeigen

Dieser Völkermix hat sogar die seit 1902 gebräuchliche **Nationalflagge** in die Diskussion gebracht. Viele Kiwis, wie sich Neuseeländer selbst gern bezeichnen, stört darauf der Union Jack. Immer neue Entwürfe werden vorgelegt. Spezielle Vereine und Stiftungen unterstützen Neuentwürfe, andere das alte Tuch. Ein erster Versuch, per Referendum eine neue Flagge zu erzwingen, scheiterte. Bei viele Entwürfen steht eine stilisierte Form des Silberfarns im Mittelpunkt, so wie es Tourismus und Sport schon lange nutzen, meist auf schwarzem Grund.

Andere Varianten versuchen mit farbigen Hintergründen das Miteinander der Kulturen besser zum Ausdruck zu bringen. Beliebt ist ferner das Koru-Motiv, das aufgehende junge Farnblatt, als Symbol für Erneuerung und Hoffnung auf die Zukunft. Maori-Aktivisten zeigen es in der schwarz-weiß-roten Tino Rangatiratanga-Flagge. Daneben zeigen sie auch gern die Flagge der *Confederation of United Tribes* aus den 1830ern (S. 28). Für eine österreichische Fußnote sorgte Friedensreich Hundertwasser, der seit 1986 auch die neuseeländische Staatsbürgerschaft besaß: Sein Vorschlag zeigt ein spiralförmiges Koru-Motiv.

Maoritanga

Die Maori spielen in Neuseelands multikultureller Gesellschaft eine besondere Rolle. Als **indigenes Volk** erwarten sie einen besonderen Status und besondere Rechte. *Maoritanga,* ihre Kultur, die mit ihrer ganzheitlichen Sichtweise viel weiter geht als die der Pakeha und jeden Baum oder jedes Landschaftsdetail in einen spirituellen Zusammenhang stellt, soll geachtet, gegebenenfalls geschützt werden. Dazu gehört selbstverständlich die **Sprache** *Te Reo Maori,* seit 1987 neben Englisch zweite Amtssprache. Bis weit ins 20. Jh. geradezu unterdrückt und in den 1970ern von kaum mehr als einem Prozent der Gesamtbevölkerung noch fließend gesprochen, wird sie seitdem massiv vom Staat gefördert.

Alle Ministerien und Behörden tragen heute einen Zweitnamen in Maori, publizieren gedruckt wie online alles zweisprachig. Immer mehr englische Namen in der Geografie werden durch alte Maori-Begriffe ersetzt oder ergänzt. Spezielle Radio- und Fernsehprogramme senden staatlich finanziert und frei von jedem Quotendruck in Maori. Eine besondere Förderung erhalten Vor- und Grundschulen, in denen die Sprache benutzt und unterrichtet wird, an weiterführenden Schulen ist sie Wahlfach und an Universitäten Gegenstand von Forschung und Lehre. Mit dieser geförderten Renaissance der Sprache ging die Revitalisierung der gesamten Kultur einher. Ein Volk gewann seinen Stolz zurück. *Te Ao Hou*, die neue Welt, nennen Maori-Aktivisten diese Gegenwart, die in den 1980ern begann, zur Unterscheidung von *Te Ao Tawhito,* der alten Welt. Etwas überraschen jedoch die Fakten der Volksbefragung 2006: nur 4 % der Gesamtbevölkerung und nicht einmal ein Viertel der Maori benutzen diese Sprache auch.

Wo sind die Grenzen?

Inzwischen gibt es Kritiker sogar in den eigenen Reihen, denen das **ahnenzentrierte Denken** zu rückwärtsgerichtet ist. Sie fordern eine wirklich neue Zeit, eine gesellschaftliche und kulturelle Weiterentwicklung. Die Ver-

Das Hongi, die traditionelle Begrüßung der Maori

Rugby-Konversationshilfe
Rugby ist Neuseelands Volkssport Nr. 1, die Austragung der WM 2011 das größte Event in der bisherigen Geschichte des Landes. Stammt man aus einem Land, in dem Rugby nicht zu den Ingredienzien der Muttermilch gehört, muss man erst einmal Namen und Begriffe lernen: Ein Schisma Anfang des 20. Jh. kreierte zwei Varianten des Sports, in beiden zählt Neuseeland zur Weltspitze:
Im **Rugby Union** mit 15 Spielern auf dem Feld führt Neuseelands Nationalteam **All Blacks** – rechnerisch das beste Team der Welt – die Weltrangliste des International Rugby Board an. Seit 1996 treffen die All Blacks jedes Jahr im **Tri Nations Cup** auf die **Wallabies** (= Australien) und **Springboks** (= Südafrika) und gewannen bisher zehn der 15 Turniere. **Super Rugby** (bis 2010 *Super 14*), die populärste Profiliga der südlichen Hemisphäre, bringt je fünf Regionalteams aus den drei Ländern zusammen. Von bisher 15 Titeln gewannen Kiwi-Teams zehn, allein sieben die **Canterbury Crusaders.** National treten weitere Regionalteams in einer Profi- und einer Amateurliga an. **Rugby Sevens,** ab 2016 olympisch, ist ein gestrafftes Rugby Union mit sieben Spielern und Spielzeiten von 2 x 7 Minuten. Es wird meist auf Turnieren von 2–3 Tagen mit Nationalteams gespielt, so bei den **Wellington Sevens** Anfang Februar, bekannt für seine karnevaleske Stimmung im Stadion.
Rugby League: Die weniger verbreitete Spielweise mit 13 Spielern auf dem Feld ist bei Maori und Pazifik-Insulanern im Norden populär. Die **Kiwis** gewannen 2008 in Australien gar den World Cup gegen die sonst dominierenden **Kangaroos,** die zuvor seit 1975 bei dieser inoffiziellen Weltmeisterschaft ungeschlagen waren. In Neuseeland gibt es keine Liga, die **Warriors** aus Auckland spielen in Australiens **National Rugby League.**
Bei den **Frauen** dominieren Neuseelands **Black Ferns** noch mehr die internationale Szene als die All Blacks bei den Männern und gewannen in beiden Varianten seit Ende der 1990er-Jahre alle Weltmeisterschaften.

gangenheit allein macht die Maori-Gesellschaft nicht für die immer globalisiertere Welt fit. Die Pflege der eigenen Sprache dürfe auch nicht die Sprachkompetenz junger Maori im Englischen beeinträchtigen.

Selbst manchem Maori geht der **Dogmatismus** zu weit, wenn Aktivisten z. B. den dänischen Spielwarenhersteller LEGO anklagen, weil er in die Geschichten um seine Bionicle-Fantasy-Figuren Begriffe aus der Maori-Sprache eingebaut habe (LEGO änderte daraufhin einige), oder den Fiat-Konzern, weil der 2006 in einem TV-Werbespot für eines seiner Autos eine Gruppe Frauen den berühmten Kriegstanz Haka tanzen lässt (Fiat sendete weiter). Und wenn ein Maori-Tänzer während einer Kulturshow in Rotorua einem zahlenden Touristen per Kopfstoß die Nase zertrümmert, weil der angesichts der ritualisierten Herausforderung *wero* gegrinst und damit seine Kultur beleidigt habe, dann findet das längst nicht bei allen Maori Zustimmung.

Tolerant und sportvernarrt

Frauenrechte werden traditionell hoch geachtet. Schwule und Lesben müssen sich nicht verstecken. Menschen mit Behinderungen sind in die Gesellschaft integriert. Die Akzeptanz von Lebensformen, die von vorherrschenden Normen abweichen, sorgt für eine allgemein offene, **tolerante Gesellschaft.**

Dafür steht eine Persönlichkeit geradezu symbolisch: Georgina Beyers, 1957 als George Brenton geboren, war lange Jahre Bürgermeisterin von Carterton, einem Provinznest im Wairarapa, und saß 1999–2007 für Labour im Parlament. Sie erreichte beide Ämter in der eher kleinbürgerlichen, von Pakeha (weißen Neuseeländern) geprägten Region als Maori und zugleich Transsexuelle und mit nie verheimlichter Vergangenheit als Stripperin und Prostituierte. Eine Wiederwahl zur Bürgermeisterin 1999 schaffte sie mit 90 % der Wählerstimmen, den Parlamentssitz nahm sie einem konservativen Kandidaten mit einem Erdrutschsieg ab.

Ländliches Leben: Bullenprämierung auf einer A&P Show

Mal Outdoor, mal Luxus

Eins scheint Neuseeländern gemein: Die Liebe zum **Outdoor-Leben.** Irgendwo hat sich ein Gen in ihre DNA geschlichen, das sie aus dem Haus treibt, rein in die Natur, in die Wildnis, in den *bush*, oder aufs Wasser. Die Kiwis kennen das von klein auf, schon in der Schule werden regelmäßig lange Exkursionen in die Natur gemacht. Das DOC bietet in Nationalparks umfangreiche Programme für Kindergärten und Schulen.

Nicht dass jetzt aber der Eindruck aufkommt, alle Neuseeländer liefen nur in Wanderstiefeln, kariertem Flanellhemd und mit Rucksack durchs Land. In den Städten frönen die Schönen und Erfolgreichen einem **globalisierten Lifestyle** und zeigen ungeniert die Accessoires ihres Wohlstands. So geht der *Ferrari Owners' Club of New Zealand* davon aus, dass es – trotz einer zulässigen Höchstgeschwindigkeit von 100 km/h – weit über 400 der Renner aus Modena im Lande gibt, Oldtimer eingeschlossen.

Städter mit Landliebe

Bei all der Naturverbundenheit überrascht der **Urbanisierungsgrad:** 75 % aller Kiwis leben in Städten mit mehr als 10 000 Einwohnern, etwa ein Drittel im Großraum Auckland, der zu Beginn des 21. Jh. den größten jährlichen Bevölkerungszuwachs aufwies, abgesehen von einigen Trendstädten wie Wanaka.

Traum und Trauma – der America's Cup

Thema

Beim vierten Anlauf erfüllte sich vor dem kalifornischen San Diego für die sportfanatischen Kiwis 1995 ein Traum: Mit Skipper Russell Coutts am Ruder und der Segellegende Peter Blake als Teamchef siegt ihre ›Black Magic‹ beim America's Cup mit fünf Siegen in den ersten fünf Rennen – besser kann es beim Best-of-nine-Modus nicht laufen.

Zuvor war es in 29 Wettbewerben seit 1851 nur Australien einmal gelungen, den USA die begehrteste Segeltrophäe der Welt abzujagen. Für die Verteidigung des gewonnenen Cups im Jahr 2000 vor Auckland wird der Viaduct Harbour zur Lifestyle-Meile aufgepeppt mit Bars, Restaurants und Cafés. Bei den entscheidenden Rennen 2000 hat die italienische Herausforderer-Jacht ›Prada‹ keine Chance: Wieder siegen die Kiwis 5:0 – bei der fünften Regatta lässt Russell Coutts sogar seinen Ersatzmann ans Ruder. Die roten Socken, die Teamchef Peter Blake als Glückbringer ständig trägt, werden zum nationalen Symbol.

Im Dezember 2001 schockiert eine Tragödie das Land: Sir Peter Blake (53), der sein internationales Renommee für die Erforschung der Folgen von Klimaveränderungen auf Gewässersysteme nutzen will, wird auf dem Amazonas von Piraten ermordet, die sein Forschungsschiff plündern. Im März 2003 der nächste Schock: Bei der zweiten Verteidigung des America's Cup vor Auckland gewinnt wieder Russell Coutts mit makellosen fünf Siegen in den ersten fünf von neun angesetzten Regattaläufen, nur steht er diesmal am Ruder der Schweizer Herausforderer-Jacht ›Alinghi‹, von dessen Eigner Ernesto Bertarelli angeblich mit 5 Mio. Dollar Jahresgehalt ausgehalten.

Coutts, der als bester Regattasegler der Welt gilt, und andere Neuseeländer, die das Schweizer Boot zum Sieg segeln, werden in der Heimat als Landesverräter beschimpft. Zu allem Unglück ist der Auftritt des Team New Zealand blamabel, Mastbruch inklusive. Einhellige Expertenmeinung: Das Boot ist unausgereift.

Für Neuseeland bringen die beiden Cup-Verteidigungen vor Auckland nicht nur Prestige, sondern steigern auch das Bruttoinlandsprodukt des Landes jeweils um mehr als eine halbe Milliarde Dollar.

Vor dem spanischen Valencia gibt es 2007 die Revanche: Das Kiwi-Boot dominiert den Louis Vuitton Cup der Herausforderer, unterliegt aber im Finale wieder ›Alinghi‹, diesmal 5:2. Beim entscheidenden Rennen liegen die Schweizer 1 Sekunde vor den Kiwis. Auf der ›Alinghi‹ steht mit Brad Butterworth wieder ein Neuseeländer am Ruder. Einer fehlt jedoch 2007: Russell Coutts überwirft sich mit ›Alinghi‹-Eigner Bertarelli und darf vertraglich auf keinem anderen Boot anheuern. Coutts Revanche: Bei der 33. Auflage des America's Cup 2010, an dem nur zwei Superjachten teilnehmen, führt er als Teamchef der BMW Oracle Racing das US-Boot beim ›Best of three‹-Modus zu einem mit gut 20 Minuten Gesamtvorsprung demütigenden 2:0 Sieg über ›Alinghi‹. 14 Siege als Skipper und zwei als Teamchef ohne eine Niederlage – ein Rekord für die Ewigkeit? Die 34. Auflage des America's Cup wird wohl 2013 stattfinden, dann mit neu definierter Bootsklasse von Hightech-Katamaranen mit festen ›Flügel-Segeln‹ wie beim Siegerboot 2010 – dann will Team New Zealand es wieder wissen.

Grundsätzlich beobachtet man ein Wiedererstarken der Provinzstädte, vorausgesetzt, sie sind nicht zu weit entfernt von größeren Zentren, attraktiven Landschaften und ordentlichem Kulturangebot. *Lifestyle blocks*, Grundstücke mit hohem Wohnwert, gern mit Designer-Luxusvillen als Domizil, und etwas Landwirtschaft als Nebenerwerb, sind im Umland kleinerer und mittlerer Städte heiß begehrte Immobilienobjekte.

Wild auf Sport

Sport ist eines der wichtigsten Integrationselemente der Kiwi-Gesellschaft. Geradezu historische Sternstunden für das Land sind Augenblicke wie der Gewinn der ersten Rugby-Union-WM 1987 vor heimischem Publikum gegen Frankreich oder der Sieg beim America's Cup 1995 und dessen Verteidigung 2000 (S. 40) – von den Niederlagen 2003 und 2007 gegen die Schweiz spricht man lieber nicht. Dafür wurden die *magic 45 minutes* ein Begriff, als bei der Ruder-WM 2005 binnen 45 Minuten vier neuseeländische Boote viermal hintereinander Gold holten.

Der Sport, den die Massen lieben und den viele von Kindesbeinen an ausüben, ist **Rugby** (S. 38). Es ist der Sport, in dem die von der Physiognomie her kräftig gebauten Maori und Pazifik-Insulaner stark vertreten sind. So verwundert nicht, dass das Nationalteam All Blacks vor jeder Begegnung einen Haka-Tanz im Stadion aufführt, eine ritualisierte Beschwörung des Mannschaftsgeistes und eine Drohung an die Gegner: Gleich werdet ihr überrollt. Das trifft in den meisten Fällen zu – kein anderes Rugby-Team der Welt besitzt eine so gute Länderspielbilanz.

Cricket, dessen Sinn und Regeln wohl keiner versteht, dessen Heimat nie zum britischen Empire gehört hat, wird als 5-tägiges Test Cricket, als One Day Cricket und als neues, auf familienfreundliche drei Stunden komprimiertes Twenty20 Cricket gespielt. Wenn die Black Caps, das Nationalteam, gegen Australien oder England antreten, hängt das halbe Land an den Bildschirmen. Fußball, *soccer* (nie *football),* ist dagegen eine Randgruppensportart.

Xtrem-Sport

Eine weitere Leidenschaft der Kiwis ist der Extremsport. Gnadenlos ist das **Coast to Coast Multisport Race** mit Laufen, Biken und Kajaken über die Southern Alps (S. 333, www. coasttocoast.co.nz). Anfang März sind Starterplätze beim **Ironman New Zealand** in Taupo international begehrt, weil man hier Teilnahmeberechtigungen für den legendären Ironman auf Hawaii erkämpfen kann (S. 230).

Dagegen sind Mitte März die 60 km über den Ninety Mile Beach beim **Te Houtaewa Challenge Ninety Mile Beach Run** eher ein Volkslauf (S. 150) und der nicht einmal 10 km lange **Round the Bays** in Auckland ebenfalls Mitte März ist mit rund 70 000 Teilnehmern geradezu ein Volksfest (S. 128).

›Nachbarliebe‹

Egal ob beim Segeln, Rugby, Cricket oder wobei auch immer: Duelle mit Australiern haben einen besonderen Reiz. Siege gegen die **›Ozzies‹** werden doppelt bejubelt, Niederlagen schmerzen doppelt. Jeder Kiwi hat zudem ein paar Witze über die Nachbarn auf Lager, Guides frotzeln über Ozzies auf ihren Touren und jene Landkarte erfreut sich großer Beliebtheit, auf der neben Nord- und Südinsel auch eine kleine Westinsel eingezeichnet ist, die die Form des fünften Kontinents hat. Andererseits ist es das nationale Trauma der Kiwis, nicht als eigenständiges Land anerkannt zu werden, sondern als Anhängsel Australiens. Fragen Sie also nie, wo es Kängurus in Neuseeland gibt (schauen Sie allenfalls unauffällig auf S. 335) oder ob die Flagge vor dem Haus ein Fehldruck sei, weil der große Stern unter dem Union Jack fehle.

Feste und Festivals

Einen aktuellen **Calendar of Events** großer Kultur- und Sportereignisse bietet Tourism New Zealand auf www.newzealand.com. Von Januar bis März legt Christchurch sein **Garden City Summer Times Festival** auf und lädt Straßenkünstler Mitte Januar (S. 309) zum **World Buskers Festival.** Wellington bietet Januar bis März ein **Summer City Program,** das in geraden Jahren (2012, 2014 usw.) im **International Festival of the Arts** seinen Höhepunkt findet (S. 286).

An der Hawke's Bay ist der Februar mit zwei Terminen besetzt, einem **Wine & Food Festival** und dem **Art Deco Weekend** (S. 266). In Dunedin gehen Ende März/Anfang April das **Dunedin Fringe Festival** für freie Theatergruppen und im Oktober in allen geraden Jahren das kulturell weit gespannte **Otago Festival of Arts** über die Bühnen der Stadt, Ende Oktober bringt das **Rhododendron Festival** Kunst und Kultur in Parks und Gärten (S. 403).

Feiertage

1. Januar: *New Year's Day*
2. Januar: *2nd January Holiday*
6. Februar: *Waitangi Day* (Nationalfeiertag)
Ostern: *Good Friday* (Karfreitag), *Easter* (Sonntag und Montag)
25. April: *ANZAC Day* (Gedenktag für die Gefallenen)
1. Montag im Juni: *Queen's Day*
4. Montag im Oktober: *Labour Day*
25. Dezember: *Christmas Day*
26. Dezember: *Boxing Day*

Fallen Christmas Day, Boxing Day, New Year's Day oder 2nd January Holiday auf einen arbeitsfreien Samstag oder Sonntag, sind der folgende Montag, gegebenenfalls auch noch der folgende Dienstag, ein zusätzlicher Feiertag.

Provinzfeiertage

Alle Regionen haben einen Provinzfeiertag. Der wird selten am eigentlichen Tag begangen, sondern flexibel am nächstliegenden Montag oder, falls dem andere Feiertage wie Ostern in die Quere kommen, an einem sonst günstigen Tag, um ein Wochenende zu verlängern. Die offiziellen Provinztage:

17. Januar: Southland
22. Januar: Wellington
29. Januar: Auckland
1. Februar: Nelson
23. März: Otago
31. März: Taranaki
1. November: Hawkes' Bay und Marlborough
1. Dezember: Westland
16. Dezember: Canterbury

Auf dem Lande

Im Sommer sind die volkstümlichen **A & P Shows** (Agricultural and Pastoral Shows) in Landgemeinden und Provinzstädten oft *das* Ereignis des Jahres: Hier trifft man sich zu Holzfällerwettbewerben, Tiershows und Tierhandel.

Kultur verbunden mit gutem Essen und Trinken bringen im Spätsommer und im Herbst die **Wine & Food Festivals** in die Weinanbaugebiete, das bekannteste ist das **Wine Marlborough Festival** am 2. Samstag im Februar (S. 473) nahe Blenheim. Kult für Geschmacksverirrungen ist das **Hokitika Wildfood Festival** an der für Skurrilitäten bekannten West Coast im März (S. 366).

Mit Kulturen feiern

Bedeutende Maori-Events sind das **Te Matatini Maori Performing Arts Festival,** eine Performance-Meisterschaft mit Tänzen und Gesänge, zu der im Februar ungerader Jahre Maori-Kulturgruppen aus dem ganzen Land zusammenkommen (Ort wechselnd: www.festival.tematatini.co.nz). Bedeutend ist im März die jährliche **Regatta der Kriegskanus** in Ngaruawahia (S. 183) bei Hamilton. Eine Renaissance erlebt derzeit das **Neujahrsfest Matariki** der Maori, das auf den ersten Neumond nach dem Auftauchen der Sternenkonstellation der Plejaden am südlichen Firmament fällt, folglich irgendwann im Juni beginnt und Anlass für einen Monat mit Festen und Kulturveranstaltungen bietet.

In den Großstädten feiern die Migrantengruppen ihre Volksfeste, so die Chinesen **Chinese New Year** (Ende Jan./Febr.) oder indische Einwanderer das **Diwali Festival of Lights** (Okt.). Das größte Fest dieser Art ist das **Pasifika Festival** der Pazifik-Insulaner in der ersten Märzhälfte in Auckland (S. 128).

Architektur für Rituale – das Marae

Thema

Versammlungshäuser der Maori, reich mit Schnitzwerk verziert, sind das einzig wirklich Eigenständige der neuseeländischen Architektur. Durch die Einbindung des Spirituellen und der Genealogie, dem *whakapapa* der Stammesangehörigen, ist zudem jedes einzigartig.

Ihr Land steht für die Bindung an Erde und Elemente der *tangata whenua,* der Menschen eines Stammesbezirks. Mittelpunkt ist das *whare whakairo,* wie die beschnitzten Häuser in der Maori-Sprache heißen. Das **Schnitzwerk** dient der Kommunikation mit den Ahnen, denen das Haus gewidmet ist. Der Firstbalken, *tahuhu,* ist das Rückgrat, Dach und Seitenwände bilden den Brustkorb, die Giebelsparren die ausgestreckten Arme des Ahnen, der mit der zentralen Figur, *tekoteko,* im Giebelkreuz Gesicht und Namen bekommt: Von ihm leiten die *tangata whenua* ihre Herkunft ab. **Figuren** im Innern zeigen weitere Vorfahren mit Objekten, die zu ihrer Legende gehören, durchaus vergleichbar mit Heiligenfiguren europäischer Kirchen. In diesem Haus finden Maori zu den Quellen ihres Daseins, vereinen sich in der Brust der Ahnen mit deren Geist.

Die Grundstruktur des Hauses steht zudem für ihre **Schöpfungsgeschichte:** Der Boden ist Erdmutter Papatuanuku, das Dach Himmelsvater Ranginui und die Pfosten sind ihre Kinder. Welche, variiert von Stamm zu Stamm, doch einer fehlt nie: Tane, der Gott der Wälder, der seine Eltern auseinanderdrückt und so die Welt schafft.

Das Versammlungshaus steht an einem Platz, dem eigentlichen *marae.* Der Begriff wird heute für den ganzen Komplex mit Versammlungs- und eventuell noch Speise-, Gäste- und Schlafhaus benutzt. Das Marae ist Schauplatz von Stammes- und Familientreffen *(hui).* Anlässe sind Debatten über Tribe-Angelegenheiten, Geburtstage, Hochzeiten und vor allem Trauerfeiern, *tangi.* Das Marae ist der Ort des *powhiri,* wo Gäste nach ritualisiertem Protokoll begrüßt werden.

Wie Touristen es im Rahmen der **Kulturshows** erleben, wartet vor dem Eingang eine Herausforderung, *wero* oder *taki.* Ein Krieger in voller Tätowierung und mit einem Stock bewaffnet macht vor dem Anführer der Gäste, dem *manuhiri,* Drohgebärden, indem er die Augen aufreißt und die Zunge möglichst weit herausstreckt. Dann legt er ihm ein Farnblatt oder einen Ast vor die Füße – das Aufnehmen signalisiert friedliche Absicht. Es folgen Sprechgesänge, die *karanga,* durch die Frauen des besuchten Marae, dann Reden der Männer beider Seiten, die vorgeschriebene Elemente enthalten. Großen Platz nehmen die Ahnen und ihre Taten ein. Dazwischen immer wieder Gesänge, *waiata,* je nach Anlass gedämpft oder fröhlich. Gastgeschenke, *koha,* werden übergeben, mitunter ganz profan Geld, um die enormen Kosten eines *hui* zu decken. Zum Abschluss des Begrüßungsrituals geben sich Gäste und Gastgeber die Hände und drücken ihre Nasen aneinander: Das *hongi* symbolisiert, dass man den Atem teilt, eins wird mit dem Gegenüber. Der Gast ist angekommen.

Es bricht Tabus, wenn man ungeladen und ohne Powhiri ein Marae betritt. Aber keine Panik: Unerfahrenen Besuchern hilft immer jemand aus dem Kreis der *tangata whenua* über die Klippen des Protokolls und bei Kulturshows ist dafür der Guide zuständig.

Kunst und Kultur

Die ältesten Kunstwerke im Lande sind Schnitzwerke der Maori mit Figuren und Ornamenten an Bauten und Booten. In der Moderne prägt der Ethno-Mix der Gesellschaft die Künste. 1993 macht ›The Piano‹ den neuseeländischen Film bekannt, zu Beginn des 21. Jh. kam die Verfilmung der Herr der Ringe-Triologie dazu. Fest steht: Keiner neuseeländischen Kunstform schenkte die Welt eine solche Beachtung wie dem Film.

Architektur

Neben den **Versammlungshäusern der Maori** (s. Thema S. 43), die in der Masse aber erst Ende des 19. Jh. entstanden, sind die ältesten Gebäude Neuseelands ehemalige **Missionsstationen** aus den 1820ern und 1830ern. Dass man sich oft in älteren Epochen wähnt, ist dem **Historismus** der viktorianischen und edwardianischen Zeit von Mitte des 19. bis in das frühe 20. Jh. zu danken, als man selbst in der Provinz für repräsentative Geschäfts- und Verwaltungsbauten und für Kirchen die europäische Architekturgeschichte plünderte. Oamaru (S. 385), wo ideales Baumaterial im Boden liegt, ist ein eindrucksvolles Beispiel.

Man darf diese Architektur aber nicht als plumpes Abkupfern betrachten, sondern es war die neuseeländische Ausprägung der **Architektur des Empire** und ein klares Signal, zu diesem Imperium zu gehören. Ungewöhnlich ist die Ausführung historisierender Bauten mit Holz, wie bei der neogotischen St. Paul's Cathedral (S. 280) und den Old Government Buildings (S. 278) im Stil der italienischen Renaissance, beide in Wellington. Steinerne Höhepunkte dieser Epochen sind der Bahnhof von Dunedin (S. 396) im Stil der flämischen Renaissance oder das neogotische Viertel um die alte Universität von Christchurch (S. 299).

Der Wiederaufbau nach dem Erdbeben 1931 in Hawke's Bay (S. 259) brachte den Städten Napier und Hastings international beachtete Stadtbilder im **Art déco.** In der Moderne zeigt vor allem Wellington Mut zur Exzentrik mit dem von Ian Athfield geprägten Komplex um den Civic Square (S. 274) aus den frühen 1990er-Jahren und dem dekonstruktivistischen Bau des Nationalmuseum Te Papa von 1998. Auf dem Lande sieht man noch oft das Wahrzeichen der kolonialen Volksarchitektur: Der **Wellblechschuppen,** *shed,* erinnert oft an eine halbierte, übergroße Dose, kann aber eigentlich alle erdenklichen Formen annehmen. Wellblechkünstler kreieren inzwischen Bauten für Läden auch in Schaf- oder Hundeform.

Bildende Kunst

Die ältesten Kunstwerke im Lande sind **Schnitzwerke** an Kultbauten und Kriegskanus der Maori (S. 43), meist gefertigt aus Kauri- oder Totaraholz. Alle großen Museen des Landes besitzen Beispiele, authentische Arbeiten an originalen Plätzen findet man vor allem im Osten der Nordinsel. Die bedeutendste Schnitzschule der Gegenwart ist das **Maori Arts & Crafts Institut** in Rotorua (S. 216), in den 1960er-Jahren gegründet, um die alten Techniken zu bewahren und die Kunst weiterzuentwickeln. Zahlreiche junge Maori wurden hier ausgebildet und setzen die alte Symbolik in mehr oder minder moderne Formen um.

Ethnischer Symbolismus

Die Werke der Maori-Schnitzkunst sind von spiritueller und **genealogischer Symbolik** durchwoben, nur eine umfangreiche Ikonographie könnte alle Details deuten. Gesichter dominieren die meist reliefartigen Darstellungen. Weit aufgerissene Augen, durch eingelegte Paua-Schalen betont, und herausgestreckte Zungen, die vor bösen Geistern schützen, sind auffällige Details. Vier Grundformen der Köpfe werden so unterschiedlich ausgeführt, dass Kenner die Herkunft des Schnitzers leicht lokalisieren können.

Die Körper der Figuren sind oft unproportioniert klein. **Kopulationsszenen,** als Zeichen für die Fertilität der Ahnen, ebenso wie übergroße Penisse und Vulven, tauchen in alten Schnitzereien häufig auf, weniger in Werken nach der Christianisierung: Missionarischer Eifer und viktorianische Prüderie veränderten die Bildsprache. Neben Menschen und Fabelwesen entdeckt man verzerrte Darstellungen von Echsen, Symbole für das Böse, oder von Walen, Zeichen für Überfluss und gern an Lagerhäusern verwendet. *Manaia,* der Vogelmensch mit Schnabelmund und Krallenhänden, taucht oft auf, seltener *marakihau,* ein Nixenwesen mit Fischkörper.

Bedeutende Schnitzkünstler zählen zu den angesehenen Persönlichkeiten der Maori-Gesellschaft, früher hatten sie einen Status ähnlich wie Priester. Für ihre Arbeit galten strenge Regeln, ihre Werke waren *tapu,* heilig.

Jade, Haut und Flachs

Neben dem Schnitzen von Holz gehört das Bearbeiten von *pounamu,* neuseeländischer Jade, ebenso zur Maori-Kunst wie das **Tätowieren.** Unter den *moko,* Tätowierungen, galt die des Gesichts bis ins frühe 20. Jh. als Statussymbol, die Form wurde zu einer Art Siegel der Träger. Heute ist rituelles Tätowieren eine staatlich geförderte Kunstform.

Während Holz- und Jadebearbeitung bis vor wenigen Jahren reine Männersache waren, einwickelten die Frauen das **Flechten**

Die alte Maori-Schnitzkunst wird noch immer gepflegt

mit Flachs zur Kunstform, natürliche Färbemethoden brachten ebenfalls eine symbolträchtige Ornamentik. Sorgfältig geflochtene *tukutuku,* Wandverkleidungen in Versammlungshäusern und Kirchen, sind die bedeutendsten Beispiele.

Kunst der Pakeha

Mit Porträts und Alltagsszenen aus dem Leben der Maori, die der in Böhmen geborene **Gottfried Lindauer** (1839–1926) und der Aucklander **Charles Frederick Goldie** (1870–1947) schufen, nahmen die bildenden Künste im Sinne der Pakeha erstmals Formen an. **Colin McCahon** (1919–87), der in viele seiner ›Buchstabenbilder‹ seine religiösen Gedanken einfließen ließ, wurde zum Vorreiter der abstrakten Malerei und damit zum bedeutendsten Klassiker der Moderne. Weltweit sind die kinetischen Skulpturen des in Neuseeland geborenen Multikünstlers **Len Lye** (1901–80) zu finden, dessen Erbe besonders in New Plymouth (S. 195) gepflegt wird.

Grahame Sydney (geb. 1948) arbeitet vor allem in Otago und bringt in seinen hyperrealistischen Werken Details seiner Heimatregion auf die Leinwand, er gilt als einer der bedeutendsten Maler der Gegenwart. Kunstmuseen landauf landab dokumentieren, dass sich die ethnische Vielfalt auch in der Kunst widerspiegelt. Immer häufiger sieht man Arbeiten von Kiwis mit asiatischem, osteuropäischem oder polynesischem Hintergrund. Einen Überblick über die Kunstszenen mit Künstlern und Galerien bietet www.artfind.co.nz.

Kunst zum Tragen

Mit einem ursprünglich karnevalesken Festival um exzentrische Kostüme aus jedem erdenklichen Material in Nelson entwickelte sich Neuseeland zu einem international beachteten Hort der **Wearable Art.** Längst hat diese Kunstform mit ihren spektakulären Fantasiekostümen die Kunstgalerien weltweit erreicht und in Nelson, der Geburtsstadt der Idee, ist ihr sogar ein eigenes Museum gewidmet: World of Wearable Art (S. 476). Das Festival selbst lockte indes der Mammon 2005 nach Wellington (S. 286).

Literatur

Die neuseeländische Literatur (Lesetipps S. 57) tritt international selten in Erscheinung. Die größte literarische Beachtung fand bisher **Katherine Mansfield** (1888–1923), eine Wegbereiterin des literarischen Impressionismus. Viele ihrer sensiblen, vielschichtigen Kurzgeschichten handeln von ihrer Jugendzeit in Neuseeland. Die ›Kleine aus den Kolonien‹, wie sie unter Kollegen hieß, hatte der Heimat aber schon 1908 den Rücken gekehrt und lebte bis zu ihrem frühen Tod ein ausschweifendes Leben in der englischen Bohemienszene, teilweise auch in Frankreich sowie im bayerischen Wörishofen, worauf ihr Kurzgeschichtenband ›In einer Deutschen Pension‹ 1911 Bezug nimmt. **Janet Frame** (1924–2004) galt ein Vierteljahrhundert als psychisch krank und wurde vom System entsprechend ›weggepackt‹. Als begnadete Literatin entdeckt, stellte sie dieses angeblich wohlgesonnene System gnadenlos bloß. Ihre ergreifende, auch in Deutsch erschienene Autobiographie ›Ein Engel an meiner Tafel‹ wurde von Jane Campion auf die Leinwand gebracht. **Catherine Chidgey,** Jahrgang 1970, ist in Neuseeland die wohl bekannteste Pakeha-Autorin der jüngeren Garde, sie studierte u. a. in Berlin Literatur. Noch ist keiner ihrer Romane ins Deutsche übersetzt.

Autoren der Maori-Renaissance

Die 1947 in Christchurch geborene und heute in Okarito (S. 367) an der West Coast lebende Schriftstellerin **Keri Hulme** stellte Probleme und Potenziale im Miteinander von Pakeha und Maori in den Mittelpunkt ihres vielfach ausgezeichneten Romans ›The Bone People‹ (dt. ›Unter dem Tagmond‹). Seit dem Erscheinen 1984 hat sie noch etliche Kurzgeschichten veröffentlicht, aber auf die oft angekündigten Zwillingsromane ›Baits‹ und ›On the Shadow Side‹ warten ihre Fans nunmehr seit gut zwei Jahrzehnten.

Eine engagierte Maori, die sich sehr für die Sprache ihres Volkes einsetzt, ist **Patricia Grace,** 1937 in Wellington geboren: Von ihren Romanen, Kurzgeschichten und Kinderbüchern sind mehrere auf Deutsch erschienen. Grace zählt wie **Witi Ihimaera,** Verfasser der Romanvorlage zum Film ›Whale Rider‹, zu den Vertretern der Maori-Renaissance, die ab den 1970ern das Wiedererwachen der Maori-Kultur literarisch begleiteten.

Alles rund um Literatur und Literaten in Neuseeland auf www.bookcouncil.org.nz.

Musik

Ein Weltstar der Klassik-Szene ist die 1944 in Gisborne geborene Sopranistin **Kiri Te Kanawa,** während die Brüder **Neil** und **Tim Finn** aus dem Provinzkaff Te Awamutu (S. 184) zu den Großen der Rock- und Popgeschichte gehören. Seit den 1980ern haben sie international Erfolg, anfangs mit Bands wie **Split Enz** und **Crowded House,** später solo und zuletzt mit dem All-Star-Projekt **7 Worlds Collide.** Der bekannteste Song, der bis heute aus Neuseeland kam, war 1995 der Pop-Ohrwurm ›How Bizarre‹ des im Januar 2010 im Alter von nur 40 Jahren verstorbenen **Pauly Fuemana.**

Hip Hop und Engelsstimmen

Heute stehen Hip-Hopper wie **King Kapisi,** der Rapper **Scribe,** die DUB/Drum & Bass-Ikone **Tiki Taane** oder die Band **Nesian Mystik** mit ihrem Mix aus Hip-Hop, Pop und R&B für eine chart-kompatible Musikszene mit ethnischem Hintergrund der Maori und Pazifik-Insulaner. Aus deren Reihen rekrutieren sich auch national erfolgreiche Reggae-Bands wie **Katchafire** oder **1814.** International kommt der Mix aus Dub Reggae und Soul gut an, mit dem **Fat Freddy's Drop** aus Wellington Sommer-Party-Stimmung macht – die Band tourte schon mehrfach durch Deutschland. Ebenfalls aus Wellington kommt **The Phoenix Foundation.** Die Indierock-Band existiert seit 1997, erlebte aber mit ihrem vierten, auch in Europa veröffentlichten Album ›Buffalo‹ sowie dem Soundtrack zum Kinohit ›Boys‹ (S. 49) 2010 ihr erfolgreichstes Jahr. Dank You Tube und anderer Internet-Plattformen überwinden selbst kleine Projekte die geographische Abgelegenheit Neuseelands und erreichen ein globales Publikum wie **Mt Eden Dubstep** mit hymnischem Dance-Sound (www.youtube.com/user/MtEdenDnB08).

Musik aus einer anderen Welt macht **Hayley Westenra:** Die 1987 in Christchurch geborene Sopranistin mit irisch-holländischen Wurzeln und der »Stimme eines Engels« (New York Times) wagt immer wieder Grenzgänge zwischen Rock/Pop, Klassik und Celtic-Folk. Mal singt sie Vivaldi oder das Ave Maria, dann Maori-Songs oder für Mike Oldfield einen Titel auf ›Music Of The Spheres‹ (2008). Da mögen Klassik-Puristen die Nase rümpfen, aber Erfolg spricht für sich: Ihr Album ›Pure‹ schaffte 2003 in England zeitgleich Platz 1 in den Classic und Platz 8 in den Pop Charts.

Wer in Neuseeland Pop- oder Rockmusik macht, findet sich auf www.muzic.net.nz mit Kurzbio- und Discographie.

Film

Männer rudern an einen Strand, laden Gepäck, eine Frau, ein Kind und ein Piano aus. Mit dieser Szene, am Karekare Beach westlich Auckland (S. 133) gedreht, beginnt 1993 **›The Piano‹**. Ada, eine junge Schottin, landet im *bush* des kolonialen Neuseelands in einer Zwangsehe mit einem ihr Fremden. Voll leidenschaftlicher Lust bricht sie in den Armen von George, einem Freund ihres Mannes, der sich dem Lebensstil der Maori angepasst hat, aus dem viktorianischen Korsett und die Welt staunt: In Neuseeland werden brillante Filme gemacht. **Sam Neill,** in ›The Piano‹ Adas Angetrauter, gilt als Neuseelands bekanntester Darsteller. Seit seiner Hauptrolle 1977 im düsteren Politthriller **›Sleeping Dogs‹**, der gemeinhin als Initialzündung des neuen neuseeländischen Films gilt, stand er weltweit in rund 100 Filmen und TV-Produktionen vor der Kamera, u. a. als Dr. Grant in Jurassic Park. Noch bekannter dürfte der in Wellington geborene **Russell Crowe** sein, er wird in der Filmbranche aber gemeinhin als Australier wahrgenommen.

Sozialdrama und Kultklassiker

Zum Klassiker mausert sich das Sozialdrama ›**Once were Warriors**‹ (›Die letzte Kriegerin‹) von 1994, das **Lee Tamahori** nach einem Roman von Alan Duff (S. 57) drehte: Eine Maori-Familie aus den Suburbs von Auckland zerbricht im Teufelskreis von Macho-Gehabe, Alkohol, Gewalt und sexuellem Missbrauch. Erst die Rückbesinnung auf die Werte ihres Volkes gibt am Ende Hoffnung. Tamahori, ein Halb-Maori, wird mit dem Film international bekannt und später sogar eingeladen, den 20. James Bond ›Stirb an einem anderen Tag‹ zu drehen. Als DVD-Long-Seller entpuppt sich **Harry Sinclairs** Tragikkomödie ›**Topless Women Talk About Their Lives**‹ von 1997 über junge Aucklander und ihren überdrehten Alltag mit einem exzellenten Kiwi-Rock-Soundtrack und charmanten Anspielungen auf deutsche Autorenfilme, deutsche Touristen und deutschen Exhibitionismus.

Genie im Schmuddellook

Ende der 1980er taucht **Peter Jackson** aus Pukerua Bay, einem Kaff nördlich von Wellington, in der Filmszene auf – Markenzeichen Schmuddellook und kurze Hosen. Mit Mini-Budgets realisiert er Fun-Splatter, die heute Kultstatus haben wie ›**Bad Taste**‹ 1987 oder ›**Braindead**‹ 1992, der in Deutschland verbotene, ›blutigste‹ Film aller Zeiten. Jackson wäre aber kaum das Genie, als das er wahrgenommen wird, ohne seine Frau und Kreativpartnerin **Fran Welsch,** die er 1987 heiratet. Walsh schreibt mit ihm Drehbücher, produziert, führt Regie, komponiert Filmmusik – dafür 2004 mit einem ihrer bisher drei Oscars ausgezeichnet – und bekommt mit ihm zwei Kinder. Nach außen hat das Dream-Team eine klare Aufgabenteilung: Jackson stellt sich ins Rampenlicht, Walsh wirkt im Hintergrund, verzichtet aus freiem Willen auf rote Teppiche und Scheinwerferlicht. Trotz dieser Zurückhaltung gilt sie als eine der begehrtesten Drehbuchautorinnen weltweit.

Dass Jackson ernste Stoffe verfilmen kann, beweist 1994 ›**Heavenly Creatures**‹: Sensibel erzählt er die wahre Geschichte der Schülerinnen Pauline Parker und Juliet Hulme – Kate Winslet in ihrer ersten großen Rolle. Sie werden im Christchurch der 1950er-Jahre Freundinnen, Eltern und Lehrer deuten ihre Schwärmereien und Rollenspiele aber als lesbische Liebe und wollen sie trennen. In einer Überreaktion erschlagen die Mädchen Paulines Mutter. Ein pikantes Detail enthüllten Boulevardjournalisten nach Erscheinen des Films: Die Krimiautorin Anne Perry ist Juliet Hulme.

Mit der Mockumentary ›**Forgotten Silver**‹ über das ›unentdeckte‹ neuseeländische Filmgenie Colin McKenzie, mit dem er 1995 die halbe Nation aufs Glatteis führt, und der Geister-Komödie ›**The Frighteners**‹ 1996 mit Michael J. Fox macht Jackson noch zwei für ihre Sparte jeweils geniale Filme. Dann nimmt er das größte Projekt der Filmgeschichte in Angriff.

Der Ring des Peter Jackson

Von Oktober 1999 bis Dezember 2000 dreht Jackson alle drei Teile von ›**Der Herr der Ringe**‹ in einem Rutsch ab. Der Erfolg ist gigantisch: Bei Kosten von etwa 290 Mio. US$ spielen die drei Filme an der Kinokasse fast 3 Mrd. US$ ein, weitere durch DVD-Verkäufe und ein gigantisches Merchandising. Und die Kasse klingelt weiter: Seit 2010 gibt's erste Versionen als Blu-ray im HD-Format. Die Trilogie wird für 30 Oscars nominiert, 17 ergattert sie: ›**Die Gefährten**‹ (2001) vier, ›**Die zwei Türme**‹ (2002) zwei und ›**Die Rückkehr des Königs**‹ (2003) elf – darunter für den besten Film und die beste Regie. Mit jedem der drei Filme gewinnt Weta Workshops aus Wellington einen Oscar für Visual Effects und etabliert sich damit als einer der weltweit führenden Filmdienstleister in diesem Bereich. Dieses Know-how lässt in der Folge in Neuseeland Filme entstehen, die auf den ersten Blick mit dem Land nichts zu tun haben, wie Hollywoods Japan-Epos ›**Last Samurai**‹, für das der Mt Taranaki (S. 198) seinen Gipfel als Fuji-Ersatz hinhält. Und für die Special Effects im erfolgreichsten Film aller Zeiten, ›**Avatar – Aufbruch nach Pandora**‹, dürfen sich die Trickser und Täuscher der Weta Workshops 2010 ihren mittlerweile fünften Oscar in die Vitrine stellen.

Von King Kong zu Tim und Struppi

Peter Jacksons verwirklicht sich nach dem Ring einen Jugendtraum und dreht das Remake des Klassikers ›**King Kong**‹. Angeblich löst das 1933er-Original, das er 1971 im elterlichen Schwarzweißfernseher sieht, beim 9-jährigen Peter den Wunsch aus, Filme zu machen: »Hätte ich damals nicht King Kong gesehen, wäre mein Leben anders gelaufen.« Seine anschließende Verfilmung des Bestsellers ›**Lovely Bones**‹ (dt.: In meinem Himmel) der Amerikanerin Alice Sebold spaltet 2009 die Kritik: Die bewertet die sehr mystisch umgesetzte Geschichte über das 14-jährige Opfer einer Vergewaltigung von genial bis albern.

Jacksons Vorliebe für historische Flugzeuge reizt ihn wohl, als Produzent das Remake des Films ›**The Dam Busters**‹ über die Zerstörung von Talsperren im Sauerland während des 2. Weltkriegs durch die Royal Airforce zu unterstützen, das in Neuseeland vorbereitet wird. Seine weltweite Fangemeinde fiebert derweil ›**The Hobbit**‹ entgegen: Nach langem Gezerre schreibt und dreht Jackson die beiden Prequels zum Herr der Ringe – aus Tolkiens dünnem Roman ›Der kleine Hobbit‹ und weiteren Textfragmenten sind zwei Filme geplant, die nun Ende 2012 und 2013 im 3D-Format in die Kinos kommen sollen. Darüber hinaus arbeitet Jackson mit Steven Spielberg an einer Trilogie computeranimierter Filme um den Comic-Klassiker ›**Tim und Struppi**‹.

Wale, Bikes und Monsterschafe

Auch neben Peter Jackson existiert ein neuseeländischer Film. Im Osten der Nordinsel entsteht 2003 ›**Whale Rider**‹, ein berührender Film über Mythen der Maori im Wertewandel der heutigen Zeit: Ein Maori-Mädchen muss ihrem engstirnigen Großvater beweisen, dass sie als Frau seine Nachfolge als Stammesführerin würdig antreten kann. 2006 verkörpert Anthony Hopkins in dem Alles-wird-gut-Roadmovie ›**The World's Fastest Indian**‹ (dt. ›Mit Herz und Hand‹) eine neuseeländische Legende, den Tüftler, Eigenbrötler und mehrfachen Motorrad-Geschwindigkeits-Weltrekordler **Burt Munro** (S. 451).

Zum Kassenknüller 2007 in Neuseeland entwickelt sich der Fun-Splatter ›**Black Sheep**‹ von **Jonathan King:** Ein Gen-Experiment lässt Schafe zu bissigen Monstern mutieren und wehe dem, den sie zwischen die Zähne kriegen. 2009 lässt King im Fantasy-Thriller ›**Under The Mountain**‹ Sam Neill als geheimnisvollen Mr. Jones Aliens durch die Vulkanlandschaft von Auckland jagen. Der Jugendfilm basiert auf einem Roman von Maurice Gee, seit den 1970ern ein populärer Autor im Lande. Ein anderes Gee-Buch liegt dem eindrucksvollsten neuseeländischen Filme der letzten Jahre zu Grunde: ›**In My Father's Dan**‹ (dt.: ›Als das Meer verschwand‹), ein Familiendrama mit Thriller- und Mystery-Elementen, dem die karge Landschaft von Central Otago auf der Südinsel als Kulisse dient. Alle Kassenrekorde neuseeländischer Filme im eigenen Lande brach 2010 die Maori-Komödie ›**Boy**‹ von Taiki Waititi. Der Halb-Maori hatte 2007 in seinem ersten Spielfilm ›**Eagle vs Shark**‹ bereits mit viel hintergründigem Humor exzentrische Looser und sozial gestörte Außerseiter durch ein wildes Beziehungschaos schlittern lassen. Beide Filme liefern im Soundtrack viel aktuelle Musik aus Neuseeland.

Set-Jetting

Die Film-Sets der Herr-der-Ringe-Filme locken noch immer Set-Jetter. Ihre Bibel ist ›The Lord of The Rings Location Guide Book‹ von Ian Brodie zu den Drehorten der Trilogie. Bewahrte Kulissen gibt es aber nur von Hobbingen (S. 209), wo auch Szenen der neuen Hobbit-Filme entstehen sollen. Ist man mit einem englischsprachigen Guide unterwegs zu den Sets, sollte man Tolkiens originale Ortsnamen kennen, die sich von den deutschen oft unterscheiden: Wird z. B. vom Mount Doom gesprochen, ist der Schicksalsberg in Mordor (Mt Ngauruhoe, S. 243) gemeint. Der Reiseteil dieses Buches nennt Drehorte, von denen Mt Sunday am Ostrand der Southern Alps (S. 337) mein Favorit ist – dort stand im Film Rohans Hauptstadt Edoras.

Essen und Trinken

Die Küche in Neuseeland ist so international wie der Völkermix, der am Herd steht. Die gehobene Gastronomie folgt der leichten Pacific Rim Cuisine oder mediterranen Einflüssen und verarbeitet gern, was das Meer vor die Haustür legt – Fisch, Muscheln, Austern und Langusten. Die ›bürgerliche‹ Kiwiana-Küche sieht lieber ein ordentliches Stück Fleisch in Tellergröße und pflegt britische Traditionen. Und guten Wein aus der Region gibt's fast überall.

Neuseeländische Küche

Was ist typisch neuseeländisch? **Hangi,** das Maori-Mahl mit Fleisch und Gemüse. Im Original werden die Speisen in einem geflochtenen Korb verpackt, zusammen mit heißen Steinen und feuchten Tüchern für den notwendigen Dampf in einem Erdloch deponiert, mit Erde abgedeckt und 3–4 Stunden gegart. Bei den Kulturshows, in denen viele Touristen ein Hangi erleben, wird es oft im Dampf heißer Quellen gegart, das spart den Arbeitsgang, die Steine im offenen Feuer heiß zu machen, aber es fehlt das rauchige Aroma.

Kleine Fische

Eine kulinarische Spezialität der West Coast und einiger Küstenabschnitte der Nordinsel ist **Whitebait.** Die winzigen Jungfische von einem halben Dutzend heimischer Arten, die in Mündungsbereichen großer Flüsse laichen, werden nach dem Schlüpfen ins Meer gespült, wachsen dort auf 3–6 cm Länge heran und ziehen im Frühjahr wieder in ihre Geburtsflüsse. Von September bis November dürfen sie mit großen, engmaschigen Käschern gefischt werden – regelrecht ein Volkssport. Aus den Netzen ergießt sich dann eine Masse, die so glibberig ist, dass sie gleich nach Volumen gemessen wird – ein Liter Whitebait, nicht ein Kilo. Die Kleinfische werden mit ›Haut und Haaren‹ in Pfannkuchen oder Omelettes eingebacken und stehen in Restaurants der Fangregionen meist als *Whitebait Patties* auf der Karte.

Essen und Trinken im Web
www.dineout.co.nz (Restaurantkritiken durch Nutzer), www.cuisine.co.nz (Gourmet-Magazin mit Restaurantkritiken), www.eatat.co.nz (Restaurants, Weingüter), www.nzwine.com (alles über Wein vom Winzerverband), www.realbeer.co.nz/nz-breweries (Brauereien und Brauhäuser), www.maorifood.com (Maori-Küche und Rezepte), www.kiwianatown.co.nz (Kiwiana-Rezepte wie Pavlova, Possum-Eintopf).

Streitäpfel

Beim **Pavlova,** der Baisertorte mit Sahne und frischen Früchtchen garniert, behaupten Australier wie Neuseeländer gleichermaßen, das Rezept zu Ehren der russischen Tänzerin Anna Pavlova in den 1920ern erfunden zu haben. In Neuseeland ist es auf jeden Fall das Nationaldessert.

Ebenfalls von Ozzis wie Kiwis gleichermaßen als nationale Spezialität reklamiert wird **Vegemite,** das an Maggi in Streichform erinnert. Der salzige Brotaufstrich auf Hefebasis steht gern auf Frühstücksbuffets und weil er wie Schokocreme aussieht, kann er bei Verwechslungen ein lebenslanges Trauma auslösen. Auf jeden Fall darf Vegemite nur hauchzart auf den Toast.

Aus alten Tagen

Die Zeiten, als sich Neuseelands Küche fast ausschließlich an der britischen orientierte, sind Geschichte. Geblieben sind u. a. **Pies,** kleine Pastetchen meist mit einem Fleischragout als Füllung. Sie wurden *down under* perfektioniert und sind in Imbisstuben, vielen Bäckereien und in größeren Städten in Pie-Shops zu bekommen, dort sogar in Gourmet-Versionen. Dem **Devonshire Tea** begegnet man meist am Nachmittag in old-fashioned geführten Ausflugslokalen. Zur Neuseeland-Version des britischen *cream tea* werden *scones* gereicht, süße Minibrötchen, mit Konfitüre oder Honig bestrichen.

Pacific Rim Cuisine

Die Abnabelung von der britischen Küche ging mit der Entdeckung der *Pacific Rim Cuisine* einher. Sie schaut in die Kochtöpfe der Länder rund um den Pazifik. Dabei wird gern auf Früchte des Meeres zurückgegriffen. Begehrteste **Krustentiere** sind Langusten, *crayfish.* In der Regel bekommt man *red rock lobster* (Kaplanguste) vorgesetzt, während der deutlich größere *packhorse rock lobster* (Neuseeland-Languste) meist nach Asien exportiert wird und dort Gourmets begeistert. Crayfish hat im Gegensatz zum Hummer keine Scheren, aber lange dünne Fühler.

Muscheln, genauer *New Zealand green lipped mussels,* sind auf Speisekarten allgegenwärtig, ebenso in Supermärkten – dort lebend in speziellen Rieselbecken. Sie ähneln europäischen Miesmuscheln, sind aber größer und haben eine grünliche Schale. Sie kommen aus der Zucht, ihre wilden Verwandten von den Felsen entlang der Küsten sind schwarz (Zubereitungstipp S. 469).

Von den **Fischen** tauchen gut zwei Dutzend Arten auf den Speisekarten auf. Nicht alle kann man guten Gewissens essen, weil die Bestände bedroht sind: Der ›Best Fish Guide‹ (www.forestandbird.org.nz/what-we-do/publications/-best-fish-guide) listet Arten nach Gefährdungsgrad.

Meist nett, locker und mit großem Wohlfühlfaktor: die Restaurants in NZ

Fish & Chips trifft Sushi

Kiwis lieben Fastfood und nehmen gern Essen vom *takeaway* mit: Amerikanische Ketten – McDonalds, KFC, Pizza Hut – konkurrieren mit Sushi-Ständen, indischen Curry-Küchen, italienischen Pizzerias oder britischen Fish'n'Chips-Buden und urneuseeländischen Pie-Shops. Fast alle Immigrantengruppen haben Spuren hinterlassen. Preist eine Tafel *continental sausage, braadworst, superfrankfurter* oder *fricadel* an, fühlt man sich fast schon wie zu Hause. Und es gibt sogar Imbiss-Stände, die den Gourmet ansprechen mit Delikatessen wie frittierte Austern und Greenlip-Muscheln oder Fritten aus der Süßkartoffel Kumara.

Wein und Bier

Neuseeland mauserte sich seit den 1980ern zu einem der angesehensten Weinländer der Welt. Neben Einheimischen geben sich kreative Winzer aus aller Welt auf den Weingütern ein Stelldichein, bringen viel Know-how ins Land und kreieren Spitzenweine, die internationale Auszeichnungen am laufenden Band einheimsen. Marlborough, Hawke's Bay und Gisborne sind die größten von mittlerweile zehn Anbaugebieten, Wairarapa und Central Otago die trendigsten. Fast 650 *wineries* sind im neuseeländischen Winzerverband zusammengeschlossen und die Zahl wächst rapide (www.nzwine.com/wineries).

Glasmaß

In Pubs und Bars bestellt der durstige Kiwi ein *pint*. Ob ihm dann wirklich 0,568 l durch die Kehle rinnen oder 0,5 l ist kaum erkennbar. Es gibt kein Normglas, nur ein großes oder kleines Glas *(half pint)* oder den *jug*, den Krug zum Nachfüllen. Ein Wirt, der die Maßangabe *pint* benutzt, riskiert theoretisch ein Bußgeld, das aber praktisch nie verhängt wird. Zur Überwachung ist aber immerhin ein Regierungsbeauftragter zur Einhaltung metrischer Maßangaben abgestellt.

Große Weiße, feine Rote

Die Spannbreite der Anbaugebiete vom subtropischen Northland über Insellagen wie auf Waiheke Island bis ins kontinental-klimatische Central Otago sorgt für große Abwechslung. Weißweine dominieren, vor allem Chardonnay und Sauvignon Blanc, junge, fruchtbetonte Rieslinge gewinnen an Boden. Bei den Roten ist Pinot Noir Trendwein. So jung und frisch, wie er daherkommt, passt er gut zur leichten Pacific Rim-Küche. Daneben werden geradezu aristokratische Cabernet Sauvignon und Merlot produziert, mal sortenrein oder zu herrlich strukturierten Weinen für festliche Anlässe fusioniert. Viele Weingüter bieten Direktverkauf, immer mehr haben auch ein Restaurant. Aber selbst wenn man beim Erzeuger kauft, sind neuseeländische Weine selten unter 10, weit eher für 20 bis 40 Dollar die Flasche zu bekommen. Was billig in den Regalen der Supermärkte und *bottle stores*, Spirituosenläden, steht, kommt gern aus Australien oder Südamerika. In Restaurants sind Aufschläge zum Ladenpreis gering. Die meisten haben die Lizenz für Alkoholausschank *(licensed)*, das früher weit verbreitetet B.Y.O. *(bring your own)* ist aber oft noch erlaubt: Man bringt seinen Lieblingswein mit und genießt ihn gegen ein geringes Korkgeld. Einige Lokale machen mit B.Y.O. aus der Not eine Tugend: Sie dürfen selbst keinen Alkohol ausschenken.

Bier spezialisiert sich

Trotz Wein-Hype ist Neuseeland auch Bierland. Helles Lager und dunkle Ales wie in England sind Standards, irische und belgische Biere populär. Es wird in der Regel schnell, kalt und schaumlos gezapft – nicht gerade deutsche Bierästhetik. DB, Lion und Steinlager sind landesweite Marken, immer häufiger fließen jedoch lokale oder regionale Biere wie Monteith's von der Westküste, Speights aus Dunedin oder Mac's aus Nelson weit ab ihrer Stammregionen aus den Zapfhähnen oder Mikrobrauereien zapfen ihre Spezialbiere gleich im Angesicht der Braukessel – das deutsche Brauhaus Frings in Whangarei (S. 164) gehört dazu.

Spezialitäten

egg benedict eine Kalorienbombe aus den USA: Toast oder English Muffin mit diversen Auflagen, u. a. Spinat oder Tomaten, Schinken, Geflügel, aber immer einem pochierten Ei und Sauce Hollandaise
hangi in der Erde gegartes Traditionsessen der Maori (S. 50)
kumara Süßkartoffeln, ein Gemüse
pavlova die nationale Nachspeise auf Baiser-Basis (S. 50)
rewena pararoa Kartoffelbrot, eine Maori-Spezialität

Fleisch

lamb maximal 12 Monate altes Lamm
hoggett etwas älteres, noch nicht geschlechtsreifes Schaf
mutton Hammelfleisch von ausgewachsenen Tieren
cervena Begriff des Verbandes der Hirschfleischzüchter für Zuchtfleisch
venison gejagtes Wildbret
quail Wachteln (meist die Kalifornische Wachtel mit dem markanten Kopfschmuck, die man in der freien Wildbahn häufig sieht)

Frühstück und Kaffee

cooked breakfast klassisches englisches Frühstück mit gebratenem Speck, Würstchen, gegrillten Tomaten usw.
continental breakfast ein kalorienärmerer Tagesbeginn: Toast, Marmelade, Vegemite, wenig Aufschnitt, aber vielleicht noch ein Ei und natürlich Kaffee und Tee
vegemite salziger Brotaufstrich auf Hefebasis (S. 50)
flat white Espresso mit heißer Milch
long black kommt einem normalen schwarzen Kaffee am nächsten (doppelter Espresso mit heißem Wasser aufgefüllt)

Seafood – Meeresfrüchte

cockles Herzmuscheln, werden vor allem von Maori gegessen, die sie unter dem Namen *pipi* kennen

Begriffe rund ums Essen

al fresco dining unter freiem Himmel speisen
bring your own (B.Y.O.) mitgebrachte Getränke können gegen Korkgeld konsumiert werden
jug Bierkrug zum Nachschenken (S. 50)
kai Maori-Begriff für Nahrung im allgemeinen
kiwiana cooking ›bürgerlich‹-neuseeländische Küche
licensed zum Alkoholausschank berechtigt
pacific rim cuisine Küche der Pazifikregionen (S. 51)
wait to be seated Warten Sie am Eingang, bis Ihnen ein Platz zugewiesen wird.

crayfish Langusten
game fish ›Sportfisch‹, meint alle Fische, die von Anglern an Flüssen und im Meer gefangen werden
gurnard Knurrhahn
john dory St. Petersfisch
lemonfish kleine Haiarten
mako Makrelenhai
moki eine Art der Trompeterfische
mussels damit sind immer *New Zealand green lipped mussels* (S. 51) gemeint
oysters Austern
paua steakgroßes, festes Fleisch einer Wasserschnecke – eine begehrte, sehr teure Delikatesse
red snapper Seebrasse
scallops Kammmuscheln oder Jacobsmuscheln
swordfish Schwertfisch
tarakihi Großaugen-Morwong
trevally eine Art der Stachelmakrelen
warehou ein populärer Speisefisch aus der Barschfamilie
whitebait diverse, wurmähnliche Jungfische (S. 50)
yellowfin tuna Gelbflossen-Tunfisch
yellowtail kingfish Gelbschwanz-Makrele

Knights Point über der Tasman Sea an der Westküste von South Island

Wissenswertes für die Reise

Neuseeland online

Neuseelands Internetkennungen sind co.nz und net.nz für kommerzielle Seiten, govt.nz für Seiten der Regierung oder staatliche Stellen und org.nz für öffentliche Organisationen und Zusammenschlüsse. Auch .com-Adressen sind üblich, oft in der Form www.ortsnamenz.com, z. B. www.aucklandnz.com. Viele Tourismusportale sind von Werbe- und Booking-Partnern abhängig, kaum eines ist objektiv und unabhängig. Die meisten Inhalte sind in Englisch, selten findet man Zusammenfassungen in Deutsch (dt.):

www.newzealand.com (auch dt.)
Tourism New Zealand, Neuseelands Tourismusorganisation, informiert für den deutschsprachigen Raum nur noch über das Internet. Auf der internationalen Startseite gibt es Zugang zu umfangreichen Basisinformationen in Deutsch, je weiter man aber ins Detail geht, desto mehr Content ist nur in Englisch.

www.neuseeland-news.co.nz (dt.)
Online-Ausgabe einer deutsch-neuseeländischen Monatszeitschrift mit aktuellen Nachrichten, touristischen Infos und vielen Links zu deutschsprachigen Anbietern.

www.nzvillage.com (dt.)
›Die Reise- und Auswanderungscommunity für Australien, Neuseeland und die Südsee‹ mit Forum, News, Infos und kommerziellen Links. Nicht immer aktuell.

www.neuseeland.net (dt.)
Kommerzielle deutsche Seite mit vielen praktischen Informationen.

www.aaguides.co.nz
Portal des Automobilclubs AA mit Unterkünften, Aktivitäten und Festivitäten.

www.backpackerboard.co.nz
Alles für junge Backpacker mit touristischen Informationen und Infos für Reisende mit Working Holiday Visa (S. 69) inkl. Jobbörse.

www.ecotours.co.nz
Ein Muss für alle, die ›sanften‹ Tourismus bevorzugen mit Links zu Öko-Tour-Anbietern.

www.qualmark.co.nz
Die Qualitätswächter des neuseeländischen Tourismus erlauben die regionale und thematische Suche gefiltert nach Sterne-Kategorien, z. B. 4-Sterne/Holiday Park/Northland.

www.tourism.net.nz
Eines der besten kommerziellen Portale. Links zu Anbietern und Buchungsoptionen, gute Background-Informationen.

www.govt.nz
›Internetzentrale‹ des amtlichen Neuseeland mit Links zu offiziellen Stellen.

www.nzmuseums.co.nz
Selbstdarstellungen fast aller Museen im Lande inkl. praktischer Hinweise.

www.teara.govt.nz
Portal zu Land und Leuten, Neuseelands Geschichte und Volksgruppen.

www.nzherald.co.nz
Online-Ausgabe von ›The New Zealand Herold‹, dem Leitmedium im Lande.

www.stuff.co.nz
Gemeinsames Portal wichtiger Tageszeitungen mit News und Wetter.

www.metservice.co.nz
Und zum Schluss … das Wetter.

Informationen vor Ort

In allen größeren Orten kann man ein i-Büro erwarten. Die offiziellen sind an grün-weiß-grauen Schildern mit der Aufschrift *i-SITE* erkennbar. Daneben gibt es viele kommerzielle Büros, die sich Tourist Information, Visitor Information oder ähnlich nennen und ›i‹-Schilder verwenden, die in anderen Ländern offiziellen Touristenbüros vorbehalten sind. In Nationalparks nehmen DOC Visitor Centre Informationsaufgaben wahr und bieten häufig Ausstellungen zu regionalen Naturthemen. DOC- wie i-SITE-Mitarbeiter sollen objektiv informieren, nicht werten. Die Frage ›Welches ist der beste Holiday Park der Stadt?‹ dürfen sie im Prinzip nicht beantworten.

Touristen-Radio

›Tourist Information FM‹ sendet Background und Praktisches für Touristen auf UKW 88,2 MHz (engl.) und 100,4 MHz (dt.). Wo die Sender zu empfangen sind, wird es an Hauptstraßen mit blauen Schildern angezeigt.

Kartenmaterial

i-SITEs und DOC Visitor Centre geben kostenlos oder preiswert Stadtpläne sowie Broschüren mit Übersichtskarten für Touren in Nationalparks ab. Außerdem verkaufen sie für ihre Region wichtige Karten. Mitglieder ausländischer Automobilclubs (Ausweiskarte mitnehmen!) bekommen in AA-Büros kostenlos Stadt- und Regionalkarten. Als Gratiskarte der Tourismusindustrie ist eine zur Orientierung ausreichende Karte im Maßstab 1:1,6 Mio. im Umlauf. In Mietwagen ist fast immer einfaches Kartenmaterial vorhanden.

Lese- und Sehtipps

Literatur aus und über Neuseeland, u. a. zum Auswandern und zu Working Holiday Visa, veröffentlicht der Berliner Mana Verlag, Online-Shop: www.mana-verlag.de.

Kulturkontraste

TAZ-Korrespondentin und Kolumnistin Anke Richter muss selbst als karnevalsgestählte Ex-Kölnerin bei Motto-Partys in ihrer neuen Heimat Neuseeland erst einmal kräftig schlucken, bevor sie lachen kann, dann aber bringt sie ihre Auswanderungserfahrungen und die Kulturkontraste mit erfrischendem Humor zu Papier. 2011 bei Kipenheuer & Witsch als ›Was scheren mich die Schafe‹ erschienen – da wird sogar die Luftschlacht um England zur Lachnummer.

Liebe, Fluch und Mord

Liebe, Romantik, Familiendramen, ein Schuss Maori-Mystik, etwas Kolonialgeschichte und das Schwelgen in Landschaften sind Zutaten der boomenden Neuseeland-Sagas. Star der Szene ist eine aus dem Ruhrgebiet stammende Autorin, die unter dem Pseudonym **Sarah Lark** mit ›Das Gold der Maori‹ 2010 schon ihre zweite Neuseeland-Trilogie startete. **Laura Walden** (u. a. ›Das Geheimnis des letzten Moa‹, 2011) und **Anne Laureen** (u. a. ›Sterne über Tauranga‹, 2010) stammen ebenfalls aus Deutschland, **Kaye Kelly** hingegen aus Westport an der rauen West Coast der Südinsel, wo ihre Romane spielen, wie ›Der weite Weg zurück‹ (2010).

Paul Cleave beweist in Krimis über seine Heimatstadt, dass die ›Gardencity‹ Christchurch durchaus dunkle Seiten mit besten Thriller-Zutaten hat, die er gern mit übelst schwarzem Humor spickt wie in ›Der siebte Tod‹ (2007). Sein ›Der Tod in mir‹ (2010) zeigt, wie schwer es fallen kann, Gutmensch zu sein.

Lieferbare Klassiker

Ein Engel an meiner Tafel (1990 verfilmt von Jane Campion) ist die Autobiografie der Autorin Janet Frame, die sich von einer als psychisch krank abgestempelten jungen Frau zur weltbekannten Autorin entwickelte. Von Neuseelands namhaftester Autorin Katherine Mansfield sind **Sämtliche Erzählungen** auf Deutsch erschienen, eines der wichtigsten Werke des literarischen Impressionismus Anfang des 20. Jh. Als bedeutendster Roman der jüngeren Literatur des Landes ist **Unter dem Tagmond** von Keri Hulme auch auf Deutsch erschienen. Drei Menschen, treffen darin eher zufällig an einem entlegenen Flecken Neuseelands zusammen. **Warriors** von Alan Duff (1994 verfilmt als ›Die letzte Kriegerin‹) entzaubert folkloristische Maori-Klischees – desillusionierend, teilweise brutal, sozialkritisch! **Whale Rider** von Witi Ihimaera dagegen (verfilmt 2002) ist ein melancholisch-liebevoller Roman über ein Maori-Mädchen im Konflikt zwischen Traditionen und Wertewandel ihres Volkes.

Neuseeland – Reiseland für alle

Neuseeland ist ein durch und durch erschlossenes Reiseland. Selbst wo Landstriche unzugänglich erscheinen, führen noch anspruchsvolle Tracks die Mutigen und Abenteuerlustigen in die letzte Wildnis. Rundreisen sind die Regel, lange Aufenthalte an einem Ort selten.

Ungebunden Reisen ...

Die für Rundreisen hervorragende Infrastruktur in allen Preisklassen erlaubt jedem Besucher, zum FIT zu werden, zum *free individual traveller,* der seine Reise selbst organisiert. Dabei gibt es keine nennenswerten Beschränkungen der Bewegungsfreiheit. Frauen können mit einem Mindestmaß an Vorsicht das Land allein bereisen, vergleichbar etwa wie in Skandinavien.

Gemietete oder gekaufte Fahrzeuge stehen hoch im Kurs. Über die Frage ›Pkw oder Camper‹ lässt sich streiten. Wer in Europa gern im Wohnmobil reist, mag es auch in Neuseeland, zwingend ist das mobile Heim auf vier Rädern aber nicht: Pkw-Miete plus einfache Unterkunft kosten pro Tag oft weniger als Wohnmobilmiete plus Stellplatzgebühr, zudem sind die Nebenkosten beim Camper höher als beim Pkw. Für ein Auto spricht die bessere Handhabung auf schmalen Nebenstraßen, Vorteil des Wohnmobils ist die Option zum freien Campen. Das ist im Prinzip erlaubt, je schöner der Platz aber, an dem man dieses Recht nutzen möchte, desto eher ist diese Freiheit eingeschränkt, so grundsätzlich in Nationalparks (S. 78).

Alternative zum Mietfahrzeug sind v. a. für Einzelreisende Pässe für den öffentlichen Verkehr oder Bus- bzw. Backpacker-Networks (S. 76). Daneben ist Trampen – im Kiwislang *hitching* – verbreitet. Um Risiken zu minimieren, sucht man Mitfahrkontakte durch Aushänge in Lowbudget-Unterkünften.

... oder ganz umsorgt

Wer sich gern zurücklehnt und das Organisieren anderen überlässt oder sich in der Gruppe wohler fühlt, darf sich jeder Form des Umsorgtseins bedienen: Das kann eine Gruppenreise vom ersten bis zum letzten Tag sein, die man inklusive Hin- und Rückflug im Reisebüro zu Hause bucht, oder eine individuell aus Bausteinen zusammengestellte Reise, die noch im Lande ergänzt werden kann.

Touring New Zealand Ltd. (S. 65) vermittelt und bucht neben Mietwagen und Mietcampern auch Reisebausteine mit Bussen und Bahnen, Tourenpässe sowie ausgewählte Rundreisen. **Great Sights** bietet Busreisen als Reisebausteine von Halbtagestouren bis zu mehrtägigen Rundfahrten inklusive Übernachtungen rund um touristische Highlights an der Bay of Islands, um Auckland, Rotorua und Waitomo auf der Nord-, sowie um Christchurch, Mount Cook, Queenstown und das Fiordland auf der Südinsel; das Publikum ist international, Erklärungen erfolgen in der Regel mehrsprachig (auch in Deutsch).

South Pacific Travellers World schnürt individuelle Reisepakete aus Transport mit Linien- oder Tourbussen bzw. Mietwagen plus ausgesuchten Aktivitäten; Unterkünfte und Mahlzeiten werden auf Wunsch mitgebucht.

Die Freiheiten des Mietfahrzeugs mit der Sicherheit der Pauschalreise verknüpfen Rundreisen mit fest gebuchten Unterkünften oder Konvoireisen, bei denen man den Tag über individuell einer Route folgt und nur abends in der Unterkunft den Reiseleiter zum Briefing für die nächste Tagesetappe trifft. Veranstalter, Vermittler und ausgewählte Programme nennt Tourism New Zealand auf seinen deutschsprachigen Webseiten unter www.newzealand.com. Neben großen Veranstaltern von Fern- oder Studienreisen gibt es eine Reihe von Neuseeland-Spezialisten. Alle verkaufen Pauschalreisen, Reisebausteine und Fly-&-Drive-Pakete mit Flug plus Miet-Pkw oder -Camper:

In Mitteleuropa

Australia Pacific Travelservice: Bramfelder Str. 110A, D-22305 Hamburg, Tel. 040-61 25 78, www.travelaustralia.de.

Boomerang Reisen: Biewererstr. 15, 54292 Trier, www.purenz.de; weitere Büros in zehn deutschen Städten sowie in Zürich und Wien.

Knecht Reisen: Rohrerstr. 100, CH-5001 Aarau, Tel. 062-8 34 71 81, www.knechtreisen.ch; neun Filialen landesweit.

Jet Touristik: Maria-Theresien-Str. 21/5, A-6020 Innsbruck, Tel. 0512-58 17 77, www.neuseelandinfo.at.

Online-Buchen in Neuseeland

www.anznaturetours.com: ANZ Nature Tours, Tel. 04-385 1024, Selbstfahrer-Touren, Themen-Reisen (Golf, Gourmet u.s.w.) – viele deutschsprachige Mitarbeiter!

www.greatsights.co.nz: Great Sights, Tel. 09-583 5790, [fc] 0800 SIGHTS, Busrundfahrten (S. 58).

www.guestnewzealand.com: Guest New Zealand, Tel. 03-357 0010, Reisepakete für Individualreisende ganz nach Kundenwunsch.

www.letsgo.co.nz: Let's Go New Zealand, alle gängigen Reisebausteine, vorgebuchte Selbstfahrer-Touren.

www.southpacifictravellers.co.nz: South Pacific Travellers' World, 09-961 5670, alle gängigen Reisebausteine (S. 58).

Deutschsprachige Veranstalter und Vermieter in Neuseeland S. 65.

Die Welt der Backpacker

Jüngere Traveller finden in Neuseeland auf ihre Reisebedürfnisse ausgerichtete Netzwerke. Landesweit operieren Backpacker-Busse (S. 76) – Spitznamen ›Partybus‹ oder ›Longjoin(t)er‹ – auf touristisch interessanten Routen mit Stopps zum Sightseeing, wo es lohnt. Abends halten sie an Lowbudget-Unterkünften, an denen ›Backpacker-Shuttles‹ am nächsten Morgen Gäste zu Action-Abenteuern und Aktivitäten abholen. Dort werden ›Backpacker-Rates‹ gewährt, mal als Preisnachlass auf Standardangebote, mal in Form verbilligter Tickets zu weniger populären Zeiten. Ist das Platzangebot generell begrenzt, z. B. bei Sightseeing-Flügen, bekommen Backpacker auf Stand-by-Basis Rabatte. Mietwagenfirmen halten ältere Modelle zu Dumpingpreisen bereit, einschließlich Minicamper oder Wohnmobile.

Die Rabatte sind oft an Mitgliedskarten der Übernachtungs-Networks wie BBH, VIP und YHA (S. 79) gebunden, die man unabhängig vom Alter bekommt. Dass Backpacker umworben sind, resultiert aus einer statistisch belegten Erkenntnis: Sie geben pro Tag zwar weniger aus, lassen insgesamt aber mehr Geld im Land als viele besser betuchte Pauschalreisende, weil sie viel länger bleiben. Fast 15 % aller Übernachtungen in Neuseeland gehen auf ihr Konto.

Silber auf Reisen

Lifestyle nimmt einen immer größeren Stellenwert ein. Wine & Dine-Touren oder kulinarische Festivals gibt es landauf landab. Golfen, Reiten und Segeln sind überall möglich und Wellness-Angebote inmitten grandioser Naturlandschaften versprechen Balsam für Leib und Seele. All dies spricht die Silver Generation an, die es sich gut gehen lassen will. Auf der anderen Seite entdecken immer mehr 40+-Reisende die Welt der Backpacker. Lowbudget-Unterkünfte richten dafür gezielt Einzel- und Doppelzimmer ein, zum Teil mit Bad und WC. Angesprochen sind jene, die individuelles, kommunikatives Reisen in jungen Jahren kennen und lieben gelernt haben, inzwischen aber ein Mindestmaß an Komfort wünschen. Entsprechend nutzen ältere Singles Backpacker-Busse, meist Magic Traveller Network.

Paare kreuzen lieber mit Wohnmobilen durchs Land oder greifen auf Bed & Breakfast (S. 80) zurück. Bei Aktivitäten bevorzugen 40 plus-Reisende Wanderungen, Naturführungen sowie Bus- oder Bootstouren mit naturkundlichen Schwerpunkten. Unter Action-Angeboten wählen sie am ehesten die mit Sightseeing-Faktor wie Jet-Boot-Touren.

Reisen mit Kindern

Flugdauer und -preise (S. 67) von Europa nach Neuseeland schrecken ab, aber selbst kleine Kinder stecken Flug und Zeitverschiebung relativ gut weg. Wer mit Kleinkindern reist, sollte Flüge früh buchen, denn Sitze mit Platz für Babyliegen sind in Maschinen von und nach Neuseeland begehrt. Bei der Mietwagenbuchung muss man den Bedarf für Kindersitze anmelden (Baby/Children Seat = Sitz mit Rückenlehne, Booster = Sitzerhöhung). Bei wenigen Vermietern sind diese gratis (z. B. Apex S. 71), meist werden pauschal pro Miete ca. 25–50 NZD berechnet. Für Kinder unter 5 Jahren ist ein Kindersitz vorgeschrieben. Bei der Auswahl von Wohnmobilen sollte man berücksichtigen, wo Kinder sitzen können: Nicht jeder kleine Magen mag es, hinten in einem Camper, womöglich quer zur Fahrtrichtung sitzend, über kurvige Bergstraßen bewegt zu werden.

Weniger rumfahren, mehr urlauben

Mit Kindern muss man eine für Überseetouristen eher untypische Neuseelandreise planen, weniger ›auf Achse‹ sein, länger an einzelnen Orten verweilen. Ein touristischer Binnenmarkt, der neuseeländische Familien in den Sommerferien von Mitte/Ende Dezember bis Anfang Februar anspricht, ist auf Kinder eingestellt, allen voran die Holiday Parks (S. 78).

Von wenigen Überschneidungen abgesehen suchen sich neuseeländischer Familientourismus und Überseetourismus unterschiedliche Ziele. Ein geschützter Strand, ein naher Freizeitpark sowie ein Pool und eine große Barbecue-Area in der Ferienanlage sind wichtigere Standortkriterien für Kiwi-Familien als die Nähe zu tollen Tracks, wilden Landschaften oder boomenden Outdoor-Aktivitäten.

Sicherheit und Sonnenschutz

Gehen Sie mit Kindern nur an bewachten Stränden baden, das Meer um Neuseeland ist strömungsreich und oft wild. Wichtig ist zudem Sonnenschutz (S. 99). Cremes für Kinder sollten mindestens Sonnenschutzfaktor 30 haben, daneben halten Sportgeschäfte und Kinderabteilungen der Warenhäuser spezielle Badeanzüge, T-Shirts und Strandbodys aus Hightech-Fasern mit Schutzfaktor 40+ oder 50+ bereit.

Fehlt etwas bei Kinderkleidung oder Strandspielzeug, bekommt man es in den Megastores der Warehouse-Kette meist so billig, dass man es ohne Gewissensbisse vor dem Heimflug zurücklassen kann, wenn es die Grenzen des Freigepäcks sprengen würde. Kinderpflegemittel und Windeln gibt es in jedem Supermarkt, Kindernahrung ebenso, jedoch nicht in so großer Auswahl wie z. B. in Deutschland.

Reichlich Betten

Motels und Holiday Parks haben immer Wohneinheiten mit vier oder sechs Betten, nicht selten auf mehrere Schlafzimmer verteilt. Backpacker und einige Hotels haben ebenfalls Mehrbettzimmer mit vier oder sechs Betten, die als Familienzimmer vermietet werden. In der Hauptsaison muss man gelegentlich für alle Betten im Zimmer zahlen, meist aber nur für die genutzten.

So kinderfreundlich Neuseeland auch ist, es gilt nicht als anrüchig, eine Unterkunft ›childfree‹, kinderfrei, zu nennen. So etwas kommt am ehesten bei Edel-B&Bs und bei Unterkünften vor, die ein ›Boutique‹ im Namen tragen.

Reisen mit Handicap

Standard und Gesetzesgrundlagen für die Barriere-Freiheit von öffentlichen Gebäuden und Verkehrsmitteln entsprechen etwa denen in Mitteleuropa. Eine Datenbank zur Zugänglichkeit touristischer Attraktionen ist im Aufbau: www.accomobility.co.nz. Schon lange kategorisiert das DOC Wanderwege danach, ob sie für Rollstuhlfahrer geeignet sind, i-SITEs und DOC Visitor Centre erteilen dazu Auskunft. Infos bezüglich Hilfsmitteln vor Ort unter Tel. [fc] 0800 171 981, weka.net.nz. **Ucan Tours** (Wortspiel auf You Can = Du kannst) bietet Reiseberatung für bewegungseingeschränkte Reisende und organisiert Touren nach deren Bedürfnissen: www.ucantours.com.

Reisen mit Neigungen

Wer gleichgeschlechtliche Reisende um sich bevorzugt, informiert sich auf dem Portal www.gaytravel.net.nz (engl.) über Angebote von Pauschalreisen bis zu einzelnen Unterkünften, die als gay-/lesbian-friendly bzw. gay-/lesbian-only eingestuft werden, inklusive Hinweisen zur schwul-lesbischen Szene und ihren Treffpunkten im Lande. www.womentravel.co.nz (engl.) ist ein Portal von Frauen für Frauen, die Neuseeland bereisen, aber unter sich sein wollen.

Nicht verpassen

15 Highlights siehe Klappenkarte.
Bauten & Museen: Skytower in Auckland, das höchste Gebäude der südlichen Hemisphäre; das Nationalmuseum Te Papa in Wellington; die Art Gallery und das Arts Centre in Christchurch; Bahnhof von Dunedin.
Landschaften: Strand und Dünen am 90 Mile Beach; geothermische Wunder um Rotorua und Taupo; die Marlborough Sounds, Pseudofjorde im Norden der Südinsel; die Southern Alps: Hochgebirge mit Meerblick.
Wander- und Trekkingrouten: Tongariro Crossing und Alternativen im Tongariro National Park; Abel Tasman Coastal Track, der Easy-Walking-Küstenwanderweg an der Tasman Bay; Milford Track und Alternativen rund um Te Anau.
Action-Aktivitäten: Angebote gibt es landesweit, Zentren sind die Regionen um Rotorua und Taupo auf der Nordinsel sowie um Queenstown und Wanaka auf der Südinsel.
Maori-Kultur: Live auf der Bühne rund um Rotorua; museal im Auckland Museum und im Nationalmuseum Te Papa von Wellington; authentisch im Northland und Eastland.

Rundreisen

Reisen zu Lande erfordert in Neuseeland Zeit. Kurven ohne Ende an Bergstraßen und entlang weit ins Land greifender Meeresarme rauben Stunden – in manchen schafft man gerade einmal 20 oder 30 km. Und dort, wo man Gas geben könnte, muss man aufpassen: Neuseelands Polizisten sind Weltmeister im Geschwindigkeitsmessen und ihre Null-Toleranz-Politik reißt große Löcher in die Reisekasse. Nötig ist das aber, die Zahl der Verkehrstoten war Ende der 1990er unerträglich hoch. Im Reiseteil wird auf zeitraubende Straßenabschnitte hingewiesen.

Alternativ lassen sich Erkundungen zu Lande mit Inlandsflügen zum Überwinden der längeren Strecken kombinieren. Nur so erlebt man bei kurzen Aufenthalten Highlights beider Hauptinseln. Mit weniger als 7 Tagen Neuseeland sollte man erst gar nicht anfangen, selbst wenn man das Land nur als Stopover auf einer Weltreise oder im Zusammenhang mit einem Australien-Trip besucht. Bei weniger als 14 Tagen muss man einen Inlandsflug einplanen oder sich auf eine der

Für jeden ein Stückchen Freiheit am See: Campen am Lake Pukaki

Hauptinseln beschränken. 21 Tage reichen für beide Hauptinseln, ohne Anspruch, alle Highlights zu erleben. Eine Intensiv-Traumreise darf 6–8 Wochen dauern und kann durch längere Aufenthalte an den schönsten Plätzen ausgedehnt werden. New Zealand Tourism bietet auf www.newzealand.com Rundreisevorschläge für jedes Zeitbudget. Im Land gibt es gut ausgeschilderte Touring-Routen wie den Twin Coast Discovery Highway für eine 3- bis 5-tägige Fahrt durch das Northland oder The Great New Zealand Touring Route für 6–12 Tage durch den Osten und des Zentrum der Nordinsel. Diese Routen werden im Reiseteil unter ›Auf einen Blick‹ für die jeweilige Region vorgestellt.

Große Neuseelandreise

Eine 21-Tage-Reise nach dem Baukasten-Prinzip könnte etwa so aussehen.

Tag 1: Stadterkundung Auckland oder Bootsexkursion auf den Hauraki Gulf.

Tag 2: Mietwagenübernahme, Fahrt zur Coromandel Peninsula, Erkundung der Westküste – unbedingt Driving Creek Railway in Coromandel Town – zum Übernachten an die Ostküste (Whitianga oder Hahei).

Tag 3: Ostküste Coromandel (Cathedral Cove, Hot Water Beach) oder Strandtag.

Tag 4: Von Coromandel via Waihi (Goldmine), Kiwi-Metropole Te Puki nach Whakatane.

Tag 5: Bootstour auf die aktive Vulkaninsel White Island (6 Std.), nach der Rückkehr

Fahrt nach Rotorua, abends Maori-Kulturveranstaltung mit Hangi-Mahl.
Tag 6: Wiedergeburtserlebnis beim Zorbing oder andere Action, Fahrt nach Taupo mit Stopps an geothermischen Attraktionen sowie an den Huka Falls.
Tag 7: Tagesexkursion zum Tongariro National Park. Tongariro Crossing mit Bustransfer ab/bis Taupo ist möglich; zweite Nacht in Taupo oder Übernachtung in Nationalpark.
Tag 8: Fahrt von Taupo über SH5 oder ab Nationalpark über die einsame Gentle Annie Road (teilweise Schotter) in die Art-déco-Stadt Napier, abends Weinproben.
Tag 9: Exkursion mit Treckergespann zu den Basstölpeln am Cape Kidnappers (tidenabhängig), dann über Wildlife Centre Pukaha Mt Bruce (Kiwis, Takahes) nach Wellington.
Tag 10: Mietwagen-Rückgabe. Erkundung von Wellington (Regierungsviertel, Botanischer Garten, Museen, Lokale).
Tag 11: Überfahrt (eventuell Flug) zur Südinsel. Einquartierung in Picton oder Transfer mit Wassertaxi zu einer Unterkunft in den Marlborough Sounds für zwei Nächte.
Tag 12: Faulenzen, wandern auf dem Queen Charlotte Track oder Bootsexkursion.
Tag 13: Gegen Mittag mit dem TranzCoastal nach Kaikoura
Tag 14: Morgens Begegnung mit Walen, Delfinen, Robben oder Albatrossen, nachmittags mit dem TranzCoastal nach Christchurch.
Tag 15: Panorama-Busfahrt von Christchurch am Ostrand der Southern Alps entlang mit Stopp in Mt Cook Village nach Queenstown.
Tag 16: Griff in Queenstowns Action-Kiste, z. B. Jet-Boot-Fahrt auf dem Dart River. Abends am Lake Wakatipu flanieren oder im Steamers Wharf Casino, einem der kleinsten Kasinos der Welt, das Glück versuchen.
Tag 17/18: Busexkursion zur ›Overnight Cruise‹ auf dem Milford oder Doubtful Sound, am folgenden Nachmittag Rückkehr nach Queenstown, Zeit für Shopping.
Tag 19: Mit dem Morgenbus nach Dunedin und am Nachmittag Wildlife Tour auf die Otago Peninsula, um Pinguine zu beobachten, oder mittags nach Middlemarch und von dort mit der nostalgischen Taieri Gorge Railway nach Dunedin.
Tag 20: Morgenbus oder Flug nach Christchurch. Stadterkundung.
Tag 21: Souvenir-Käufe oder Besuch von Antarctic Attractions nahe dem Flughafen vor dem Rückflug.

Alternative: West- statt Ostküste

Tag 2: Mietwagenübernahme, Fahrt nach Raglan, Surfen (oder Surfern zuschauen), Baden am Ocean Beach.

Tag 3: Fahrt über Bridal Veil Falls und Kawhia, Marokopa Falls und Mangapohue Natural Bridge nach Waitomo; Nachtwanderung bei Glühwürmchenlicht auf Ruakuri Bushwalk.
Tag 4: Morgens Untergrundaktivität in Waitomo, dann via Otorohanga (Kiwi House) nach Rotorua; abends Maori-Kulturveranstaltung mit Hangi-Mahl.
Tag 5: Extra-Tag in Rotorua z. B. mit Helikopterflug nach White Island inkl. Landung auf dem Vulkan.

Alternative: West Coast statt Dunedin

Tag 17: Tagesexkursion zum Milford ab/bis Queenstown.
Tag 18: Sightseeing-Busfahrt via Haast Pass zur West Coast nach Franz Josef.
Tag 19: Sightseeing-Busfahrt Franz Josef Greymouth, ab dort mittags mit dem TranzAlpine Express nach Christchurch.
Tag 20: Ein Tag in Christchurch z. B. für Begegnungen mit Delfinen im Lyttelton Harbour oder vor Akaroa.

Dringend reservieren

Durchschnittliche Auslastungsraten um 50 % bei Hotels, Motels und Backpackern und 15 % bei Campingplätzen deuten an, dass man selbst in der Hauptsaison kurzfristig überall ein Dach über dem Kopf und Plätze auf Touren und bei Aktivitäten bekommt. Aber kein Prinzip ohne Ausnahmen: Engpässe bei Übernachtungen kann es in Kaikoura (S. 321), um den Abel Tasman National Park (S. 462), um den Tongariro National Park (S. 223), auf Stewart Island (S. 432), in Queenstown (S. 406), ›unter den Gletschern‹ von Okarito bis Fox (S. 351) und im Mt Cook Village (S. 328) geben. Während der neuseeländischen Sommerferien und über die langen Wochenenden des Sommerhalbjahres sind Badeorte im Northland, auf Coromandel, an der Bay of Plenty und rund um Nelson sowie Freizeitgebiete an größeren Seen gut ausgelastet. In dieser Zeit können auch Holiday Parks ausgebucht sein.

Möglichst früh buchen sollte man, wenn man eine ganz bestimmte Unterkunft, egal ob Backpacker oder Luxus-Lodge, oder eine populäre Aktivität, z. B. Whale Watch oder Swimming With Dolphins vor Kaikoura oder eine Overnight Cruise im Fiordland, an einem bestimmten Tag will. Oft über Monate im Voraus ausgebucht sind: die Besuche im Naturschutzgebiet Kapiti Island (S. 205), Wanderungen auf dem Milford Track (S. 436) sowie Kiwi-Watching auf Stewart Island (S. 453).

Sightseeing per Flugzeug
Nahezu jede Sehenswürdigkeit Neuseelands lässt sich aus Hubschraubern oder Flugzeugen betrachten. Ein halbstündiger Flug im Flugzeug kostet ca. 175 NZD pro Person, mit dem Helikopter ca. 300 NZD. Häufig wird eine Mindestanzahl von Passagieren gefordert. Alle wichtigen Anbieter auf einen Blick zeigt www.touristflightoperators.co.nz.

Das beste Flightseeing
- Rundflüge über die Vulkane des Tongariro National Park (S. 238)
- Westküsten-Gletscher ab Franz Josef und Fox optional mit Landung auf dem Eis und Rückweg zu Fuß (S. 371)
- Milford Sound mit Bootsexkursion u. a. ab Wanaka oder Queenstown (S. 419, 431)
- Southern Alps/Mt Cook u. a. ab Lake Tekapo (S. 339), optional mit Schneelandung

Kurze Linienflüge mit Sightseeing-Wert
- Auckland – Great Barrier – Whitianga (S. 139)
- Wellington – Southern Island (S. 289)
- Invercargill – Stewart Island (S. 458)

Wir sprechen Deutsch

Der Tourismus ist für Einwanderer ein beliebtes Betätigungsfeld, das reicht vom intimen B&B-Haus bis zum mittelständischen Reiseveranstalter. Auf Unterkünfte und lokale Tourenanbieter unter deutschsprachiger Leitung wird im Reiseteil hingewiesen, hier eine kleine Auswahl von überregionalen Anbietern:

Alpine Recreation: PO Box 75, Lake Tekapo, Tel. 03-680 6736, [fc] 0800 006 096, www.alpinerecreation.com. Bergtouren in den Southern Alps (s. Aktiv unterwegs S. 347).

ANZ Nature Tours: PO Box 27-508, Wellington, Tel. 04-385 1024, www.anznaturetours.com. Selbstfahrer-Touren und ›Luxury Escapes‹ mit gewissem Extra an Komfort.

BANZ – Bike Adventure New Zealand: 55A Baldhill Rd, Pukekohe, Auckland, Tel. mob. 027-498 8287, [fc] 0800 498 600, www.banz.co.nz. Motorradtouren und -verleih, auch Mietwagen und -camper.

bedmobils: Tel. 09-473 3648, www.bedmobils.com. Zu Campern umgebaute japanische Kleinbusse werden vermietet (je nach Saison und Mietdauer ca. 20–100 NZD/Tag, ideal für 2 Pers.) oder verkauft, auch mit Rückkaufgarantie, Übernahme in Auckland.

Claud9tours: P O Box 12 1007, Henderson Auckland, Tel. 09-837 0011, www.claud9tours.com. Von Deutschen gegründet gibt's hier auf Wunsch nach wie vor deutschsprachige Guides für Touren in Auckland und an die dortige Westküste. Rundumservice inkl. Rundfahrten bei An-/Abreise ab/bis Auckland Airport.

Nature Guides Otago: Hildegard Lübcke, PO Box 8058, Dunedin, Tel. 03-454 5169, www.nznatureguides.com. Fachkundig geführte Reisen in Kleingruppen (2–8 Personen) zu den Naturwundern rund um Dunedin und in den Catlins. Auch individuell geschneiderte Angebote mit deutschsprachiger Reiseleitung. Übernachtungen im eigenen B&B in Dunedin (S. 399).

Pacific Cycle Tours: Unit 3, 14 Kennaway Road, Christchurch, Tel. 03-982 9913, www.bike-nz.com. Der Name verrät es nicht aber der Veranstalter unter deutscher Leitung organisiert neben Radwandertouren auch Hiking-Touren verschiedener Schwierigkeitsgrade, Schwerpunkt Südinsel.

Prinz Tours: Jörg Prinz, State Hwy 2, Whakatane, Tel./Fax 07-322 2182, www.prinztours.co.nz. Maßgeschneiderte Touren in Kleingruppen durch Landschaften und Natur, vorrangig im Osten der Nordinsel.

Silberfarn Golf & Holiday Tours: Monika u. Jürgen Resch, 5 A Sykes Avenue, Orewa-Hatfields Beach, Tel. 09-426 2067, www.silberfarntours.com. Minibus-Touren in Kleingruppen nach Kundeninteressen von kurzen Golf- oder Weinreisen bis zu Fahrten kreuz und quer durch Neuseeland; auch ausgearbeitete Selbstfahrer-Touren.

Rest New Zealand Tour: PO Box 33457, Takapuna, Auckland, Tel. 09-486 0636, www.restnztours.co.nz. Ausgearbeitete Mietwagenrundreisen mit Pkw, 4WD und Camper; Bike & Drive liefert zum Geländewagen oder Camper Fahrradgepäckträger und Räder, Hike & Drive plant jeden Tag eine längere Wandertour ein und spezielle Touren für Rollstuhlfahrer gibt es auch.

Touring New Zealand: 131 Dodson Valley Road, Nelson, Tel. 03-544 0160, www.touring-newzealand.de. Vermittler für Reisebausteine, großes Angebot von Pkw- und Camperverleihern.

Towanda NZ Motorcycle Tours: 36E Grierson Ave, Tel. 03-314 9097, www.towanda.org. Von Frauen für Frauen: Motorradtouren nur für Frauen unter deutsch-neuseeländischer Leitung.

German Cultural Centre/Goethe Institut: 150 Cuba St, Wellington, Tel. 04-385 6924, Mo–Do 11–17.30, Fr –15 Uhr; Anlaufstelle für deutsch-neuseeländischen Kulturaustausch mit der Möglichkeit, dort deutsche Zeitungen und Magazine zu lesen.

Anreise

Neuseelands Lage als Antipode zu Europa erlaubt unzählige Reisevarianten mit Stopps im Westen der USA oder Kanadas, in Südostasien, am Persischen Golf, in Südamerika, Australien oder auf Pazifik-Inseln, sogar Billigtickets via Moskau tauchen manchmal auf. Nicht zuletzt bieten Round-the-World-Tickets Stopps in Neuseeland. Dort werden die meisten für Europäer relevanten Verbindungen über Auckland Airport (www.aucklandairport.co.nz) abgewickelt, die Weiterreise erfolgt mit Inlandsflügen.

Neben dem Flagcarrier Air New Zealand bringen Airlines wie Aerolineas Argentinas, Cathay Pacific, Emirates, Korean Air, Lan (Chile), Malaysia Airways, Qantas, Singapore Airlines, Royal Brunei und Thai Passagiere nach Neuseeland. Dass auf Anzeigetafeln auch Lufthansa, KLM und viele andere auftauchen, die das Land down under gar nicht selber anfliegen, liegt am sogenannten ›Code Sharing‹. Dadurch tragen beispielsweise Flüge von Air New Zealand oder Singapore Airlines in Auckland Flugnummern der Kranich-Airline oder Flüge der Malaysia Airlines jene der KLM.

Diese Kooperation bietet Reisenden aus Europa viele One-Stop-Verbindungen ab Frankfurt, München, Zürich, Wien oder Amsterdam nach Auckland u. a. via Los Angeles, San Francisco, Vancouver, Hongkong, Peking, Shanghai, Tokio, Osaka oder Bangkok. Dabei wird der Abschnitt Europa–USA/Asien mit Fliegern der europäischen Airline, der Rest mit Maschinen von Air New Zealand oder einer der asiatischen Gesellschaften zurückgelegt, auf den Flugtickets taucht jedoch nur eine der beiden Airlines auf.

Air New Zealand fliegt zwischen London und Auckland mit eigenen Maschinen sowohl über Los Angeles als auch über Hongkong, also praktisch ›Round-The-World‹ zum Neuseeland-Tarif.

Flugzeiten und Preise

Kürzeste Flugzeiten über Asien wie über Nordamerika betragen ca. 23 Std., 25–30 Std. sind Durchschnitt. ›Von Haus zu Haus‹ sollte man jedoch 30–50 Std. Reisezeit einkalkulieren. Alle Flügen via USA führen über die Datumsgrenze: Beim Hinflug überspringt man einen Tag, auf dem Rückflug erlebt man einen zweimal – das Murmeltier lässt grüßen.

Touristentarife liegen je nach Saison zwischen bei 1200–2500 € inkl. Steuern, Gebühren und Treibstoffzuschlägen. Günstigere Angebote gelten immer nur für wenige Plätze pro Maschine und nie in den für Neuseelandreisen interessanten Reisezeiten. Jugend- oder Studententarife gibt es selten und kaum günstiger als Touristentarife. Für alle Spartarife gelten Buchungsfristen, Mindestaufenthalte und Einschränkungen beim Umbuchen.

Für die **Business Class** gibt's Schnäppchen ab ca. 3200 €, realistisch sollte man mindestens 4500 € kalkulieren. Air New Zealand bietet auf eigenen Maschinen Sector-Upgrades für einzelne Flugabschnitte (z. B. San Francisco–Auckland) von der Economy in die Premium Economy (breiterer Sitzabstand, besserer Service; ca. 300–500 €) oder in ihre äußerst komfortable Business Premier (ca. 750–1150 €).

Gabelflüge – z. B. hin nach Auckland, zurück ab Christchurch – sind in der Regel ohne Extrakosten möglich. Wer günstig fliegen will, aber hinsichtlich der Termine unflexibel ist, sollte für November bis März ein halbes Jahr im Voraus buchen. Ist man bei Tag, Route und Airline flexibel, findet man kurzfristig immer einen Flug.

Round-the-World-Tickets gibt es in der Saison ab ca. 1500 €, hinzu kommen Steuern, Gebühren und Treibstoffzuschläge von selten unter 450 € – je mehr Stopps, desto mehr schlagen sie zu Buche. Fliegt man z. B. via Südamerika, Osterinseln und Polynesien nach Neuseeland und zurück via Australien und Südafrika, kommt man schnell auf

3000 € und mehr. Der individuelle Bodentransport *(surface transportation)* zwischen Auckland und Christchurch ist bei den meisten Round-the-World-Tickets erlaubt.

Kinder unter 2 Jahren ohne Sitzplatzanspruch bekommen 75–90 %, von 2–11 Jahren 25–33 % Rabatt auf den reinen Ticketpreis der Erwachsenen, jedoch nur bedingt auf Steuern und andere Nebenkosten

10 Fragen beim Ticketkauf

- Kann ich einen **Jugend-** oder **Studententarif** nutzen und lohnt er?
- Wie reist man zum Airport, an dem der Langstreckenflug startet, und wie weiter zum eigentlichen Ziel? In Deutschland bieten einige Airlines eine kostenlose Bahnanreise, bei anderen sind **Zubringer- bzw. Anschlussflüge** ganz oder gegen geringen Aufpreis im Neuseeland-Tarif enthalten. Ähnliches gilt für die meisten Anschlussflüge innerhalb Neuseelands.
- Bieten Reiseveranstalter Flug plus Mietwagen als **Fly&Drive-Pakete**? Sie lohnen meist bei 3–4-wöchigen Reisen.
- Sind **Stop-over** erlaubt und was kosten sie? Günstig z. B. mit Air New Zealand auf Inseln im Südpazifik, mit Qantas in Australien, mit Emirates in Dubai und Australien.
- Darf man bei **Transit-Stopps** den Flughafen verlassen? In San Francisco lohnt ab 5 Std.-Stopp schon eine City-Stippvisite.
- Welche **Nebenkosten** sind enthalten? Einige Airlines preisen Treibstoffzuschläge beim Ticket ein und erheben nur ›Taxes‹ von 75–150 €, andere kassieren fürs Ticket weniger, dafür 400–500 € oder gar über 600 € für Zuschläge. Prinzipiell: je mehr Flugabschnitte, desto höher die ›Taxes‹.
- Wer zahlt **Übernachtungen,** sollte auf einem Umsteige-Flughafen am selben Tag kein planmäßiger Anschluss bestehen?
- Beachten Sie **Einreisebestimmungen** auch für Länder, in denen Sie nur umsteigen. Dafür ist z. B. in den USA ein maschinenlesbarer Ausweis nötig und spätestens 72 Sunden vor Abflug ein ESTA (Electronic System for Travel Authorisation) zu beantragen (online über https://esta.cbp.dhs.gov).
- Wird Ihr Ticket für ein **Vielfliegerprogramm** akzeptiert? Bisher haben sich Programme der Star Alliance Partner United Airlines, Lufthansa, Swiss und Austrian Airlines Group als günstig erwiesen. Schon in der Touristenklasse bringt dort ein Hin- und Rückflug nach Neuseeland mit Star Alliance-Gesellschaften (u. a. Air New Zealand) genug Punkte bzw. Meilen für einen Freiflug innerhalb Europas.
- Lassen sich **Meilen/Punkte** verwenden? Für einen Flug nach Neuseeland muss das Konto gut gefüllt sein (z. B. Miles & More 100 000 Meilen in Economy). Möglich sind aber auch Upgrades in die Business Class auf einzelnen Abschnitten. Die komplizierten Regeln sollten Sie früh über die Hotline Ihres Vielfliegerprogamms erfragen, gute Reisebüros schneiden Ihr Flugticket dann darauf zu.

Gepäck

Es gibt keine generellen Regeln fürs Gepäck. Je nach Route können sie sogar bei derselben Airline unterschiedlich sein. Emirates bietet im Web einen Freigepäck-Rechner, der zeigt, wie viel man beim konkreten Flug mitnehmen darf. In der Economy darf man meist ein Gepäckstück bis 23 kg aufgeben und ein Stück Handgepäck bis 7 kg mit in die Kabine nehmen. Bei einigen Airlines sind jedoch 2 x 23 kg erlaubt, bei anderen 1 x 30 kg. Mehr mitnehmen dürfen Gäste in der Business Class sowie qualifizierte Frequent Flyer. Geringfügige Überschreitungen des Gewichts werden meist toleriert, sonst wird es teuer und jede Airline berechnet die Kosten anders, das gilt auch für zusätzliches Sportgepäck inkl. Fahrrädern. Niemals darf ein Gepäckstück über 32 kg wiegen. Alle Airlines infor-

Servicenummern der wichtigsten Airlines

Wichtige Fluggesellschaften	Deutschland	Österreich
Air New Zealand	0800 183 0619*	0800 29 58 38*
Emirates	01805 425 652**	0268 2205 6262
KLM	01805 254 750**	0820 420 414**
Lufthansa	01805 838 462**	0810 1025 8080**
Qantas	01805 250 620**	01-587 77 71
Singapore Airlines	069-719 52 00	0049-69-7195 200
Swiss	01805 110 036**	0810 810 840**

* Kostenlose Servicenummer
** Servicenummern mit Sondertarifen

mieren unter Stichworten wie Info & Service, Reisevorbereitungen, before the flight zum Thema. Reist man mit viel Zusatzgepäck, kann man dies unter Vorlage des Flugtickets als unbegleitetes Gepäck aufgegeben, jedoch ohne Gewähr, dass es am Zielflughafen zeitgleich ankommt.

Sind Zubringer- bzw. Anschlussflüge innerhalb Neuseelands oder Europas auf dem selben Ticket wie der Langstreckenflug, gelten dessen Gepäckregeln, nicht jedoch, wenn sie getrennt gebucht wurden!

Jetlag

Auf 10–12 Std. Zeitdifferenz reagiert der Körper mit Jetlag. Der ist erfahrungsgemäß bei Flügen mit der Zeit – in Westrichtung hin über USA, zurück über Asien – nicht so stark wie bei Flügen gegen die Zeit. Nach der Ankunft sollte man im Rhythmus der Ortszeit leben, also selbst nach 30 Stunden Flug bis zum Abend wach bleiben. Unsinn sind längere Stop-over unterwegs, wenn sie ausschließlich dazu dienen sollen, den Jetlag zu überlisten – der Körper wird ihm statt dessen mehrfach ausgesetzt.

Ankunft

Zoll- und Einreiseformalitäten sind dort zu erledigen, wo man zum ersten Mal neuseeländischen Boden betritt. In Auckland sind der *International* und der *Domestic Terminal* für Inlandsflüge räumlich getrennt (Shuttle-Bus alle 20 Min., markierter Fußweg 10 Min.).

Gepäck, das zu anderen neuseeländischen Airports durchgecheckt wurde, kann unmittelbar nach dem Zoll wieder aufgegeben werden (bei weniger als 60 Min. Transitzeit jedoch besser selbst mitnehmen). Details zum Transport von den Flughäfen in die Stadt jeweils im Reiseteil dieses Buches.

Einreise

Staatsbürger von Deutschland, Österreich und der Schweiz benötigen für die **Einreise zu touristischen Zwecken** sowie für Sprachkurse bis 3 Monate Dauer einen Reisepass, der 3 Monate über das geplante Rückreisedatum hinaus gültig ist, und erhalten dann eine Aufenthaltserlaubnis *(Visitor Permit)* für maximal 3 Monate, wenn sie ein gültiges Rück- oder Weiterflugticket, dessen Abflugdatum in die visafreie Zeit fällt, besitzen und genug Geld dabei haben, um ihren Aufenthalt finanzieren zu können (ca. 1000 NZD/Monat bei Individualreisenden; Kreditkarten gelten als Nachweis).

Impfungen sind nur für Reisende vorgeschrieben, die aus Seuchengebieten kommen (wichtig bei Zwischenstopps!).

Für längere sowie alle nicht touristischen Aufenthalte müssen kostenpflichtige Visa be-

Schweiz	Neuseeland	Internet
0800 557 778*	0800 737 000*	www.airnewzealand.de
044-809 28 88	0508 364 728*	www.emirates.com
0848 874 444**	09-921 6040	www.klm.com
0900 900 922**	0800 945 220*	www.lufthansa.de
022 567 5161	0800 808 767*	www.qantas.com.au
0900 881 818**	0800 808 909*	www.singaporeair.com
0848 700 700**	09-377 2766	www.swiss.ch

antragt werden. Das ›Working Holiday Scheme‹ erlaubt 18- bis 30-Jährigen aus vielen europäischen Ländern (darunter Deutsche, aber bisher nicht Österreicher und Schweizer), mit einem Working Holiday Visum bis zu 12 Monate in Neuseeland zu reisen und zu jobben. Infos inkl. Jobbörse auf: www.backpackerboard.co.nz.

Offizielles zu allen Visa beim **New Zealand Immigration Service** (NZIS), www.immigration.govt.nz (inkl. Anträge zum Download). Vor Ort kann NZIS – muss aber nicht! – Visitor Permits und Visa bis zu 9 Monate innerhalb von 1,5 Jahren verlängern. NZIS-Büros gibt's in Auckland, Hamilton, Palmerston North, Wellington, Christchurch, Dunedin. Infos und Antragsformulare für alle Visa auch auf der Homepage der neuseeländischen Botschaft in Berlin oder gegen adressierten Din-A4-Freiumschlag bei den diplomatischen Vertretungen:

New Zealand Embassy
Friedrichstr. 60,
D-10117 Berlin,
Tel. 030-20 62 10, Visa: 030-20 65 39 00,
www.nzembassy.com/germany (engl./dt.)

New Zealand Consulate-General
Salesianergasse 15/3,
A-1030 Wien,
Tel. 01-318 85 05,

New Zealand Consulate-General
2 Chemin des Fins,
CH-1218 Grand-Saconnex, Genève,
Tel. 022-929 03 50.

Zoll

Neben Gegenständen für den persönlichen Bedarf sind Waren im Wert von bis zu 700 NZD erlaubt, darunter 200 Zigaretten bzw. 250 gr Dreh- oder Pfeifentabak oder 50 Zigarren sowie 4,5 l Wein oder Bier und 1,125 l Spirituosen über 25 % Alkohol. Überschreitet man die maximale Einfuhrgrenze von 700 NZD nicht, darf man zwei weitere Flaschen mit 1,125 l Spirituosen einführen (S. 90). Für Touristen relevante Devisenbeschränkungen gibt es nicht, Barbeträge ab 10 000 NZD jedoch müssen angemeldet werden. Infos zu allen Zollfragen: www.customs.govt.nz (engl.).

Bei Hin- wie Rückreise sind Bestimmungen der Länder, in denen man Stopps hat, zu beachten. Das reicht vom Einfuhrverbot für Honig nach Australien bis zu den bekannt heftigen Reaktionen auf jede Art von Drogen in Singapur.

Biokontrolle

Strenger als der Zoll kontrolliert bei der Einreise die **Biosecurity,** in der Regel wird das Gepäck geröntgt. Die schon im Flugzeug verteilte Einreiseerklärung ist sorgfältig auszufüllen. Falschangaben werden mit drastischen Geld- oder Gefängnisstrafen geahndet.

Faustregel: Alles, was organischen Ursprungs ist, bringt Ärger, selbst Obst aus der Flugzeugverpflegung. Streng kontrolliert werden Zelte, Wanderschuhe, Angel- und Reitgerät auf alte Verunreinigungen. Diese Dinge sollten griffbereit oben im Gepäck liegen. Verschmutzte Gegenstände werden gereinigt und desinfiziert, dabei können Kosten entstehen: www.biosecurity.govt.nz/enter (engl.).

Reisen in Neuseeland

Mietfahrzeuge

Global Player wie Avis, Hertz und Budget mit nagelneuen, aber relativ teuren Fahrzeugen haben die dichtesten Filialnetze. Daneben tummeln sich vor allem in Auckland und Christchurch kleinere Autovermieter, die neben 1–3 Jahre alten Fahrzeugen ältere (5–7 Jahre) zu Budget-Tarifen anbieten. Das Angebot ist so groß, dass selbst in der Hochsaison in den beiden Ankunftsorten binnen 24 Stunden immer ein Fahrzeug auch für eine längere Miete aufzutreiben ist.

Die meisten Vermieter haben Geländewagen in der Flotte, die man außer für mehr ›gefühlte‹ Sicherheit jedoch kaum braucht. Groß ist die Palette der Wohnmobile (*campervans* oder kurz *camper*) vom Van japanischer Produktion als Basic-Lösung für junge Paare bis zu Luxus-Wohnmobilen mit Platz für 6 Personen. 4WD-Wohnmobile sind selten.

Laut Gesetz ist zum Führen eines Fahrzeugs ein Führerschein notwendig, den ein kontrollierender Polizist verstehen können muss. Bisher gab es mit älteren nationalen Führerscheinen aus deutschsprachigen Ländern nie Probleme, EU-Führerscheine erfüllen die Kriterien auf jeden Fall und ein internationaler Führerschein beseitigt alle Zweifel.

Spaceship – das Raumwunder

Das Spaceship ist eine Kiwi-Erfindung: Family Vans mit Doppelbett im Fond. Wird in die geöffnete Heckklappe eine Plane eingehängt, ist das Minischlafzimmer perfekt. Zum Kochen schwenkt man den eingebauten Gaskocher durch die Seitentür nach außen, Kühlbox, Wassertank, GPS, Navi und DVD-Player gibt's auch. DVDs tauscht man an Space-Stations, Info- und Treffpunkten der Spaceship-community. Für junge Urlauber konzipiert, nutzten überraschend viele ältere Paare das Raumwunder und bekommen ab 55 sogar Seniorenrabatt beim online-booking. Neben Basic-Spaceships gibt es neuere Versionen mit mehr Komfort oder Dachzelt für vier Personen – die müssen sich dann aber beim Gepäck einschränken. Spaceships kosten je nach Saison, Mietdauer und Ausstattung ca. 30–140 NZD/Tag: www.spaceships rentals.co.nz.

Kosten

Mietwagen der Kompaktklasse ohne Kilometerbegrenzung sind bei langer Mietdauer im Winter schon ab 15 NZD/Tag bzw. ab ca. 30 NZD/Tag im Sommer zu haben, Geländewagen jedoch kaum unter 100 NZD. Einen 2-Bett-Van bekommt man im Winter pro Tag schon ab 25 NZD, ein 6-Bett-Motorhome für etwa 100 NZD. In der Hochsaison (ca. Mitte Dezember bis Februar) zahlt man für dieselben Modelle kaum unter 100 bzw. 200 NZD, jeweils mit Basis-Versicherung und ohne Camping-Ausstattung. Bei jeder Fahrzeugmiete sollte man eine Kreditkarte zur Hand haben, anderenfalls wird ein Depositum in Höhe der Selbstbeteiligung bei Unfällen von bis zu 7500 NZD in bar verlangt. Zu beachten ist ferner:

- In Auckland und Christchurch ist Übernahme/Rückgabe am Flughafen bzw. Transfer ab/bis dort in der Regel inklusive.
- Höchste Langzeitrabatte gelten mal ab dem 21. Tag, mal ab dem 55. Tag. Bei langen Mietzeiten sollte man den Preis individuell verhandeln, vor allem außerhalb der Hauptsaison.

– Pkw-Mieten gelten immer für volle 24 Std., Camper-Mieten für Kalendertage.
– Einige Camper-Verleiher geben die Dieselsteuer an die Kunden weiter, je nach Fahrzeuggröße knapp 5 NZD/100 km.
– Für One-Way-Mieten werden je nach Saison, Fahrzeugtyp, Abgabeort und Mietdauer Beträge von 0–400 NZD berechnet. Bei Süd-Nord-Mieten sind die Verleiher kulanter, da mehr Fahrzeuge im Norden angemietet und im Süden zurückgegeben werden als umgekehrt.
– Wer flexibel ist, kann Fahrzeuge für Rückführungen – *relocations* – von der Süd- zur Nordinsel fast umsonst bekommen, manchmal spendieren die Vermieter sogar noch die Fährüberfahrt. Der Zeitrahmen ist jedoch auf wenige Tage beschränkt.
– Selbstbeteiligungen bei Haftpflicht- wie Kaskoschäden reichen von 750 NZD bei einigen Pkw-Vermietern bis zu 7500 NZD bei Campern. Ein Schadenhaftungsausschluss, meist *CDW = Collision Damage Waiver* genannt, reduziert sie in Idealfällen für ca. 10 NZD/Tag auf Null inkl. Schäden an der Windschutzscheibe sowie an den Reifen (Aufpassen, ist nicht immer eingeschlossen!), beim Camper können bis zu 50 NZD/Tag fällig werden. Bei Langzeitmieten sollte der Vermieter eine ›Flatrate‹ anbieten. Rund um die Versicherung gelten für Mieter unter 25 und besonders unter 21 Jahren oft deutlich schlechtere Konditionen als für ältere.
– Für Mietwagen erlischt auf Strecken mit extremen Bedingungen jeder Versicherungsschutz, u. a. auf Skippers Canyon Road (S. 425) und Port Jackson Road (S. 171) sowie am Ninety Mile Beach (S. 148).
– Pkw-Wechsel an der Fähre zwischen Nord- und Südinsel spart Kosten für den Transport (S. 288); bei wenigen Vermietern Pflicht, bei einigen optional, bei etlichen nicht möglich.
– Billigfahrzeuge sollte man vor Vertragsunterzeichnung genauer ansehen, denn was nützen 10 NZD pro Tag weniger Miete, wenn man sich im Fahrzeug unsicher fühlt oder der ›Schlitten‹ 20 l auf 100 km verbraucht?
– Eine gute Preisübersicht bieten Vermittler, die Angebote mehrerer Auto- und Wohnmobilverleiher auf ihren Internetseiten haben wie www.letsgo.co.nz (S. 59) oder www.touringnewzealand.com (S. 65).

Vermieter

Tourism New Zealand listet auf www.newzealand.com über 200 Vermieteradressen. Viele bieten Online-Buchungen, einige kann man über internationale Free-Call-Nummern kostenlos aus Mitteleuropa anrufen. Alle hier genannten betreiben wenigsten in Auckland und Christchurch Filialen:

Ace rental cars, Tel. 09-303 3112, [fc] 0800 50 22 77, www.acerentalcars.co.nz; in sieben Städten sowie am Auckland Airport. Einer der größten und preiswertesten unter den ›locals‹. Große Rabatte bei Langzeitmieten.

APEX, Tel. 03-379 6897, kostenlos aus A, CH, D und NL 00800 7001 8001, [fc] in NZ 0800 93 95 97, www.apexrentals.co.nz; 13 Filialen in acht Städten sowie den wichtigsten Airports und Fährterminals. Solide Fahrzeuge verschiedenen Alters; günstig bei Versicherung und Extras (z. B. Kindersitze gratis, kostenloser Fahrzeugwechsel an der Cook Strait optional).

Backpacker Sleepervans, Tel. 03-359 4731, [fc] 0800 321 939, www.sleepervans.co.nz; funktional umgerüstete Family Vans ideal für zwei Personen; preiswert (ca. 30–90 NZD) auch bei den Nebenkosten.

Freedom Backpacker Campers, Tel. 03-359 4730, [fc] 0800 325 939, www.freedom campers.co.nz; ältere Modelle für 2–4 Pers., preiswert auch bei den Nebenkosten.

Kea Campers, Tel. 09-441 7833 oder [fc] 0800 52 00 52, www.keacampers.com; große, junge Flotte mit günstigen Preisen, über Veranstalter in Europa zu buchen.

Maui (www.maui-rentals.com), **Britz** (www.britz.com) und **Backpacker Campervan**

Rentals (www.backpackercampervans.com), alle [fc] aus A, CH und D 00800 200 80 801. Der größte Vermieter mit drei Marken, die man in Europa über Reisebüros bucht. Bei Maui sind die Fahrzeuge so gut wie neu und überdurchschnittlich ausgestattet, aber teuer. Britz bietet gehobene Mittelklasse mit neuen, großen Fahrzeugen. Bei Backpacker Campervan sind die Fahrzeugen älter, die Extras spärlicher, die Preise günstiger. Alle drei Marken vermieten auch Pkw, geben Langzeit-Rabatte für Neuseeland-Australien-Kombi-Miete und sind bei den Nebenkosten teuer.
Tui Campers, Tel. 03-359 7410, www.tuicampers.co.nz; neben normalen Campern auch geländegängige *Bushcamper* für 2–3 Personen.

Motorräder

Neben der individuellen Miete sind organisierte Gruppenreisen mit Mietmotorrädern beliebt und werden mit allen Unterkunft-Standards vom Zelten bis zu 4-Sterne-Lodges angeboten. Die Mietpreise inkl. Standardversicherung und unbegrenzten Kilometern variieren stark nach Maschinentyp und liegen in der Regel weit über denen für PKW. So schlagen auch kleinere Modelle selbst bei Langzeitmiete selten mit weniger als 50 NZD/Tag zu Buche, große und kultige Maschinen auch schon mal mit ca. 300–400 NZD/Tag. Hohe Aufschläge gibt es für Mieter, die jünger als 25 Jahre sind. Kleidung, Helme und Packtaschen können gemietet werden, Stiefel besser mitbringen.
Enduro Touring NZ, 54 Stott Avenue, Birkdale, Auckland 1013, Tel. 09-483 3042, Fax 09-483 3042, www.biketoursnz.com. Motorradtouren landesweit. Gepäcktransport von Unterkunft zu Unterkunft durch Begleitfahrzeug!
New Zealand Motorcycle Rentals & Tours, 72 Barry's Point Road, Takapuna, Auckland, Tel. 09-486 2472, www.nzbike.com. Breite Auswahl an Maschinen bis zu großen Harleys oder 1200er BMW, organisierte Touren. Auch Filiale in Christchurch.
Red Baron, 299–305 Great North Road, Grey Lynn, Auckland, Tel. 09-360 7700, www.redbaron.co.nz. Großer Vermieter sowie Gebrauchtmotorrad-Händler in Auckland; Verkauf auch mit Rückkauf-Garantie.

Anbieter unter deutschsprachiger Leitung sind BANZ – Bike Adventure New Zealand (organisierte Touren u. Verleih) sowie Towanda NZ Motorcycle Tours (Touren für Frauen), Details S. 65.

Fahrzeugkauf

Ab einer Aufenthaltsdauer von ca. drei Monaten lohnt der Kauf eines Fahrzeugs. Es sollte eine gültige Registrierung, *vehicle licensing*, und *warrant of fitness* (WOF, technische Prüfung in Werkstätten bei Altfahrzeugen ab 6 Jahre alle 6 Monate, jüngere jährlich) haben. Das Verbraucherministerium bietet im Internet unter www.consumeraffairs.govt.nz/forconsumers/motor-vehicles einen Leitfaden zum Fahrzeugkauf. Bei einem neueren Fahrzeug ist es möglich, dass es mit einer Art Hypothek belastet ist, die im *personal property securities register* erfasst sein muss. Ob das für ein Fahrzeug zutrifft, kann online gegen eine geringe Gebühr abgefragt werden (www.ppsr.govt.nz). Kommerzielle Dienstleister *(vehicle information service)* erledigen dies, u. a. prüft LemonCheck gegen Gebühr alle Fahrzeugdaten und -geschichte (Belastungen, Zulassung, Vorbesitzer, registrierte Unfälle/Schäden usw., www.lemoncheck.co.nz).

Außer bei Händlern findet man Fahrzeuge auf Automärkten *(car fairs),* Auktionen (z. B. Turners Auctions, www.turners.co.nz), im Internet (www.autonet.co.nz, www.autobase.co.nz) oder via Aushang in Lowbudget-Unterkünften bzw. auf den BBH-Websites unter »Networking« (www.bbh.co.nz).

Am Ende der Reise lassen sich ältere Fahrzeuge allenfalls auf einem Automarkt oder di-

Nicht nur junge Backpacker reisen mit dem Magic Bus

rekt an andere Traveller verkaufen, dafür sollte man ein bis zwei Wochen kalkulieren. Je später die Saison, desto schwieriger wird dies. Potentielle Käufer wissen das und drücken die Preise.

Alternative ist ein **Kauf mit Rückkaufgarantie,** in Auckland wie Christchurch von spezialisierten Händlern angeboten. Einige übernehmen sogar Gewährleistungen. Bei der Rückgabe ist mit 30 % bis 50 % Abschlag gegenüber dem Ankauf zu rechnen sowie mit Versuchen, den Preis aus welchen Gründen auch immer unter die zuvor abgesprochene Summe zu drücken.

Eine **Haftpflichtversicherung** *(motor third party liability insurance)* ist nicht vorgeschrieben, aber dringend zu empfehlen. Die NAC Insurance (Tel. [fc] 0800 501 508, www.nac.co.nz/our-products/tourist) bietet spezielle Versicherungen für Touristen in Quartalsschritten. Je nach Alter des Fahrers – bei mehreren gilt der jüngste – variieren die Tarife ganz erheblich (z. B. ab 25 Jahre etwa 210 NZD für 6 Monate). Ausgewählte BBH-Hostels verkaufen ebenfalls diese Versicherung (www.bbh.co.nz/motor_insurance). Der Nachweis von der Autoversicherung zu Hause über unfallfreies Fahren kann bei Langzeitverträgen auch in Neuseeland Rabatte bringen.

Pannenhilfe

Der Automobilclub AA leistet landesweit Pannenhilfe (Tel. [fc] 0800 500 222 oder vom Mobiltelefon aus allen Netzen *222). Für nahezu alle Mietwagen besteht ein AA-Servicevertrag. Zudem bekommen Mitglieder ausländischer Automobilclubs (Nachweis nicht vergessen) kostenlos eine zeitweilige AA-Mitgliedschaft: Infos und Adressen aller AA-Centres: www.aatravel.co.nz. Eine kleine Werkstatt, die Pannen behebt oder Reifen flickt, gibt es fast in jedem Dorf.

Radfahren

Die Topografie fordert von Radfahrern Kondition, der Straßenzustand Konzentration. Grundsätzlich besteht Helmpflicht (sonst Bußgeld). Busse, Bahnen und Flugzeuge nehmen Räder gegen Gebühr mit, solange Platz ist. Mieträder sind preiswert, oft stellen Unterkünfte Räder kostenlos zur Verfügung. Es gibt ein breites Angebot an Fahrradrundreisen. Oft fährt ein Begleitfahrzeug mit, in dem das Gepäck transportiert wird und in das man zusteigen kann, wenn die Beine

Etwas für Abenteurer: mit dem Fahrrad durch Neuseeland

schwach werden. Bei Bus-Radreisen fährt man spannende Strecken mit dem Rad, langweilige im Bus. Empfehlenswert für Radwanderer: ›Radatlas Neuseeland‹, Esterbauer Verlag (Thomas Wöhrstein/Nigel Rusthon, ISBN 3-85000-138-5, 14,90 €).

Pedaltours, Tel. 09-585 1338, www.pedaltours.co.nz (engl.); Fahrradreisen.

Pacific Cycle Tours, Tel. 03-982 9913, www.bike-nz.com (S. 65).

Straßenzustand

Autobahnen – *motorways* – beschränken sich auf die Großstadtregionen. Hauptstraßen – *state highway* (SH) – sind zwei- oder dreispurig und asphaltiert *(sealed)*. Straßen mit Schotterbelag *(unsealed, metal* oder *gravel road)* werden immer seltener.

Die Südinsel hat zwar höhere Berge und Passstraßen, aber landesweit kurvt man zeitraubender über die *rolling hills* und die Mittelgebirge der Nordinsel. In allen Straßenkategorien außer auf *motorways* gibt es noch einspurige Brücken. Die längste am Haast River misst fast 750 m (S. 377). In wenigen Fällen an der West Coast (S. 364) teilen sich Straße und Schiene diese eine Spur – Züge haben immer Vorfahrt.

Instabiler Boden und schlechter Unterbau sorgen auf Asphaltstraßen oft für Unebenheiten, Bodenwellen, in schlimmeren Fällen für Auswaschungen oder Schlamm-, Erd- bzw. Geröllawinen. Das Warnzeichen vor Steinschlag sieht man oft und nicht von ungefähr. Unangenehm sind Baustellen, durch die der Verkehr mitten hindurch geführt wird, oder Passagen mit frischem Asphalt, weil mit grobem Rollsplitt nicht gespart wird *(new seal)*.

Tiere sind selbst auf Hauptstraßen keine Seltenheit. Treiben Farmer Herden über Straßen, fährt am Ende ein Fahrzeug mit gelbem Blinklicht, oder es warnt ein Schild *Stock* bzw. *Stock on the Road*. Vor allem in waldreichen Regionen tummeln sich nach Einbruch der Dunkelheit Possums auf der Straße: Hektisches Ausweichen ist lebensgefährlich! Tagsüber schlagen sich dann Vögel – meist Australian Harrier – am *roadkill* der letzten Nacht den Bauch voll und fliegen oft erst in letzter Sekunde auf.

Maut

Autobahn SH1 nördlich Auckland ist zwischen Orewa und Waiwera mautpflichtig (S. 131). Fahrzeuge werden im Vorbeifahren automatisch erfasst. Die Maut – Pkw/kleine Vans 2 NZD, Motorhomes 4 NZD – kann vorab oder spätestens 5 Tage nach Nutzung bezahlt werden auf www.landtransport.govt.nz/tollroad oder über Tel. 0800 40 20 20 per Kreditkarte sowie an ausgeschilderten Automaten-Zahlstellen (Cash Payment) in Fahrtrichtung jeweils vor dem mautpflichtigen Abschnitt. Wichtig: die Autonummer! Wird nicht gezahlt, bekommt der Halter gebührenpflichtige Mahnungen (bis 40 NZD extra). Autovermieter geben dies an Kunden weiter, helfen aber gern, die Maut rechtzeitig zu bezahlen. Mautfrei ist die alte Trasse an der Küste entlang, früher ein Nadelöhr, heute als ›Free Route‹ zwischen Silverdale und Waiwera ausgeschildert. Weitere Tollroads sind in Planung, aber kaum vor 2016 fertig.

Tanken

Tankstellen gibt es reichlich, blaue Schilder mit Tanksäule und Kilometerangabe zeigen Lücken im Netz an. In Städten kann man rund um die Uhr tanken, in dünn besiedelten Regionen sollte man abends sowie an Sonn- und Feiertagen bei jeder sich bietenden Möglichkeit auftanken. Es gibt deutliche Preisunterschiede zwischen Stadt und Land. Preise aktuell auf www.pricewatch.co.nz. Ende 2010 lagen die Preise für Benzin und Super ca. 20–25 % unter denen, die man zum selben Zeitpunkt an deutschen Tankstellen zahlte, der für Diesel etwa 40 % darunter. Für Dieselfahrzeuge wird jedoch eine Kilometerabgabe fällig, die einige Vermieter an Kunden weiter geben (S. 70/71).

Verkehrsregeln

Viele Verkehrsregeln und Verkehrszeichen entsprechen dem, was man aus Europa gewohnt ist, aber nicht alle:

– Trotz **Linksverkehr** gilt an Kreuzungen rechts vor links. Rechtsfahren gilt grundsätzlich als grobe Fahrlässigkeit!

– Beim **Abbiegen** hat ein Rechtsabbieger, der die entgegenkommende Fahrbahn kreuzt, Vorfahrt vor einem Linksabbieger, der in dieselbe Straße will.

– **Warnzeichen** sind gelb (permanent) oder orangefarben (zeitweilig).

– **Höchstgeschwindigkeit** auf Landstraßen 100 km/h, innerorts 50 km/h. Das rot umrandete Schild mit der Aufschrift »LSZ« (Limited Speed Zone) begrenzt auch außerhalb geschlossener Ortschaften die Geschwindigkeit auf 50 km/h. Haltende Schulbusse dürfen mit maximal 20 km/h passiert werden. Die Polizei misst viel, auch aus fahrenden Fahrzeugen entgegenkommenden Verkehr. Es gilt Null-Toleranz bei Geschwindigkeitsüberschreitung: z. B. bei 10–15 km/h 80 NZD, bei mehr als 40 km/h 400–630 NZD und vier Wochen Fahrverbot, bei 50+ Strafverfahren. Erhöhte Tarife u. a. 250 m vor und hinter Schulen während der Schulzeiten.

– Gelbe Linien an der Bordsteinkante bedeuten **Parkverbote.** Kleine blaue Erlaubnis- oder weiß-rote Verbotsschilder zeigen un-

Höchstgeschwindigkeit

Das aus Europa bekannte Schild für die zulässige Höchstgeschwindigkeit wird in Neuseeland so verstanden, dass ab diesem Schild das angezeigte Tempo gefahren werden *darf,* nicht, dass man mit dieser Geschwindigkeit die nächste Kurve überlebt. So steht praktisch an jedem Ortsausgang das 100er-Schild, auch wenn dort eine kurvige Küstenstraße über hohen Klippen beginnt. Mit welchem Tempo man dort gefahrlos durchkommt, zeigen Schilder auf Leitplankenhöhe, die die Fahrtrichtung und eine Geschwindigkeitsempfehlung (z. B. <<<25<<< oder >>>55>>>) angeben.

übersichtlich zeitliche Begrenzungen an. Haltezonen für Tourbusse in der Umgebung von Unterkünften, an denen frühmorgens für eine halbe Stunde Parkverbot besteht, erweisen sich oft als Touristenfallen – der Abschleppwagen ist nicht weit! In Städten ist Zonenparken mit Parkschein üblich und nicht teuer.
- Für Alkohol am Steuer gelten unter 20 Jahren 0,3, ab 20 Jahren 0,8 Promille. Überschreitungen werden schon für Ersttäter hart bestraft (bis zu 4500 NZD, Fahrverbot, eventuell Haft), außerdem erlischt der gesetzliche Unfallschutz (S. 99).
- Bescheinigungen wie vehicle licensing und warrant of fitness müssen hinter der Frontscheibe gut sichtbar angebracht sein, sonst sind 200 NZD fällig.
- Übersicht des Straßenverkehrsamts zu abweichenden Verkehrsregeln in Deutsch: www.nzta.govt.nz/resources/whats-diff-driving-nz/docs/driving-in-nz-german.pdf.

Öffentliche Verkehrsmittel

Fast alle öffentlichen Transportmittel im Fernverkehr sind buchungspflichtig. Vor Ort bekommt man Tickets für Busse, Bahn und Airlines außer in Reisebüros in allen i-SITEs und vielen Unterkünften. Die meisten Transportunternehmen bieten Buchungen online auf ihren Web-Seiten sowie über Telefon-Hotlines.

Bahnfahren

Als Transportmittel spielt die Bahn im Nahverkehr um Auckland und Wellington eine Rolle, während im Fernverkehr nur noch drei touristische Züge von **TranzScenic** (Tel. [fc] 0800 TRAINS; www.tranzscenic.co.nz) unterwegs sind: Der bekannteste ist der Tranz Alpine über die Southern Alps, ähnlich populär der TranzCoastal am Pazifik entlang zwischen Christchurch und Picton (S. 326). Den Overlander zwischen Auckland und Wellington rettet 2006 nur heftiger Bürgerprotest vor der Einstellung, z. Z. verkehrt der Zug Dezember bis April täglich, sonst Fr, Sa, So je einmal in jede Richtung. Dass pfiffige Ideen auf Schienen Erfolg haben können, zeigt die nostalgische **Taieri Gorge Railway** von Dunedin ins Herz von Central Otago (S. 404) mit Busanschluss ab/bis Queenstown.

Busfahren

Linien- und Tourenbusse der **InterCity Group** (Intercity Coachlines, Newmans Coach Lines und Great Sights s. S. 58) bilden ein nationales Netz, bei dem sich reine Transport- und touristische Dienstleistungen immer mehr mischen (s. Kasten S. 77). In Tarife und Fahrpläne sind regionale Partner eingebunden, die dünn besiedelte Regionen erschließen. Meist bekommt man kurzfristig einen Platz. Früh buchen sollte, wer Sonderangebote nutzen oder an wichtigen Reisetagen auf Hauptstrecken wie Auckland–Wellington oder Christchurch–Mount Cook–Queenstown fahren will: tgl. 7–20 Uhr Hotline Auckland Tel. 09-583 5780, Hawke's Bay Tel. 06-835 4326, Wellington Tel. 04-385 0520, Christchurch Tel. 03-365 1113, Dunedin Tel. 03-471 7143, www.intercitycoach.co.nz.

Landesweit auf lukrativen Strecken operiert **nakedbus.com** (www.nakedbus.com) und lockt nach dem Prinzip der Billigflieger Frühbucher mit Dumpingpreisen ab 1 NZD je Busfahrt. Eine Testbuchung 3 Monate vor einem Reiseantritt ergab einen Gesamtticketpreis von 5,70 NZD für die gut 1800 km lange Strecke von der Bay of Islands im Norden bis Invercargill ganz im Süden. Online-Tickets werden auch aufs Handy geschickt, falls man keinen Drucker zur Verfügung hat. Kurzfristig gebucht zahlt man je nach Länge ca. 20–50 NZD pro Abschnitt.

Shuttles, teils 9-Sitzer-Minibusse, locken auf attraktiven Routen mit Dumpingpreisen und Haus-zu-Haus-Service. Oft informieren nur Flyer in Lowbudget-Unterkünften oder den i-SITEs über aktuelle Anbieter. Gut etabliert ist Atomic Shuttles (Tel. 03-349 0697, www.atomictravel.co.nz) auf der Südinsel.

Backpacker-Busse verkehren auf touristisch interessanten Routen mit Stopps an Sehenswürdigkeiten und Action-Aktivitäten. Dort bekommen Fahrgäste meist Sonderpreise. Sie holen und setzen Passagiere an allen größeren Backpacker-Unterkünften entlang der Route ab. Unterbrechen kann man so oft und so lange man Lust hat. Diverse ›Pässe‹ erlauben alles – vom Schlenker für knapp 80 NZD, den man in 2–3 Tagen bewältigt, bis zur großen Reise über beide Inseln, für die man sich ein Jahr Zeit nehmen kann und bis fast 2000 NZD zahlt.

Von den drei großen Anbietern gelten **Kiwi Experience** (Tel. 09-336 4286, www.kiwiexperience.com) und **Stray** (Tel. 09-309 8772, www.straytravel.com) als Partybusse für Teens und Twens, während Magic Travellers Network, kurz: **Magic Bus** (Tel. 09-526 2140, www.magicbus.co.nz), eher Junggebliebene der Generationen ab 30 anspricht. Die Fahrer erklären Land und Leute, organisieren Unterkünfte und Aktivitäten für die Passagiere beim nächsten Stopp. Verabredungen in angesagten Locations oder mal eine Motto-Party gehören zum Konzept. Manko: Jedes der drei Networks kooperiert mit lokalen Anbietern. Über das gesamte Angebot am Zielort und über Dinge, die nichts kosten, wird selten objektiv informiert. Bei Kiwi Experience und Stray enden zudem einige Tagesetappen in abgelegenen Orten, wo es allenfalls eine passende Unterkunft, eine große Bar und eine Action-Aktivität gibt.

Günstiger Reisen mit Netzkarten

– Die InterCity Group bietet zwei Pässe: **Travelpass – Independent Coach Journeys** (www.travelpass.co.nz) erlauben individuelle Fahrten auf vorgegebenen Routen von Kurztrips wie von Auckland zur Bay of Islands und zurück für 105 NZD bis zu Rundfahrten über beide Inseln inkl. Cook Strait-Fähre für etwa 1250 NZD. Beim **Flexi Pass** (www.flexipass.co.nz) kauft man ›Fahrstunden‹ (min. 15 Std. für 115 NZD bis 60 Std. für 605 NZD, bei Mehrbedarf Extrastunden ca. 8 NZD/Std.), die man auf dem ganzen Bus-Netz abfahren kann. Bei beiden Pässen sind Bus- und Bootstouren mit **Great Sights** oder **AwesomeNZ** an der Bay of Islands, nach Waitomo und im Fiordland (Milford Sound) möglich.

– Der **Scenic Rail Pass** (www.tranzscenic.co.nz) von TranzScenic erlaubt Fahrten auf den verbliebenen Bahnstrecken (z. B. 7/14 Tage für 379/479 NZD einschließlich Fährfahrt zwischen Nord- und Südinsel).

Fähren

Autofähren sind trotz der vielen Meeresarme und vorgelagerten Inseln rar. Im Northland verkürzen Linien nach Russell (S. 157) und über den Hokianga Harbour (S. 146) Fahrzeiten auf der Straße, im Hauraki Gulf sind die Inseln Waiheke (S. 135) und Great Barrier (S. 138) regelmäßig angelaufene Ziele. Und dann gibt es natürlich die **Cook Strait Crossing** zwischen Nord- und Südinsel (S. 289).

Fliegen

30 Flugplätze werden im Linienverkehr angeflogen. Zwischen großen Städten fliegt man fast im Halbstundentakt, vor allem zur morgen- und abendlichen Rushhour. Das dichteste Netz bietet **Air New Zealand/Air New Zealand Link** (Tel. 0800 737 000, www.airnz.co.nz). **Jetstar,** Billig-Tochter der **Qantas** (Tel. 0800 800 995; www.jetstar.com), beschränkt sich auf Hauptstrecken. Die Regionalfluggesellschaft Sunair (Tel. 0800 SUN AIR, www.sunair.co.nz) betreibt ein dichtes Streckennetz auf der Nordinsel. Wer flexibel ist, fliegt sogar längere Strecken für unter 100 NZD, tagesaktuelle Preise zeigt aber nur ein Blick auf die Websites der Airlines. Details zu kleineren Linienverbindungen im Reiseteil.

Die Zahl der Unterkünfte ist im Verhältnis zur Bevölkerungsdichte groß. Zwischen drei- und viertausend feste Unterkünfte, gut 400 bewirtschaftete Campingplätze und annähernd 1000 Hütten in Nationalparks entlang der Wanderwege (S. 87) soll es geben. Die im Reiseteil genannten Übernachtungspreise beziehen sich, soweit nicht anders angegeben, auf 2 Personen. Frühstück ist beim Bed & Breakfast im Preis enthalten, während für Hotels die Faustregel gilt: Je intimer und abgelegener, desto eher ist es inklusive, seltener in städtischen Business-Hotels.

Für Europäer ungewohnt groß ist das Angebot für Selbstversorger – selfcatering – in Motels oder Holiday Parks. Namenszusätze wie *Lodge, Retreat, Resort* suggerieren gehobenen Standard, die Begriffe sind aber ungeschützt, das gilt ebenfalls für den Zusatz Boutique: Die Unterkunft folgt einer Epoche oder einem Lebensstil – das kann bis zum Kitsch alles bedeuten.

Bettwäsche gehört in Low-Budget-Unterkünften nicht immer zur Ausstattung, kann aber gemietet werden, wenn man kein eigenes Bettzeug oder einen Leinenschlafsack im Gepäck hat. Normale Schlafsäcke sind nicht überall erlaubt, andernorts dagegen zwingend notwendig, z. B. in Wanderhütten des DOC.

Suchen und Buchen

Wer ohne gebuchte Unterkünfte reist, sollte sich nach der Ankunft z. B. im ersten i-SITE aktuelle Unterkunftsverzeichnisse besorgen, die meisten sind gratis, viele auch online verfügbar, ein Teil davon mit Buchungsfunktionen. Alle sind aber kommerziell und werbefinanziert, neutrale Verzeichnisse von offiziellen Stellen gibt es nicht! Sehr umfangreich sind die diversen Verzeichnisse des Automobilclubs AA, die in seinen Geschäftsstellen (S. 74), aber auch in vielen i-SITEs ausliegen (online: www.aatravel.co.nz). Eine Anzeigenplattform für alle Unterkunftsformen inklusive Privatzimmer und Ferienhäuser ist www.nzstays.co.nz.

Abgesehen von wenigen Brennpunkten bekommt man selbst in der Hochsaison auch kurzfristig überall ein Bett. Ab ca. 18 Uhr, wenn Reservierungen nicht erschienener Gäste verfallen, gibt es sogar dort oft noch Zimmer, wo mittags alles ausgebucht war. Andererseits sollte man selbst rechtzeitig anmelden, wenn man eine reservierte Unterkunft später erreichen wird. Bei telefonischen Buchungen wird gern nach Kreditkartendetails gefragt, einen Missbrauch habe ich nie erlebt und nie davon gehört. Lässt man jedoch eine Reservierung verfallen und das Zimmer kann nicht mehr vermietet werden, wird der Übernachtungspreis schon mal abgebucht.

Camping

Im Prinzip ist freies Campen außer in Nationalparks erlaubt. Auf privatem Grund – das können auch Wälder und Brachflächen sein – ist die Erlaubnis des Besitzers nötig. Regionalverwaltungen beschränken freies Campen aber zunehmend auf nur ein oder zwei Nächte am selben Platz und verlangen, dass das Fahrzeug für diese Zeit entsorgungsautark ist. Zudem gelten Mindestabstände zu Campingplätzen, z. B. fünf Kilometer entlang der Westküste der Südinsel. Außerdem steht an attraktiven Stellen immer häufiger das unzweideutige Schild: ›No Camping‹.

Standard und *informal camping areas* des DOC in Nationalparks sind zum Teil kostenlos, billig allemal. *Motor camps, camping grounds* oder die am besten ausgestatteten *holiday parks* besitzen Küchen und gute sanitäre Einrichtungen, *fully equipped* mit Töpfen, Pfannen, Geschirr und Besteck sind jedoch die wenigsten.

Die Preise für 2 Personen reichen je nach Standard und Saison von ca. 20 bis 60 NZD für einen Stellplatz, wobei *powered sites* mit Stromanschluss meist etwas mehr kosten. *Standard cabins,* einfache Hütten, gibt es ab ca. 35 NZD pro Nacht, *kitchen cabins* mit Kochstelle ab ca. 50 NZD und *ensuite cabins* oder die besser ausgestatteten *self contained units,* die auch noch Dusche und WC haben für ca. 75 bis über 200 NZD. Spitzenprodukte sind *park motels* mit Komfortausstattung und Motel-Service – gemachte Betten, täglicher Zimmerservice. Einige *holiday parks* haben auch *lodge rooms* im Backpacker-Stil. Bei mehr als 2 Personen in einer Wohneinheit werden Zuschläge verlangt.

Dort, wo auch Neuseeländer gern Ferien machen, sind Preisunterschiede zwischen normalen Zeiten und Ferienzeiten (S. 98) extrem, an besonders attraktiven Orten werden auch Mindestmietzeiten und Mindestbelegungen verlangt.

Rundreiser sollten das kostenlose **Holiday Parks Directory** (www.holidayparks.co.nz) des Camping-Verbandes HAPNZ unbedingt im Handschuhfach haben.

Drei Park-Ketten bieten Kundenkarten (20–40 NZD), mit denen Übernachtungen auf angeschlossenen Plätzen ermäßigt werden:

– **Kiwi Holiday Parks** (www.kiwiholiday parks.com), ca. 50 Mittelklasse-Plätze.

– **Family Parks New Zealand** (FPNZ; www.familyparks.co.nz), knapp 30 familienfreundliche Anlagen.

– **Top Ten Holiday Parks** (www.top10.co.nz), mit gut 50 Plätzen oberen Standards (Qualmark 4/5 Sterne), jeder bietet aber möglichst alle Varianten von der einfachen Cabin bis zum komfortablen Apartment an.

Backpacker

Backpacker liegen am unteren Ende der Preisskala. Da der Begriff ungeschützt ist, kann das eine mit Stilmöbeln eingerichtete Kuschel-Unterkunft oder eine engagiert geführte Ökoherberge sein, aber auch ein abgewirtschaftetes Kleinstadthotel, das aus muffigen Zimmern noch die letzten Dollars quetscht, oder ein Massenquartier im Rotlichtviertel von Auckland. Orientierung bietet Mundpropaganda, denn Kontakt mit anderen Reisenden aus aller Welt ist wesentliches Merkmal dieser Unterkunftsform. Wachsende Konkurrenz sorgt für steigenden Standard: Rasant wächst die Zahl von Einzel- und Doppelzimmern, nicht selten mit Dusche und WC. *Dorms,* Schlafsäle, werden von *shared rooms* mit maximal vier Betten verdrängt, schmucklose *bunk-beds,* Doppelstockbetten nur mit Matratze, von *made up beds,* gemachten Betten, oder es heißt *linen provided:* Bettwäsche wird gestellt.

Kostenlose Nutzung von Fahrrädern, Surf- und Bodyboards oder Kajaks breitet sich aus. Gelegentlich ist ein einfaches Frühstück im Übernachtungspreis enthalten. Der liegt pro Person in Mehrbettzimmern bei ca. 20–30, in Doppelzimmern bis ca. 55 und im Einzelzimmer mit wenigen Ausnahmen noch unter 70 NZD. Die meisten Backpacker sind Verbänden angeschlossen, mit deren Kundenkarten man pro Nacht 1–3 NZD Rabatt bekommt und bei vielen Aktivitäten und Attraktionen günstige *backpacker rates* (S. 97) nutzen kann:

BBH – Backpacker Accommodation (www.bbh.co.nz): über 300 individuell geführte Häuser. Die BBH-Broschüre ist für Individualreisende dank ihres erprobten Rating-Systems nach Gästebefragungen der wichtigste Leitfaden zu preiswerten Unterkünften. Die BBH-Card (45 NZD) schließt eine Prepaid-Telefonkarte ein.

YHA Accommodation (www.yha.co.nz) ist der neuseeländische Ableger des internationalen Jugendherbergsverbands mit rund 50 eigenen und assoziierten YHA-Hostels. Alle müssen gewisse Standards erfüllen, dazu

Richtig gebettet

Deutschsprachige Besucher sind in Neuseeland bekannt dafür, immer nach einem *double room* zu fragen, auch wenn Personen zusammen reisen, die nicht kuscheln wollen: Das *double* hat ein Doppelbett, das *twin* zwei getrennte Betten. Kommt es darauf nicht an, fragt man am besten ›Do You have a double or a twin available?‹. Vielleicht ist es nur eine Frage der Breite, ob man das Bett mit einem Reisepartner teilen mag: Ein *double bed* ist im Durchschnitt 135 cm breit, ein *queen size* 150 cm. Noch bequemer sind Betten in *king size* oder *super king size* mit 165 bzw. 185 cm Breite. Übrigens ist das *double* offiziell nur 190 cm lang, alle königlichen Betten indes 200 cm. Soll ein Bad im Zimmer sein, dann muss *ensuite* in der Beschreibung auftauchen. Ein eigenes Bad, das über den Flur zu erreichen ist, wird als *private bathroom* oder *private facilities* bezeichnet, wogegen Sie *shared facilities* mit anderen Gästen zu teilen haben.

zählt eine gut ausgestattete Gästeküche. Die großen YHA-Hostels in Auckland, Wellington und Christchurch gelten als führende Low-budget-Unterkünfte in den jeweiligen Städten. Die internationale YHA-Card (Jugendherbergsausweis) sorgt für Rabatte.

Weitere Ketten wie VIP (www.vipbackpackers.com) und Nomads (www.nomadsworld.com) sind in Neuseeland nur in größeren Städten und ›Party‹-Orten vertreten, ihre ›Cards‹ lohnen, wenn man auf der Reise auch Australien besucht.

Motels

Units mit Kochecke, gelegentlich vollwertiger Küche, bieten *Motels, Motor Lodges* und *Motor Inns* je nach Standard und Größe zu Preisen von ca. 60 bis über 200 NZD. Auch hier gilt ein Grundpreis für 2 Personen, jede weitere zahlt Zuschlag. Bei *self-contained units* dürfen Sie Wohneinheiten mit separaten Schlafräumen, Dusche/WC und einem Koch-Wohn-Raum erwarten, *studio-units* sind Ein-Raum-Apartments. *Motor Inns* bilden bei Preis und Ausstattung die Spitze – sie haben immer Restaurant und Bar. Das kostenlose **Jasons Motels, Apartments & Motor Lodges Accommodation Directory** (www.jasons.com) nennt entsprechende Unterkünfte.

B&B (Bed & Breakfast)

Hoch entwickelt ist die Bed & Breakfast-Kultur. *Homestay* deutet auf familiäre Atmosphäre und engen Kontakt zu den Gastgebern hin, die im Haus wohnen – Motto: Man kommt als Fremder, geht als Freund. *Countrystay* lässt ländliche Umgebung erwarten, *farmstay* einen aktiven Bauernhof. *Guest house* oder *B&B Hotel* nennen sich größere B&Bs, etwa einer Pension vergleichbar, in denen der Gastgeber zwar noch in Erscheinung tritt, aber oft durch angestelltes Personal vertreten wird und die Zahl der Zimmer durchaus zweistellig sein kann.

Es gibt Einzel- und Zweibettzimmer, jedoch dominieren Doppelzimmer. Zu jeder Übernachtung gehört ein ordentliches Frühstück, in abgelegenen Häusern wird abends häufig *dinner* angeboten. Die meisten Zimmer haben ein Bad mit WC *ensuite,* mit direktem Zugang, oder wenigstens *private facilities* zur exklusiven Nutzung irgendwo im Haus. So vielfältig wie das Angebot sind die Preise von gut 60 bis zu mehreren hundert NZD, die Masse liegt zwischen 100 und 250 NZD für ein *double*. Verzeichnisse mit jeweils fast 1000 Adressen bieten **Charming Places to Stay** (www.bnbnz.com) und **The New Zealand Bed & Breakfast Book** (www.bnb.co.nz; ca. 20 NZD).

Hotels, Resorts, Lodges

Hotels nationaler und internationaler Ketten findet man vor allem in Städten und nahe großen Sehenswürdigkeiten, **Resorts** mit Freizeit- und Wellness-Angebot in landschaftlichen Traumlagen. Doppelzimmer gibt es in Klein- und Mittelstädten ab ca. 75, in Großstädten ab ca. 100 NZD, in Top-Hotels der Großstädte ab etwa ca. 200 NZD. Aufgepasst: Einige Business-Hotels zeigen Preise im Internet ohne die Mehrwertsteuer (GST) von derzeit 15 %!

Die Spitze bei Preis, Service und Komfort bilden **Luxus-Lodges,** darunter einige aus der Kategorie 1000+-Dollar-pro-Kopf-und-Nacht. Ihnen ist eine naturnahe Lage, ein sehr individueller Charakter und perfekte Gastronomie gemein: New Zealand Lodges (www.lodgesofnz.co.nz),

Ferienhäuser

Überall an Küsten und Binnenseen gibt es Ferienhäuser ab ca. 100 NZD/Nacht von einfachen Holzhütten – *bach* auf der Nord- oder *crib* auf der Südinsel – bis zu bestens ausgestatteten Minivillen, *holidayhomes*. Oft vermieten die Besitzer noch direkt.

Online-Portale mit guter Auswahl sind zum Beispiel www.holidayhouses.co.nz, www. bookabach.co.nz und www.rentabach.co.nz. Viele Ferienhäuser und Cottages findet man zudem in B&B-Verzeichnissen (s.o.).

Schlafhütte des Öko-Backpackers ›The Tree House‹ am Hokianga Harbour

Extremsportarten sind Markenzeichen des Tourismus in Neuseeland, kaum ein anderes Land zeigt sich so innovativ: Black Water Rafting, Cave Tubing, Bungee-Jumping, Jetboating, Parabungy und Zorbing sind neuseeländische Erfindungen. Action lockt mehr Menschen ins Land als die Kultur und ist neben Neuseelands grandioser Natur der wichtigste Besuchermagnet. Und weil an der Sucht der Adrenalinjunkies viele verdienen wollen, gibt es kaum eine Region, in der man nicht Ausgefallenes machen kann. Unumstrittene Adrenalinmetropole ist Queenstown, die ›Welthauptstadt des Extremsports‹, im Zentrum der Südinsel. Nicht weit entfernt bemüht sich Wanaka mitzuhalten und auch entlang der West Coast werden die Action-Angebote immer vielseitiger: White Water Rafting, Caving um Westport und Greymouth, Gletscheraktivitäten in Franz Josef und Fox. Auf der Nordinsel sind Action-Hochburgen die Region Bay of Plenty – Rotorua – Taupo sowie Waitomo mit allem, was unter der Erde stattfinden kann. Aber selbst die Metropole Auckland kann mithalten: Kontrollierte 192-Meter-Sprünge vom Sky-Tower oder etwas kürzer von der Harbour Bridge am Bungee-Seil. Und neben manchmal skurrilen oder völlig abgedrehten ›Sportarten‹ gibt es noch ganz normale, klassische Aktivitäten.

Extrem aktiv

Abseiling und Canyoning

An einem Seil eingehakt klettert man an Hochhausfassaden oder durch Wasserfälle hinab oder in tiefe Höhlen hinein. Erfahrung ist nicht erforderlich, sagen die Veranstalter, ein kurzer Crash-Kurs und erfahrene Guides sollen Sicherheit garantieren. Hohen Sightseeingwert hat Abseiling in die Höhlen von Waitomo (S. 189). Das wilde Hangeln durch engste Schluchten über tosendem Wasser – Canyoning – wird an immer mehr Plätzen angeboten, so in den Waitakere Ranges bei Auckland (S. 133) oder mit hohem Schwierigkeitsgrad bei Wanaka (S. 419).

Bungee, Swing und Swoop

Bungee Jumping (Thema S. 424) ist Neuseelands bekannteste Adrenalin-Aktivität: Mit einem dicken Gummitau an den Fesseln stürzt man sich kopfüber von Brücken oder speziell eingerichteten Absprungplattformen in die Tiefe, am spektakulärsten in enge Flusstäler hinein. Bungee-Jumping wurde in Queenstown marktreif gemacht, dort ist nach wie vor die Hochburg. Vettern des Bungee sind Swing und Swoop (S. 216): In festem Harnisch oder verpackt in einer Art Schlafsack stürzt man sich an ein Stahlseil gehakt in die Tiefe und schwingt wie an einer überdimensionierten Kinderschaukel aus – Swooooop …

Fallschirmspringen und Paragliding

Will man dem Himmel näherkommen, muss man erst Namenswirrwarr entschlüsseln: Paragliding und Parapenting meint fliegen mit steuerbaren Gleitschirmen. Te Mata Peak in Hawke's Bay (S. 263) ist eine Hochburg auf der Nordinsel, im Süden bietet Queenstown gleich drei Absprungplätze (S. 431). Parachuting und Sky Diving meint das altbekannte Fallschirmspringen, das fast überall im Lande angeboten wird. Taupo gilt als besonders preiswerte Absprungzone (S. 230), während Sprünge über Waiheke Island (S. 138) und vor dem Fox Glacier zwischen Alpen und Meer (S. 371) als bestens bekannte ›Geheimtipps‹ gehandelt werden. Im Agrodome Actionpark von Rotorua kann man beim FreefallXtrem über einem gigantischen Ventilator das Feeling ohne Sprung erleben, die *body flying experience*. Paraflying oder Parasailing, der Flug unter einem Fallschirm im Schlepp hinter einem Motor- oder Jetboat, gehört zu den Angeboten in Queenstown oder an der Bay of Islands.

Action in Rotorua: Swoop im Dreierpack

Jetboating

Jetboats sind eine neuseeländischen Erfindung für ganz Eilige (Thema S. 24). Die Boote mit dem Turbinenantrieb brauchen für ihre rasanten Fahrten nicht einmal die sprichwörtliche Handbreit Wasser unter dem Kiel und dank ihrer Wendigkeit erlauben sie halsbrecherische Fahrten auf engsten Flüssen oder 360°-Drehungen aus vollem Speed. Rund um Queenstown und Wanaka sind zahlreiche Unternehmen vor grandiosen Alpenkulissen unterwegs, u. a. auf dem Dart River (S. 428) oder dem Wilkin River (S. 379). Auf der Nordinsel sind Touren über den Whanganui River zur Bridge to Nowhere (S. 241) ein Highlight. Fahrtwind und Gischt kann man sich auch auf größeren Exemplaren um die Nase brausen lassen, die mit 80 bis 100 km/h über die Wellen der Bay of Islands zum Hole in the Rock jagen (Aktiv unterwegs S. 153).

Rafting und Kayaking

Rund 30 Flüsse strudeln dem Meer so wild entgegen, dass sie sich hervorragend zum White Water Rafting und Wildwasserkajak in allen Schwierigkeitsgraden eignen. Von Oktober bis Dezember sorgen Schneeschmelze und Frühjahrsregen für nahezu ideale Bedingungen. Die regenträchtige West Coast der Südinsel bietet die höchste Dichte an Rafting-Flüssen. Populärer Ausgangspunkt für Halb- oder Ganztagestouren ist Queenstown mit Kawarau und Shotover River, an dessen Ende die Gummiflöße sogar durch einen Tunnel raften, den Goldgräber vor über 100 Jahren gruben. Von hier werden zudem Mehrtagestouren an die West Coast organisiert, als Höhepunkt gilt dort der Landsborough River bei Haast. Auf der Nordinsel ist Rotorua Rafting-Hochburg. Auf dem nahen Kaituna River können Rafter einen 7 m hohen Wasserfall hinunterrutschen, während für 2- bis 4-tägige Rafting Expeditionen Moto und Mohaka River im Osten angesteuert werden. Die New Zealand Rafting Association stellt alle Flüsse und dort aktive, kommerzielle Anbieter vor: www.nz-rafting.co.nz. Längst rutscht man aber nicht mehr nur mit Schlauchbooten, sondern beim White Water Sledging, beim River Surfing oder beim Damdropping mit speziellen Bodyboards über die Stromschnellen; Wanaka und Rotorua bieten dafür bekannte Reviere.

Driftet man in aufgeblasenen Autoschläuchen liegend auf unterirdischen Gewässern durch die Höhlenlabyrinthe von Waitomo oder durch das Nile River Cave System (S. 358), spricht man vom Black Water Rafting, Cave Rafting oder Cave Tubing. Wildwasserkajak hat seine Hochburg auf dem Buller River und seinen Zuflüssen rund um das Städtchen Murchison (S. 497).

Sand Tobogganing

Wie soll man eigentlich sonst die langen Hänge der Wanderdünen im Northland hinunterkommen, wenn nicht auf einer Plastikschale liegend oder sitzend? Viele Bustouren zum Cape Reinga erlauben ihren Gästen die Dünenritte, sonst kann westlich Ahipara und am Nordufer des Hokinaga Harbour (beide S. 147) gut im Sand gerodelt werden.

Zorbing

Eigentlich kugelt man kaum eine Minute einen Hang bei Rotorua hinunter (S. 216), aber wie: Man schwappt dabei in lauwarmem Wasser in einer gigantischen Blase herum – so muss es damals in Mutters Bauch gewesen sein. Am Ende dann die Wiedergeburt: Die Blase öffnet sich und man schlüpft mit einem Schwall Wasser aus ihr heraus wieder in die Welt. Die trockene Variante, festgezurrt auf einem Sitz mitten in der Kugel, ist etwas für Hartgesottene auf der Suche nach der Steigerung von Achterbahnfahren.

Klassisch aktiv

Angeln

Eine Angellizenz (u. a. in i-SITEs und Sportgeschäften erhältlich) für alle Binnengewässer kostet 22,50 NZD/Tag bis 113 NZD/Saison und ist landesweit gültig, ausgenommen am Lake Taupo und seinen Zuflüssen, dort ist eine spezielle DOC-Lizenz (S. 230) erforderlich. Der See und seine Zuflüsse gelten als eines der besten Forellenreviere weltweit. Vor allem der Tongariro River, der von Süden in den Lake Taupo mündet, ist ein Eldorado der Fliegenfischer. Angelführer kosten rund 450–800 NZD pro Tag und nehmen ein oder zwei Angler mit. Auch mit Angelschein müssen Mengen- und Größenbeschränkungen beachtet werden, zudem sind im Winter viele der Flüsse und kleineren Seen für Angler gesperrt.

Wer Angelgerät ins Land bringt, muss die Biosecurity bei der Einreise sehr ernst nehmen (S. 69): Vor allem wenn nicht angemeldete ›Fliegen‹ oder andere Köder gefunden werden, ist großer Ärger garantiert.

Am und auf dem Meer sind das Angeln sowie das Sammeln von Muscheln und Fangen von Krustentieren durch Taucher außerhalb der Marine Reserves kostenlos, unterliegen aber Schonzeiten sowie Größen- und Mengenbeschränkungen – Unwissenheit schützt nicht vor Strafe! Zentren für Hochseeangeln auf Großfische (Gamefishing) sind die Bay of Islands, Whitianga auf Coromandel sowie die Bay of Plenty. Beste Saison für Tunfisch, Marlin und andere große Brocken sind von Dezember bis März. Mehr Infos vom New Zealand Big Game Fishing Council unter www.nzsportfishing.co.nz.

Baden

Viele Strände Neuseelands muten paradiesisch an, aber längst nicht alle eignen sich zum Baden, einige nur unter idealen Bedingungen. An der Westküste beider Hauptinseln, wo die Stände durch Eisensand oft schwarz sind, ist Baden durch Strömungen und Brandung vielerorts lebensgefährlich. Im Osten sind die hellen, manchmal golden oder rosa schimmernden Pazifikstrände in der Regel sanfter. Tödliche Badeunfälle gibt es an beiden Küsten immer wieder. Baden Sie wenn möglich nur an bewachten Stränden, erkennbar an den Fahnen, mit denen gesicherte Abschnitte markiert werden. Hai-Attacken auf Schwimmer sind dagegen kein Thema.

Die besten Badestrände liegen an Buchten im Osten des Northland, vor North Shore nördlich Auckland, auf Waiheke und Great Barrier Island im Hauraki Gulf, an der Ostküste von Coromandel (kinderfreundlich Cooks Beach, wilder Hahei) und der Bay of Plenty (Mt Maunganui, Ohope), an der Westküste bei Raglan sowie an der Kapiti Coast nördlich Wellington. Auf der Südinsel eignen sich lange Abschnitte der Küste an Tasman und Golden Bay von Nelson bis Takaka für ein Bad im Meer, auch die Strände der Badeorte von Christchurch (New Brighton, Sumner) oder Dunedin (St Kilda, St Clair und Brighton). Wunderschöne Strände gibt es schließlich an den Küsten von Catlins und Southland, nur gilt hier wie beim Klima: je weiter südlich, desto frischer die Temperaturen. Sommerliche Wassertemperaturen – und die reichen bis in den April hinein – übersteigen im Norden und Osten der Nordinsel oft die 20-°C-Marke, im Southland und im Südosten der Südinsel, wo kalte Strömungen aus der Antarktis den Küsten nahe kommen, schaffen sie indes selten die 15 °C.

Ballonfahren

Die scharf gezeichneten Felder und Obstplantagen unter sich, der Pazifik und die Banks Peninsula auf der einen, die Southern Alps auf der anderen Seite, dazu lange Schönwetterperioden – die Canterbury Plains sind das populärste Revier für Fahrten mit dem Heißluftballon. Gestartet wird um Christchurch und in Methven (S. 338).

Bergsteigen

Die Southern Alps bieten rund 20 Dreitausender mit Aoraki Mt Cook als Höhepunkt (S. 347). Auf der Nordinsel locken die Gipfel von Mt Ruapehu (S. 234) und Mt Taranaki (S. 198) mit relativ leichten Aufstiegen, aber auch hier sollten Berg-Laien die Hilfe qualifizierter Guides nutzen.

Golfen

Golfen ist auf annähernd 500 Plätzen im Lande möglich und gilt als wenig elitär, vielerorts liegen Green Fees unter 50 NZD, auf Spitzenplätzen indes schon mal bei 200 oder mehr Dollar, so auf dem Wairakei Golf Course bei Taupo (200 NZD; www.wairakeigolf course.co.nz) oder Cape Kidnappers Golf Course (360 NZD; www.cape kidnappers.com) an der Hawkes Bay, den das angesehene US Golf Magazine in seiner Jubiläums-Edition 2009 auf der Liste der weltweit 50 besten Golfplätze der letzten 50 Jahre als Nr. 4 führte. Ausrüstung wird auf vielen Anlagen verliehen. Alles übers Golfen und alle Golfplätze auf www.golfing.co.nz

Jagen

Jagen ist meist aktiver Naturschutz: Zur Jagd freigegeben sind importierte Arten, von denen viele die einheimische Flora und Fauna belasten oder bedrohen. Infos in DOC-Büros, die für alle vom DOC verwalteten Gebiete Jagdscheine ausstellen. Jagdsafaris mit garantierter Trophäe sind Treibjagden auf großen abgezäunten Geländen. Trophäengebühren von mehreren Tausend Dollar beim besonders begehrten Rotwild zahlen vor allem amerikanische Jäger. Seit Rotwild in Gehegen gezüchtet wird, wachsen die Bestände in der freien Natur wieder. Für einen qualifizierten Jagdführer sollte man ab 500 NZD pro Tag kalkulieren. Die meisten Jagdtouren werden auf der Südinsel angeboten. Walter Speck, ein deutschsprachiger Jagdführer, operiert ab Lake Tekapo, www.44south.com.

Kajak- und Kanufahren

Neuseelands Küsten und einzelne Flüsse sind wie geschaffen für Touren der geruhsameren Art mit Kajaks oder Kanus. Der Whanganui River ist der meistbefahrene Fluss (S. 242), die Küstengewässer des Abel Tasman National Park (S. 484) das bekannteste Revier für Sea Kayaking.

Radfahren

s. S. 74

Reiten

Horse trekking wird vor allem auf der Südinsel angeboten, aber auch nördlich Auckland gibt es bekannte Reiterhöfe. Ab 50 NZD/Std. zahlt man für kurze Ausritte, mehrtägige Wanderritte sind ebenfalls möglich. Große Übersicht mit Links zu unzähligen Anbietern landesweit: www.truenz.co.nz/horsetrekking.

Wandern

Für Wanderer und Trekking-Fans ist Neuseeland ein Traumland mit weltbekannten Wegen wie dem Milford Track (S. 436) im Fiordland oder der Tongariro Alpine Crossing (S. 234). Das DOC klassifiziert vier Kategorien:

Path: gut ausgebauter Weg mit planierter Oberfläche und Treppen an Steigungen; großzügige Zeitangaben.

Walking Track/Walkway: gut ausgebauter, längerer Wanderweg mit Stufen an Steilstücken; schlechtes Terrain ist mit Bohlenwegen überspannt; großzügige Zeitangaben.

Tramping Track: markierter Weg auf Naturboden, an schwierigen Stellen Kletterhilfen;

Beliebtes Revier für Kajakfahrer: Abel Tasman National Park

Rote Karte dem Müll
Um der wachsenden Vermüllung der Natur vorzubeugen, gilt das Prinzip ›Carry out what you carry in‹: Überall in der Natur, so auf allen Tracks, hat man das, was man hineinträgt, wieder herauszubringen. Müll inkl. Essensreste dürfen nicht verbrannt oder vergraben werden, Mülleimer bzw. Müllcontainer findet man nicht, allenfalls Beutel, in denen man Müll wieder mitnehmen kann. Folglich sollte man bei allen Touren wiederverwendbare Verpackungen für Lebensmittel und Verbrauchsgüter benutzen.

Kondition und Erfahrung sind notwendig, angemessene bis knappe Zeitangaben.
Route: nicht durchgängig markierte Wanderroute; in der Regel keine Hilfe an Steilstücken und Furten; gute Ausrüstung, ausreichend Proviant (inkl. Reserve für Notfälle), gute Geländeerfahrung und Fähigkeit, sich nach Karte und Kompass zu orientieren, sind notwendig; knappe Zeitangaben.

Zur eigenen Sicherheit sollte man vor einer Wanderung im nächstgelegenen DOC-Büro eine *notice of intention* mit allen Daten der geplanten Tour hinterlassen. Meldet man sich nicht zurück, startet 24–48 Std. nach der anvisierten Rückkehr eine Suchaktion – Rückmelden ist auf jeden Fall notwendig, um hohe Kosten zu vermeiden. Eine weitere ›Versicherung‹: Melden Sie sich bei der Unterkunft, die Sie nach dem Track zuerst ansteuern wollen, mit dem Hinweis auf die geplante Route an. Erscheinen Sie nicht, wird von dort eine Suche veranlasst.

Great New Zealand Walks and Waterways, kurz **Great Walks,** erfassen landesweit attraktive Trekkingrouten sowie die Whanganui River Journey (s. Aktiv unterwegs S. 242). Für die begehrtesten gilt Buchungspflicht: Sind alle zur Verfügung stehenden Plätze gebucht, kann man den betreffenden Track nicht mehr gehen, freies Campen ist verboten. Die Summe notwendiger Übernachtungspreise (Hütten 15–52 NZD/Nacht; pro Person im Zelt bis 20,40 NZD) ergeben den Preis für einen *permit*. Wer ohne diesen auf einem buchungspflichtigen Track angetroffen wird, zahlt *penalty rates* mit 100 % Aufschlag.

Auf www.doc.govt.nz findet man unter ›Book online‹ buchungspflichtige Wege und Einzelhütten, kann deren Buchungsstand abfragen und Übernachtungen buchen. Gegen geringe Gebühr erledigen DOC Visitor Centre und einige i-SITEs diese Buchungen. Beim DOC Fiordland National Park Visitor Centre in Te Anau ist ein zentrales Buchungsbüro für die Great Walks der Region eingerichtet (s. Aktiv unterwegs S. 436).

Auf ›offenen‹ Tracks gilt das Prinzip: Wer zuerst kommt, kriegt einen Platz. Dort sind Backcountry Tickets für Einzel-Übernachtungen (Hütten ca. 5,10–15,30 NZD, Zelt bis 5,10 NZD) erforderlich, DOC Visitor Centre und einige i-SITEs verkaufen sie. Vielwanderer sparen mit einem Backcountry Hut Pass (122,60 NZD/12 Monate, 92 NZD/6 Mon., Kinder 61,30 bzw. 46 NZD).

Als **Te Araroa – The Long Pathway** firmiert ein Langstreckenwanderweg über 3000 km quer durch das Land von Cape Reinga bis Bluff unter Einbeziehung bekannter Walks und Tracks – offiziell soll er 2011 eröffnet werden, die meisten Abschnitte sind aber längst freigegeben. Auf www.teararoa.org.nz findet man detaillierte Beschreibungen mit interaktiven Karten, und wenn einmal ein Abschnitt gesperrt ist, wird eine Ausweichstrecke angeboten.

Wassersport

Segeln ist im ganzen Land populär, hat seine Hochburgen aber ohne Zweifel im Norden an der Bay of Island und am Hauraki Gulf, auf letzterem wurde schon zweimal der America's Cup ausgesegelt, die berühmteste Segel-Trophäe weltweit. Auf der Südinsel sind die Marlborough Sounds und die Region um Nelson bei Seglern beliebt. In allen Revieren kann man bei kommerziellen Anbietern für Kurztörns an Bord gehen.

Tauchen kann man am besten in Northland mit den Poor Knights Islands (S. 162) als Highlight. Gute Bedingungen herrschen von Dezember bis Juni. Das Fiordland lockt aufgrund der ungewöhnlichen Wasserschichtung (S. 440) schon bei weniger als 10 m Tiefe mit einer Meeresfauna, für die man anderswo fast zehnmal so tief hinab müsste. Zu den populären Wracks gehört das legendäre Greenpeace-Schiff ›Rainbow Warrior‹ vor Cavalli Island (S. 151).

Darüber hinaus wurden in den letzten Jahren speziell für Hobbytaucher mehrere ausgemusterte und von Altöl und Giften befreite Marine-Schiffe versenkt, u. a. vor Tutukaka im Northland, dem Ausgangshafen für Poor-Knight-Exkursionen, sowie an der Bay of Islands nahe Cape Brett und direkt vor Wellingtons Island Bay. Infos zum Tauchen mit Hinweisen auf alle wichtigen Reviere auf www.divenewzealand.com oder www.nzu.org.nz.

Wellensurfen ist überall, wo gute Wellen an die Küsten branden, populär, auch bei Einheimischen. Ein Revier überragt alle: Raglan (S. 185) mit Whale Bay und Manu Bay ist ein Top-Spot der internationalen Szene. Andere bedeutende Surf-Strände liegen bei Ahipara am Südende des Ninety Mile Beach, an den Ostküsten von Great Barrier Island und Coromandel Peninsula sowie an der Westküste unterhalb des Mt Taranaki, dort sind die beliebtesten Strände durch den ›Surf Highway SH 45‹ verbunden (S. 201). Auf der Südinsel ist selbst im Neoprenanzug vielen das Wasser zu kalt, trotzdem gibt es bekannte Spots wie die Tauranga Bay südlich von Westport oder die Pazifikstrände von Dunedin.

Windsurfen steht ganz im Schatten des Wellensurfens, findet aber zunehmend Freunde, so in der Bay of Islands, im Hauraki Gulf und an vielen Seen auf der Nord- wie der Südinsel. Populär ist der Wellington Harbour direkt vor der Hauptstadt – eigentlich verständlich, trägt sie doch den Beinamen ›windy‹. Ob Wellen- oder Windsurfen: An allen wichtigsten Stränden gibt es Surfschulen oder Surfshops, die auch Gerät und Neoprenanzüge verleihen.

Wintersport

Neuseeland ist eines der besten Wintersportziele der südlichen Hemisphäre. Spitzenfahrer aus aller Welt treffen hier beim ›Sommertraining‹ auf einheimische sowie australische und asiatische Skifahrer und Snowboarder. Die Saison reicht von Juli bis September, mancherorts bis Oktober. Gut zwei Dutzend erschlossene Reviere locken mit immer neuen Liften, Seilbahnen, Pisten aller Schwierigkeitsgrade und Halfpipes. Die Kosten für Liftkarten liegen noch unter denen in Europa. Teuer wird es nur, wenn man sich zum Heliskiing auf entlegene Pisten oder in jungfräulichen Schnee fliegen lässt (ab ca. 800 NZD/Tag). Wer sich das leistet, dem liegen z. B. in der Mt Cook-Region Tiefschnee-Abfahrten von bis zu 10 km Länge zu Füßen. Bei Wanaka gibt es ein Zentrum für nordischen Skisport.

Die besten Skigebiete der Nordinsel ziehen sich bis auf Höhen von gut 2300 m über die Hänge des Mt Ruapehu.

Größere Auswahl bietet die Südinsel vom familiären **Rainbow Skifield** nahe der Sonnenstadt Nelson bis zum schrillen Queenstown mit der muntersten Après-Ski-Piste des Landes. Das **Mt Hutt Skifield,** kaum mehr als 100 km westlich von Christchurch gelegen, rühmt sich der längsten Saison: Hier darf man gegen Ende Oktober, wenn der Frühling in die Canterbury Plains einzieht, morgens beim Skifahren überlegen, ob man am Nachmittag zum Segeln ans Meer fahren möchte. Wintersportmöglichkeiten und Pistenkonditionen im Internet: www.snow.co.nz.

Souvenirs

Ohne ein **T-Shirt** mit Neuseeland-Motiv oder Hinweis auf eine mitgemachte Adrenalin-Aktivität verlässt kein Neuseelandbesucher das Land. Begehrt sind ferner Trikots der All Blacks, der Rugby-Nationalmannschaft. Die Originale sind teuer, es gibt aber auch Billigversionen aus dem Supermarkt.

Populär sind Souvenirs aus heimischen Hölzern. Im Northland wird bis zu 50 000 Jahre altes **Swamp Kauri** verarbeitet (S. 140, 148). Ein Klassiker aus Holz sind in Koru-Form verschlungene Topfuntersetzer. Neuseelands Schafe liefern **Felle und Wolle.** Extra edel, extra warm, extra schmusig und ein Beitrag zum Naturschutz sind Produkte aus einem Merino-Possum-Seide-Mix.

Auch sonst macht Neuseelands **Mode** Furore, allen voran ›Zambesi‹ mit Kollektionen für Frauen und Männer (www.zambesi.co.nz; Überblick Mode: www.fashionz.co.nz/desig ners). Im Zusammenhang mit der Ringe-Trilogie gibt es reichlich Souvenirs vom Schmuck bis zu den Kutten der Gefährten (www.stansborough.co.nz).

Musik neuseeländischer Künstler und neuseeländische **Filme** auf DVD bekommt man in riesiger Auswahl in Filialen der Kette Real Groovy in Auckland, Wellington, Christchurch und Dunedin (online-shop: www.realgroovy.co.nz).

Gute Adressen für anspruchsvolle Souvenirs sind die Läden der großen Museen, breiter die Auswahl in speziellen Souvenir- und Duty-free-Shops in Auckland, Christchurch, Queenstown und Rotorua. Bei allen Käufen darf man neben den Freimengen beim Fluggepäck auch Zollbestimmungen bei der Ausreise und bei den Zwischenaufenthalten nicht außer Acht lassen (S. 69).

Maori-Schnitzereien

Heitiki nennt man Amulette mit Figuren aus der Maori-Mythologie. Verwendet wurde ursprünglich neuseeländische Jade von der

Erst probieren dann kaufen: Besucherinnen lassen sich in einer Winery beraten

Südinsel, zunehmend Knochen, Holz, Elfenbein oder Paua-Schale. Die Hochburgen der Jade-Verarbeitung findet man entlang der West Coast, wo es die größten Jadevorkommen gibt. Moderne, schlichte Formen von Fischhaken *(Hei Matau),* Spiralen *(Koru)* oder Keulen *(Hei Toki-Adze)* haben traditionellen Figuren zurückgedrängt. Aber Vorsicht: Massenware aus den Schleifereien wird häufig aus billiger Importjade hergestellt.

Preiswerter sind Anhänger aus Knochen, die man vielerorts auch in Halb- oder Ganztageskursen unter fachkundiger Anleitung selbst fertigen kann. Viel Schmuck wird ferner aus den türkis bis silbern changierenden Paua-Schalen gefertigt. Gefundene Schalen darf man jedoch nicht ausführen, man sollte sie auch nie selbst polieren, da der Staub giftig ist. Lange vernachlässigt, entdecken junge Maori die alte Tradition der Holzschnitzerei wieder und arbeiten damit. Das Angebot reicht von bloßen Kopien traditioneller Figuren bis zu modern, künstlerisch interpretierten Formen. Historische Stücke sind für den Export tabu (S. 93).

Shoppen unterwegs

Outdoor-Kleidung und -ausrüstung ist hochwertig, preiswert und in großer Auswahl zu bekommen. Bekannteste Marke mit rund 30 eigenen Shops landesweit ist Kathmandu (www.kathmandu.co.nz). Wer dort viel kaufen will, sollte die Rabatte im Kunden-Club nutzen (Mitgliedschaft 10 NZD, gratis für Studenten, Senioren ab 60 und YHA-Mitglieder). Preiswerte Ausrüstung für den Camperalltag findet man mit Glück an Schwarzen Brettern großer Backpacker oder preiswert in den Megastores von ›The Warehouse‹.

Selbstversorger finden in jeder Kleinstadt mindestens einen Supermarkt mit langen Öffnungszeiten, in den großen Städten buhlen meist mehrere um Kunden. Billigdiscounter sind ›Pak'n Safe‹ oder ›SuperValue‹, Premium-Läden ›New World‹ oder ›Woolworth‹. Shops größerer Tankstellen und *dairys,* Mischungen aus Tante-Emma-Laden und Kiosk, bieten Grundnahrungsmittel, wenn auch etwas teurer. In landwirtschaftlichen Regionen verkaufen Hofläden entlang der Straßen Obst und Gemüse der Saison.

Shoppen ohne Steuer

Die Ende 2010 auf 15 % erhöhte GST (etwa Mehrwertsteuer) entfällt, wenn Waren an Kunden im Ausland verschickt werden, aber man sollte beim Kauf die Einfuhrsteuern im Heimatland bedenken! Tax-free-Shops in Touristenzentren liefern gekaufte Ware am Abflugtag im Transitbereich des Flughafens aus oder versenden sie an die Heimatadresse ihrer Kunden. Duty-free-Shops in Neuseelands internationalen Flughäfen stehen ankommenden Reisenden offen. Man kann dort zollfreie Waren online ordern (www.regency.co.nz, www.dutyfreestores.co.nz) und bei der An- oder Abreise in Empfang nehmen – das erlaubt Vergleiche mit Handelspreisen in Europa, z. B. bei Elektronik und Kameras.

Neuseeland zuhause

Shoppen ohne Transport- und Zollprobleme erlauben in Deutschland online-Shops wie ›Das Neuseelandhaus‹ (Tel. 02307-86075, www.neuseelandhaus.de; u. a. mit Honig, Manuka-Öl-Produkte, Kunsthandwerk) oder KiwiKontor (Tel: 08822-94311, www.kiwikontor.com; u. a. Weine, Biere & Spirituosen). Eine große Auswahl neuseeländischer Spitzenweine – u. a. Fromm (S. 473) aus Marlborough oder Martinborough Vineyard (S. 270) aus dem Wairarapa – vertreibt der Weinversand Overseas Wines aus Hannover: 0511-260 06 15, www.overseas-wines.de.

Von der Happy Hour bis zum Grauen des Morgens

Das Nachtleben dürfte kaum der Grund für eine Neuseelandreise sein, ist man dort, muss man es jedoch nicht meiden. Auch Frauen können allein trinken oder tanzen gehen. Türsteher kontrollieren vielerorts das *legal drinking age* von 18 Jahren (S. 92) und an edlen Locations achten sie schon mal auf die Einhaltung eines *dress code*. Nichtraucher freut, dass die radikalen No-Smoking-Regeln generell blauen Dunst aus Bars, Clubs und Pubs auf Außenterrassen oder vor die Tür verbannen.

Happy-Hour-Angebote – gern *double up*, bei dem man ein Getränk ordert und zahlt, aber zwei bekommt – locken Gäste zum frühen Erscheinen. Werktags können auf dem Lande schon um 22 Uhr Zapfhähne nach oben gedreht werden, am Wochenende pulsiert das Leben in den Städten bis zum frühen Morgen – beliebte Zeitangabe für Öffnungszeiten: *till late*.

Kneipen, in denen Bier aus einer Batterie von Hähnen fließt, gibt es überall und für alle Schichten der Bevölkerung. Englisch oder irisch angehauchte Pubs sind populär, belgische Bars im Trend. In großen Städten und Weinregionen schlürfen die Schönen und Reichen Cocktails oder eisgekühlte Weißweine in aufgestylten Lokalen, gern dort, wo Lifestyle und Maritimes zusammentreffen, wie am Viaduct Basin von Auckland oder im Ahuriri Viertel von Napier. Dezidiert an junge, partygeile Reisende aus aller Welt wenden sich Backpacker Clubs vor allem in Auckland und Queenstown, in bescheidenerem Umfang in Wellington, Christchurch, Rotorua und Taupo. Sie liegen nahe großer Lowbudget-Unterkünfte, manchmal sogar im selben Gebäude. Bierpreise sind oft günstig; für die ersten Drinks gibt es reichlich Gutscheine.

Wer die Urlaubskasse aufs Spiel setzen will, kann in Auckland und Christchurch rund um die Uhr Casinos ansteuern, in Hamilton, Dunedin und gleich zweimal in Queenstown mindestens bis 3 Uhr in der Nacht.

Qual der Wahl: Zapfanlage im Pub

Adressen

Die vierstelligen Postleitzahlen *(Post Codes)* haben sich im Alltag bisher nicht durchgesetzt. Wenn, dann stehen sie hinter dem Ortsnamen. Bei großen Städten wird immer der Stadtteil *(suburb)* angeben. Hausnummern stehen vor dem Straßennamen. Korrekt sieht es so aus:

Empfänger	John Smith
[Farm/Station]	[Mullewapp Station]
Hausnummer/Straße	22 Uppr Main St
oder Postfach	PO Box 22
oder Postsack	Privat Bag
Stadtteil	Devonport
[Rural Delivery Tour]	[RD 3]
Stadt/Post Code	North Shore 1309

Abkürzungen in Adressen werden ohne Punkt geschrieben u. a.: Avenue: Ave, Boulevard: Blvd, Centre: Ctr, Cresent: Cres, Drive: Dr, East: E, Harbour: Hbr, Highway: Hwy, Lane: Ln, Lower: Lowr, Mount: Mt, North: Nth, Place: Pl, Point: Pt, Road: Rd, South: Sth, Square: Sq, Street: St, Terrace: Tce, Upper: Uppr, West: W. ›Uppr Queen St Nth‹ wäre folglich die Upper Queen Street North.

Alkohol

Jede Person, die nicht offensichtlich das *legal drinking age* von 18 Jahren erreicht hat, muss sich grundsätzlich beim Besuch von Pubs und Bars sowie beim Kauf von Alkohol ausweisen. In einigen Supermärkten ruft das Kassenpersonal immer die Aufsicht, wenn Alkohol gekauft wird. Wer Personen unter 18 Jahren Alkohol kauft, riskiert eine Strafe bis zu 2000 NZD. Um öffentlichen Gelagen vor allem an Wochenenden und Feiertagen vorzubeugen, können Gemeinden *alcohol bans* für Straßenzüge, Parks oder Strände erlassen, durch Hinweisschilder kenntlich gemacht; Verstöße kosten Geldbußen.

Arbeiten

Ohne Visum (S. 68) und Arbeitserlaubnis darf man gegen Lohn nicht arbeiten, zulässig sind nur Praktika und Arbeit für Kost und Logis. Letzteres wird oft in Lowbudget-Unterkünften praktiziert, geht jedoch auf ein Konzept für Ökofarmen zurück – WWOOFer sind Willing Workers On Organic Farms (Jobinfos: www.wwoof.co.nz). Beste Zeiten für Farmarbeit sind die Monate November bis Mai, mit einer Spitze im Februar/März.

Ausreise

Beginnt die Ausreise mit einem Inlands-Zubringerflug, kann das Gepäck vom Start- bis zum Zielflughafen durchgecheckt werden, vorausgesetzt, der Zubringerflug wurde zusammen mit dem internationalen Flug gebucht und steht auf demselben Ticket.

Ausfuhrbeschränkungen gelten für endemische Pflanzen und Tiere sowie Teile davon, u. a. für Muschel- und Schneckengehäuse (www.customs.govt.nz/exporters). Gegenstände, die älter als 50 Jahre oder für die Geschichte des Landes relevant sind, dürfen nur mit einer Genehmigung des Ministery for Cultur and Heritage exportiert werden (alte Maori-Schnitzereien, Relikte der Kolonialzeit; Details www.mch.govt.nz/protected-objects).

Auswandern

Potenzielle Immigranten werden nach Alter, Ausbildung, Familienstand, Kapital, Jobzusage und Sprachkenntnissen bewertet. Die Kriterien für die *permanent residentship* werden jährlich nach dem Bedarf im Land festgelegt. Maximales Alter ist 45 Jahre. Gute Infos zum Thema im Magazin ›Neuseeland News‹ (S. 56), Bücher dazu sind im Mana Verlag erschienen (s. Lesetipps S. 57).

Diplomatische Vertretungen

Neuseeland in Europa s. S. 69.
Botschaft von Deutschland
90–92 Hobson St, Thorndon, Wellington, Tel. 04-473 6063, www.wellington.diplo.de.
24-Std.-Notfall-Tel. (mobil) 021 651 987.
Honorargeneralkonsulat von Österreich
Level 4, 75 Ghuznee Street, Wellington, Tel. 04-384 14 02.
Botschaft der Schweiz
Level 12, 10 Customhouse Quay, Wellington, Tel. 04-472 1593, www.eda.admin.ch/wellington.

Drogen

Nicht alles, was in Neuseeland wächst, ist legal. Marihuana wird gern angebaut, wo die Pflanzen vor den Augen des Gesetzes verborgen im *bush* heranwachsen können. Die Aotearoa Legalise Cannabis Party tritt für die Freigabe von Cannabisprodukten ein, die Polizei sucht derweil aus der Luft nach Plantagen. Besitz wie Konsum von Drogen aller Art stehen unter Strafe, bei Verstößen können Ausländer ausgewiesen werden.

Elektrizität

Die etwas höhere Spannung (230–240 Volt/50 Hz) als in Mitteleuropa macht elektrischen Geräten inkl. Akkulade-Sets und Laptops keine Probleme. Für die dreipoligen Stecker benötigt man einen Adapter.

FKK

Nacktbaden ist unüblich. Es gibt nur versteckte Nacktbadestrände sowie wenige Campingplätze, die sich *naturist friendly* bezeichnen. Details auf www.naturist.co.nz.

Fotografieren und Filmen

Speicherkarten und Negativfilme bekommt man an jeder Ecke. Filmentwicklung, Übertragung von Daten einer Speicherkarte auf CD oder Bildausdruck werden oft binnen einer Stunde erledigt. Diafilme sind nur in Fachgeschäften erhältlich und sehr teuer. In einigen Museen besteht Fotografier- und Filmverbot. An und in Maori-Kultstätten sollte man nur mit Erlaubnis eine Kamera benutzen.

Getier

Überall wo Wasser in der Nähe ist, vor allem im Westen der Südinsel, werden Besucher von **Sandflies** (dt. Kriebel- oder Sandmücken) gequält, vor allem an windstillen Tagen. Die Bisse der weiblichen Exemplare jucken lange, können sich leicht entzünden und in Extremfällen allergische Reaktionen hervorrufen. Eine Übertragung von Krankheiten ist nicht bekannt. Wenn die Sandflies abends Ruhe geben, werden sie oft von **Mücken** abgelöst. Schutzmittel werden in betroffenen Regionen überall verkauft, meist mit Zitronella als Duftstoff. Aus Körper- oder Babyöl, Zitronella und Eukalyptus lässt sich ein wirksamer Mix selbst herstellen, die Zutaten bekommt man in Drogerien.

Das einzige giftigere Tier im Lande, die kleine, bei direkter Bedrohung aggressive **Katipo-Spinne,** lebt im Treibholz an Stränden der Nordinsel. Nach einem Stich sollte man einen Arzt aufsuchen, bedrohlich ist er nur für Allergiker.

Auf hoher See um Neuseeland herum werden gelegentlich **Weiße Haie** *(Carcharodon carcharias)* gesichtet oder geraten in die Netze von Hochseefischern. In Küstengewässern gibt es nur harmlose Hai-Arten, viele stehen unter Schutz.

Possums wirken possierlich, können aber übel beißen und Krankheiten übertragen. Sie werden aggressiv, wenn sie sich in die Enge getrieben fühlen. Prävention: Fluchtweg öffnen. Ähnliches gilt für **Robben** und **Seelöwen,** die Menschen nur attackieren, wenn diese den Fluchtweg zum Wasser versperren.

Heiraten

Heiraten während einer Neuseeland-Reise ist ›in‹. Eine Ehe kann unkompliziert, preiswert und schnell geschlossen werden, wenn die Heiratswilligen vor einem Standesbeamten eidesstattlich erklären, dass einer Eheschließung nichts entgegensteht. Gegebenenfalls müssen zur Ausstellung der *marriage licence* Übersetzungen von Scheidungsurteilen vorliegen und die schriftliche Zustimmung der Erziehungsberechtigten, wenn Braut oder Bräutigam jünger als 20 Jahre sind. Die Eheschließung darf überall stattfinden, so machten schon Paare Schlagzeilen, die sich auf White Island (S. 239) oder am Bungee-Seil hängend trauen ließen. Infos und Formulare beim Department of Internal Affaires (www.bdm.govt.nz) oder bei der Botschaft (www.nzembassy.com/germany; unter *Going to NZ, about NZ*), dort kann man bei persönlichem Erscheinen einige Formalitäten schon vor Reiseantritt erledigen.

Kriminalität

Autoaufbrüche und Gepäckdiebstahl kommen vor. Schwerpunkte für Autoeinbrüche sind Parkplätze an Start-/Zielpunkten von Tracks, bei denen die Abwesenheit der Autobesitzer kalkulierbar ist. Gewaltverbrechen gegen Urlauber sind kaum ein Thema, auch wenn 2005 der Mord an einer jungen Frau aus Deutschland das Land erschütterte. Sie war allein per Autostopp unterwegs, nach Expertenmeinung ein tragischer Einzelfall. Man sollte ähnliche Vorsicht walten lassen wie in Europa.

Maße und Gewichte

Maße und Gewichte sind auf das metrische System umgestellt – das betrifft Entfernungsangaben, Mengen im Supermarkt, beim Tanken und Trinken. Doch umgangssprachlich tauchen immer noch *inch* (2,54 cm), *feet* (0,305 m), *mile* (1,61 km), *acre* (0,4 ha), *ounce* (28,35 g), *pound* (0,45 kg) oder *stone* (6,3 kg) auf. Fragt man Neuseeländer nach Entfernungen, bekommt man meist die Fahr- oder Gehzeiten genannt.

Medien

In neuseeländischen Medien haben Südostasien und die Pazifikregion einen hohen Stellenwert, die isolierte Lage führt jedoch zu einer Fokussierung auf nationale Themen. Renommierte **überregionale Zeitungen** mit internationaler Berichterstattung sind ›The Press‹ in Christchurch, ›New Zealand Herald‹ in Auckland und ›The Evening Post‹ in Wellington.

Gut ein Dutzend nationale sowie zahlreiche regionale **Fernsehprogramme** versorgen die Nation, zum Teil im DVB-T Standard, hinzu kommen Satellitenprogramme im Pay-TV. Hauptnachrichten mit Wetter senden prime um 17:30 und TV One sowie TV 3 um 18 Uhr. TV one übernimmt nachts ab ca. 1 Uhr das Programm von BBC World und einige Lokalsender/Kabelnetze speisen als Weltnachrichten die englischsprachigen DW World News der Deutschen Welle ein. Wann und auf welchen aktuellen Frequenzen DW-

Radio und DW-TV zu empfangen sind, zeigt www.dw-world.de/reception.

Öffnungszeiten

Die Ladenschlussbestimmungen sind sehr liberal, Kernzeit Mo–Do 9–17.30, Fr 9–20, Sa 9–13 Uhr; Banken Mo–Fr 9–16.30 Uhr. In Touristenorten haben Geschäfte oft bis in den späten Abend geöffnet. Supermärkte halten 7 Tage die Woche meist bis 19 oder 20 Uhr, in größeren Orten auch bis 22 Uhr, in Großstädten sogar bis Mitternacht oder gleich rund um die Uhr geöffnet. Tankstellenkioske haben ebenfalls lange Öffnungszeiten und eine breite Warenpalette mit Grundnahrungsmitteln.

Rauchen

Rauchen ist in Neuseeland teuer – ca. 15 NZD für 20 Zigaretten – und drastisch reglementiert. In öffentlichen Gebäuden, Bussen, Flugzeugen und Zügen ist es grundsätzlich verboten, auf Schiffen findet man manchmal noch eine versteckte Raucherecke

Bei der Recherche für dieses Buch führte ich viele Gespräche, u. a. mit Mitarbeitern der deutschen Botschaft in Wellington, mit Reiseveranstaltern und der Polizei. Dabei war immer ein Thema: Wo haben Touristen am ehesten Probleme. Hier die **Ratschläge der Profis:**

Unterschätzen von Risiken: Neuseelands positives Image lässt Besucher nicht mit Kriminalität rechnen. Sie lassen ihr ganzes Hab und Gut im Fahrzeug, während sie zum Shopping oder Wandern gehen. Frauen trampen allein durch abgelegene Gebiete oder Touristen gehen nachts ohne Not durch Reviere von Jugendgangs. Alles Dinge, die man auch in Europa nicht macht.

Mehr Eigenverantwortung: Das aus Europa oder den USA gewohnte Sicherheitsnetz mit Warntafeln, Schutzzäunen und Leitplanken ist weitmaschiger, dies gilt auch für organisierte Aktivitäten: Unfälle sind selten, kommen aber vor. Todesursache bei Bergtouren sind meist Überschätzung der Leistungsfähigkeit sowie unzureichender Schutz gegen Kälte bei den häufigen Wetterstürzen. Die leichte Zugänglichkeit extremer Wandergebiete verleitet dazu, populäre Tracks gegen den Rat von Einheimischen zu laufen, weil der Reiseplan keine Verschiebung zulässt. Wo heute unter strahlend blauem Himmel eine dünne Bluse und blanke Beine reichen, verbirgt anderntags Nebel den Track und eisiger Wind jagt Graupelschauer über ungeschützte Passagen. ›Touristin auf Tongariro Crossing erfroren‹ lauten dann die Schlagzeilen.

Ein- und Ausreiseprobleme: Bei der Einreise sorgen Drogendelikte und Verstöße gegen Biosecurity-Bestimmungen (S. 69) für Ärger. Bei der Ausreise fallen *overstayer* auf, die länger als erlaubt im Lande waren: Sie können abreisen, müssen aber noch Jahre später bei einer erneuten Einreise mit Problemen rechnen. Wer den Pass verliert und via USA nach Hause reisen will, muss der Vertretung des Heimatlandes Zeit genug geben, einen maschinenlesbaren Ersatz zu erstellen, ohne den in den USA kein Umsteigen möglich ist.

Mobilfunkfalle: Da es in Neuseeland große Netzlücken in den Mobilfunknetzen gibt, erreichen Angehörige Ihre Lieben tagelang nicht und bedrängen dann Behörden und Botschaften, Suchaktionen einzuleiten. Deshalb sei hier eine Bitte weitergegeben: Melden Sie sich ›zu Hause‹ ab, wenn Sie zu längeren Wandertouren oder in Gegenden mit geringer Netzdeckung aufbrechen (S. 100).

irgendwo auf einem offenen Deck. In allen Lokalen und Unterkünften gilt die Regel, dass ein Raum, in dem Rauchen zulässig ist, drei offene Wände haben muss; oft stehen Raucher vor der Tür oder an Hinterausgängen. Andererseits ist ein Duty-free-Einkauf bei der Einreise weiterhin möglich.

Sprachschulen

Sprachunterricht ist ein boomender Wirtschaftszweig, zunehmend nutzen auch deutschsprachige Besucher die Angebote von weit über 100 Sprachschulen *(English Language Institutes)* im Land. Einige sind den Universitäten angegliedert, viele benutzen indes nur Namen, die nach Universität klingen – man sollte vorsichtig auswählen. Eine relativ objektive Übersicht und viele Infos – auch zu Visa-Fragen rund ums Lernen und Studieren: www.newzealandeducated.com (engl.).

Toiletten

An Sehenswürdigkeiten, am Start/Ziel von Wanderwegen sowie an Hütten und Camp-Sites in Nationalparks finden sich Toiletten, nicht alle in einladendem Zustand. Guten Standard bieten Restaurants, Cafés und Visitor Centres. Für Outdoor-Verrichtung gilt: 50 m Abstand zu Wasserläufen, Tracks und Hütten, mind. 15 cm tiefe Löcher, anschließend mit Aushub abdecken; wer viel im Gelände unterwegs ist, hat eine Gartenkelle oder Sandkastenschaufel im Gepäck.

Trinkgeld

Tip, wie es im Englischen heißt, ist nicht obligatorisch, hat sich aber eingebürgert. Ist man mit dem Service zufrieden, gibt man Restaurant- und Hotelpersonal, Taxifahrern sowie bei Rundfahrten Busfahrern und Guides Trinkgeld in der Größenordnung, wie man es in Europa gewohnt ist.

Dem Betreiber einer netten Unterkunft oder einem freundlichen Reiseleiter kann man über das Buchen von Ausflügen, Aktivitäten und Transportdienstleistungen einen Bonus zukommen lassen, in der Regel erhält er dafür nämlich eine kleine Provision.

Unartigkeit

Eine Unartigkeit ist das freie Campen in Nationalparks und auf erklärtermaßen für *overnight parking* gesperrten Plätzen. Es geht oft einher mit der Entsorgen von Müll, Altwassertanks und – noch schlimmer – chemischen Toiletten in freier Natur oder in die öffentliche Kanalisation statt in ausgewiesenen *dump stations.* Äußerst unsozial angesichts der Leistungen des DOC ist das Umgehen von Übernachtungsgebühren auf nicht ständig bewachten Campingplätzen bzw. in unbewirtschafteten Hütten. DOC Ranger dürfen erhöhte Übernachtungsgebühren von solchen ›Zechprellern‹ verlangen.

Zeitverschiebung

Neuseeland ist Europa 10–12 Std. voraus. Wenn in Berlin/Bern/Wien der neue Tag beginnt (0 Uhr) ist es in der Hauptreisezeit Ende Okt. bis Mitte März in Wellington 12 Uhr mittags, und Ende März bis Anfang Okt 10 Uhr, sowie 11 Uhr in den Übergangsphasen bedingt durch die unterschiedliche Umstellung auf Sommer- bzw. Winterzeit (Europa jeweils letzter So in März und Okt., Neuseeland erster So im Okt. und dritter im März). Die Chatham Islands (S. 296) hetzen dem Festland in einer Sonderzeitzone weitere 45 Minuten voraus: Berlin/Bern/Wien 0 Uhr = Chatham Islands 10.45, 11.45 oder 12.45 Uhr.

Was kostet der Spaß?

Der Durchschnittstourist gibt ohne Anreise ca. 122 NZD am Tag und etwa 2785 NZD für die ganze Reise aus – so die Statistik. Preise und Löhne liegen unter mitteleuropäischem Niveau. Für 30 NZD speist man in einem ordentlichen Mittelklasserestaurant, eine Flasche Wein dazu kostet etwa dasselbe. Aber aufgepasst: An wichtigen Feiertagen kassieren viele Restaurants 10–15 % Zuschlag!

Ein großes Bier liegt je nach Ambiente, Lage und Sorte bei 5–10 NZD, Espresso, Café Latte oder Cappuccino bei 3–7 NZD. Kleinigkeiten zum Lunch gibt's für ca. 10 NZD. Für ca. 2 NZD darf man in einen Stadtbus steigen. Für denselben Preis kann man mit einem Lockangebot aber auch schon von Auckland auf der Straße nach Wellington kommen – regulär würde es ca. 55–70 NZD kosten.

Aktivitäten sind im globalen Vergleich billig, aber die Masse machts. Bungee-Jumping, Rafting oder Flightseeing schlagen meist mit 100–260 NZD zu Buche, günstiger sind kurze Jet-Boot-Trips, teurer Fallschirmspringen oder eine Fahrt im Heißluftballon.

Der Wechselkurs verleitet gern zum schnellen Rechnen: 1 € = 2 NZD. Genau genommen schwankte der Kurs aber so, dass man im Jahr 2010 zwischen 1,73 und 2,10 NZD pro Euro bekam, im Durchschnitt 1,86 NZD (1 CHF = 1,24/1,40/1,33 NZD). Nach dem BigMac-Index 2009 von The Economist ist beim Preisvergleich des großen Burgers einer globalen Fast Food-Kette Neuseeland um ca. 45 % günstiger als die Euro-Zone.

Sparen mit ›Cards‹

Rabatte beim Fliegen, Busfahren, Mietauto, Übernachten, auf Exkursionen und manchmal sogar im Pub bekommt man u. a. auf Jugendherbergs- und Backpackerausweise (BBH, VIP, YHA, S. 79) oder auch auf die jeweiligen Mitgliedsausweise, die der Automobilclub AA Mitgliedern europäischer Partnerclubs (ACE, AvD usw.) ausstellt und auf die NewzealandCard, die jeder vor Reiseantritt online auf www.newzealandcard.com kaufen kann, bei Wohnsitz in Europa für 19 €.

Bargeldloser Zahlungsverkehr ›Eftpos‹ ist verbreitet. Kreditkarten wie Visa und MasterCard werden sogar für ein einzelnes Bier im Pub akzeptiert. Nur wenige Unternehmen verlangen Aufschläge bei Kreditkartenzahlung. Ausschließlich Bargeld wollen allenfalls einfache Unterkünfte und Lokale in entlegenen Regionen. Mit Kredit- und Maestro-Bankkarten (Ex-EC-Karte) lässt sich an Automaten Geld abheben, es gibt jedoch Regionen, wo weit und breit kein Automat zu finden ist. Informieren Sie sich vor Reiseantritt beim ausstellenden Institut über die Gebühren für Bargeldabhebungen. Euro-Reiseschecks und Bargeld tauscht man in Banken zu besseren Kursen als in Wechselstuben, die man an touristischen Brennpunkten findet. NZD sollte man nur in Neuseeland kaufen und verkaufen.

Sperr-Notruf für Bank-, Kredit- und Mobilfunk-Karten deutscher Kunden:

Tel. +49 116 116

oder +49 30 40 50 40 50.

Nicht alle Banken und Mobilfunkanbieter nehmen an diesem Service teil. Details: www.sperr-notruf.de.

Weitere Sperrnummern:

- MasterCard in NZ: Tel. [fc] 0800 446 140
- VISA in NZ: Tel. [fc] 0800 443 019
- American Express in NZ: [fc] 0800 656 660
- Diners Club in NZ: Tel. [fc] 0800 657 373

Bitte halten Sie Ihre Kreditkartennummer, Kontonummer und Bankleitzahl bereit!

Reisezeit und Reiseausrüstung

Klima und Reisezeit

Süden und Südwind stehen für Kälte, Norden und Nordwind für Wärme. Am besten reist man im Frühling von Norden nach Süden, gegen Ende der Saison mit dem aufkommenden Herbst in umgekehrter Richtung.

Neuseeland besitzt im Süden ein gemäßigtes, im Norden ein subtropisches Meeresklima mit geringen Temperaturschwankungen, nur Central Otago zeigt sich klimatisch kontinental mit heißen Sommern und kalten Wintern. Niederschläge sind aufgrund der vorherrschenden Windrichtungen im Westen deutlich höher als im Osten des Landes. Die Gebirgsketten bilden Wetterscheiden, so die Southern Alps auf der Südinsel. Zwischen dem Milford Sound mit rund 7000 mm Niederschlag im Jahr und Alexandra in Central Otago mit 350 mm liegen kaum mehr als 100 km Luftlinie. Auch Neuseeland erlebte zuletzt extreme Wetterlagen, aber regelmäßige Regen- oder Taifunzeiten gibt es nicht. Wetter im Web: www.metservice.co.nz

Der Jahresverlauf

Dezember bis Februar sind die wärmsten Monate. Im Norden ist der März Spätsommer, im Süden eher Frühherbst. Ab Anfang April zieht der Herbst übers Land. Ein buntes Kleid trägt er, wo importierte Pflanzen dominieren, so in Central Otago und an den Southern Lakes. Ab Juni folgt der Winter. August und September sind im sonst regnerischen Südwesten kalt, aber klar, ideal für Minikreuzfahrten im Fiordland (s. Tipp S. 424). August bis Oktober ist Lämmerzeit, dann sind Wanderungen auf Farmland eingeschränkt. Fallen in Europa die Blätter, hält der Frühling Einzug. Im November und Dezember zeigt sich die Bergflora in voller Blütenpracht, Ginster und Lupinen färben den Südwesten des Landes bunt. Um Weihnachten taucht die Pohutukawa-Blüte die Ostküsten der Nordinsel in leuchtendes Rot. Zu den Festtagen erreichen die Temperaturen wieder Spitzenwerte, zur Silvesterparty trifft man sich am Strand.

Touristisch spannt sich die Sommersaison vom Labour Weekend Ende Oktober bis Ostern, wenn viele Städter noch einen Kurzurlaub machen. Höhepunkt sind die Sommerferien von Mitte Dezember bis Waitangi Day am 6. Februar.

Kleidung und Ausrüstung

Formelle Kleidung wird selten erwartet. Leichte Kleidung reicht für den Sommer in den Küstenregionen der Nordinsel, ergänzt durch eine Windjacke, wärmere Sachen erfordert die Südinsel. An der West Coast gehört Regenzeug ins Gepäck. Thermokleidung ist für Bergtouren notwendig, Jeans und Baumwollbekleidung sind dort fehl am Platze. Einmal nass geworden, trocknen sie schlecht und fördern Unterkühlungen. Ausrüstung für Aktivitäten kann man vor Ort leihen, bei organisierten Touren bekommt man sie in der Regel gestellt.

Klimadaten Auckland

	J	F	M	A	M	J	J	A	S	O	N	D
Tagestemperaturen in °C	24	24	23	20	18	15	15	15	17	18	20	22
Nachttemperaturen in °C	16	17	16	13	11	9	8	9	10	11	13	15
Wassertemperaturen in °C	19	20	20	18	17	17	16	15	15	16	18	18
Sonnenstd./Tag	7	7	6	5	4	4	4	5	5	6	7	7
Regentage/Monat	8	8	9	11	14	15	15	15	12	12	11	9

Gesundheit und Sicherheit

Ärzte und Apotheken

Die medizinische Versorgung entspricht westeuropäischem Standard. Erste Anlaufstelle sind immer **Allgemeinärzte** *(general practitioners,* kurz GP), die zu üblichen Geschäftszeiten geöffnet haben. **Apotheken** firmieren als *pharmacy* oder als *chemist*. Einige Supermärkte verkaufen Standardmittel oder betreiben *pharmacies* als Shop-in-Shop. Viele Medikamente sind verschreibungspflichtig. Ist der Bedarf an einem Medikament absehbar, sollte ein internationales Rezept die Wirkstoffe eindeutig angeben.

Gefahren im Wasser

Der mit bloßem Auge nicht erkennbare Parasit Giardia kommt in ca. einem Viertel aller Wasserläufe vor. Von ihm verursachte Darm-Beschwerden können leicht kuriert, aber unbehandelt chronisch werden. Leiden Sie nach einem Neuseelandurlaub unter anhaltendem Durchfall, weisen Sie Ihren Arzt unbedingt auf einen möglichen ›Lamblien-Befall‹ hin. Prävention: Kein Wasser aus Bächen und Flüssen trinken, das nicht gekocht, gefiltert oder entkeimt wurde.

Neuseeländische Behörden warnen vor einer Amöben-Meningitis durch Einzeller, die in geothermisch erhitztem Wasser existieren können und durch Nase oder Ohren in den Körper dringen. Prävention: Kopf nicht unter Wasser halten.

UV-Strahlung

Ob das ›Ozonloch‹ allein Ursache für hohe Hautkrebsraten in Neuseeland und Australien ist, ist mittlerweile strittig: Vor allem sind europäische Einwanderer mit empfindlichem Hauttypus betroffen. Auf jeden Fall sollte man unbedeckte Hautpartien im Freien grundsätzlich mit mindestens Lichtschutzfaktor 20 schützen. Entsprechende Mittel gibt es in jedem Supermarkt oder beim *chemist*. Breitkrempige Hüte – ideal der australische Lederhut – schützen Gesicht und Nacken. Für Kinder gibt es spezielle Strandkleidung (S. 60). Achten Sie auch beim Kauf von Sonnenbrillen auf UV-Schutz.

Notruf landesweit für Polizei, Feuerwehr und Krankenwagen: 111

Versicherungen

Erfragen Sie vor Reiseantritt bei Ihrer Krankenkasse aktuelle Regeln für die Übernahme von Arzt-, Krankenhaus- und Rückführungskosten. Gesetzlich Versicherte sollten eine Auslandskrankenversicherung besitzen (oft in Ergänzungsversicherungen oder Kreditkarten-Paketen enthalten, sonst ab ca. 7,50 €/Jahr). Meist ist der Versicherungsschutz auf maximal 6 Wochen pro Auslandsaufenthalt beschränkt. Spezialtarife mit längerer Laufzeit kosten ca. 0,40–1,50 €/Tag.

Dringend zu empfehlen ist eine Unfallversicherung. Zwar gleicht in Neuseeland eine öffentliche Unfallkasse (ACC, Tel. [fc] 0800 101 996, www.acc.org.nz) auch bei Touristen Verdienstausfälle und Behandlungskosten aus, die durch Personenschäden bei Unfällen entstehen, die Leistungen sind jedoch vom Einzelfall abhängig und enden, sobald man das Land verlässt. Zudem ist dadurch eine zivilrechtliche Klagemöglichkeit gegen den Unfallverursacher eingeschränkt!

Beachten Sie bei allen Versicherungen, ob beabsichtigte Aktivitäten, insbesondere Extremsportarten, abgedeckt sind. Umfangreiche Informationen zu Versicherungen beim Reisen auf www.reiseversicherung.com, Tel. in D: 0 22 47-91 94-0.

Festnetz-Telefonie

Anrufe/Faxe von oder nach Neuseeland: Internationale Zugangsnummer (in Deutschland, Österreich und der Schweiz sowie in Neuseeland die 00 oder + auf dem Mobiltelefon), dann die Kennzahl des gewünschten Landes (D = 49, A = 43, CH = 41, NZ = 64). Anschließend die Teilnehmernummer, ggf. inklusive Orts- oder Regionalvorwahl, aber ohne die Anfangs-Null.

Auskunft:

Inland: 018 (ca. 0,60, von mobil 1 NZD), www.whitepages.co.nz.

Ausland: 0172 (ca. 1,70, von Mobil 1,95 NZD)

Anrufen in Neuseeland

Normale Festnetzanschlüsse *(landline)* haben zweistellige Regionalvorwahlen, z. B. 09 für den Großraum Auckland und das gesamte Northland oder 03 für die ganze Südinsel. Dazu kommt eine siebenstellige Teilnehmernummer. Die Regionalvorwahl kann nur bei Ortsgesprächen weggelassen werden, aber nicht zwischen zwei Orten desselben Vorwahlbezirks. So haben die beiden größten Städte der Südinsel Christchurch und Dunedin zwar dieselbe Vorwahl 03, will man von der einen in die andere Stadt telefonieren, muss man diese aber immer mitwählen, nur innerhalb der jeweiligen Stadt kann sie wegfallen. Diese Regel muss man auch bedenken, wenn man eine *prepaid phone card* mit einer *local-access*-Nummer nutzen will (s. u.).

Mit 02 beginnen die 9- bis 11-stelligen Mobiltelefonnummern, die immer komplett zu wählen sind. Ortsgespräche sind von privaten Festnetzanschlüssen kostenlos, von Münz- und Kartentelefonen wird eine Grundgebühr fällig. Kostenlose Rufnummern – in diesem Buch mit [fc] = *free call* gekennzeichnet – beginnen mit 0800 oder 0508 und sind oft Vanity-Nummern (z. B. 0800 DUMONT; die Buchstaben findet man neben den Ziffern wie bei Handys auf allen Telefonen Neuseelands). [fc]-Nummern sind nur innerhalb Neuseelands anwählbar.

Anrufen aus Neuseeland

Auslandsgespräche sind von jedem Telefon möglich. Zu welchem Preis, das ist ein unter Reisenden viel diskutiertes Thema. Weit günstiger als die normalen Tarife von ca. 1,30 NZD/Min. nach Mitteleuropa sind per Kreditkarte aufladbare *prepaid phone cards,* die man in Unterkünften, Kiosken oder Internet-Cafés kauft. Karten, die ca. 5–20 Ct./Min. für Gespräche in mitteleuropäische Fest- bzw 60–80 Ct./Min. in Mobilfunknetze berechnen, sind eine solide Wahl. Für jedes Gespräch ist ein auf der Karte angegebener Code einzutippen. Die Einwahl erfolgt am günstigsten über ein Ortsgespräch, *local access,* teurer über landesweite Rufnummern, *national access.* Wählt man sich von Münz- oder Kartentelefonen über Free-Call-Nummern ein, werden Zuschläge (ca. 35 Ct./Min.) vom Guthaben abzogen. Die spart man, wenn man mit Bargeld oder einer normalen Telefonkarte den *local access* des Anbieters als Ortsgespräch anwählt.

Gute *prepaid phone cards* wie Talk Plus erlauben innerneuseeländische Telefonate (landline ca. 3–5 Ct./Min, mobil ca. 40 Ct./ Min) und bieten Kurzwahl-Funktionen sowie eine Sprachmailbox. Besser für Dauertelefonierer sind Karten wie e-Phone, die nach (!) der ersten Minute eine Grundgebühr, aber sonst niedrigere Minutenpreise berechnen. Einige Anbieter locken mit Dumpingpreisen über *local-access*-Nummern in wenigen ausgewählten Städten, kassieren aber bei Telefonaten von anderen Orten kräftig. Wer lange in Neuseeland ist und oft nach Europa anruft, hat am besten mehrere Karten für unterschiedliche Situationen in der Tasche.

Einige Unterkünfte kassieren bei Anrufen vom Zimmer, auch wenn man kostenlose Einwahlnummern anruft. Andererseits stellen viele Backpacker *hostel phones* zur Verfügung, über die man ohne zusätzliche Kosten Prepaid-Karten nutzen kann.

Über private Festnetzanschlüsse stehen weitere Sonderangebote zur Verfügung (aktuell: www.telecom.co.nz): So telefoniert man mit der internationalen Zugangsnummer 0161 (statt 00) deutlich billiger. Außerdem gibt es Mo–Fr von 18–8 Uhr und das ganze Wochenende eine Flatrate von 10 NZD für ein Gespräch von bis zu 2 Std. nach Europa.

Mobil telefonieren

Europäische Mobiltelefone funktionieren problemlos. Das größte GSM- und UMTS-Netz betreibt Vodafone, daneben gibt es weitere UMTS-Netze. In unbewohnten Gebieten fehlt aber oft noch jede Netzdeckung (s. www.vodafone.co.nz/coverage).

Bei Nutzung einer europäischen SIM-Card entstehen Kosten bei ankommenden wie abgehenden Gesprächen. Erfragen Sie aktuelle Tarife bei Ihrem Provider. Bei Redaktionsschluss bot in Neuseeland nur Vodafone Deutschland im Rahmen seines ›Reiseversprechen‹ Sparmöglichkeiten (Tarif wie zu Hause plus 0,75 € pro Gespräch).

Eine bedingte Anrufweiterschaltung zur Sprachmailbox z. B. bei Nichterreichen oder Besetztzeichen kann Kostenfalle sein: Wenige Anbieter erlauben sie weltweit kostenlos, viele kassieren außerhalb der EU doppelt – sowohl für den eingehenden Anruf als auch für die ›Weiterleitung‹. Das Abhören der Mailbox ist immer gebührenpflichtig.

Vor Ort kosten Starterpacks von Vodafone NZ mit Prepaid SIM-Card ca. 30 NZD, Nachladen ist per Kreditkarte möglich. Mit Ihrer neuseeländischen Rufnummer haben Sie keine Kosten, wenn Sie angerufen werden, und telefonieren zu dortigen Tarifen (national ab 0,49 NZD/Min., 1,43 NZD nach Europa, nach D und CH Flatrate 2 NZD/60 Min.). Denken Sie daran, dass Sie, solange die neuseeländische SIM-Card in Ihr Mobiltelefon eingesetzt ist, unter Ihrer üblichen Nummer nicht erreichbar sind!

Internetzugang

Internetcafés (ca. 2–4 NZD/Std.), Internet-Terminals oder LAN/WLAN-Zugang in Unterkünften, Hot-Spots in Städten – Netz-Zugang gibt es überall, in ländlichen Regionen jedoch mit niedrigen Übertragungsraten. Nutzer von Smartphones oder PDA-Geräten können sich im Rahmen des DATA-Roaming in UMTS-Netze einloggen. Abhängig vom Haustarif können dabei erhebliche Kosten anfallen, die man vor Reiseantritt bei seinem Provider erfragen sollte. Neuseeländische Prepaid-Cards (s. o.) erlaubten bei Redaktionsschluss dieser Auflage die Nutzung des mobilen Internet für 1 NZD/Tag bei 10 MB Datenverkehr, außerdem gab es UMTS-Stick Starterpacks inkl. Modem, SIM Card und 2 GB Datentransfer für ca. 80 NZD, ›Nachladen‹ 1 Monat Nutzung mit 100 MB Transfer für 10 NZD (www.vodafone.co.nz).

Post

New Zealand Post betreibt Post-Shops meist als Kiosk in Supermärkten, Buchhandlungen oder Schreibwarenläden. Karten nach Europa kosten 1,90 NZD, normale Luftpostbriefe (International Air) je nach Größe von 2,40 NZD für *medium* (Standardbrief) bis 5,10 NZD für *oversize* (größer DIN A4, alle bis 200 g/1 cm dick). Im Normalfall sind Briefe in einer Woche in Europa. Souvenirshops und Unterkünfte verkaufen gern Briefmarken anderer Postdienste, insbesondere die bunten, sehr individuell gestalteten von Universal Mail, deren Briefkästen nicht so häufig zu finden sind und mit denen verschickte Karten erfahrungsgemäß erheblich länger unterwegs sind.

Kiwi-Slang

Mit normalen Englischkenntnissen sind Neuseeländer gut zu verstehen, doch überraschen einige Slang-Ausdrücke.

A&P Show	jährlicher Viehmarkt mit Volksfestcharakter
All Blacks	Neuseelands Rugby-Nationalmannschaft
awesome	schrill, atemberaubend
bach	Ferienhütte (Nordinsel)
block	Stück Land
bloke	Kerl
boaties	Bootsbesitzer
brekkie	Frühstück *(breakfast)*
bucks	Dollars/Knete
bush	Wald und alles was dicht und grün ist
b.y.o. (**b**ring **y**our **o**wn)	alkoholische Getränke können ins Lokal mitgebracht und – gegen Korkgeld – konsumiert werden
chillybin	Kühltasche
coaster	Leute von der West Coast
crib	Ferienhütte (Südinsel)
dairy	Tante-Emma-Laden, Büdchen
The Ditch	der Graben (Tasman Sea)
Gidday (G'day)	guten Tach auch
Godzone	Verkürzung des für Neuseeland benutzten Begriffs *Gods own Country*
good as gold	großartig, genau richtig
Good on ya!	Ausgezeichnet!
How's going?	Wie geht's?
-ie	Endung zur Personifizierung wie in boatie
jandals	Flip-Flops
jafa (**J**ust **A**nother **F**ucking **A**ucklander)	Aucklander aus der Sicht anderer Neuseeländer
jug	Bierkanne (zum Nachschenken)
kiwi	Nationalvogel; kurz für Kiwifruit; Selbstbezeichnung der Neuseeländer; neuseeländisch
kiwiana	typisch neuseeländisch
loo	WC/Toilette
loop	Rundtour
loopies	Touristen
mate	Typ, Kumpel, auch lockere Anrede
metal road	Schotterstraße
not bad	voll gut
no worries	keine Sorge, alles o.k.
NZ	sprich ›en-sed‹, Kurzform für Neuseeland
onya	Kurzform von good on you (s. o.)
ozzi	Australier
paddock	Weide
poms	Engländer, von **P**risoner **O**f **M**other England
pie cart	Imbisswagen
see ya	tschüs
she	statt ›it‹ in Floskeln wie ›She's a beaut day‹ (= it's a beautiful day)
station	Schaffarm
sunnies	Sonnenbrille *(sunglasses)*
tea	große, warme Abendmahlzeit
togs	Badezeug
tramp/tramping	Wanderung/Trekking, Wandern
wellies	Gummistiefel *(Wellingtons)*
WOF	entspricht dt. TÜV, von **W**arrant **O**f **F**itness
WWOOFer	Helfer für Kost und Logis, von **W**illing **Wo**rkers **O**n **O**rganic **F**arms
yachties	Segler
You ain't wrong!	Das ist genau richtig!

Maori-Sprache

Te Reo Maori ist zweite Amtssprache und muss in allen offiziellen Veröffentlichungen berücksichtigt werden. Maori wird eher wie Deutsch denn wie Englisch ausgesprochen. Die Umlaute *ae* und *ai* werden wie in *Mai*, *ao* und *au* wie in *Bau* gesprochen, das häufige *ea* wie in *Lea.* So hört sich die Silbe *tea* (= weiß) in Aotearoa ganz anders an als im englischen Tearoom. Abweichend der Doppellaut *Wh:* Er wird wie *F* ausgesprochen, z. B. in Whangarei. Orts- und Regionalnamen aus dem Maori beschreiben oft eine Örtlichkeit, oder haben Bezug zur Mythologie: z. B. Rotorua = *roto* (See) und *rua* (zwei), weil es der zweite See war, auf den sein Entdecker in der Legende stieß. Viele Begriffe aus dem Maori sind inzwischen in den allgemeinen Sprachgebrauch eingegangen, darunter sehr viele Namen endemischer Tiere und Pflanzen, so wie die Vögel Kiwi, Kea, Kakapo und Tui oder Bäume wie Kauri, Rimi, Pohutakawa.

Neuseeland und Landesteile

Aotearoa	Land der großen Weißen Wolke (Neuseeland)
Te Ika a Maui	Der Fisch von Maui (Nordinsel)
Te Waka a Maui	Das Kanu von Maui (Südinsel)
Te Wai Pounamu	Land der Jade (Südinsel)
Rakiura	Glühender Himmel etwa(Stewart Island)
Rekohu	Land unter dem Nebel (Chatham Island)

Wichtige Worte

ao	Wolke
atua	Geist, Gott
awa	Fluss
e noho ra	Verabschiedung vom Gehenden
haere mai	Begrüßung, Willkommen
haere ra	Verabschiedung vom Bleibenden
haka	Kriegstanz
hangi	im Erdofen gegarte Mahlzeit
hongi	Begrüßung durch kurzes Pressen – nicht Reiben – Nase an Nase
hui	Stammestreffen
iwi	Stamm
kai	Nahrung
kia ora	Hallo! Sei gegrüßt!
koha	Gastgeschenk
mana	Ehre, Aura, Kraft einer Person
maoritoanga	Maori-Sitten
marae	Gelände, auf dem das Versammlungshaus eines Stammes steht
maunga	Berg
moana	Meer
moko	traditionelle Tätowierung
motu	Insel
ngati	Stamm
one	Schlamm, Sand, Strand
pa	befestigtes Wehrdorf
pakeha	Fremder, heute allgemein für weiße Neuseeländer verwendet
puke	Hügel
puna	Quelle
tapu	heilig, tabu
tai	Meer, Küste, Tide
wai	Wasser
waka	Kanu
whanau	Großfamilie
whanga	Bucht, Meeresarm
whare	Haus
whare whakairo	des beschnitzte Versammlungshaus in einem Marae
whenua	Land

Rast am Milford Sound – eine der schönsten Aussichten Neuseelands

Unterwegs in Neuseeland

Blick vom Sky Tower auf Aucklands Hafenviertel

Kapitel 1

North Island – Auckland und der Norden

Der Moloch Auckland quillt über die schmalste Stelle der Nordinsel zwischen Pazifik und Tasman Sea, rund ein Drittel aller Neuseeländer leben auf diesem ›Hals‹. Die ›City of Sails‹, wie sich Auckland gern nennt, umgibt sich mit einer maritimen Welt im Hauraki Gulf, einige Suburbs haben das Flair von Badeorten.

Nach Norden streckt sich das immer schmaler zulaufende Northland in subtropische Regionen ohne echten Winter bis zum Cape Reinga: Rau und archaisch der Westen mit Jahrtausende alten Kauri-Baumriesen, geradezu lieblich der Osten mit Lifestyle-Refugien der Schönen und Reichen, im Mittelpunkt die Bay of Islands – Wassersportparadies und Geburtsstätte der Nation. Als zweiter Landfinger bohrt sich Coromandel Peninsula in den Pazifik mit zwei ganz unterschiedlichen Küstenlandschaften, getrennt durch eine zerklüftete Bergkette.

Auckland ist Neuseelands wichtigster Gateway. Vielen Besuchern reicht ein Tag in dem Stadtmoloch, will man ihn erleben, sind drei Nächte Minimum. Die Inseln im Hauraki Gulf erkundet man gut auf Tagesausflügen, nur Great Barrier braucht mehr. Zur Bay of Islands gibt's ab Auckland Tagestouren mit dem Bus, von dort andere bis Cape Reinga, Neuseelands Nordspitze. Unter drei Tagen lohnt das Northland aber kaum, Selbstfahrer planen besser fünf Nächte ein und für Coromandel mindestens eine an jeder Küste – nach oben gibt's keine Grenzen, wenn man Strandurlaub machen möchte.

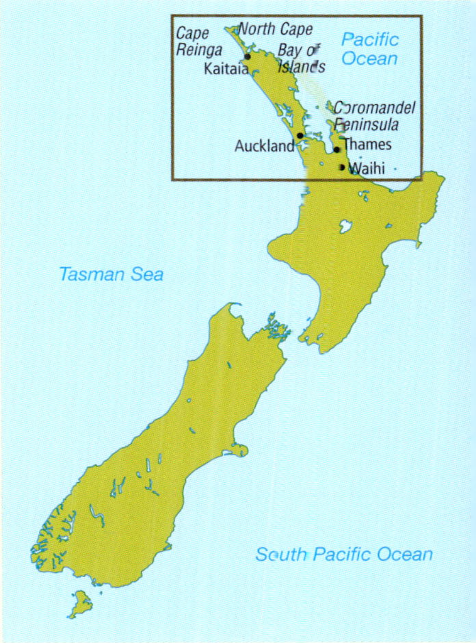

Auf einen Blick

North Island – Auckland und der Norden

Sehenswert

Marine Reserve Goat Island: Taucher- oder Schwimmbrille aufsetzen und ab zwischen die Fischschwärme – »Aquarium im Meer« trifft es (S. 131)!

1 **Hauraki Gulf:** Inselidyllen zwischen Wind und Wellen vor Auckland (S. 135).

Vögel auf Tiritiri Matangi: In dem frei zugänglichen Insel-Reservat sieht man Vögel in Freiheit, von denen nur noch wenige Hundert auf der Welt leben (S. 136).

2 **Kauri Coast:** Die Welt der Baumgiganten im Westen des Northland (S. 141).

3 **Bay of Islands:** Maritime Wunderwelt und Geburtsplatz der Nation (S. 152).

Hot Water Beach: Heißes Wasser quillt aus dem Sand und daneben schwappen die kühlen Wellen des Pazifiks ans Ufer (S. 174).

Schöne Routen

Zwei gut ausgeschilderte Themenrouten erschließen die Region:

Twin Coast Discovery Highway: bringt Sie ab Auckland je eine Strecke via West- und eine via Ostküste des Northland u. a. in die Kauri-Wälder (S. 144), zum Hokianga Harbour (S. 146) und in die geschichtsträchtige Bay of Islands (S. 152). Auf dem Weg von Kaitaia zum Nordende des SH1 lernt man den Ninety Mile Beach (S. 148) und das Cape Reinga (S. 148) kennen. Entfernung: Auckland–Cape Reinga mit beiden Küsten ca. 950 km.

Pacific Coast Highway: verbindet Auckland mit Napier. Der Abschnitt hier erschließt vor allem die Halbinsel Coromandel (ab S. 165) mit den Höhepunkten Cathedral Cove (S. 174) und Hot Water Beach (S. 173) und endet in der Goldstadt Waihi (S. 177) – 325 km ohne Abstecher.

Meine Tipps

Andere fahren lassen: Müde vom Flug um die halbe Welt, den Jetlag in den Knochen: Bevor ich da sofort einen Mietwagen nehme, mache ich zum Einstieg gerne eine Bustour und dafür ist das Northland ideal (S. 140).

Ninety Mile Beach im Blick: In meinem Lieblingszimmer in der Endless Summer Lodge in Ahipara bleibt der Vorhang immer auf, dann fällt morgens der erste Blick vom Bett aus auf den Ninety Mile Beach, der vor dem alten Kauri-Haus beginnt – bei jeder Neuseelandreise ist die Lodge für mich ein Muss (S. 150)!

Honig vom Feinsten: Für 500 g aktiven Manuka-Honig aus Neuseeland, den König der Honige dieser Welt, zahlt man in Deutschland bis zu 100 €, bei 309 Honey an der legendären 309-Road kostet das Glas ca. 25 NZD. Außerdem schmeckt er wunderbar und neben dem ›Hofladen‹ kann man den Bienen bei der Arbeit zusehen (S. 172).

aktiv unterwegs

Wandern über Aucklands Vulkane: Die 10-km-Wanderung durch verschiedene Stadt- und Naturlandschaften führt über die bekanntesten Vulkane des Auckland Vulcano Field. Ein Prequell und Sequell sorgen für Anschlüsse vom i-Site am Viaduct Harbour, in dem das Wasser des Pazifiks schwappt, bis ans Ufer des Manukau Harbour, einer Bucht der Tasman Sea – Coast to Coast Walkway heißt die ganze Strecke von 16 km Länge (S. 122).

Ein Tag in der Bay: Ob mit 1300 röhrenden Pferdestärken unter dem Sitz oder vom Wind getrieben – es gibt viele Optionen, die Bay of Islands zu erkunden (S. 153).

Auckland und Hauraki Gulf

Auckland, multikulturelle Metropole mit maritimer Seele. Das weltstädtische Zentrum greift nach den Wolken, umringt von lebendigen Vierteln und scheinbar unendlichen Wohngebieten. Erloschene Vulkane bieten guten Überblick. Vor den Toren der Stadt lädt der Hauraki Gulf auf seine Inseln. Im wilden Westen Urwald, raue Surfstrände und gute Weine. An der Ostküste kleine und große Badeorte als Alternative zur lauten City.

Rund um die schmalste Landenge der Nordinsel breitet sich Neuseelands größte und wirtschaftlich bedeutendste Stadtregion aus: Auckland, nicht Hauptstadt, aber Metropole Neuseelands. Nach der Statistik ist der eigentliche Stadt-Distrikt **City of Auckland** nicht einmal eine halbe Millionenstadt, rund 445 000 Menschen leben in diesem Teil des Molochs, der aber ist längst mit seinen Nachbarstädten, darunter die drittgrößte Stadt Neuseelands, **Manukau** mit gut 370 000 Einwohnern, und die viertgrößte, **North Shore** mit etwa 255 000, zu einer Agglomeration von weit über 1,3 Mio. Menschen zusammengewachsen. Auckland ist Menschenmagnet für Neuseeland (etwa ein Drittel aller Einwohner lebt im Großraum) und den ganzen Südpazifik. In Auckland leben mehr Pazifik-Insulaner als irgendwo sonst auf der Welt, zusammen mit Pakeha, Maori, Asiaten und Indern. Rund drei Dutzend Sprachen werden gesprochen, sagt die Stadtverwaltung, real dürften es noch ein paar mehr sein. Das bringt auch Probleme, viele entstehen aus dem Sozialgefälle zwischen einer reichen Oberschicht, vornehmlich europäischer und asiatischer Abstammung, und einer mehrheitlich polynesischen Unterschicht.

Die Metropolitain Area braucht Raum. Zwar schießen im Kern Aucklands die Hochhäuser in den Himmel, überragt vom 328 m hohen Sky Tower, aber in diesem Central Business District – kurz CBD – leben keine 20 000 Menschen. Steht man auf dem Sky Tower mit seiner 360°-Rundumsicht, erkennt man die Ausmaße der Stadt. Ein Meer flacher Häuser überschwemmt den Isthmus zwischen Tasman Sea und Pazifik.

Die Wohnviertel folgen den großen Verkehrssträngen, die, kaum sind sie gebaut, schon wieder überlastet sind. Während der Verkehr jeden Morgen Richtung City, abends zurück in die Vorstädte kollabiert (immer aktuell: www.trafficnz.info), nutzen mehr und mehr Pendler Fähren, um zur Arbeit in der Innenstadt zu gelangen. Park & Sail ist populär und die ›Ferry-feeder‹-Busse verbinden die Wohnviertel direkt mit den Fähranlegern, die Bootsanschluss zum CBD bieten.

Schließlich ist da noch ein Freizeit- und Wohngebiet, das von Auckland, der *City of Sails,* nicht wegzudenken ist: Der Hauraki Gulf (ab S. 135) eine Inselwelt mit Lifestyle-Perlen und Naturreservaten und ein Paradies für Segler, schon zweimal wurden hier die Regatten des America's Cup entschieden (S. 40).

Auckland – City of Sails

► L 5

Cityplan: S. 114; **Umgebungsplan:** S. 120

Die Tasman Sea und der Pazifik greifen von Westen und Osten jeweils mit einem Arm so weit ins Land, dass die Innenstadt fast zur Insel wird. Dass Auckland eine City of Sails, eine Stadt des Wassersports ist, verwundert also kaum. Aber nicht nur das Meer prägt das Stadtbild, auch die ehemaligen Vulkane. Viele waren in voreuropäischer Zeit Standorte von Maori-Wehrdörfern. Die Stammeskriege des 18. und frühen 19. Jh. hatten die Region indes weitgehend entvölkert, und so kamen die Pakeha unter Gouverneur Hobson 1849 billig an das Land, das sie wegen der zentralen Lage mit Zugang zu zwei Meeren dazu auserkoren hatten, Hauptstadt zu werden. Hobson benannte sie nach seinem militärischen Ziehvater Lord Auckland, seinerzeit Vizekönig von Indien. Zwar verlor Auckland 1865 aus polittaktischen Gründen – die durch Gold reiche Südinsel drohte mit Selbständigkeit, während die Nordinsel durch den Bürgerkrieg zwischen Pakeha und Maori gelähmt war – den Hauptstadtstatus an Wellington, aber das bremste das Wachstum kaum.

Ein Name ist mit der Gründerzeit untrennbar verbunden: John Logan Campbell (1817–1912). Wo immer man in der jungen Kolonie Geld machen konnte, er war dabei, und einige seiner Gründungen gehören bis heute zu den wichtigsten neuseeländischen Unternehmen, so die New Zealand Shipping Company oder die Bank of New Zealand. Campbell bewies indes auch soziale Verantwortung, gründete Stiftungen für wohltätige Zwecke, öffnete Teile seiner Ländereien für die Öffentlichkeit, ließ sich als Bürgermeister in die Pflicht nehmen und bemühte sich um einen Ausgleich zwischen Pakeha und Maori. Wohl deshalb erinnert an ihn der 21 m hohe Obelisk auf der Spitze des One Tree Hill (S. 122).

Die Maori, die in diesem Gebiet schon rund 500 Jahre gelebt hatten, bevor die Weißen ihre Stadt bauten, nannten den Isthmus zwischen den Meeren Tamaki Makau Rau. Ihr Auckland, ihre Geschichte der Stadt und ihre Legenden um den Ort sieht und hört man auf Stadtführungen, die Maori-Unternehmen anbieten (s. Kasten).

Auckland am Wasser

Vielleicht sollte man sich der City of Sails am Wasser nähern. Rund 13 km Ufer liegen zwischen Harbour Bridge und dem Aussichtspunkt Achilles Point am Ende der Eastern Bays. Die **Harbour Bridge** 1 ist trotz aller verkehrstechnischen Probleme ein Wahrzeichen der Stadt und erlaubt atemberaubende Ausblicke auf Hafen und Skyline. Dafür kann man sie beim **Auckland Bridge Climb** besteigen, an ausgewählten Tagen sogar nachts. Der, den es eher in die Tiefe zieht, darf sich gern beim **AJ Hackett Auckland Bridge Bungy** 1 hinunterstürzen, aber nicht von ganz oben, sondern nur etwa 40 m von einer Plattform unter den Fahrbahnen (Harbour Bridge Experience, Westhaven Reserve, Curran St/Herne Bay, Tel. 09-361 2000, www.ajhackett.com; Bridge Climb 1,5 Std.

Tipp: Auckland aus Maori-Sicht

Potiki Adventures: Tel. 09-845 5932, [fc] 0800 692 3836, www.potikiadventures.com. Auckland aus der Sicht der Maori mit kombinierten Fuß-/Bus-Touren durch die Stadt und an die raue Westküste (ca. 6 Std., 195 NZD).

Tamaki Hikoi: Tel. [fc] 0800 AUCKLAND, www.tamakihikoi.co.nz, tgl. Stadtwanderungen mit Guides aus dem örtlichen Tribe der Ngati Whatua u. a. vom Mt Eden zum Auckland Museum (S. 118), 95 NZD inkl. Erfrischung; Treffpunkt an den i-SITEs Quay St und SkyCity (s. Infos S. 121).

T.I.M.E. Unlimited Tours: Tel. 09-446 6677, [fc] 0800 868 463, www.newzealandtours.travel. Der Name ist Programm: T.I.M.E. steht für ›To Integrate Maori Experiences‹. Das auch international ausgezeichnete Angebot ist breit gefächert mit Stadtführungen, Wanderungen, Kajak- und Angel-Touren sowie Maori-Kulturerlebnissen – immer in Kleingruppen mit möglichst nicht mehr als sechs Personen. Die Touren kosten ca. 145 NZD/halber Tag, 245 NZD/ganzer Tag, 490 NZD/2-Tages-Tour (s. S. 128).

Aucklands Hafen vor der Skyline des Central Business District

120 NZD, Bungee 120 NZD beim Bungee zuschauen unter der Brücke 35 NZD).

Gleich unterhalb der Harbour Bridge wird Auckland dem Slogan ›City of Sails‹ gerecht, Westhaven Boat Harbour ist einer der großen Yachthäfen der Stadt. Das nächste Becken, der **Viaduct Harbour,** wurde für die Verteidigungen des America's Cup 2000 und 2003 aufgepeppt. Hier liegen Superyachten und sogar echte America's Cup Rennyachten, mit denen man im Golf segeln kann (s. Aktivitäten, S. 127). Umringt wird der Viaduct Harbour von Bars, Edelrestaurants und Cafés.

Im **New Zealand National Maritime Museum – Te Huiteanaui-A-Tangaroa** 2 auf dem Hobson Wharf dreht sich alles um die Fortbewegung auf und um das Leben am Wasser, angefangen bei den polynesischen Entdeckern bis hin zu den Hightech-Flitzern des America's Cup. Der Maori-Name des Museums (etwa ›Bewahrer der Schätze des Meeresgottes‹) unterstreicht, dass hier die seefahrerischen Traditionen der Polynesier gleichbereichtigt im Fokus stehen (Quay St, Hobson Wharf, Tel. 09-373 0800, www.maritimemuseum.co.nz, tgl. 9–17 Uhr, Erw. 16, mit Hafenrundfahrt 26 NZD, Familientickets).

Nebenan erlebte auch **Princes Wharf** ein Facelifting und setzt auf Lifestyle mit Cafés, Clubs und der Luxusherberge des **Auckland Hilton,** das wie ein Ozeanriese in den Hafen hineinragt (147 Quay St, Tel. 09-978 2000). Wenige Schritte weiter entstand 1912 das **Ferry Building** 3 im edwardianischen Stil. Hier speist man edel, bucht Ausflüge oder schaut dem Treiben an den Fähranlegern zu.

Vom Ferry Building führt der **Tamaki Drive** als Uferpromenade nach Osten zu Buchten und Badestränden bis zum hoch gelegenen Achilles Point. In den Vierteln hinter der Küste sind die Schönen und Reichen zu Hause. **Orakei** ist die teuerste Adresse, und an der **Mission Bay** zeigt sich Auckland als Badeort mit viel Gastronomie an der Promenade, et-

was dezenter St Heliers Bay. Größte touristische Attraktion am Ufer ist **Kelly Tarlton's Antarctic Encounter & Underwater World** **4** am Orakei Wharf. Profitaucher Kelly Tarlton wollte die faszinierende Unterwasserwelt all jenen zugänglich machen, die sie nicht live erleben können. Mittelpunkt ist ein überdimensionales Aquarium, das man in einem Gang aus Acrylglas in scheinbarer Tuchfühlung zu Haien, Rochen und anderen Meerestieren durchläuft. Außerdem kann man eine Antarktiswelt mit echten Pinguinen und mechanischem Killerwal erleben oder in der Stingray Bay Rochen streicheln. Der Zwang zu immer mehr Action macht auch vor dieser Institution nicht halt: Möchten Sie zu den Riesenrochen ins Becken steigen oder im Haibecken tauchen? (23 Tamaki Drive, Tel. [fc] 0800 80 50 50, www.kellytarltons.co.nz, tgl. 9.30–17.30 Uhr, Eintritt Erw. ca. 35 NZD, Planschen mit Rochen, Schnorcheln im Aquarium, Tauchen mit Haien ca. 70–100 NZD).

Mit dem Link Bus unterwegs

Abgesehen von Uferpromenaden und Parks, ist Auckland keine Stadt, die zu langen Erkundungen zu Fuß animiert. Die folgende Beschreibung der Viertel und Attraktionen folgt deshalb der Route des Link Bus vom zentralen **Britomart Transport Centre** gegen den Uhrzeigersinn durch und um die Innenstadt. Der 2003 eröffnete Nahverkehrsknotenpunkt **Britomart** bündelt am unteren Ende der Queen Street den öffentlichen Nahverkehr der Stadt: Bahnen rollen in eine futuristische Untergrundstation mit einem Glashaus als oberirdischem ›Foyer‹, durch das Tageslicht bis auf die Bahnsteige fällt. Stadt- und Regionalbusse halten rund um das Gebäude und die Fähren nur eine Fußgängerampel entfernt am Ferry Building. Nie steckte eine neuseeländische Stadt so viel Geld in eine Infrastrukturmaßnahme. Und sollten wieder die Baumaschinen dröhnen, dann hat vielleicht der nächste Bauabschnitt begonnen: Die Kapazität des derzeitigen Kopfbahnhofs ist auf 17 000 Passagiere pro Stunde begrenzt, Verkehrsplaner wollen sie auf 50 000 erhöhen, dafür müssen die S-Bahnen aber in beide Richtungen fahren können. Mittelpunkt des Britomart Transport Centre ist das ehemalige **Chief Post Office** **5**, die ab 1909 gebaute Hauptpost, wie das Ferry Building schräg gegenüber ein Prunkbau aus edwardianischer Zeit. Mit den sorgfältig restaurierten Oberlichtern soll die Haupthalle Assoziationen zum New Yorker Grand Central wecken.

Auckland CBD

Die Neugestaltung des **Queen Elizabeth Square** vor dem Britomart Transport Centre schuf eine annehmbare Verbindung ›City To Sea‹ zwischen dem aufgestylten Hafen und dem Shopping und Bankenviertel des CBD, des Central Business District, wie der Innenstadtbereich genannt wird.

Aucklands hektische Haupteinkaufsstraße **Queen Street** zieht sich vom Ferry Building bis zur Karangahape Road hinauf. Auf zwei Kilometern bietet sie Glashochhäuser neben charmanten Bauten aus der Zeit um 1900, zeigt repräsentative Abschnitte ebenso wie

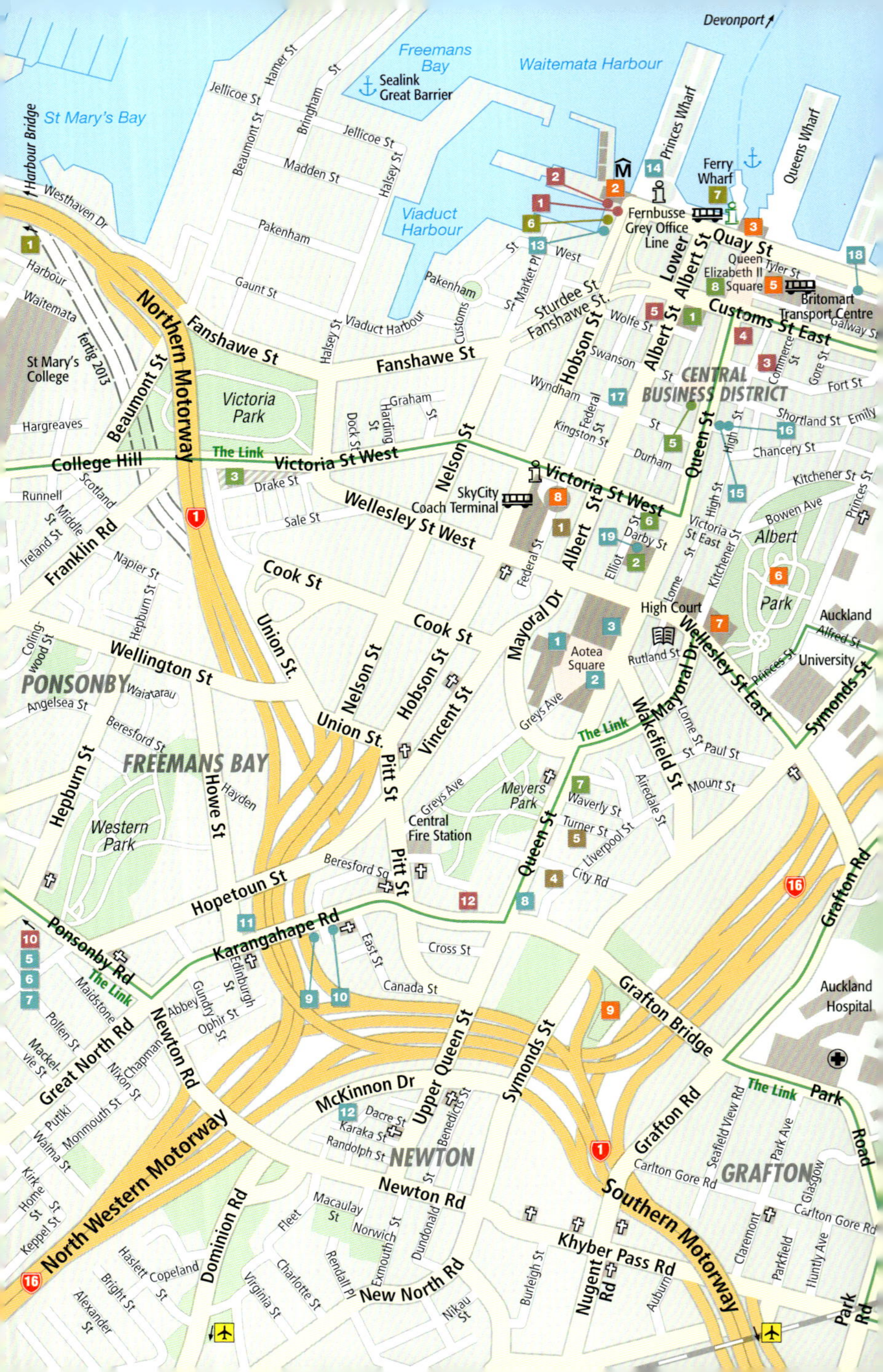

Devonport
Freemans Bay
Waitemata Harbour
Sealink Great Barrier
St Mary's Bay
Harbour Bridge
Westhaven Dr
Jellicoe St
Hamer St
Bringham St
Beaumont St
Madden St
Halsey St
Princes Wharf
Queens Wharf
Ferry Wharf
Viaduct Harbour
Pakenham
Gaunt St
Fernbusse
Grey Office Line
Quay St
Lower Albert St
Queen Elizabeth II Square
Tyler St
Britomart Transport Centre
Galway St
Harbour
Waitemata
fertig 2013
St Mary's College
Northern Motorway
Fanshawe St
Viaduct Harbour
Customs
Market Pl
West
Sturdee St
Fanshawe St.
Hobson St
Wolfe St
Albert St
Customs St East
Commerce St
Gore St
Fort St
Swanson St
Wyndham
Federal St
Kingston St
CENTRAL BUSINESS DISTRICT
Shortland St
Emily
High St
Chancery St
Durham
Queen St
Victoria Park
Graham St
Harding St
Dock St
Nelson St
Hargreaves
Beaumont St
College Hill
The Link
Victoria St West
Drake St
SkyCity Coach Terminal
Kitchener St
Princes St
Bowen Ave
Albert Park
Runnell
Scotland
Middle St
Ireland St
Franklin Rd
Sale St
Wellesley St West
Napier St
Hepburn St
Cook St
Darby St
Elliot
Victoria St East
Kitchener St
Lorne St
High Court
Auckland
Alfred St
University
Colingwood St
Wellington St
Union St.
Nelson St
Cook St
Hobson St
Mayoral Dr
Aotea Square
Rutland St
Wellesley St East
Princes St
Symonds St
PONSONBY
Waiatarau
Angelsea St
Beresford St
Vincent St
Union St.
Greys Ave
The Link
Mayoral Dr
Wakefield St
Lorne St
Paul St
Mount St
FREEMANS BAY
Hepburn St
Howe St
Hayden
Western Park
Pitt St
Greys Ave
Central Fire Station
Meyers Park
Waverly St
Turner St
Liverpool St
Airedale St
City Rd
Queen St
Grafton Rd
Beresford Sq
Pitt St
Hopetoun St
Karangahape Rd
Ponsonby Rd
The Link
Maidstone
Pollen St
Mackelvie St
Edinburgh St
Abbey
Gundry St
Ophir St
East St
Cross St
Canada St
Grafton Bridge
Auckland Hospital
Newton Rd
Great North Rd
Nixon St
Chapman
Putiki
Monmouth St
Waima St
Kirk St
Home St
Keppel St
McKinnon Dr
Upper Queen St
Symonds St
Dacre St
Karaka St
Benedicts St
Randolph St
NEWTON
The Link
Park Road
Grafton Rd
Seafield View Rd
Park Ave
Glasgow
Carlton Gore Rd
GRAFTON
Southern Motorway
North Western Motorway
Dominion Rd
Newton Rd
Macaulay St
Fleet
Norwich
Exmouth St
Dundonald St
Charlotte St
Rendall Pl
Haslett
Copeland St
Bright St
Alexander St
Virginia St
New North Rd
Nikau St
Burleigh St
Khyber Pass Rd
Nugent Rd
Auburn
Claremont
Parkfield
Huntly Ave
Carlton Gore Rd
Park Rd

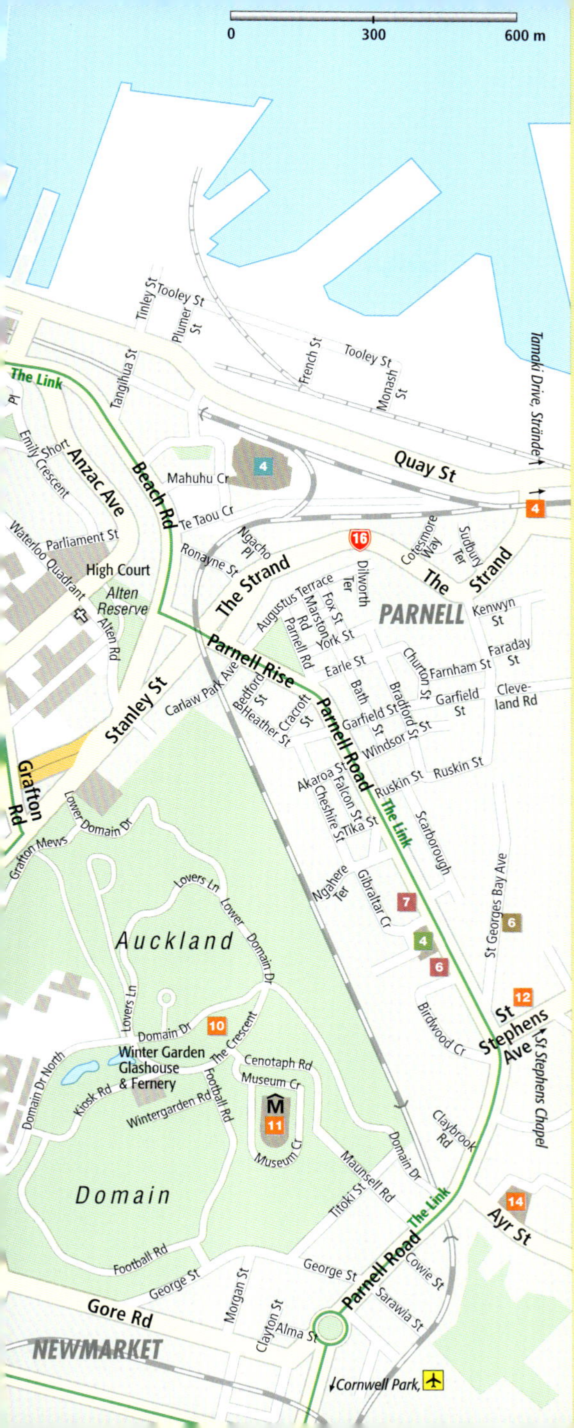

Auckland

Sehenswert

- 1 s. S. 121
- 2 New Zealand Maritime Museum
- 3 Ferry Building
- 4 s. S. 121
- 5 Chief Post Office (Britomart Transport Centre)
- 6 Albert Park
- 7 Auckland Art Gallery
- 8 SkyCity/Sky Tower
- 9 The Old Cemetery
- 10 Auckland Domain
- 11 Auckland Museum
- 12 Selwyn Court
- 13 s. S. 121
- 14 Ewelme Cottage
- 15 – 23 s. S. 121

Übernachten

- 1 SkyCity Hotel/SkyCity Grand Hotel
- 2 – 3 s. S. 121
- 4 Auckland City YHA
- 5 Auckland International YHA
- 6 City Garden Lodge
- 7 – 11 s. S. 121

Essen & Trinken

- 1 Kermadec Ocean Fresh Restaurant & Brasserie
- 2 Degree Gastrobar
- 3 White Lady
- 4 The Asian Food Court
- 5 Food Alley
- 6 Antoine's
- 7 Iguaçu
- 8 – 9 s. S. 121
- 10 Bolliwood
- 11 s. S. 121
- 12 Verona Café

Fortsetzung s. S. 116

Einkaufen

- 1 Old Customhouse
- 2 The Strand Arcade
- 3 Victoria Park Market
- 4 Parnell Village
- 5 Kathmandu
- 6 N.Z. Winemakers Centre
- 7 Real Groovy Auckland
- 8 The Warehouse Downtown Auckland
- 9 – 11 s. S. 121

Abends & Nachts

- 1 Aotea Centre
- 2 Town Hall
- 3 The Civic/IMAX-Kino
- 4 Vector Arena
- 5 – 7 s. S. 121
- 8 Khuja Lounge
- 9 Kamō
- 10 Finale Restaurant & Cabaret
- 11 The Thirsty Dog
- 12 Kings Arms Tavern
- 13 Viaduct Harbour Bars & Clubs
- 14 Lenin Bar
- 15 Occidental Belgian Beer Bar
- 16 O'Carrolls Irish Bar
- 17 Shakespeare Brewery & Hotelr
- 18 Northern Steamship Co Mac's Brewbar
- 19 Globe Bar

Aktiv

- 1 – 5 s. S. 121
- 6 Explore NZ Booking Kiosk
- 7 360 Discovery Anleger

laute und von Rotlicht beschienene. Sprachschulen und Büros mehr oder minder seriöser Bildungsinstitute findet man ebenso wie Banken, Versicherungen und ein paar Brand-Shops internationaler Modemarken. Populär sind Passagen und Arkaden: Edel-Boutiquen mit globalen Markenartikeln füllen das **Old Customhouse** 1, ein Verwaltungsgebäude aus der Kolonialzeit, wenige Schritte die Custom St West hinauf, und **The Strand Arcade** 2 (233 Queen St) wirft den Charme einer fast hundertjährigen Existenz in die Waagschale. Daneben gibt es aber auch Burgerbuden, Suhi Shops, Souvenirverramscher, Spielhallen, Internetcafés und Textil-Discounter. Die Queen Street ist weit davon entfernt, Prachtstraße zu sein. Und je näher am Hafen, desto mehr entwickelt sie sich zu Aucklands Chinatown. Manche Geschäfte werben nicht einmal mehr in Englisch, sondern gleich mit asiatischen Schriftzeichen.

Um den **Aotea Square** gruppiert sich der Event- und Entertainment-Komplex **The Edge** (Programm: www.the-edge.co.nz) für insgesamt mehr als 10 000 Besucher. Er beherbergt die wichtigsten Bühnen für Auckland, auf denen mit der New Zealand Opera (Programm: www.nzopera.com), dem Auckland Philharmonia Orchestra (www.apo.co.nz), dem Auckland Symphony Orchestra (www.aucklandsymphony.gen.nz) und dem New Zealand Symphony Orchestra (www.nzso.co.nz) alle bedeutenden Klangkörper der Stadt und des Landes regelmäßig auftreten. Mittelpunkt ist das **Aotea Centre** 1**,** ein modernistisches Kongress- und Kulturzentrum mit Konzerthalle und Theatersaal.

Neoklassizismus stand Pate für Fassade und Turm der **Town Hall** 2**:** Dort tagt der Rat der Stadt seit 1911, für ihren guten Ton sind aber eher die beiden Konzertsäle berühmt, besonders die dem Konzertsaal des alten Gewandhauses in Leipzig nachempfundene Great Hall. Das in plüschigstem Kolonialstil renovierte und 2000 mit großem Pomp wiedereröffnete **The Civic** 3 mit einer weiteren Bühne, die auch bei Filmfestivals gern genutzt wird, bildet nach Norden den Abschluss und eine architektonisch schaurige Symbiose mit einem futuristisch wirkenden Kino-Center, zu dem auch ein **IMAX-Kino** gehört.

Extravagante Boutiquen, kleine Cafés und anspruchsvolle Kunsthandwerk-Shops findet man statt an Queen Street eher in ihren Parallelstraßen zur Universität hin, wie **High Street** und **Lorne Street.** Über diese hinweg ist die grüne Lunge der City schnell erreicht, der **Albert Park** 6 mit modernen Skulpturen und verschnörkelten Statuen. Im Südwestzipfel des Parks präsentiert Neuseelands wichtigstes Kunstmuseum, die Mitte 2011 um einen großzügigen Neubau erweiterte **Auckland Art Gallery – Toi O Tamaki** 7, alle wichtigen Künstler, die Neuseeland hervorgebracht hat – bis hin zu ganz aktueller Gegenwartskunst. Da hängen Porträts und Alltagsszenen aus dem Leben der Maori, die der in Böhmen geborene Gottfried Lindauer (1839–1926) oder der Aucklander Charles Frederick Goldie (1840–1947) schufen, und natürlich ist Colin McCahon (1919–87) vertreten, der bedeutendste Künstler der Moderne und Vorreiter der abstrakten Malerei in Neuseeland, der in den 1950er-Jahren selbst im Museum arbeitete. (Ecke Wellesley St/Kitchener St, Tel. 09-379 1349, www.auckland artgallery.com, tgl. 10–17 Uhr, eigene Sammlungen gratis, kostenlose Führung tgl. 14 Uhr, Eintritt für Wechsel-Ausstellungen).

SkyCity – wo man tief fällt

Von der Queen Street nach Westen ist über die Victoria Street schnell die **SkyCity** 8 erreicht, Neuseelands größtes Mainstream Vergnügungszentrum, ein Las Vegas im Südpazifik. Neben zwei Hotels gibt es ein Theater, im Foyer ein i-SITE sowie über ein Dutzend Bars, Cafés und Restaurants (Reservierung für alle Tel. 09-363 6000, [fc] 0800 SKY CITY). Wenn man hier essen will, sollte man eines der Restaurants im Turm auf etwa 190 m Höhe wählen: Das **Drehrestaurant Orbit** serviert internationale Küche zu Preisen, die der Höhenlage angepasst sind (Lunch und Dinner, So Brunch 10–15 Uhr, Mindestverzehr von 30 NZD/Pers. ist Pflicht, dafür Lift und der Zugang zum Haupt-Aussichtsdeck inklusive). Noch etwas höher liegt das Seafood-Buffet-Restaurant **The Observatory** (12–14 Uhr 40, ab 17.30 Uhr 60 NZD). Magnet insbesondere für asiatische Besucher sind die rund um die Uhr geöffneten Spieltische und Spielautomaten.

Wahrzeichen des Vergnügungskomplexes wie der ganzen Stadt ist der **Sky Tower,** mit 328 m das höchste Bauwerk der südlichen Hemisphäre. Der Fernseh- und Aussichtsturm wirkt vor allem nachts in voller Bestrahlung spektakulär, die Farben wechseln immer mal wieder, meist mit symbolischer Wirkung, zum Beispiel blau, um das heimische Rugby-Team der Blues für ihre Spiele in der Super 14 aufzumuntern.

Der Turm hat es in sich: Zwei Restaurants, eine Cafeteria und zwei Aussichtsdecks, von denen der Blick bei guter Sicht rund 80 km in die Ferne schweifen oder durch den Glasboden in die Tiefe fallen kann (Ecke Victoria St/Federal St, Tower tgl. 8.30–22.30, Fr–Sa bis 23.30 Uhr, Aussichtsdecks 28 NZD; Familientickets). Wer auf 192 m frische Luft schnappen will, kann beim **SkyWalk** seine Höhentauglichkeit ohne Geländer testen. Den kontrollierten Absturz Richtung Erdboden erlaubt **SkyJump:** In weniger als einer halben Minute saust man 192 m in die Tiefe. Ein strapazierfähiges Sicherheitsseil garantiert, dass keiner ungewollt zwischen die Zuschauer auf den Bürgersteig platzt (www.skywalk.co.nz, www.skyjump.co.nz; Tel. beide [fc] 0800 SKY JUMP; Walk tgl. 10–16.30 alle 30 Min. 135 NZD; Jump 10–17.30 Uhr, 195 NZD; Combo SkyWalk und SkyJump 260 NZD).

Mit dem Sky Tower kann der alte Schornstein, der als Markenzeichen den **Victoria Park Market** 3 überragt, nicht konkurrieren. Der Ex-Betriebshof der städtischen Müllabfuhr, ein ansehnliches Stück Industriearchitektur aus der Zeit um 1900, ist zum Shoppingcenter umgestaltet worden, viel junge Mode, etwas Kunsthandwerk, aber leider auch viel Souvenir- und T-Shirt-Ramsch (Victoria St West, tgl. 9–17 Uhr).

Ponsonby – voll Szene

Vom Victoria Park Market nach Westen den College Hill hinauf erreicht man Ponsonby, ein Trendviertel, wobei das ›Viertel‹ auch die begehrten Wohnbezirke mit recht schönen Häusern aus viktorianischer Zeit einschließt, die angesagte Kneipen-, Café- und Restaurantszene beschränkt sich indes fast ausschließlich auf die Ponsonby Road, geballt am nördlichen Ende, nach Süden hin eher ›gekleckert‹. Neben der Gastronomie zeigen Boutiquen mit Kunstgewerbe und innovativer Mode, dass hier ein junges Publikum verkehrt. Insgesamt ist Ponsonby ungeschminkter, ehrlicher und multikultureller als das Lifestyle-Vorzeigeviertel Parnell.

Die **Karangahape Road,** bei den *locals* besser als K'Road bekannt, verbindet die

Ponsonby Road mit dem oberen Ende der Queen Street und ist eine der spannendsten Straßen der Metropole, vor allem in den Abendstunden. Etwas Schmuddelmeile mit Rotlicht, aber auch mit Shops, die die ethnische Vielfalt der Stadt widerspiegeln, angesagten Dance-Clubs und kleinen versteckten Multikulti-Restaurants (s. S. 125).

In der Verlängerung der K'Road nach Osten Richtung Auckland Domain überspannt die Talbrücke Grafton Bridge **The Old Cemetery** 9, Aucklands ältesten Friedhof mit den Gräbern der Stadtpioniere. Hier liegt u. a. der erste Gouverneur und Stadtgründer William Hobson. Pietätvoll gingen ihre Nachkommen mit ihnen nicht gerade um: Die Fahrbahn liegt an einigen Stellen direkt auf einigen Gräbern, Brückenpfeiler stehen in anderen.

Auckland Domain und Museum

Mitten aus dem Grün der **Auckland Domain** 10 ragt ein neoklassizistisches Gebäude mit Säulenportal auf, das **Auckland Museum** 11. Es ist auch als Auckland War Memorial Museum bekannt, denn unter seinem Dach gibt es eine pathosbeladene Gedenkstätte für die gefallenen Neuseeländer aller Kriege, in die das Land mit dem friedfertigen Image involviert war – und das waren im Laufe der Geschichte nicht wenige. Neuseeland ließ sich immer wieder in die Bündnis-Pflicht nehmen, von den Burenkriegen über beide Weltkriege bis Korea, Vietnam und Afghanistan.

Wichtiger als die Militaria sind für Besucher aus Europa Sammlungen zu Geschichte, Kultur und Kunst der Maori und anderer polynesischer Völker, darunter Höhepunkte der Schnitzkunst, etwa eines der prächtigsten Kriegskanus, das man im Lande überhaupt sehen kann. In der Maori-Abteilung des Museums ist zudem eine Maori-Kulturgruppe aktiv, die sich aus Mitgliedern der in und um Auckland traditionell ansässigen Ngati Whatua o Orakei rekrutiert. Sie demonstrieren mehrmals täglich Tänze und Riten und führen Besucher durch die Ausstellung über ihre Kultur. In der naturwissenschaftlichen Abteilung imponieren Moa-Skelette und Rekonstruktionen der Riesenvögel (Tel. 09-306 7067, www.aucklandmuseum.com, tgl. 10–17 Uhr, Spende ab 10 NZD wird erwartet, Maori-Aufführung tgl. 11, 12 und 13.30, Saison auch 14.30 Uhr, 35 NZD, Familienrabatt).

Parnell – voll gestylt

Das erste Viertel, das der City als Einkaufs- und Ausgehziel Konkurrenz machte, war Parnell. Die zentrale **Parnell Road** setzt dabei auf schicke, teure Shopping-Erlebnisse mit aufgestylten Cafés und edlen Restaurants – hier zahlt man immer ein paar Dollar mehr als in Ponsonby. Alles wirkt distinguierter, manches geradezu verkitscht wie **Parnell Village** 4, eine verwinkelte Ansammlung sorgfältig restaurierter Holzhäuser voll mit Shops und Boutiquen für Mode, Juwelen, Wellness und die gewisse Schönheit, die in Parnell gern gezeigt wird. Gut vertreten sind neuseeländische Modedesigner und Edel-Label.

In Parnell wohnten schon immer die etwas besseren Leute. Im auffälligen **Selwyn Court** 12 am Anfang der St Stephens Avenue residierte Mitte des 19. Jh. der erste anglikanische Bischof von Neuseeland, George August Selwyn (1809–78), Bauherr vieler neugotischer Kirchen. Kleinod seiner Zeit ist die **St Stephens Chapel** 13 von 1857, in der die Verfassung der anglikanischen Kirche Neuseelands unterzeichnet wurde; der umgebende Park und der Friedhof mit Gräbern aus der Pionierzeit sind eine Oase der Ruhe im wuseligen Auckland (Judge St, Stichstraße von St Stephens Ave.). In die bürgerlich-koloniale Welt des 19. Jh. taucht man im **Ewelme Cottage** 14 ein: 1864 gebaut und 1880 etwas erweitert, aber dann nicht mehr verändert (14 Ayre St, Mi–So 10.30–12/13–16.30 Uhr).

Auf der Grenze zwischen Parnell und dem CBD machte der Umzug der Bahn ins Zentrum Platz für die architektonisch extravagante Sport- und Eventhalle **Vector Arena** 4 mit Platz für 12 000 Menschen. Mit gut einem Jahr Verspätung im April 2007 eröffnet, unterstreicht ›The entertainment hub of the South Pacific‹ das Bemühen, Auckland weltstädtisches Flair zu geben. Dafür werden gar Vergleiche mit Londons Wembley Stadion

Adrenalinspritze: freier Fall vom Sky Tower

und New Yorks Madison Square Garden bemüht, obwohl das dann doch eine andere Liga ist (Programm: www.vectorarena.co.nz).

Attraktionen in den Suburbs

Im Südwestzipfel des **Cornwell Park,** der den **One Tree Hill** 15 (S. 122) umgibt, erlaubt Aucklands Observatorium **Stardome** 16 Einblicke in den südlichen Sternenhimmel (One Tree Hill Domain, Zufahrt von Manukau Rd, Tel. 09-624 1246, www.stardome.co.nz, Mo 9–17, Di–So 9/13–21.30 Uhr, wechselnde Programme u. Vorführungen ab 16 NZD, Familientickets). Im Stadtteil Western Springs (Abfahrt St Lukes Rd von North-Western-Motorway/SH16) ist das größte technische Museum des Landes zu Hause **MOTAT – Museum of Transport and Technology of New Zealand** 17. Es zeigt eine umfangreiche Luftfahrtabteilung – beeindruckend die Flugboote, mit denen die ersten Linienflüge nach Neuseeland durchgeführt wurden – und ein Experimentarium, in dem es viel zum Anfassen und Experimentieren gibt (805 Great North Rd, Tel. 09-846 0199, www.motat.org.nz, tgl. 10–17 Uhr, Erw. 14 NZD, Familientickets).

Eine Oldtimer-Straßenbahn pendelt zwischen MOTAT und dem nahen **Auckland Zoo** 18, in dem natürlich die Stars der neuseeländischen Fauna zu sehen sind, etwa Kiwis und die Brückenechse Tuatara (Motions Rd, Tel. 09-360 3800, www.aucklandzoo.co.nz, tgl. 9.30–17.30 Uhr, 20 NZD, Familientickets). MOTAT ebenso wie der Zoo haben umfangfangreiche Kinderanimation. Beide Institutionen sind in den **Western Springs Park** integriert, eine der großen Parkanlagen der Metropole, zu der auch das Western Springs Stadium gehört, das für Rugby und Speedway Veranstaltungen sowie für Stadionkonzerte mit bis zu 80 000 Besuchern genutzt wird. Stadion und Park sind an einem Wochenende in der ersten Märzhälfte Schauplatz des **Parsifika Festivals.** Mit regelmäßig über 200 000 Besuchern ist es nicht nur das größte Kulturfestival der Pazifik-Insulaner weltweit, sondern auch eines der größten Events Neuseelands. Das knallbunte Fest ist deshalb so populär, weil es neben Folklore die aktuellsten Kulturtrends der Pazifikregion auf die Bühnen lässt – Hula Hula trifft Hip Hop. Ein Muss, wenn man gerade in der Stadt ist!

Im Freilichtmuseum **Howick Historical Village** 19 am Rande des Lloyd Elsmore Park, eines großen Sport- und Freizeitgeländes in Pakuranga, ist ein Dorf aus der Mitte des 19. Jh. zusammengetragen worden mit Wohnhäusern, Hütten, Schule, Kirche und Gerichtsgebäude. Es sind rund 30 Originalgebäude aus vier Wehrsiedlungen, die Mitte des 19. Jh. wie eine Kette quer über die Landenge südlich von Auckland angelegt wurden, als Schutz der neuen Hauptstadt, nachdem sich abzeichnete, dass es bei den Maori der Waikato-Region gärte und mit Konflikten zu rechnen war. Für die Schutzdörfer wurden im Auftrage der Kolonialregierung ab Mitte der 1840er in England und Irland ehemalige Soldaten angeworben. Die mussten sich für sieben Jahre im paramilitärischen Royal New Zealand Fencible Corps verpflichten und bekamen für sich und ihre Familie die Passage nach Neuseeland, ein Heim und ein Stück Land zugesagt.

Im Museum bemüht man sich, neben den Gebäuden auch die Gärten im Stil der Kolonialzeit zu bewahren, sie erinnern sehr an die Herkunftsländer der ersten Siedler. In die bald

Auckland – Umgebung

Sehenswert

- 1 Harbour Bridge
- 2 – 3 s. S. 115
- 4 Kelly Tarlton's Antarctic Encounter & Underwater World
- 5 – 12 s. S. 115
- 13 St Stephens Chapel
- 14 s. S. 115
- 15 One Tree Hill (Maungakiekie)
- 16 Stardome
- 17 MOTAT (Museum of Transport and Technology of NZ)
- 18 Auckland Zoo
- 19 Howick Historical Village
- 20 Mt Eden (Maungawhau)
- 21 Naval Museum
- 22 North Head
- 23 Mt Victoria

Übernachten

- 1 s. S. 115
- 2 Bavaria Bed & Breakfast Hotel
- 3 Quality Hotel Barrycourt
- 4 – 5 s. S. 115
- 6 s. S. 115
- 7 Avondale Motor Park
- 8 Manukau Top 10 Holiday Park
- 9 Esplanade Hotel Devenport
- 10 Karin's Garden Villa
- 11 Takapuna Beach Holiday Park

Essen & Trinken

- 1 – 7 s. S. 115
- 8 GPK Ponsonby Road
- 9 The Ponsonby
- 10 s. S. 115
- 11 Café Cézanne
- 12 s. S. 115

Einkaufen

- 1 – 8 s. S. 116
- 9 The Warehouse Airport
- 10 Otara Fleamarket
- 11 Devonport Chocolates

Abends & Nachts

- 1 – 4 s. S. 116
- 5 Grand Central
- 6 Cosh Bar
- 7 The Crib
- 8 – 19 s. S. 116

Aktiv

- 1 AJ Hackett Auckland Bridge Bungy/Climb (Harbour Bridge)
- 2 Mission Bay
- 3 St Helier's Bay
- 4 Cheltenham Beach
- 5 Adventure Cycles
- 6 – 7 s. S. 116

ausbrechenden Maori-Landkriege wurden die Wehrdörfer aber nie verwickelt, die Kämpfe blieben weiter südlich (Bells Rd, Pakuranga, Howick, Tel. 09-576 9506, www.fencible.org.nz, ca. 22 km südl. der Innenstadt, Motorway South/SH1 bis Abfahrt Ellerslie/Panmure Highway, von dort über Stadtring 5 nach Osten, tgl. 10–17 Uhr, 14 NZD, Familientickets).

Infos

Auckland i-SITE Visitor Centre: Tel. 09-367 6009, [fc] 0800 AUCKLAND, www.aucklandnz.com. Büros mit Publikumsverkehr (Kernzeit tgl. 9–17 Uhr) im Foyer der SkyCity, Ecke Victoria St/Federel St, sowie auf Princes Wharf, 137 Quay St. Weitere i-SITEs auf dem Flughafen in der Ankunftshalle des International Terminal und im Air New Zealand Domestic Terminal.

DOC Visitor Centre Auckland: Im i-SITE Princes Wharf, 137 Quay St, Tel. 09-379 6476, aucklandvc@doc.govt.nz. Infos für Hauraki Gulf Region; Hütten-/Camping-Tickets landesweit, Mo–Fr 9–17, Saison auch Sa 10–15 Uhr.

Auckland City Ambassadors, erkennbar an den breitkrempigen Hüten und roten Hemden mit der Aufschrift Ambassador, sind tgl. von ca. 9–20 Uhr an touristischen Brennpunkten unterwegs, helfen Wege zu finden und beantworten bereitwillig die Fragen der Stadtbesucher.

Auckland Explorer Bus: Tel. [fc] 0800 439 756, www.explorerbus.co.nz. Tgl. 9–17 Uhr 1–2 x stdl. auf zwei Rundstrecken zu Sehenswürdigkeiten, u. a. Kelly Tarlton's, Auckland Museum, Parnell Village, Sky Tower, Mt Eden, MOTAT, Zoo. Mit einem 1- oder 2-Tage-Pass (35/55 NZD, Familientickets) kann man ein- und aussteigen, so oft man will.

Übernachten

Achtung Autofahrer: Unterkünfte im Zentrum haben selten Parkplätze, je preiswerter, desto weniger. Sind Hotelparkplätze vorhanden, wird für die Nutzung oft extra kassiert. Parken an der Straße ist teuer oder verboten.

aktiv unterwegs

Wandern über Aucklands Vulkane

Tour-Infos

Start–Stationen–Ziel: Albert Park – Auckland Domain – Mt. Eden – One Tree Hill
Länge/Gelände: 10 km, hügelig
Schwierigkeitsgrad: Einfach, innerstädtische Straßen, viele Grünanlagen
Transport: Die Buslinien 302, 304, 305 verbinden Start (Haltestelle Wellesley St) und Ziel (Haltestelle Manukau Rd) mit mehreren Abfahrten pro Std. in beide Richtungen.

Das Auckland Vulkanfeld gilt noch als aktiv, jedoch keiner seiner 50 Vulkane. Das Resultat des letzten und einzigen Ausbruchs, der stattfand, als schon Menschen in der Region lebten, sieht man im Laufe dieser Wanderung immer wieder vor der Stadt im Hauraki Gulf: Die Insel Rangitoto (S. 135) wuchs vor rund 600 Jahren aus dem Meer. Von den anderen Vulkanen sind etliche verschwunden, abgetragen und eingeebnet, um Platz für die Stadt zu schaffen. Dazu gehört der **Albert Park** 6 im Zentrum, eine Pausenoase für Banker, Büroangestellte, Verkäufer und Studenten gleichermaßen. Hier kann man sich schnell noch die bekannte Bronzeskulptur von Queen Victoria ansehen und dann die Wanderung durch Stadt und Natur starten. Sie fordert etwas Kondition, denn immerhin führt sie über Aucklands höchste Gipfel.

Am Campus der Universität vorbei über Albert St und Grafton Rd taucht man in die mit 75 ha größte, zentrumsnahe Grünanlage der Stadt ein, die **Auckland Domain** 10. Auch hier fällt es Laien schwer, den Vulkan zu entdecken: Hallo! Sie stehen mitten drin im Krater des Pukekawa Vulkans, der vor über 100 000 Jahren aktiv war. Die Auckland Domain ist ein Treffpunkt für Picknicks und Weihnachtsfeiern, Jogging-Runden und stundenlanges Cricket-Training von Vätern mit ihren Söhnen. Der Park ist zudem oft Schauplatz großer Open-Air-Konzerte, bei denen schon mal weit über 100 000 Besucher Schmankerln aus Klassik und Pop lauschen. Über Park Rd, Mountain Rd und Clive Rd läuft man anschließend auf den **Mount Eden** 20 zu, den die Maori **Maungawhau** nennen und dessen vulkanische Herkunft unverkennbar ist. Vor etwa 15 000 Jahren hatte er seine Eruption, die ihn mit 196 m zum höchsten natürlichen Punkt im Stadtgebiet machte. Die Aussicht ist grandios, vor allem nach Norden über das satte Grün der Kraterhänge auf die Skyline der City mit ihren Hochhäusern – mit der Aussichtsplattform des SkyTower ist man auf Augenhöhe. Im Hintergrund Devonport und die Inselwelt des Hauraki Gulf. Kaum anderswo auf der Welt zeigt sich eine Millionenstadt so schön wie aus dieser Perspektive.

Auf dem Berg selbst und in seinem etwa 50 m tiefen Krater sind Spuren eines alten Maori-Pa sichtbar. Dieser Wehrdörfer lassen ahnen, dass es schon in voreuropäischer Zeit nicht immer friedlich auf diesem Isthmus zuging, der mit seinen fruchtbaren Böden und Naturhäfen an zwei Meeren ein Siedlungsplatz war, der Begehrlichkeiten weckte. Noch größer als auf Mt Eden war das Pa auf dem 16 m kleineren **One Tree Hill – Maungakiekie** 15, dem letzten Ziel dieser Vulkantour. Archäologen glauben, dass sich auf dem Gipfel im Kriegsfall über 4000 Krieger verschan-

Internationaler Hotelstandard ► **SkyCity Hotel & SkyCity Grand Hotel** 1: Ecke Victoria und Federal St, Tel. [fc] 0800 SKY CITY, www.skycity.co.nz. Zwei Hotels im SkyCity-Komplex mit direktem Zugang zu den Casinos. Flexible Preise nach Marktlage, DZ inkl. Frühstück ab ca. 200 NZD in 4-, ab ca. 250 NZD in 5-Sterne-Zimmern.

Bajuwarische Gastfreundschaft ► **Bavaria Bed & Breakfast Hotel** 2: 83 Valley Rd,

zen konnten. Lange sorgten ein 21 m hoher Obelisk und ein einzelner Baum für ein markantes Profil. Der Obelisk wurde nach dem letzten Willen des hier begrabenen John Logan Campbell (S. 111) errichtet, um seine Hochachtung vor den Maori auszudrücken, und auch die im Jahr 2000 gefällte Kiefer pflanzte er noch eigenhändig. Campbell hatte dem One Tree Hill schon Mitte des 19. Jh. diesen Namen gegeben. Damals stand auf dem Gipfel ein uralter Totara-Baum, der für die Maori der Region tabu war. Nachdem Siedler den Baum 1876 dennoch gefällt hatten, bemühte Campbell sich um Ersatz und pflanzte drei heimische Bäume und zu deren Schutz fünf schnell wachsende Kiefern. Nur zwei dieser Kiefern trotzten den Bedingungen in der exponierten Gipfellage. Eine fiel in den 1970er-Jahren einer Maori-Protestwelle zum Opfer, die andere erlebte 1994 und 1999 zwei Kettensägen-Attentate von Maori-Aktivisten, weil sie ›an einen weißen Kolonialisten erinnerte‹, und war dann unrettbar. Seitdem ist der One Tree Hill oben ohne und heißt im Volksmund längst ›None Tree Hill‹. Geplant ist, eine kleine Gruppe heimischer Pohutukawa- und Totara-Bäume zu pflanzen, aber Ansprüche örtlichen Maori nach den Treaty of Waitangi-Gesetzen blockieren die ›Wideraufforstung‹. Die Stadt verkündet derweil, dass die Bäume schon von Stadtgärtnern gezogen werden, damit sie nach der Klärung des Falles gepflanzt werden können. Man merkt: Der One Tree Hill ist in Auckland ein hochbrisantes, politisches Thema.

Vom Berg herunter am Observatorium **Stardome** 16 vorbei findet man an der Ma-

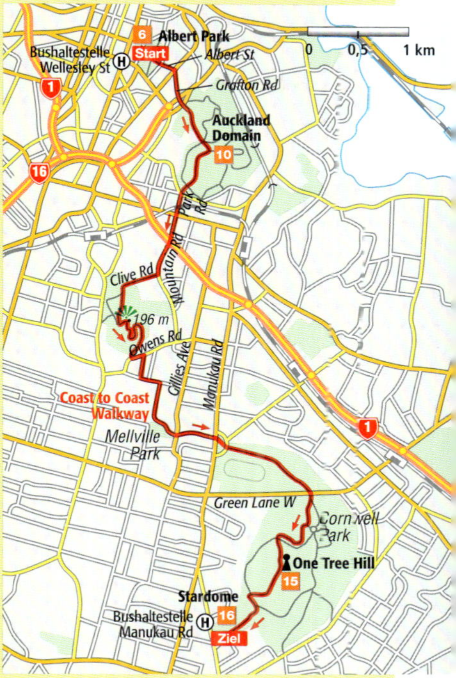

nakau Rd die Busse. Die hier vorgestellte Tour ist der attraktivste Teil des 16 km langen Coast to Coast Walkway vom Viaduct Harbour am Pazifikufer bis zum Onehunga Bay Reserve am Manukau Harbour auf der Tasman-Sea-Seite. Informationen dazu und zu weiteren Wanderungen in ›Walks of Auckland‹: Die Printversion gibt's in i-SITEs oder online von www.aucklandcity.govt.nz/whats on/places/walkways.

Mt Eden, Tel. 09-638 9641, www.bavariaband bhotel.co.nz. Villa-Pension mit großen Zimmern unter bayerischer Leitung. Ruhige, grüne Lage nahe Mt Eden, eigene Parkplätze, gute Busanbindung an die City, günstig zum Flughafen sogar in der Rushhour, da man auf der ›richtigen‹ Seite der Stadt ist. DZ mit Frühstücksbuffet ab ca. 150 NZD, auch Familienzimmer. Drei Gehminuten entfernt liegt ein kleines Zentrum mit Shops, Pubs und

Speisen mit Cityblick am Orakei Wharf

Restaurants. Rudi und Ulrike im Bavaria wissen, wo es am besten schmeckt.

Funktional und zentral ▶ **Quality Hotel Barrycourt** 3: 10–20 Gladstone Rd., Parnell, Tel. 09-303 3789, [fc] 0800 50 44 66, www.barrycourt.co.nz. Im Szeneviertel Parnell, günstig zur City und freies Parken am Haus. Hotelzimmer sowie Mini-Apartments mit ein oder zwei Schlafzimmern. DZ ohne Frühstück ab ca. 100 NZD.

Zwei Top-Backpacker ▶ **Auckland City YHA** 4: 18 Liverpool St, Tel. 09-309 2802; **Auckland International YHA** 5: 5 Turner St, Tel. 09-302 8200; beide online über www.yha.co.nz. Unter den großen Backpackern zählen die beiden YHA-Häuser zu den besten. Beide liegen an Querstraßen der oberen Queen St, haben viele Doppel- und Familienzimmer, gute Küchen, Aufenthaltsräume und Reisebüros im Haus, Bett ab ca. 24 NZD/Pers., DZ ohne Bad ab 80, mit Bad (nur International) ca. 105 NZD.

Königliche Vergangenheit ▶ **City Garden Lodge** 6: 25 St Georges Bay Rd, Parnell, Tel. 09-302 0880, www.citygardenlodge.co.nz. Nur Schritte von der hippen Parnell Road entfernt rangiert dieser Backpacker im BBH-Rating (S. 79) seit Bestehen unter den besten der Stadt. Nur 40 Betten in einer alten Villa, die schon mal der Königin von Tonga gehörte. Mehrbettzimmer ab 26 NZD/Pers., DZ ab 56–64 NZD.

Günstig zum Flughafen ▶ **Avondale Motor Park** 7: 46 Bollard Avenue, Avondale, Tel. 09-828 7228, [fc] 0800 100 542, www.aucklandmotorpark.co.nz. Kiwi Holiday Park ca. 8 km von der City und nah zu MOTAT und Zoo, Stellplätze ab 32 NZD, Hütten und Apartments 55–85 NZD.

10 Minuten vom Flughafen ▶ **Manukau Top 10 Holiday Park** 8: 902 Great South Road, Manukau, Tel. 09-266 8016, [fc] 0800 422 673, www.manukautop10.co.nz; etwa 25 km südl. der City. Die Lage ist nicht schön, der Platz aber recht grün und günstig zu Flughafen und Motorway South SH1, öffentlicher Nahverkehr in die Stadt. Stellplätze ab 40, Hütten ab 80, Apartments ab 100 NZD.

Essen & Trinken

Wer gern bummelt und sich zum Essen spontan nach Ambiente und Speisekarte entscheidet, macht das am besten auf der Ponsonby Road, am Viaduct Harbour oder an den Bays gleich hinter Aucklands Stränden. Fast alle Bars, Clubs und Pubs bieten ebenfalls etwas zu essen, auch die unter Abends & Nachts ab S. 126 genannten.

CBD und Hafen

Restaurants im SkyTower ▶ Orbit/The Observatory 8: S. 117.

Zwei edle im Fährterminal ▶ Im historischen **Ferry Building 3** bringen das **Cin Cin on Quay** (Tel. 09-307 6966, www.cincin.co.nz, HG ca. 30–40 NZD) mit gehobener europäisch-neuseeländischer Küche – probieren Sie mal die *Cin Cin Bouillabaisse* – und das Seafood-Restaurant **Harbourside** (1. Stock, Tel. 09-307 0486, www.harboursiderestaurant.co.nz, HG um 35, mit halbem Hummer ca. 110 NZD) kulinarische und optische Erlebnisse unter einen Hut, während man mit Blick auf Fähranleger und Hafen diniert.

All-in-one am Viaduct Harbour ▶ Kermadec Ocean Fresh Restaurant 1: Ecke Lower Hobson/Quay Street, Viaduct Harbour, 09-304 0454, www.kermadec.co.nz. Fisch dominiert im edel-modernistischen Restaurant (HG um 45 NZD). Fisch, aber auch ein gutes Steak gibt's in der mehr ›casual‹ gehaltenen **Brasserie** (Tel. 09-309 0413, HG ca. 30–40 NZD) und Kleinigkeiten wie Tapas, Fish & Chips oder Austern (ca. 20–28 NZD das halbe Dutzend) im **Tasting Room** auf Promenaden-Ebene. Fr und Sa Clubbing in der **Trench Bar** (ab ca. 21 Uhr).

Essen und abtanzen ▶ Degree Gastrobar 2: 04 Quay St, Viaduct Basin, Tel. 09-377 1200, www.degree.co.nz. Toll sitzt man auf der Terrasse zum Viaduct Harbour hin. Die Küche serviert edles Pub-Food mit Pizza, Burger, Fish & Chips usw., Spezialität ist auf heißer Lava Gegrilltes von der Weide und aus dem Meer – Lunch um 20 NZD, abends HG ca. 25–35 NZD. Fr/Sa ab 22 Uhr Clubbing.

Weiße Dame der Nacht ▶ The White Lady 3: www.whitelady.co.nz, Tel. 09-379 5803, Mo–Do 18–4, von Fr 18 bis So 0 Uhr permanent. Kaum ein Nachtschwärmer in Auckland, der an dem etliche Meter langen Imbiss-Wagen nicht schon einen späten Hunger gestillt hat – seit 1948 gibt's die mobile Burger-Bude. Baumaßnahmen erzwangen in den letzten Jahren mehrere Standortwechsel, zuletzt zur Commerce St/Ecke Fort Street. Schauen Sie sich um, die Weiße Dame ist eigentlich nicht zu übersehen. Für rund 15 NZD bekommt man schon einen gut belegten Edel-Burger.

Asiens Küchen ▶ Food Courts wie **The Asian Food Court 4** (48 Queen St), **East Asian Food Court 2** (233–237 Queen St., Untergeschoss Strand Arcade) und **Food Alley 5** (9 Albert St) sind Ansammlungen kleiner Essstände, die sich in großen Räumen um einen schmucklosen, mensaähnlichen Essbereich gruppieren. Sie bieten die ganze Vielfalt der asiatisch-indischen Küche zu Preisen auf Imbissbuden-Niveau. Hier kann man sparen und dabei Exotisches genießen.

Parnell

Traditionslokal des Fine dining ▶ Antoine's 6: 333 Parnell Rd, Tel. 09-379 8756, www.antoinesrestaurant.co.nz. In konservativem Ambiente wird seit rund 40 Jahren hohe Gourmet-Qualität mit französischem Akzent serviert. HG um 50 NZD.

Fusionküche in stylischem Ambiente ▶ Iguaçu 7: 269 Parnell Rd, Tel. 09-358 4804, www.iguacu.co.nz. In dem mehrfach ausgezeichneten In-Lokal liebäugelt die asiatisch-pazifische Küche mit der europäisch-mediterranen. HG ca. 30–40 NZD, Sa/So bis 15 Uhr populäres Brunch mit Feistigkeiten des English Breakfast wie Frühstückswürstchen oder *poached egg* mit *sauce hollandaise* auf Toast – das klassische Egg Benedict also.

Ponsonby und K'Road

Gourmet-Pizzas und viele Steaks ▶ GPK 8: 262 Ponsonby Rd, Tel. 09-360 1113, www.gpk.co.nz. Beim Kiwi-Publikum kommt das GPK generationsübergreifend gut an, HG meist um 25 NZD, Steaks vom neuseeländischen Wagyu-Rind das Doppelte.

Muscheln und belgisches Bier ▶ The Ponsonby 9: 1-3 St Mary's Road, Tel. 09-376 6092, www.theponsonby.co.nz. Das ›Belgian Beer Café‹ im alten Post Office von Ponsonby aus den 1920ern hat eine Handvoll belgischer Biere am Hahn, weitere in der Flasche, aber die glutfrischen Muscheln kommen aus Neuseeland (ca. 20 NZD).

Populärer Mainstream-Inder ▶ Bolliwood 10: 110 Ponsonby Road, Tel. 09-376 6477, www.bolliwood.co.nz. Indische Küche für die westliche Welt gemildert – kaum ein *starter* oder *main über* 20 NZD.

Vielseitige Multikulti-Küche ▶ Café Cézanne 11: 296 Ponsonby Rd, Tel. 09-376 3338. Seit Ende der 1980er ist das Cézanne vom Frühstück bis zum Dinner (HG meist unter 20 NZD) populär bei den *locals* und immer – auch am Abend noch – gut für Kaffee und Kuchen. Herrlich die Tische auf dem Trottoir mitten im Leben von Ponsonby.

Ikone der K'Road ▶ Verona Café 12: 169 Karangahape Road, Tel. 09-307 0508, www.verona.co.nz, vom späten Frühstück bis zum Dinner, HG um 25 NZD. Das Café ist eine Institution an der K'road, ein populärer Treff von Cliquen, bevor sie in die nahen Clubs und Bars weiterziehen. Die Küche definierte sich oft neu, meist pfiffig und innovativ. Die Plätze am offenen Fenster oder vor der Tür sind eine Muss für die Voyeure des Lebens in der authentischsten Straße der Stadt.

Einkaufen

Souvenirs gefällig? ▶ Je näher man auf der Queen Street dem Hafen kommt, desto zahlreicher die Souvenirshops unterer und mittlerer Preisklasse, edle Mitbringsel internationaler Mode- und Accessoire-Brands mit Duty-Free-Option (S. 90) gibt's um die Ecke im **Old Customhouse 1**, bunter hingegen der Shop-Mix in der **Strand Arcade 2** (beide S. 116). Während man im **Victoria Park Market 3** (S. 117) durch ein Sammelsurium von T-Shirt-Kitsch bis billigen Pazifik-Ethnografika stöbern kann, strahlen die Läden im **Parnell Village 4** (S. 118) viel Kiwi-Flair aus.

Outdoor-Utensilien ▶ Kathmandu 5: 151 Queen St, 1. Stock, Tel. 09-309 4615, www.kathmandu.co.nz, Mo–Do 9–18, Fr 9–19, Sa 10–17, So 10–16.30 Uhr. Große Filiale einer Kette, u. a. Kleidung, oft Sonderangebote.

Muss für Weinliebhaber ▶ N.Z. Winemakers Centre 6: Ecke Victoria St/ Elliot St, Tel. 09-379 5858, www.nzwc.co.nz. Größte Auswahl an neuseeländischen Weinen in der Stadt mit kompetenter Beratung. Auch Duty-Free-Lieferung zum Abflug (S. 90).

Vinyl, CD oder DVD ▶ Real Groovy Auckland 7: 438 Queen St, Tel. 09-302 3940, tgl. 9–19, Do/Fr –21 Uhr. Hier gibt es alles aus neuseeländischer Produktion auf Vinyl, CD oder DVD. Außerdem Tickets für Konzerte.

Ausstattung für die Camper-Tour ▶ The Warehouse Downtown Auckland 8: Ecke Custom & Albert Streets im Westfield Shopping Centre tgl. 8–20 oder **The Warehouse Airport 9**, John Goulter Drive tgl. 8.30–20 Uhr. Müssen noch billigste Haushaltswaren für eine Campingreise her, wird man bei diesem Discounter garantiert fündig und die Airport-Filiale liegt nahe der Depots vieler Auto- und Wohnmobil-Verleiher.

Polynesischer Markt ▶ Otara Fleamarket 10: Newbury Street, Otara (ca. 20 km südl. der City), Sa 7–12 Uhr. Aucklands bekanntester Flohmarkt mit polynesischem Flair findet auf dem Parkplatz einer Shopping Mall in Otara statt, nicht weit von SH1.

Abends & Nachts

Viele Locations sind klein, Türsteher und Schlangen vor der Tür keine Seltenheit. Live-Musik ist weit verbreitet.

Veranstaltungskalender: Gigs aller Kategorien tagesaktuell auf www.mukuna.co.nz oder www.muzic.net.nz/gigs. Mainstream-Veranstaltungen wie Klassikkonzerte oder Sport-Events listet www.aucklandcity.govt.nz/whatson/calendar auf. Auch der NZ Herald bringt aktuelle Kultur- und Sporttermine.

Tickets: Ticketek, Tel. 04-384 3840, [fc] 0800 TICKETEK, www.ticketek.co.nz mit Karten online oder in Agenturen wie **Real Groovy 7** (s. o) und **SKYCITY Theater 8**.

Party in Ponsonby ▶ DJs und Live Acts füllen regelmäßig Clubs und Bars, die sich entlang der **Ponsonby Road** reihen und auch zum Bummeln einladen wie das **Grand Central** 5 in Nr. 126, **Cosh Bar** 6 in Nr. 153 oder gleich nebenan **The Crib** 7 in Nr. 151.

Multikulti und ein bisschen schwul ▶ Auch entlang der K'Road gibt es neben ein bisschen Rotlichtmilieu etliche Dance- und Music Clubs. Die **Khuja Lounge** 8 ganz oben im Eckhauses K'Road/ Queen Street steuert dazu ein breites Musikprofil von Hip Hop bis Modern Jazz bei, mal von DJs aufgelegt, mal von Live Acts performed. Das **Kamō** 9 in Nr. 386 mit seinen Karaoke-Abenden am Samstag ist ein beliebter Gay-Treff und im **Finale Restaurant & Cabaret** 10 in Nr. 350 wirbeln Drag-Queens zur Dinner-Show über die Bühne (Do–Sa inkl. Bufett 65 NZD). Da wirkt **The Thirsty Dog** 11 in Nr. 469 eher wie ein ganz normaler Pub, hat aber auch ein buntes Wochenprogramm von Poetry bis Folk und Jazz.

Aucklands bester Rock-Pub ▶ Kings Arms Tavern 12: 59 France St, Newton, www.kingsarms.co.nz. Von der K'Road etwas weiter nach Newton hinein liegt Aucklands munterster Musik-Pub mit Live-Konzerten an 4–5 Tagen der Woche, oft mit lokalen Bands – und bevor einem die Ohren abfallen, kann man sich in den Biergarten setzen. Bei bekannteren Bands ca. 40–70 NZD Eintritt.

Meet the Kiwi-VIPs ▶ Wer es gern gestylt mag, trifft die Schönen, die Reichen und den ein oder anderen NZ-VIP an Wochenendnächten in der Party-Szene auf den Balkonen und in den Clubs am Ostufer des **Viaduct Harbour** 13 wie im **Degree** 2 (s. S. 125) oder auf der Princes Wharf in der **Lenin Bar** 14 mit ihrer Happy Hour jeden Tag von 16–19 Uhr. In dieser Ecke des Nachtlebens achten Türsteher besonders auf das Outfit!

Sehr europäisch ▶ ... und ganz casual beim Outfit zeigt sich das Publikum, das auf ein paar Bierchen in die Pubs der kleinen Vulcan Lane kommt, wie in die **Occidental Belgian Beer Bar** 15 in Nr. 6, in der es zu belgischem Bier abends große Muscheltöpfe und morgens sogar ein gutes Frühstück (Mo–Fr ab 7 Uhr) gibt oder in **O'Carrolls Irish Bar** 16 (10 Vulcan Lane) – in beiden oft Livemusik.

Very british ▶ In Aucklands ältester Microbrauerei **Shakespeare Brewery & Hotel** 17 (61 Albert St, Ecke Wyndam St) reichen die hausgebrauten Sorten vom Weißbier bis zum dunklen Stout. Wer davon beim ›Six Of The Best‹ sechs *handles* (ca. 1/2 Liter) schafft, bekommt das sogar urkundlich verbrieft. Als Grundlage gibt's ordentliches Barfood

Ein weiterer Treff für Bierliebhaber ist die **Northern Steamship Co Mac's Brewbar** 18 (Ecke Quay St / Gore St), der Pub einer Brauereimarke, die für moderne Designerbiere steht und in dem regelmäßig kleine Konzerte stattfinden; am Wochenende bitten DJs zum Tanz.

Extreme living 7 nights a week ▶ Globe Bar 19: 10 Darby St, Tel. 09-357 3980, www.globebar.co.nz. Ganz junge Traveller aus aller Welt knüpfen gern Kontakte in diesem Club unter einem großen City Backpacker mit allabendlichen Motto-Partys. Die Lage – im Keller – korrespondiert oft mit dem Niveau.

Tipp für Campervan-Mieter

Nach Ankunft und Fahrzeugübernahme schnell per Autobahn nach Norden (S. 130), z. B. nach Orewa, Strandspaziergang machen, ausschlafen und am nächsten Tag mit Bus oder Boot Auckland besuchen. Und am Tag darauf geht's garantiert ohne Harbour-Bridge-Stau Richtung Northland.

Aktiv

SkyJump 8: S. 117.

Die besten Strände ▶ Strände: Auf der City-Seite des Waitemata Harbour entlang Tamaki Drive die **Mission Bay** 2 und **St Helier's Bay** 3 und am Rande von Devonport zum Hauraki Gulf gewandt der **Cheltenham Beach** 4.

Fahrradverleih ▶ Adventure Cycles 5: 9 Premier Ave., Western Springs, Tel. 09-940 2453, [fc] 0800-BIKETOUR, www.adventure-auckland.co.nz; Räder für die Stadt (20 NZD/ 24 Std., 15 NZD/halber Tag) oder die große Neuseelandreise, auch Verkauf mit Buy-Back-Garantie (50 % garantiert bei max. 6 Mon.).

Tipp: Auckland auf Pass

Es gibt 1 oder 7 Tage gültige Zeitkarten für den öffentlichen Verkehr jeweils für 1 Person oder eine Familie, leider gelten aber nicht alle Pässe für alle Bahn-, Bus- und Fährunternehmen. In den meisten innerstädtischen Bussen, S-Bahnen und auf Fuller Fähren zu North Shore Anlegern (nicht aber zu den Inseln!) ist der **Auckland Discovery Pass** für 15 NZD/Tag gültig. Der **BusAboutPass** für 10 NZD/Pers. bzw. 25 NZD/Familie bis 6 Pers. gilt auf den meisten Bussen im Großraum Mo–Fr ab 9 Uhr, Sa/So ganztägig. Der **All Zones Weekly Pass** gilt auf den gleichen Bussen 7 volle Tage und kostet im Bus 50, in Agenturen 45 NZD. Alle Pässe bekommt man im Bus sowie bei MAXX-Agenturen z. B. im Britomart Transport Centre.

Aktiv auf dem Hauraki Gulf ► **Explore NZ** 6: Explore NZ Booking Kiosk, Viaduct Harbour, Tel. 09-359 5987, [fc] 0800 EXPLORE, www.explorenz.co.nz. Je nach Temperament kann man mit **NZL40 & NZL41,** zwei Yachten, die für den America's Cup 1995 gebaut wurden, über die Wellen jagen (ca. 2 Std. 150 NZD; Boot gegen Boot, 3 Std., ca. 200 NZD) oder etwas gemächlicher mit den größeren Booten von **The Pride of Auckland** (in der Regel mit einer Mahlzeit vom 2-Std.-Törn zur Kaffeezeit für ca. 70 NZD bis zur 2,5 Std.-Dinner Cruise für ca. 110 NZD). Explore NZ bietet mit einem Motor-Katamaran auch Touren zur Wal- und Delfinbeobachtung (4,5 Std. 150 NZD, Familientickets).

Hop-on-hop-off ► **360 Discovery Tours** 7: Tel. [fc] 0800 360 DISC, www.360discovery.co.nz. Neben Touren nach Tiritiri Maitangi (S. 136) und zur Coromandel Peninsula (S. 165) machen die Katamarane 3 x tgl. Hafenrundfahrten mit Stopps u. a. in Devonport, auf den Inseln Rangitoto und Motuihe sowie am Orakei Wharf nahe Kelly Tarltons 4. Das Ticket für 32 NZD erlaubt Stopps unterwegs.

Auckland hat auch Regenwald ► **Bush & Beach:** Man wundert sich, wie schön, wie archaisch, wie wild die Natur um Auckland ist, vor allem Richtung Westküste (S. 133) und einige Veranstalter haben sich darauf spezialisiert dies zu zeigen, wie **Bush & Beach:** Tel. 09-837 4130, www.bushandbeach.co.nz mit Exkursionen in den Urwald der Waitakere Ranges, zu den schwarzen Stränden und den Gannets von Muriwai ab ca. 130 NZD, auch Ganztagestour inkl. Flug nach Great Barrier Island ca. 575 NZD (Frühstück & Lunch inkl.). Ein ähnliches Programm, aber mit viel kleineren Gruppen, komfortablerem Fahrzeug, deutschsprachigen Guides und perfektem Picknick-Lunch bietet **T.I.M.E unlimited,** Tel. 09-446 6677, [fc] 0800 868 463, www.newzealandtours.travel (S. 111) auch indivduell angepasst an Flugzeiten am Anfang oder Ende einer Neuseelandreise ab/bis Flughafen ab 245 NZD ganzer Tag.

Termine

Pasifika Festival: März, gratis (S. 42).
Round the Bays: www.roundthebays.co.nz, bekannter Volkslauf Mitte März mit rund 70 000 Teilnehmern, 8,5 km von der City an den Eastern Bays bis St Heliers Bay.
Matariki Festival: www.matarikifestival.org.nz, das wiederbelebte Neujahrsfest der Maori (S. 42) wird auch in Auckland mit Festen und Kulturveranstaltungen gefeiert.
Auckland Marathon: www.aucklandmarathon.co.nz, Ende Okt./Anfang Nov.; ab Devonport über die Harbour Bridge in die City.
Christmas in the Park: www.christmasinthepark.co.nz, an einem Samstag um Nikolaus Gratiskonzert in Auckland Domain.

Verkehr

Ortsunkundige verwirrt beim **Autofahren** das Autobahndreieck von SH1 (Northern/Southern Motorway) und SH16 (North-Western Motorway) mit Ab- und Auffahrten für die Innenstadt, an dem seit Jahren gebastelt wird, ohne dass der Gordische Verkehrsknoten gelöst wurde. Eine Faustregel: Ist man auf der falschen Spur, gibt es kein Zurück, in vielen Fällen fehlt eine direkte Wiederauffahrt. Einen aktuellen Stadtplan, der den Verlauf der Spuren in dieser Kreuzung zeigt, sollte sich jeder

Selbstfahrer besorgen. ›The Official Guide Map Auckland‹, den die i-SITEs gegen ein geringes Entgelt bereithalten, hat sich als hilfreich erwiesen, ebenso die ›Auckland City Map‹ des AA (S. 57).

Bahn: TranzScenic Overlander (S. 76) nach Wellington ab Britomart Centre.

Bus landesweit: InterCity und Partner Fernbusse ab SkyCity Coach Terminal, 102 Hobson St. Nakedbus.com ab 172 Quay Street am Gray Line Office. **Backpacker-Busse** und **Tour-Busse** wie Great Sights (S. 58) sammeln ihre Fahrgäste an größeren Unterkünften ein. Die Betreiber kleinerer Häuser wissen meist, wo in der Nähe ein Abholpunkt ist.

Flug: Auckland International Airport (www.auckland-airport.co.nz) liegt ca. 23 km südlich der City. Der Jean Batten International Terminal und Domestic Terminal für Inlandflüge sind räumlich getrennt (S. 68). i-SITEs (s. o.) mit Zimmervermittlung, Banken und Mietwagenfirmen in beiden Terminals. **Fahrzeit** in die City ca. 45 Min., zur Rushhour 60+ Min.: George Bolt Memorial Drive/**SH20A** zum Motorway SH20 bis Abfahrt Queenstown Rd, dann Stadtring 12 bis Parnell (City) oder zum Motorway North/SH1 via Selwyn Rd, The Drive, Gillies Ave zur Auffahrt Gilles Ave. Nach Süden über Tom Pearce Dr/Puhinui Rd/**SH20B** zum SH20 und darauf zum Motorway South/SH1 (Auf-/Abfahrt Manukau). Die Wege **zum** Flughafen sind mit international üblichem Flugzeugsymbol ausgeschildert. **Air Bus** (www.airbus.co.nz) zwischen beiden Flughafenterminals und zahlreichen Stopps in der City, ca. 7–19.30 Uhr alle 15, sonst alle 30 Min., 16 NZD einfach, 23 NZD h/z. Taxi ca. 60–80 NZD. Shuttles (Bestellung www.supershuttle.co.nz, [fc] 0800-SHUTTLE) ab/bis City-Unterkünften 25–40 NZD, ab/bis Devonport ca. 50 NZD; je mehr Personen zusammen reisen, desto billiger.

Mietwagen: Viele Angebote in Touristenbroschüren sowie mit Flyern in i-SITEs und Unterkünften. Innerstädtisch mehrere Büros um Beach Rd und The Strand, darunter ACE und APEX (S. 71). Die meisten Anbieter sind zudem rund um den Flughafen vertreten.

Stadtverkehr: MAXX Regional Transport mit Bus, Bahn, Fähre, Info-Tel. 09-366 6400, www.maxx.co.nz. Ab Britomart Transport Centre **Busse** verschiedener Unternehmen sternförmig in die Suburbs. Auf Rundkursen durch die Stadt nur der kostenlose rote Bus von **City Circuit** (Britomat – Queen Street – Universität – Kunstmuseen – SkyTower – Queen Street – Britomart) und **The Link.** Kurzstrecken Innenstadt 0,50, sonst 1,70–10 NZD, Fahrten mit The Link immer 1,70 NZD, Zehnerkarten bringen Rabatt.

Fähren nach North Shore (u. a. Devonport, Birkenhead, Fishermans Wharf), in südliche Suburbs (Half Moon Bay) sowie zu Inseln im Hauraki Gulf ab Ferry Building, oder direkt westlich davon. Die meisten Fähren betreibt **Fullers** (Ferry Building, Tel. 09-367 9111, www.fullers.co.nz).

Taxis sind preiswert, u. a. Tel. 09-300 3000, an Taxiständen oder auf Handzeichen.

Devonport ►L 5

Umgebungsplan: S. 120

Wem es in der City zu hektisch ist, wechselt mit einer der Fähren auf die andere Seite des Waitemata Harbour. Das selbständige **North Shore** nördlich des Waitemata Harbour ist nach Einwohnern die viertgrößte Stadt im Land, mit eigenen Suburbs, die sich immer weiter nach Norden schieben. Es zählt zu den wirtschaftlich stärksten Gemeinden des Landes, das Durchschnittseinkommen seiner Einwohner zu den höchsten.

Wenn man mit der Fähre vom Ferry Building nach 12 Minuten am **Devonport Wharf** ankommt, merkt man von all dem wenig. Devonport hat das Flair eines mondänen Seebads. Mit Blick auf Aucklands Skyline am anderen Ufer ziehen sich rechts und links des Anlegers die Queens Parade und die ruhigere King Edward Parade am Waitemata Harbour entlang. Größere Strände wie **Chaltenham Beach** 5 liegen zum Hauraki Gulf hin. In den Wohnvierteln stehen noch viele Villen aus viktorianischer und edwardianischer Zeit, und im herausgeputzten Zentrum an der Victoria

Road ergänzen Cafés, kleine Lokale und Galerien sowie gut sortierte Buchläden und Antiquariate – Evergreen Books Nr. 15, Paradox Books Nr. 26, Devonport Vintage Bookshop Nr. 81 – das Bild. Dazu passen die handgemachten Pralinen von **Devonport Chocolates** 11, bei deren Herstellung man zusehen kann, ehe man sich im Shop mit den edlen Dickmachern eindeckt (17 Wynyard St, Tel. [fc] 0800 002 462, www.devonportchocolates.co.nz, Mo–Fr 9.30–17, Sa, So 10–16 Uhr).

Devonport blickt auf eine lange Geschichte als Marinestützpunkt zurück und mit Neuseelands Royal Navy befasst sich ausführlich das **Naval Museum** 21 (15 Spring St, tgl. 10–16.30 Uhr, Führungen in der Devonport Naval Base Sa, So 13 u. 14.30 Uhr). Der **North Head** 22, der im Osten wie eine Faust in die Einfahrt des Waitemata Harbour ragt, war lange Festung zum Schutz Aucklands vor potenziellen Invasoren – Russen und Japanern. Als Aussichtspunkt wird er jedoch vom **Mt Victoria** 23 gleich nördlich des Zentrums übertroffen – man sollte sich die Mühe machen hinauf zu gehen: so schön wie von hier ist Auckland sonst nirgendwo.

Weiter nach Norden locken wieder Strände am Hauraki Gulf, Takapuna Beach hat am meisten städtisches Flair mit etlichen Cafés, Long Bay ganz im Norden das meiste Grün im anschließenden Long Bay Regional Park.

Infos

Devonport i-SITE Visitor Centre: 3 Victoria Road, Devonport, North Shore, Tel. 09-446 0677, www.tourismnorthshore.org.nz.

Devonport Tours: Tel. 09-357 0550, www.devonporttours.co.nz. 10.25–15.25 Uhr jede Stunde abgestimmt auf Fährankünfte, ab Wharf einstündige Hop-on-Hop-off-Sightseeing Touren durch Devonport inkl. Strände und Aussichtspunkte, 30 NZD inkl. Fähre, auch mit Lunch.

Übernachten

Boutique-Hotel ► **Esplanade Hotel** 9: 1 Victoria Rd, Devonport, Tel. 09-445 1291, www.esplanadehotel.co.nz. Charmant, luxuriös, mit 100-jähriger Geschichte und Blick auf die Skyline von Auckland. Flexible Preise, DZ ab ca. 190 NZD.

Deutschsprachige Gastgeberin ► **Karin's Garden Villa** 10: 4 Sinclair St, Devonport, Tel. 09-445 8689, www.karinsvilla.com. Restaurierte Villa aus der Zeit um 1900, ruhig und strandnah. DZ 155–185 NZD, auch komplett eingerichtetes 3-Pers.-Gartenhaus.

Direkt am Meer ► **Takapuna Beach Holiday Park** 11: 22 The Promenade, Takapuna, North Shore, Tel. 09- 489 7909, www.takapunabeachholidaypark.co.nz. Auckland ist nah, Meer und Strand vor der Campertür. Stellplätze ab 35, Hütten ab 65 NZD.

Essen & Trinken

Beim Bummeln in Devonport ► Unter den Arkaden der Victoria St gibt es eine Reihe kleiner Cafés und Restaurants, schauen Sie, was Ihnen gefällt und wo gerade Platz ist. **The Esplanade Restaurant and Bar** im Esplande Hotel 9 (s. o.) ist etwas für die edlen, das **Mecca Esplanade** unter gleichem Dach eher für die ungezwungeneren Momente (HG um 30 NZD, tgl. ab 7 Uhr).

Verkehr

Fähre: Fullers, Tel. 09-367 9111, www.fullers.co.nz; Ferry Building–Devonport 2–4 x stdl. mind. 7.15–22 Uhr, Fr/Sa bis 1 Uhr, 10 NZD h/z. Abgestimmt auf Fähren sind **Linienbusse** in die nördlichen Bezirke von North Shore.

North Shore und die Küste bis Cape Rodney ► L 4/5

SH1 verlässt Auckland über die Harbour Bridge nach Norden. Als die Brücke 1959 fertig wurde, explodierte **North Shore** geradezu. Und obwohl japanische Ingenieure längst zwei Fahrspuren – Spitzname ›Nippons Clip-ons‹ – in jede Richtung angehängt haben, scheint sie jeden Tag erneut an die Kapazitätsgrenzen zu stoßen. Kaum ist die morgendliche Autoflut von der City aufgesogen, versetzt eine Mammutmaschine die Leitplanken, damit beim nachmittäglichen Rückfluss stadtauswärts mehr Fahrspuren zur Verfügung stehen. Mit solchen Optimierungen der Brückennutzung und durch Stärkung des öffentlichen Nahverkehrs wollen Verkehrsplaner noch einige Zeit ohne zweite Querung des Waitemata Harbour auskommen.

Aber gerade nach Norden wächst Auckland schnell weiter. Seit der Motorway North immer weiter ausgebaut wird, ist die **Hibiscus Coast** zum Außenbezirk der Metropole geworden. Schon an der Abfahrt Silverdale kann man auf den gut ausgebauten SH17 Richtung Küste wechseln. Hat man **Orewa** zum Standort, ist man außerhalb der Rushhour in 25 Min. mit dem Auto oder in etwa 60 Min. mit dem Bus im Zentrum von Auckland, hat aber 3 km herrlichen Sandstrand wenige Meter von den meisten Unterkünften entfernt.

In **Waiwera** ist das Thermal-Spaßbad mit seinen Wasserrutschen eine Attraktion für Kinder, die Eltern können derweil die Hot-Pools oder den Wellness-Bereich frequentieren (Tel. [fc] 0800 WAIWERA, www.waiwera.co.nz, So–Do 9–21, Fr/Sa –22 Uhr, Erw. 25 NZD, Familientickets, Wellness-Angebote extra).

Auch nach den nördlich anschließenden Küstenabschnitten **Kowhai Coast** und **Matakana Coast** um das Städtchen **Warkworth** streckt der Moloch Auckland bereits seine Immobilienklauen aus. Mit der Eröffnung der aufwendigen Autobahnverlängerung bis kurz vor Puhoi Anfang 2009 wurden die Fahrzeiten in diese Naherholungsgebiete deutlich verkürzt, einziger Wermutstropfen: der neue Abschnitt ist *tollroad* und kostet 2–4 NZD Maut (zu den Zahlungsmodalitäten S. 75).

Puhoi, wenige Kilometer neben SH1, ist Neuseelands böhmisches Dorf. 50 Familien aus Staab nahe Prag siedelten hier in den 1860ern und schufen sich eine Welt, die bis heute nostalgischen Charme bewahrt hat. Eine kleine katholischen Kirche von 1881 und das The Puhoi Bohemian Museum erinnern an die Böhmen (Sa, So und tgl. zwischen Weihnachten und Ostern 13–16 Uhr, 3 NZD). Wie ein Museum wirkt auch der Schankraum des Puhoi Hotel, bis unter die Decke vollgehängt mit allen möglichen Devotionalien – einfach mal reinschauen.

Im schmucken **Warkworth** zweigen Nebenstraßen zur Küste ab: Dort verkehren ab Sandspit Schiffe zu der dank Pflanzen- und Tierreichtum exotisch anmutenden Insel **Kawau Island.** Wichtigstes Anlaufziel ist das **Mansion House,** die repräsentative Privatvilla von Sir George Grey. Er prägte in der zweiten Hälfte des 19. Jh. als Gouverneur (1845–53 und 1861–68) und Premier (1877–79) die Politik der jungen Kolonie (Überfahrten S. 130).

Zwischen Warkworth und Cape Rodney entwickelt sich die **Matakana Coast** zum nächsten Livestyle-Refugium für Auckland. Am Wasser entstehen Villen, Ferienhäuser und Marinas. Weingüter sprießen aus dem

Tipp: Aquarium im Meer

Der schmale Sund zwischen Festland und dem Inselchen **Goat Island** am Cape Rodney, 25 km nordöstlich von Warkworth bildet das **Marine Reserve Goat Island,** ein Meeresreservat mit exorbitantem Fischreichtum, wahrlich ein ›Aquarium im Meer‹. Hier brauchen Anfänger nur eine Schnorchel-Ausrüstung, zur Not reicht sogar eine Schwimmbrille, und können von einem kleinen Strand in die Fischschwärme mit Snapper, Blue Cod und weiß ich was sonst noch für Schuppengetier hinein tauchen.

Ausrüstung kann vor Ort geliehen werden u. a. bei **Goat Island Dive** (142a Pakiri Road, Leigh, Tel. 09-422 6925, [fc] 0800 348 369, www.goatislanddive.co.nz), die auch PADI-Tauchkurse anbieten. Und wer nicht einmal nass werden will, schaut durch den Boden eines Glasrumpf-Bootes dem Unterwassertreiben zu (Tel. 09-422 6334 www.glassbottomboat.co.nz; ab 30 Min., 20 NZD, Familientickets!). Die Touren sind stark wetter- und wellenabhängig, also unbedingt Termin abfragen und am Tag selbst bestätigen lassen!

Boden, viele mit Café und Küche – eine Übersicht mit Öffnungszeiten auf www.matakana wine.com. Die besten Strände liegen in einem Regionalpark auf der Halbinsel **Tawharanui.**

Infos

Orewa i-SITE, 214a Hibiscus Coast Highway, Orewa, Tel. 09-426 0076, Kernzeit 10–16 Uhr, www.orewabeach.co.nz.
Warkworth i-SITE Visitor Centre: 1 Baxter St, Tel. 09-425 9081, www.warkworthnz.com.

Übernachten

Direkt am Strand ▶ Orewa Top Ten Holiday Park: 265 Hibiscus Coast Highway, Orewa, Tel. 09-426 5832, www.orewabeachholi daypark.co.nz. Manches wirkt streng geregelt, aber nahe einer Großstadt (35 km bis Auckland) muss das wohl so sein. Stellplätze ab 36 NZD, für 42 NZD gibt's einen direkt am Wasser, Hütten ab 55 NZD.
Nicht mehr weit bis Goat Island ▶ Whangateau Holiday Park: 559 Leigh Road, Whangateau, Tel. 09-422 6305, www.whanga teauholidaypark.co.nz. Kleinerer Platz an einem geschütztem Meeresarm an der Matakana Coast. Camperstellplätze ab 36 NZD, Hütten ab 48 NZD.
Und noch heiß baden ▶ Waiwera Thermal Spa Holiday Park & Motel: Main Road, Waiwera, Tel. 09-426 5270, www.waiwera.co.nz. Das Meer vor der Tür, das Thermalwasserspaßbad mit ermäßigtem Eintritt wenige Minuten entfernt; Stellplätze ab 30 NZD, Cabin ab 55 NZD. Auch Motel-Units (Tel. 09-427 8805) ab 95 NZD.
Das **i-SITE Warkworth** vermittelt an der aufstrebenden Region um Matakana bis Cape Rodney ungewöhnliche viele **B&B**.

Essen, Trinken & Abends

Rustikales Brauhaus ▶ The Leigh Sawmill Café: 142 Pakiri Rd, Leigh, Tel. 09-422 6019, Winter Fr–So, Hochsommer tgl. ab 10 Uhr bis in die Nacht. Rustikale Küche mit viel Fisch und Edel-Pizzen, dazu Biere aus eigenen Kesseln und lokale Weine. Viele Plätze im großen Gartenlokal und oft Livemusik mit Bombenstimmung.

Verkehr

Regelmäßig **Regionalbusse** ab allen Orten nach Auckland.
Fähre: 360 Discovery, Tel. [fc] 0800 360 DISC, www.360discovery.co.nz. Pendler-Fähre, morgens 2 x von Gulf Harbour Richtung Auckland Ferry Building, am späten Nachmittag 2 x von dort zurück, ca. 28 NZD h/z, gratis Parkplätze am Gulf Harbour. Exkursionen nach Tiritiri Maitangi (S. 136).
Reubens Cruises: Tel. 0800 111 616, www.reubens.co.nz. Bootsservice nach Kawau ab Sandspit im Sommer bis 6 x tgl. 47 NZD h/z. ›Royal Mail Run‹ tgl. 10.30 Uhr 65 NZD oder inkl. Lunch 87 NZD; Familientickets.

Westlich Aucklands ▶ K 5

SH16 in Aucklands westliche Viertel und Vorstädte zweigt als North Western Highway am Rand des CBD vom SH1 ab und ist Teil des Twin Coast Discovery Highway (S. 140). Über Helensville und am Ostufer des Kaipara Har-

bour entlang trifft diese Touristenroute bei Wellsford wieder auf SH1.

Die Waitakere Ranges und die Küste im Westen mit ihren wilden, schwarzen Stränden sind wohl etwas zu rau, um große Massen zum Wohnen zu locken, eher Kreative und Aussteiger. Für einen Schuss Lifestyle sorgen die Winzer um Henderson und Kumeu bis nach Waimauku hinauf. Hier liegt eine der traditionsreichsten Weinregionen Neuseelands. Die ersten Weinbauern waren Siedler aus Dalmatien, Namen wie ›Babich Wines‹, einer der größeren Produzenten im Land, zeigen diese Wurzeln. Viele Weingüter verkaufen direkt aus dem ›Keller‹, einige bieten daneben gepflegte Gastronomie. Das Anbaugebiet wird von dem harschen Klima der nur wenige Kilometer entfernten Tasman Sea durch die bis zu 450 m hohen Waitakere Ranges abgeschirmt, Resten einer uralten Kraterreihe.

Waitakere Ranges

Sofern man sich nicht im Chaos der Vororte verfährt, kann man von Downtown Auckland über Titirangi und den Scenic Drive in gut 30 Min. mit dem Auto im Regenwald sein, weitere 15 bis 20 Min. später an einem rauen Westküstenstrand stehen. Statt Häuser meer dichter Wald, in dem sogar einige Kauri-Fichten stehen, statt Highways schmale Straßen und Schotterpisten, die sich über die Hügel winden. Als Aucklands nächstgelegenes Trekkinggebiet ist der **Waitakere Ranges Centennial Memorial Park** höchst populär und bietet fast 250 km Wanderwege verschiedener Schwierigkeitsgrade. Das zugehörige **Arataki Park Visitor Centre** ist für seine traditionellen Maori-Schnitzereien berühmt, nebenan beginnt ein etwa 1,5 km langer Naturlehrpfad.

Piha und Karekare Beach

Jenseits der Hügel warten dann traumhafte Strände, eingerahmt von Klippen vulkanischen Ursprungs. Surfer finden gute Wellen, Schwimmer müssen wegen der starken Strömungen aufpassen, im Hochsommer sind Rettungsschwimmer im Einsatz. Man sollte

Surfer am Piha Beach

beim Strandspaziergang daran denken, dass der fast schwarze, eisenoxydhaltige Sand nach kurzer Zeit in praller Sonne richtig heiß werden kann, also unbedingt Schuhe mitnehmen. Der **Piha Beach,** vom Lion Rock geteilt, ist der größte Strand in diesem Küstenabschnitt, der Blick bei der Zufahrt von der hoch gelegenen Straße auf die Siedlung und die lange Bucht wirkt berauschend. Zum stilleren, aber wilder wirkenden **Karekare Beach** windet sich eine kleine Straße durch den Regenwald hinunter, Parkplätze sind am Zugang vorhanden. Filmliebhabern sollte der Karekare Beach bekannt vorkommen: Hier entstand die Anfangssequenz von Jane Campions ›The Piano‹ mit dem langsam vom steigenden Wasser eingeschlossenen Piano.

Basstölpelkolonie Muriwai

Einige Kilometer nördlich enden die Ausläufer der Waitakere Ranges abrupt am Meer mit den Klippen vor **Muriwai.** Hier lebten Basstölpel schon lange auf einer vorgelagerten Klippe. Die wachsende Population der eleganten Meeresvögel mit den spektakulären Flugmanövern – kontrollierter Absturz in Pfeilform aus großer Höhe ins Wasser – fand dort Mitte der 1980er aber nicht mehr genug Platz, seitdem nisten sie auch auf dem Festland direkt unter einer Beobachtungsplattform.

Die Buchten direkt unter den Vogelfelsen sind beliebte Surfer-Spots und von dem Felsenplateau an der Zufahrtsstraße wird gern geangelt. Aber Vorsicht: Bei starker Brandung kommt es immer wieder zu tragischen Unfällen, wenn Menschen von Wellen erfasst und ins Meer gerissen werden. Von Muriwai streckt sich ein einsamer und kaum zugänglicher Sandstrand vor Dünen und Wäldern fast 50 km nach Norden bis zur Mündung des **Kaipara Harbour.**

Helensville ist das südliche Tor zu diesem großen, von den Tiden abhängigen Haff und es ist Einkaufstadt für ein weites Umland. In **Parakai,** wenige Kilometer nordwestlich, werden heiße Quellen seit dem frühen 20. Jh. für Wellness-Zwecke genutzt. Kinder haben in den schnellen Wasserrutschen des Aquatic Park Spaß, andere relaxen lieber in seinen Hot- oder Spa-Pools (Parkhurst Rd, Tel. 09-420 8998, www.aquaticpark.co.nz, Erw. 16 NZD, Familientickets, auch Camping).

Infos

Arataki Visitor Centre: Scenic Drive (6 km westl. Titirangi), Waitakere Ranges, Tel. 09-817 0077, www.destination-waitakere.com.
Helensville Information Centre: 27 Commercial Rd, Tel. 09-420 8060, www.helensville.co.nz.

Übernachten

Romantisch im Regenwald ▶ **Auckland's Waitakere Estate:** 573 Scenic Dr, Waiatarua, Auckland, Tel. 09-814 9622, www.waitakereestate.co. nz. Hier baumeln die Seelen über den Rand der Großstadt hinaus. Mini-Appartements im Garten 170 NZD, Hotelzimmer mit Top-Aussicht je nach Saison 250–295 NZD, diverse Verwöhnpakete ab ca. 450 NZD. Auch Restaurant, abends HG um 35 NZD.

Essen & Trinken, Einkaufen

In den i-Büros der Region gibt's die Broschüre ›Winemakers of Auckland‹ mit Öffnungszeiten vom Direktverkauf der Weingüter inkl. Hinweise auf Gastronomie.
Geniale Aussicht ▶ **Elevation:** 473 Scenic Drive, Waiatarua, Licensed Café, Tel. 09-814 1919, www.elevationcafe.co.nz. Auf dem Weg Richtung Piha ist das Ausflugslokal auf einer Hügelkuppe kaum zu übersehen; nach hinten toller Ausblick auf die Skyline von Auckland, dazu hausgemachter Kuchen, Kleinigkeiten oder Pizzas ab ca. 16 NZD, abends HG ca. 20–35 NZD.
Die Königin der Nüsse ▶ **MacNut Farm:** 914 South Head Rd, Helensville (nördl. Richtung Shelly Beach), Tel. 09- 420 2501, www.macnut.co.nz, tgl. 10–16 Uhr, Café nur Mi–So. Macadamia-Nuss-Plantage mit Direktverkauf der Edelnüsse ganz natürlich, ganz süß mit Honig oder ganz scharf in Wasabi-Hülle. Auch Café.

Aktiv

Tolle Weine, grandiose Landschaft ▶ **Wine Tasting Tours:** Tel. 09-630 1540, www.wine

trailtours.co.nz. In erster Linie besucht man Weingüter in allen Anbaugebieten um Auckland, aber auch die Highlights der Waikatere Ranges und der Westküstenstrände kommen nicht zu kurz. Halb- oder Ganztagestouren ca. 110–250 NZD.

In eine unerschlossene Welt ► **Kaipara Cruises:** Tel. 09-420 8466. Die spannenden Bootsexkursionen mit vielen Kiwis und kaum Übersee-Touristen ab Shelly Beach an einsame Strände des Kaipara Harbour finden unregelmäßig statt, das Touristenbüro in Helensville kennt die Termine.

1 Hauraki Gulf

Silbriger Glanz am frühen Morgen, knallig klares Waldgrün und Meerestürkis am Tage, romantische Rosa- und Goldtöne zum Sonnenuntergang – einem Chamäleon gleich, bildet die maritime Welt des Hauraki Gulf ein sich ständig veränderndes Panorama für die Metropole. Knapp die Hälfte der über 100 Inseln, Inselchen und Schären vulkanischen Ursprungs stehen seit 1967 als **Hauraki Gulf Maritime Park** unter Naturschutz. Von eingeschleppten Schädlingen weitgehend frei, präsentiert sich auf den Eilanden eine faszinierende Vielfalt von Flora und Fauna. Darüber hinaus erlauben die Reste zahlreicher *Pa* aus voreuropäischer Zeit sowie Befestigungen aus den Weltkriegen Einblicke in Neuseelands Geschichte. Die hat hier eine deutsche Fußnote: Felix Graf von Luckner, der als ›Seeteufel‹ legendäre, aber wegen pädophiler Neigungen heute umstrittene Kaperkapitän der kaiserlichen Marine, war im Ersten Weltkrieg auf Motuihe Island interniert.

Die exklusivste Naturperle des Hauraki Gulf ist **Little Barrier Island.** Hier konnte Regenwald ohne Fremdeinflüsse überleben, ein einzigartiges Refugium seltener Vögel, Insekten und Pflanzen; das DOC beschränkt Besuche rigoros. Zugänglich ist hingegen **Tiritiri Matangi Island** (S. 136), das als *open sanctuary* firmiert.

Beim Blick auf den Gulf fällt immer eine Insel auf, weil sie wie aus dem Lehrbuch der Vulkankunde ausgeschnitten am Horizont klebt: **Rangitoto** stieg vor gut 600 Jahren aus dem Meer. Ein Fußmarsch oder die Fahrt mit dem Treckerzug Summit Train auf den 259 m hohen Gipfel sind populär wegen der Aussicht auf Auckland und die umliegenden Inseln. Botaniker haben ihre Freude, denn die nährstoff- und wasserarmen Lavaböden provozieren die Natur zu ungewöhnlichen Lösungen: Epiphyten wachsen statt auf Astgabeln hoher Bäume auf dem Boden, alpine Pflanzen gedeihen auf Meereshöhe, und Mangroven stehen statt im Schlick auf Lavablöcken. Um den Jahreswechsel legt Rangitoto ein Festtagskleid an, wenn Tausende von Pohutukawa-Bäumen die Insel erröten lassen.

Infos

Für alle Inseln ist das **DOC – Auckland Regional Parks Information Centre** zuständig, das sich das Dach mit dem **Auckland Visitor Center** auf Princes Wharf, 137 Quay St, teilt, wenige Meter von den Fähranlegern am Ferry Building entfernt.

Aktiv

Exkursionen nach Rangitoto Island ► **Fullers,** Tel. 09-367 9111, www.fullers.co.nz, ab Ferry Building bis 3 x tgl. 26 NZD h/z inkl. Treckerbus-Tour auf den Gipfel 58 NZD, Familientickets. Auch 360 Discovery Tours laufen Rangitoto an (S. 128).

Waiheke Island ► L 5

Waiheke Island ist die zweitgrößte, aber am dichtesten besiedelte Insel im Hauraki Gulf. Rund 8000 Menschen leben hier ganzjährig, etwa jeder Fünfte von ihnen nimmt morgens für den Weg zur Arbeit die Schnellfähre nach Auckland, 35 Min. dauert der Wellenritt. Trotzdem besitzt Waiheke Charme und innere Ruhe, aber auch Eigensinnigkeiten einer Insel. Allenfalls die Immobilienpreise geben Anlass für hohen Blutdruck. Objekte auf den Landspitzen zwischen den Buchten im Norden mit Blick auf Meer und Strand sind Millionen von Dollar wert.

Über 40 Weingüter und eine Mikrobrauerei, dazu Künstler und Kunsthandwerker an

Tipp: Seltene Vögel auf Tiritiri Matangi

Tiritiri Matangi (► A 4) liegt nur einen Katzensprung vor der Küste von Northland. Schon in präkolonialer Zeit bauten Maori hier Süßkartoffeln an, später nutzten Pakeha das Eiland als Weide. Nach Übernahme der Insel durch das DOC begann Mitte der 1980er ein großes Renaturierungsprogramm. Ratten, Marder, Possums und andere Schädlinge wurden beseitigt, Freiwillige setzten annähernd 300 000 heimische Bäume und Büsche in den Boden. Nach und nach wurden dann endemische, vom Aussterben bedrohte Vogelarten aus allen Teilen des Landes hier angesiedelt, rund drei Dutzend brüten inzwischen. 2003 wurde zudem die Brückenechse Tuatara ausgewildert. Anders als die meisten Reservate ist Tiritiri Matangi jedoch als *open sanctuary* für Besucher offen und von Wegen gut erschlossen.

Rund zehn pummelige Takahe-Rallen mit ihrem türkis bis blau changierendem Federkleid sind die Stars und tummeln sich ohne Scheu zwischen den Besuchern – ihre Weltpopulation liegt bei unter 300. Ebenfalls nur in dreistelliger Zahl lebt die Lappenkrähe Kokako auf Erden. Tiritiri Matangi ist fast der einzige Ort, wo man sie leicht in freier Wildbahn sehen kann. Ihre blauen Hautlappen in den Schnabelwinkeln zeichnen sie als Mitglied der Lappenvögel aus, einer archaischen Singvogelfamilie. Zur Familie gehört noch der Saddleback, der Sattelstar, den man bei fast jedem Gang durch die Inselwäldchen beobachtet, sehr gut zu identifizieren an seinen orangefarbenen Hautlappen und der braunen, einem Sattel ähnlichen Zeichnung auf dem Rücken.

Neben dem Leuchtturm, der seit 1865 im Südosten der Insel aufragt, findet sich ein DOC Visitor Centre mit einer Ausstellung über die Vogelwelt und einem Shop. Bei allen Bootstouren reisen ›Supporters of Tiritiri Matangi‹ mit und bieten Inselführungen an, die man nutzen sollte, denn es sind alle freiwillige Enthusiasten, die ihre Insel im Detail kennen und wissen, wo man Vögel am besten sieht (Infos: www.tiritirimatangi.org.nz).

Transport: 360 Discovery, Tel. [fc] 0800 360 DISC, www.360discovery.co.nz; Mi–So 9 Uhr ab Auckland Ferry Building via Gulf Harbour (S. 128), ca. 5 Std. Inselaufenthalt, 66 NZD, Familientickets. Führungen 5 NZD.

Seltener Anblick auf unserer Erde: vier von weltweit etwa 300 Takahe-Rallen

jeder Ecke, sorgen für eine gehörige Portion Lifestyle. Das Herz des Kulturlebens schlägt ganz im Westen im **Artworks Complex** von **Oneroa** mit Programmkino, Theater, Museum für alte Konzertinstrumente und der **Waiheke Community Art Gallery.** Sie bietet wechselnd Künstlern von der Insel und aus dem Rest Neuseelands eine Plattform (2 Korora Rd, Oneroa, Tel. 09-372 9907, www.waiheke artgallery.org.nz, gratis). Der angeschlossene Museumsshop verkauft einen Querschnitt von Arbeiten lokaler Künstler und Kunsthandwerker. Wer mehr sehen möchte, fragt beim i-SITE, das ebenfalls im Komplex residiert, nach dem ›Waiheke Art Guide‹, einem Wegweiser zu Studios und Galerien. Die Art Gallery steht auch hinter dem größten Kunstevent auf Waiheke, der biennalen Ausstellung ›Sculpture on the Gulf‹ (Jan./Febr. ungerade Jahre, www.sculptureonthegulf. co.nz).

Unterhalb des Ortszentrums von Oneroa beginnt die Kette der schönsten und bekanntesten Inselstrände in den Buchten entlang der Nordküste mit Blick zum offenen Hauraki Gulf. Der **Onetangi Beach** im Osten ist der größte. Zwei, vielleicht drei Kilometer Strand, schnurgerade, ein paar kleine Dünen und die Promenade **The Strand** dahinter mitsamt nettem Strandcafé (Charlie Farley's). Am kleineren **Palm Beach** gibt es in der westlichen Ecke durch Felsen vom Hauptstrand getrennt sogar einen Nacktbadestrand – Little Palm Beach.

Fährt man von Onetangi weiter in den Osten, wird die Insel einsamer, kaum noch bewohnt. Weiden und Weinplantagen prägen das Bild. Eine nur zum Teil asphaltierte Straße – Man O'War Bay Road, Cowes Bay Road, Orapiu Road – erlaubt eine große Runde durch diesen rauen Teil der Insel und ganz im Osten den Spaziergang zum **Stoney Batter Historic Reserve** (mind. 30 Min. einplanen). Dort wurde im Zweiten Weltkrieg eine Geschützstellung inklusive Bunkeranlagen zum Schutz von Auckland angelegt, aber nie ganz fertig und auch nie genutzt (Tunnelanlagen tgl. mind. 10–15 Uhr, genaue Zeiten beim i-SITE klären; 8 NZD Selbsterkundung, 15 NZD mit Führung; Taschenlampen erforderlich). Die Betonbauten fallen in dem felsigen Gelände kaum auf, viel eher die skurrilen Felsmalereien und -ritzungen, die Soldaten in der Bauzeit aus Langeweile kreiert haben.

Die Straße durch den Osten kommt nur an der Man O'War Bay zum Meer, ein kleiner Badestrand lockt zu einer Pause. Unter den Anwesen, die sich an der Südostküste meist hinter hohen Hecken verstecken, gehört das Land von John und Jo Gow an der Connellsbay. Sie haben über zwei Dutzend Skulpturen namhafter neuseeländischer Gegenwartskünstler an einem gut 2 km langen *Art Walk* aufgestellt und wollen Kunst im Zusammenspiel mit der Natur zeigen: **Connells Bay Sculpture Park,** Cowes Bay Rd, Tel. 09-372 8957, www.connellsbay.co.nz, Führungen (2 Std.) nach Vereinbarung, 30 NZD.

Infos

i-SITE Waiheke Island, Artworks Centre, 2 Korora Rd, Oneroa, Tel. 09-372 1234, www.waihekenz.com, www.tourismwaiheke.co.nz, www.purewaiheke.co.nz.

Übernachten

Ein Traum – dekadent, aber schön ▶ Aloha Inn: 44 Queens Dr, Oneroa, Tel. 09-372 6347, www.alohainn.wordpress.com. Garten mit Meerblick, opulentes Gourmet-Frühstück, DZ ab 180 NZD.

Backpacker mit Pool und Hot Spa ▶ Hekerua Lodge Backpackers: 11 Hekerua Rd, Oneroa, Tel. 09-372 8990, www.hekerua lodge.co.nz. Ein zauberhafter BBH-Backpacker im Inselinneren mit großer Terrasse, Bett ab 27, DZ 66–100 NZD.

Die Reederei **Sealink** (S. 139) bietet Paketreisen mit Unterkunft und Fährüberfahrt ab Half Moon Bay.

Essen & Trinken

Beim i-SITE gibt es eine ›Waiheke Island of Wine Map‹ mit allen Weingütern, die probieren lassen bzw. Gastronomie bieten; auch online auf www.waihekewine.co.nz.

Mediterraner als am Mittelmeer ▶ Mudbrick Vineyard & Restaurant: Church Bay Rd, Oneroa, Tel. 09-372 9050, www.mud

brick.co.nz. Livestyle pur in romantischem Ambiente. HG 40–50 NZD. Weinverkauf tgl. 11–16.30 Uhr.

Hier gibt's Führungen ▶ **Stonyridge Vineyard:** 80 Onetangi Rd, Onetangi, Tel. 09-372 8822, www.stonyridge.co.nz. Tgl. 11.30–17 Uhr verwöhnt das zauberhafte Lunch-Café mit mediterraner Küche, Weinproben und -verkauf gibt's auch und Sa/So um 11.30 Uhr darf man sich auf Führungen alles ansehen (10 NZD). Lunch-Gerichte ca. 16–25 NZD.

Aktiv

Kajakverleih und -touren ▶ **Ross Adventures/Sea Kajak Tours:** Tel. 09-372 5550, www.kayakwaiheke.co.nz. Kajaks ab 20 NZD/Std. und geführte Halb- bis Mehrtagestouren ab Basis Matiatia nahe dem Schnellfähren-anleger.

Fahrradverleih ▶ **Waiheke Bike Hire:** Ferry Wharf, Matiatia, Tel. 09-372 7937, www.waihekebikehire.co.nz. Immer geöffnet, wenn die Schnellfähren kommen.

Verkehr

Fähre: Fullers, Tel. 09-367 9111, www.fullers.co.nz; Schnellfähre (nur Personen) ab Ferry Building (S. 112) bis 20 x tgl., ca. 33,50 NZD h/z, Familientickets; auch Inseltouren und Tagespässe für Inselbusse. Anleger auf Waiheke: Matiaia Wharf im Westen.

Sealink, Tel. 09-300 5900, [fc] 0800 SEA LINK, www.sealink.co.nz, bis 14 x tgl. ab/bis Half Moon Bay (Ara Tai Drive; ca. 22 km südöstl. Auckland CBD, gute Wegbeschreibung auf Sealink-Homepage), Fr–Sa einige Überfahrten ab/bis City-Anleger Wynyard Wharf (S. 139). Komfortable Autofähre mit Café und großem Außendeck, 32 NZD/Pers., 138 NZD/Pkw, Familienangebote, auf einfacheren Fracht-/Passagierfähren schon ab 110 NZD für Pkw + 2 Pers. (alle Preise h/z). Anleger auf Waiheke: Kennedy Point im Süden.

Flüge: Air Discovery, Tel. 09-372 4480, [fc] 0800 247 347, www.airdiscovery.co.nz. Preiswerte Taxiflüge ab/bis Waiheke u. a. nach Great Barrier (S. 138) oder Coromandel (S. 165) ca. 150 NZD/Pers. und Flugabschnitt ab 2 Pers., keine Gepäckbeschränkung – interessant für Rundreisende ohne Auto, die nicht nach Auckland zurück wollen.

Inselverkehr: Waiheke Island Buses, Buchung s. o. bei Fullers. Gutes Busnetz, abgestimmt auf die Schnellfähren, Einzelfahrten 1,50–4,10, Tagespass 8, Familien 20 NZD.

Waiheke Rental Cars: The Wharf, Matiaia, Tel. 09-372 8635, www.waihekerentalcars.co.nz; Pkw ab 50 NZD/Tag.

Great Barrier Island ▶ L/M 4

30 Min. mit einem Kleinflugzeug oder 4,5 Std. mit einer komfortablen Fähre von Auckland entfernt steht man in einer anderen Welt, in der es noch nicht einmal eine zentrale Strom- und Wasserversorgung gibt: Great Barrier Island, mit 285 km² die fünftgrößte Insel und einer der schönsten Plätze Neuseelands, will man einfach ein paar Tage der üblichen Rundfahrt-Hektik den Rücken kehren. Bis vor wenigen Jahren noch ein Geheimtipp, vor allem von Backpackern besucht, haben neue Konzepte der Fluglinien und die verbesserte Fähranbindung durch die Reederei Sealink mit eigenem Tourismusprogramm dem Tourismus Auftrieb gegeben.

Gut 850 Einwohner leben an drei geschützten Naturhäfen an der sonst schroffen Westküste sowie in einer lang gezogenen Streusiedlung im flacheren Osten. Hauptort mit zwei Läden, einem *bottle store,* einem Café und einem Restaurant sowie dem Hauptanlaufhafen der Fähre ist **Tryphena** im Südwesten. Landmarke am Ufer vor dem ›Zentrum‹ ist eine künstliche Kerbe in einer schmalen Landzunge: Die in voreuropäischer Zeit hier lebenden Maori hatten sich damit ein Sichtfenster auf die vom Festland kommenden Schiffe geschaffen.

Die Nord-Süd-Verbindung der Insel verläuft entlang der Ostküste, gleich hinter Traumstränden; ideal zum Baden und Surfen sind **Medlands Beach** und **Kaitoke Beach.** Zu Ortschaften – außer Tryphena sind Port Fitzroy und Whangaparapara nennenswert – und einsamen Felsenbuchten im Westen winden sich staubige Pisten über die Berge. Höhepunkt ist der 621 m hohe **Hirakimata** (Mt Hobson) mit beeindruckender Aussicht.

Ein Wegenetz erschließt Berge und Wälder im Zentrum der Insel. Bestens präpariert führt der **Kaitoke Hot Springs Track** in einer Stunde von der Whangaparapara Road (dort Parkplatz/Busstopp) zu heißen Quellen, in denen man sogar baden kann. Der schwierigere **Kaiaraara Track** von Port Fitzroy vorbei an der einzigen DOC-Hütte der Insel zum Gipfel des Hirakimata passiert gut erhaltene Kauri Dams. Sie dienten früher dazu, Bäche aufzustauen, um dann mit dem Wasser Baumstämme auf künstlichen Flutwellen aus den Bergen Richtung Küste zu schwemmen.

Die Natur auf Great Barrier Island wurde im 19. Jh. rigoros ausgebeutet: Kauri-Bäume wurden geschlagen, Kupfer und Gold abgebaut, Land durch Brandrodung erobert. Heute wird mit heimischen Bäumen und Pflanzen renaturiert, um die von Menschen gerissenen Wunden zu überdecken. Und da keine Possums junges Grün abknabbern, entwickeln sich die Wälder prächtig. Davon profitiert auch die Fauna: Oft sieht und hört man seltene Vogelarten, besonders auffällig der Waldpapagei Kaka.

Infos

Port Fitz Roy Information Centre: Port Fitz-Roy, Great Barrier, Tel. 09-429 0848. www.greatbarrier.co.nz, www.thebarrier.co.nz.
Achtung: Es gibt auf Great Barrier weder Banken noch Geldautomaten, Kreditkarten werden aber von den meisten Unterkünften, Lokalen und Geschäften akzeptiert.

Übernachten, Essen

Edles Paradies ► **Earthsong Lodge:** 38 Medland Rd, Tryphena, Tel. 09-429 0030, www.earthsong.co.nz. High-End-Location der Great-Barrier-Gastronomie mit komfortablen Suiten und exklusiver Slow-Food-Verpflegung, DZ mit Dinner und Frühstück ca. 1000 NZD.

Zentral in Tryphena mit urigem Pub ► **Pohutukawa Lodge:** Tryphena, Tel. 09-429 0211. Idyllisch im Ort, nicht weit vom Strand. DZ ab 130 NZD, wenige Backpacker-Betten. Gehört zu einem Irish Pub, der auch deftige Küche bietet.

Nahe zu einem Super-Strand ► **Medlands Beach Backpackers and Villas:** 9 Mason Road, Medlands Beach, Tel. 09-429 0320, www.medlandsbeach.com. Im Osten näher am Airfield als an den Fähranlegern. Verteilt über mehrere Häuser auf einem großen Naturgrundstück DZ ab 70, Backpacker-Betten ab 30 NZD, Hütte ab 80 NZD.

Very basic ► **DOC/Field Centre Port Fitzroy:** Tel. 09-429 0044, betreibt 1 Hütte und 6 Campsites, Zelten ist sonst verboten.

Die Reederei **Sealink** sowie die Airlines (s. Verkehr) bieten **Paketreisen** inkl. Unterkunft plus An-/Abreise in allen Kategorien vom Backpacker bis zur 5-Sterne Unterkunft.

Verkehr

Fähren: Auf Überfahrten nach Great Barrier sieht man oft Delfine, manchmal Wale. Populär sind Air/Sea-Kombinationen – einen Weg schaukeln, einen fliegen – für ca. 170 NZD h/z. **Fullers** (S. 129) ab Auckland Ferry Building mit Schnellfähre (2,5 Std.) an touristisch interessanten Terminen aber mit vielen wetterbedingten Absagen, 75 NZD pro Strecke. **Sealink,** Tel. 09-300 5900, [fc] 0800 SEALINK, www.sealink.co.nz. Autofähre ab Auckland Wynyard Wharf, 45 Jellicoe St bis 6 x wö.; 4–5 Std., Normaltarif 127 NZD/ Pers., 370 NZD/Fahrzeug; alle Preise hin/zurück.

Flüge: Ab Auckland 90–130 NZD einfach, ab Whitianga 120 NZD. Freigepäck 15 kg. Für Kleingruppen lohnen Taxiflüge u. a. zwischen Great Barrier und Coromandel oder Northland. Mehrmals tgl. ab/bis Auckland fliegen **Great Barrier Airlines** (Tel. 09-275 9120 o. [fc] 0800 900 600, www.greatbarrierairlines.co.nz) und **Fly my Sky** (Tel. 09-256 7025, [fc] 0800 222 123, www.flymysky.co nz) ab Whitianga (S. 173) die **Sunair** (Tel. 07-575 7799, [fc] 0800 SUN AIR, www.sunair.co.nz).

Inseltransport: Aufgrund der hohen Fährtarife für Fahrzeuge mietet man besser Autos (ca. 60 NZD/Tag) auf der Insel oder nutzt lokale Bus- und Shuttle-Dienste (Touristen-Netzkarten ca. 50 NZD/Tag, 99 NZD/5 Tage). Beides bietet – auch als Fly&Drive-Pakete – **Great Barrier Travel,** Tel. 09-429 0055, [fc] 0800 4 AOTEA, www.greatbarriertravel.co.nz.

Northland – nördlich von Auckland

Der Ninety Mile Beach ist zwar eine Mogelpackung, aber mit 90 km Strand am Stück doch imponierend. Die 1000-jährigen Baumgiganten von Waipoua sind die ältesten und mächtigsten Bäume im Land. Cape Reinga ist – fast – der nördlichste Zipfel des Festlandes. Und am Rande der Bay of Islands liegt die Geburtsstätte der Nation, Waitangi.

Das **Northland** hängt nur mit dem Isthmus, den Auckland belegt, an der Nordinsel. Kiwi-Humor sieht im Profil der Halbinsel eine Faust mit einem nach Westen, zum Nachbarn Australien, gezeigten Stinkefinger. Das Northland bricht zwar keine Hitzerekorde, ist aber der wärmste Teil des Landes, mit subtropischem Klima, das keinen richtigen Winter kennt; die durchschnittlichen Tageshöchsttemperaturen schwanken zwischen 15 Grad im Winter und 25 Grad im Sommer.

Das Northland trennt den Pazifik im Osten – mit guten, sicheren Badestränden an geschützten Buchten und mit weltbekannten Tauchrevieren – von der rauen Küste der Tasman Sea, die Seeleuten bis heute Grauen bereitet, Surfern gute Wellen bietet, an der jedoch baden vielerorts absolut lebensgefährlich ist.

Die Wälder mit den Kauri-Baumriesen, von denen die ältesten schon zu Jesus' Lebzeiten keimten, das von Maori-Mythen umwobene Cape Reinga und die karibische Bay of Islands sind touristischen Höhepunkte. An der großen Halbinsel hängt oben noch die Aupouri Peninsula, der Stinkefinger sozusagen. Dort richten sich alle Augen auf den Ninety Mile Beach, während der Osten mit verzweigten Meeresbuchten, schneeweißen Quarzsand-Stränden und weiten Dünenarealen oft übersehen wird. Diese Einsamkeit nutzte 1985 der französische Geheimdienst, um Sprengstoff an Land zu schmuggeln, mit dem später das Greenpeace Schiff Rainbow Warrior versenkt wurde. Dieses weltbekannte Symbol der 1980er-Jahre für den Widerstand gegen die Atomrüstung ist heute nur eines von vielen Tauchzielen entlang der Ostküste des Northland.

Der gut ausgeschilderte **Twin Coast Discovery Highway** erleichtert Besuchern, das Northland auf einer großen Schleife zu erkunden. Zwischen Te Hana nahe Wellsford (85 km nördl. Auckland) und Kaitaia (115 km, 2 Std. südl. Cape Reinga) teilt er sich in die Westroute durch die Kauri-Wälder (268 km/4–5 Std.) und die Ostroute zu den Bays der Pazifikküste (358 km/5–6 Std., Fahrzeiten jeweils ohne Sightseeing-Stopps).

Infos

www.northland.org.nz: Touristische Informationen über das ganze Northland.
www.taitokerau.co.nz: Von Maori organisierter Tourismus im Northland.

Einkaufen

Der **Art Trail,** die Kunstvariante des Twin Coast Discovery Highway, führt zu rund zwei Dutzend Galerien mit Kunst und Kunsthandwerk: www.apt.org.nz.
Spezialität im Northland sind Produkte aus **Swamp Kauri,** die es in transportabler Souvenirgröße u. a. im Matakohe Kauri Museum (S. 141), im Ancient Kauri Kingdom (S. 148) und am Gumdiggers Park (S. 148) gibt, aber auch in Studios und Galerien überall in der Region.

Verkehr

Busse (zu Haltestellen in Auckland S. 129): **InterCity** und **nakedbus.com** mehrmals tgl. entlang der Ostküste zur Bay of Islands. Pässe zum unabhängigen Reisen ca. 110 NZD. Entlang der Westküste aktuell nur Service von Magic Bus 3 x wö. (s. Kasten)
Flüge: Kaitaia, Kerikeri und Whangarei haben regelmäßige Verbindungen mit Air New Zealand Link ab/bis Auckland.

2 Kauri Coast

Als vor rund 200 Jahren die ersten Siedlungen der Weißen an der Bay of Island entstanden, breitete sich noch dichter Kauri-Wald über das Northland aus, 1 200 000 Hektar schätzt man. Maori hatten zuvor zwar Bäume für ihre Kanus und Häuser geschlagen, aber das gefährdete den Bestand nie. Die Weißen hingegen brauchten kaum mehr als 100 Jahre, um diesen einmaligen, in Jahrtausenden gewachsenen Naturschatz auf einen Bruchteil zu reduzieren und in überwiegend Farmland zu verwandeln.

Bis 1970 wurden Kauri-Bäume kommerziell gefällt. Zu dieser Zeit gab es aber schon Bemühungen, die verbliebenen Bestände unter Naturschutz zu stellen. Im Westen an der sogenannten Kauri Coast entstand 1952 der etwa 90 km² große **Waipoura Kauri Forest** als Reservat für die meisten und imposantesten Überlebenden.

Es war aber längst nicht nur das Holz, das die Kauri-Fichten begehrt machte, sondern auch das Kauri Gum, irgendwann einmal als Harz von einem Baum getropft und bis heute vielerorts im Boden des Northland zu finden. Es ähnelt Bernstein, ist aber nicht so alt, nicht so fest und nicht so wertvoll. Die Bedeutung als Schmuckstein war nebensächlich, begehrt war Kauri Gum in frühindustrieller Zeit als Rohstoff für Lacke, Linoleum und Polituren. Gum Digger, sehr viele kamen aus dem heutigen Kroatien, durchwühlten die Erde, gut zu sehen im Gumdiggers Park bei Waiharara (S. 148). Das Graben nach Kauri Gum war zwischen 1870 und 1920 der bedeutendste Erwerbszweig im Northland, auch viele Farmer gruben nebenbei nach den begehrten Klumpen. Schließlich wurden Wunden in die Rinde geritzt, um Harz zu ernten, eine tödliche Methode für die empfindlichen Baumriesen. Längst dürfen Kauri-Bäume nur noch gefällt werden, wenn sie unrettbar krank sind oder wenn Maori einen Stamm für rituelle Anlässe, z. B. für den Bau eines Waka, eines traditionellen Kanus, benötigen.

Kauri-Holz, das heute zu Souvenirs verarbeitet wird, stammt ausschließlich von Stämmen, die vor Jahrtausenden umstürzten und in sauren Böden konserviert wurden. Ein großes Waldsterben, das für viel *Swamp Kauri* sorgte, gab es zu Beginn der letzten Eiszeit vor ungefähr 42 000 Jahren, jedoch liegen an einigen Stellen bis zu vier Schichten von Kauri-Stämmen aus verschiedenen Perioden übereinander.

Tipp: Andere fahren lassen

Müde vom Flug um die halbe Welt, den Jetlag in den Knochen: Bevor man einen Mietwagen übernimmt und sich in den Linksverkehr stürzt, lässt sich das kompakte Northland ideal auch per Bus erkunden. Ab/bis Auckland kann man die Bay of Islands S. 152) sogar auf einer Tagestour erleben, aber geruhsam ist das kaum. Eine 3-Tage-Tour ist Minimum, will man die TOP 4 des Northland erleben – neben Bay of Islands noch Cape Reinga, 90 Mile Beach und Kauri Coast. Einen flexiblen Bus-Pass für beide Küsten plus Cape Reinga Tour gibt's bei Magic Bus (S. 77) schon ab ca. 200 NZD. Andere 3-Tage Optionen bietet Great Sights (S. 58) ab ca. 320 NZD plus Übernachtung. Alle Touren lassen sich mit einer One-Night-Mini-Kreuzfahrt auf der Bay of Islands kombinieren (S. 159).

Matakohe, Ruawai, Dargaville

► J/K 3/4

Das **Matakohe Kauri Museum** bereitet die Ausbeutung der Kauri-Wälder und die Verarbeitung der Baumriesen museal auf und zeigt, was man aus ihnen alles machte. Beeindruckend sind Visualisierungen der Kauri-Dimensionen durch einen Stammquerschnitt und die projizierten Umfänge der größten bekannten Exemplare (Matakohe, Tel. 09-431 7417, www.kauri-museum.com, tgl. 9–17 Uhr, Erw. 15, 5–15 Jahre 3 NZD).

Zwischen **Ruawai** und Dargaville fährt man mitten durch flaches Farmland am Ostufer des Wairoa River. Wo einst dichter Kauri-Wald stand, liefert der Boden heute vor allem Süßkartoffeln; die Kumara-Knollen werden an vielen Straßenständen angeboten.

Dargaville wuchs zur größten Stadt im Westen des Northland heran, als die Kauri-Bestände abgeholzt wurden. Das **Dargaville Museum** im Harding Park hoch über dem Wairoa River und der Stadt zeigt ein Sammelsurium zur Lokalgeschichte sowie eine Sammlung von Schiffsrelikten und -modellen, die an die Havarien – rund 140 wurden registriert – im berüchtigten Kaipara Harbour erinnern, außerdem ein gut erhaltenes Maori-Kriegskanu aus dem 18. Jh. Vor dem Haus stehen die Masten der Rainbow Warrior (S. 152) (Harding Park, Tel. 09-439 7555, www.dargavillemuseum.co.nz, tgl. 9–16/17 Uhr).

An der Küste erstreckt sich mit über 100 km der längste ununterbrochene Sandstrand des Landes bis auf die Nehrung hinaus, die sich von Norden vor den Kaipara Harbour schiebt. Ein Tor auf diesen Strand, den man am besten auf Pferden (Baylys Beach Horse Treks, Tel. 09-439 4342) oder mit Quad-Bikes erkunden kann, bildet 15 km westlich von Dargaville der Küstenort **Baylys Beach**, der sich von Jahr zu Jahr mehr zu einer quirligen,

Vor einem Kauri-Baum wird auch der kräftigste Mann zum Zwerg

Kauri dieback – sterben die Giganten?

Panik breitet sich an der Kauri Coast aus: Seit 2008 setzt eine Krankheit Kauri Bäumen zu. Befallene Bäume werden gelb, verlieren ihre Blätter, die Baumkronen dünnen aus, Stämme und Äste bekommen stark harzende Wunden – ob Bäume das überstehen, weiß man noch nicht. Der pilzähnliche Erreger Phytophthora taxon Agathis, kurz PTA, greift bisher nur Kauris an und war wissenschaftlich unbekannt, als er 2008 isoliert wurde. Sein nächster Verwandter ist ein Erreger, der Kastanien in Korea befällt. Er bedroht nicht nur ein imponierendes Stück Naturerbe der Welt, sondern auch die Basis des Tourismus im Westen des Northland.

Bei Redaktionsschluss dieser Auflage gab es keine Beschränkungen für den Besuch der bekanntesten Kauri-Bäume. Wichtig ist, dass man Regeln, die schon lange im Umfeld der Baumgiganten gelten, genau beachtet:

– Säubern Sie vor und nach jedem Besuch in Kauri Forsten sorgfältig Ihre Schuhe von Erde und Laub.

– Bleiben Sie auf den markierten Wegen und respektieren Sie eventuelle Zugangsbeschränkungen und Sperrungen von Tracks und anderen Wegen.

Mehr zur Kauri Krankheit findet man auf www.arc.govt.nz/environment/biosecurity/kauri-die back.

bei Kiwi-Urlaubern populären Sommerfrische entwickelt. Der **Kaipara Harbour** ist ein Haff mit vielen gefährlichen Untiefen, entstanden aus einer überfluteten Flussmündung. Mit allen Seitenarmen und Buchten bringt er es auf eine Uferlänge von mehr als 3000 km. Das einsam auf der Spitze der nördlichen Nehrung gelegene Kaipara North Head Lighthouse war 1884 der letzte Leuchtturm im Lande, der aus Holz gebaut wurde – davon gab es in der Region damals genug. Das Licht wurde 1952 abgestellt, nachdem der Kaipara Harbour fünf Jahre zuvor den Status als Seehafen verloren hatte.

Infos

Kauri Coast Visitor Information Centre: 4 Murdoch St/SH12, Dargaville (im Woodturners Studio), Tel. 09-439 4975, www.kauriinfocentre.co.nz, www.kauricoast.co.nz.

DOC Kauri Coast: 150 Colville Road, Dargaville, Tel. 09-439 3450.

Übernachten

Grandioses altes Kauri-Haus ► **Kauri House Lodge:** Bowen St (1,5 km südl.), Dargaville, Tel. 09-439 8082, www.bnb.co.nz/kaurihouselodge.html. Das historische Haus im Südstaaten-Stil thront auf einem Hügel über der Stadt, innen viele Antiquitäten, DZ 225–300 NZD.

Kiwi Holiday Park am endlosen Strand ► **Baylys Beach Holiday Park:** Baylys Coast Rd (ab SH12 ca. 3 km nördl. Dargaville), Dargaville, Tel. 09-439 6349, www.baylysbeach.co.nz. Populär bei Einheimischen, Stellplätze ab ca. 30 NZD, Hütten/Apts. ca. 50–150 NZD, Verleih von Quad Bikes für Strandtouren.

Einkaufen

Prähistorisches Holz ► **The Woodturners Studio:** 4 Murdoch St/SH12, Dargaville, Tel. 09-439 4975, www.thewoodturnersstudio.co.nz. Werkstadt von Rick Tayler, ein wahrer Künstler an der Drechselmaschine. Seine ist ›Made in Germany‹, genau gesagt in Ludwigshafen hergestellt und etwa 80 Jahre alt – alles Fakten, die Rick deutschen Besuchern gern erzählt, und auch sonst hat er immer einen guten Spruch auf Lager.

Trounson Kauri Park ► J 3

Ob man von Süden kommend hier eine erste Begegnung mit den Giganten der Wälder hat oder von Norden kommend die Eindrücke aus dem Waipoura Forrest vertieft, der Schlenker vom SH12 landeinwärts zum **Trounson Kauri Park Scenic Reserve** lohnt auf jeden Fall. Das 450 ha große Schutzgebiet wird vom DOC als *mainland island* gemanagt: Die radikale Bekämpfung nicht in einen neuseeländischen Wald gehörender Tiere wie Possums, Katzen, Wiesel, Frettchen aber auch Igel soll die einheimische Fauna und Flora regenerieren lassen. Vor allem gehen die DOC-Ranger herumstreifenden Hunden ans Fell – ihnen fallen etwa drei Viertel aller gerissenen Kiwis zum Opfer. Inzwischen hört und sieht man Neuseelands Nationalvogel nächtens immer häufiger im Park, den ein Rundweg, als Lehrpfad eingerichtet, in knapp einer Stunde erschließt.

Mächtige, gradlinige Stämme mit auffallend glatter Rinde heben die Kronen der Kauris normalerweise über das Dach der anderen Bäume und damit aus dem Blickfeld des Betrachters, hier aber zeigt eine Seitenansicht vom Parkplatz aus deutlich die alles überragenden Kauri-Kronen. Da Kauris viel langsamer als andere Bäume wachsen, hätten sie mit einer verzweigten, breiten Krone ein Problem, das Walddach zu durchstoßen. Aber die Natur trickst: Junge Kauris ähneln schlanken Tannen, mit einer langen, konisch zulaufenden Spitze. Erst wenn sie im Alter von rund 100 Jahren alle anderen Bäume überragen, geht die Krone in die Breite, und sie bekommen den langen kahlen Stamm. Umgestürzte Stämme zeigen, wodurch die Riesen gefährdet sind: Kauris besitzen nur ein flaches, dünnes Wurzelwerk. Gestürzte Giganten werden im Trounson Kauri Park nicht verwertet, sondern stehen für einen neuen Lebenszyklus als Biomasse zur Verfügung: Faszinierend, wie Pflanzen und Insekten davon Besitz ergreifen und darauf siedeln.

Küste statt Wald bietet ein Abstecher vom SH12 zum **Aranga Beach.** Hier trifft man auf den **Waipoua Coast Walkway** und kann ein Stück den 459 m hohen Maunganui Bluff hinaufgehen, die Aussicht auf den unendlichen Strand nach Süden lässt sich kaum in Worte fassen, besonders bei Sonnenuntergang.

Waipoua Forest ►J 3

Zeigt der Trounson Kauri Park mit seinem Lehrpfad gut Zusammenhänge und Entwicklungen eines Kauri-Waldes, so klotzt der **Waipoua Forest** mit den größten und bekanntesten Kauris. SH12 kurvt durch das immer dichtere Grün, jüngere Kauri-Fichten stehen an der Straße Spalier, ansonsten muss man Abstecher machen. Die **Look Out Road** wird ihrem Namen gerecht und führt zu einem Aussichtspunkt mit Blick über das grüne Meer. 8 km nördlich vom Visitor Centre (s. rechts) sind auf gut präparierten Wegen die Ikonen des Waldes zu erreichen: Der ›Vater der Wälder‹, **Te Matua Ngahere,** dürfte schon um Christi Geburt gekeimt haben, besitzt mit einem Umfang von 16,5 m den dicksten aller Stämme, wirkt mit knapp 30 m Höhe aber ge-

radezu untersetzt. Die **Four Sisters** bilden ein eng zusammenstehendes, aus scheinbar gemeinsamem Wurzelwerk aufragendes Quartett. In 20–30 Min. gelangt man durch typischen Regenwald mit jüngerem Kauri-Bestand zum seltener besuchten **Yakas,** in der neuseeländischen Baumhierarchie irgendwo auf Platz vier bis acht. Am weitesten nördlich und nur wenige Meter neben SH12 steht **Tane Mahuta,** der rund 1200 Jahre alte ›Gott der Wälder‹ und wohl der höchste existierende Kauri im Lande. Er bringt es bei 13,8 m Stammumfang auf eine Höhe von 51,5 m, sein verwertbares Holzvolumen wird auf 244,5 m³ geschätzt.

Infos

Waipoua Visitor Centre: Waipoua River Rd (1 km abseits SH12), 09-439 6445. Visitor Center und einfacher Campingplatz in Regie der lokalen Te Iwi O Te Roroa Maori, denen der Waipoua Forest rückübereignet wurde.

Übernachten

Gute Lage für Highlights der Kauri Coast ►
Kaihu Farm Backpackers: 3344 SH12, Kaihu, Tel. 09-439 4004, www.kaihufarm.cc.nz. BBH-Backpacker mit vielen DZ, Wanderweg zu Glühwürmchen auf dem Gelände, Frühstück und warme Mahlzeiten optional, Betten im Mehrbettzimmer ab 28, DZ ab 66 NZD.

Grandiose Aussicht vom Maunganui Bluff auf den Aranga Beach

Campen im Wald mit Kiwi-Bonus ▶ Kauri Coast Top 10 Holiday Park: Trounson Park Rd, Kaihu (32 km nördl. Dargaville, 2,5 km abseits SH12), Tel. 09-439 0621, [fc] 0800 807 200, www.kauricoasttop10.co.nz. Der Platz wird mit Engagement und viel Hilfsbereitschaft der Besitzer gemanagt und liegt wunderbar im Wald an einem kleinen Fluss. Nachts entdeckt man an geschützten Stellen Glühwürmchen und wenn das Wetter mitspielt, gibt's Nachtwanderungen zum Kiwi-Spotting (s. u.). Stellplätze ca. 38, Hütten und Apartments ca. 75–135 NZD.
Basic ▶ DOC Campsites am Trouson Kauri Park, ca. 10 NZD/Pers.

Aktiv

50 Kilometer Küstenwanderweg ▶ Hokianga Kai Iwi Coastal Track entlang der fast unbewohnten Westküste (50 km, 15 Std., Teilstrecken möglich) von Kai Iwi Lakes bis Hokianga Harbour.
Kiwi-Spotting ▶ Kauri Coast Top 10 Holiday Park (s. o.) organisiert Nachttouren ins **Trounson Kauri Park Scenic Reserve** (S. 143) – preiswert (ca. 20 NZD), informativ und mit guten Chancen, Kiwis zu sehen.
Nachts im Kauriwald ▶ Footprints Waipoua: 29 SH 12, Opononi (im i-SITE), Tel. 09-405 8207, www.footprintswaipoua.com. Dämmerungs- und Nachttouren mit lokalen Maori Guides ab Opononi/Omapere (s. u.) zu bekannten Bäumen im Waipoua Forest 2,5 oder 4 Std. 70 bzw. 90 NZD.

Verkehr

Parken: Autoknacker trieben lange auf den Parkplätzen bei den Kauri-Giganten ihr Unwesen. Seit dort ein Wachdienst organisiert ist, ist das kein Problem mehr. Nutzen Sie ihn, auch wenn es ein paar Dollar kostet.

Hokianga Harbour ▶ J 3

Nach so viel Wald ist der Hokianga Harbour das Kontrastprogramm, ein weit ins Land ragender Meeresarm. Der Name wird als Verkürzung von *Hoki anga nui a Kupe* gedeutet: Nach der Maori-Mythologie soll der Seefahrer Kupe von hier seine Heimreise ins legendäre Hawaiki angetreten haben. Spektakulär ist vor allem die Dünenlandschaft von Kahakaharoa am Nordufer, auch populär als Sand-Tobogganing-Abfahrt (S. 84). Schon vom SH12 sind die Aussichten auf den Harbour imponierend, den besten Blick auf die weißen Sandberge bietet sich von der Signal Station, hoch über dem Südufer. Hier wurden früher Schiffen Wind- und Strömungsverhältnisse in der Durchfahrt signalisiert.

Die Dörfer **Omapere** und **Opononi** gehen kaum merklich ineinander über und bilden ein kleines Touristenzentrum am Südufer des Hokianga Harbour. Opononi wurde im Sommer 1955 berühmt, als das Delfinweibchen Opo vor den Stränden auftauchte, Kunststücke vorführte, mit Kindern spielte und sich sogar reiten ließ. Über Opos plötzlichen Tod wird bis heute spekuliert: Ein Anschlag von Neidern, die des Rummels überdrüssig waren, oder die Tat eines rücksichtslosen Dynamit-Fischers werden vermutet. Das Lied von ›Opo the Friendly Dolphin‹ wurde ein Kinderlied-Klassiker und die Story regte amerikanische TV-Produzenten in den 1960ern zur Erfolgsserie Flipper an. Opo ist eines der Themen in der kleinen Ausstellung, die im i-SITE direkt am SH12 über die Region informiert. Vor dem munteren Pub in Opononi gibt es eine oft fotografierte Skulptur, die Opo beim Spiel mit einem Kind zeigt.

Spielbälle der Riesen, die **Koutu Boulders,** finden sich am Ufer nahe der Siedlung Koutu ca. 6 km östlich von Opononi. Die Kugeln liegen zwar nicht so sauber aufgereiht am Strand wie ihre berühmten Pendants auf der Südinsel, die Moeraki Boulders, sind aber größer. Der Zugang über den Strand ist nur bei Niedrigwasser möglich, Tide-Zeiten und Wegbeschreibung beim i-SITE.

Rawene, Standort einer kleinen Fachhochschule, zeigt im Stadtkern viele schmucke Häuser aus dem 19. und frühen 20. Jh. Ein typisches Haus der Oberschicht aus den Kindertagen der Kolonie, ist das **Clendon House** von 1869 (8 Clendon Esplanade, Tel. 09-405 7874, Nov.–April Sa/So, NZ-Ferien Do–Mo 10–16 Uhr). Ganz auf der Spitze einer Landzunge ist das kleine Zentrum von Rowene platziert und dort legt die Hokianga Vehikel Ferry ›Te Kohu Ra Tuarua‹ zum Nordufer des Hokianga Harbour ab (Tel. 09-405 2607, tgl. 7.30–19.30 Uhr 1–2 x pro Stunde, Fahrzeit 15 Min., Person 2 NZD, Pkw und kleinere Camper 16 NZD, große Camper ab 27 NZD).

Der **Twin Coast Discovery Highway** nutzt die Fähre und bleibt anschließend auf landschaftlich schönen Nebenstraßen im Westen des Northland. Das spart bis Ahipara rund 40 km gegenüber der fährlosen Route über SH1. **Kohukohu,** 3 km nördlich des Anlegers am anderen Ufer, war früher ein bedeutender Hafen und Standort einer Werft, geblieben ist nur ein Dorf der Kategorie ›Hier scheint die Zeit stehen geblieben‹, und das, obwohl ein Feuer 1967 große Teile zerstörte.

Infos

Hokianga i-SITE Visitor Centre: 29 SH12, Opononi, Tel. 09-405 8869, www.hokiangatourism.org.nz, www.hokianga.co.nz.

Übernachten

Luxus am Wasser ▶ **Copthorne Hotel & Resort Hokianga:** SH12, Omapere, Tel. 09-405 8737, www.omapere.co.nz. Hervorragend renoviertes Traditionshotel wunderschön am Ufer des Hokianga Harbour gelegen. Preise nach Buchungslage ab ca. 110 NZD, in der Saison eher um 200 NZD.

Ökologisch und paradiesisch ▶ **The Tree House:** 168 West Coast Rd, Kohukohu, Hokianga Harbour (Nordufer), Tel. 09-405 5855, www.treehouse.co.nz. BBH-Backpacker, dessen Atmosphäre jede Seele zur Ruhe kommen lässt; romantische Liebeshütten für Paare auf dem Gelände abseits des Haupthauses. Betten ab 23 NZD/Pers., DZ und Hütten ca. 54–72 NZD.

Essen & Trinken

Über dem Südufer ▶ **Boatshed Café:** 8 Clendon Esplanade, Rawene, Tel. 09-405 7728. Süße oder herzhafte Kleinigkeiten auf Balkonplätzen über dem Wasser serviert.

Über dem Nordufer ▶ **Waterline Café:** 2 Beach Rd, Kohukohu, Tel. 09-405 5552, tgl. 10–17, Fr/Sa – 21 Uhr. Für einen Cappuccino, ein Lunchgericht und den Blick auf den Harbour macht man hier gern Pause.

Aktiv

Souvenir aus eigener Hand ▶ **Hokinaga Bone Carving Studio:** 15 Akiha St, Omapere, Tel.09-405 8061. James Taranaki ist ein geachteter Maori-Schnitzmeister und geduldiger Lehrer, der seine Gäste Schmuck entwerfen und dann in aller Ruhe aus Knochen produzieren lässt. Und für die Kursgebühr von 60 NZD gibt's von Ehefrau Charlotte noch ein Lunch.

Zum Sand-Tobogganing ▶ **Hokianga Express:** Tel. 09-405 8872 (Buchung über i-SITE oder Unterkünfte). Angeltouren und Bootstransfer von Opononi zu den Dünen von Kahakaharoa, Verleih von Sand-Tobogganing-Ausrüstung ca. 25 NZD.

Durch eine verwunschene Welt ▶ **Wairere Boulders:** 70 McDonnell Road, Horeke; Tel. 09-401 9935, www.wairereboulders.co.nz, tgl. solange Tageslicht. Privater Naturpark 50 km östlich Opononi mit sorgfältig angelegten Rundwegen. Hier floss vor fast 3 Mio. Jahren Basalt-Lava über weichen Lehmboden und erstarrte. Wasser spülte der Lehm unter der Lava aus, das Lavefeld brach ein und bizarre Verwitterungsformen entstanden. 10 NZD/Erw., Familientickets.

Ahipara, Kaitaia und der hohe Norden ▶ H/J 1/2

Ahipara ist ein all zu oft übersehener Höhepunkt des Northland und einer der besten Surfspots im Lande – sowohl für die auf den Wellen als auch für Zuschauer. Kein anderer Ort liegt so schön am Ninety Mile Beach und vom Aussichtspunkt oberhalb des ›Zentrums‹ hat man den ultimativen Blick auf diesen legendären Strand. Darüber hinaus bietet Ahipara Zugang zu den fast 200 m hohen Dünen der **Tauroa Peninsula.** Oben auf dem unwirtlichen Plateau wurden Kauri-Gum-Fundstätten bis in die 1960er-Jahre professionell ausgebeutet. Seitenhänge, vom Westwind mit Sand zugeweht, dienen als Sand-Tobogganing-Pisten und Quadbiker rasen über den Strand, Gerätschaften dafür werden im Ort ausgeliehen. Vorsicht bei Touren über die Felsplateaus um Tauroa Point, die Benutzung ist von Tiden und Wellengang abhängig.

Kaitaia, das Tor zum hohen Norden, ist mit Versorgungs- und Informationseinrichtungen gut ausgestattet. Das **Far North Regional Museum** besitzt eine ansehnliche Sammlung an Maori-Artefakten, Kauri-Gum-Klumpen, Moa-Skeletten und Dokumenten aus der frühen Siedlungszeit, und wenn man bisher nichts übersehen hat, dürfte der Anker der ›St. Jean Baptiste‹, des Expedionsschiffes des Franzosen Jean-François-Marie de Surville, der älteste von Weißen auf Neuseeland hinterlassene Gegenstand sein. De Surville besuchte fast zeitgleich mit James Cook Neuseeland, aber mehr aus Seenot denn aus Forscherdrang, und so kam der Engländer in die Geschichtsbücher (6 South Rd, Tel. 09-408 1403, tgl. 10–16 Uhr, 4 NZD).

In **Awanui** ist **Ancient Kauri Kingdom** nicht nur Souvenirshop für Produkte aus bis zu 45 000 Jahre altem Swamp Kauri, sondern längst eine Sehenswürdigkeit, vor allem jener Stamm, der so gigantisch ist, dass er im Inneren eine Treppe besitzt, mit der man zu einer kleinen Ausstellung auf der Balustrade im ersten Stock hinaufgehen kann (229 SH1, Awanui, Tel. 09-406 7172, www.ancientkauri.co.nz, große Cafeteria, viele Busse).

Überreste versunkener Bäume und das Leben der Pioniere, die dem Kauri Gum nachjagten, zeigt sehr authentisch ein ca. 45-minütiger Rundgang durch das Freilichtmuseum **Gumdiggers Park** in einem schattigen Manuka-Wäldchen bei Waiharara. Im Museumsshop gibt's Souvenirs aus Swamp Kauri und Kauri Gum (Heath Rd, Waiharara, Tel. 09-406 7166, www.gumdiggerspark.co.nz, tgl. 9–17 Uhr, ca. 10 NZD).

SH1 schlängelt sich durch die wenigen Siedlungen und Dörfer im Osten der Aupouri Peninsula nordwärts. Etwas dichter besiedelt ist nur der Abschnitt auf Höhe des flachen, von den Tiden abhängigen **Houhora Harbour** mit dem Hafenstädtchen **Pukenui.** Schauen Sie einmal am Pier vorbei, vielleicht werden gerade ein paar der ungewöhnlich großen Langusten angelandet, die vor der Küste gefangen werden.

Ninety Mile Beach

Der **Ninety Mile Beach,** der real nicht einmal 90 km lang ist, kann zwischen Ahipara und dem Te Paki Stream im Norden befahren werden. An der Feriensiedlung Waipapakauri Beach kann man zwar mit jedem Auto an den Strand fahren, ähnlich wie man es in Europa von der dänischen Nordseeküste kennt, aber Vorsicht: Man kann sich auf dem Weg nach Norden in Treibsandfeldern festfahren, und bei Flut wird der Vorstrand an vielen Stellen bis zu den Dünen überflutet. Wer dann noch mit einem Fahrzeug am Strand unterwegs ist, hat ein ernstes Problem, denn es gibt nur eine Handvoll Zu- und Ausfahrten in Abständen von ca. 20–30 km, und die sind zum Teil nur mit Allradfahrzeugen zu bewältigen. Die meistgenutzte Ab- und Zufahrt im Norden verläuft zwischen Strand und Straße durch das flache, sandige Flussbett des Te Paki Stream. Der formt einen Einschnitt mitten durch die gigantischen Wanderdünen, die über 5 km ins Land drängen. Wer sich mit dem Wagen nicht durch den Fluss traut, kann vom SH1auf der Te Paki Stream Road (Abzweig an DOC Te Paki Field Base) bis zu einem Parkplatz vor einer ersten Furt gelangen. Von dort sind es noch gut 3 km zum Ninety Mile Beach, aber erste hohe Dünen warten schon direkt auf der anderen Seite des Flüsschens, das leicht zu durchwaten ist. Tobogganing-Boards für Ritte die Sandhänge hinunter werden an schönen Tagen von fliegenden Händlern vor Ort verliehen.

Cape Reinga

Die abgelegenen Surville Cliffs mit dem North Cape, weit im Osten der Hauptstraße, bilden die geographische Nordspitze des neuseeländischen Festlands, sind aber als streng geschütztes Naturschutzreservat und weil der Zugang über Maori Land führt praktisch

Leuchtturm am Cape Reinga

unerreichbar. Die Rolle des touristischen Nordkaps übernimmt **Cape Reinga** mit seinem viel fotografierten, auf einer Klippe thronenden Leuchtturm und dem davor stehenden Schilderbaum, der Entfernungen zu Städten in aller Welt zeigt. Unruhig gibt sich das Meer vor dem Kap: Pazifik und Tasman Sea stoßen zusammen, kilometerweit erkennt man ihr strömungsreiches Ringen. In der Maori-Mythologie ist Cape Reinga ein heiliger Ort, von dem die Seelen der Verstorbenen auf ihre letzte Reise in das legendäre Hawaiki gehen. Sie lassen sich von den Wurzeln eines Pohutukawa-Baums, der am Hang des Kaps wächst, in die Tiefe gleiten. Einen letzten Blick zurück gönnen sie sich noch von den unbewohnten Three King Islands, die man bei guter Sicht am Horizont sieht, etwa 50 km entfernt.

Am Ende des **Te Werahi Beach** gleich westlich von Cape Reinga markiert Cape Maria van Diemen die westlichste Stelle der Nordinsel. Über die Wanderwege vom Cape Reinga zu den Kaps im Osten und im Westen bis hinunter zum Te Paki Stream (ca. 8 Std.) informiert das DOC mit seinem Faltblatt ›Cape Reinga and Te Paki Walks‹.

Infos

Far North i-SITE: Centennial Park South Rd, Kaitaia, Tel. 09- 408 0879, www.visitfarnorthnz.com. Spätestens 2012 soll gegenüber dem heutigen Standort des i-SITE das neue Gemeinde-Center **Te Ahu** fertig stehen, in das die Touristeninformation und das Far North Regional Museum (s. o.) einziehen.
DOC Kaitaia Area Office: 25 Matthews Ave, Kaitaia, Tel. 09-408 6014.

Übernachten

Lieblingsort mit Meerblick ▶ Endless Summer Lodge: 245 Foreshore Rd, Ahipara, Tel. 09-409 4181, www.endlesssummer.co.nz. Anna und Blaine, ein deutsch-neuseeländisches Paar, betreiben den Backpacker in einer 1880 gebauten Kauri-Villa direkt hinter dem Strand. In meinem Lieblingszimmer lasse ich nachts immer die Vorhänge offen. Dann habe ich nach dem Aufwachen die einmalige Aussicht auf Meer und Strand und kann noch unter den Federn überlegen: Mach ich vor dem Frühstück einen Gang am Wasser entlang oder nehm ich gleich ein Bad? Abends findet man auf der großen Terrasse unter Weinranken immer jemanden zum Klönen über Wellen im Besonderen oder über Neuseeland im Allgemeinen. Die Endless Summer Lodge liegt zudem ideal für Erkundungen von Neuseelands hohem Norden, die Tour zum Cape Reinga ist mit Ausflugsbus – Abholung am Haus – oder eigenem Fahrzeug ein schöner Tagesausflug. Betten im Mehrbettzimmer ab 25 NZD, DZ ab 60 NZD.

Funktional & verkehrsgünstig ▶ Pukenui Lodge Motel & Backpacker: SH1/Wharf Rd, Pukenui, Houhora Harbour (42 km nördl. Kaitaia), Tel. 09-409 8837, www.pukenuilodge.co.nz. Motel über dem pittoresken Hafen von Pukenui mit Units ca. 95–130 NZD und Backpacker-Betten ab 22,50 NZD, DZ ab 60 NZD.

Einfach, traumhaft ▶ DOC Campsite Taputaputa Bay: Taputaputa Rd, keine Buchung möglich. Ein einfach ausgestatteter Platz ca. 3 km steile Schotterpiste oder 2 Std. markierter Klippenweg unterhalb Cape Reinga an einer zauberhaften Badebucht. Beliebt bei Campern, die auf dem Cape die letzten Sonnenstrahlen erleben wollen. Nicht verwirren lassen: Der Name taucht auch häufig in der Schreibweise Tapotupotu Bay auf.

Aktiv

Sandkastenspiele für Große ▶ Ahipara Adventure Centre: 15 Takahe Road, Ahipara, Tel. 09-409 2055, www.ahiparaadventure.com. Quad Bikes ca. 75 NZD/Std., Sand-Tobbogans ab 10 NZD, Surf-Boards ab 25 NZD, Wet Suites ab 10 NZD.

Cape-Reinga-Touren via 90 Mile Beach ▶ Exkursionen zum Cape Reinga ab Ahipara und Kaitaia ca. 8 Std. Alle Anbieter fahren nach Wasserstand bei Hin- oder Rückfahrt über den Ninety Mile Beach, benutzen die Durchfahrt am Te Paki Stream und stoppen dort an den Sanddünen mit Gelegenheit zur Dünenbesteigung und zum Sand-Tobogganing, unterschiedlich die Stopps an Museen und Touristen-Shops auf der ›Inlandstrecke‹. Empfehlenswert: **Sand Safaris,** 221 Commerce St, Kaitaia, Tel. 09-408 1778 oder [fc] 0800 869 090, www.sandsafaris.co.nz, ca. 55 NZD inkl. Lunch.

Termine

Te Houtaewa Challenge Ninety Mile Beach Run: PO Box 654, Kaitaia, Tel. 09-408 6060, www.newzealand-marathon.co.nz. Einer der härtesten Ultra-Marathon-Läufe der Welt findet Mitte März am Ninety Mile Beach statt, 60 km für die ganz Ausdauernden, auch Marathon, Halb-Marathon und kürzere Distanzen als Volkslauf. Registrierung bis Anfang Februar.

Verkehr

Autofahren: Erkundigen Sie sich vor einer Autofahrt auf dem Ninety Mile Beach im i-SITE (S. 149) nach ›sicheren‹ Zeiten und beachten Sie auch, dass für Privat- und Mietwagen am Strand kein Versicherungsschutz besteht.

Busse: BusaboutKaitaia, Tel. 09-408 1092, www.cbec.co.nz, betreibt ein regionales Busnetzt zwischen Ahipara im Westen, Pukenui im Norden und Manganui im Osten. Wer hinter den Bussen fährt, wundert sich über ihre Gerüche: Sie fahren mit bis zu 50 % ›Biodiesel‹, recycelt aus alten Speiseölen, die u. a. aus Fish&Chips-Shops stammen. Zum überregionalen Verkehr S. 139.

Karikari bis Kerikeri ▶ J/K 2

Während SH 1 von Kaitaia durchs Innere des Northland nach Süden verläuft, vor allem Farmland zeigt und ein paar Wälder streift, wechselt SH10 zwischen Awanui und Kerikeri immer mal direkt vom Ufer ins küstennahe Hinterland, bietet dann aber über Nebenstraßen Zugang zum Meer. Reisende aus Übersee bringen die 100 km meist schnell hinter sich, Neuseeländer lieben indes die Strände und Buchten entlang der Küste für ihre Sommerferien. So sind reichlich, in der Hochsaison gut genutzte Übernachtungsmöglichkeiten, Restaurants und Cafes vorhanden. Alle Arten von Wassersport, vor allem aber Angeln, sind die Urlaubsvergnügungen.

Karikari Peninsula

Die **Karikari Peninsula** ist von Buchten und Stränden gesäumt, längst nicht alle sind so leicht zugänglich und so populär wie die Matai Bay im Osten mit einem sehr großen DOC-Campingplatz (S. 151). Die Halbinsel, lange ein Familienziel, erlebt eine neue Ausrichtung, seit 2003 eine perfekte Golfanlage mit Luxuslodge und dem für alle Besucher offenen Weingut **Karikari Estate** eröffnete und internationalen Golf-Jetset locken soll (www.heritagehotels.co.nz/Carrington-Resort).

Übernachten

Für jede Reisekasse ▶ **Whatuwhiwhi Top 10 Holiday Park:** Whatuwhiwhi Rd, Karikari Peninsula, Tel. 09-408 7202, [fc] 0800 142 444, www.whatuwhiwhitop10.co.nz. Familienfreundliche, bestens eingerichtete Anlage an einer kleinen Sandbucht auf der Südseite der Halbinsel: Stellplätze 36–60 NZD, Hütten und Apartments 60–375 NZD.

Für Sparsame ▶ **DOC Matai Bay Campsite:** Am Nordostzipfel der Karikari Peninsula an einem geschützten Strand, populär bei Kiwi-Familien, ca. 8 NZD/Pers.

Doubtless Bay und Mangonui

James Cook gab der Doubtless Bay den Namen, schaute aber nicht weiter nach, sondern vermerkte nur im Logbuch, dass es von See betrachtet *zweifellos* eine Bucht sei. Die hat zweifelsohne einen Hang zu ersten Kontakten: In **Taipa,** neben der mangrovenbewachsenen Mündung des gleichnamigen Flusses, erinnert eine Skulptur daran, dass der legendäre Entdecker Kupe (S. 26) hier einen seiner ersten Landungsplätze auf Aotearoa hatte. Und etwa zu der Zeit, als Cook vorbeisegelte, suchte Jean-François Marie de Surville mit angeschlagenem Schiff und skorbutkranker Mannschaft hier Schutz (S. 148). Und noch ein erster Kontakt: Von der **Cable Bay** verband Anfang des 20. Jh. das erste Telegrafenkabel Neuseeland mit dem Rest der Welt.

Mangonui an einem Seitenarm der großen Bucht wirkt nostalgisch mit schmucken alten Holzhäusern. Der Mangonui Fish Shop (s. Essen & Trinken), auf Pfeilern über das Wasser gebaut, hat Kultstatus.

Infos

Doubtless Bay Information Centre: 118 Waterfront Drive, Mangonui, Tel. 09-406 2046, www.doubtlessbay.co.nz.

Essen & Trinken

Edelimbiss mit Hummer ▶ **Mangonui Fish Shop:** 137 Waterfront Drive, Tel. 09-406 0478, tgl. von 8.30–20, Sommer bis 21 Uhr. Hier kauft man Lobster wie Fish&Chips gleichermaßen zum Mitnehmen oder man isst auf der Außenterrasse über dem Wasser.

Gourmet-Gerichte mit Maori-Wurzeln ▶ **Coopers Cafe:** 157 SH10, Coopers Beach, Tel. 09-406 0860, www.cooperscafe.co.nz. Nüchtern das Interieur, grandios die Küche bei Lamm, Fisch und Muscheln; HG um 30 NZD. Im Winter Öffnungstage anfragen, im Sommer unbedingt reservieren – es lohnt!

Whangaroa Harbour und Matauri Bay

Der weit ins Land greifende Whangaroa Harbour gilt unter Hochseeanglern der Bay of Islands ebenbürtig. Das kleine **Whangaroa** bezeichnet sich als ›Marlin Capital‹ und der Whangaroa Big Game Fishing Club dokumentiert mit Bildern und präparierten Fischen im Clubhaus rekordverdächtige Fänge. Angeboten werden auch Fahrten zum Tauchen und Schnorcheln an den Cavalli Islands. Die Kulisse über dem Ort dominiert der monolithische, 230 m hohe St. Paul's Rock. Ein steiler Aufstiegspfad (30 Min.) ist markiert.

Kleine Kauri-Alternative

Westlich des SH10 führt ein Schlenker über nicht gänzlich asphaltierte Nebenstraßen zu dem vom DOC verwalteten **Manginangina Scenic Reserve** am Rande des Puketi Forest. Der kleine Urwald mit ungewöhnlich reichem Vogelleben und einigen ansehnlichen Kauri-Fichten ist eine Alternative für alle, die aus Zeitgründen nicht zu den Kauri-Wäldern im Westen kommen. Ein hervorragend präparierter Plankenweg verschafft in etwa 20 Min. einen Überblick (ab SH10 von Norden ca. 2 km hinter Kaeo auf Waiare Road – 15 km kurvig – oder von Süden hinter Waipapa auf Pungaere Road abbiegen), im nahen Puketi Forest gibt es einen spartanischen DOC Campsite (7,10 NZD/Pers.).

Während SH10 zwischen Whangaroa Harbour und Bay of Islands Abstand zum Meer hält, schlängelt sich eine Nebenstraße an der Küste entlang. Eine der Buchten mit goldgelben Stränden ist die **Matauri Bay.** Sie wird nach Osten von einem ehemaligen Vulkan begrenzt, auf dem das **Rainbow Warrior Memorial** an jenen perfiden Akt erinnert, mit dem Frankreich die Arbeit von Greenpeace sabotieren wollte und dabei vor Mord, bezahlt aus einem ›Reptilienfonds‹ der Pariser Regierung, nicht zurückschreckte: Im Hafen von Auckland explodierte am 10. Juli 1985 auf dem Greenpeace-Flaggschiff Rainbow Warrior, das eine Protestflotte gegen französische Atomtests im Südpazifik anführen sollte, eine Bombe. Ein Mensch starb, das Schiff sank. Die Bombenleger Dominique Prieur und Alain Mafart, Agenten des französischen Geheimdienstes, wurden noch in Neuseeland gefasst und verurteilt. Das Denkmal an der Matauri Bay zeigt einen stilisierten Regenbogen aus Feldsteinen, der sich über die von einer Basaltsäule getragene Schiffsschraube der Rainbow Warrior schwingt. Das Schiff selbst liegt 3,5 km vor der Küste in 30 m Tiefe. Es wurde dort ein zweites Mal versenkt als submarines Denkmal und Taucher-Ziel.

3 Bay of Islands

Karte: S. 154

Die **Bay of Islands** mit Inseln und Inselchen ist ein Naturparadies mit hohem Freizeitwert. Die Reichen aus Auckland besitzen hier gern eine Ferienwohnung oder eine Lodge mit Seeblick, die ganz Reichen nennen gleich eine halbe oder ganze Insel ihr Eigen. Gleichzeitig ist die Bay of Islands als erstes Zentrum der Kolonie und Geburtsstätte des neuseeländischen Staates einer der historisch bedeutendsten Orte im Lande. Das moderne Neuseeland und das Zusammenleben von Maori und Pakeha mit all den aktuellen Konflikten kann man nur wirklich verstehen, wenn man den Platz erlebt hat, an dem sie im Februar 1840 zusammengefunden haben.

Von den Orten an der Bay ist Kerikeri eher Landstädtchen im Binnenland, Paihia der muntere, oft laute Badeort und Russell dessen distinguierterer, ruhigerer Gegenpol.

Populär sind alle Wassersportarten, inklusive Hochseeangeln, Gamefishing auf ganz große Fische wie Hammerhai, Merlin und verschiedene Thunfisch-Arten. Auch ohne dieses Hobby macht fast jeder eine Tour aufs Meer hinaus. Meist ist **The Hole in the Rock** 1 am **Cape Brett** 1 das Ziel, ein von Wellen geschlagenes Loch durch die Mini-Insel Piercy Island/Motukokako. Das Loch ist groß genug, dass Ausflugsboote hindurchfahren, solange der Seegang es zulässt. In der nahen Bucht **Deep Water Cove** bekamen Taucher 2007 ein Geschenk der Marine: Die versenkte dort als Tauchobjekt ihre ausgediente – und gereinigte – Fregatte **HMNZS Canterbury** 1.

Ein weiteres beliebtes Ziel ist die Insel **Urupukapuka** 2 mit markierten Wanderwegen, u. a. ein historischer Lehrpfad zu Überresten mehrerer Maori-Pas. An der **Otehei Bay** 3, Zwischenstopp vieler Bootstouren, ist ein Café nach Zane Grey (1872–1939) benannt: Der amerikanische Western-Autor gilt als touristischer Entdecker der Bay of Islands, seit er hier in den 1920er-Jahren zum Hochseeangeln erschien und den Gewässern mit ihren Megafischen zu Publizität verhalf.

Kerikeri ►K 2

Kerikeri 4 ist Neuseelands Obstgarten für Zitrusfrüchte. Der Ort wirkt auf den ersten Blick wie ein Straßendorf; erst die ›Altstadt‹ im sogenannten Kerikeri Basin schmiegt sich idyllisch um die Mündung des Kerikeri River in einen Seitenarm der Bay of Islands. Anglikaner gründeten hier 1819 eine Missionsstation, das Land überließ ihnen der sonst für seine grausame Kriegsführung in Stammeskonflikten berüchtigte Nga Puhi-Häuptling Hongi Hika. Der hatte wenige hundert Meter entfernt sein Kriegscamp Kororipo Pa.

Von der Missionsstation sind zwei Gebäude erhalten: Das **Kemp House** 2 von 1822 ist das älteste von Weißen gebaute Holzhaus im Lande. Der **Stone Store** 3 nebenan kam 1832–36 hinzu. Er war als Lager geplant, wurde jedoch lange für den Kauri-Gum-Handel genutzt und diente im 20. Jh. gut 50 Jahre als General Store. Heute ist Neuseelands ältestes Steinhaus im Stil einer Handelsstation der Pionierzeit eingerichtet – teils Shop, teils Ausstellung (Kerikeri Mission Station, 246 Kerikeri Rd, Kerikeri Basin, Tel. 09-407 9236, tgl. 10–16/17 Uhr). Weil der moderne Durchgangsverkehr dem Stone Store arg zusetze, wurde 2008 die alte Autobrücke, die vor dem Gebäude den Kerikeri River überspannte, abgerissen und durch eine Fuß-

aktiv unterwegs

Ein Tag in der Bay

Tour-Infos

Veranstalter: beide Touren im Sommer tgl. 9.30 bis ca. 15.30/16 Uhr ab Paihia Wharf 5 mit Stopp an Russell Wharf 10. Details zu den Veranstaltern **Fullers Great Sights** (Cream Trip, 6 Std., ca. 105 NZD, Schwimmen mit Delfinen 30 NZD extra) und **Carino Sailing & Dolphin Adventures** (Segeltörn 6,5 Std. inkl. Schwimmen mit Delfinen 110 NZD, S. 161).

Natürlich gehört zum Besuch der Bay of Islands auch eine Exkursion in die Inselwelt: Schwimmen mit Delfinen, sich auf komfortablen Katamaranen oder betulichen Oldtimerseglern Wind und Wellen hingeben oder mit 100 km/h auf dem 1200 PS starken Excitor zum Cape Brett und zurückbrettern.

Albert E. Fuller begann 1880 diese maritimen Welt zu versorgen. Mit dem ›Cream Trip‹ holten seine Schiffe Milch von Inseln und abgelegenen Höfen. Darauf beziehen sich heute Touren von **Fullers Great Sights,** die als Mix von Sightseeing, Aktivitäten, Fun und Naturkontakten einen ganzen Tag lang die Bay erkunden. Natürlich wird wenn möglich **The Hole in the Rock** 1 durchfahren. Später kreuzt der komfortable Katamaran über die Bay und mit etwas Glück sieht man Orcas auf der Jagd. Tauchen unterwegs Delfine auf, die ohne Jungtiere unterwegs sind, darf man ins Wasser, um mit ihnen eine Runde zu schwimmen, ansonsten ist noch das Netz da, über das man ins Wasser steigt: ›Boom-netting‹ heißt der Spaß, wenn man darin liegt und der Skipper den Katamaran mit voller Kraft voraus übers Wasser jagt.

Vorbei an den **Black Rocks** 15, einem Gewirr von Basaltfelsen, steuert das Boot auch in den Norden der Bay, wo am Ufer das **Marsden Cross** 16 den Platz markiert, an dem Weihnachten im Jahr 1814 zum ersten Mal Gottes Wort in Neuseeland gepredigt wurde. Anschließend staunt man über Luxusvillen auf Privatinseln und legt in einer Bucht ›nach Wahl des Skippers an‹ und es darf gebadet, geschnorchelt oder einfach nur relaxt werden.

Nicht ganz so weit ist der Radius der **Carino,** eines Katamaran-Seglers aber das Programm ist ähnlich, inkl. BBQ an einem Inselstrand. Am Ruder der Carino steht meist Venessa Mckay, eine der bekanntesten Skipperinnen im Lande.

Bay of Islands/Cityplan: Russel

Sehenswert

1 The Hole in the Rock
2 Kemp House (Kerikeri)
3 Stone Store (Kerikeri)
4 Rewa's Maori Village (Kerikeri)
5 Paihia Wharf/Maritime Buildung (Booking desks)
6 Waitangi National Reserve
7 Ngapuhi Te Tii Marae
8 Flagstaff Hill
9 Christ Church
10 Russell Wharf
11 Polizeistation
12 Pompallier Mission
13 Russell Museum
14 Eagles Nest
15 Black Rocks
16 Marsden Cross

Übernachten

1 Ora Ora Resort
2 Kerikeri Farm Hostel
3 Aroha Island Ecological Centre
4 Copthorne Hotel & Resort Bay of Islands
5 The Totaras
6 The Peppertree Lodge
7 The Mousetrap
8 Bay of Islands Holiday Park
9 Orongo Bay Homestead
10 Duke of Marlborough Hotel
11 Russell Top 10 Holiday Park

Fortsetzung s. S. 156

Essen & Trinken
1 Kamakura
2 35° South
3 The Sugarboat Restaurant & Cocktail Bar
4 Only Seafood
5 Sally's Restaurant
6 Bay of Island Swordfish Club Paihia
7 Bay of Island Swordfish Club Russell
8 The Waikokopu Café

Einkaufen
1 Ancient Kauri Kingdom Paihia Gallery Shop

Abends & Nachts
1 Bay of Island Swordfish Club Paihia

Aktiv
1 HMNZS Canterbury (Tauchen)
2 Oneroa Bay (Strand)
3 Paihia Dive
4 Cape Brett Track

gängerbrücke ersetzt – für Fahrzeuge entstand eine Umgehungsstraße weiter landeinwärts. Ans Nordufer möchte man aber, weil man dort sehen kann, wie zur Zeit der Ankunft der ersten Weißen in der Region die Maori lebten: **Rewa's Maori Village** 4 zeigt Nachbauten ihrer Häuser in einem rekonstruierten Fischerlager, erschlossen durch einen schattigen Spazierweg (Landing Rd, Tel. 09-407 6454, tgl. 9–16/17 Uhr, 5 NZD).

Paihia und Waitangi ► K 2

Paihia 5 geht wie Kerikeri auf eine Missionsstation zurück und ist nur wenig jünger, hat jedoch kaum Altes bewahrt und zeigt sich als modernes, quirliges Tor zur Bay, ein Dienstleistungszentrum mit Partypotenzial. Vor allem an der Marsden Road, Paihias Uferpromenade, reihen sich Cafés und Restaurants, vor dem Zentrum die lauten, nach Süden hin die etwas ruhigeren. Am späten Nachmittag sollten Sie mal an der Wiegestation auf dem Landungspier **Paihia Wharf** 5 vorbeischauen, ob dort nicht Sportangler fette Beute mit stolz geschwellter Brust präsentieren – zugegeben makaber, aber fotogen.

Nördlich der Stadt mündet der Waitangi River in die Bay of Islands. Am Nordufer, über eine Brücke erreichbar, liegt **Waitangi** 6 und Neuseelands bedeutendste historische Sehenswürdigkeit, das **Waitangi National Reserve** 6. 1932 durch eine Schenkung in Staatsbesitz gelangt, entwickelte es sich rund um den Schauplatz der Unterzeichnung des Treaty of Waitangi (S. 28). Im Besucherzentrum am Eingang läuft alle halbe Stunde eine audiovisuelle Aufarbeitung der Vertragsunterzeichnung mitsamt Vorgeschichte und Folgen (Waitangi National Trust, Tau Henare Drive, Waitangi, Tel. 09-402 7437, www.waitangi.net.nz, tgl. 8.30–17/19 Uhr, 25 NZD, Familientickets. Führungen, Kultur-Shows u. ä. ab 18 NZD je Programmpunkt; abends History-Show mit Dinner ca. 70 NZD).

Das **Treaty House,** 1840 Wohnsitz von Britanniens Repräsentanten James Busby, steht als Museum im Mittelpunkt. Im Schreibzimmer rechts neben dem Eingang wurde der Vertrag verfasst und übersetzt, vor dem Haus markiert ein Flaggenmast die Stelle, an der die ersten Unterschriften darunter gesetzt wurden; oben flattert meist Neuseelands Nationalflagge, darunter der Union Jack und das Tuch der Confederation of United Tribes.

Das zweite große Gebäude, das **Whare Runanga,** ist ein ›typisches‹ Maori-Versammlungshaus und zeigt in seinen Schnitzereien einen Querschnitt durch die Bildsprachen aller neuseeländischen Tribes; halbstündlich erklärt eine Audio-Show einzelne Elemente. Das Gebäude entstand unter Einbeziehung der besten Maori-Schnitzkünstler zum 100. Jahrestag der Vertragsunterzeichnung. Im Whare Runanga finden abendliche Maori-Kultur-Shows statt (Tel. 09-402 5990, www.culturenorth.co.nz, 60 NZD).

Imposantes Schnitzwerk zeigt auch das wohl längste Kriegskanu der Welt **Ngatokimatawhaorua.** Allein der Rumpf verschlang beim Bau drei Kauri-Stämme. 150 Krieger und 80 Ruderer passen in das 35,7 m lange Boot, das zu besonderen Anlässen wie dem

Waitangi Day am 6. Februar zu Wasser gelassen wird. Sonst steht es unter einem Schutzdach am Ufer des Hobson Beach.

Der Waitangi-Tag etablierte sich nach dem Zweiten Weltkrieg. Anfangs blieben die Maori außen vor, die Pakeha gedachten der Ankunft von William Hobson am 29. Januar. Erst 1960 wurde der Tag der ersten Vertragsunterzeichnung, der 6. Februar, Gedenktag, 1973 Nationalfeiertag. Nachdem Maori-Aktivisten den nationalen Festakt in Waitangi in den 1990ern mehrfach für hitzige Protestaktionen nutzten, verlor das Fest am historischen Schauplatz sogar den Status der offiziellen Feierlichkeit für den Waitangi Day. Inzwischen hat es sich wieder zu einem großen Event mit Zehntausenden von Besuchern entwickelt. Die erleben Zeremonien, Reden, Konzerte und Vorführungen. Wakas vieler Iwi kreuzen auf der Bay of Island und mindestens ein Schiff der NAVY ist präsent, gibt Salut und stellt eine Ehrengarde für den Flaggenbaum. Gibt es Proteste der Fundamentalisten, werden sie geradezu ritualisiert eingebunden – mit viel Fantasie versuchen sie immer wieder die Maori-Unabhängigkeitsflagge höher zu positionieren als die Nationalflagge am *flaggstaff.*

Zum Waitangi National Reserve gehören neben den historischen Stätten auch Land am Ufer des Waitangi River, das ein abwechslungsreicher Plankenweg durch einen Mangroven-Wald erschließt. Auf der anderen Seite des Flusse nahe der Brücke über den Fluss bildet das **Ngapuhi Te Tii Marae** 7 der örtlichen Maori einen unübersehbaren Komplex, ist aber öffentlich nicht zugänglich.

Russell ► K 2

Paihia gegenüber und mit Fähren (S. 162) schnell erreicht, liegt **Russell** 7**.** Das romantische 1000-Einwohner-Städtchen war Anfang des 19. Jh. die erste weiße Stadt Neu-

Auch Frauen angeln gern große Fische und lassen sie am Paihia Wharf wiegen

seelands, damals noch Kororareka genannt und als ›Höllenloch des Pazifik‹ geschmäht. Seinen englischen Namen erhielt es, nachdem der Feuerteufel 1842 im etwas südlicher gelegenen Ur-Russell gewütet hatte, nahe dem heutigen Anleger der Autofähre in **Okiato** 8 am Waikare Inlet.

Das alte Russell hatte in den Kindertagen der Kolonie kurzzeitig die Funktionen einer Hauptstadt, ehe Gouverneur Hobson den Umzug nach Auckland veranlasste. 1845 erwischte Feuer auch das zweite Russell, als hier ein heftiger Kampf zwischen Pakeha und Maori ausbrach. Der renitente Maori Häuptling Hone Heke hatte seine Abneigung gegen die Briten durch das viermalige Fällen des Flaggenmastes demonstriert, an dem der Union Jack auf der Spitze des **Flagstaff Hill** 8 – ein großartiger Aussichtspunkt – über Russell wehte. Nach dem vierten Anschlag kam es zu Kämpfen. Schließlich brannte Russell, nur die Kirche und die Pompallier Mission (s. u.) überstanden den Tag. An der **Christ Church** 9, 1831 gebaut und somit die älteste Kirche im Lande, sieht man noch Einschusslöcher von den Gefechten. Dokumente der Kolonialgeschichte sind die Grabsteine auf dem Kirchhof, so der von Hannah King Letheridge, die laut Inschrift im Januar 1816 als erste weiße Frau in Neuseeland geboren wurde. Das stimmt nicht ganz, schon im Februar 1815 war in Oihi ein Mädchen in einer Missionarsfamilie zur Welt gekommen, starb aber schon im Alter von drei Jahren.

Am schönsten zeigt sich Russell an der Hafenfront. Aus der Mitte ragt **Russell Wharf** 10 hervor, an dem die Passagierfähren aus Paihia und alle Ausflugsboote anlegen. Schaut man von dort auf die Stadt, liegt ganz links unter mächtigen Bäumen die malerische **Polizeistation** 11, die kleinste Neuseelands und nur zu seltenen Anlässen besetzt, und daneben das **Duke of Marlborough** 10, das Traditionshotel mit den angeblich ältesten Schankrechten im Land. Der **Swordfish Club** 7 der Hochseeangler, rechts vom Pier, steht auch Nichtmitgliedern offen. Danach kommt das Rathaus, das DOC Visitor Centre und ganz am Ende der Promenade das zweigeschossige Haus der **Pompallier Mission** 12, leicht am markanten Dachüberstand erkennbar. Es ist eines der ältesten Häuser des Landes, 1841–42 als Druckerei und Gerberei einer katholischen Missionsgesellschaft aus Frankreich gebaut, die in Russell ihr Hauptquartier für den ganzen westlichen Pazifikraum etablieren wollte, mit Bischof Jean-Baptiste Pompallier an der Spitze. 1856 gaben die Franzosen auf und verkauften ihren Besitz, heute kann man in dem Gebäude eine Ausstellung zur Missions- und Kolonialgeschichte sehen (Pompallier Mission, The Strand, Tel. 09-403 9015, www.pompallier.co.nz, Dez.–April tgl. 10–17, sonst bis 16 Uhr, 7,50 NZD).

Das **Russell Museum** 13 zeigt neben Erinnerungen an das alte Russell einen Nachbau von Cooks Schiff Endeavour im Maßstab 1:5 (York St, Tel. 09-403 7701, tgl. 10–16/17 Uhr, 7,50 NZD). An den Hängen über Russell dokumentieren viele Privathäuser aber auch Unterkünfte die Sucht der Neuseeländer nach Luxus mit Meerblick. Die Promiherberge **Eagles Nest Resort** 14 ist Krönung dieses Trends, international ausgezeichnet als eines der besten Hotels der Welt, Motto: ›Irgendwo zwischen sieben Sternen und dem Himmel‹. Harrison Ford und Calista Flockhart machten hier Anfang 2010 Ferien. Haben Sie genug in der Reisekasse? Die ›Villas‹ kosten ca. 2000–5000 NZD/Tag, das Haupthaus mit Platz für acht Gäste rund 20 000 NZD/Tag. Die Aussichten sind grandios, die Pools gigantisch, das Design modern aber zeitlos und zum Kochen kommt ein Küchenchef ins Haus.

Da Russell nur eine schmale Landenge einnimmt, besitzt es eine zweite Seeseite mit schönem Badestrand ca. 1000 m östlich der ›Altstadt‹ an der **Oneroa Bay** 2.

Infos

www.bay-of-islands.nz.com, www.bayofislands.net: die ganze Bay im Netz.
Bay of Islands i-SITE: Marsden Rd, Paihia, Tel. 09-402 7345, www.paihia.co.nz und **Russell Information & Booking Centre:** Russel Wharf 10, Tel. 09-403 8020, [fc] 0800 366 255, www.russellinfo.co.nz. Beide verkaufen Tickets für Exkursionen zu Wasser und zu Lan-

de in der Region ebenso wie DOC Track- und Hütten-Tickets. Ausflugstickets gibt's zudem an den ***booking desks*** vieler Tourenanbieter im Maritime Building von Paihia 5.

DOC Bay of Islands Area Office: 34 Landing Road, Kerikeri, Tel. 09-407 0300, bayofislandsbooking@doc.govt.nz.

Übernachten

Auf dem Wasser: Zwei Anbieter verbinden Bootstour und Übernachtung zu **Overnight Cruises:**

Die edle Variante ▶ Bay of Islands Overnight Cruises – Fullers Great Sights: *desk* im Maritime Buildung, Paihia, Tel. 09-402 7421, [fc] 0800 653 339, www.overnightcruise.co.nz. Der luxuriöse Katamaran **Ipipiri** mit Platz für bis zu 70 Passagiere zielt auf ein distinguiertes, internationales Publikum. Doppelkabine inkl. Vollverpflegung ca. 360 NZD/Pers., 20 Std. ist man an Bord. Check-in ist am Maritime Building in Paihia 5.

Im Backpacker-Stil ▶ The Rock: Bay of Islands Overnight Cruises, Tel. 09-402 7796 oder [fc] 0800 ROCK CR, www.rocktheboat.co.nz. The Rock mit Platz für maximal 36 Gäste will alle Altersgruppen ansprechen und da gibt's auch mal eine Deckparty. Bei Unterbringung in Mehrbettkabinen 178 NZD/Pers., Doppelkabine 396 NZD inkl. Frühstück, Abendessen und Aktivitäten; 22 Std. ist man an Bord. Check-in am Maritime Building in Paihia 5.

In Kerikeri (S. 153):

Resort deutscher Gastgeber ▶ Ora Ora Resort 1: 28 Landing Rd, Kerikeri, Tel. 09-407 8741, www.oraoraresort.co.nz. In der Nachbarschaft zu den Attraktionen von Kerikeri, luxuriöse Ferienwohnungen mit opulentem Öko-Frühstück und optionalem Dinner – alle Zutaten inklusive der Getränke stammen aus dem eigenen Öko-Garten oder von lokalen Ökoproduzenten; pro Wohneinheit ca. 480 NZD, Dinner und Anwendungen extra. Vollpensionspakete inkl. Wellness gibt's auch.

BBH-Backpacker auf Öko-Farm ▶ Kerikeri Farm Hostel 2: 1574 SH 10, Kerikeri, Tel. 09-407 6989, www.farmhostel.co.nz. Nicht zentral für die Bay, aber verkehrsgünstig gelegen und bestens ausgestattet. Mehrbettzimmer ab 20, DZ ab 50 NZD.

Campen im Naturschutzgebiet ▶ Aroha Island Ecological Centre 3: Rangitane Rd (ca. 12 km nordöstl. Kerikeri), Tel. 09-407 5243, www.arohaisland.co.nz. Stellplätze ab 24 NZD, Hütten ab 60 NZD, nächtliche Kiwi-Touren, Boot-/Kajakverleih für Touren in umliegende Mangrovenwälder.

In Paihia/Waitangi (S. 156):

Internationaler Standard ▶ Copthorne Hotel & Resort Bay of Islands 4: Tau Henare Drive, Waitangi, Tel. 09-402 7411, www.copthornewaitangi.co.nz. Direkt neben den Treaty Grounds. Online-Preis für DZ je nach Saison und Kategorie ca. 105–355 NZD.

Traumlage mit Bay-Blick ▶ The Totaras 5: 6 School Rd, Paihia, Tel. 09-402 8238, www.netnz.com/bedandbreakfast.html. B&B mit deutschem Gastgeber über der Stadt, DZ ab 250 NZD mit opulentem Frühstück.

BBH-Backpacker mit Extras ▶ The Peppertree Lodge 6: 5 Kings Rd, Paihia, Tel. 09-402 6122, www.peppertree.co.nz. Ein junges Publikum nutzt gern die großzügigen Gemeinschaftsareale drinnen wie draußen und kostenlose Extras wie Leihräder und -kajaks. Betten ab 22 NZD/Pers., viele DZ ab 66 NZD.

BBH-Backpacker mit Aussicht ▶ The Mousetrap 7: 11 Kings Rd, Paihia, Tel. 09-402 8182, www.mousetrap.co.nz. Verwinkelt, mit viel Atmosphäre und mehreren Küchen in alter Villa. Betten ab ca. 21, DZ ab 58 NZD.

Kiwi Holiday Park im Hinterland ▶ Bay of Islands Holiday Park 8: Puketona Rd, Paihia, Tel. 09-402 7646, www.bayofislandsholidaypark.co.nz. Am Waitangi River mit Kajakverleih und kleinem Pool. Stellplätze ca. 30–50, Hütten und Apartments 45–155 NZD.

In Russell und Orongo Bay (S. 157)

Mit historischer Fußnote ▶ Orongo Bay Homestead 9: Orongo Bay (ca. 6 km südl. Russell), Tel. 09-403 7527, www.thehomestead.co.nz. Der erste Besitzer war in den Hauptstadtjahren von Russell ein amerikanischer Konsul, das Haus damit die erste diplomatische Vertretung in der jungen Kolonie. DZ ca. 400–750 NZD, min. 2 Nächte, opulentes Frühstück, optionales Bio-Gourmetdinner.

Kolonialer Charme ▶ Duke of Marlborough Hotel 10: The Strand, Tel. 09-403 7829, www.theduke.co.nz. Der Charme des 19. Jh. geht hier mit dem Komfort der Gegenwart eine Liaison ein. Je mehr Meerblick, desto teurer die Zimmer: Standard-DZ ab 165 NZD, Suiten mit Bay-Blick 450 NZD.
Fast ein botanischer Garten ▶ Russell Top 10 Holiday Park 11: Longbeach Road, Russell, Tel. 09-403 7826, [fc] 0800 148 671, www.russelltop10.co.nz. Traumlage oberhalb von Russel mit Meerblick. Preise nach Aussicht gestaffelt, Stellplätze ca. 40–50 NZD, Hütten und Apartments ca. 60–230 NZD.

Essen & Trinken

The Strand, die Promenade von Russell, bietet Restaurants, die von frittier-lastigem Pub Food bis zur leichten Pacific Rim-Küche alles servieren. Das quirligere Paihia hat ein breiteres Angebot im unteren Preisniveau, auch hier liegen viele Lokale an der Promenade, Marsden Road. Dank der Fähren ist es kein Problem, für ein Essen die Ufer zu wechseln.
Küche des Pazifik ▶ Kamakura 1: 29 The Strand, Russell, Tel. 09 403 7771, www.kamakura.co.nz. Im Sommer öffnet das Lokal mit Blick auf das Treiben am Wharf schon zum Frühstück mit Waffeln und Bagels, 11–13 Uhr trendige Lunchgerichte (ab ca. 10 NZD) und ab 17 Uhr moderne Pacific Rim-Küche (HG mit Beilagen um 40 NZD).
Fisch zum Essen und Bestaunen ▶ 35° South 2: 69 Marsden Road, Paihia, Tel. 09-402 6220, www.35south.co.nz. Die Küche setzt vom Frühstück übers große Dinner bis zu Snacks beim Bier in der Bar auf lokale Produkte und serviert viele Fischgerichte, Spezialität sind Austern – ca. 30 NZD das Dutzend. Und die Fische auf dem Teller kommen garantiert aus dem Meer und nicht aus dem großen Aquarium, dem Blickfang mitten im Lokal. HG plus Beilage um 37,50 NZD.
Mediterran und maritim ▶ The Sugarboat Restaurant & Cocktail Bar 3: Waitangi Bridge, Paihia, Tel. 09-402 7018, www.sugarboat.co.nz. Auf dem alten Segler, der fest in der Mündung des Waitangi River liegt, wird mediterran gekocht, HG um 35 NZD.
Fisch zu moderaten Preisen ▶ Only Seafood 4: 40 Marsden Rd., Paihia, Tel. 09 402 6066, tgl. ab 17 Uhr. An lauen Abenden sind die wenigen Balkonplätze nicht zu übertreffen. HG um 30 NZD.
Bodenständig ▶ Sally's Restaurant 5: 25 The Strand, Russell, Tel. 09-403 7652, www.sallysrestaurant.co.nz. Das Sally's unter dem Swordfish Club (s. u.) serviert neuseeländische Küche mit viel Fisch aber auch ein paar Fleischgerichte. HG um 30 NZD.
Authentisch auf beiden Ufern ▶ Bay of Island Swordfish Club Paihia 6: 96 Marsden Rd., Paihia, Tel. 09 402 7773; **Bay of Island Swordfish Club Russell 7**, 25 The Strand, Russell, Tel. 09 403 7857, beide www.swordfish.co.nz, tgl. ab ca. 16 Uhr. Die Clublokale der Hochseeangler präsentieren ihre Trophäen und ihre historischen Catch-Boards wie Ikonen. Essensgäste sind willkommen. Serviert wird Kiwiana-Küche mit viel Gegrilltem und Frittierten (HG um 20 NZD) und dazu günstiges Bier. In beiden Clubs wird Rugby und Segeln bei guter Stimmung auf Großbildschirmen übertragen, gelegentlich Live-Musik, gern besucht von Gästen über 30.
Genuss in den Treaty Grounds ▶ The Waikokopu Café 8: Treaty Grounds, Waitangi, Tel. 09-402 6275, www.waikokopu.co.nz, tgl. 9–17/19 Uhr. Das Café mit Blick auf Treaty Grounds und Bay ist ohne Eintritt in die Gedenkstätte zu erreichen. Es gibt Kaffee, Kuchen und Lunchgerichte aus regionalen Rohwaren, u. a. Salmon Rushtie, in Manuka Honig gebratene Lachsstreifen, oder The Bay in a Bowl, eine Bouillabaisse mit Lokalkolorit; HG bis ca. 20 NZD.

Einkaufen

Swamp-Kauri ▶ Ancient Kauri Kingdom Paihia Gallery Shop 1: 13 Williams Rd, Paihia, Tel. 09-402 7859, tgl. 9–17/19 Uhr. Verkaufsgalerie der bekannten Kauri-Werkstatt in Awanui (S. 148) mit Kunsthandwerk aus uraltem Kauri-Holz.

Aktiv

Bootstouren starten/enden meist an der Paihia Wharf 7 und legen 10–15 Min. später/frü-

Das Duke of Marlborough Hotel in Russell mit großem Romantikfaktor

her an der Russell Wharf 12 kurz an. Bustouren holen Gäste in Paihia an den Unterkünften oder vom Maritime Building ab.

Das größte Angebot ► **awesomenz** (www.awesomenz.com) und **Fullers Great Sights Bay of Islands** (www.dolphincruises.co.nz) bieten im Maritime Buildung von Paihia 7 (Tel. 09-402 7421, [fc] 0800 653 339) eine Vielzahl von Bootsausflügen u. a. **Cream Trip** (s. S. 153), **Swimming with Dolphins** ca. 90 NZD, **Hole in the Rock** normal schaukelnd in 4 Std. oder rasend mit **Excitor** in 90 Min. für jeweils ca. 90 NZD sowie Bustouren zum Cape Reinga inkl. Ninety Mile Beach ca. 120 NZD.

Segeln auf Katamaran ► **Carino:** Tel. 09-402 8040, www.sailingdolphins.co.nz. Segeltörns mit Lizenz zum Swimming with Dolphins (s. aktiv unterwegs S. 153).

Mehrtägige Segeltörns ► **Ecocruz:** Tel. [fc] 0800 4ECO CRUZ, www.ecocruz.co.nz. Ab ca. 600 NZD für 3 Tage ›all inclusive‹ ab Paihia Wharf 7.

Historischer Windjammer ► **R. Tucker Thompson:** Tel. [fc] 0800 TUCKER, www.tucker.co.nz. Tagestrip ca. 140 NZD, im Sommer tgl. 10 Uhr ab Russell Wharf 12.

Tauchen ► Die versenkte **Canterbury** 1 ist Tauchziel Nr. 1 in der Bay. 1–2 Tauchgänge inkl. Transport und Ausrüstung ca. 220 NZD, bei eigener Ausrüstung 160 NZD. **Dive Ops,** Paihia Wharf 7, Tel. 09-402 5454, www.divethecanterbury.com. **Paihia Dive** 3: 41 Williams Road, Paihia, Tel. 09-402 7551, [fc] 0800 107 551, www.divenz.com.

Wandern ► **Bay of Islands Walks:** Die DOC-Broschüre bietet über 30 Vorschläge bis hin zum kostenpflichtigen 16 km langen **Cape Brett Track** 4, www.capebrettwalks.co.nz, je nach Route 10–30 NZD; optional ein Weg mit Wassertaxis oder Übernachtung in DOC-Hütte Cape Brett, 12,20 NZD; Buchungen über Russell Information (s. Infos).

Angeln nach großen Fischen ► **Gamefishing:** auf Hammerhai, Marlin und verschiedene Tunfisch-Arten ist in der Bay of Islands populär. Weltrekorde für gestreiften Marlin (244 kg) und Schwertfisch (369 kg) wurden hier aufgestellt. i-SITE und Swordfish Club (www.swordfish.co.nz) kennen Charterboote, sonst auf Sites wie www.fishingpro.co.nz, www.bay-of-islands.co.nz/fishing.htm.

Termine

Zum Saisonstart am Labour Weekend Ende Oktober ist Russell Ziel der **Coastal Classic Regatta** von Auckland zur Bay of Island, an der Profi-Teams ebenso wie totale Amateure teilnehmen (www.coastalclassic.co.nz). Mit dem Einlaufen der Schiffe beginnt in der Stadt ein langes Partywochenende.

Verkehr

Personenfähren: Paihia–Russell, verschiedene Anbieter mehrmals stdl. ca. 7–19, im Sommer bis 22/23 Uhr, ca. 7 NZD.

Autofähre: Opua (7 km von Paihia)–Okiato (8 km von Russell) alle 10 Min. ca. 6.30–22 Uhr, Pkw/kleiner Camper inkl. Fahrer ab ca. 12 NZD, nur Barzahlung.

Wassertaxi zu allen Inseln oder zum Angeln: Tel. 09-403 8823, [fc] 0800 TIN BOAT, www.islandwatertaxi.co.nz, ca. 120 NZD/Std.

Zum überregionalen **Bus-Verkehr** S. 141.

Tipp: A Perfect Day

Nomen est omen kann man beim größten Boot sagen, das die Poor Knight Islands anläuft. Mit seinem Sonnendeck spricht es nicht nur Tauchenthusiasten an, sondern bietet auch Laien, Schnorchlern, Kajakfahrern und Nur-Zuschauern eine Plattform für ca. 5 Std. Das Boot macht zudem je nach Wind- und Wellenlage spannende Sightseeing-Abstecher. Kajaks und Schnorchel-Ausrüstung sind gratis, anderes Equipment wird preiswert verliehen. 130 NZD kostet der perfekte Tag inkl. Brunch, Tauchgänge kommen extra.

A Perfect Day startet tgl. um 11 Uhr ab Tutukaka und wird dort von Dive! Tutukaka (s. Service) betreut – Details auf www.aperfectday.co.nz.

Der Osten – Bay of Islands bis Cape Rodney

Kawaka ►K 2

Der schnellste Weg von der Bay of Islands Richtung Süden führt über Kawakawa. Hier dampft an Wochenenden und Ferientagen die Bay Of Islands Vintage Railway mitten über die Hauptstraße durch den Ort und noch etwa 4 km weiter Richtung Bay of Islands. Ganz bis Opua muss die Strecke aber noch saniert werden (aktueller Stand: www.bayofislandsvintagerailway.org.nz).

Daneben hat Kawakawa aber noch ein Markenzeichen, eine öffentliche Toilette: Die Pläne lieferte der im Jahr 2000 während einer Reise von Neuseeland nach Europa verstorbene **Friedensreich Hundertwasser.** Er lebte viele Jahre in Kawakawa und betreute den Bau persönlich, arbeitete selbst mit, wählte persönlich Material aus – das können viele Hundertwasserhäuser in Europa nicht von sich behaupten.

Genau genommen ist das Klo von Kawakawa der letzte ›echte‹ Hundertwasserbau. Bald nach der Eröffnung machte das ›Gras‹-Dach des Kunstklos weltweit Schlagzeilen, weil dort ein Witzbold Marihuana angepflanzt hatte – die Polizei fand es weniger lustig. Inzwischen sieht halb Kawakawa aus, als habe Hundertwasser die Pläne geliefert, weil jeder, der Touristen locken will, den Stil kopiert. Aber nur die Öffentliche ist ein Original.

Poor Knights Islands ►L 3

Wer lieber Meer- statt Hundertwasser mag, nutzt zwischen Russell und Whakapara die inzwischen durchgängig asphaltierte, aber etwas langsamere Russell Road (ca. 65 km statt 58 km plus Fähre via Kawakawa). Sie verläuft näher an der Küste und lockt immer wieder zu Abstechern an einsame Buchten und verzauberte Strände.

Zwischen Hikurangi und Whangarei lohnt ein weiterer Schwenk (63 km statt 17 km auf SH1) nach Osten zur Küste, zur weiten **Sandy Bay,** die bei entsprechendem Wind viele Surfer anlockt, zur pittoresken **Whale Bay,** die sich um den Jahreswechsel ein Kleid roter

Puatekawa-Blüten überwirft, zur **Matapouri Bay** mit Mangrovenwald und zum Hafenort **Tutukaka,** eine Segler- und Taucherhochburg. Leider hat Tutukaka durch den Bau moderner Hotel- und Apartmentburgen etwas von seinem mondänen Charme verloren.

Von der großen Marina starten Tauch- und Sightseeing-Exkursionen zu den 23 km vor der Küste gelegenen **Poor Knights Islands,** die mit Felsenbögen und Seehöhlen wie perforiert sind. Die **Riko Riko Cave** in der südlichsten Insel Aorangi wurde nach sorgfältigen Vermessungen zur größten Seehöhle der Welt erklärt. Weil sie auch immer wieder als beeindruckende Konzerthalle dient, machte der Kiwi-Humor sie postwendend zum größten ›Subwoofer‹ der Welt.

Die nie von Schädlingen heimgesuchten Inseln waren eine der Archen, auf denen die letzten Verwandten der Dinosaurier überlebten, die Tuatara-Echsen. Die meisten Besucher interessieren sich aber eher für die Unterwasserwelt, die schon Jacques Cousteau als eines der fünf besten Tauchreviere der Welt adelte und die als Meeresreservat geschützt ist. Dass man nicht immer ganz weit hinausfahren muss, ist der neuseeländischen Marine zu danken, die dem Tauchsportort Nummer 1 im Lande zwei Objekte vor die Haustür legte, die Twin Wrecks: Die Blauen Jungs versenkten 1999 und 2000 direkt vor der Küste das ehemalige Forschungs- und Spionageschiff HMNZS Tui und die über 100 m lange Fregatte HMNZS Waikato (Details: www.diving.co.nz/wrecks.htm). Beide bilden in gut 30 m Tiefe künstliche Riffe.

HMNZS Tui machte 1995 Schlagzeilen, als sie im Auftrag des offiziellen Neuseeland eine Protestflotte von Atomtestgegnern zum Mururoa-Atoll begleitete, als Frankreich dort zwischen September 1995 und Januar 1996 sechs Atombomben zündete.

Essen & Trinken

Hier stärken sich Taucher ► **Schnappa Rock:** Marina Rd, Tutukaka, Tel. 09-434 3774, www.schnapparock.co.nz. Originelles Café-Restaurant mit sportlich aktivem Publikum am Poor Knights Dive Centre (s. u.). Küche vom *cooked breakfast* bis *bar food* zum späten Drink. Dinner HG um 32,50 NZD.

Aktiv

Tauchen ► Exkursionen mit zwei Tauchgängen um Poor Knights Islands oder an den Twin Wrecks ca. 130 NZD, mit Leih-Ausrüstung 230 NZD, u. a. von: **Dive! Tutukaka:** Poor Knights Dive Centre, Marina Rd, Tutukaka, Tel. 09-434 3867, [fc] 0800 288 382, www.diving.co.nz. Größter Anbieter mit 5 Booten macht Tauchfahrten, Anfänger-Touren, Tauchkurse, auch Ausrüstungsverleih. **Poor Knights Divers:** Anleger M4, Tutukaka Marina, Tel. 09-434 4678, [fc] 0508 PKDIVE, www.pkdive.co.nz. Sehr erfahrener Tauchspezialist mit 10-Personen-Boot.

Whangarei ► K 3

Kommt man auf der Straße von Tutukaka in die Stadt, liegen am Ortsrand, gut 5 km vor dem Zentrum, die **Whangarei Falls** nahe der Straße in einem kleinen Park, ein fotogener, 24 m hoher Wasserfall über eine Basaltwand.

Whangarei ist mit knapp 50 000 Einwohnern die größte Stadt des Northland und ein bedeutender Industriestandort. Weithin sichtbar ist Neuseelands wichtigste Ölraffinerie auf Marsden Point, dem südlichen Abschluss der Mündung des Whangarei Harbour. Die Betreiber präsentieren sich dort mit einem aufwendigen, pädagogisch anspruchsvollen Visitor Centre all denen, die auch einmal wissen wollen, wie das Benzin, das sie täglich brauchen, produziert wird (Visitor Centre, NZ Refining Co Ltd, Port Marsden Hwy, Ruakaka, ca. 30 Min. südl. der Stadt, Tel. 09-432 8194, www.nzrc.co.nz, tgl. 10–17 Uhr, gratis).

Whangarei setzt schöne Parks und bunte Gärten gegen das Industrie-Image, sogar Mangroven und Kauri-Fichten kann man bei stadtnahen Walks sehen. Die ›gute Stube‹ von Whangarei ist die nostalgisch wirkende Uferfront am Yachthafen, dem **Town Basin.** Hier sind neben Bars, Cafés und Restaurants auch sehr gut sortierte Souvenirshops sowie das **Claphams Clocks** zu finden, ein Haus voller Uhren von kurios über banal bis edel, unübersehbar durch eine haushohe Sonnenuhr vor dem Eingang (Quayside, Town Basin, tgl. 9–17 Uhr, 8 NZD, Familientickets). Schräg gegenüber an der Ecke Lower Dent Street/ Reyburn Street erkennt man schon von weitem am Firmenwappen die ›Ständige Vertretung‹ Deutschlands, das **Brauhaus Frings,** die populäre Mikrobrauerei eines deutschen Braumeisters (tgl. ca. 10–22 Uhr, Do–Sa bis der letzte Gast geht, Mi *jam night,* auch deftiges Essen als Grundlage).

Am SH 14, ca. 6 km westlich der Stadt Richtung Dargaville, bildet der **Heritage Park Whangarei** einen Openair-Museumspark u. a. mit einer ansehnlichen Kauri-Villa aus den 1880ern, einer Oldtimerbahn, die aber nicht immer unter Dampf ist, einem **Kiwi House** und dem **Whangarei Museum,** einem Regionalmuseum zur Maori- und Kolonialgeschichte (SH14, Maunu, Tel. 09-438 9630, www.whangareimuseum.co.nz, tgl. 10–16 Uhr, 10 NZD, Familientickets).

Infos

Whangarei i-SITE Visitor Centre: Tarewa Park, 92 Otaika Rd (SH1 südl. Ortseinfahrt), Whangarei, Tel.09-438 1079, Fax 09-438 2943, www.whangareinz.org.nz.

Übernachten

Traditionshotel nahe Town Basin ► **Comfort Inn Settlers Hotel:** 61–69 Hatea Drive, Tel. 09-438 2699, [fc] 0800 666 662, www.settlershotel.co.nz. Konservativ und solide, DZ ab ca. 130 NZD.

Oberhalb des Zentrums ► **Whangarei Top 10 Holiday Park:** 24 Mair St, Tel. 09-437 6856, [fc] 0800 455 488, www.whangareitop10.co.nz. Liegt für einen Stadtplatz schön im Grünen, ein Waldweg zum Zentrum ist vorhanden und kleinere Shops gibt's in Gehnähe. Stellplätze ab 36, Hütten und Apartments ca. 62–160 NZD.

Waipu bis Warkworth ► K 3/4

Südlich Whangarei nähert sich SH1 der Küste an der **Bream Bay,** schwenkt aber bald wieder ins Landesinnere. Die weißen Siedler, die es Mitte des 19. Jh. an diese Küste um **Waipu** verschlug, waren Nachfahren schottischer Highlander, die nach der demütigenden Niederlage in der Schlacht von Culloden gegen die Engländer ein Jahrhundert zuvor aus ihrer Heimat fliehen mussten. Die Familien hatten bei ihrer Ankunft in Neuseeland eine abenteuerliche, mehrere Jahrzehnte währende Odyssee durch die Kolonien des Empire, u. a. über Nova Scotia in Ostkanada, hinter sich, bewahrten aber die Folklore ihrer Heimat, wie die traditionellen Highland Games am Neujahrstag zeigen.

Zwischen Waipu und Te Hana führen Nebenstraßen näher an die Küste, folgen der lang gezogenen Mündung des Waipu River, steuern die populären Strände von Waipu Cove und Langs Beach an und erlauben einen Besuch der gewaltigen **Sanddünen,** die den Mangawhai Harbour vom Pazifik trennen. Angeln, Reiten, Surfen, Bootfahren, Schwimmen – für Neuseeländer findet sich an diesem Küstenabschnitt eine Mischung, die sie in den Sommerferien und an langen Wochenenden suchen, dann wird es hier richtig voll.

Wer ein paar Kilometer schmale Schotterpisten in Kauf nimmt und eine gute Straßenkarte zur Hand hat, orientiert sich südlich Te Ari weiter zur Küste und gelangt über Pakiri zu Neuseelands bestem Schnorchelrevier am Cape Rodney (S. 131) und fährt so bis Warkworth, ohne sich ins Getümmel des SH1 stürzen zu müssen.

Infos

Mangawhai Information Centre: Molesworth Drive, Mangawhai, Tel. 09-431 5090, www.mangawhai.co.nz.

Aktiv

Reiten ► **Pakiri Beach Horse Riding:** Taurere Park, Rahuikiri Road, Pakiri Beach, Wellsford, Tel.09-422 6275, www.horseride-nz.co.nz. Der Reiterhof nördl. von Cape Rodney hat etwas für jeden Reitergeschmack: Ausritte von einer Stunde über den Strand bis zu mehrtägigen Überlandtouren (ab 60 NZD/Std., 265 NZD/Tag, von Küste zu Küste ca. 4000 NZD/7 Tage). Übernachtung auf dem Hof möglich (ab 30 NZD/Pers. Backpacker-Stil oder Hütten ab 150 NZD).

Coromandel Peninsula

Im Westen die Pohutukawa Coast, die im Hochsommer rot aufblüht, im Osten Traumstrände zum Baden und Surfen, einer sogar mit Bodenheizung. Die Coromandel Peninsula hat zwei Gesichter. Das zeigen auch die Orte: Im Westen nostalgisch mit vielen Erinnerungen an die Kolonialzeit, im Osten Badeorte mit modernen Motels und Sommerhäusern.

Der nach Norden zeigende Landfinger **Coromandel** trennt den Hauraki Gulf vom Pazifik. Das Rückgrat der Halbinsel ist die fast 900 m hohe Coromandel Range, ein Höhenzug vulkanischen Ursprungs. Es sind vor allem exzellente Wassersportbedingungen und außergewöhnliche Strände wie Cathedral Cove und Hot Water Beach, die Coromandel zur Urlaubsdestination für Neuseeländer und Überseetouristen gleichermaßen machen. In der Saison und an Wochenenden zieht es Tausende aus Auckland auf die Halbinsel. Sie fahren meist den Motorway South bis zur Abfahrt Coromandel Peninsula & Tauranga, wechseln dort auf SH2 und nach 34 km auf SH25, der auf und um die Halbinsel führt und bei Waihi wieder auf SH2 stößt. Der im Alltag weniger befahrene Pacific Coast Highway von Aucklands südlichen Vororten am Ufer des Firth of Thames entlang bis zum SH25 ist landschaftlich reizvoller und kaum länger (Auckland–Thames 155 km, 2 Std. 20 Min.).

Egal, welche Route man nimmt, vorläufig kommt vor dem Vergnügen noch die Geduld: Am Ostrand der **Hauraki Plains,** einer Anfang des 20. Jh. trockengelegten, fruchtbaren Schwemmlandebene, überquert SH25 den Waihou River auf der einspurigen Kopu Bridge. Ampeln regeln die ›Überfahrt‹, kilometerlange Staus sind an beliebten Reisetagen üblich und die einzige Ausweichstrecke ist gut 50 km länger. Es gibt aber Hoffnung: Als Maßnahmen zur Wirtschaftsförderung in der Folge der globalen Finanzkrise 2008 entsteht neben der alten **Kopu Bridge** – die unter Denkmalschutz steht und als Fahrradbrücke erhalten bleibt – eine neue, zweispurige Brücke. 2012 soll sie fertig werden.

Infos

Tourism Coromandel: Tel. 07-868 0017, www.thecoromandel.com.

Einkaufen

Für Selbstversorger ▶ Goldfields Shopping Centre: 100 Mary Street, Thames, www.goldfieldsshops.co.nz; Mo–Do 9–17.30, Fr –19,

Tipp: Fish & Chips-Tempel

Kaiaua **1** am Pacific Coast Highway gilt im ganzen Land als Mekka für die Fans des britischen Fast Food-Klassikers Fish & Chips. Das Heiligtum ihrer Genüsse: **Kaiaua Fisheries.** Ab 10 NZD wird man gut satt, in der Regel stehen fünf Sorten Fisch – darunter Snapper und Lemon Fish (Hai) – sowie Austern (ca. 1,30 NZD/Stück) und andere Muscheln zur Wahl, immer ganz stilecht in Zeitungspapier verpackt. Nur Fast Food kann man hier kaum noch sagen: In der Hauptsaison, wenn viele Kiwis in der Umgebung Ferien machen, liegen die Wartezeiten bei 1,5–2 Std., aber das sind dann Stunden, die kommunikativer sind als in jedem First Class-Lokal.

Kaiaua Fisheries, 939 East Coast Rd, Kaiaua, Auckland, Tel. 09-232 2776.

Sa –16, So 10–15 Uhr. Auf Coromandel sind die meisten Läden klein und relativ teuer. Selbstversoger decken sich am besten im Shoppingcenter in Thames ein, u. a. mit einem großen Discounter.
Kunst und Kunsthandwerk ► **ARTS Coromandel:** www.artscoromandel.co.nz. Kunstschaffende auf Coromandel stellen sich online vor. Als Print-Version ›Artworks, Cafes & Gardens of the Coromandel‹ – ein Muss für Lifestyle-Fans.

Aktiv

Aufpassen beim Wandern und Trekking ► Überall, wo früher Gold gesucht wurde, gibt es noch viele ungesicherte Grubenschächte, bleiben Sie deshalb auf markierten Wegen!
Sightseeing und Wandern im Norden ► **Coromandel Discovery:** Tel. 07-866 8175, [fc] 0800 668 175, www.coromandeldiscoverytours.co.nz. Sightseeing-Touren und Mehrtages-Programme ab Coromandel Town auch in Verbindung mit der Auckland-Fähre (s. Verkehr). Transfer zum und vom Coromandel Coastal Walkway (S. 171) ca. 95 NZD.
Exkursionen an der Ostküste ► **Kiwi Dundee Adventures:** Doug Johansen, Tel. 07-865 8809, www.kiwidundee.co.nz.

Termine

Pohutukawa Festival: Breites Kultur- und Sportfestival mit Events überall auf Coromandel 14 Tage ab Mitte November, Details www.pohutukawafestival.co.nz.

Verkehr

Busse: InterCity Coachlines Auckland–Tauranga stoppen in Thames am i-SITE 2–3 x tgl. Dort Anschluss mit **InterCity/Turley Murphy Bus** auf verschiedenen Routen 1–2 x tgl. ab/bis Coromandel Town, Tairua, Whitianga mit Stopps an vielen Backpacker-Unterkünften. **Nackedbus.com:** 1 x tgl. mit Umsteigen ab Auckland oder Rotorua bis Thames, Tairua, Whitianga und Coromandel Town. **Go Kiwi Shuttles:** Tel. 07-866 0336, [fc] 0800 446 549, www.go-kiwi.co.nz. Shuttle ab/bis Whitianga via Thames u. a. nach Auckland/ Auckland Airport; gegen Aufpreis door-to-door-service. **Magic Bus:** Coromandel Rundfahrt ab/bis Auckland mind. 2 Tage mit Übernachtungsstopp in Coromandel Town.
Fähre: 360° Discovery: Tel. [fc] 0800 360 DISC, www.360discovery.co.nz. Schnellboote (110 Min.) Auckland Pier 4 (nahe Ferry Building)–Hannaford's Wharf (nahe Coromandel Town, dorthin gratis Bustransfer) mit Stopp in Orapiu auf Waiheke Island, Okt.–April 3–5 x wö., NZ-Sommerferien tgl., 51,50 NZD/ ein Weg, Tagesrückfahrt 69 NZD, offenes h/r-Ticket 83 NZD, optional Ausflüge.

Miranda und die Seabird Coast ► L 5

Karte: rechts
Der Pacific Coast Highway windet sich unübersichtlich durch die südwestlichen Vororte aus dem Großraum Auckland heraus, von der City am besten über Motorway South bis Abfahrt Takanini und weiter über Clevedon Richtung Kawakawa Bay zu ereichen. Leicht findet man auch vom Freilichtmuseum Howick Historical Village (S. 120) über Whitford und Clevedon auf die ansonsten gut ausgeschilderte Touristenroute.

Die Küste am Westufer des **Firth of Thames** wird vor allem von Ornithologen als eines der besten See- und Watvogelbeobachtungsgebiete im Land wahrgenommen. Je weiter man nach Süden vordringt, desto flacher das Land und die Uferzone. Vor der Küste breitet sich ein ansehnliches Wattgebiet aus, in dem im Sommer Zugvögel aus allen Teilen der Welt überwintern sowie viele einheimische Arten zu sehen sind. Wahrzeichen ist ein gigantischer Austernfischer, der an einem kleinen Rastplatz neben der Straße wartet. In **Miranda** 2, kurz bevor die East Coast Road den SH25 erreicht, versorgen warme Quellen der Miranda Hot Springs ein nicht mehr ganz jung wirkendes Thermalbad.

Übernachten

4-Sterne-plus-Platz ► **Miranda Holiday Park:** 595 Front Miranda Rd, Waitakarunu, Thames (30 km), Tel. 07-867 3205, www.

Coromandel Peninsula

mirandaholidaypark.co.nz. Bestens ausgestatteter Holiday Park der Family Parks-Gruppe an geothermischen Quellen mit eigenen Pools. Stellplätze ab 44 NZD, auch Backpacker-Lodge, Hütten und Apartments.

Coromandels Westküste

Thames ►M 5

James Cook benannte den Waihou River nach englischem Vorbild Thames und lobte den Mündungsbereich als einen der besten Siedlungsplätze im Lande. Der Fluss bekam seinen Maori-Namen zurück, die Stadt neben der Mündung heißt weiterhin **Thames** 3.

Nach 1867 fegte ein Goldrausch über die Stadt, rund 18 000 Menschen waren damals registriert, dreimal so viel wie heute. Aber schon fünf Jahre später endete das Abenteuer. Geprägt haben diese wenigen Jahre Thames indes nachhaltig. Rund 70 Gruben bauten unter wie über Tage Golderz ab, in 40 Erzmühlen, *stamper batteries,* wurde es zertrümmert, um an das Edelmetall heranzukommen. Der schnelle und radikale Niedergang nach Ende des Goldfiebers wirkte wie ein Denkmalschutzprogramm und bewahrte im Zentrum viel Architektur des 19. Jh. Erinnerungen an die große Zeit präsentieren das **Thames Historical Museum** (Ecke Pollen St/Cochrane St, Tel. 07-868 8509, tgl. 13–16 Uhr, 4 NZD) sowie das **Thames School of Mines Museum** in der ehemaligen Bergbauschule, das zudem eine exzellente Mineraliensammlung besitzt (101 Cochrane St, Tel. 07-868 6227, tgl. 11–15, Sommer bis 16 Uhr, 3,50 NZD). Am nördlichen Ortsausgang wurden die Gebäude der Golden Crown Mine mitsamt Stamper Battery restauriert und als **Goldmine Experience** zum Openair-Museum. Hier kann man sogar ein paar Meter in alte Stollen krabbeln (Main Rd, SH25, Tel. 07-868 8514, www.goldmine-experience.co.nz, Sommer tgl. 10–16 Uhr, 15 NZD).

15 km südöstlich von Thames ist über das **Kauaeranga Valley** 4 ein Netz von Wanderwegen bis weit in den Coromandel Forest Park hinein zugänglich. An der Zufahrt informiert ein DOC Visitor Centre (s. Info), dort gibt es ein Faltblatt über alle Walks und Tracks in der Region. Höhepunkt in jeder Hinsicht sind die 759 m aufragenden Felszacken der **Pinnacles,** von deren schmalem Gipfelgrat die beste Aussicht auf der ganzen Halbinsel zu genießen ist (ca. 4 Std. pro Weg ab Ende Zufahrtsstraße, Hütte vorhanden, s. Unterkunft rechts). Das Kauaeranga-Tal war Zentrum frühindustrieller Gold- und Holzindustrien, und oft stößt man auf deren Relikte. Nahe dem DOC Centre ist ein Kauri-Damm rekonstruiert. Dutzende davon stauten im 19. Jh. kleine Flüsse und Bäche. In den entstandenen Seen wurden gefällte Stämme gesammelt, durch plötzliches Öffnen der Sperren auf einer künstlichen Flutwelle in den nächsten größeren Fluss geschwemmt und von dort nach Thames geflößt.

Infos

Thames i-SITE Visitor Centre: 206 Pollen St, Tel. 07-868 7284, www.thamesinfo.co.nz.
DOC Kauaeranga Visitor Centre (Coromandel Forest Park): Kauaeranga Valley (ca. 15 km südöstl. von Thames), Tel. 07-867 9080, kauaerangavc@doc.govt.nz.

Übernachten

Romantisches B & B mit Top-Aussicht ► **Grafton Cottage & Chalets:** 304 Grafton Rd, Thames, Tel. 07-868 9971, www.graftoncottage.co.nz. Blick auf den Firth of Thames und die Hauraki Plains, Zimmer im Haupthaus und im romantischen ›Gartenhäuschen‹, große Terrassen. DZ ab ca. 185 NZD.

YHA&BBH Backpacker ► **Sunkist International Backpackers:** 506 Brown St, Thames, Tel. 07-868 8808, www.sunkistbackpackers.com. Backpacker in einem Hotel von 1860, guter Service für Reisen in der Region, u. a. Autoverleih und Shuttle ins Kauaeranga Valley. Betten ab 21 NZD, DZ ab 58 NZD.

Basic Camping und Hütte ► **DOC Kauaeranga Valley Campsites:** Tel. 07-867 9080. Gut ein halbes Dutzend Zeltplätze im Coromandel Forest Park, 9,20 NZD und DOC-Hütte Pinnacles Hut (80-Betten) ca. 30 Min. unterhalb der Pinnacles-Gipfel, 15,30 NZD/

Pers.; Camping- und Hütten-Tickets beim DOC Visitor Centre.

Einkaufen

Markt ▶ **Thames Market:** Sa 8–12 Uhr, Pollen St Nordende, Thames. Mix aus Floh-, Kunsthandwerker- und Bauernmarkt.

Alles Käse und'n Kaffee ▶ **Matatoki Farm Cheese:** SH26, Matatoki (ca. 12 km südl. Thames), Tel. 07-868 1284, Mo–Fr 9–, Sa 8–16.30 Uhr. Die Öko-Käserei ist eine willkommene Abwechslung zum Supermarkt-Käse-Einerlei; das Hofcafé serviert LaLa, einen Öko-Kaffee, der auf Coromandel geröstet wird.

Coromandel Town ▶ M 5

Ein Baum prägt vor allem die Westküste von Coromandel, der Pohutukawa, der neuseeländische Weihnachtsbaum. Viele Exemplare stehen am Ufer und tauchen die Küste im Hochsommer in tiefes Rot. So wird zur Blütezeit ab etwa Ende November jede Fahrt von Thames nach Norden über die sonst schon pittoreske Küstenstraße zu einem absoluten Augenschmaus.

Coromandel 5 erlebte schon 1852 seinen Goldrausch. Auch hier blieb die Zeit nach einer kurzen Boomperiode stehen, und so präsentiert sich der 1500-Einwohner-Ort mit viel Kolonialzeit-Charme auch deutlich ansehnlicher als Thames. Im **Coromandel School of Mines Museum** in der 1897 errichteten Bergbauschule (841 Rings Rd Tel. 07-866 8039; Sommer tgl. 10–16, sonst Sa/So 13.30–16 Uhr, 3 NZD) dreht sich alles um den Goldabbau. In der noch funktionsfähigen Erzmühle **Coromandel Goldfield Centre & Stamper Battery** wird man in die Geheimnisse des ›Goldmachens‹ eingewiesen (410 Buffalo Rd, Coromandel Town, Tel. 07-866 7933, tgl. 10–16 Uhr, Führungen ca. 1 Std., 10 NZD).

Die Schmalspurbahn **Driving Creek Railway** am Nordrand des Ortes hat mit Gold nichts zu tun. Sie entstand Mitte der 1970er-Jahre, um Rohstoffe für eine Töpferei aus den Bergen zu holen. Schon lange transportiert die Bahn jedoch mehr Ausflügler als Fracht. Die Strecke windet sich mehr als 3 km in die Berge mit unzähligen Kurven, ein paar ›haut-

Schmalspurbahn Driving Creek Railway am Rand von Coromandel Town

Romantischer Badepool der Waiau Falls

engen‹ Tunnelröhren, einer Spirale, einem doppelstöckig zu befahrenden Abschnitt sowie mehreren Spitzkehren.

Da oft zwei der Minizüge gleichzeitig unterwegs sind, gibt es viele fotogene Begegnungen. Ziel ist der ›Eyefull Tower‹ – was sich genauso spricht wie der Turm in Paris. Er hebt sich wie ein überdimensionaler Hochsitz über den Busch und erlaubt atemberaubende Aussichten (40 Creek Rd, Tel. 07-866 8703, www.drivingcreekrailway.co.nz, mind. 2 x tgl., bei Bedarf häufiger, in der Saison unbedingt buchen! Kalkulieren Sie für Auf- und Abfahrt ca. 1 Std., Erw. 23 NZD, Familientickets).

Barry Brickell, Initiator und Konstrukteur der Driving Creek Railway, ist ein Ökoaktivist: Ein Teil der Gewinne, die das Unternehmen abwirft, fließt in die ›Sanierung‹ der umliegenden Wälder mit einheimischen Bäumen – weit über zehntausend sind schon gepflanzt.

Infos

Coromandel i-SITE Visitor Centre: 355 Kapanga Rd, Coromandel, Tel. 07-866 8598, www.coromandeltown.co.nz.

Übernachten

Für jede Brieftasche ▶ Anchor Lodge Resort: 448 Wharf Rd, Coromandel Town, Tel. 07-866 7992, www.anchorlodgecoromandel.co.nz. Moderner, zwischen Wald und Ufer gelegener Ferienpark mit großem Pool, Gäste-Bar und eigenem Bush-Walk zu Glühwürmchen und Relikten der Goldfällerzeit; auch BBH-Backpacker. Apartments je nach Saison ca. 85–330 NZD, Backpackerbetten ab 23, DZ ab 55 NZD.

Viele Optionen strandnah ▶ Shelly Beach Top 10 Holiday Park: 243 Colville Rd, Coromandel, Tel. 07-866 8988, [fc] 0800 424 655, www.shellybeachcoromandel.co.nz. Ca. 5 km nordwestl. Coromandel Town. Stellplätze ab 40, Zimmer ab 60 NZD, Hütten ab 75, Apartments 135–155 NZD.

BBH-Backpacker im Hippie-Schick ▶ **Lions Den:** 126 Te Tiki Rd, Coromandel, Tel. 07-866 8157. Ein Künstlerin gestaltete diesen BBH-Backpacker zu einem kleinen Paradies – nur 19 Betten ab 22 NZD, wenige, aber preiswerte, DZ ab 50 NZD.

Basic ganz im Norden ▶ **Fünf DOC Campsites** an den Buchten im Norden der Halbinsel (alle Erw. 9,20, Kinder 2 NZD); Dez./Jan. zum Teil buchungspflichtig.

Essen & Trinken, Einkaufen

Greenlip Mussels ohne Ende ▶ **Coromandel Mussel Kitchen:** SH25 (Manaia Rd)/Ecke 309 Rd, Tel. 07-866 7245, www.musselkitchen.com. Der Familienbetrieb macht in Muscheln – von der Zucht bis auf den Tisch, außerdem super Lage mit Außengastronomie.

Muscheln und Austern ▶ **The Coromandel Oyster Company:** 1611 SH25, Tiki Road, Coromandel, Tel. 07 866 8028, tgl. 9–17 Uhr. Frische Austern und Green Lip Mussels aus lokaler Zucht werden direkt am SH25 südlich Coromandel Town verkauft.

Coromandels Norden ▶ L/M 4

Der dünn besiedelte Norden von Coromandel bildet straßenmäßig eine Sackgasse, man muss immer wieder nach Coromandel Town zurück, um weiterzufahren. Asphalt gibt es nur auf den knapp 30 km bis in die Althippie-Gemeinde **Colville** 6. Dort ist der altmodische General Store nicht nur die einzige Einkaufsmöglichkeit nördlich von Coromandel Town, sondern dürfte auch Neuseelands am häufigsten fotografierter Dorfladen sein: außen pure Nostalgie, innen urig und ökologisch. Legendär sind auch Ruf, Gerüche und der Möhrenkuchen des ›Colville Café‹ – alles ab den 1980er-Jahren scheint hier noch unter Science Fiction zu laufen (Tel. 07-666 6912, tgl. 8–15, im Sommer bis 20 Uhr).

Eine Rundfahrt zu den schönen Stränden und Buchten an der Ostküste – **Port Charles, Stony Bay, Waikawau Bay, Kennedy Bay** – erfordert zwei Überquerungen auf engen, kurvigen Schotterstraßen über den Kamm der Coromandel Range, je nach Ziel noch kleinere Bergpassagen. 5–6 Std. inklusive Stopps sollte man kalkulieren. Und schauen Sie vorher in den Mietvertrag Ihres Leihwagens, einige Vermieter erlauben Fahrten im Norden von Coromandel nicht.

Einen Eindruck von Landschaft wie Straßenverhältnissen gewährt die Fahrt auf der Kennedy Bay Road ca. 7 km bis zur Passhöhe hinauf, dort beginnt neben dem Parkplatz der Aufstieg zum **Tokatea Lookout** mit 360°-Rundumsicht auf die Coromandel Range und die Küsten. Einfacher zu befahren ist die Port Jackson Road entlang der Westküste, an der man im Sommer viele neuseeländische Boaties trifft. Zwischen Fletcher Bay und Stony Bay verläuft der **Coromandel Coastal Walkway,** ein nicht sehr anstrengender Weg oberhalb der Nordostküste (je Richtung 3–4 Std., Bustransfer zum Start Fletcher Bay und Abholung von Stony Bay inkl. Sightseeing auf dem Weg u. a. mit Coromandel Discovery Tours, S. 166). Der Seiten-Track auf Coromandels höchsten Berg **Mt Moehau** ist indes gesperrt. Die Gipfelregion ist Maori-Kultstätte, dort wurden nach Überlieferungen im 13. Jh. Führer des Siedlungskanus Arawa bestattet.

West-Ost-Verbindungen

Die durch Kahlschläge im 19. Jh. geschändeten Wälder – uralter Kauri-Bestand wurde bis auf wenige Exemplare abgeholzt – sind wieder aufgeforstet. Wo die meist schnell wachsenden Kiefern schlagreif sind, beginnt der Zyklus von neuen mit totalem Kahlschlag auf ganzen Hängen. Gerade bei Überquerungen der Coromandel Range fallen immer wieder nackte Hänge auf und manchmal – dann ist besondere Vorsicht geboten – begegnet man auf den engen Straßen Logging Trucks, den großen Holztransportern.

Tapu-Coroglen Road ▶ M 5

Abgesehen vom SH25 sind die Straßen zwischen West- und Ostküste eng, kurvenreich, oft von Auswaschungen beschädigt und immer zeitraubend. 20 km nördlich Thames, 30 km südlich Coromandel Town zweigt die nur wenige Kilometer asphaltierte **Tapu-Coroglen Road** in die Berge ab, die kürzeste Verbindung vom Westen zum Hot Water Beach und nach Hahei. Gut 6 km nach dem Abzweig in Tapu liegen die **Rapaura Watergardens** am Weg, ein gut 25 ha großer, verzaubert wirkender Naturpark mit Urwaldpassagen und angelegten Gärten, mit einem geradezu lieblichen Wasserfall und künstlichen Wasserspielen, eine Mischung aus Kunst und Natur, von esoterischen Gedanken umwoben. Um 17 Uhr müssen die Tagesbesucher gehen, dann haben Hausgäste der Lodge diesen Zauber für sich (586 Tapu-Coroglen Rd, Tel. 07-868 4821, www.rapaura.com, Garten tgl. 9–17 Uhr, 12 NZD, Übernachtung ab 165 NZD; Shop mit Kunsthandwerk und rustikales Café Koru mit exquisiten Leckereien für den kleinen Hunger zwischendurch).

Road 309 ►M 5

3 km südlich von Coromandel Town zweigt die weitgehend unasphaltierte **Road 309** gen Osten ab. Auf den ersten 10 km stößt man gleich auf vier Attraktionen: **Waiau Waterwork** ist eine liebevoll wie originell gestaltete Gartenanlage mit allerlei irren und wirren Wasserspielen, immer wieder darf der Besucher selbst per Pedalkraft pumpen. Fast alles ist aus Dingen des Alltags gebaut – Kunstwerke, von Wasser angetrieben. Dazu eine gehörige Portion Kiwi-Humor, wunderbar die Figurengruppen ›Danger, Men Working‹, ein Denkmal zur Arbeitsmoral (471 Three-o-Nine Road, Tel. 07-866 7191, www.waiauwaterworks.co.nz, Sommer tgl. 9–18 Uhr, 18 NZD).

Die Besteigung des markanten, 521 m hohen Ex-Kraters **Castle Rock** ist eine solide Kletterpartie, die gut 2 km abseits der 309 beginnt und ca. 2 Std. dauert. Erfragen Sie aber im i-SITE von Coromandel Town, ob der Track offen ist, denn der Berg liegt auf Privatbesitz, die Zufahrt erfolgt über Forststraßen.

Vielleicht haben Sie eher Lust auf ein erfrischendes Bad? Das Wasser, das seit Jahrtausenden die romantischen **Waiau Falls** herabstürzt, hat im felsigen Grund einen kleinen Pool geschaffen, in den man leicht hineingleiten kann. Einen halben Kilometer weiter führt ein halbstündiger Rundweg zu einem schön gelegenen Kauri-Bestand im **Waiau Kauri Grove,** darunter ein zusammengewachsener ›Siamese Kauri‹ mit zwei großen Stämmen aus scheinbar nur einer Wurzel.

Tipp: Edelhonig an der 309

Ca. 5 km vom östlichen Ende der Road 309 entfernt ist die Zufahrt zur Hof-Imkerei **309 Honey** (1644 Three-o-Nine Rd, Tel. 07-866 4800, www.309honey.co.nz) ausgeschildert. Andrew und Sue Williams verkaufen hier sowohl normalen als auch aktiven Manuka Honig, den ihre Bienen aus Blüten des Manuka Strauchs, des neuseeländischen Teebaums, gewinnen. Untersuchungen an der TU Dresden haben bewiesen, dass aktiver Manuka Honig durch den Wirkstoff Methylglyoxal antibakteriell ist. Sogar antibiotikaresistente Bakterien sollen vor dem Naturprodukt kapitulieren. Testmethoden bestimmen die Methylglyoxa-Konzentration (MGO) oder – etwas umstrittener und ungenauer – die allgemeine antibakterielle Wirksamkeit mit dem Unique Manuka Factor (UMF). Weltweit wird Manuka-Honig zur Stärkung der Immunkräfte geschätzt, was ihn zu einer der teuersten Honigsorten der Welt macht. 500gr mittlerer Stärke – MGO 250+ bzw. UMF 16+ – kosten in Deutschland ca. 45 Euro. Der Honig von **Honey 309** liegt etwa in diesem Wirkungs-Bereich und kostet um 25 NZD – ein ›kleiner‹ Unterschied. Der König der Honige dieser Welt hat bei Andrew und Sue eine cremige Konsistenz, dunkle Farbe und einen sehr intensiven Eigengeschmack – da merkt man, dass guter Honig weit mehr als nur süß ist.

Der längere, gut ausgebaute **SH25** von Coromandel Town direkt nach Osten Richtung Whitianga bietet weniger Details, aber deutlich mehr Aussichten auf landschaftliche Vielfalt: Berge, Urwälder, Forstgebiete, Farmland und Küstenformen von sandig-sanft bis felsig-steil. Ein Highlight ist der Aussichtspunkt auf der Kammhöhe oberhalb von Coromandel Town mit Blick zurück auf das Städtchen und den Hauraki Gulf am Horizont.

Coromandels Ostküste

Whitianga und Cooks Beach

► M 5

Whitianga 7 (ca. 4000 Einw.) ist Einkaufs- und Verwaltungszentrum für den Osten der Coromandel Peninsula. Lange Strände, eine palmengesäumte Promenade, die quirlige Marina und das Thermalbad The Lost Spring machen das Städtchen populär.

Alte Geschichten über eine Anfang des 20 Jh. verloren gegangene Thermalquelle in Whitianga reizten Allan Hopping: Mit einem Wünschelrutengänger suchte er die optimale Stelle, um nach heißem Wasser zu bohren. Er ließ sich auch nicht beirren, als zwei Bohrungen 1989 und 2001 in Desastern endeten, zeigten sie doch, dass wirklich geothermisches Wasser vorhanden war. Ganz optimistisch legte Allan schon jenen zauberhaften Garten von **The Lost Spring** an, in dem er dann seinen Traum von einem luxuriösen Thermalbad verwirklichte, als die 4. Bohrung 2006 endlich ein Erfolg war. Seitdem sprudelt heißes, mineralreiches Wasser, das heilende Wirkung bei Schuppenflechte haben soll, aus 644 m Tiefe in eine Wellness-Welt mit künstlichen Sinterterrassen, Kraterseen, Lavahöhlen, Wasserfällen und sogar einem ›aktiven‹ Vulkan und das alles eingebettet in ein über zwei Jahrzehnte dicht gewachsenes Grün. Daneben baute Allan die alte Schule von Whitianga zum Restaurant und Café um (121A Cook Drive, Tel. 07-866 0456, www.thelostspring.co.nz, tgl. 11–19/20 Uhr, 28 NZD/Std. oder 60 NZD/Tag, keine Kinder unter 14 Jahren. Restaurant Tel. 07-866 0456).

Das **Mercury Bay Museum** dokumentiert die frühe Besiedlung der Region und einen berühmten Besuch von James Cook (12 The Esplande, gegenüber der Wharf; im Sommer tgl., im Winter Di, Do u. So 10–16 Uhr, 5 NZD).

Nach der Maori-Mythologie (aber archäologisch unbewiesen) ist Whitianga eine der ältesten Siedlungen des Landes: Maori der Region führen ihre Herkunft auf Mitglieder der Mannschaft des legendären Entdecker Kupe zurück, der um 950 hier einen Besuch machte. James Cook kam gut 800 Jahre später, beobachtete am 10. November 1769 vom nahen Shakespeare Cliff einen Merkur-Transit vor der Sonne – daher der Name Mercury Bay – und konnte so seine genaue Position, insbesondere den Längengrad, berechnen; dies war vor Einführung präziser Schiffschronometer nur mit Hilfe vorhersehbarer Himmelskonstellationen möglich.

Der Entdecker wurde Namenspate für den Ostteil der Bucht, die Cooks Bay, mit dem sanft abfallenden **Cooks Beach** 3 samt gleichnamigem Feriendorf. Ein Gedenkstein auf der Spitze des Shakespeare Cliff erinnert an die Stelle, wo Cook den Merkur-Transit beobachtete, eine Zufahrt führt von der Straße Ferry Landing Cooks Beach zum Aussichtspunkt auf der Klippe. Den direkten Weg von Whitianga nach Süden entlang der Küste versperrt der von Mangroven bewachsene Whitianga Harbour. Nur Fußgänger und Radfahrer können seine schmale Mündung mit der Whitianga Ferry in 4 Min. überqueren (tgl. 7.30–18.30, 19.30–20.30, 21.30–22.30 Uhr, 2 NZD, Fahrrad 0,50 NZD).

Hahei bis Hot Water Beach

► M 5

Ab **Ferry Landing** am anderen Ufer fahren Shuttle-Dienste ›on demand‹ Richtung Cooks Beach, Hahei/Cathedral Cove und Hot Water Beach. Autofahrer brauchen derweil von Whitianga durchs Hinterland zu diesen Attraktionen 35–45 Min.

Vor der Landspitze **Cook Bluff** sind Küste, Meer und vorgelagerte Inseln als **Te Whanganui-A-Hei Marine Reserve** geschützt. Man darf sich über und unter Wasser frei bewegen, solange man Meeresflora und -fauna unberührt lässt. Spektakulärster Küstenabschnitt ist **Cathedral Cove.** Neben dem Parkplatz oberhalb Hahei bietet ein Lookout schon einen imponierenden Überblick, ein steiler Weg führt dann zur eigentlichen Cathedral Cove hinunter – ca. 1,5–2 Std. sollte man für einen Besuch einplanen: Eine Brandungshöhle verbindet zwei kleine, von hohen Kalkfelsen abgeschirmte Sandstrände miteinander. Davor ragen Felsen aus dem Wasser, von Wellen und Wind modelliert, als wäre ein Bildhauer am Werk gewesen. An dieser Stelle wurden auch wichtige Szenen für ›Prinz Kaspian von Narnia‹ aus den neusten Verfilmungen der Chroniken von Narnia gedreht.

Der dünengesäumte, durch Muschelkalk leicht rosa wirkende Strand von **Hahei** 9 zählt zu den schönsten im ganzen Land. Durch vorgelagerte Inseln ist er vor der Pazifikbrandung relativ geschützt, aber selbst hier rollen manchmal Brecher an, die das Baden gefährlich, manchmal unmöglich machen.

Noch viel offener bietet sich der **Hot Water Beach** 10 dem Pazifik dar – Surfer haben bei Ostwind ihre Freude daran, für Schwimmer kann es dann lebensgefährlich werden. Vor einer Felsnase verstecken sich heiße Quellen im Sand, aber nur in einem eng begrenzten Zeitfenster um Niedrigwasser liegen sie ›trocken‹ genug, dass man sich einen privaten *hot pot* graben kann. Dann kämpfen oft Hunderte Schaufelträger gegen Mitstreiter und Wellen um einen Platz im warmen Wasser. Bei Ostwind und Nipptiden geht das Wasser aber manchmal nicht weit genug zurück, dann können dort, wo sonst heißes Wasser sprudelt, schon gefährliche Unterströmungen zur offenen See ziehen – erhöhen Sie nicht die Opferbilanz an diesem Strand, sie ist schon hoch genug. Die Zeit, wann man heiße Pools graben kann, kennt jeder Gastgeber in den Unterkünften der Region und natürlich das Personal aller i-SITEs auf Coromandel.

Infos

Whitianga i-SITE Visitor Centre: 66 Albert St, Whitianga, Tel. 07-866 5555, info@whitianga.co.nz, www.whitianga.co.nz. Hahei online: www.hahei.co.nz.

Übernachten

Motels an Whitiangas Promenade ▶ An Esplanade und Buffalo Beach Rd (SH25) liegen mehrere Motel- und Apartment-Anlagen, nur durch die Straße vom Strand getrennt. In den Sommerferien und über Ostern haben sie Hochsaison, sonst findet man leicht eine *unit* zu annehmbarem Preis (z. B. www.admiraltylodge.co.nz, 18 Units ab 165 NZD, www.oceansidemotel.co.nz, 9 Units ab 110 NZD).

Charmant und preiswert in Whitianga ▶ Albert Number 6: 6 Albert St, Tel. 07-866 0036, www.albertnumber6.co.nz. Charmantes Low-budget-Motel nah beim Zentrum. DZ-Apartment ab 95 NZD und dafür gibt's sogar noch jeden Tag die Zutaten für ein Basic-Frühstück auf dem Zimmer.

Edles B&B am Cooks Beach ▶ The Mussel Bed B&B: 892 Purangi Road, Cooks Beach, Whitianga, Tel. 07 866 5786, www.musselbed.co.nz. Mitten im Grünen angelegtes, sehr geschmackvoll und luxuriös eingerichtetes B&B am Rande der Sommerfrische Cooks Beach mit kurzem Weg zum Strand. Das super Frühstück gibt's auf Wunsch auch im Garten, DZ B&B oder Komfort-Hütte je nach Saison 175–275 NZD.

Motel und BBH-Backpacker in Hahei ▶ Tatahi Lodge: Grange Rd, Hahei Beach, Tel. 07-866 3992, www.tatahilodge.co.nz. Hier wohnt man wie im eigenen Garten und das nur 100 m zu Shops und Café Luna und 500 m zum Strand. Motel-Einheiten je nach Saison 120–200 NZD, Backpacker-Betten ab 25 NZD/Pers., DZ ab 72 NZD.

BBH/YHA Backpacker in Whitianga ▶ On The Beach Backpackers Lodge: 46 Buffalo Beach Rd, Whitianga, Tel. 07-866 5380, www.coromandelbackpackers.com. An der Promenade, kostenlose Nutzung von Kajaks, Surfboards, Mountainbike-Verleih, hilfsbereiter Service und Küche mit Panoramafenster zur Mercury Bay. Betten ab 22 NZD/Pers., viele DZ ab 64 NZD, mit Dusche/WC 94 NZD.

Camping und mehr in Hahei ▶ Hahei Holiday Resort: Harsant Ave, Hahei Beach, Tel.

Heiße Pools neben kalten Pazifikwellen am Hot Water Beach

07-866 3889, www.haheiholidays.co.nz. Große Anlage hinter den Dünen nur Schritte vom Strand; Weihnachten bis Anfang Februar und über Ostern praktisch keine Chance ohne langfristige Vorausbuchung, außerdem gibt es dann erhebliche Saisonzuschläge. Stellplätze ab 38 oder in der ersten Reihe am Strand 44 NZD (Hochsaison 68/86 NZD!), auch verschiedene Arten Cabins ab 64 NZD und Edelapartments ›Villas‹, ab 238 NZD.

Essen, Trinken & Ausgehen

Kiwi-Küche in Whitianga ▶ **Wild Hogs Bar & Restaurant:** 9 The Esplanade, Whitianga, Tel. 07-866 4828, im Sommer tgl. ab 11 Uhr. Terrasse mit Blick auf die Wharf. Relaxte, ungezwungene Atmosphäre mit Gourmet-Pizzas und deftiger Kiwiana-Küche, HG ab 20 NZD.

Exzentrisch an der Flaxmill Bay ▶ **Eggsentric Café, Restaurant und Gallery:** 1049 Purangi Road, Flaxmill Bay (zwischen Ferry Landing und Cooks Beach), Tel. 07-866 0307, www.eggsentriccafe.co.nz, Jan. tgl., sonst außer Mo vom Frühstück bis spät. Kiwi-Style: alles etwas flippig, viel Kunst im Garten, ordentliche Küche mit Fleisch und Fisch, das Meer vor der Tür und oft Live-Musik; abends kostenlose Abholung von Ferry Landing, sonst 15 Min. Fußweg. HG ca. 25–30 NZD.

Café-style in Hahei ▶ **Luna Cafe:** 59 Beach Rd, Hahei, Tel. 07-866 3016, vom Frühstück um 9 Uhr bis zum Dinner am Abend moderne leichte Kost, verführerische Kuchen und leckere Quiches.

Kiwiana style in Whitinaga ▶ **Mercury Bay Club:** 69 Cook Drive, Tel. 07-866 5576, www.mercurybayclub.co.nz. Ein Treff der *locals,* viele der silbernen Generationen. Gäste sind willkommen. Hier wird noch Standard getanzt, wenn eine Band spielt. Billardtische und Dart-Boards, Bars mit preiswertem Bier und einem Riesen-TV-Schirm, auf dem Rugby, Cricket oder Segeln angestellt wird, nur Fußball sollte niemand erwarten. Im Bistro/Restaurant (Tel. 07-866 4750) isst man zum Lunch und am Abend ab 17.30 Uhr gut und preiswert. HG ca. 15–25 NZD.

Einkaufen

Dornröschens Weingut ▶ The Purangi Winery: 450 Purangi Rd (nahe Cooks Beach), Tel. 07-866 3724. Es scheint, gerade habe jemand nach Jahrzehnten wieder aufgeschlossen – aber ich habe es seit Jahren nicht anders erlebt. Trotzdem: Vergessen Sie alle Vorurteile gegenüber Fruchtwein, die von der Purangi Winery können mit klassischen Weinen durchaus konkurrieren.

Aktiv

Knochen schnitzen in Whitianga ▶ Cathedral Cove Dive & Snorkel: The Esplanade (neben Museum), Whitianga, Tel. 07-866 4021, www.baycarving.com. Anhänger aus Jade, Paua-Schalen oder Knochen werden verkauft und unter fachkundiger Leitung des deutschen Besitzers kann man aus Knochen selbst Schmuck herausarbeiten (ca. 2–3 Std., ab 45 NZD).

Tauchen ab Hahei ▶ Cathedral Cove Dive: 448 Hahei Beach Rd, Hahei, Tel. 07-866 3955, www.hahei.co.nz/diving. Tauchexkursionen und -kurse, Verleih und Verkauf von Ausrüstung zum Schnorcheln und Tauchen.

Seakayaking ab Hahei ▶ Cathedral Cove Sea Kayaking: Tel. 07-866 3877, www.seakayaktours.co.nz. Sea Kayaking ab Hahei u. a. zu Cathedral Cove, ca. 3 Std. 95 NZD, ganzer Tag 150 NZD.

Klettern und Schaukeln ▶ High Zone Adventure Ropes Course: 49 Kaimarama Rd, Whitianga, Tel. 07-866 2113, www.highzone.co.nz. Kletterpark, je Abschnitt 10 NZD oder komplett 70 NZD.

Tauchgefühle mit trockener Haut ▶ Mercury Bay Seafaris/Glass Bottom Boat: Tel. 07-867 1962, www.glassbottomboatwhitianga.co.nz. Bootstouren mit Blick durch den gläsernen Schiffsrumpf auf die Meeresfauna; als Bonus die Aussicht auf Cathedral Cove; ca. 2 Std. ab Whitianga, 85 NZD.

Verkehr

Shuttles zu den Eastern Beaches...

...ab Ferry Landing: Graeme's Cooks Beach Mini Bus, 07-866 3501, www.cooksbeachminibus.co.nz. Mindestpreise für 1–3 Pers. z. B. bis Cathedral Cove 25, bis Hot Water Beach 30 NZD jeweils ein Weg. Rundfahrt 85 NZD, geringe Zuschläge ab 3 Pers.

...ab Whitianga: GO KIWI Shuttles & Tours, Tel. 07-866 0336, www.go-kiwi.co.nz. 4,5 Std. Rundfahrt, ab 3 Pers. ca. 47 NZD, Mindestens jedoch 130 NZD.

Tairua bis Waihi ▶ M 5/6

Von Tairua bis Whangamata

Tairua 11, dessen wilden ›Ocean Beach‹ man vom SH25 leicht übersieht, und die von Aucklandern gern besuchte Sommerfrische **Pauanui** 12 rahmen die fjordähnliche Mündung des Tairua River ein. Im Sommer pendelt eine Passagierfähre zwischen beiden Orten, auf der Straße liegen 30 km dazwischen. Am Nordufer überragt ein Ex-Vulkan die Mündung, Teil einer Kraterreihe, die sich draußen im Meer mit Shoe Island fortsetzt. Der Gipfel des Mt Pakus ist über einen steilen Track – Start am Ende des Paku Drive zwischen Sommervillen – in 30 Min. zu besteigen; die grandiose Aussicht lohnt die Kraxelei.

Weiter südlich bildet der Wharekawa Harbour mit dem Dorf **Opoutere** 13 ein kleines Paradies, eine Ladestation für müde Seelen: Am Meer ein 5 km langer, bis auf wenige Tage im Jahr einsamer Sandstrand. Der schiebt sich mit einer Nehrung vor die Mündung eines Flusses und schirmt sie gegen die oft mächtigen Wellen ab. So entsteht ein ideales Sea-Kayak-Revier, das mit Ebbe und Flut ständig sein Gesicht verändert.

Ganz anders der Badeort **Whangamata** 14: Häuser drängen bis ans Ufer und um Silvester kommen auf jeden der 3500 festen Einwohnern etwa zehn partylaunige Besucher. Am Meer markiert der Waihi Beach die Grenze zwischen Coromandel und Bay of Plenty.

Waihi 15

Waihi, schrieb Goldgräbergeschichte: 1878 entdeckten John McCombie und Robert Lee Golderz am Martha Hill, verzichteten aber auf einen Claim. Gesteinsproben versprachen keinen rentablen Abbau. Ein Jahr später sicherte sich William Nicholl die Abbaurechte. Schnell war klar: Das ist eines der mächtigsten Gold- und Silberlager der Welt. 1952 machte die alte Martha Mine aber dicht: Der Preis für Edelmetalle lag so niedrig, dass sich die notwendige technische Erneuerung der Grubenausrüstung nicht finanzieren ließ.

1988 brachten steigende Goldpreise und neue Technologien eine Wiedereröffnung. Ab etwa einem Gramm Gold pro Tonne Erz lohnt in Waihi der Abbau und im November 2008 wurde der Barren mit der zweimillionsten Feinunze gegossen – über 60 t Gold in 20 Jahren. Umweltschützer begeistert das nicht: Um Gold aus dem Erz zu lösen, kommt Zyanid zum Einsatz. Über die Risiken wird gestritten: In Schlämmen, die im Umland gelagert werden, ist das Gift noch enthalten. Immerhin brachte der Protest gegen den Goldabbau Neuseelands Grünen im Wahlkreis Coromandel 1999 weltweit das erste Direktmandat einer grünen Partei für ein nationales Parlament ein.

Den Goldabbau hat es nicht gestoppt: Der Untertage-Abbau soll sogar erweitert werden und im Umland suchen Experten lohnende Abbaumöglichkeiten für den Tagebau. In Waihi – Stadt-Slogan: ›New Zealand's heart of gold‹ – sehen die Menschen eher die Arbeitsplätze und das Geld, mit dem die Minengesellschaft die Stadt unterstützt. Achten Sie nur auf die Kreisverkehre im Ort: Alte Mahlwerke aus den Erzmühlen dienen als Mittelinseln. Aber der Preis: Gleich neben dem Ortszentrum klafft ein 250 m tiefes Loch in der Erde, 900 x 600 m an der Oberfläche. Die jetzt abgewickelte Tagebau-Grube soll einmal Freizeitsee werden, schon heute umkreist der **Martha Mine Pit Rim Walkway** den Rand und bietet spektakuläre Einblicke in den Krater. Start des Rundweges ist am i-Büro (s. u.). Dort weiß man, ob aktuell Besichtigungen der Mine oder andere Touren zum Thema Goldabbau angeboten werden. Oberhalb des i-Büros ragt ein gut 100 Jahre altes Pumpenhaus fast wie ein mittelalterlicher Burgturm in den Himmel. Es wurde 2006 komplett um 300 m verschoben, als am alten Standort der Boden absackte. In seinem Umfeld ist ein modernes Edutainment-Center rund um den Goldabbau geplant, das ›**Waihi Gold Discovery Centre**‹.

Ganz nostalgisch präsentiert sich die Goldgräberzeit mit der **Goldfields Railway** der rührigen Goldfields Steam Train Society. Die Oldtimerzügen pendeln zwischen dem alten Bahnhof von Waihi an der Wrigley St und dem nahen Waikino (Tel. 07-863 8251, www.waihirail.co.nz, Hochsaison 3 x tgl., sonst nur Fr–Mo, Erw. 15 NZD, Kinder 8 NZD h/z). Die Bahn führte früher weiter durch die **Karangahake Gorge,** eine beeindruckende Klamm, durch die heute SH2 verläuft, bis Paeroa. Ein Teil der alten Trasse ist zum Lehrpfad in eine 1875 bis 1918 ausgebeutete Goldgräberregion mutiert – Licht sollte man mitbringen, ein 1000 m langer Tunnel gehört zum Weg.

Infos

Tairua Information Centre: 233 Main Rd, Tairua, Tel. 07-864 7575, www.tairua.info

Whangamata i-SITE Visitor Centre: 616 Port Rd, Whangamata, Tel. 07-865 8340, www.whangamatainfo.co.nz.

Waihi Information Centre: 126 Seddon St, Waihi, Tel. 07-863 6715, www.waihi.org.nz.

Übernachten

Luxus ▶ Grand Mercure Puka Park Resort: Mount Ave, Pauanui Beach, Tel. 07-864 8088 oder [fc] 0800 444 422, www.pukapark.co.nz. Chalets im Grünen am Rand des Mt Pauanui mit Wellnesscenter; flexible Preise ab ca. 200–360 NZD.

Basic am Meer ▶ YHA Opoutere: 389 Opoutere Rd, Opoutere, Tel. 07- 865 9072, über www.yha.co.nz. Urgemütliche Herberge in einer Ex-Schule im Grünen, Paddelrevier vor der Tür (Kajaks gratis), Strand in Gehnähe – einfach paradiesisch! Betten ab 25, DZ ab 74 NZD, 4-Personen-Hütten für 110 NZD.

Crater Lake des Mt Ruapehu im Tongariro National Park

Kapitel 2

North Island – die Mitte und der Süden

Die ›größere Hälfte‹ der Nordinsel ist für viele Reisende Transitregion mit wenigen Highlights. Man kann die Strecke von der Metropole Auckland bis in die Hauptstadt Wellington leicht an einem Tag fahren. Dieses Kapitel schlägt dafür drei Rote-Faden-Routen vor, die etwas mehr Zeit erfordern, aber auch mehr Erleben garantieren.

Die West-Route führt ins geschichtsträchtige Waikato, schlängelt sich zur relaxten Surferhochburg Raglan, taucht in die Unterwelt von Waitomo ein, umkreist am Mt Taranaki den schönsten Vulkan des Landes und erreicht an der oft übersehenen Kapiti Coast vorbei Wellington – ca. 750 km für 3–5 Tage.

Die Zentrums-Route erreicht Wellington über Rotorua und Taupo mit geothermischen Wunderwelten und perfekt vermarkteten Maori-Shows sowie entlang der auf den Spitzen ewig schneebedeckten Vulkane des Central Plateau – 660 km für 3–4 Tage.

Die Ost-Route passiert Sommerfrischen an der Bay of Plenty, führt ins einsame Eastland mit seiner fundamentalistischen Maori-Kultur und dem East Cape – wo das erste Licht eines jeden neuen Tages auf bewohntes Land trifft – und in zwei der besten Weinanbaugebiete der Erde, Hawke's Bay und Wairarapa – 1250 km für 4–8 Tage.

Ziel aller Routen ist Wellington, einst windumtostes Aschenputtel, inzwischen echte Hauptstadt mit großem Kultur- und Lifestyle-Angebot.

Auf einen Blick

North Island – die Mitte und der Süden

Sehenswert

4 **Waitomo:** Das Unterwelt-Revier fasziniert mit Stalagmiten und Stalaktiten, Sinterfällen und Sinterfahnen und mit einem Sternenhimmel aus Myriaden von Glühwürmchen (S. 189).

5 **Tongariro National Park:** Vulkanwelt im Zentrum der Nordinsel – als Filmkulisse berühmt und heiliger Ort der Maori (S. 233).

White Island: Der aktive Vulkan mitten im Meer mit brodelndem Kratersee, fauchenden Fumarolen und bunten Solfataren darf betreten werden (S. 251).

6 **Hawke's Bay:** Art-déco-Städte, große Weine und ein Kap voller Vögel (S. 259).

7 **Wellington:** Mit quirligem Lifestyle und viel Kultur ist die Stadt an der Südspitze der Nordinsel zur echten Hauptstadt gereift (S. 271).

Schöne Routen

Die **Great New Zealand Touring Route** (www.gnztr.com, 6–12 Tage ab/bis Auckland) kombiniert den ca. 1150 km langen **Pacific Coast Highway** Auckland–Napier via Coromandel (S. 165), Bay of Plenty (Kiwi-Anbau, White Island) und Eastland (Sonnenaufgang am East Cape) mit dem **Thermal Explorer Highway** (460 km) Auckland–Napier via Rotorua (Maori-Kultur, Thermalgebiete) und Taupo (Huka Falls) und dem Abstecher **Volcanic Loop** (250 km) um die Vulkane des Central Plateau.

Der 155 km lange **Forgotten World Highway** – SH 43 von Stratford nach Taumarunui – ist eine kurvige Sightseeing-Querverbindung mit tollen Fernsichten (S. 199).

Der **Surf Highway** bzw. SH 45 folgt der Westküste zu Füßen des Mt Taranaki – 105 km, ca. halber Tag (S. 201).

Meine Tipps

Surf-Spot Raglan: Unter Surfern weltberühmt, die Atmosphäre relaxt und tolle Plätze, um den Cracks zuzusehen (S. 185).

Aussicht: Es sind nur Minuten vom SH1 die Paekakariki Hill Road hinauf bis zu grandiosen Aussichten auf die Kapiti Coast (S. 206).

In die Krater geschaut: Spektakuläres Flightseeing über die Vulkane des Central Plateau und Tongariro Alpine Crossing (S. 234).

Mit dem Trecker zu den Basstölpeln von Cape Kidnappers: Großer Fun-Faktor und super Preis-Leistungs-Verhältnis – einer meiner Lieblingsausflüge im Land (S. 263)!

Spektakulär an der Wairarapa-Küste: Die Leuchttürme Castle Point (S. 268) auf Klippen voller Meeresfossilien und Cape Palliser (S. 269) über einer großen Robbenkolonie lohnen lange Wege.

aktiv unterwegs

Ruakuri Bushwalk: Der ›Walk‹ in der Höhlenmetropole Waitomo führt in enge Schluchten, durch Höhlengänge und in eine Flusshöhle von kathedraler Erhabenheit (S. 190)!

Action kompakt: Adrenalin-Aktivitäten im Fun Park Agroventures bei Rotorua und Verkehrsmittel der Zukunft: die pedalgetriebene Monorail-Schwebebahn Shweeb (S. 216).

Hiken und Biken im Tongariro National Park: Die Tongariro Alpine Crossing ist atemberaubend. Eine Alternative wäre der Aufstieg zum Crater Lake des Mt Ruapehu. Und Biker lieben die 42nd Traverse (S. 234).

Whanganui River – der Kanufluss: Ruhig strömt der Whanganui River dahin – anfänger- und familientauglich. Fast 150 km werden befahren, knapp 90 km davon durch den Whanganui National Park (S. 242).

Tasman-Sea-Küste – der Westen der Nordinsel

Waikatos fette Weiden und schwarze Strände. Kiwis und Kiwiana in Otohoranga. Die Höhlenwelten von Waitomo. Ein einsamer Strand mit Tunnelzugang in Waikawau. Der perfekte Vulkankegel des Mt Taranaki. Museen in New Plymouth und Wanganui. Der Westen wartet mit weltbekannten Highlights und unbekannten Attraktionen auf.

Eine Fahrt durch den Westen lässt sich gut in drei Etappen aufteilen: Auckland – Waitomo, Waitomo – Region Taranaki und Taranaki – Wellington. Für die nördliche Etappe Auckland – Waitomo kann man entweder die Binnenroute SH1/SH39/SH3/SH37 ausschließlich über viel befahrene State Highways oder die landschaftlich reizvollere Küstenroute über kleine, wenig befahrene, aber bisher noch nicht auf ganzer Strecke asphaltierte Nebenstraßen wählen.

Zwischen Waitomo und Taranaki Region (S. 194) das gleiche Bild: State Highways durchs Binnenland oder abwechslungsreichere Nebenstraßen küstennah bis Awakino, wo beide Alternativen wieder zusammentreffen. Zwischen Taranaki und Wellington (S. 201) fährt man direkt über SH3/SH1durch Wanganui und entlang der Kapiti Coast.

Waikato – das Binnenland

Die Landschaft Waikato mit der Großstadt Hamilton als Mittelpunkt ist eine der produktivsten Agrarregionen der Welt, fast ein Fünftel des Neuseeländischen Exports stammt von ihren fruchtbaren Feldern und fetten Weiden, auf denen vor allem Rinder und Milchkühe stehen. Dieses Land begehrten schon Mitte des 19. Jh. weiße Siedler, die entlang der Küsten nicht mehr ausreichend Land fanden. Um dem Druck zu begegnen, schufen die im Westen der Nordinsel ansässigen Tribes die Maori-Königsbewegung Te Kingitanga. In der Folge wurde die Region von den blutigen Landkriegen heimgesucht (S. 29).

Waikato River – Schicksalsfluss ► L 5/6

Der Motorway South wächst von Jahr zu Jahr etwas weiter von Auckland Richtung Süden, ein langsamer Ausbau mit allen aus Europa bekannten Verkehrsproblemen. Schwierigkeiten bereitet den Straßenbauern der weiche Untergrund alter Sümpfe in den Flussauen des Waikato River, den man von Norden kommend das erste Mal bei **Mercer** trifft. Neuseelands längster Fluss, der sich vom Lake Taupo herunterschlängelt, ist ein Schicksalsstrom der Nation, viele Kämpfe während der Landkriege wurden auf seinem Wasser und an seinen Ufern ausgetragen. Heute liefert der Waikato aus acht Wasserkraftwerken Energie, und bei **Huntly** wird ihm ganz warm, weil Neuseelands größtes Kohlekraftwerk sein Wasser zum Kühlen nutzt. Die verfeuerte Kohle wird vor Ort abgebaut.

Der heilige Hügel von **Taupiri** ist Begräbnisplatz vieler bedeutender Maori-Häuptlinge, darunter aller Maori-Könige (S. 13). Zuletzt wurde dort am 21. August 2006 Te Arikinui Dame Atairangikaahu unter großer Anteilnahme von Menschen aus allen neuseeländischen Volksgruppen bestattet. Sie hatte sich in 40-jähriger Regentschaft national wie international höchste Reputation erworben. Ihr Grab wird trotz ihrer Verdienste nach alter

Tradition namenlos bleiben, denn auch die Königin ist nur eine aus ihrem Volk.

Residenzstadt der Maori-Könige ist das unscheinbare **Ngaruawahia.** Das Turongo House im **Turangawaewae Marae** am Ufer des Waikato ist die eigentliche Residenz. Seit den 1920ern systematisch zum politischen und kulturellen Zentrum ausgebaut, finden dort Begegnungen der Maori-Monarchen mit gekrönten wie ungekrönten Persönlichkeiten aus aller Welt statt, die fast den Charakter eines Staatsbesuchs haben. Auch die britischen Royals machen hier bei Neuseelandvisiten regelmäßig Station. Für normale Besucher ist das Marae nur zu seltenen Anlässen zugänglich, z. B. wenn Mitte März auf dem Waikato vor Ngaruawahia die traditionelle Regatta mit Kriegskanus ausgepaddelt wird.

Infos

Huntly i-SITE Visitor Centre: 160 Great South Rd, Huntly, Tel. 07-828 6406, www.huntly.co.nz. Das verkehrsgünstig gelegene i-Büro an einer SH1-Raststätte bietet auch Informationen für die Region Waikato inkl. Hamilton, Raglan, Waitomo oder auch Matamata und Cambridge an der Zentrums-Route (ab S. 208); Regional-Portal im Web: www.hamiltonwaikato.com.

Übernachten, Aktiv

Spaßbad und Holiday Park ► Waingaro Hot Springs: Waingaro, 24 km westl. Ngaruawahia nahe SH22, Tel. 07-825 4761, www.waingarohotsprings.co.nz. Thermal-Spaßbad (tgl. 9–21.30 Uhr, 10 NZD/Erw., 5 NZD/bis 12 Jahre) mit angeschlossenem Holiday Park – leicht angestaubt, aber sehr neuseeländisch. Stellplätze ab 40, Hütten und Apartments ab 80 NZD.

Hamilton ► L 6

Ökonomisches, wissenschaftliches und kulturelles Zentrum der Region ist **Hamilton.** 130 000 Einwohner leben in der Stadt, noch einmal 50 000 im direkten Einzugsbereich. Damit ist es mit Abstand die größte Stadt Neuseelands ohne direkten Zugang zum Meer. Hamilton entwickelte sich in enger Zusammenarbeit mit der Landwirtschaft in Waikato zu einer international bekannten Hochburg der Biotechnologie. Schafe und Kälber wurden hier bereits in den 1990ern geklont. An der 1964 gegründeten Waikato University unter deren fast 15 000 Studenten prozentual so viele Maori eingeschrieben sind wie an keiner anderen Hochschule des Landes, werden auch Kultur und Sprache der Maori und anderer pazifischer Völker gelehrt.

Das moderne Zentrum spiegelt das schnelle Wachstum Hamiltons wieder, viele Parks bilden jedoch grüne Lungen. Die **Hamilton Gardens** mit geographischen Themengärten sind das Aushängeschild (in den Flussauen südlich des Zentrums, tgl. 7.30–17.30, Sommer bis 20 Uhr, gratis).

Das **Waikato Museum of Art & History** zeigt nationale und regionale Kunst, besitzt viele Maori-Artefakte und als Schmuckstück das Te Winika, eines der ältesten erhaltenen Kriegskanus. Es entstand schon vor der Zeit der Landkriege, wurde aber bei den Kämpfen beschädigt und später von bekannten Schnitzkünstlern sorgfältig wieder hergestellt (1 Graham St, Ecke Victoria St, www.waikatomuseum.co.nz, tgl. 10–16.30 Uhr, Spende willkommen). Die benachbarten **ArtPost Galleries** zeigen vornehmlich zeitgenössische Kunst (120 Victoria St, tgl. 10–16.30 Uhr).

Infos

Hamilton i-SITE Visitor Centre: 5 Garden Place, Tel. 07-958 5960, [fc] 0800 2 HAMILTON, www.visithamilton.co.nz.

DOC Waikato Area Office: 5 Northway Street, Tel. 07-858 1000.

Termine

Balloons over Waikato: Heißluftballon-Festival Ende März/Anfang April u. a. mit pittoreskem ›Nightglow‹ der teilnehmenden Ballons, aktuelle Daten auf www.balloonsoverwaikato.co.nz.

Verkehr

Bahn: TranzScenic Overlander (S. 78) ab Bahnhof, Fraser St.

Bus: Tel. [fc] 0800 4 BUSLINE. In der Innenstadt zu Geschäftszeiten kostenloser **CBD Shuttle** alle 10 Min. **Überlandbusse** ab Hamilton Transport Centre (Bryce St) in alle Teile der Nordinsel, **Regionalbusse** u. a. nach Raglan, Waitomo, Coromandel, Tauranga.
Flug: Vom Hamilton Airport, 12 km südl.: **Air New Zealand Link** u. a. ab/bis Auckland, Christchurch, Palmerston North, Wellington. **Sunair** mit Regionalflügen auf der Nordinsel. Nach Australien mit **Pacific Blue.**

Te Awamutu, Otorohanga und Te Kuiti ► L 7

Die Provinzstadt **Te Awamutu** ist für ihre Rosen berühmt, besitzt eine ansehnliche Holzkirche aus den 1850ern und verweist gern auf zwei Söhne der Stadt, die Brüder Neil und Tim Finn, zwei Urgesteine der Rockgeschichte. Sie hatten in den 1980er und 90er-Jahren mit den Bands Split Enz and Crowded House weltweit Erfolge und sind bis heute in der Musikszene aktiv. Das **Te Awamutu Museum** zeigt Reliquien ihrer Karriere in seiner True Colours-Ausstellung, benannt nach dem ersten Welterfolg von Split Enz (135 Roche St, Tel. 07-872 0085, www.tamuseum.org.nz, Mo–Fr 10–16, Sa 10–13, So 13–16 Uhr, Spende wird erwartet).

Otorohanga gilt im Lande als Kiwi-Stadt schlechthin, aber nicht nur weil **Kiwi House & Native Bird Park** den Nationalvogel im Nachthaus zeigt (Alex Telfer Dr, Tel. 07-873 7391, www.kiwihouse.org.nz, tgl. 9–16/16.30 Uhr, Erw. 17 NZD), sondern auch, weil hier menschliches Kiwitum kultiviert wird. ›Kiwiana‹ stehen für Neuseeland, z. B. Rugby, Jandals – die hier schon Mode waren, bevor sie als ›Flip Flops‹ einen internationalen Hype erlebten – die Segler vom Team New Zealand oder No 8 Wire – Draht Stärke 8 – mit dem ein echter Kiwi alles reparieren kann. In der Shopping-Passage Ed Hillary Walkway, die Sir Edmund Hillary, dem Inbegriff des Neuseeländers huldigt, behandeln Schaukästen und Schaufenster einzelne dieser Themen und der städtischen Webseite www.kiwianatown.co.nz gibt's Kiwiana-Rezepte u. a. für die Kalorienbombe Pavlova.

Mehrere Souvenir-Shops haben sich auf Kiwiana spezialisiert und Lokale kochen entsprechend. Wenn Sie einmal zur Zeit einer Rugby-Übertragung im Restaurant ›The Thirsty Weta‹ essen, erleben Sie Kiwiana in Vollendung: Ordentliche Portionen deftiges Kiwi-Food und Rugby aus jeder Ecke vom Bildschirm mit vielen *locals* – mal jubelnd, mal todtraurig (57 Maniapoto St, Otorohanga, Tel. 07-873 6699, www.theweta.co.nz).

Während Pakeha-Truppen in den Landkriegen von Norden aus immer weiter in die fruchtbare Waikato-Region vorrückten, zogen die Maori nach Süden. Dort, in den unübersichtlichen Bergen und schwer zugänglichen Wäldern, behielt die Königsbewegung immer die Kontrolle, King Country heißt der Landstrich seitdem. Seine Nordgrenze verläuft etwa von Otorohanga zur Küste bei Kawhia. Von der Regierungsmacht unbehelligt, fanden hier auch Rebellen aus anderen Regionen Asyl, darunter der charismatische wie despotische Te Kooti, Gründer der fundamental-christlichen, gegenüber den Pakeha geradezu rassistischen Ringatu-Bewegung. Als ›neuer Moses‹ wollte er sein Volk ins gelobte Land zurückführen, sprich Neuseeland wieder unter Maori-Herrschaft bringen. Te Kooti lebte fast 20 Jahre in Te Kuiti, ehe er amnestiert wurde. Als Dank für das ihm gewährte Asyl schenkte er den ansässigen Maori das prächtig mit Schnitzwerk verzierte Versammlungshaus Tokanganui-a-Noho, heute die historische Attraktion im Ort. Der gilt zudem als Schafscherer-Kapitale der Welt, das gut 7 m hohe Denkmal eines Schafscherers unterstreicht diesen Anspruch.

Infos

Te Awamutu i-SITE Visitor Centre: 1 Gorst Avenue, Tel. 07-871 3259, www.teawamutuinfo.com.
Otorohanga i-SITE Visitor Centre: 21 Maniapoto St, Tel. 07-873 8951, www.otorohanga.co.nz.
Te Kuiti i-SITE Visitor Centre: Rora St, Tel. 07-878 8077, www.waitomo.govt.nz.
DOC Maniapoto Area Office: 78 Taupiri St, Te Kuiti, Tel. 07-878 1050.

Übernachten

Kleine Anlage nahe Kiwi House ▶ **Otorohanga Holiday Park:** 12 Huiputea Dr, Tel. 07-873 7253, www.kiwiholidaypark.co.nz. Nahe Zentrum mit Stellplätzen ab ca. 34 NZD und Hütten/Apartments ca. 55–100 NZD.

Termine

Te Kuiti Muster am ersten Aprilwochenende, eine Art inoffizielle Schafschermeisterschaft und ein riesiges Volksfest.

Verkehr

Bahn: TranzScenic Overlander (S. 78) mit Stopp in Otorohanga und Te Kuiti.
Busse: InterCity ab allen drei Orten nach Auckland, New Plymouth und Palmerston North.

Waikato – die Küste

Die Küste von Waikato ist menschenarm. Nur wenige Orte setzen sich den Unbilden der Tasman Sea aus, und wenn, dann an geschützten, weit ins Land reichenden Meeresarmen. Für die Maori in Waikato und im King Country hat die Küste jedoch große Bedeutung, denn viele Plätze lassen sich mit der Reise ihres wichtigsten Ahnenkanus im 14. Jh. in Verbindung bringen, des Waka Tainui.

Auffällig sind entlang der Küste die schwarzen Strände. Der Sand ist so eisenhaltig, dass sogar submariner Abbau lukrativ ist, in dem Umweltschützer eine Gefahr für Strände und Meeresfauna sehen (Diskussion: www.blacksands.org.nz).

In die Tiefen des Landes kann man in der **Tropfsteinhöhle Nikau Cave** zwischen dem verträumten Port Waikato und Raglan vordringen – nirgendwo in Neuseeland sind organisierte Höhlenerkundungen so archaisch, rustikal und wirklich noch abenteuerlich (35 NZD, unbedingt Wegbeschreibung auf www.nikaucave.co.nz abrufen und Wechselkleidung mitbringen – man wird nass und dreckig! Tel. 09-233 3199; vor Ort nettes Café mit viel Selbstgebackenem).

Surferparadies Raglan ▶ L 6

Raglan, mit Maori-Namen Whaingaroa, versteckt sich hinter der Mündung des verzweigten und von großem Tidenhub geprägten Raglan Harbour. Das Städtchen wäre heute kaum der trendige, aber relaxt wirkende Badeort mit Promi-Villen und explodierenden Immobilienpreisen, gäbe es nicht **Whale Bay** und **Manu Bay:** Die Tasman Sea läuft von Süden so in die weite Bucht vor Raglan hinein, dass sich manchmal über Tage Wellen aufbauen, die Surfer zu den besten der Welt zählen. Hier treiben keine Mega-Brecher wie vor Hawaii die Fans auf die Bretter, sondern eine lange Welle, die sie unter günstigen Bedingungen minutenlang reiten können – eine Ewigkeit in diesem Sport.

Aussichtspunkte machen das Treiben in der Bucht auch für Nichtsurfer zum Augenschmaus. Zu den Surfern gesellen sich noch andere Sportler, die ebenfalls etwas für's Auge bieten: Paraglider nutzen den Aufwind vor der Steilküste hinter dem Ngarunui Beach und Kate Surfer tummeln sich in der Mündung des Raglan Harbour. Alle drei Sportarten kann man vor Ort lernen. **Ngarunui Beach** ist zudem einer der besten Badestrände entlang der gesamten Westküste, Rettungsschwimmer sind von Ende Oktober bis Ostern im südlichen Abschnitt vor ihrem großen Clubhaus auf der Wacht.

Falls es den Anschein hat, Raglan habe nur Aktivitäten am Meer zu bieten, hilft ein Blick nach Süden: Die Landmarke dort ist der 756 m hohe Ex-Vulkan **Mt Kariori.** Die ›Schlafende Dame‹ kann über zwei **Karioi Summit Tracks** bestiegen werden, eindrucksvolle Aussichten auf die Küstenlandschaft und die Bergwelt im Hinterland inklusive.

Raglan Harbour ist schließlich noch für ein Schauspiel berühmt, das zwar selten vorkommt, dann aber sensationell ist: In das Innere des Harbour ziehen sich gern große Stachelrochen zurück, Sting Rays, und die sind eine Lieblingsspeise der Orcas. Hin und wieder jagen Gruppen der Wale die Rochen weit den Harbour hinein, was dann gut vom Ufer oder vom Raglan Wharf zu beobachten ist.

Infos

Raglan Information Centre: 2 Wainui Road, Tel. 07-825 0556, www.raglan.org.nz. Alles über das Surfen vor Raglan auf www.surf.co.nz/reports/raglan.

Übernachten

Kolonialstil zum Wohnen, Essen und auf ein Bier ▶ Harbour View Hotel: 14 Bow St, Tel. 07-825 8010. Die Zimmer sind old fashioned aber gemütlich, das Restaurant ebenso, auf der Veranda Bar sitzt man ideal, um zu schauen, was im Ort los ist, und in der Sportsbar kann man Rugby und anderen Kiwi-Sport auf Großbildschirmen verfolgen. DZ ab ca. 80 NZD.

Auf einer Landzunge im Raglan Harbour ▶ Raglan Kopua Family Holiday Park: 61 Marine Parade, Tel. 07-825 8283, www.raglanholidaypark.co.nz. ›Family Park New Zealand‹-Campingplatz, mit Fußgängerbrücke ans Zentrum angebunden. Stellplätze ab ca. 34, Hütten ab ca. 75 NZD, auch Backpacker.

Ganz nah an den Surf-Spots ▶ Raglan Surfing School: s. Aktiv, www.sleepinglady.co.nz. Angeschlossen an die Surfschule sind ein BBH-Backpacker (Bett ab 27, DZ ab 70 NZD) und mehrere stylische Ferienhäuser (ca. 165–290 NZD).

BBH-Backpacker am Harbour mit super Atmosphäre ▶ Raglan Backpackers & Waterfront Lodge: 6 Wi Neera St, Tel. 07-825 0515, www.raglanbackpackers.co.nz. Alle Räume gruppieren sich um einen grünen Innenhof, in dem es sogar einen kleinen Whirlpool gibt – einer jener Backpacker, aus denen man nie abreisen möchte; auch Verleih von Kajaks, Fahrrädern, Surf-Ausrüstung sowie Surfkurse; Bett ab 23 NZD/Pers., DZ ab 64 NZD.

Essen, Trinken und Ausgehen

Alles an einem Eck ▶ An der Ecke Bow St./Wainui Rd mitten im kleinen Zentrum bekommt man in **The Shack** (Bow St. 19) oder im **Black Sand Café** (Bow St. 17) gutes Frühstück, kleine Lunchgerichte und die ganze Palettee neuseeländischer Kaffeespezialitäten. Abends isst man mit Überblick schräg

gegenüber im **Harbour View Hotel** auf der Veranda (s. Übernachten).

Einkaufen

Surfer-Ausrüstung und Accessoires ▶ Die Sport-Shops **GAgRAglan** (5 Bow St, Tel. 07-825 8402, www.gagraglan.com) und **Raglan Surf** (3 Wainui Rd, Tel. 07-825 8988, www.raglansurf.com) haben alles, was das Surferherz begehrt, von Boards bis zu den globalen Kult-Klamotten der Szene wie Billabong, Quicksilver und Ripcurl.

Aktiv

Surfschule und -verleih ▶ Raglan Surfing School: 5b Whaanga Rd, Whale Bay, Tel.

Strand für Individualisten: Ruapuke Beach

07-825 7873, www.raglansurfingschool.co.nz, 3-stündiger Crash-Kurs ca. 130 NZD, 2–5-Tage-Kurse inkl. Übernachtung ab ca. 145–340 NZD. Auch Verleih von Surfanzügen (ca. 15 NZD/Tag) und Boards (ab ca. 45 NZD).

Sightseeing & Track-Shuttle ▶ **Raglan Scenic Tours:** Tel. 07 825 0507, mobil 021 0274 7014, www.raglanscenictours.co.nz. Transfer zu und von den Tracks am Mount Karioi und Sightseeing Touren ›on demand‹ u. a. zu den Bridal Veil Falls, den Nikau Caves oder nach Waitomo und Kawhia, auch Flughafentransfer ab/bis Auckland Airport; Preise ca. 40–80 NZD/Pers. bei mind. zwei Gästen.

Verkehr

Regionalbus tgl. mehrmals Hamilton–Raglan, im Sommer bis Manu Bay. Von den Backpacker Networks steuern aktuell **Stray** und **Kiwi Experience** Raglan an (S. 77).

Zwischen Raglan und Kawhia

▶ L 6/7

Zwischen Raglan und Kawhia sind die Straßen die schmalsten und am wenigsten asphaltierten der Küstenroute. Vorbei an Manu und Whale Bay windet sich die Whaanga Road hoch über imponierenden Steilküsten oder an Hängen enger Spaltentäler entlang bis zum kilometerlangen, oft menschenleeren **Ruapuke Beach.** Verpassen Sie dort nicht die raue, aber durchaus fahrbare Piste hinunter zum schwarzen Strand. Der wird von pittoresken Basaltfelsen eingerahmt und erlaubt lange Wanderungen. Vorsicht aber: Zum Schwimmen ist der Strand zu gefährlich und bei auflaufendem Wasser können die südlichen Abschnitte vom nördlichen Teil mit dem Parkplatz abgeschnitten werden.

Im Hinterland erreicht man etwa 5 km südlich Te Mata über die Kawhia Road den Parkplatz für den gut präparierten Pfad zu den **Bridal Veil Falls** (10 Min.). Romantisch stürzt hier ein Bach vor einer von Basaltsäulen verzierten Felswand 55 m in die Tiefe, wird dabei oft von Winden aufgefangen und zerstäubt – schaut die Sonne zu, färbt sich der Brautschleier in den Farben des Regenbogens. Die Plattformen oben an der Felskante bieten gute Sicht, es lohnt aber, den steilen, holprigen Treppenweg zum Pool des Wasserfalls hinunterzugehen (ca. 30 Min. h/z).

Wie dann weiter nach Süden? Eigentlich auf der Kawhia Road, aber bei allen meinen Besuchen in den letzten Jahren stand direkt hinter dem Zugang zu den Breidal Veil Falls das unmissverständliche Verkehrsschild: Road Closed Ahead. Die Straßenbauer haben Probleme mit Erdrutschen an dieser Strecke, die übliche Umleitung führt weiter im Westen via Te Papatapu am Aotea Harbour entlang.

Kawhia ►L 7

Kawhia – sprich *ka'fia* – ist von ganz anderer Art als Raglan, auf den ersten Blick ein verträumtes Fischerdorf, ans Nordufer des verzweigten, von den Tiden geprägten Kawhia Harbour gekuschelt. Kawhia ist als Landungsplatz des Waka Tainui aber ein bedeutender Ort, eine Art sprituelles Zentrum für die Maori der Tainui-Strämme. Nach der Überlieferung konnte das Kanu nach einer wahren Odyssee endlich in Kawhia unter dem heiligen Pohutekawa-Baum Tangi te Korowhiti festmachen und fand hier seinen letzten Ruheplatz. Von der Besatzung dieses Kanus leiten die Tainui-Tribes, denen sich viele Maori der Nordinsel zugehörig fühlen und die den Kern der Maori-Königsbewegung bilden, ihre Herkunft ab. Zwei Tapu-Steine, Hani und Puna, markieren neben dem Maketu Marae die Lage von Bug und Achtersteven. Das Marae besitzt ein mit Schnitzereien verziertes Versammlungshaus, aber auch moderne Gebäude wie ein großes Gästehaus. Es sollte nur auf Einladung betreten werden.

Vom Pier startet in der Saison das Schiff Lady Kawhia zu Rundfahrten auf dem Kawhia Habour, Schwerpunkt Maori-Geschichte (Kawhia Harbour Heritage Cruises, Tel. 07-871 0149; 2 Std. 50 NZD). Wenige Schritte abseits vom Pier zeigt das **Kawhia Museum,** das auch als i-Büro fungiert, mehr zur Besiedlungs- und Naturgeschichte der Region (Mi–So 11–16 Uhr, Spende wird erwartet).

Im Westen von Kawhia trotzen Dünen und Strand des **Ocean Beach** den rau von der Tasman Sea hereinwehenden Westwinden. Etwa zwei Stunden vor und nach Niedrigwasser lassen sich weit vorn an dem dann breiten Strand heiße Quellen, Te Puia, entdecken und für schnell geschaufelte Hot Pools nutzen. Falls sie sich nicht durch andere, schon von Ortskundigen gegrabene Becken verraten, sind sie jedoch schwer zu finden.

Infos

Kawhia Information Centre & Museum: Omimitit St, Kawhia, Tel. 07-871 0161, www.kawhiaharbour.co.nz.

Übernachten

Direkt am Ufer des Kawhia Harbour ►
Kawhia Beachside S-Cape: 225 Pouewe St, Tel. 07-871 0727, www.kawhiabeachsidescape.co.nz. Etwa einen halben Kilometer vom Zentrum. Stellplätze ab 36, Hütten und Apartments ca. 56–180 NZD.

Aktiv

Angeln ► Das Meer vor Kawhia ist für seinen Fischreichtum berühmt, von Flundern – Spezialität des Kawhia Harbour – über Snapper bis zum großen *game fish* wie Schwertfisch oder Marlin; das i-Büro kennt Charterboote.

Termine

1. Januar großes Volksfest um eine traditio-

nelle **Walboot-Regatta;** die Boote entsprechen Originalen aus dem 19. Jh.
Kai Festival um den 6. Februar (Nationalfeiertag Whatangi Day) mit traditioneller Maori-Kost an vielen Ständen, Maori-Kultur und Waka-Präsentationen auf dem Harbour.

Von Kawhia nach Waitomo

► L 7

14 km östlich Kawhia biegt vom SH31 die Harbour Road nach Süden ab, schlängelt sich um den verzweigten Kawhia Harbour. Auf der Te Anga Road fährt man dann landeinwärts Richtung Waitomo (zum Abschnitt Te Anga – Awakino s. S. 194). Bald rutschen nahe der Straße die **Marokopa Falls** auf breiter Front über eine Felswand in die Tiefe, ein 20-Minuten-Weg führt zu einem Aussichtspunkt mit optimalem Blick auf den Wasserfall. 2 km weiter kann man mit solidem Schuhwerk sowie einer ordentlichen Taschenlampe die **Piripiri Caves** frei erkunden; im Austernraum stecken Reste 30 Mio. Jahre alter Austernschalen in den Höhlenwänden.

Ein Kleinod der Natur ist nach weiteren 4 km die **Mangapohue Natural Bridge.** Ein Plankenweg hangelt sich an Felswänden über dem namengebenden Flüsschen tief in seine Klamm. Von einem Augenblick auf den anderen öffnet sich die Szenerie: Das Flusswasser hat zwei übereinanderliegende Deckengewölbe von gotischer Erhabenheit in das Kalkgestein modelliert, auf dem oberen wachsen immergrüne Bäume und Farne.

4 Waitomo ► L 7

Zwei Landschaften erleben Besucher in und um Waitomo, eine über und eine unter der Erde. Oben Hügel, Farmen, aber auch schon viele Felsen, Kliffs und Grotten, die jenes Kalkgestein ahnen lassen, ohne das Waitomos Unterwelt undenkbar wäre. Flüsse und Bäche fressen sich seit Urzeiten durch diese vor Millionen Jahren als Ablagerungen eines Urmeeres entstandenen Gesteinsschichten – Muscheleinschlüsse und Fischversteinerungen sind nicht ungewöhnlich. Der aus der Maori-Sprache stammende Name Waitomo setzt sich aus zwei für diese Unterwelt charakteristischen Dingen zusammen: *wai* ist Wasser und *tomo* ein Schacht. Viele der Höhlen haben nicht nur ihren Ein- und Ausgang, sondern immer wieder Verbindungsschächte zum Licht. Schon vor Ankunft der Europäer kannten Maori die Höhlen mit ihren Tropfsteingebilden und nutzten sie als Kultstätten.

Glühwürmchen

Der erste Weiße driftete 1887 auf einem primitiven Floß in Waitomos Unterwelt, Startschuss für den Tourismus. 1908 entstand das erste Hotel. Glühwürmchen als natürliche Deckenbeleuchtung sind bis heute der stärkste Touristenmagnet für die Höhlen. Viele Besucher kommen nur deshalb, informieren sich kurz im 2010 eingeweihten **Waitomo Glowworm Caves Visitor Centre,** hetzten einmal durch den großen Souvenir-Shop, lassen sich anschließend im Boot unter dem Himmel aus Glühwürmchen durch die große Waitomo Cave treiben und reisen nach einer Stunde weiter – Einzelreisende umgehen bei frühen oder späten Touren die vielen Busgruppen! (39 Waitomo Caves Road, tgl. mind. 9–17 Uhr, Saison 8–17.30 Uhr, Buchungen s. Discover Waitomo S. 193).

Das neuseeländische Glühwürmchen *Arachnocampa luminosa* ist weder verwandt

Tipp: Spellbound Tour

Die **Spellbound Glowworm and Cave Tours** verknüpft zwei spannende Höhlen. Man driftet im Schlauchboot unter einem Glühwürmchen-Firmament, sieht uralte Moa-Knochen, Tropfsteingebilde, große Höhlenhallen und enge Gänge. Pete Chandler, Erfinder des Black Water Rafting, kreierte hier eine gelungene Mischung als Höhlenerkundung ›ohne Neoprenanzug‹, zu der auch eine kleine Sightseeingfahrt durch die großartige Karstlandschaft gehört (Tel. [fc] 0800 SPELLB, www.glowworm.co.nz, mehrmals tgl. ca. 3,5 Std., 67,50 NZD, Familienrabatte).

aktiv unterwegs

Ruakuri Bushwalk – der Fünf-Sterne-Weg

Tour-Infos

Start: Parkplatz des Ruakuri Scenic Reserve
Dauer: 45–60 Min.
Schwierigkeit: bestens präpariert, schmal, viele Steigungen und Treppen
Infos: DOC-Broschüre ›Waitomo and King Country tracks‹

Für alles und jedes wird in Waitomo bunt und reißerisch geworben, ein absolutes Highlight hat aber weder Buchungsbüro noch Werbeetat, weil es gratis ist: das Ruakuri Scenic Reserve 4 km südwestlich des Dorfes. Vom Parkplatz startet der **Ruakuri Bushwalk** durch das kleine Schutzgebiet, mit Schautafeln zum Lehrpfad aufgewertet. Das DOC gibt 45 Min. für den Rundweg an, kalkulieren Sie ruhig eine halbe Stunde extra, wenn Sie gern fotografieren: Dieser kleine Bushwalk ist der beeindruckendste ›Lehrpfad‹ von solcher Kürze im ganzen Land. Zwei Passagen des exzellent präparierten Weges nutzen gar natürliche Höhlengänge, vom Wasser vor vielen Jahrtausenden ausgespült.

An einer Höhlenöffnung vorbei, aus der oft Black Water Rafter nach ihrem Unterwelttrip wieder zum Tageslicht aufsteigen, windet sich der Weg durch die Klamm des Waitomo River bis zum gewaltigen Ruakuri Natural Tunnel, den der Fluss durch das Gestein gebohrt hat, um dann mitten im Berg schwungvoll die Richtung zu wechseln. Eine Aussichtsplattform schiebt sich wie eine Kanzel in dieses Gewölbe mit seinen kathedralen Dimensionen, anschließend schlängelt sich der Weg wieder durch die Hänge der Klamm zum Fluss hinunter. Der Ruakuri Bushwalk eignet sich auch für eine Nachtwanderung. An vielen Stellen leuchten dann Glühwürmchen, aber trotzdem sollte man eine Taschenlampe mit ausreichend Batterien nicht vergessen.

Mit dem **Waitomo Walkway** (ca. 3,5 km extra pro Richtung), der am Waitomo Caves Discovery Center beginnt und endet und unterwegs dem Waitomo River über Farmland und durch kleine Wäldchen folgt, lässt sich der Raukuri Bushwalk zur 3–4-stündigen Wanderung ausdehnen. Der **Dundle Hill Walk,** ein kommerzieller, 27 km langer Rundweg über privates Land weiter die Hügel hinauf zu einer 32-Kojen-Hütte auf halber Strecke, schließt den Ruakuri Bushwalk auf Hin- und Rückweg ein (www.waitomowalk.com, 75 NZD/Erw. inkl. Übernachtung, Buchung u. a. beim i-SITE).

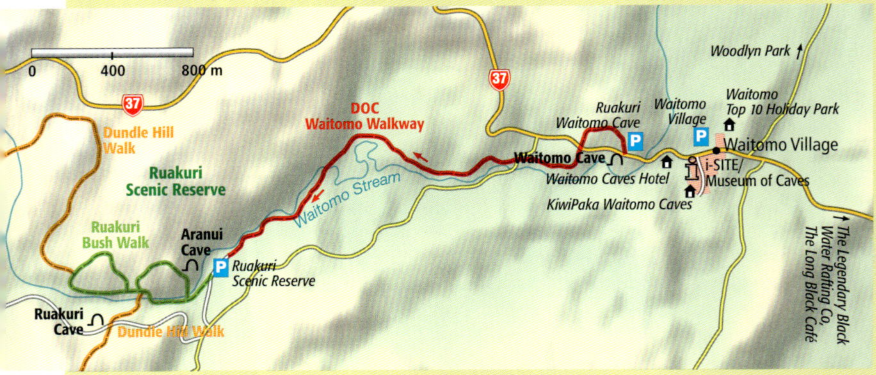

noch verschwägert mit dem Johanniskäfer *(Lamprohiza splendidula),* dem Glühwürmchen in Mitteleuropa, auch sein Leben verläuft völlig anders.

Während die mobilen Europäer um Mittsommer auf Partnersuche leuchtend durch laue Nächte schwirren, sind die Leuchtlarven *down under* rund neun Monate ortsgebunden und leuchten nicht für Sex, sondern für Futter: je nach Hunger mehr oder minder intensiv. Dass die Decken der unterirdischen Gewölbe unter Waitomo einem Sternenhimmel gleichen, ist Absicht: Die Glühwürmchen imitieren in Gruppen mit ihren Körperlaternen das nächtliche Firmament, denn dorthin streben Insekten – und enden in einem Gewirr langer, klebriger Fäden. Die so geangelte Nahrung muss für den Rest des Lebens reichen: Nach einem Verpuppungsintermezzo besteht die Lebensaufgabe des erwachsenen, etwa fliegengroßen Insekts, *fungus gnats* genannt, ausschließlich darin, die nächste Generation Höhlenbeleuchtung zu zeugen – ihm fehlt ein Maul zum Fressen. Glühwürmchen sieht man nachts auch unter Felsüberhängen und Brücken. Voraussetzungen sind hohe Luftfeuchtigkeit und ein gutes Nahrungsangebot. Fremdes Licht vermindert schlagartig die Leuchtkraft der Larven – also nie mit Taschenlampen anleuchten oder mit Blitz fotografieren!

Höhlenabenteuer

Längst locken aber nicht nur Glühwürmchen nach Waitomo. Wohl nirgendwo auf der Welt ist die Unterwelt auf so vielfältige Weise für Laien zugänglich. Und längst sind auch andere Höhlen erschlossen, manche ein paar Kilometer vom Dorf entfernt, in dem alle Touren starten. So beginnen viele Höhlenexkursionen mit einer Sightseeingfahrt im Minibus. Das **Waitomo Caves Discovery Centre** (s. i-SITE, 5 NZD) dokumentiert die Entstehung der Höhlenwelt und das Leben im Untergrund. Eine Multimedia-Show befasst sich mit den bekanntesten Höhlenbewohnern, den Glühwürmchen. Das angeschlossene i-SITE bietet die beste Gesamtübersicht über die Angebote. Ein wichtiges Merkmal unterscheidet Touren: *wet* geht durch unterirdische Flüsse und erfordert das Tragen eines Neoprenanzuges. Der wird gestellt und nach jeder Benutzung in eine Wanne mit Desinfektionsmitteln getaucht. Wer damit ein Problem hat, wählt *dry,* dann ist man in eigener Kleidung unterwegs und zieht allenfalls einen Overall darüber.

Im **Ruakuri Scenic Reserve** sind die Aranui Cave mit Tropfsteinformationen, aber ohne Glühwürmchen, und die von Mythen umwobene Ruakuri Cave auf Führungen ›trocken‹ zugänglich (tgl. mind. 10–15 Uhr; Buchungen für beide s. Discover Waitomo S. 193). Die Ruakuri Cave – der Name Hundehöhle geht auf verwilderte Hunde zurück, die bei der Entdeckung dort lebten – zeigt sowohl Tropfsteinskulpturen als auch Glühwürmchen und ist den Maori seit einem halben Jahrtausend bekannt. Sie nutzten den Eingangsbereich für Bestattungen und so ist er in ihren Augen ein heiliger Platz. Ende der 1980er geschlossen, wurde die Höhle im Juli 2005 unter Achtung der spirituellen Gefühle der Maori über einen Spiralgang durch einen künstlichen Schacht wieder zugänglich gemacht, so dass der Begräbnisplatz nicht mehr berührt wird.

Trockenen Fußes, aber nur mit Abseilen, einigen Klettereien und einem Flug in einem Flying Fox, sind die abseits gelegenen **St Benedict's Caverns** zugänglich, deren Stalaktiten, Stalagmiten und andere Tropfskulpturen vielfältig wie in keiner anderen Höhle sind, nur gibt es keine Glühwürmchen.

Mit normaler Fitness sind **Black Water Rafting-Touren** wahlweise mit oder ohne Abseiling in die Höhlen (3–5 Std.) zu schaffen: Ausgestattet mit aufgeblasenen Gummischläuchen folgen die Teilnehmer einem unterirdischen Fluss, müssen enge Passagen durchkrabbeln und kleine Wasserfälle hinunterspringen, bis sie schließlich auf ihren Schläuchen unter einem Glühwürmchenhimmel zum Höhlenausgang driften. Schwindelfreiheit und gute Fitness erfordern die anspruchsvollsten Exkursionen in die Tiefe: Mit 100 m senkrechtem Abseilen in einen Höhlenschlund beginnen die **Lost World-Touren.**

Je nachdem ob man *dry* zurück zur Oberfläche kommen will oder *wet* inklusive Black Water Rafting dauern sie 4 oder 7 Std. Andere Touren mit reißerischen Namen wie **Haggas Honking Holes** oder **Black Abyss Tour** setzen mehr auf Fun im Unterwelt-Labyrinth, inklusive Abseilen durch oder Rutschpartien über unterirdische Wasserfälle, und dauern rund 4–5 Std.

Infos

i-SITE Waitomo Caves Visitor Information Centre: 21 Waitomo Caves Rd, Tel. 07-878 7640, [fc] 0800 474 839, www.waitomocaves.com. Auch andere Buchungsbüros im Dorf benutzen ›i‹-Zeichen, aber nur das i-SITE informiert über alle Angebote und kann sie auch buchen, außerdem gehören ein großer Souvenir-Shop, das Waitomo Caves Discovery Centre und das lokale Postamt dazu, das einen begehrten Sammlerstempel auf alle hier abgegebenen Briefe drückt.

Übernachten, Essen & Trinken

Romantisches Traditionshotel ▶ **Waitomo Caves Hotel:** Tel. 07-878 8204, www.waitomocaveshotel.co.nz. Direkt ›über‹ der Glühwürmchenhöhle mit Zimmern von Economy bis Suiten (100–260 NZD. Das Hotelrestaurant Fred Mace ist der Platz für fine dining in Waitomo.

Backpacker, zentral und komfortabel ▶ **KiwiPaka Waitomo Caves:** School Rd, Tel. 07-878 3395, www.kiwipaka.co.nz. Bett ab 29 NZD/Pers., DZ ab 66 NZD, auch kleine Chalets für bis zu 4 Pers., 95–145 NZD. Das preiswerte **Morepork Pizzeria & Café** steht nicht nur Hausgästen offen.

Irre wohnen ▶ **Waitomo World Unique Motels:** 1177 Waitomo Valley Rd, Tel. 07-878 6666, www.woodlynpark.co.nz. Die mehr als originellen Zimmer sind in einem Ex-Vietnam-Flugzeug, einem Eisenbahnwagon, auf einem Schiff – Waitanic – und im Hobbithöhlen-Motel eingerichtet, DZ ca. 170–240 NZD.

In den Tropfsteinhöhlen von Waitomo

Zentral gleich neben dem Dorfzentrum ► **Waitomo Top 10 Holiday Park:** 12 Waitomo Caves Rd, Waitomo, Tel. 07-878 7639, [fc] 0508 498 666, www.waitomopark.co.nz. Stellplätze ab 42, Hütten und Apartments ca. 68–175 NZD.

Essen, Trinken und Ausgehen

Vom Pie zum Lunch bis zum späten Bier ► Cafeteria-Lunch-Gerichte – Pie, Ciabatta, Sandwich usw. – gibt's in guter Qualität im **Waitomo Cafe** in der Ladenzeile neben dem i-SITE oder im **The Long Black Café** am Hauptquartier der Legendary Blackwater Company (s. Aktiv). Abends bekommt man solides Pub-Food und viel Bier in der **Waitomo Caves Tavern** neben dem Dorfzentrum, wo sich partylustige Backpacker und viele Saisonkräfte treffen.

Aktiv

Black Water Rafting und viele Höhlenerkundungen ► **Discover Waitomo:** www.waitomo.com. Treffpunkt: The Long Black Café, 585 Waitomo Caves Rd (Ortseingang an SH37), Tel. 07-878 6219, [fc] 0800 CAVING u. a. für The Legendary Black Water Rafting (ca. 115 NZD), Black Abyss (ca. 220 NZD) und Touren zur Ruakuri Cave (2 Std., 67 NZD). Treffpunkt Waitomo Glowworm Caves Visitor Centre, 39 Waitomo Caves Road, Tel. 07-878 8227, [fc] 0800 456 922 u. a. Waitomo Cave und Aranui Cave (je 45 Min., 46 NZD). Rabatte mit ›Combo Pass‹ für zwei (76 bzw. 92 NZD) oder 3 Höhlen (118 NZD).
100 m Abseiling und viel Fun unter der Erde ► **Waitomo Adventures:** Waitomo Caves Rd (im Dorfzentrum), Tel. 07-878 7788, [fc] 0800 WAITOMO, www.waitomo.co.nz, u. a. **Tumu Tumu Toobing** (Black Water Rafting, 160 NZD), **Hoggas Honking Holes** (235 NZD), **Lost World Abseiling** (300–435 NZD).
Skurrile Kiwi-Kulturshow ► **Woodlyn Park:** (s. Unterkunft), mit Schafscheren, tanzendem Schwein und viel Witz, ca. 26 NZD.

Verkehr

Tourenbusse von **Great Sights** (S. 58) fahren tgl. Auckland–Rotorua via Waitomo in beide Richtungen mit genug Zeit für Aktivitäten in den Höhlen. Das gilt auch alle **Backpacker Networks** sowie den **Waitomo Wanderer** ab/bis Rotorua, der auch für Anschluss nach Raglan sorgt. **nakedbus.com** Linienverkehr bis 6 x wö. u. a. ab/bis Auckland und Wellington via New Plymouth. **Waitomo Shuttle** (Tel. 07-873 8279) sorgt mehrmals täglich für Anschlüsse zu Fernbussen (InterCity) und Tranz-Scenic Overlander in Otorohanga (S. 185).

Anschluss zur Route durch das Zentrum der Nordinsel

Von Waitomo nach Rotorua ...

► L/M 7

Zwischen Waitomo und Rotorua liegen auf verschiedenen Routen etwa 2–3 Std. Fahrzeit. Der schönsten Nordroute via Otorohunga auf SH3 bis Kirihikihi, dann nach Osten über die Arapuni Rd bis Putaruru, weiter via SH28 zu SH5, dem Thermal Explorer Highway, und darauf in die Stadt hinein ist ohne gutes Kartenmaterial schwer zu folgen (140 km). Etwas länger ist es über Cambridge und Tirau mit der Option für den Abstecher nach Matamata/Hobbiton (S. 209).

Die ca. 165 km lange Südroute via Te Kuiti und dann durchgängig über SH30 passiert den in drei Areale zergliederten **Pureora Forest Park** mit einem Netz guter Wanderwege, Hütten und Campingplätze unter DOC-Verwaltung. Von der Link Road, die von der DOC Pureora Field Base (Tel. 07-878 1080) nach Süden in den Wald führt, ist der sehr gut präparierte **Mt Pureora Walking Track** auf den Gipfel des 1175 m hohen Mt Pureora leicht zu bewältigen (2–3 Std. h/z, Trackstart liegt auf ca. 750 m Höhe). Freunde geologischer Eck- oder Mittelpunkte gehen natürlich noch den kurzen **Centre of the North Island Walking Track** zum markierten Mittelpunkt der Nordinsel. Etwas weiter östlich passiert die Straße das **Pouakani Forest Totara Reserve,** ein kleiner Urwaldflecken. Ein Pfad – ca. 700 m – führt von der Straße zum Pouakani Totara, der älteste und größte

Baum seiner Art mit fast 12 m Stammumfang und knapp 40 m Höhe. Das Alter wird auf ca. 1750–1850 Jahre geschätzt, damit dürfte er kurz nach dem gewaltigen Vulkanausbruch 186 n. Chr. gekeimt haben, der den nahen Lake Taupo schuf (S. 228) und nach Ansicht von Wissenschaftlern große Teile der Region verwüstete. An anderer Stelle im Pureora Forest Park wurde eine 7 m dicke Ascheschicht des Ausbruchs nachgewiesen.

... und auf das Central Plateau

► L 7/8

SH4 trennt sich 12 km südlich Te Kuiti vom SH3 und verbindet das King Country mit dem Central Plateau, im Wesentlichen eine Transitstrecke. In **Taumarunui** ist das Mündungsdreieck von Ongarue und Whanganui River Startpunkt für Kanutouren auf dem **Whanganui River** (mehr dazu ab S. 242). Ansonsten versucht sich Taumarunui als preiswerte Alternative für Übernachtungen am Tongariro National Park zu positionieren.

Eisenbahnfans aus aller Welt ist die **Raurimu-Spirale** ein Begriff, ein Kunstwerk der Ingenieure: Die Hauptlinie Auckland – Wellington muss oberhalb des Ortes 214 Höhenmeter überwinden. Dazu verlängert eine Spirale durch den Berg etwa 5,5 km Luftlinie auf über 11 km Schienenstrang. Es gibt am SH bei Raurimu zwar einen Lookout, vom Original sieht man jedoch kaum etwas. Originell hingegen das dreidimensionale Display aus Draht, mit dem die Konstruktion verständlich gemacht werden soll. Wahre Fans nehmen den TranzSenic Overlander (S. 78) um 12 Uhr ab Taumarunui bis National Park und von dort um 13.45 Uhr den Gegenzug zurück.

Infos

Taumarunui i-SITE Visitor Centre: Railway Station, Hakiaha St, Tel. 07-895 7494, www.visitruapehu.co.nz.

Übernachten

Am Ufer des Whanganui River ► Taumarunui Holiday Park: SH4, Taumarunui, Tel. 07-895 9345, [fc] 0800 473 281, www.taumarunuiholidaypark.co.nz. Verkehrsgünstig nahe der Hauptstraße. Stellplätze ab 29 NZD, Hütten ca. 45–70 NZD.

Aktiv

Kanutouren auf dem Whanganui River ► Blazing Paddles: 1033 SH 4, Piriaka (10 km südöstl. Taumarunui), Tel. 07-895 5261, [fc] 0800 BLAZING, www.blazingpaddles.co.nz. Halb- bis Fünf-Tages-Touren (s. Aktiv unterwegs S. 242), auch Kajakverleih.

Verkehr

TranzScenic Overlander und **InterCity-Busse** Auckland–National Park–Wellington stoppen in Taumarunui.

Taranaki ► J/K 8/9

Der Mt Taranaki gibt der Region, die sich wie eine Beule nach Westen in die Tasman Sea schiebt, den Namen. Die Küsten von Taranaki waren in vorkolonialer Zeit ein bedeutendes Siedlungsgebiet der Maori, viele historische Stätten dokumentieren das. Hier entzündeten sich in den 1860ern aus dem Widerstand gegen erzwungene Landverkäufe an die New Zealand Company die Maori-Landkriege (S. 29), hier endeten sie gut 20 Jahre später, als Kolonialtruppen den letzten, längst passiven Widerstand der Maori brachen.

Von Norden nach Taranaki

Die Hauptstraße von Waitomo nach Taranaki via Te Kuiti folgt dem lang gezogenen Tal des Awakino River zum Meer. Kaum länger, aber landschaftlich attraktiver ist die Nebenstraßen-Route von Waitomo über die Te Anga Road (S. 189) zur Küste und dann westlich der Marokopa Falls gen Süden. Diese noch nicht gänzlich asphaltierte, aber problemlos zu befahrende Route schlängelt sich durch ein recht einsames Forst- und Farmgebiet und trifft bei Awakino auf SH3. Hauptsächlich Viehzucht wird auf den weit verstreut liegenden Höfen betrieben.

Der einzig nennenswerte Ort ist **Marakopa** an der Mündung des Marakopa River, der sich mit breitem Schwung durch die Dünenlandschaft zum Meer windet. In **Waikawau** biegt eine Seitenstraße Richtung Meer, wird immer enger, quält sich zum Schluss zwischen Felsen hindurch und endet abrupt vor einem kleinen Küstengebirge. Das trennt den Strand völlig vom Hinterland. Um Schafe aus dem Tal über diesen Strand zu Weideland weiter im Norden zu treiben, wurde 1911 der **Waikawau Stock Tunnel** von nur drei Männern mit Picke und Schaufel durch den zum Glück recht weichen Sandstein getrieben, wagenbreit und in der Mitte hoch genug für einen Reiter.

Mokau und Tongaporutu

Zwischen Awakina und der Tongaporutu-Mündung wird SH3 zum Sightseeing-Highway mit Blick auf das Meer. In **Mokau** wollen das kleine Mokau Museum (tgl. 10–16 Uhr, Spende wird erwartet) sowie die Flussexkursionen von **Mokau River Tours** die Geschichte der Besiedlung durch Maori wie Pakeha (s. S. 36) am Mokau River zeigen (Tel. 06-752 9775 [fc] 0800 665 282, www.mokauriver.co.nz, Aug.–Mai, Fahrplan tidenabhängig; 3 Std. inkl. Picknick 50 NZD). Vom Dorf besteht Zugang zum langen, schwarzen Strand nördlich der Flussmündung.

Der ungewöhnliche Vorstrand vor dem kleinen Kap, das die Mündung des **Tongaporutu Rivers** im Süden überragt, ist nur in einem sehr kleinen Zeitfenster um Niedrigwasser zugänglich. Dann kann man von der Cliffton Road, die südlich der Flussbrücke abzweigt, am felsigen, glitschigen Flussufer entlang in ca. 20 Min. zur eigentlichen Mündung laufen. In den Klippen und frei stehenden Felsen sind Höhlen und Durchgänge vom Meer geschaffen, in einer sind mit geübtem Auge Felsritzungen zu erkennen. Die markanteste Felsformation wurde 2005 von Three Sisters zu Twin Sisters, als die schmächtigste der 25 m hohen ›Felsschwestern‹ einstürzte. Aus Sicherheitsgründen sollte man nur mit der Ebbe zur Mündung gehen, denn auflaufendes Wasser lässt den Fluss rasend schnell ansteigen und den Weg überfluten: unbedingt vor Ort sichere Zeiten erfragen. Bei Flut kann man nördlich der Flussmündung nahe dem kleinen Friedhof am Ende der Pilot Road über Weiden an die Klippen gehen und von oben einen Blick auf die Felsformationen werfen. Von dort hat man zudem den besten Blick nach Süden an den **White Cliffs** entlang bis zum Mt Taranaki.

New Plymouth

Taranakis Hauptstadt ist die 52 000-Einwohner-Stadt New Plymouth mit einem für diese Größe munteren Shopping-, Kultur- und Kneipenleben. Der Gasreichtum vor der Küste und eine boomende Nahrungsmittelindustrie im Umland pumpen viel Geld in die öffentlichen Kassen. Mit einer modernen, von Kunst geprägten Uferpromenade hat die Stadt am Meer ihr Image gewaltig aufpoliert. Wahrzeichen ist die 45 m hohe kinetische Skulptur ›Wind Wand‹ von Len Lye, ein im Wind schwankendes ›Stielauge‹ auf einer Fiberglasröhre, das nachts leuchtet.

Die Stadt zeigt sich zu dieser Promenade hin sehr modern. Das architektonisch auffälligste Ensemble bilden The Waterfront Hotel und Museumszentrum **Puke Ariki,** ›Hügel der Häuptlinge‹. Es besitzt große Moa-Skelette und dokumentiert durchaus kritisch gegenüber Fehlern der Pakeha-Gesellschaft das Auf und Ab der Maori-Kultur unter verschiedenen Phasen des Kolonialismus. Dabei werden soziale Probleme, die durch die Entwurzelungen nach den Landkonfiszierungen entstanden, nicht ausgespart (1 Ariki St, Tel. 06-759 6060, Mo–Fr 9–18, Mi bis 21, Sa/So 9–17 Uhr, gratis außer bei Sonderausstellungen). Im Foyer des Gebäudes ist das i-SITE untergebracht und zur Uferpromenade hin ein ausgezeichnetes Café.

Einen Block westlich hat sich die **Govett-Brewster Art Gallery** der zeitgenössischen neuseeländischen Kunst verschrieben (42 Queen St, Tel. 06-759 6060, www.govettbrewster.com, tgl. 10–17 Uhr, Spende wird erwartet, auch populäres Frühstücks- und Lunch-Café). Das Museum verwaltet auch das Erbe des exzentrischen Experimentalfilmers und Skulpturen-Künstlers Len Lye (1901–80) und kann immer wieder Werke aus einem großen Fundus präsentieren. Ein ei-

Mt Taranaki vom Lake Mangamahoe gesehen

genständiges Len Lye Centre in Verbindung zum bestehenden Museum ist in Planung. Gleich neben der Galerie verläuft die **Devon Street,** die Hauptstraße der Shops und Lokale.

Als grüne Lunge ziehen sich der **Pukekura Park** und daran anschließend die **Brooklands,** das Gelände einer der ersten Farmen weißer Siedler in der Region, vom Zentrum weit nach Süden. Die Grünanlage bietet sorgfältig geplante Gärten, zwei davon mit Anleihen an japanische und chinesische Vorbilder, Ecken mit natürlichem *bush,* sowie einen Musikpavillon und eine Freilichtbühne, Sporteinrichtungen, Seen und Wasserspiele. In den Brooklands findet man zudem einen kleinen Zoo und das Ausstellungsgebäude The Gables. Von Mitte Dezember bis Anfang Februar ist der Pukekura Park Schauplatz des Festival of Lights mit zahlreichen Kultur- und Folkloreveranstaltungen. Dazu erstahlt der Park in buntem Lichterglanz, Mittelpunkt sind illuminierte Wasserspiele am Springbrunnen im unteren Teich des Parks (Haupteingang Fillis St/Liardet St, tgl. 7.30–19/20 Uhr, gratis).

Infos

New Plymouth i-Site Visitor Centre: Puke Ariki, 1 Ariki Street, Tel. 06-759 6060, www.newplymouthnz.com und regional www.taranaki.co.nz.

DOC Taranaki Area Office: 55a Rimu Street, New Plymouth, Tel. 06-759 0350.

Übernachten

Modern, luxuriös und mit viel Kunst an den Wänden ▶ The Waterfront Hotel: 1 Egmont St, Tel. 06-769 5301, [fc] 0508 843 9283, www.waterfront.co.nz. Gegenüber der neuen Uferpromenade, DZ ab 165 NZD. Das Restaurant Salt im Obergeschoss bietet Meerblick, HG abends um 30 NZD.

YHA und BBH-Backpacker und Holiday Park im Grünen ▶ YHA Egmont Eco Lodge/Egmont Eco Leisure Park: 12 Clawton St, Tel. 06-753 5720, www.mttaranaki.co.nz. Jeden Tag gibt's Begrüßungskuchen gratis. Betten ab 25, DZ ab ca. 65 NZD. Hinter dem Backpacker der Holiday Park mit Stellplätzen ab 36 NZD sowie Hütten und Apartments ab 100 NZD.

Nicht weit von den Stränden im Norden der Stadt ▶ New Plymouth Top 10 Holiday Park: 29 Princes St, Fitzroy, Tel. 06-758 2566, [fc] 0800 758 256, www.nptop10.co.nz. Mit Swimmingpool und Sauna, Stellplätze ab 38, Hütten und Motel–Apartments ca. 100–300 NZD.

Essen & Trinken

Bei einem Spaziergang die Devon Street hinauf sowie in der kleinen Querstraße Brougham Street, der Verbindung vom i-SITE ins

Zentrum, findet man eine Vielzahl Restaurants, Bars, Pubs und Cafés.

Französische Küche ▶ André L'Escargot: 37–43 Brougham St, Tel. 06-758 4812, www.andres.co.nz. Elegant und europäisch. HG um 35 NZD.

Kuscheliges Fischrestaurant ▶ Marinovich's: 19 Brougham St, Tel. 06-758 4749. Richtig große Portionen fürs Geld, auch Fischverkauf und Takeaway.

Aktiv

Spaß- und Sportbad der Extraklasse ▶ New Plymouth Aquatic Centre: Zufahrt über Tisch Ave, Zugang über Coastal Walkway westl. des Zentrums, Mo–Fr 6–20.15, Sa/So 7–18.45 Uhr. Mit In- und Outdoor-Becken – nicht nur Kinder sind begeistert!

Verkehr

Busse: InterCity tgl., www.nakedbus.com, 6 x wö. ab/bis Auckland und Wellington via Palmerston North. **Dalroy Express** (Tel. 06-759 0197, www.dalroytours.co.nz) tgl. Hawera/New Plymouth–Hamilton–Auckland. Unterkünfte und das i-SITE kennen aktuelle **Track-Shuttle** zum Mt Taranaki (ca. 50 NZD/Pers.).

Flug: Air New Zealand Link ab/bis Auckland, Wellington, Christchurch, **Sunair** ab/bis Hamilton, Tauranga, Rotorua.

Mt Taranaki

Der annähernd perfekte, zuletzt im 17. Jh. aktive Vulkankegel des 2518 m hohen Mt Taranaki – mit kolonialem Namen Mt Egmont – trägt je nach Jahreszeit ein mehr oder weniger großes Schneehäubchen, was ihn optisch noch attraktiver macht. Leider versteckt er den Gipfel gern unter Wolken, die von der Tasman Sea hereinkommen: 6–8 m Niederschlag lassen sie im Jahr auf seine oberen Hänge prasseln. Zum Glück gibt es nur wenige Tage, an denen er rund um die Uhr unsichtbar bleibt. Streckt er sich jedoch hüllenlos in einen blauen Himmel, dann zählt er zu den schönsten Bergen der Erde.

Nach der Maori-Mythologie stammt der Mt Taranaki aus dem Kreis der Götter-Vulkane im Central Plateau. Dort hatte er sich an die schöne Pihanga, die Frau des mächtigen Tongariro herangemacht. Als der von dieser heißen Liebe Wind bekam, gab es einen Kampf mit gewaltigen Ausbrüchen. Taranaki unterlag und musste in diesen letzten Winkel des Landes im Westen fliehen. Die vielen Flüsse, die an seinen Hängen hinunterlaufen, sind Tränen über die verlorene Liebe. Für die um den Berg lebenden Maori war die Gipfelregion früher Begräbnisplatz wichtiger Persönlichkeiten und damit *tapu.* Den Gipfel und die umliegenden 33 750 ha schützt der **Egmont National Park,** 1900 als zweiter Nationalpark des Landes eingerichtet.

SH3 umfährt Mt Taranaki von New Plymouth aus im Osten. Bevor man den Berg selbst ansteuert, sollte man den klassischen Postkartenblick nicht verpassen, der sich von einer Stelle im Scenic Reserve am Ufer des kleinen Stausees **Lake Mangamahoe** zeigt: Die Parkanlage liegt ca. 10 km südlich New Plymouth und knapp 3 km vor Mt Egmont Village östlich der Straße. Ein für Fahrzeuge offener Weg führt zur Landzunge mit dem ultimativen Motiv.

Wege zum Gipfel

Drei asphaltierte Straßen führen auf bis zu 1200 m den Berg hinauf. Typisch für alle drei ist der grandiose Gipfelblick, solange man durch das Weideland außerhalb des Nationalparks fährt, nur gelegentlich von kleinen Beständen mächtiger Rimu- und Kamahi-Bäume unterbrochen. Im Nationalpark dann schlagartig dichter, geradezu verzaubert und undurchdringlich wirkender Regenwald, die Bäume von Moos und Epiphyten besiedelt und durch Schlinggewächse miteinander verknüpft. Je weiter man hinauffährt, desto lichter wird der Wald dann wieder. Die Bäume schrumpfen auf Buschgröße.

In Mt Egmont Village biegt eine Straße ab zu dem auf knapp 1000 m Höhe gelegen **DOC Egmont National Park Visitor Centre** mit einer naturwissenschaftlichen Ausstellung sowie dem Mountain Cafe (tgl. 9/10–15 Uhr). Noch ein paar Meter höher liegt das **Camphouse,** die älteste Touristenhütte überhaupt in einem Nationalpark. Nach einem

Vorleben als Militärbaracke während der Landkriege wurde sie 1891 mit Pferdewagen auf den Berg geschleppt. Denkmalgeschützt und gut renoviert bietet sie Unterkunft im Backpacker-Stil (s. Service).

Am Visitor Centre beginnen die meisten Walks und Tracks des Nationalparks. Rund 300 km Wanderwege sind angelegt, vom 15-Minuten-Nature-Walk bis zum **Pouakai Circuit,** ein in 2–3 Tagen zu laufender Rundweg am Nordhang des Berges, oder dem 3- bis 5-tägigen **Around the Mountain Circuit**, der sich auf Höhen von 500–1500 m einmal um den Gipfel schlängelt. Die Wege führen zum Teil über die Baumgrenze, zum Teil durch dichten Wald, der auf engstem Raum mit einer ungewöhnlichen Vegetationsvielfalt vom Regenwald bis zu kleinwüchsigem Bergwald fasziniert. Auch der steilere der beiden gängigen Wege auf den Gipfel beginnt hier. Oben erinnert eine Gedenkplatte an den ersten Weißen auf dem Taranaki: Ernst Dieffenbach, in Gießen geborener Geologe, Forscher und Darwin-Übersetzer.

Die Pembroke Road von Stratford erreicht jenseits der Baumgrenze auf fast 1200 das **Stratfort Plateau.** Hier kann man von Juni bis Oktober Ski fahren, Lifte sind vorhanden. Zur Sommerzeit beginnt am Parkplatz der etwas längere Weg zum Gipfel. Der Aufstieg dauert ca. 4–6, der Abstieg etwa 3 Std., gutes Wetter und Bergerfahrung vorausgesetzt. Fehlt beides, ist es gefährlich: Am Taranaki starben schon viele. Wetterstürze können auf dem Gipfel auch im Sommer für frostige Temperaturen sorgen: mit Windchill sind schnell minus 10–15 °C erreicht.

15 km westlich Stratford biegt von der Straße Richtung Te Kiri die Manaia Road zum Südosthang des Berges ab und endet auf knapp über 900 m Höhe am **DOC Dawson Falls Visitor Centre** – wieder Ausgangspunkt einiger Wanderungen – und einem Hotel im Alpenstil (s. u.).

Infos

DOC Egmont National Park Visitor Centre: 2879 Egmont Rd, Tel. 06-756 0990.
DOC Dawson Falls Visitor Centre: Manaia Rd, Kaponga, Tel. (mob.) 027 443 0243; beide: egmontvc@doc.govt.nz. Track Infos auf www.doc.govt.nz/parks-and-recreation/tracks-and-walks/wanganui/taranaki-area.
Private Website zu den Tracks mit viel Insiderwissen: www.toptracks.info.

Übernachten, Essen

Edle Alpenromantik ► **Dawson Falls Romantic Hotel:** Manaia Rd, Kapanui, Egmont National Park, Tel. 06-765 5457, www.dawsonfalls.co.nz. DZ mit großem Frühstück ca. 240, mit Frühstück und Dinner 355 NZD. Restaurant nicht nur für Hausgäste.

Berghütte mit Geschichte ► **Camphouse:** Egmont Road, Tel. 06-756 9093, www.mttaranaki.co.nz. Bett ab 30 NZD/Pers., DZ ab ca. 70 NZD. Frühstück und Lunch optional im nahen Mountain Cafe, das sich das Dach mit dem DOC Egmont National Park Visitor Centre teilt (s. l.).

Hütten des DOC ► **DOC Konini Lodge:** Dawson Falls, Pritsche 20,40 NZD. Hier gelten keine Hütten-Pässe/Tickets, wohl aber in den sieben anderen, einfacheren Hütten an den Mt Taranaki Tracks.

Aktiv

Alles, was in den Bergen Spaß macht ► **Top Guides:** Tel. [fc] 0800 4GUIDE, www.topguides.co.nz. Geführte Mt Taranaki-Touren nach individuellen Wünschen, bei 2 Pers. ca. 300 NZD/Tag.

Forgotten World Highway

► **K 9–L 8**

Es gibt den SH43 von Stratford nach Taumarunui schon lange, aber nur wenige Autofahrer wählten die kurvenreiche Strecke. Seit findige Touristiker sie als Forgotten World Highway vermarkten und ausgezeichnete Broschüren mit Routenbeschreibung im Umlauf sind, ist das Interesse gestiegen. Rückblicke in die Siedlungsgeschichte mit Geisterstädten und aufgelassenen Gruben sowie brillante Ausblicke von den Passhöhen auf die Vulkane im Central Plateau ebenso wie

Whangamomona Hotel am Forgotten World Highway

auf Mt Taranaki sind die Stärken der Route. 155 km ist der ausgeschilderte Teil lang und lässt sich gut in eine Fahrt zwischen New Plymouth und National Park (215 km, S. 237) einbauen. Die letzten 12 km Schotterstrecke im Mittelstück durch die enge Tangarakau Gorge sind flach und gut zu befahren und der 180 m langeMoki Tunnel reicht in der Breite für alle gängigen Wohnmobile. Nur das Tanken darf man nicht vergessen, bevor man in den Forgotten World Highway hineinfährt, unterwegs gibt es keine Möglichkeit.

Wegen der vielen Steigungen und Kurven braucht man ca. 3 Std. reine Fahrzeit, mit einem Camper noch etwas mehr, hinzu kommen die Sightseeing-Stopps. Macht man alle Seitentrips, ist man zwei Tage beschäftigt. So dauert der Abstecher zum höchsten Wasserfall der Nordinsel, den schmalen, 85 m hohen **Mt Damper Falls,** gut zwei Stunden extra.

Whangamomona ist das einzige nennenswerte Dorf unterwegs, eine quicklebendige ›Geisterstadt‹. Treffpunkt und Börse für Tratsch und Klatsch der etwa 40 Einwohner im Ort und der noch einmal rund 200 Menschen auf Farmen im Umland ist der rustikale Pub im **Whangamomona Hotel** direkt an der Hauptstraße. Die Menschen hier genießen im ganzen Land den Ruf als liebenswert verschrobener Haufen, seit sie 1989 aus Protest gegen eine Gebietsreform die ›freie Republik‹ Whangamomona ausriefen. Die feiert alle zwei Jahre Mitte Januar in ungeraden Jahren den **Republic Day,** ein Volksfest mit großem Funfaktor beim Kuhfladen-Weitwurf, Baden mit Aalen oder Peitschen-Knall-Wettbewerb. An diesem Tag ist der Besuch im Ort visumpflichtig oder man muss einen Pass der Republik Whangamomona besitzen. Den stellt der Pub für fünf Dollar oder so aus, die Einnahmen kommen den Kindern der Region zugute.

Wenige Kilometer östlich schraubt sich der Forgotten World Highway zum Tahore Saddle hinauf. Vielleicht hat dort auf der Spitze jemand das kleine Café, das auch ein paar B&B-Zimmer hatte, wieder aufgemacht, denn dessen Aussicht bis hinüber zum Mount Ruapehu ist bei klarer Sicht kaum zu toppen, vor allem abends, wenn der Berg mit seiner Spitze die letzten Sonnenstrahlen des Tages einfängt.

Infos

Stratford i-SITE Visitor Centre: Prospero Place, Miranda St, Stratford, Tel. 06-765 6708, (fc) 0800 765 670, www.stratford.govt.nz, www.taranaki.co.nz.

Forgotten World Highway: www.windwand.co.nz/heritage trail.htm.

Übernachten, Essen

Old-Fashioned und originell ▶ **Whangamomona Hotel,** 6018 Ohura Rd, Whangamomona, Tel. 06-762 5823, www.whangamomonahotel.co.nz. Country-Hotel mit viel Charme, Restaurant mit deftiger Küche und Pub mit gut gezapftem Bier. Elf gemütliche Zimmer, DZ 130 NZD inkl. gutem Frühstück.

Surf Highway SH45 und South Taranaki ▶ K 8/9

Die Straße um den Westen des Mt Taranaki wird als **Surf Highway SH45** vermarktet und ist landschaftlich reizvoller als SH3, besonders, wenn die untergehende Sonne den Mt Taranaki beleuchtet.

Richtung Küste sind immer wieder Zufahrten zu Bade- und Surferständen ausgeschildert, **Oakura** ist der beliebteste im Nordteil gleich vor den Toren von New Plymouth. Alternative zum SH45 ist in diesem Abschnitt die Carrington Road über den Sattel zwischen dem Mt Taranaki und seinem kleineren, 680 m hohen Vorberg Patuna. Die Straße passiert den **Pukeiti Park.** Eingebettet in dichten Regenwald wartet auf über 300 ha eine der weltweit abwechslungsreichsten Anpflanzungen von Rhododendren und Azaleen auf Besucher. Das Klima läßt fast das ganze Jahr etwas blühen, das Meiste jedoch von Anfang Oktober bis in den Dezember hinein – natürlich gibt es ein Gartencafé (Pukeiti Rhododendron Trust, 2290 Carrington Rd, Tel. 06-752 4141, www.pukeiti.org.nz, 9–17 Uhr, gratis).

Den westlichsten Punkt von Taranaki markiert ein pittoresker Leuchtturm. 1864 in England aus Eisen vorgefertigt, wurde er nach einem Intermezzo auf einer vorgelagerten Insel 1881 am **Cape Egmont** aufgestellt.

Gas von den Feldern vor der Küste wird in der Maui Production Station bei **Oaonui** verarbeitet, die größte Industrieanlage der Region. Ein Visitor Centre informiert Besucher über Off- und Onshore-Aktivitäten zur Energieversorgung des Landes. **Opunake** ist ein weiteres Surfer-Mekka, merkbar schon an den Cafés und Shops entlang der Hauptstraße. Der Strand ist sehr kinderfreundlich.

In **Hawera,** dem wichtigsten Ort in South Taranaki, treffen SH45 und SH3 wieder zusammen. In Whareroa am Südostrand der Stadt sind die **Fonterra-Molkereien** unübersehbar, einer der größten Molkereikomplexe der Welt mit über 1000 Arbeitsplätzen. Fast 14 Mio. Liter Milch kann der Genossenschaftsbetrieb pro Tag verarbeiten

In die Kategorie Skurrilitäten muss man **Nigel Ogles Tawhiti Museum** einordnen. Dioramen, zum Teil in Lebensgröße, zum Teil in verkleinertem Maßstab, präsentieren Szenen aus Neuseelands Geschichte und aus dem Leben in längst vergangenen Zeiten mit ungeheuerer Detailbesessenheit – trivialer Hyperrealismus (401 Ohangai Rd, ca. 5 km nordöstl. Hawera, Tel. 06-278 6837, Sommer Fr–Mo 10–16, Januar tgl., 10 NZD).

Infos

South Taranaki i-SITE Visitor Centre: 55 High St, Hawera, Tel. 06-278 8599, www.southtaranaki.com. Surf Highway: www.windwand.co.nz/surfhw45.htm.

Übernachten

Campingplätze an den Surferstränden ▶ von Nord nach Süd: **Oakura Beach Holiday**

Camp: Oakura, Tel. 06-752 7861, www.oakurabeach.com, mit Hütten; **Opunake Beach Resort Camp:** Beach Rd, Opunake 06-761 7525, [fc] 0800 758 009, www.holidayparks.co.nz/opunake, auch Hütten und Apartments; **Ohawe Beach Camp:** Rangatapu St, Ohawe, Tel. 06-728 6939, sehr klein.

Aktiv

Dam dropping und River surfing ▶ Kaitiaki Adventures: Tel. 06-752 8242, www.damdrop.com. Wilder Ritt auf wildwassertauglichen Body-Boards einen 8-m-Stauwehr hinunter und einige Kilometer durch kleinere Stromschnellen des Waingongongoro River, 2–3 x tgl., 3 Std., 100 NZD.

Viele wilde Sachen ▶ Taranaki Outdoor Adventures: Tel. 06-752 7876, www.toa.co.nz. White-Water- oder Sea-Kayaking inkl. *dam dropping* mit Kajaks.

Wanganui ▶ L 10

Wanganui wurde 1840 von Siedlern, die aus der Region um Wellington weitergezogen waren, gegründet. Der Name setzt sich aus den Maori-Begriffen *whanga* (Hafen) und *nui* (groß) zusammen, gemeint ist die Mündung des Whanganui River. Verwirrend: Der Maori Dialekt der Region spricht das ›Wh‹ als ›W‹ und nicht wie sonst üblich als ›F‹ aus. Dadurch bürgerte sich im 19. Jh. die ungenaue Schreibweise Wanganui für Stadt und Region ein, nicht jedoch für den Fluss und später für den Nationalpark.

Im Zentrum von Wanganui sind ungewöhnlich viele Gebäude aus alter Zeit erhalten, ein Cocktail aus Kolonialstil, Neoklassizismus und einigen Spritzern Art déco. Zum Glück haben Stadtplaner und Bauherren diesen Schatz rechtzeitig erkannt, geschützt und zum Teil schon restauriert. Zudem bemüht man sich, wo immer möglich, das nostalgische Ambiente zu unterstreichen. Dies gelang gut mit altmodischen Straßenlaternen, viel Blumenschmuck und schattenspendenden Bäumen bei der Neugestaltung der Victoria Avenue, der munteren Shopping- und Café-Straße.

Ein Prachtbau aus alter Zeit ist das **Royal Wanganui Opera House** mit seinem klassizistischen Säulenportal, 1899 gänzlich aus Holz gebaut und immer noch für Aufführungen und Konzerte aller Art genutzt (St Hill St, Tel. 06-349 0511, Programm auf www.royaloperahouse.co.nz).

Die Museen

Im zentralen Queens Park, von der Victoria Avenue zugänglich, sind zwei bedeutende Museen zu Hause. Das **Whanganui Regional Museum** ist für seine Sammlung von Maori-Porträts des in Pilsen geborenen Malers Gottfried Lindauer aus dem 19. Jh. sowie für seinen exorbitanten Fundus an Maori-Artefakten berühmt, die es in der großen Maori-Halle Te Ati Haunui a Paparangi präsentiert, von kleinen Schmuckstücken über verzierte Jadekeulen bis zum reich beschnitzten und voll gerüsteten Kriegskanu Te Mata o Hotoroa (Watt St, Queens Park, Tel. 06-349 1110, www.wanganui-museum.org.nz, tgl. 10–16.30 Uhr, 10 NZD).

Nebenan, in dem auffälligen neoklassizistischen Bau im Basilikastil, residiert die **Sarjeant Gallery Te Whare O Rehua Whanganui.** Heute sind Arbeiten zeitgenössischer Maori-Künstler, Fotokunst und Holzskulpturen die Schwerpunkte, nach denen das Kunstmuseum seinen Fundus ergänzt. Der ist aus früheren Zeiten jedoch viel weiter gefächert, so dass aktuelle Ausstellungen oft überraschen (Queens Park, Tel. 06-349 0506, www.sarjeant.org.nz, tgl. 10.30–16.30 Uhr, Eintritt bei Sonderausstellungen, sonst wird Spende erwartet).

Der Fluss und das andere Ufer

Das Zentrum der Stadt liegt am Westufer des Whanganui River. Der zweitlängste Fluss der Nordinsel war der mit Abstand am weitesten flussaufwärts schiffbare. Die Flussschifffahrt mit Raddampfern war lange Motor der wirtschaftlichen Entwicklung der Stadt, als jedoch Bahn und Straße den Transport übernahmen, stagnierte sie, Ende der 1950er war ganz Schluss. Nur der 1900 gebaute **Paddle Steamer Waimarie** hat den Niedergang überlebt und legt im Sommer jeden Tag um 13.30 Uhr vom Taupo Quay direkt unterhalb des Zentrums für eine 2-stündige Sightseeingtour ab und dampft ein Stück den Fluss hinauf (Tel. 06-347 1863, [fc] 0800 STEAMER, www.riverboats.co.nz, 39 NZD, Familientickets). Das **Whanganui Riverboat Centre** im ehemaligen Clubhaus des örtlichen Rudervereins am Taupo Quay informiert über das Schiff im Besonderen und über die Flussschifffahrt im Allgemeinen (Mo–Sa 9–16, So 10–16 Uhr).

Am gegenüberliegenden Ufer erlaubt ein ungewöhnliches öffentliches Verkehrsmittel einen Blick von der Anhöhe östlich des Flusses auf den Anleger der Waimarie, die Stadt und das weite Umland: der **Durie Hill Elevator** (Mo–Fr 7.30–18, Sa 9–17, So 10–17 Uhr). Er wurde 1919 in Betrieb genommen, um die fast ein Jahrzehnt zuvor eingemeindete Siedlung dort oben an das Verkehrsnetz der Stadt anzubinden, die 66 m Höhenunterschied überwindet er in gut einer Minute. Unten führt ein 205 m langer Tunnelgang zum Aufzug, oben kann man entweder vom Maschinenturm des Lifts oder von dem ein paar Meter zurück stehenden **Durie Hill War Memorial Tower,** einem 33,5 m hohen Gedenkturm für die Gefallenen des Ersten Weltkriegs, die Aussicht genießen. Der schlanke Turm ist aus ungewöhnlichem Sandstein mit vielen fossilen Muscheleinschlüssen gebaut, der ein Stück flussaufwärts gebrochen wurde. Hier gibt es keinen Aufzug, nur 176 Stufen – dafür kann man im Idealfall Mt Taranaki im Westen und Mt Ruapehu im Norden blinken sehen.

Infos

Wanganui i-SITE Visitor Centre: 101 Guyton St, Tel. 06-349 0508 , (fc) 0800 926 426, www.wanganui.com.

DOC Whanganui Area Office: 74 Ingestre St, Tel. 06-349 2100, wanganuiconservancy@doc.govt.nz.

Mehr zum Whanganui National Park ab S. 241.

Übernachten

All-in-one-Unterkunft direkt am Fluss ▶ Anndion Lodge: 143 Anzac Parade, Tel. 06-343 3593, www.anndionlodge.co.nz. Gelebte Maori-Gastfreundschaft in Haus der vielen Möglichkeiten: Backpacker-Zimmer (ab 35 NZD/Pers.), über DZ von ›basic‹ bis komfortabel (85–140 NZD) bis zu Luxus-Apartments (160 NZD) am Pool; Frühstück extra. Als Extras ein Salzwasserpool hinter dem Haus, gepflegtes BBQ-Equipment und gratis Internet.

Villa von 1895 am Fluss ▶ Braemar House: 2 Plymouth St, Tel. 06-348 2301, www.braemarhouse.co.nz. B&B mit DZ für ca. 100 NZD, angeschlossenem YHA-Backpacker (Bett ab 25 NZD/Pers., DZ 57 NZD) und Stellplätze für Zelt oder Camper.

BBH-Backpacker am Fluss ▶ Tamara Backpacker Lodge: 24 Somme Parade, Tel. 06-347 6300, www.tamaralodge.com. Villa im Kolonialstil von 1904 mit Betten ab 26, DZ ab ca. 62 NZD.

Holidaypark am Fluss ▶ Whanganui River Top 10 Holiday Park: 460 Somme Parade, Upper Aramoho, Tel. 06-343 8402, [fc] 0800 272 664, www.wrivertop10.co.nz. 5 km nördl. des Zentrums in einem Auenpark mit Kajakverleih und -touren. Stellplätze ab 42 NZD, Hütten und Apartments ca. 69–160 NZD.

Holidaypark am Meer ▶ Castlecliff Seaside Holiday Park: 1a Rangiora St, 0800 2 Kiwi Park, www.castlecliffwanganui.co.nz. Am Castle Cliff Beach 7 km vom Zentrum, Stellplätze ab 28, Hütten und Apartments ab ca. 45–100 NZD.

Essen & Trinken

Beliebter After-work-Treff im Zentrum ▶ Indigo Cafe & Bar: 1 Maria Place, Tel. 06-348 7459. Großes Lokal mit mehreren Flächen draußen wie drinnen und Blick auf die Sarjeant Gallery. Moderne Kiwi-Küche Kleinigkeiten für den Hunger zwischendurch und trendige Drinks; Brasserie ca. 20–30, Dinner-HG ca. 35–40 NZD.

Aktiv

Bewachte Strände ▶ Castelcliff Beach direkt vor der Stadt und **Kai Iwi Beach** 14 km nördlich der Stadt sind die Top-Strände der Region.

Mit dem Postboten ins Whanganui River Valley ▶ Whanganui River Road Mail Tour: Tel. 06-345 3475, www.whanganuitours.co.nz, mehr S. 244.

Termine

Wochenmarkt The River Traders mit Bio-Landbau-Ständen und Kunsthandwerk aus der Region am Flussufer neben dem Anleger des Raddampfers, Sa 9–13 Uhr.

Verkehr

Bus: InterCity tgl. nach Auckland via SH4 und Otorohange außerdem nach New Plymouth, Palmerston North und Wellington, **nakedbus.com** 6 x wö. nach Auckland via New Plymouth und nach Wellington via Palmerston North.

Flug: Air New Zealand Link nach Auckland und Wellington.

Palmerston North ▶ M 10

Auf den knapp 120 km zwischen Wanganui und Otaki durchfährt man eine flache, landwirtschaftlich intensiv genutzte Region der Bezirke Rangitikei, Manawatu und Horowhenua. Auf den gut ausgebauten Straßen geht es schnell voran, allenfalls bremst hohes Verkehrsaufkommen südlich **Bulls,** wo SH1 und SH3 zusammentreffen. An der Küste gibt es Badeorte mit langen Stränden, die vornehmlich von Kiwis besucht werden. Ähnliches gilt für die dicht bewaldeten Bergketten im Osten, die Ruahine und Tararua Ranges.

Dominierende Stadt der Region ist **Palmerston North** mit rund 75 000 Menschen. Es ist eine Stadt der Wissenschaft mit über 40 Weiterbildungs- und Forschungsinstitutionen, darunter das Stammhaus der von ausländischen Studenten gern besuchten Massey University, die mit ihren Dependancen in Auckland und Wellington die größte Hochschule des Landes ist (Infos zum Studium: www.massey.ac.nz). ›Palmi North‹, so im Kiwi-Slang, ist Neuseelands Reservehauptstadt. Hierhin sollen Regierung und Krisenstab evakuiert werden, würde Wellington, das auf geologisch unsicherem Boden steht, von einem großen Erdbeben gelähmt – für die Wellingtonians ein Grauen, nicht nur weil ihre Stadt dann in Schutt und Asche läge, sondern auch, weil Palmerston North als ›Provinz schlechthin‹ gilt, etwa so, als wäre Bielefeld Deutschlands Reservehauptstadt für Berlin.

Das Museumszentrum **Te Manawa,** das sich als Regionalmuseum mit dem Schwerpunkt Geschichte und Leben beider großen neuseeländischen Volksgruppen, Kunstgallerie und Wissenschaftszentrum versteht, wird 2011 in mehreren Etappen nach einem Relaunch aller Abteilungen neu eröffnet. In das neue Museumszentrum wird zudem ein Pilgerziel aller Neuseeländer umziehen, das **New Zealand Rugby Museum** über den Volkssport Nummer 1 und das Nationalteam, die All Blacks – diese Abteilung soll rechtzeitig zur Rugby-WM im September 2011 fertig sein (326 Main St, Palmerston North, Tel. 06-355 5000, www.temanawa.co.nz, tgl. 10–17 Uhr). Übrigens könnten sich deutsche Besucher ruhig auch für Rugby interessieren: Deutschland gewann immerhin einmal olympisches Silber, aber lang, lang ist's her: 1900 bei den Spielen in Paris. Damals vertrat der ›Fussballclub Frankfurt‹ die Farben des deutschen Kaiserreichs, am Turnier nahmen nur drei Mannschaften teil, die Deutschen mussten lediglich gegen Frankreich antreten und verloren.

Infos

Manawatu i-SITE Visitor Centre: The Square, Palmerston North, Tel. 06-350 1922, www.manawatunz.co.nz.

Verkehr

Bahn: TranzScenic Overlander am Bahnhof Mathews Avenue; Business-Pendlerzug Capital Connection Mo–Fr am frühen Morgen nach Wellington und am späten Nachmittag von dort zurück.

Flughafen: Air New Zealand Link u. a. ab/bis Auckland, Christchurch, Hamilton und Wellington.

Kapiti Coast ►L 11

Wellingtons strandgesäumter Vorgarten, die Kapiti Coast, zieht sich mit kleinen Badeorten und Rentnerrefugien von der Hauptstadt nach Norden bis Otaki hinauf. Den Namen gibt eine kleine, vorgelagerte Insel mit markantem Profil: **Kapiti Island.** Strategisch günstig, diente sie im 19. Jh. dem militanten Ngati Toa-Häuptling Te Rauparaha und seinen Kriegern als Basis, andere Tribes an den Küsten von Nord- wie Südinsel zu terrorisieren. Im Kampf gegen ihn tobte hier 1824 eine der größten Stammesschlachten der neuseeländischen Geschichte, aber erst Kolonialtruppen konnten Te Rauparaha mehr als 20 Jahre später bezwingen.

Schon bevor Te Rauparaha, aus der Gegend von Kawhia (S. 188) vertrieben, mit seinen Leuten nach Kapiti Island zog, erlebte die Insel einen Walfangboom. Rund 2000 Mann lebten in Walfangstationen an ihrer Küste und jagten die Meeressäuger in der Cook Strait.

Fünf Kilometer Meer, als Marine Reserve geschützt, trennen die bis auf eine Enklave im Norden vom DOC verwaltete Insel vom Festland, weit genug, um für Vögel, die auf dem Festland bedroht oder schon verschwunden sind, ein ratten- und possumfreies Refugium zu schaffen. Das hatte man schon 1897 erkannt und per Gesetz in die Wege geleitet. Die strengen Naturschutzregeln trägt auch die Maori-Familie mit, die seit den 1820ern im flachen Nordosten an der Waiorua Bay ein paar Hektar besitzt und dort eine Lodge betreibt.

Wege führen durch den regenerierten Wald, das Reservat und auf den 521 m hohen Tuteremoana. Die Vogelvielfalt ist am Tage überwältigend und nachts sind die Chancen gut, Kiwis zu sehen. 2005 wurden hier sogar Neuseelands einzige heimische Säugetiere ausgewildert: Fledermäuse. Das DOC vergibt für das Reservat nur 50 heiß begehrte *landing permits* pro Tag, für die Saison sind diese oft Wochen vorab ausgebucht, 18 weitere Besucher sind für das private Land im Norden zugelassen (s. Aktiv S. 207).

Waikanae und Paraparaumu

Einblicke in Flora und Fauna der ursprünglich sumpfigen Kapiti Coast bietet in **Waikanae** das **Nga Manu Sanctury** (281 Ngarara Rd, Tel. 04-293 4131, www.ngamanu.co.nz, tgl. 10–17 Uhr, 15 NZD, Familientickets; auch geführte Touren gegen kleinen Aufpreis, u. a. tgl. 11 Uhr ›Fütterungstour‹).

Nördlich Paraparaumu staunen nicht nur Auto- und Technikfans im **Southward Car Museum** über rund 250 Oldtimer. Unter ihnen ein 16-Zylinder-Cadillac Town Cabriolet, das Marlene Dietrich gehörte, und ein gepanzerter Gangster-Cadillac aus Chicagos wildesten Zeiten, übersät mit Einschlusslöchern. Auch Fahrzeuge aus deutscher Produktion stehen in der Sammlung, darunter eine Luxuskarosse aus der Zeit um 1940, die ein Hauch unseliger Geschichte umweht, einer der legendären 300SL-Flügeltüren-Mercedes aus den 1950ern und ein Goggomobil-Coupé. Oldie der Oldtimer ist ein Benz Velo von 1895, eines der ältesten erhaltenen Fahrzeuge der Welt überhaupt (Otaihanga Rd, Tel. 04-297 1221, www.southward.org.nz, tgl. 9–16.30/17 Uhr, Erw. 10 NZD).

Am Nordrand von **Paraparaumu** direkt neben SH1 ist das **Lindale Centre** eine Mischung aus Besuchsbauernhof und Shopping-Centre: Überseetouristen locken ein Laden der örtlichen Käserei Lindale Kapiti Cheese mit seiner riesigen Auswahl und die experimentierfreudige Eisdiele Kapiti Icecreams. Da gibt es Eissorten wie Grüntee, Ingwer, Zitronengras oder Feige-Honig.

Paekakariki

Die schönsten Strände mit breitem Dünengürtel sind im **Queen Elizabeth Park** zugänglich, einem Erholungspark mit Wanderwegen zwischen Paraparaumu und Paekakariki. Neben der Parkzufahrt an der Mac Kays Crossing, wo SH1 die TranzMetro-Bahnlinie quert, bewahrt das **Tramway Museum** Relikte der alten Straßenbahn von Wellington auf. Eine Oldtimer-Trambahn fährt in den Sommerferien täglich, sonst am Wochenende zum Whareroa Beach hinunter (Tel. 04-292 8361, www.wellingtontrams.org.nz,

Paekakariki Hill Road: Straße mit Aussicht auf die Kapiti Coast

11–16.30 Uhr, Fahrt 8 NZD, Familientickets). Einen Überblick verschafft eine Fahrt die eindrucksvolle **Paekakariki Hill Road** hinauf, die sich von Paekakariki in die Berge windet. Hoch über der Küste bietet ein Parkplatz eine 5-Sterne-Aussicht auf die Insel und die Festlandküste – hier realisiert man, was all die verpassen, die nur auf SH1 an der Kapiti Coast entlanghetzen.

Infos

Otaki i-SITE Visitor Information: Centennial Park, 239 SH1, Tel. 06-364 7620.

Paraparaumu i-SITE Visitor Information Centre: Coastland Parade (im Shopping Centre), SH1, Tel. 04-298 8195. Im Internet gilt für beide: www.naturecoast.co.nz.

Übernachten

Seit Langem einer der besten Backpacker im Lande ▶ Moana Lodge: 49 Moana Rd, Plimmerton (25 km nördl. von Wellington; ca. 1,5 km abseits des SH1, gute Bus- und TranzMetro-Anbindung), Tel. 04-233 2010, www.moanalodge.co.nz. Im BBH-Ranking immer wieder ganz oben: Liebevoll eingerichtete, komfortable Einzel-, Doppel- und Familienzimmer, viele mit Blick aufs Meer, das 10 m vor dem Haus an einen kleinen Strand plätschert (Seakajaks; unbezahlbar das Know-how der Besitzer über die Region – sie arrangieren und buchen Exkursionen und treiben manchmal sogar kurzfristig Permits für Kapiti Island (s. u.) auf. Betten ab 27 NZD/Pers., DZ je nach Meerblick 57–84 NZD, auch Familienzimmer.

Nur noch 30 Min. bis zum Fähranleger ▶ Paekakariki Holiday Park: 180 Wellington Rd, Paekakariki, Tel./Fax 04-292 8292, www.paekakarikiholidaypark.co.nz. Im Queen Elisabeth Park nahe am Strand mit Stellplätze ab 26 NZD, Hütten ca. 65–85 NZD.

Aktiv

Touren nach Kapiti Island ▶ Tagesausflüge zu Kapiti Island/Landing Permits (11,20 NZD) für Kapiti Island beim DOC in Wellington (S. 283) sowie bei den i-SITEs der Region. Überfahrten ab Paraparaumu (55 NZD; hin meist 9/9.30 Uhr, zurück etwa 15–16 Uhr) mit **Kapiti Marine Charters** (Tel. [fc] 0800 4 FERRY, www.kapitimarinecharter.co.nz) oder **Kapiti Tours** (Tel. [fc] 0800 KAPITI, www.kapititours.co.nz). **Tipp:** Erst Permit besorgen, dann Fähre buchen. **Kapiti Island Alive & Kapiti Nature Lodge:** Tel. 06-362 6606, www.kapitiislandalive.co.nz. Geführte Tagestouren im Norden der Insel (nicht im Hauptreservat) oder Übernachtung in der Lodge an der Waiorua Bay mit voller Verpflegung inklusive Tag- und Nachtwanderungen mit Kiwi Spotting 280–320 NZD/Pers. im Einzel- oder Doppelzimmer plus Fähre und Permit (s. o.).

Verkehr

S-Bahn: TranzMetro (S. 287) tgl. ca. 5–1 Uhr 1–2 x stdl. via Paekakariki (45 Min./strandnaher Bahnhof) bis Paraparaumu (55 Min./Anschlussbusse zum Strand, Lindale Centre und Southward Car Museum), Fr/Sa, Sa/So auch Nachtzüge.

Central Plateau – das Zentrum der Nordinsel

Aufgerissene Berge, dampfende Kraterseen, Vulkankegel wie aus dem Lehrbuch, stinkende Schwefel- und blubbernde Schlammquellen – die Erde im Central Plateau wirkt noch unfertig. Dazu Kultur der Maori, Kulissen der Herr-der-Ringe-Verfilmung und das Kajakparadies Whanganui River – Langeweile kommt bestimmt nicht auf.

Eine Reise zwischen Auckland und Wellington durch das Zentrum der Nordinsel führt mitten durch das Kernland des neuseeländischen Vulkanismus. Der größte Vulkan des Landes liegt unter dem größten See, dem Lake Taupo (s. Thema S. 228). Deutlicher als Feuerberge erkennbar sind die Gipfel im Tongariro National Park, von denen Mt Ngauruhoe und der zuletzt 1995 heftiger ausgebrochene Mt Ruapehu als aktiv eingestuft sind.

Das Zentrum der Nordinsel ist zudem Heimat der Te Arawa und Ngati Tuwharetoa-Maori. Sie führen ihre Herkunft auf das Ahnenkanu Te Arawa zurück, das im 14. Jh. in Maketu an der Bay of Plenty landete. Dort liege der Bug, das Heck am Mt Tongariro, so heißt es in ihrer Mythologie, und damit sind etwa die Grenzen ihres Stammlandes umrissen. Die Te Arawa prägen durch eine sehr offene, kommerzialisierte Präsentation ihrer Kunst, ihrer Legenden und Mythen in erheblichem Maße das Bild, das Überseebesucher von der gesamten neuseeländischen Maori-Kultur mit nach Hause nehmen.

Highlights hält die Route im mittleren Abschnitt Rotorua – Taupo – Turangi – Tongariro National Park bereit. Zwischen Auckland und Taupo folgt sie dem gut ausgeschilderten Thermal Explorer Highway, der nördliche Abschnitt Auckland – Hamilton ist bei der Route durch den Westen beschrieben (S. 182). Einheimische bevorzugen hier eine schnellere Alternativ-Strecke über SH2/SH27 durch die Hauraki Plains via Matamata, dem Mekka für Herr-der-Ringe-Fans. Nach Süden legt man die Strecke Tongariro National Park – Wellington über SH1 gern zügig zurück. Die 350 km sind ohne Stopps in 4–5 Std. zu schaffen. Zeitaufwendiger sind alternative Routen durch das wilde Whanganui River Valley (S. 241) oder Wechsel über den Forgotten World Highway (S. 199) nach Taranaki zur West- bzw. über die Gentle Annie Road an die Hawke's Bay (S. 244) zur Ostroute.

Cambridge, Tirau und Matamata ►M 6

Das flache Land östlich von Hamilton ist reiches Bauernland und Hochburg der Pferdezucht. Auch kleinere Orte haben Rennbahnen, Polo ist populärer Mannschaftssport, hin und wieder gibt es Pferdemärkte und -shows. Einige Gestüte stehen Besuchern offen. **Cambridge** war während der Landkriege wichtiger Stützpunkt britischer Truppen, deren Kanonenboote bis hier hinauf den Waikato befahren konnten. Nicht nur der Name lässt ans alte Mutterland denken, keine andere Stadt der Nordinsel wirkt so englisch.

Bald hinter Cambridge schlängelt sich SH1 parallel zum **Lake Karapiro** durch die Landschaft. Der langgestreckte Stausee im Lauf des Waikato ist ein populäres Wassersport-Revier und oft Schauplatz großer Sportereignissen wie der Ruder-WM 2010.

Der Hügel der Hobbit-Höhlen

Thema

Alle Kulissen der Herr-der-Ringe-Filme wurden bis zum letzten Nagel entfernt, nur ein kleines Dorf überlebte: Hobbingen im Auenland auf der Schaf-Farm der Familie Alexander nahe Matamata.

Nach dem Dreh der Ringe-Trilogie gab es hier jahrelang nur schäbige Holzverkleidungen der Hobbit-Höhlenhäuser zu sehen – schon sie lockten weit über hunderttausend Besucher. Für die Prequel-Verfilmungen des Buches ›Der Kleine Hobbit‹ wurde das Filmdorf wieder Mal aufgebaut und die Gärten neu bepflanzt. Und diesmal wurde nicht mit Pappe und Plastik, sondern solide gebaut mit Stahl, Stein und importiertem Reet für einige Dächer: Die Kulisse bleibt nach dem Dreh dauerhaft – die Filmfirma verdient als Partner der Farmerfamilie jetzt an den Touren mit.

Das sind Touren voller Erklärungen, Legenden und Anekdoten: Dort stand Peter Jacksons Wohnwagen, dort die Satellitenschüssel für seine Kommunikation mit den Studios in Wellington, dort das Zelt fürs Catering, in dem Hunderte Darsteller und andere Crewmitglieder versorgt werden mussten, dort der Toilettenblock... Der eigentliche Film-Set mit den Höhlenhäusern zieht sich über einen kleinen Hügel, ganz oben Beutelsend, das Heim vom Bilbo und Frodo. Darauf eine Eiche, bei der Jacksons Perfektionismus Blüten trieb: Die erste Eiche wurde in Matamata geschlagen, zersägt, jeder Ast nummeriert, auf dem Hügel wieder zusammengesetzt und mit künstlichen Blättern behängt. Dann verrottete sie. Für die Hobbit-Filme konnte sie nur künstlich rekonstruiert werden – innen Stahl, ansonsten alles Plastik. Echt ist hingegen der Partybaum. Die zur frühen Kolonialzeit importierte Kiefer kam im ersten Teil der Trilogie zu Filmruhm, als rund um den Baum die Hobbits mit Gandalf ihr Fest feierten, bei dem sich Bilbo Beutlin unsichtbar machte. Auch den See gab es lange vor den Filmen, Kulissen hingegen sind an seinem Ufer die Bogenbrücke und der reetgedeckte Kro.

Angefangen hatte alles 1998 mit dem Geknatter eines Hubschraubers. Location Scouts für das Herr-der-Ringe-Projekt suchten Drehorte. Auf dem Land der Alexanders fanden sie das ideale Hobbiton (dt. Hobbingen). Ein paar Tage später landete der Helikopter wieder, diesmal mit Peter Jackson an Bord. Für ihn verkörperte der kleine See in der sanft kupierten Landschaft perfekt Tolkiens Shire – das Auenland. Neun Monate wurde das Gelände bepflanzt und beackert, damit alles real wachsen konnte – inzwischen schon zweimal.

Und die 12 000 Schafe der Alexander Farm mussten zusehen, wie Kollegen von der Südinsel eingeflogen wurden, um als Komparsen durchs Dorf zu blöken, weil sie besser in Tolkiens Universum passten. Die Alexanders stört das kaum. Sie halten zwar noch Schafe und zeigen in einer Farm Show, was dabei zu tun ist, ansonsten treiben sie zahlende Ring-Fans über ihre von Schafen vollgeschissenen Wiesen.

Hobbiton Movie Set & Farm Tours: Tel. 07-888 6838, Online-Buchungen www.hobbitontours.com. Mehrmals tgl., 2 Std., ca. 66 NZD, ab The Shire's Rest (Café), 501 Bucklands Road, Matamata. Shuttle ab Matamata i-Site (45 Broadway). Touren auch ab Rotorua. Während der Hobbit-Verfilmungen (voraussichtlich ab Nov. 2011) für einige Monate keine Touren!

Südlich des Sees ragt der Ex-Vulkan Mt Maungatautari auf. Seit 2006 umschließt ihn ein 47 km langer Hochsicherheitszaun – ein ›pest proof fence‹ – und macht das **Maungatautari Ecological Island** zur größten ›Festlandsinsel‹ Neuseelands. Schon der Blick mit Google Earth aus der Satellitenperspektive fasziniert: Ein tiefgrüner Waldklecks inmitten unzähliger Felder und Weiden. Seltene Vogelarten werden hier wieder ausgewildert, u. a. Takahe-Rallen (S. 17) und Kiwis. Inzwischen sind Walks und Tracks angelegt, sogar über den Gipfel quer durch das Reservat (ca. 6 Std.). Für kurze Besuche ist das **Southern Enclosure** ideal mit Rundwegen für 30–90minütige Gänge und einem Vogelbeobachtungsturm nicht weit vom Eingang (Zugang von Tari Road via **Pukeatua** ▶ M7, Infos: www.maungatrust.org). Nachtwanderungen – viele Vögel und Insekten sind dämmerungs- oder nachtaktiv – organisiert **Out in the Styx Café & Guesthouse** (2117 Arapuni Road, Pukeatua, Tel. 07-872 4505, [fc] 0800 461 559; Nachttouren 2 x wö. inkl. Abendessen 90 NZD; Übernachtungen mit Dinner und Frühstück ab 85 NZD/Pers.)

Was wäre Cambridge ohne Oxford, dachten sich wohl die ersten Weißen und nannten einen Flecken 32 km östlich so, heute trägt er den Maori-Namen **Tirau.** Das Dorf mit nicht einmal 1000 Einwohnern besitzt ungewöhnlich viele Souvenirshops und ist berühmt für seine Corrugated-Art, Wellblech-›Kunst‹. Ausgehend von einem Souvenirshop in Form eines Schafes und des i-SITE in Form eines Hundes gibt es inzwischen eine illustre Sammlung skurriler Wellblechskulpturen. Beim ›Künstler‹ Steven Clothier kann man kleinere Arbeiten in Vorgartengröße kaufen oder ordern, das 60 cm hohe Possum würde sogar noch in einen Koffer passen (Corrugated Creations, Ecke SH1/Puketirau Rd, Tel. 07-883 1898, www.corrugatedcreations.co.nz).

Gut 20 km abseits des SH1 liegt **Matamata.** Östlich der Kleinstadt steht seit 1882 ein ungewöhnlicher Turm, damals unter dem Eindruck der Landkriege von einem weißen Landbesitzer als Trutzburg errichtet. Um den

Turm entstand ein romantisches Freilichtmuseum über das Landleben im 19. Jh. mit mehreren umgesetzten Gebäuden aus der Region (Firth Tower Historical Museum, 266 Tower Rd, Tel. 07-888 8369, Do–Mo 10–16 Uhr, 5 NZD). Ansonsten ist Matamata – touristisch bis vor wenigen Jahren ein schwarzes Loch – jetzt Hobbiton (S. 209).

Infos

Cambridge i-Site: Ecke Queen St/Victoria St, Tel. 07-823 3456, www.cambridge.co.nz.
Matamata i-SITE Visitor Centre: 45 Broadway, Tel. 07-888 7260, www.matamatanz.co.nz.
Tirau i-SITE Visitor Centre: 63 Main Rd/SH1, Tel. 07-886 8872, www.tirauinfo.co.nz.

Das alte Empire lässt grüßen: Bowling Green vor Rotoruas Tudor Towers

Rotorua ► M 7

Karte: S. 212; **Cityplan:** S. 212
Rotorua ist neben Auckland das bedeutendste touristische Ziel der Nordinsel. Kaum eine Busrundreise, die hier nicht Station macht, und die Backpacker-Networks verknoten hier ihre Linien, was viel junges Publikum in die Stadt bringt.

Das eigentliche Zentrum – der Rotorua CBD – mit rechtwinkligem Straßenplan und gesichtslosen Ladenzeilen ist kein Grund, die Stadt zu besuchen. Nach Geschäftsschluss wird es zudem schnell menschenleer, Jugendliche hängen herum und bekämpfen die Langeweile. Die Stadtverwaltung versucht, mit Alkohol-Bann und ›Platzverweisen‹ Auswüchse in den Griff zu bekommen.

Was Besucher sehen wollen liegt eher am Rande oder außerhalb: Geothermische Phänomene und Maori-Kultur findet man nirgendwo im Land so komprimiert, aber auch nirgendwo so konsequent vermarktet und touristengerecht aufbereitet. Dazu gesellen sich Action-Angebote wie Fallschirm- oder Bungeespringen, White Water Rafting und Sledging, Mountainbiking, Parasailing und und und ...

Agrodome 1

Kommt man von Norden auf SH5 nach Rotorua hinein, kann man schon 10 km vor dem Zentrum voll ins touristische Programm einsteigen: Im Agrodome werden Schafzucht und Schafschur mit einem deftigen, aber unterhaltsamen Mix aus Kiwiana- und Macho-

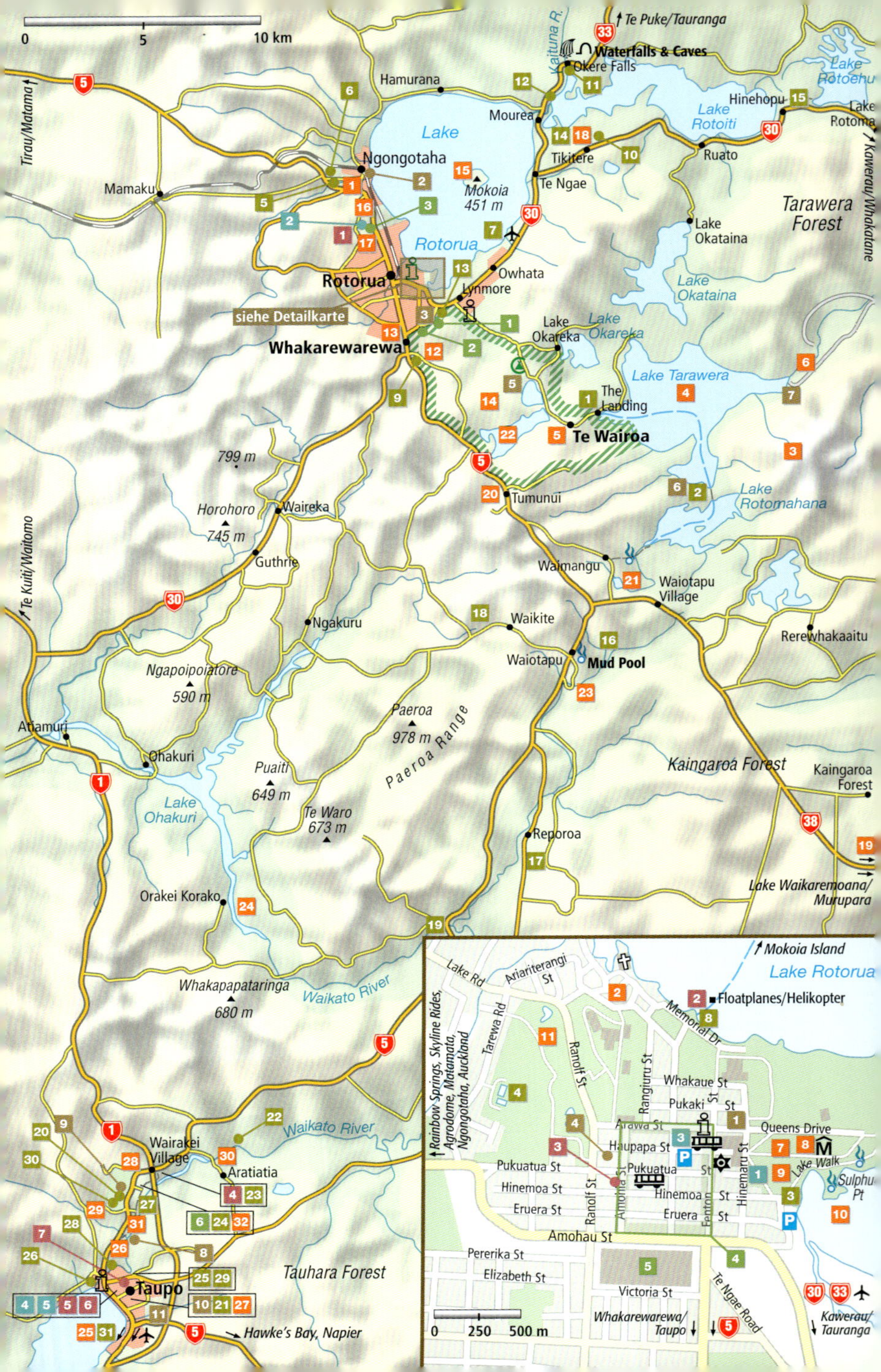
0 5 10 km
Te Puke/Tauranga
Waterfalls & Caves
Okere Falls
Kaituna R.
Hamurana
Mourea
Hinehopu
Lake Rotoehu
Lake Rotoiti
Lake Rotoma
Kawerau/Whakatane
Tiray/Matama
Ngongotaha
Lake Rotorua
Mokoia 451 m
Tikitere
Te Ngae
Ruato
Mamaku
Tarawera Forest
Lake Okataina
Rotorua
siehe Detailkarte
Owhata
Lynmore
Whakarewarewa
Lake Okareka
The Landing
Lake Tarawera
Te Wairoa
Tumunui
Lake Rotomahana
799 m
Horohoro 745 m
Waireka
Guthrie
Waimangu
Waiotapu Village
Te Kuiti/Waitomo
Ngakuru
Waikite
Waiotapu
Mud Pool
Rerewhakaaitu
Ngapoipoiatore 590 m
Atiamuri
Ohakuri
Paeroa 978 m
Paeroa Range
Puaiti 649 m
Lake Ohakuri
Te Waro 673 m
Kaingaroa Forest
Reporoa
Lake Waikaremoana/Murupara
Orakei Korako
Whakapapataringa 680 m
Waikato River
Wairakei Village
Aratiatia
Tauhara Forest
Taupo
Hawke's Bay, Napier
Mokoia Island
Lake Rotorua
Lake Rd
Ariariterangi St
Floatplanes/Helikopter
Memorial Dr
Tarewa Rd
Ranolf St
Rangiuru St
Whakaue St
Pukaki St
Arawa St
Queens Drive
Haupapa St
Pukuatua St
Lake Walk
Sulphur Pt
Hinemoa St
Eruera St
Amohia St
Fenton St
Hinemaru St
Amohau St
Pererika St
Elizabeth St
Victoria St
Te Ngae Road
Rainbow Springs, Skyline Rides, Agrodome, Matamata, Ngongotaha, Auckland
Whakarewarewa/Taupo
Kawerau/Tauranga
0 250 500 m

Region Rotorua/Taupo mit Cityplan Rotorua

Sehenswert

1 Agrodome
2 Ohinemutu *
3 Mt Tarawera
4 Lake Tarawera
5 Te Wairoa
6 Tarawera Falls
7 Government Gardens *
8 Rotorua Art & History Museum *
9 Blue Bath *
10 Sulfur Bay *
11 Kuirau Park *
12 Te Puia - New Zealand Maori Arts & Crafts Institut
13 Whakarewarewa – The Thermal Village
14 Whakarewarewa Forest Park
15 Mokoia Island
16 Rainbow Springs Nature Park/Kiwi Encounter
17 Skyline Skyrides
18 Hells Gate
19 Te Urewera National Park
20 Tamaki Maori Village
21 Waimangu Volcanic Valley
22 Lake Rotomahana
23 Wai-O-Tapu Thermal Wonderland
24 Hidden Valley of Orakei Korako
25 Maori Rock Carvings
26 Hill Top Lookout **
27 Taupo Museum **
28 Wairakei Terraces
29 Craters of the Moon
30 Aratiatia Rapids
31 Huka Falls **
32 Volcanic Activity Centre **

Übernachten

1 Princess Gate Hotel *
2 Waiteti Lakeside Lodge
3 Hotel Geyserland
4 Treks YHA-Rotorua *
5 Blue Lake Top 10 Holiday Park & Motel
6 DOC Campsite Hot Water Beach
7 DOC Campsite Lake Tarawera Outlet
8 Huka Lodge **
9 Bayview Wairakei Resort **
10 YHA Taupo – Action Down Under **
11 De Bretts Thermal Resort **

Essen & Trinken

1 Cableway Restaurant & Bar (Bergstation)
2 Lakeland Queen (Anleger) *
3 Zanelli's *
4 Huka Prawn Park Restaurant **
5 Finn MacCuhal's Irish Pub **
6 Crooked Door Inn Seafood Restaurant & Bar **
7 Fine Fettle Cafe **

Einkaufen

1 The Redwoods Gift Shop
2 Maori Arts & Crafts Institut Shop
3 Rainbow Springs Nature Park Shop
4 Rotorua CBD *
5 Rotorua Central Mall *
6 Huka Honey Hive **

Abends & Nachts

1 TAMAKI Maori Village Tour Treff-Punkt *
2 Mitai Maori Village
3 Pig & Whistle Historic Pub *
4 Mulligan's Public House **
5 Shed Bar & Restaurant **

Aktiv

1 The Landing
2 Hot Water Beach
3 Polynesian Spa *
4 Rotorua Aquatic Centre *
5 Agroventures *
6 Zorb Rotorua *
7 Nzone (Rotorua Airport)
8 Kawerau Jet *
9 Mountainbike Carpark (Planet Bike, Southstar Advenures Bike Shuttle)
10 Kaitiaki Adventures
11 Raftabout/Sledgeabout
12 River Rats Raft & Kayak
13 Wet 'n' Wild Rafting
14 Hells Gate Waiora Spa
15 Hinehopu Track
16 Kerosene Creek
17 Butcher's Pool
18 Waikite Valley Thermal Pools
19 New Zealand River Jet
20 Wairakei Golf Course
21 Hole in One Challenge **
22 Rapids Jet
23 Hukafalls Jet
24 Rock'n Ropes
25 AC Bath Taupo
26 Fish Cruise Taupo
27 Rapid Sensations & Kayaking Kiwi
28 Kiwi River Safaris
29 Taupo Bungy/Taupo Cliff Hanger
30 Taupo Horse Treks
31 Fallschirmspringen (Flugplatz)

* Detailkarte Rotorua
** Taupo

Sprüchen zu einer durchaus informativen 60-Minuten-Show, in der mindestens ein Tier in Sekundenschelle seine Wolle verliert – Simultandolmetscher helfen in rund einem Dutzend Sprachen, wenn man dem Kiwi-Slang auf der Bühne nicht ganz folgen kann. Touren über einen Öko-Besuchshof inkl. Kiwianbau, eine Schafschererhütte aus den 1950ern, eine über 100 Jahre alte Wollspinnmaschine, und ein Souvenirshop rund um Schaf- und Wollprodukte runden den Farm-Park ab (Western Rd, Ngongotaha, Cityride Linie 1, Tel. 07-357 1050, www.agrodome.co.nz, Show 3 x tgl. 27 NZD, mit Öko-Hof-Tour 50 NZD). Und gleich nebenan gibt es reichlich ›Adrenalin Adventures‹ (s. aktiv unterwegs S. 216).

Ohinemutu 2

Die Te Arawa-Maori aus der Region Rotorua entdeckten schon im frühen 19. Jh. Tourismus als Einnahmequelle und arrangierten sich mit den Weißen. Während der Landkriege (S. 29) kämpften Te Arawa Warrior mit Kolonialtruppen Seite an Seite gegen ›aufständische‹ Maori. Ohne Zweifel wurden dabei auch alte Rechnungen vor allem mit den Tainui-Tribes aus Waikato beglichen, mit denen es schon zuvor Streit gab.

1870 hießen die Te Arawa mit allen Ehrbekundungen den Britenprinz Alfred, den zweitältesten Sohn von Königin Victoria, in Rotorua willkommen. Sie bauten sogar für ihn und sein Gefolge die erste nennenswerte Straße zwischen Rotorua und der Bay of Plenty. Noch bis vor wenigen Jahren stand sein Gastgeschenk, eine Marmorbüste seiner Mutter, an einem Ehrenplatz vor dem sehenswerten Papa I Ouru Marae im Maori-Dorf **Ohinemutu**, wurde dann aber aus Sorge vor Attacken fremder Aktivisten an einen sicheren Ort umgesiedelt. Die benachbarte St Faiths Church, 1910 im seinerzeit als erdbebensicher angesehenen Fachwerkstil errichtet, ist im Inneren mit Schnitzereien und sorgfältig gewebten Wandverkleidungen, *tukutuku,* ausgeschmückt. Ein Fensterbild zeigt Jesus als Maori. Schaut man im richtigen Winkel, wandelt er über den Lake Rotorua, der sich im Hintergrund ausbreitet.

Ohinemutu ist die Keimzelle der Stadt Rotorua, kaum einen Kilometer von deren modernem Zentrum entfernt und mit einem Spaziergang durch die Government Gardens und entlang der Seepromenade bequem zu erreichen.

Mt Tarawera und Lake Tarawera

Rotorua lockte im 19. Jh. reiche Globetrotter aus aller Welt. Weiße und rosa Sinterterrassen am Ufer des Lake Rotomahana zu Füßen des **Mt Tarawera** 3 zählten zu den vielen ›achten Weltwundern‹ unserer Erde. Mystische und real warnende Vorzeichen – Pakeha wie Maori sahen ein Geisterkanu über den **Lake Tarawera** 4 rudern, während der Wasserspiegel des Sees kräftig anstieg – kündigten die Katastrophe an, die in den ersten Stunden des 10. Juni 1886 die Region radikal veränderte: Der Mt Tarawera explodierte, eine 5 km lange Spalte riss quer über den Gipfel auf – eine Wunde, die heute noch aussieht, als habe eine riesige Axt zugeschlagen.

Eine Stunde nach der ersten Explosion folgten Eruptionen am Lake Rotomahana. Die Sinterterrassen verschwanden, der See verdoppelte seine Fläche. **Te Wairoa** 5, vor der Eruption Zentrum des Tourismus, und zwei weitere Dörfer versanken mit 153 Menschen – Einheimische und auch Gäste – unter Asche und Schlamm. 1936 ausgegraben, ist Te Wairoa als ›The Buried Village‹ wieder eine Attraktion – Neuseelands Pompeji (Tarawera Rd, Tel. 07-362 8287, www.buriedvillage.co.nz, 15 km östl., tgl. 9–16.30/17 Uhr, Erw. 30 NZD, Familienpässe.

The Landing 1 (Tel. 07-362 8502, www.thelandinglaketarawera.co.nz) am Seeufer bildet das Tor zum Lake Tarawera: Tolle Aussicht bietet ein Café, Tretboote, Kajaks und kleine Kabinenkreuzer werden verliehen und es starten Bootstouren zum Fischen (Angelschein Pflicht), Helikopterflüge Richtung Mt Tarawera (ca. 320 NZD) und sogar bis White Island (S. 251) sowie Wassertaxis über den See zum **Hot Water Beach** 2 mit seinen natürlichen Thermalpools oder zum Startpunkt einer Wanderung zu den sensationellen **Tarawera Falls** 6 (S. 221).

Der Mt Tarawera, heute mit 1111 m vermessen, ist von der weißen Industrie ebenso vereinnahmt: Flugzeuge umkreisen den Gipfel, Helikopter landen am Rande seiner Eruptionsspalte und Geländewagen fahren fast bis zu seinem Gipfel, um Besucher in seinen aufgerissenen Leib schauen zu lassen.

Rotorua als Thermalbad

Rotorua erlebte Anfang des 20. Jh. als Kurort bei rheumatischen Erkrankungen einen neuen Boom. Zwar hat ein modernes Konferenz- und Eventzentrum dem alten Kurpark **Government Gardens** 7 etwas Charme genommen, aber mit seinen Thermalquellen, Denkmälern und Bädern am Ostrand des Zentrums zeigt er noch viel koloniales Erbe. Und dann ist da das Bowling Green, über dessen penibel gestutzten Rasen Teams gesetzteren Alters ihre Kugeln schieben. Kann man Erinnerungen an das Empire schöner aufs Fotos bekommen als mit den Damen und Herren in weißem Dress vor dem von Palmen eingerahmten ehemaligen Bath House mit seiner Tudor-Architektur? Dieses beherbergt heute das **Rotorua Art & History Museum/Te Whare Taonga O Te Arawa** 8 mit Sammlungen zur Kultur und Geschichte. ›Schätze der Te Arawa‹, eine der permanenten Ausstellungen, zeigt Kultgegenstände aus Holz und Jade und bemüht sich, Besuchern die spirituelle Welt der Maori nahezubringen.

Nachdenklich macht indes der Ehrenraum über das 28. Maori-Bataillon, das im Zweiten Weltkrieg rund um das Mittelmeer zum Einsatz kam und sich weitgehend aus jungen Maori der Region rekrutierte. Viele kamen nicht zurück. Darüber hinaus sind Räume der alten Badeanlagen zu besichtigen und lassen Behandlungsformen des frühen 20. Jh. erahnen (Tel. 07-350 1814, www.rotoruamuseum.co.nz, Okt.–März tgl. 9–20, sonst 9–17 Uhr, 12 NZD, Familientickets). Als weitere Abteilung des historischen Badebetriebs gehört seit 1933 das **Blue Bath** 9 zu den Kuranlagen, ein klassisches Schwimmbad im Spanish Mission Style mit Elementen aus dem Art déco und heute ein Event-Center, in dem aber auch noch geschwommen wird (Bad tgl. 10–19/20 Uhr, 11 NZD).

Der eigentliche Badebetrieb findet im **Polynesian Spa** 3 statt. Es nutzt Wasser der Priesterquellen, so genannt, nachdem ein irischer Priester 1878 in den Quellen seine Arthritis geheilt haben will. Vier Jahre später stand das erste Badehaus. Die moderne Anlage von heute hat fast 30 Becken verschiedenster Art vom Familienpool über ein 38°C-Becken nur für Erwachsene bis zur Luxusanlage mit mehreren Felsenpools am Seeufer; kleinere Hot-Pools kann man exklusiv mieten (1000 Hinemoa St, Tel. 07-348 1328, www.polynesianspa.co.nz, tgl. 8–23 Uhr, Erw. ca. 14–42 NZD, für Familienpool auch Familientickets).

Gleich neben dem Thermalbad beginnt der **Sulfur Bay Walkway,** der zum Teil über Plankenwege am Ufer eines wahrlich speziellen Zipfels des Lake Rotorua entlang führt, einer flachen, fast weißen Bucht mit Thermal- und Schwefelquellen, der **Sulfur Bay** 10. Sie ist Hauptquell jenes Odeurs, das oft durch Rotorua weht: Schwefelwasserstoff lässt glauben, jemand habe in der Nähe eine Palette

Tipp: Abseits des Rummels

Von Fremden wenig besucht ist der öffentliche **Kuirau Park** 11 westlich des Zentrums mit aktiven Thermalquellen und Schlammtöpfen sowie altmodischen Fußbädern, in die man die Füße baumeln lassen darf. Nur sollte man auf den Wegen bleiben, denn in diesem Teil der Stadt bricht immer wieder die Erde auf und legt heiße Quellen frei. Weltweit machte ein Fall Schlagzeilen, als es plötzlich nicht im, sondern unterm Ehebett einer Familie zu brodeln begann. Am Rande des Kuirau Park bietet das **Rotorua Aquatic Centre** 4, ein Sport- und Spaßbad mit Außen- und Innenbecken sowie heißen Pötten, eine moderne, funktionale, aber deutlich billigere Alternative zum Polynesian Spa auf der anderen Seite der Stadt (Tawera Rd/Kuriau Park, Tel. 07-348 8833, www.rdc-aquatic.co.nz, tgl. 6–21 Uhr, Erw. 4,50–7,50 NZD, Kinder 2–4,50 NZD).

aktiv unterwegs

Action kompakt vor den Toren von Rotorua

Tour-Infos

Ort/Kontakt: Agroventures 5**,** Zufahrt via Agrodome, Tel. [fc] 0800 949 888, www.agroventures.co.nz. **Zorb Rotorua** 6**,** Western Rd/SH5, tgl. 9–17, 18 oder 19 Uhr, Tel [fc] 0800 22 74 74, www.zorb.co.nz.

Dauer: ca. 60–90 Min. je nach Zahl der Aktivitäten

Kosten: Die genannten Preise gelten pro ›Action‹ und Person. Rabatte gibt's bei Kombinationen inkl. Agrodom (S. 211), Tandem-Sprüngen (Bungee, Swoop) oder Wiederholungen (Zorbing). Zusätzliche Kosten entstehen für Video- und Foto-CD.

Es gibt Menschen, die kommen nur wegen der Vielzahl irrer Adrenalin-Aktivitäten nach Neuseeland. Nirgendwo sonst finden sie diese so geballt wie im Fun Park **Agroventures**: Der **Agrojet** (49 NZD), ein 3-Sitzer-Jet-Boot, rast mit bis zu 100 km/h über einen engen Parcours, **Rotorua Bungee** (95 NZD) erlaubt 43-m-Sprünge von einem speziellen Sprungturm, beim **Swoop** (49 NZD) schwingt man aus ähnlicher Höhe in einer Art Schlafsack an einem 40 m langen Stahlseil mit bis zu 130 km/h durch die Lüfte, **Freefall Extreme** (49 NZD) simuliert über einem gigantischen Ventilator den freien Fall beim Fallschirmspringen und die jüngste Erfindung **The Shweeb** (39 NZD) ist die Kreuzung der Wuppertaler Schwebebahn mit einem Liegerad. Stadtplaner sehen darin aber auch ein urbanes Verkehrsmittel der Zukunft und das Unternehmen, das die Anlage entwickelte, gewann 2010 gegen weltweite Konkurrenz einen 1-Mio.-US-Dollar-Förderpreis von Google für innovative Verkehrstechnologien: Im Agroventures Park sind es erst einmal zwei miteinander verschlungene Bahnen, auf denen man in den pedalgetriebenen Gondeln Rennen gegen Freunde oder die Uhr fährt – drei Runden à 200 m werden gestoppt, der ›Weltrekord‹ liegt bei knapp unter einer Minute.

Ich versuche mich hingegen am liebsten bei **Zorb Rotorua** als Zorbonaut und trudele hierbei im Inneren eines riesigen Balls eine steile Wiese hinunter. Rollt man *dry,* wird man im Inneren der Zorbing Kugel in ein Geschirr einhakt und macht alle Rollbewegungen mit. Ich mag es allerdings lieber *wet* mit einer ordentlichen Portion warmen Wassers. Wiedergeburt auf schrill: Während die Kugel den Hang herunterrollt, schwappt man

fauler Eier fallen lassen – der Spitzname ›Rottenrua‹ nimmt darauf Bezug. Vögel scheint das nicht zu stören, dieser Zipfel des Lake Rotorua ist für seine Vielfalt an Watt- und Wasservögeln berühmt.

Whakarewarewa

Im Süden der Stadt brodelt, dampft, zischt und müffelt es noch einmal so richtig im Thermalfeld Whakarewarewa. Am Rand lernen im **Te Puia – New Zealand Maori Arts & Crafts Institute** 12 junge Maori traditionelle Kunsttechniken ihres Volkes wie Weben, Schnitzen, Jadeschleifen und Flachsverarbeitung. Die Gründung dieses Instituts per Parlamentsbeschluss bezeugt das Umdenken Anfang der 1960er: Man begann, die Kultur der Maori als ein Gut zu begreifen, das es zu bewahren gilt. (Hemo Rd, Cityride Linie 2, Tel. [fc] 0800 TE PUIA, www.tepuia.com, tgl. 8.30–17/18 Uhr, Führungen, Kulturshows, ab 18.15 Uhr, Hangi-Dinner mit Show; Eintritt 43 NZD, mit Programm bis 138 NZD; abends Gratistransfer ab Unterkünften, Familientickets).

Te Puia, ›Wächter des Pohutu Geysir‹, kontrolliert auch einen ansehnlichen Teil des Whakarewarewa Thermalfeldes mit dem Pohuto Geysir als Hauptakteur. Nach Regenfäl-

Zufriedener ›Zorbonaut‹ im Agrodome von Rotorua

innen herum, der Schwerkraft folgend meist unten, selten überschlägt man sich. Zum Schluss öffnet eine ›Hebamme‹ eine enge Schleuse und man wird mit einem Schwall Wasser wieder in die Welt hinausgespült (49 NZD).

len hat er ordentlich Druck und jagt sein heißes Wasser 20–30 m in die Höhe. Ein Kiwi-Nachthaus und ein nachgebautes Maori-Wehrdorf mit idealtypisch geschnitzten Fassaden komplettieren das von dieser Seite zugängliche Gelände.

Der nördliche Teil des Thermalfeldes ist über die Siedlung Te Whakarewarewatanga O Te Ope Taua A Wahiao zugänglich, einst von Überlebenden des beim Tarawera-Ausbruch 1886 verschütteten Dorfes Te Wairoa (S. 214) gegründet. Ihre Nachfahren buhlen in **Whakarewarewa – The Thermal Village** 13 ebenfalls mit Führungen, Kulturshows und Hangi-Speisungen um Besucher (Zufahrt via Tyron St, Tel. 07-349 3463, www.whakarewarewa.com, tgl. 8.30–17 Uhr, je nach Kombination der Angebote ca. 30–60 NZD).

Whakarewarewa Forest Park 14

An das Whakarewarewa Thermalfeld schließt der **Whakarewarewa Forest Park** an, im Volksmund ›The Redwoods‹, mit gigantischen Bäumen, entspannenden Spazierwegen und wilden Mountainbike-Tracks – das Gelände war 2006 WM-Parcours (zu Bike-Angeboten s. Aktiv S. 220). 1901 gepflanzte Mammutbäume, die größten Bäume der Erde, sind schon auf über 60 m in die Höhe geschossen. Sie wachsen im neuseeländischen Klima etwa doppelt so schnell wie in ihrer Heimat an der kalifornischen Küste. Im **The Redwoods Gift Shop** 1 **& Visitor Centre** gibt es neben geschmackvollen Souvenirs aus neuseeländischen Hölzern auch Pläne für Wanderwege und Mountainbike-Tracks (Long Mile Rd, Tel. 07-350 0110, www.redwoods.co.nz, tgl. mind. 10–16 Uhr).

Maori-Kultur

Die Kultur der Maori ist das zweite bedeutende Element des Tourismus in Rotorua. In idealtypisch nachgebauten ›Maori-Dörfern‹ zeigen inszenierte Shows Zeremonien, Tänze, Gesänge, anschließend wird das traditionell im Erdofen zubereitete Hangi-Essen serviert. Diese Shows dampfen die komplexe, von Mythologie und Legenden geprägte Kultur auf eine global verständliche Version ein, die Veranstalter bemühen sich aber, die rituellen Regeln einzuhalten.

Ein typischer Maori-Show-Abend beginnt im Bus, der die Gäste in der Stadt einsammelt und zum ›Dorf‹ bringt. Gern darf sich zur Auflockerung jede Nation mit einem Lied präsentieren. Weil der Bus eigentlich ein *waka* (Kriegskanu) ist, wird nach einigen Paddelübungen ein Häuptling gewählt, der die Besatzung nach der Ankunft beim *powhiri* (S. 43) vertritt. Australier und Amerikaner übernehmen gern den Job. Am Dorf angekommen, tanzt ein Maori-Krieger vor den Gewählten mit wilden Drohgebärden, ein Friedenssymbol wird übergeben. Dann strömen die Gäste ins ›Marae‹.

Im Stil eines Freilichtmuseums demonstrieren Maori vor kleinen Hütten altes Handwerk, Frauen zeigen Tänze. In der eigentlichen Kultur-Show werden die Mythen und Legenden zu weichgespülter Gitarrenbegleitung auf die Bühne gebracht, nicht selten kann man Melodien aus dem europäischen und amerikanischen Volksliedfundus heraushören. Höhepunkt ist der von martialischen Gesichtsgrimassen unterstrichene Kriegstanz *haka*. Er wird so lange gezeigt, bis der letzte Besucher die ausgestreckte Zunge und die weit aufgerissenen Augen auf dem Foto-Chip gespeichert hat. Anschließend wird das *hangi* (S. 50) aus einem Erdofen geholt – wenigstens ein kleiner Teil zu Demonstrationszwecken. Nach dem *poroporoaki,* der Verabschiedung, rollt das *waka* mit laut singender Besatzung zurück zu den Unterkünften (praktische Details S. 220).

Mokoia Island 15

Eine Liebesgeschichte taucht in fast allen Shows auf, die von Häuptlingstochter Hinemoa und Tutanekai, der mit seiner Familie auf Mokoia Island mitten im See lebte. Der junge Mann war Resultat eines Seitensprungs seiner Mutter und galt deshalb den Eltern der Prinzessin nicht als standesgemäß. Sie versuchten, allen Kontakt der Liebenden zu unterbinden. Tutanekai spielte derweil Abend für Abend wunderschön auf seiner Flöte und die Melodien schallten von der Insel zum Seeufer, wo Hinemoa vor Sehnsucht zerfloss. Wie die beiden zusammenkamen und es im Gegensatz zu Romeo und Julia ein Happy End ohne Tote gab, werden Sie irgendwann, irgendwo in Rotorua hören. Ganz sicher bei Fahrten zur idyllischen Insel Mokoia mit den heißen Quellen, in denen Hinemoa badete (Mokoia Island Waiora Experiences, Tel. 07-345 7456, [fc] 0800 MOKOIA, Touren von 1,5 Std. bis ganztägig 69–190 NZD).

Naturpark und Gondelbahn

Der **Rainbow Springs Nature Park** 16 wurde schon zu Zeiten angelegt, als man gegenüber importierten Tieren und Pflanzen keine Vorbehalte hatte, so stehen gewaltige kalifornische Redwoods neben heimischen Farnen und Bäumen wie Cabbage Tree und Rimu. Eingeführt wurden in den 1880ern auch die Forellen, die sich in den Gewässern um Rotorua prächtig entwickelten und von denen sich Hunderte in den Quellen des Parks tummeln und darauf warten, gefüttert zu werden. Einheimisch sind hingegen die Tuatara-Echsen und Geckos in den Terrarien des Parks und etliche Vögel in den großen, begehbaren Volieren. 20–40 Min. sollte man für einen Rundgang rechnen, schön auch als Abendspaziergang (Fairy Springs Rd, Tel. 07-350 0440, [fc] 0800 724 626, www.rainbowsprings.co.nz, tgl. 8–21/23 Uhr, 27 NZD).

Auf dem Gelände ist zudem **Kiwi Encounter** zu Hause. In Zusammenarbeit mit dem DOC werden Kiwi-Eier aus gefährdeten Gebieten ausgebrütet und die Tiere aufgezogen, bis sie kräftig genug sind, sich gegen Angreifer zu wehren. Dann werden sie ausgewildert. Führungen zeigen wissenschaftlich fundiert den Prozess und wer Glück hat, sieht einen Kiwi schlüpfen (www.kiwiencounter.co.nz, Führungen stdl. 10–16 Uhr, 27,50 NZD).

Nur wenige Schritte entfernt hievt die 900 m lange Gondelbahn **Skyline Skyrides** 17 Besucher zu Aussichten über Stadt und Lake Rotorua auf eine gastronomisch hochgerüstete Bergstation knapp 200 m über Seehöhe. Dort ist auch der Startplatz der Betonrodelbahn ›The Luge‹: Über drei verschieden steile Strecken rast man mit speziellen Rollen-Schlitten talwärts (Tel. 07-347 0027, www.skylineskyrides.co.nz, Gondel 24 NZD, Luge-Fahrt 10 NZD, günstige Mehrfachkarten und Familientickets, zum **Cableway Restaurant** 1 s. u.).

Infos

i-SITE/Tourism Rotorua's Information and Travel Office: 1167 Fenton Street, Tel. 07-348 5179, [fc] 0800 768 678, www.rotoruanz.com.

DOC Visitor Center: im i-SITE, tourism.rotorua@rdc.govt.nz.

Übernachten

Über 100 Unterkünfte vom Backpacker bis zum Luxushotel sowie fast zwei Dutzend Holiday Parks finden sich in Stadt und Umgebung: Vor allem Motels am Rande der City versuchen mit groß plakatierten Sonderangeboten entlang der Einfallstraßen Kunden zu locken – Zimmer gibt es fast immer.

Koloniale Pracht ▶ Princess Gate Hotel 1: 1057 Arawa St, Tel. 07-348 1179, www.princesgate.co.nz. Zu diesem Boutique-Hotel direkt gegenüber dem Eingang in die Government Gardens darf man einmal ›zauberhaft‹ sagen, der liebevoll gepflegte Kolonialstil steht zudem unter Denkmalschutz. DZ ca. 145–280 NZD, günstige Online-Angebote.

Ein Traum für Angler ▶ Waiteti Lakeside Lodge 2: 2 Arnold St, Ngongotaha, Tel. 07-357 2311, www.waitetilodge.co.nz. B&B für alle, die es mögen, vom Bett aufs Wasser zu blicken; an der Mündung des Waiteti Stream in den Lake Rotorua, ca. 8 km vom Rummel der City. DZ 220–290 NZD.

Touristenhotel mit Blick auf das Whakarewarewa-Thermalfeld ▶ Hotel Geyserland 3: 424 Fenton St, Rotorua, Tel. 07-348 2039, [fc] 0800 881 882, www.regalgeyserland.co.nz. DZ ab ca. 100 NZD.

5-Sterne-YHA-Backpacker mit annähernd Hotelqualitäten ▶ Treks YHA-Rotorua 4: 1278 Haupapa St, Tel. 07-349 4088, www.treks.co.nz. Neues, als Backpacker geplantes Haus mit hervorragenden Gemeinschafträumen und ausgesprochen hilfsbereiten Mitarbeitern zwischen CBD und dem geothermischen Kuirau Park (S. 215). Viele Doppelzimmer mit und ohne Bad (ab 70 NZD), Betten in Mehrbettzimmern bis max. 6 Pers. (ab 25 NZD) – beste Low-Budget-Unterkunft in Rotorua.

Wassersport möglich ▶ Blue Lake Top 10 Holiday Park 5: 723 Tarawera Rd, Tel. 07-362 8120, [fc] 0800 808 292, www.bluelaketop10.co.nz. Am Lake Tikitapu (Blue Lake) etwa 7 km außerhalb, aber nah zu den Attraktionen am Lake Tarawera. Große Preissprünge in der Hochsaison: Stellplätze 36 NZD (Hochsaison 50 NZD), Hütten/Apartments 55–120 NZD (120–240 NZD).

Zelten ›basic‹ ▶ DOC Campsite Hot Water Beach 6: Am Lake Tarawera mit Zugang zu Thermal-Pools; nur mit Boot ab Tarawera Landing (S. 214) zu erreichen. 8,10 NZD/Pers.

Essen & Trinken

Lunch und Dinner mit Aussicht ▶ Cableway Restaurant & Bar 1: Bergstation Skylines Skyrides (s. o.). Große Büfets mit viel Fisch und vor allem grandioser Aussicht auf Stadt und See zum Lunch (50 NZD) und Dinner (70 NZD jeweils inkl. Gondelfahrt).

Cruisen und Speisen ▶ Lakeland Queen 2: Anleger Lakefront, Tel. (fc) 0800 572 784, www.lakelandqueen.com. Mit dem Raddampfer über den Lake Rotorua kreuzen und dabei Frühstück, Lunch oder Dinner (42/50/65 NZD, jeweils inkl. Fahrt) genießen.
Guter Italiener ▶ Zanelli's 3: 1243 Amohia St, Tel. 07-348 4908, www.zanellis.net.nz, Di–Sa ab 17.30 Uhr. Wer sich im schnelllebigen Rotorua über 20 Jahre behaupten kann, bei dem stimmt einfach die Qualität. HG ca. 30–35 NZD.

Einkaufen

Souvenirs ▶ Gute Souvenirshops findet man an den Attraktionen u. a. in **The Redwoods Gift Shop** 1 (S. 218, Holzprodukte), im **Maori Arts & Crafts Institute** 2 (S. 216; hochwertige Schnitzereien) und in breiter Auswahl im **Rainbow Springs Nature Park Shop** 3. Der kompakte **Rotorua CBD** 4 mit der **Tutanekai Street** als wichtigster Einkaufsachse besitzt rund 250 Läden, davon viele Souvenirshop u. a. mit Maori-Kunsthandwerk, Jade und Paua-Schmuck.
Für das tägliche Leben ▶ Am Südrand des CBD finden Selbstversorger in der **Rotorua Central Mall** 5 alles, was sie zum Leben brauchen. Der Supermarkt ist tgl. mind. 7–22 Uhr geöffnet.

Abends & Nachts

Maori Kulturshow mit Hangi-Büfett ▶ TAMAKI Maori Village: Ab Unterkunft o. Treffpunkt 1, 1220 Hinemaru St, Tel. 07-349 2999, [fc] 0508 826 254, www.maoricul ture.co.nz, 105 NZD. **Mitai Maori Village** 2: 196 Fairy Springs Rd, Tel. 07-343 9132, www.mitai.co.nz, ab 101,50 NZD, Option zum abschließenden Nachtbummel im Rainbow Springs Nature Park (S. 218). Abgespeckte Versionen – Essen, Tanz, Gesang – bieten Hotels ab 70 NZD. Das i-SITE weiß, wo Plätze frei sind.
Trinken in der Polizeistation ▶ Pig & Whistle Historic Pub 3: Ecke Haupapa St/Tutanekai St, Tel. 07-347 3025, www.pigandwhistle.co.nz. In der alten Polizeistation wird heute reichlich getrunken, Do–Sa kommt die Musik dazu live von der Bühne und als Grundlage für die Drinks gibt‘s deftige Kiwi-Pub-Kost mit Burgern, Steaks aber auch Muscheln, ca. 15–30 NZD; die Fish & Chips für ca. 22 NZD sind ein Klassiker.

Aktiv

Helikopterflüge ▶ Helipro: Tel. 07-357 2512, [fc] 0800-435 4776, www.helipro.co.nz, Helikopter-Flightseeing ab Te Puia 12 und weiteren Startplätzen über Stadt (ab 90 NZD) und See (ab ca. 190 NZD) bis zu Flügen mit Landung auf Mt Tarawera (ab ca. 330 NZD) oder White Island (S. 251, ab ca. 760 NZD).
Fallschirmspringen ▶ Nzone 7: Rotorua Airport, Tel. 07-345 7520, [fc] 0800 DROP ZONE, www.nzone.biz; Tandemfallschirmsprünge je nach Absprunghöhe ca. 270–430 NZD; Video- oder Fotodokumentation ca. 180–220 NZD extra.
Jetboating und Parasailing ▶ Kawerau Jet 8: City Lakefront, Rotorua, Tel. 07-343 7600, [fc] 0800 JET SPIN, www.nzjetboat.co.nz, Jet-Boot-Touren auf Lake Rotorua und Rotoiti ca. 69–120 NZD, Parasailing – am Gleitschirm hinter dem Jetboat – 100 NZD.
Mountainbiking ▶ Der **Whakarewarewa Forest Park** 14 (S. 217) gilt als eines der besten Mountainbiking-Reviere weltweit, alles zum Biken dort: www.riderotorua.com. Am **Mountainbike Carpark** 9 verleiht Planet Bike (Tel. 07-346 1717, www.planetbike.co.nz) die Räder dazu (ca. 35 NZD/2 Std. bis 55 NZD/Tag) und bietet geführte Touren durch die Redwoods an (ca. 75–115 NZD). Southstar Advenures (Tel. 07-345 6307, www.south staradventures.com) betreibt ab dem Parkplatz 2–3 x tgl. einen Bike-Shuttle, der Biker im Bus und ihre Räder auf einem Anhänger zu einem der höchsten Startpunkte im Gelände hinauffährt und dann dort bis Einbruch der Dunkelheit im Pendelverkehr unterwegs ist (10 NZD/Tour, günstige Mehrfachkarten).
Sightseeing klassisch ▶ Elite Adventures: Tel. 07-347 8282, www.eliteadventures.co.nz, ein halber (ab 85 NZD) oder ganzer Tag (ab 220 NZD); auch Kleinbus mit Fahrer auf Charterbasis für bis zu 4 Pers. ganzer Tag ab 600 NZD. Great Sights: (S. 58), [fc] 0800 744 487,

halber (ca. 120 NZD) oder ganzer Tag (ca. 225 NZD). Jeweils ab Unterkünften oder i-SITE.
White Water Rafting ► Rotoruas Ruf in der Rafter-Szene begründet der **Kaituna River,** ein Grade-5-Fluss, in dessen Lauf Gummiflöße die 7 m hohen Tutea Falls herab stürzen, der höchste kommerziell geraftete Wasserfall weltweit. Länger und sanfter sind Touren auf dem **Rangitaiki River,** die bei Murupara am SH38 starten (S. 222). Die meisten Rafting-Veranstalter befahren auch einen der wildesten Grade-5-Flüsse des Landes, den **Wairoa River** Richtung Tauranga, wenn das Stauwehr im Oberlauf geöffnet wird und das sind im Dez.–Feb. jeder, und sonst von Sept.–April jeder zweite Sonntag. **Kaitiaki Adventures 10:** SH30, Hells Gate, Tikitere, Rotorua, Tel. 07-357 2236, [fc] 0800 338 736, www.sledge-it.com; White Water Rafting ab ca. 90 NZD, Sledging ab 109 NZD. **Raftabout/Sledgeabout 11:** 811 SH33, Okere Falls (an der Okere Falls Bridge, ca. 20 km nördl. Rotorua), Tel. 07-343 9500, [fc] 0800 RAFTABOUT, www.raftabout.co.nz, Rafting ab 95 NZD, Sledging ca. 115 NZD. **River Rats Raft & Kayak 12:** 391 Te Ngae Road (SH33), Miurea, Tel. 07-345 6543, [fc] 0800 333 900, www.riverrats.co.nz, Rafting ab ca. 95 NZD, auch Familientouren. **Wet 'n' Wild Rafting 13:** 2 White Street, Tel. 07-348 3191, [fc] 0800 IN A RAFT, www.wetnwildrafting.co.nz, Rafting-Tagestouren ab Rotorua ca. 100–125 NZD, auch Mehrtagestouren.

Verkehr

Stadt- und Regionalverkehr: Baybus cityride: Tel. [fc] 0800 4 BAYBUS, www.baybus.co.nz, ab zentraler Haltestelle Pukuatua St Mo–Sa/So ca. 7–18/16 Uhr 1–2 x stdl. u. a. zum Flughafen (Linie 10), zu Rainbow Springs und Agrodome 1 und zu Te Puia 12, je Fahrt 2,20 NZD; Baybus Twin City Express Mo–Fr je 2 x tgl. nach Tauranga (S. 246) via Okere Falls und Te Puke.

Grumby's Limo: Tel. [fc] 0800 222 141, tgl. 8–18 Uhr Shuttle ›on demand‹ ab i-SITE oder Unterkünften zu Gondola, Rainbow Springs, Agrodome/Agroventures, Te Puia u. a. Attraktionen (5–10 NZD/Strecke, 25 NZD/Tag).

Fernbusse: Zentraler Stopp am i-SITE. **Intercity/Newmans** ab/bis Auckland, Gisborne, Hastings/Napier, Tauranga, Taupo und Wellington. **nakedbus.com** u. a. ab/bis Auckland, Napier, Tauranga, Gisborne und Wellington. **Great Sights** ab/bis Auckland via Waitomo und der **Waitomo Wanderer** (Tel. [fc] 0508 926 337) ab/bis Waitomo (S. 198), beide mit Option, dort an Aktivitäten teilzunehmen. Alle **Backpacker-Networks** fahren Rotorua an.

Flug: Rotorua Airport 8 km nordöstl., Cityride Linie 10. **Air New Zealand Link** tgl. ab/bis Auckland, Wellington und Christchurch, Air New Zealand ab/bis Sydney.

Verbindungen nach Osten

Karte: S. 212

SH30 Rotorua – Whakatane

► M/N 7

In Te Ngae verlässt SH30 das Ostufer des Lake Rotorua Richtung Whakatane, Ausgangsort für White-Island-Exkursionen (S. 251) und Fahrten um das Eastland. Das Thermalfeld **Hells Gate 18** liefert heißes Wasser und heißen Schlamm für das Wellness-Center **Hells Gate Waiora Spa 14** (Tel. 07-345 3151, www.hellsgate.co.nz, Rundgang durch das Thermalfeld und Bad 45 NZD, Schlammbad oder -packungen ab ca. 75 NZD).

Die Straße verbindet dann die Ufer von Lake Rotoiti und Lake Ritoehu. Aus ganz frühen Zeiten ist ein Weg durch den dichten Naturwald bekannt: **Hinehopu Track 15.** Hinehopu, eine Stammesführerin im 17. Jh., nutzte ihn zwischen verschiedenen Wohnhütten an beiden Seen.

Etwa auf halbem Weg zur Küste liegt die Retortenstadt **Kawerau** mit oft strengem Geruch, der von der den Ort dominierenden Tasman Pulp & Paper Mill ausgeht, einer der größten und modernsten Zellstoff- und Papiermühlen der Welt. Von hier sind die **Tarawera Falls 6** auf privaten Forststraßen zu erreichen. Nach etlichen Kilometern durch Kiefernwälder und immer wieder an vom

Kahlschlag gezeichneten Flächen vorbei erreicht man ein Stück scheinbar unberührten Urwalds. Ein kurzer Fußmarsch führt zum Wasserfall, der mitten aus einer hohen, lotrechten Felswand hervorbricht – oben hat sich der Abfluss des Lake Tarawera einen Tunnel durch das poröse Lavagestein gebohrt. Etwa 2 Std. dauert der Aufstieg zum Tarawera Outlet, wo der Fluss den See verlässt, alternativ kann man ihn auch auf Forststraßen erreichen, dort erlaubt der bei Neuseeländern mit Wassersport- und Angelleidenschaft populäre **DOC Campsite Lake Tarawera Outlet** 7 Übernachtungen. Nur ist die Zufahrt zu Falls und Campsite reguliert durch die Forstbetriebe: Nachts und bei hoher Feuergefahr keine Zufahrt, sonst gegen kostenpflichtigen ›Permit‹, den es für 5 NZD inklusive Zufahrtsplan in der Kawerau Visitor Information gibt (Plunket St, Tel. 07-323 6300, im Sommer tgl. 8–19 Uhr, www.kawerau.org.nz).

SH38 – nach Osten durch den Te Urewera NP ► M–O 7/8

21 km südlich Rotorua zweigt SH38 zur Ostküste ab, der ›rustikalste‹ State Highway im ganzen Land. Rund 100 km im mittleren Teil haben mit kurzen Unterbrechungen Schotterbelag, dazu Kurven ohne Ende: Zwischen SH5 und SH2 bei Wairoa (S. 258) liegen 195 Straßenkilometer, für die man 4–5 Std. reine Fahrzeit kalkulieren sollte. Als Transitstrecke zwischen Zentrum und Osten ist diese Straße zu zeitaufwendig, hier fährt nur, wer einen der Naturparks ansteuert oder ab **Murupara** eine White Water Rafting Tour auf dem Rangitaiki River machen möchte.

Der **Whirinaki Forest Park** (www.whirinakirainforest.info) ist ein geradezu mystisch wirkender Naturwald mit beeindruckenden Beständen der großen Kahikatea-Bäume. Sie stehen gern mit den Füßen im Wasser, wie um die sumpfige Arahaki Lagoon, die man auf einem der vielen Wanderwege ab dem Maori-Dorf Minginuis erreicht.

Der **Te Urewera National Park** 19 ist der größte Nationalpark mit dem größten Urwaldgebiet der Nordinsel. Er überdeckt ein Faltgebirge aus weichen Sedimentgesteinen, das durch Erosion zerklüftet ist. 2005 ergab ein ›Waldzensus‹ des DOC 563 Pflanzenarten, andere Quellen nennen sogar 650. Fast alle Südbuchen und Podocarpaceen sind vertreten, dazu fast 100 Farne. Die Höhen- und Standortunterschiede von 150 bis 1400 m ließen daraus ganz unterschiedliche Waldgesellschaften entstehen. Bis auf etwa 900 m ist der Rimu dominierend. Mehrere Projekte mit intensiver Bejagung von Schädlingen haben die Bestände einheimischer Vögel regenerieren lassen. So wurden in einer ›Festland-Insel‹ im Norden des Parks binnen zehn Jahren annähernd 260 000 Possums erlegt. An den beliebtesten Tracks

hört man immer häufiger Kiwis in der Nacht rufen.

Ziel der meisten Besucher ist **Lake Waikaremoana,** ein noch junger, hoch gelegener Bergsee. Im 2. Jh. vor der Zeitenwende blockierte ein gigantischer Erdrutsch den Waikaretaheke River und staute den See auf, an einigen Stellen 250 m tief. Durch die Wälder an seinen verzweigten Ufern schlängelt sich der Lake Waikaremoana Great Walk (46 km, 3–4 Tage) mit dem Höhepunkt auf dem **Pukenui Bluff,** einer natürlichen Aussichtskanzel 600 m über dem Wasser. Tracktransfers per Wassertaxi erlauben es, einzelne Abschnitte als Tagestouren zu laufen (Homebay Water Taxi, am Waikaremoana Motor Camp, Tel. 06-837 3826, www.waikaremoana.com, je Abschnitt 25–45 NZD, Sightseeing-Rundfahrt 40 NZD bei mind. zwei zahlenden Passagieren).

Dem **DOC Aniwaniwa Visitor Centre** ist das Museum Nga Taonga Tuku Iho – Schätze der Vergangenheit – mit einer Ausstellung über Leben und Kultur der hier heimischen Tuhoe Maori angeschlossen. Die ›Kinder des Nebels‹, wie sie sich selbst bezeichnen, haben in den Wäldern des Ostens länger als andere Stämme unbehelligt von Pakeha-Einflüssen eine naturnahe, spirituelle Kultur bewahren können. Aber auch sie entwickeln heute Angebote für Besucher. Ihre an der Natur orientierten Reit- und Wandertouren mit

Vulkanische Thermalquellen bei Wai-O-Tapu

authentischen Einführungen in Mythen und Legenden zeigen eine ganz andere Welt als die Kultur-Shows in Rotorua.

Infos

DOC Aniwaniwa Visitor Centre: SH 38, ca. 65 km westl. Wairoa, Tel. 06-837 3803, teu rewerav c@doc.govt.nz, Buchungen für Lake Waikaremoana Great Walk.

DOC Rangitaiki Visitor Centre: SH 38, Murupara (ca. 64 km östl. Rotorua), Tel. 07-366 1080, rangitaikivc@doc.govt.nz, Ende Okt. bis Ostern tgl., sonst nur Mo–Fr, Info/Buchungen für Lake Waikaremoana Great Walk.

Übernachten

DOC-Zeltplätze und -Hütten ▶ Buchungspflichtig sind alle fünf Hütten (30,60 NZD/Pers.) und fünf Campsites (12,20 NZD/Pers.) am **Lake Waikaremoana Great Walk** (S. 87) sowie die Sandy Bay Hut (15,30 NZD) am Lake Waikareiti, freies Zelten ist dort nirgendwo erlaubt und die max. Übernachtungsdauer pro Hütte in der Saison auf zwei Nächte beschränkt. Alle weiteren DOC-Campingplätze und die zahlreichen Hütten der Region unterliegen den Backcountry-Hut Regeln (S. 87).

Campen am See ▶ **Waikaremoana Motor Camp:** Tel. 06-837 3826, www.lake.co.nz. Nahe Aniwaniwa Visitor Centre, Stellplätze 30 NZD, Hütten/Apartments 55–100 NZD.

Aktiv

Trekking im Te Urewera National Park ▶ Mehrere Veranstalter organisieren Wanderungen in der Region in der Regel mit Transfers ab/bis Rotorua, u. a.: **Te Urewera Treks/Te Urewera Shuttle:** Tel. 07-366 6055, [fc] 0800 UREWERA, www.teureweratreks.co.nz/www.tushuttle.co.nz. 1–4 Tage Wanderungen unterschiedlicher Schwierigkeit ab ca. 175 NZD/Tag. 2 x wö. Shuttle-Bus Rotorua–Waikaremoana für Individualwanderer. **Walking Legends:** 07-308 0292, (fc) 0800 WALK NZ, www.walkinglegends.com. Geführte All-inclusive-Mehrtageswanderungen, z. B. 4 Tage Lake Waikaremoana Track 1270 NZD.

Von Rotorua nach Taupo

Karte: S. 212

Waimangu Volcanic Valley

▶ N 7

Etwa 15 km südlich Rotorua schützt sich das **Tamaki Maori Village** 20 mit hohen Palisaden gegen unbezahlte Blicke von außen, abends bildet der Nachbau des Pa den Rahmen für Kultur-Shows (S. 220), sonst ist es nicht zugänglich.

Das **Waimangu Volcanic Valley** 21 entstand mit dem Ausbruch des Mt Tarawera 1886 und zählt damit zu den jüngsten Geothermalgebieten weltweit. Ein 4 km langer Weg führt vom Besucherzentrum am Eingang bis zum Seeufer hinunter, ein leichter Weg immer bergab. Zudem pendelt ein Shuttle-Bus gratis entlang der Strecke und erlaubt Optionen von 45 Min. bis 2 Std. Fußweg.

Faszinierend sind wassergefüllte Krater und Calderen am Anfang des Weges, darunter der mit knapp 4 ha Oberfläche größte heiße See der Welt, **Waimangu Cauldron** oder Bratpfannen-See. Zwar ist das Wasser kaum mehr als 50 °C heiß, scheint aber zu kochen: Gase blubbern vom Grund herauf. Unterwegs dann dampfende Felswände, langsam neu entstehende Sinterterrassen, der verstopfte Schlund des einst größten Geysirs der Erde – er spuckte zwischen 1901 und 1904 Schlamm und Geröll bis 500 m hoch in den Himmel – sowie der gruselige ›Inferno-Krater‹. Sein weißer Topf ist mit hellblauem, 80 °C heißem, sehr saurem Wasser gefüllt, das in einem 6-Wochen-Rhythmus ansteigt, bis der See überläuft. Nach maximal 3 Tagen fällt der Wasserspiegel dann um rund 10 m, und der Zyklus beginnt von vorn. Wissenschaftler interpretieren dies als ein Phänomen, wie man es ähnlich bei Geysiren beobachten kann, nur dass es hier keine in den Himmel spritzende Eruption gibt.

Auf Höhe des Inferno Kraters zweigt eine steile Alternativroute für fitte Hiker ab, die über den Mt Haszard führt und von oben spektakuläre Einblicke in die Krater des Waimangu Valley sowie Ausblicke auf die umliegende Vulkanwelt samt Mt Tarawera erlaubt. Am Ende aller Wege lässt sich eine Bootstour auf **Lake Rotomahana** 22 anhängen, vorbei an dampfenden Berghängen zu jenen Plätzen, an denen 1886 die weißen und rosa Sinterterrassen versanken (Waimangu Rd, 24 km südl. Rotorua, Tel. 07-366 61 37, www.waimangu.com, tgl. 8.30–17/18 Uhr, 32,50 NZD, inkl. Boot 72,50 NZD, Familientickets. Geführte Touren ab Rotorua inkl. Waimangu Valley ab 135 NZD/halber Tag.

Wai-O-Tapu ► N 7

Das **Wai-O-Tapu Thermal Wonderland** 23 besitzt die bunteste Quellen-Mischung und die derzeit größten Sinterterrassen, dampfende Täler und den berühmten Champagnerpool mit seinem orangefarbenen Becken. Den Namen verdankt er kleinen Bläschen, die sein grünes Wasser perlen lassen, kaum aber seinem Giftcocktail mit Spuren von Antimon, Arsen, Gold, Quecksilber, Schwefel und Silber.

Überhaupt ist die Farbenvielfalt ohne Chemie nicht denkbar: Siliziumdioxyd ist ein Kondensat aus Kieselsäure und sorgt für die weißen Ablagerungen der Sinterterrassen. Für Rot- und Brauntöne sorgen Eisenoxydverbindungen, für Lilafärbungen Jod. In fast allen Quellen spielt Schwefel eine Rolle, pur sorgt er für leuchtend gelbe Ablagerungen, vermischt mit Arsen für grüne, mit Antimon für orange und in Schlammquellen mit Kohlenstoff für graue bis schwarze Farben. Dunkles Grün hat hingegen meist organische Ursachen: In bis zu 75 °C heißem Wasser gedeihen noch Algen (201 Waiotapu Loop Rd, 27 km südl. Rotorua, Tel. 07-366 6333, www.geyserland.co.nz, tgl. 8.30–17 Uhr, 30 NZD, Familientickets).

Die Straße, die vom SH5 zum Besucherzentrum des Thermalfeldes führt, passiert im nördlichen Teil auch kostenlos zugängliche **Mud Pools,** die nach Regenfällen besonders fotogen vor sich hin blubbern und brodeln.

Südlich vom Besucherzentrum, außerhalb des eigentlichen ›Wonderland‹, doch schon im eintrittspflichtigen Bereich, liegt der pünktlichste Geysir der Welt: **Lady Knox Geyser** bekommt Tag für Tag unabhängig von Sommer- oder Winterzeit Punkt 10.15 Uhr vor *just in time* angelieferten Busladungen erwartungsvoller Besucher eine etwa einstündige Eruption. Eine Packung Seifenpulver hilft ihm auf die Sprünge, es sei denn, Kids aus der Umgebung haben ihm schon in der Nacht Seife gegeben, dann schafft es der Geysir morgens nicht schon wieder, 20 m in den Himmel zu spritzen. Hunderte wartender Gesichter werden dann lang und länger.

Aktiv

Heiße Quellen ► Frei zugängliche Thermal-Badestellen sind **Kerosene Creek** 16 in einem Bachlauf nördlich Wai-o-Tapu und **Butcher's Pool** 17 mit einem Becken südlich Reporoa (Achtung: Amöben-Meningitis, S. 99).

Baden und campen ► Waikite Valley Thermal Pools 18**:** Waikite Valley Road, Tel. 07-333 1861, www.hotpools.co.nz. Kleines Thermalbad mit Plansch- und Relax-Pools, in denen das Wasser bis zu 40° heiß ist – Hauptsache draußen ist's kalt genug dafür. Angeschlossen ein Café und ein Campingplatz, Stellplätze ab 40 NZD.

Orakei Korako ► M 7

Abseits der Hauptstraßen präsentiert **The Hidden Valley of Orakei Korako** 24 ein sehenswertes thermisches Feld mit großen Sinterterrassen und kleinen Geysiren mitten in dichtem *bush,* außerdem ist eine tiefe Lavahöhle zugänglich. Hier trennt aber der Lake Ohakuri, zu dem sich der Waikato River verbreitert, das Besucherzentrum vom eigentlichen Thermalfeld. Eine Minifähre pendelt hinüber. Wer mit dem Campervan kommt und abends spät oder früh am Morgen das Thermalfeld besuchen will, darf auf dem Parkplatz übernachten (Orakei Karoka Rd, Taupo, Tel. 07-378 3131, www.orakeikorako.co.nz, tgl. 8–16/ 16.30 Uhr, 36 NZD, Familientickets).

Alternative zur Fahrt nach Orakei Korako mit dem Auto ist der Trip mit **New Zealand River Jet** 19 den Waikato hinunter. Das Jet-Boot startet neben der Mihi Bridge 45 km südlich Rotorua, dort wo der SH5 den Waikato überquert, und rast den Fluss hinunter,

Sicherheitseinweisung vor dem Start des Huka-Jetboat

vorbei an Forsten und zwischen den Felswänden der Tutukau Gorge hindurch – ein guter Mix aus Sightseeing und Thrill (New Zealand Riverjet Thermal Safari, Tel. 07 333 7111, [fc] 0800 748 375, www.riverjet.co.nz, ca. 2,5–3 Std. 145 NZD).

Taupo ►M 8

Karte: S. 212

Taupo ist jung, entwickelte sich aus kleinen Anfängen zur 25 000-Einwohner-Stadt von heute erst ab den 1950ern mit dem Bau des geothermischen Kraftwerks in Wairakei und mit dem Boom der Forstwirtschaft – im Osten breitet sich beiderseits der Straße nach Napier der größte von Menschenhand gepflanzte Forst der Welt aus, der 2900 km² große Kaingaroa Forest. Ab den 1970ern machte Tourismusföderung Taupo für viele Kiwis zu einem der populärsten Reiseziele im eigenen Land. *Boaties* lieben die sanften Wellen des Sees, Angler seine Forellen.

Populär ist auch Golfen, acht Plätze locken im näheren Umkreis, darunter der **Wairakei Golf Course** 20 nördlich der Stadt, von Kennern als einer der besten der Welt gelobt (www.wairakeigolfcourse.co.nz). Und wer es braucht, kann von der Promenade versuchen, beim **Hole in One Challenge** 21 (www.holein1.co.nz) seinen Abschlag auf einem Ponton im See landen zu lassen – Taucher sammeln abends die unzähligen Fehlversuche wieder ein.

Daneben positioniert sich Taupo als Backpacker-Destination mit Partyspaß am Abend sowie Sport und Action am Tage. Zwei Thermal-Spaßbäder stehen zur Verfügung; Bungee Jumping, Paragliding, Skydiving und White Water Rafting sind möglich. Eine kleine Flotte Sightseeing-Boote von total nostalgisch bis hochmodern kreuzt entlang der Buchten im Norden auf dem See. Wichtigstes Ziel sind **Maori Rock Carvings** 25**,** Felsenreliefs mit Maori-Motiven, die historisch wirken, aber erst Ende der 1970er entstanden, um den Tourismus anzukurbeln.

Eigentlich aber ist das Schönste an Taupo die Aussicht. Fährt man von Norden in den Ort hinunter, bietet der **Hill Top Lookout** 26 den perfekten Blick über Stadt und See auf die Vulkangipfel am Horizont. Und wer eine Nacht bleibt, darf die Abendstimmung über dem See beim Bummel entlang der Uferpromenade nicht missen.

Das überschaubare **Taupo Museum** 27 zeigt u. a. eine Ausstellung zum Vulkanismus, Maori-Artefakte wie ein uraltes Kanu und im Außengelände den Pure Ora Garden, eine lebendes grünes Kunstwerk mit künstlichen Sinterterrassen. Dieses Gartentableau visualisiert Mythen der Maori und gewann schon auf der Chealsea Flower Show, dem bedeutendsten Gartenkunstwettbewerb weltweit, eine Goldmedaille (Story Place, Tel. 07-376 0414, www.taupomuseum.co.nz, tgl. 10–16.30 Uhr, 5 NZD).

Wairakei und Aratiatia

Wairakei im Norden der Stadt war einmal das aktivste Thermalgebiet des Landes, ehe ihm in den 1950ern das geothermische Kraftwerk den Dampf raubte. Ca. 2,5 km abseits des State Highway inmitten des angezapften Quellenfeldes verschafft ein Aussichtspunkt einen Überblick über die futuristisch wirkende Anlage mit ihren unzähligen glänzenden Rohren. Die Zufahrt zweigt vom SH1/SH5 direkt neben dem **Wairakei Visitor Centre** (tgl. 8.30–16.30/17 Uhr) ab. Das informiert über die Energiefabrik und ist Foyer der **Wairakei Terraces** 28, ein Projekt örtlicher Ngati Tuwharetoa-Maori. Das Kraftwerk liefert silikatreiches Wasser aus seinen Bohrungen, das dann über ein stufig angelegtes Gelände geleitet wird. So entstehen ganz erfolgreich künstliche Sinterterrassen, eingebettet in einen Park und gepaart mit viel Maori-Mythologie. Das Ganze bietet auch den Rahmen für eine Maori-Kultur-Show – mundgerecht zum Hangi präsentiert (Thermalgebiet tgl. 9–16.30/17 Uhr 18 NZD, Show mit Hangi 18–20.30 Uhr, 95 NZD, Tel. 07-378 0913, www.wairakeiterraces.co.nz). Authentischer sind die **Craters of the Moon** 29, ein Potpourri von Dampf- und Schlammquellen, durch das ein gut präparierter Plankenweg führt (Karapiti Rd, ca. 6 km nördl. Taupo, 6 NZD).

Einige Kilometer östlich wird die Energie des Waikato River vom ersten der acht Kraftwerke am Fluss genutzt. Der Staudamm legte ansehnliche Stromschnellen trocken. Um die darüber aufschäumende öffentliche Meinung zu besänftigen, öffnen sich mehrmals am Tag Schleusen und die **Aratiatia Rapids** 30 füllen sich wieder. Das Schauspiel ist von Aussichtsplattformen zu beobachten. Am Ende der Stromschnellen startet der **Rapids Jet** 22 zum wilden Bootsritt – hier stehen Fun und Thrill im Vordergrund (Aussichtsplattformen: Rapids Rd, tgl. 10, 12 und 14, im Sommer auch 16 Uhr; Rapids Jet: 132 Rapids Rd, Tel. 07-374 8066, [fc] 0800 RAPIDS, www.rapidsjet.com, mehrmals tgl. 35 Min., 95 NZD).

Huka Falls Road

Nördlich von Taupo verläuft zwischen SH1 und Waikato-Ufer die **Huka Falls Road** und verbindet Natursehenswürdigkeiten mit Attraktionen und Shops. Der Waikato, einziger Abfluss des Lake Taupo bei 47 Zuflüssen und diversen Quellen, zwängt sich nahe der Straße durch einen langen, nur wenige Meter breiten Felskanal, ehe sein türkis leuchtendes Wasser knapp 10 m über die **Huka Falls** 31 stürzt. Eine Brücke über der Fallkante verschafft den Überblick oben, während sich unten die Jet-Boote von **Hukafalls Jet** 23 an die Gischt des Wasserfalls herantasten (200 Karetoto Road, Wairakei, Tel. 07-374 8572, www.hukafallsjet.com, 105 NZD).

Wissenschaftlich fundiertes Edutainment über die vulkanischen Aktivitäten der Taupo-Vulkan-Zone inklusive Erdbebensimulator bietet das **Volcanic Activity Centre** 32 (Ecke Karetoto Rd/Huka Falls Rd, Tel. 07-374 8375, www.volcanoes.co.nz, Mo–Fr 9–17, Sa/So 10–16 Uhr, 10 NZD, Familienpässe). **Rock'n Ropes** 24 ist ein Hochseilanlage, ein Mix aus Klettergarten und Actionpark mit wilden Schwüngen (Karetoto Rd, Tel. 07-374 8111, www.rocknropes.co.nz, Einzelaktivitäten 20–40 NZD, halber Tag 65 NZD).

Ansonsten lockt Info-Shopping wie im **Huka Honey Hive** 6, wo sich alles um den

Supervulkan unter Wasser

Thema

Thermalquellen und Vulkane sind offensichtlich dem feurigen Erdinneren zu verdanken, beim Lake Taupo erwartet der Laie das nicht. Der mehr als 600 km große See füllt eine gewaltige Caldera, eine Senke über Hohlräumen, aus denen die Asche- und Lavamassen gigantischer Ausbrüche geschleudert wurden.

Der Taupo-Vulkan ist rund 65 000 Jahre alt, hatte neben vielen kleinen mindestens zwei Ausbrüche apokalyptischer Dimensionen und zählt zu jenen Supervulkanen, die für vulkanische Winter und globale Artensterben verantwortlich gemacht werden. Der Yellowstone, der größte Vulkan der Erde, gehört dazu, ebenso die Phlegräischen Felder bei Neapel als uns Europäern nächste Vertreter. Eines ist ihnen gemein: Man nimmt sie aufgrund ihrer Größe und weil sie kein typisches Vulkandesign zeigen, selten als solche wahr.

Am Taupo war die Oruanui-Eruption vor etwa 22 000 bis 26 000 Jahren die größte. Der Vulkanexplosivitätsindex, vergleichbar der Richterskala bei Erdbeben, führt sie in der höchsten Stufe 8, die im Laufe der Erdgeschichte nur drei weitere Vulkanausbrüche schafften. Überall, wo um Taupo herum gegraben wird, stößt man auf meterdicke Ascheschichten dieser Eruption und am mehr als 100 km entfernten Cape Kidnappers ist sie noch mit 1,5 m Dicke in den Klippen auszumachen. Vulkanologen schätzen den Ausstoß dieser Eruption auf rund 800–1200 Kubikkilometer Asche, Schmelztuff und Bimsstein; bei der größten Eruption des 20. Jh., am philippinischen Pinatubo, wurden 1991 etwa 10 Kubikkilometer Material ausgeworfen. Wenn man heute irgendwo an einem neuseeländischen Flussufer oder Meeresstrand leichten und porösen Bimsstein findet, stammt er entweder von diesem Ausbruch oder von dem genauer datierbaren Inferno, der Taupo-Eruption 181 n. Chr. Berichte aus dem antiken Rom und Peking beschreiben für dieses Jahr einen verdunkelten Himmel und auffällig farbenprächtige Sonnenuntergänge. Wissenschaftler machen für diese Phänomene die Taupo-Eruption verantwortlich. Die feine Struktur der von diesem Ausbruch stammenden Aschen zeigt, dass damals das ausgestoßene Material mit Wasser in Verbindung kam, ein Ur-Lake-Taupo also schon existierte. Die eigentlichen Vulkanschlote liegen unter dem Wasserspiegel im nordöstlichen Teil des heutigen Sees.

Die ganze Region wird seismographisch sorgfältig überwacht. Vor allem eine Anhebung der Landschaft wäre ein Indiz für erneute Aktivitäten des Riesenvulkans, es zeigt ein Auffüllen der Magmakammern unter dem See. Und anders als bei früheren Ausbrüchen leben jetzt Menschen in seiner Nachbarschaft. Aufgrund der Zyklen des Taupo Vulkans rechnen Wissenschaftler – unter allen Vorbehalten bezüglich der Unberechenbarkeit von Vulkanen – allenfalls mit kleineren Ausbrüchen oder verstärkten hydrothermischen Aktivitäten in der Region. Zu ihren Szenarien gehören auch Seiches, durch Bewegungen der Erdkruste unter dem See ausgelöste meterhohe Wellen, ähnlich einem Tsunami, die nicht nur am Seeufer Verwüstungen anrichten würden, sondern den ganzen Waikato River entlang bis zum Meer.

hervorragenden neuseeländischen Honig dreht (65 Karetoto Rd, www.honeyhive.com), oder im **Prawn Park,** der Zuchtanlage für Riesenflussgarnelen. Die in der Welt einzigartige Anlage heizt mit geothermischer Energie frisches Quellwasser auf 28 °C, bevor es in die Zuchtteiche läuft. In solch wohliger Wärme sind die Proteinbomben nach sechs Monaten reif für den Kochtopf, einheimische Flusskrebse brauchen dafür 3–4 Jahre. Absonderlich sind jedoch die Aktivitäten: Garnelen angeln, füttern, Füße in ihren Becken baden oder Golfbälle hinein schlagen (Karetoto Road, Wairakei, Tel. 07-374 8474, tgl. 9–16.30 Uhr, Führungen + ›Angelschein‹ 24 NZD). Im angeschlossenen **Huka Prawn Park Restaurant** 4 kann man sich an den Krustentiere dann satt essen (Garnelengerichte ab 15 NZD bis hin zur Familienration ›Prawn Galore 1,75 Kilo‹ zum Pulen für ca. 155 NZD).

Vom Parkplatz im Spa Thermal Park nahe **Taupo Bungy** 27**,** einem der landschaftlich schönsten Bungee-Sprungplätze weltweit, führt am Ostufer des Waikato ein Fußweg in gut einer Stunde zu den Huka Falls und in weiteren zwei Stunden bis zu den Aratiatia Rapids (S. 227 30).

Infos

Taupo i-SITE Visitor Centre: 30 Tongariro St, Tel. 07-376 0027, Fax 07-378 9003, taupo@i-SITE.org, www.laketauponz.com. Für junge Reisende: www.backpacklaketaupo.com.

Übernachten

Auch Robin Williams und die Queen wohnen hier gern ▶ Huka Lodge 8: 271 Huka Falls Rd, Tel. 07-378 5791, www.hukalodge.com. Ikone der Gastronomie in Neuseeland nahe den Huka Falls. Vielleicht schlief schon vor Ihnen Bill Gates, Kate Winslet oder Barbara Streisand im selben Bett oder Prinz Wilhelm Alexander mit seiner Maxima auf den Flitterwochen – die VIP-Gästeliste ist lang. Queen Elisabeth kam schon öfter, für sie werde immer eine neue Toilette eingebaut, erzählt man sich in Taupo. DZ mit Gourmet-Dinner und Frühstück in der Saison 2750 NZD, die Suiten um 5100 NZD; über Weihnachten und Neujahr 400 NZD/Pers. Zuschlag.

Ideal für Golfer ▶ Bayview Wairakei Resort 9: SH1, Wairakei, Tel. 07-374 8021, www.wairakeiresort.co.nz. Nahe Thermalgebiet und Wairakei International Golf Course. DZ regulär ab ca. 175 NZD, auch Golf-Pakete inkl. Green Fee.

YHA-Backpacker mit Sonnendeck ▶ YHA Taupo – Action Down Under 10: 56 Kaimanawa St, Tel. 07-378 3311, www.yha.co.nz. Seeblick, kleiner Thermalpool im Garten, Familienzimmer und eine hilfsbereite Crew – exzellente Low-Budget-Unterkunft, Bett ab 23 NZD/Pers., DZ ab 65, mit Bad ab 85 NZD.

Ein Family Park New Zealand mit Thermalschwimmbad ▶ De Bretts Thermal Resort 11: SH5, Tel. 07-378 8559, www.debrettsresort.co.nz. Stellplätzen ab 40, Hütten und Apartments für ca. 80–360 NZD.

Essen & Trinken, Ausgehen

Hot-Spots in Taupo ▶ Entlang **Tongariro Road** und dort, wo sie auf die Uferstraße **Lake Terrace** trifft, sowie an der **Tuwharetoa Street** finden sich viele preiswerte Cafés, Restaurants und Takeaways und zu später Stunde auch Discos und Pubs. Irish Pubs geben den Ton an, wie **Finn MacCuhal's Irish Pub** 5 (Tuwharetoa St), auf dessen riesiger Terrasse man gern in lauen Nächten sitzt und ordentliches Pub-Food serviert bekommt (HG um 20 NZD) …und wenn man die am Tage gefangenen Forellen mitbringt, bereitet der Koch sie gern zu! Populär auf ein Bier und mit Konzerten am Wochenende sind in diesem Viertel auch **Mulligan's Public House** 4 (15 Tongariro St) und **Shed Bar & Restaurant** 5 (18 Tuwharetoa St), wo man Donnerstags besonders billig trinkt.

Rustikal ›old english‹ ▶ Crooked Door Inn Seafood Restaurant & Bar 6: Roberts St/Titiraupenga St, Tel. 07-376 8030. Viel Fisch steht auf der Karte – HG ab 25 NZD – und wenn sich Fischliebhaber zusammentun können sie eine große Fischplatte für ca. 80 NZD genießen.

Ökologisches Frühstücks- und Lunchcafé ▶ Fine Fettle Café 7: 39 Paora Hapi St,

Tel. 07-378 7674, tgl. 9–16 Uhr. Kleine Leckereien von Salaten bis zur dicken Muschel-Suppe ca. 6–15 NZD; hier gibt's aber auch gutes Öko-Brot!

Aktiv

Großes Spaß- und Thermalbad ▶ AC Bath Taupo 25: Ac Bath Ave, Tel. 07-376 0350. Mit Innen- und Außenbecken, tgl. 6–21 Uhr, Erw. 6,70, Kinder 2,50 NZD.

Raus auf den See ▶ Fish Cruise Taupo 26: Marina, Tel. 07-378 3444, www.fishcruise taupo.co.nz. Buchungs-Bude für Bootstouren u. a. zu den Felsreliefs 25, 1–2,5 Std. ca. 20–40 NZD, auch für **Barbary Sail Taupo,** Segeltörns auf einer mehrfach renovierten Yacht mit spannender Vergangenheit: 1905 gebaut, gehörte sie einige Zeit der Hollywoodlegende Errol Flynn, spätere Besitzer segelten mit ihr zum Mururoa-Atoll, um gegen Frankreichs Atombombentest zu protestieren, 1983 wechselte sie ins Süßwasser auf den Lake Taupo. Bis 3 x tgl., 2,5 Std. 40 NZD (www.barbary.co.nz).

Kajakfahren auf See und Fluss ▶ Rapid Sensations & Kayaking Kiwi 27: Huka Falls Rd, Tel. 374 8117, [fc] 0800 35 34 35 www.rapids.co.nz. Neben White Water Rafting und Mountainbiking in der Region auch Kayaking auf dem Lake Taupo zu den Felsreliefs (ca. 4 Std. 98 NZD) und auf dem Waikato River (2 Std. 48 NZD).

Raften und Kajakfahren ▶ Kiwi River Safaris: Tel. 07-377 6597, [fc] 0800 RAFT KRS, www.krs.co.nz. Familienrafting (Klasse I) und Kajaktouren auf dem Waikato (ab Controll Gates Bridge 28) mit Blick von unten auf die Bungee-Springer ab 45 NZD, Familientarife. Rafting auch auf anderen Flüssen der Region immer mit Abholung an der Unterkunft oder am i-SITE.

Eine der schönsten Bungee-Locations weltweit ▶ Taupo Bungy/Taupo Cliffhanger 29: 202 Spa Road, Tel. 07-377 1135, [fc] 0800 888 408, www.taupobungy.co.nz. 47-m-Sprung von Felsen hoch über einer Biegung des Waikato; auch Giganto-Schaukel Swing (tgl. 9–17/19 Uhr, Bungee 120 NZD, Swing 90 NZD; Fotos und/oder Video ab 35 NZD extra.

Ausritte an den Craters of the Moon ▶ Taupo Horse Treks 30: Karapiti Rd, Tel. 07-378 0356, www.taupohorsetreks.co.nz, 3–4 x tgl. ab 60 NZD/Std.

Fallschirmspringen ▶ Taupo ist Fallschirmspringerhochburg, je nach Sprunghöhe werden für Tandemsprünge ca. 250–340 NZD, mit Filmoptionen bis zu 600 NZD fällig, inklusive Transfer zum Flughafen 31. **Freefall:** Tel. 07-378 4662, [fc] 0800 373 335, www.freefall.net.nz. **Skydive Taupo:** Tel. 07-377 8300, [fc] 0800 586 766, www.skydivetaupo.co.nz, holt die Springer mit Stretchlimo ab. **Taupo Tandem Skydive:** Tel. 07-377 0428, (fc) 0800 TANDEM, www.taupotandemskydiving.com, bildet in ca. 3 Wochen mit mind. 25 Sprüngen auch zur internationalen Sprunglizenz aus, viele deutschsprachige Mitarbeiter!

Track-Transfer für Tongariro Alpine Crossing ▶ Abholung von Unterkünften ca. 5.15–6.30 Uhr, je nach Anbieter (S. 236) ca. 45–55 NZD.

Termine

Ironman New Zealand: www.ironman.co.nz, Anfang März. Begehrter Triathlon-Event mit internationalem Starterfeld, weil gutes Abschneiden hier einen Platz beim Ironman auf Hawaii garantiert – Startgebühr ca. 750 NZD.

Tipp: Lizenz zum Angeln

Angeln ist nirgendwo in Neuseeland so populär wie auf dem Lake Taupo und an seinen Zuflüssen, allen voran am Tongariro River. Die erst ab 1898 aus Europa und Amerika eingeführten Regenbogenforellen und Bachsaiblinge, hier *Brown Trout* genannt, vermehren sich und wachsen vortrefflich, geschätzt werden etwa 200 000 von ihnen pro Jahr legal gefangen. In der Region Taupo gilt der allgemeine Angelschein für Neuseeländische Binnengewässer nicht, eine spezielle Lizenz des DOC ist erforderlich und für 16,50 NZD/Tag, 37 NZD/Woche bzw. 88 NZD/Saison u. a. in i-SITEs erhältlich. Mehr dazu S. 84.

Verkehr

Lokal- und Regionalverkehr: Hot Bus: Tel. [fc] 0508 468 287, www.hotbus.co.nz; Shuttle tgl. jede Stunde 9/10–15/16 Uhr ab i-Site-Büro zu den Attraktionen von Taupo nach dem Hop-on-Hop-off-Prinzip (ab 15 NZD).
Fernverkehr: InterCity, Newmans und **nakedbus.com** u. a. nach Auckland, Hastings/Napier, Rotorua, Tauranga, Wellington. Taupo ist Stopp aller Backpacker Networks (S. 76).
Flug: Air Newzealand Link ab/bis Auckland und Wellington.

Turangi und Tokaanu ►M 8

Karte: S. 236

Turangi 1 ist noch jünger als Taupo, entwickelte sich erst mit dem Bau der umliegenden Wasserkraftwerke in den 1960ern aus dem Lager der Bauarbeiter. Heute bildet es das Tor zwischen See und Bergen. Vom Ort operieren einige Rafting-Unternehmen, die den Tongariro River als Revier nutzen. Der wird von Anglern als Eldorado fürs Fliegenfischen verehrt. Alles über Forellen und wie sie ins Land kamen, erfährt man im **Tongariro National Trout Centrei** 2. Dort werden ständig Forellen gezüchtet und herangezogen, vor allem als genetische Reserve, sollte der Fluss durch vulkanische Aktivitäten verseucht werden. ›Schlachtreife‹ Forellen werden einmal im Monat in einem speziellen Kinderteich ausgesetzt und können von Kids unter 12 geangelt werden (SH1, Turangi, 4 km südl., Tel. 07-386 8085, www.troutcentre.org.nz, tgl. 10–15/16 Uhr, 5 NZD).

Das benachbarte **Tokaanui** 3 ist älter und kleiner als Turangi, wurde schon Ende des 19. Jh. von Touristen wegen seiner thermalen Heilquellen besucht. Die Nutzung der Quellen für Heizzwecke und eine unglückliche Bohrung in den 1940ern nahmen dem Thermalgebiet zwar etwas von seiner Spritzigkeit und Vielseitigkeit, aber der 15-minütige Weg zwischen blubbernden und dampfenden Tümpeln und Schlammlöchern hindurch ist gratis und nicht uninteressant. Das thermale Heilwasser wird gleich neben dem Thermalfeld von den **Tokaanu Thermal Pools** genutzt, ein unspektakuläres, vor allem von *locals* besuchtes Bad. Das Hauptbecken ist mit seinem 36 °C warmen Wasser eher etwas zum Relaxen denn zum Schwimmen (Mangaroa St, Tokaanu, Tel. 07-336 8575, tgl. 10–21 Uhr, ab 6 NZD). Weitere dampfende Quellen sieht man in Berghängen im Westen oberhalb SH41 in den Hipua Steaming Cliffs. Der warme Dampf macht diese Hänge nicht gerade stabil – kein Zutritt.

Am Ufer im Südwestzipfel des Lake Taupo, von Tokaanus altem Pier aus gut zu sehen, liegt das nur auf Einladung zugängliche Maori-Dorf **Waihii** 4 mit dem bedeutendsten Marae der Ngati Tuwharetoa. Eine verheerende Schlammlawine hatte 1846 das Vorgängerdorf Te Rapa verschüttet, unter den Opfern war auch der Stammesführer. Sein Sohn Horonuko Te Heuheu Tukino IV legte 1887 mit der Schenkung des Tongariro-Gebietes den Grundstein für den heutigen Nationalpark (S. 223). Bitte respektieren Sie die Zugangsbeschränkungen für das Dorf.

Desert Road und andere Wege nach Süden ►M 8/9

Karte: S. 236

Zwischen Turangi und der Garnisonsstadt Waiouru (S. 240) gibt es zwei Wege nach Süden. SH1 verläuft östlich um die zentralen Vulkane herum und trägt auf dem 52 km langen Abschnitt den nicht gerade einladenden Namen **Desert Road.** Das mag an der steppenartigen Tussock-Landschaft liegen, die die Straße begleitet, ansonsten ist es eine gut ausgebaute Verbindung, die in der sommerlichen Reisezeit praktisch immer befahrbar ist. Der landschaftliche Reiz liegt in den Aussichten auf die Osthänge der Vulkane, Zugänge gibt es von dieser Seite jedoch kaum. Im Winter ist das Tukino Ski Area ein Tipp für Freunde des Skifahrens ohne Rummel (Zufahrt nur im guten 4WD-Fahrzeug).

Die fürs Sightseeing bevorzugte Route nutzt SH47 an der Westseite des Tongariro National Park entlang und klettert südwest-

Fünf-Sterne-Aussicht auf Mt Ngauruhoe von Meads Wall an der Bruce Road

lich Turangi stetig in die Berge. Man merkt kaum, dass sich im Gelände ein ehrgeiziges Wasserkraftwerksprojekt verbirgt. Fast allen Flüssen, die vom Vulkanplateau zum Lake Taupo strömen, wird das Wasser bis auf ein ökologisch notwendiges Minimum abgezapft und durch Kanäle und Tunnel in den **Lake Rotoaira** geleitet. Der dient als Stausee für ein nahe Tokaanu gelegenes Kraftwerk und hilft, den Wasserstand im Lake Taupo und im Waikato River mit seinen weiteren acht Kraftwerken zu regulieren.

Infos

Turangi i-SITE Visitor Centre: Ngawaka Place, Tel. 07-386 8999, www.greatlaketaupo.com.

DOC Turangi/Taupo Area Office: Turanga Place, Tel. 07-384 7106.

Übernachten

Paradies für Angler ▶ **Creel Lodge:** 183 Taupahi Road, Turangi, Tel. 07-386 8081, [fc] 0800 CREEL L, www.creel.co.nz. Anglerlodge mit Grün ums Haus – hier fühlen sich auch nicht angelnde Begleiter wohl. Mini Apartments ab 120 NZD.

BBH-Backpacker im Stil einer komfortablen Pension ▶ **Riverstone Backpackers:** 222 Tautahanga Rd, Turangi, Tel. 07-386 7004, www.riverstonebackpackers.com. Hier wusste jemand, dass es inzwischen auch viele ältere Backpacker gibt, die den Charme dieser Unterkunftsform wollen, aber ein gewisses Maß an Komfort und Stil mögen – Betten ab 22, DZ 68–78 NZD, auch 4-Bett-Familienzimmer.

BBH-Backpacker mit Indoor-Kletter-anlage ▶ **Extreme Backpackers:** 26 Ngawaka Place, Turangi, Tel. 07-386 8949, www.extremebackpackers.co.nz. Zentral, zum Haus gehört auch ein Internet-Café. Bett ab 22 NZD/Pers., DZ 56–66 NZD, teilweise mit Dusche/WC.

Aktiv

White Water Rafting ▶ **Rafting New Zealand:** 41 Ngawaka Place, Turangi, Tel. 07-386 0352, [fc] 0800 VOLCANO, www.raftingnewzealand.com. Sehr professionell, aber auch sehr aufmerksam durchgeführte Rafting-Touren mit vielen Extras auf dem Tongariro River, tgl. 4 Std. Grade-3, ca. 120 NZD, Grade-2 im Unterlauf für Familien, 75 NZD/Erw. und als Spezialität 24 Std. auf dem Fluss mit Übernachtung ca. 350 NZD (Mindestteilnehmerzahl!).

Sanftes Kayaking ▶ **Kajak Wai Maori:** 2003 Punga Street, Tokaanu, Turangi, Tel. 07-386 0315, [fc] 0800 KAYAK W; Kanuverleih für Tokaanu Stream und südlichen Lake Taupo, ab 30 NZD/Std., 40 NZD halber Tag.

Shuttle für Tongariro Alpine Crossing ▶ s. Aktiv unterwegs S. 235: ab Turangi und Tokaanu 6–7.30 Uhr, 40 NZD.

Verkehr

Bus: InterCity, Newmans, nakedbus.com tgl. ab/bis Auckland und Wellington teils via SH1, teils via Rotorua.

5 Tongariro National Park

▶ **L/M 8/9**

Karte: S. 236

Der **Mt Tongariro 5**, der nördlichste der Vulkangipfel des Central Plateau, gab 1887 dem ersten neuseeländischen Nationalpark seinen Namen. Te Heuheu Tukino IV, Oberhaupt der Ngati Tuwharetoa, fürchtete damals, dass vor dem Landhunger der Pakeha (s. S. 36) selbst die von seinem Stamm als heilige Stätten verehrten und als Begräbnisplatz genutzten Vulkane nicht sicher seien. So schenkte er der Krone als Vertretung aller Neuseeländer das Gebiet im Umkreis von einer Meile um die drei Hauptgipfel mit der Auflage, dort einen Nationalpark einzurichten.

Aus anfänglich 26 km² wurden inzwischen 786 km², die seit 1991 sowohl Unesco-Weltkulturerbe als auch Weltnaturerbe sind. Im ›Herr der Ringe‹ wurde der Nationalpark zum düsteren Mordor und Mt Ngauruhoe zum Schicksalsberg, im Englischen ›Mount Doom‹. Die rund 250 km lange touristische Themen-Route **Volcanic Loop** umkreist diese imposante Vulkanwelt einmal.

Die Vulkane

Der größte der Vulkane ist **Mt Ruapehu 6**, ein durch zahlreiche Eruptionen aufgebauter Zentralvulkan. Sein höchster, schneebedeckter Gipfel Tahurangi Peak misst 2797 m. Ein halbes Dutzend Krater überziehen seinen Rücken, davon ist einer aktiv und sorgt seit Menschengedenken für Aufregung. Der fast 200 m tiefe *Crater Lake* füllt ihn aus, mal heiß und brodelnd, dann wieder zu Eis erstarrt. So brachten vulkanische Aktivitäten den See nach 1945 annähernd zum Kochen, während

aktiv unterwegs

Hiken und biken im Tongariro National Park

Tour-Infos

Start/Ziel: Viele Tracks und Walks starten und enden in Whakapapa. Ein perfektes Shuttle-Transfer-Netz erschließt abgelegene Start- und Zielpunkte.
Infos: DOC Whakapapa Visitor Centre: (S. 237) für alle Tracks, Walks und Bike-Trails im Tongariro National Park. Die Broschüre ›Walks in and around Tongariro National Park‹ mit Wegskizzen, Beschreibungen und Hinweisen zum Verhalten in den Bergen (ca. 2 NZD) ist ein Muss für längere Besuche im Nationalpark, sonst gibt es Einzelbeschreibungen der wichtigsten Tracks (Download: www.doc.govt.nz).
Karte: S. 236

Wenn die umgebenden Berge frei vor blauem Himmel stehen, die Emerald Lakes in knalligem Türkis aus dem Grau der Geröllhänge hervorstechen und der Blick ungehindert bis zum Mt Taranaki im Westen oder über den Lake Taupo im Norden schweifen kann, dann wird die **Tongariro Alpine Crossing** (5–8 Std.) ihrem Image als eine der schönsten Tageswanderungen der Welt gerecht. Aber vergessen Sie nie: Es ist eine 18,4 km lange Hochgebirgstour, immer wieder geraten schlecht ausgerüstete Wanderer durch Wetterstürze in Lebensgefahr, auch Tote gab es schon. Erwarten Sie auch keine einsame Bergwelt. Besonders am ersten schönen nach mehreren ›No-Go‹-Tagen wird es oft voll, dann zählte das DOC schon über 1500 Wanderer auf dem Track. Um das Gedränge zu umgehen, starten geführte ›Pre-Dawn‹-Touren den Aufstieg bereits gut 2 Stunden vor Sonnenaufgang (Adrift: www.adriftnz.co.nz).

Die Route wird in der Regel vom Ende der Mangatepopo Road gegangen, gut 13 km nördlich von Whakapapa Village und auf ca. 1100 m Höhe. Das Ende ist am Ketetahi-Parkplatz nahe SH46 südlich von Turangi auf ca. 700 m. Die höchste Stelle der Crossing am Red Crater erreicht gut 1900 m, bergerfahrene Wanderer versuchen sich noch an Side-Tracks zu den Gipfeln des Mt Tongariro (plus 2 Std) oder des 2287 m hohen Mt Ngauruhoe (plus 2–2,5 Std.).

Ca. 2 Std. vor dem Ende passiert man nahe der gleichnamigen Hütte die **Ketetahi-Thermalquellen.** So gern man die müden Knochen dort hineinhalten möchte: Das Gelände ist privates Maori-Land und nur mit Genehmigung zugänglich, die Eigentümer sind in dem Punkt äußerst penibel. Inzwischen gibt es sogar Pläne, den Track großräumig um die Quellen herum zu führen, weil Wanderer sie immer wieder unberechtigt benutzen. Das ist zudem gefährlich: Heißwasserquellen mit 70–90 °C und Fumarolen mit fast 140 °C heißem Dampf verursachen bei Ortsunkundigen oft schwere Verbrennungen. Bleiben Sie einfach auf dem Track, dann gibt's weder Ärger noch Brandblasen.

Nicht an allen Tagen ist eine Tongariro Alpine Crossing gefahrlos machbar, trotzdem können dann **andere Tagestouren** möglich sein. Am höchsten hinauf führt der **Mt Ruapehu Crater Climb:** Entweder startet man vom Ende der Bruce Rd (ca. 7–10 Std.) oder

der Wasserspiegel stieg. Heiligabend 1953 brach bei heftigen Regenfällen ein natürlicher Damm. Ein Lahar, ein Strom aus heißem Ascheschlamm, schoss bergab, fand den Whangaehu River, folgte dessen Bett und riss die Eisenbahnbrücke bei Tangiwai mit sich. Minuten später raste dort der Nachtexpress Wellington–Auckland ins Nichts, 151 Menschen starben. Die Macht des Schlammstroms war zum Zeitpunkt des Unglücks noch so stark, dass einer der Waggons 8 km flussabwärts in der Uferböschung gefunden

man fährt mit der einzigen im Sommer laufenden Liftanlage auf 2000 m Höhe zur Bergstation am Knoll Ridge und beginnt dort den Aufstieg zum 2672 m hoch gelegenen Sattel oberhalb des Crater Lake – schlicht und einfach spektakulär (6–7 Std., Lift 25 NZD, Führungen tgl. ca. 9 Uhr ab Talstation, Tel. 07-892 4000, 145 NZD). Ab der Liftstation führt auch schon der **Skyline Walk** (ca. 1–2 Std, markiert, aber raues Terrain) zu grandiosen Rundumsichten. Spricht das Wetter gegen Touren in hohen Lagen gibt es tiefere Alternativen wie den **Tama Lakes Tramping Track** (5–6 Std. h/z gleicher Weg) ab Whakapapa zu zwei älteren Tongariro-Kratern in der winddurchfegten Senke zwischen Mt Ngauruhoe und Mt Ruapehu oder die one-way **Waihohnu Traverse** (ca. 6–7 Std. ohne extreme Steigungen) durch diese Senke von der **Desert Road** (S. 231) bis Whakapapa via Tama Lakes und Taranaki Falls. Zu diesem kleinen aber sehenswerten Wasserfall führt der schönste der kurzen Walks ab Whakapapa, der abwechslungsreiche und bestens präparierte **Taranaki Falls Walking Track** (2–2,5 Std. Rundweg) durch Tussock-Steppen und dichten Bergwald.

Mehrtagestouren: Zunehmender Beliebtheit erfreut sich der in 3–4 Tagen zu laufende, ungefähr 50 km lange **Northern Circuit,** ein buchungspflichtiger Great Walk, der ab/bis Mangatepopo in weitem Bogen um den Mt Ngauruhoe herumführt. Noch unbeschränkt zugänglich ist der **Round the Mountain** Rundweg in hohen Lagen rund um den Mt Ruapehu.

Was Bergwanderern die Tongariro Alpine Crossing, ist Bikern die **42nd Traverse.** Der 46 km lange Bike-Trail verbindet SH47 – Start ca. 20 km östlich National Park – mit SH4 in Owhango. Unterwegs gibt es alles, was Biker entzückt: Schotter, Schlamm, Flussquerungen, viele Abfahrten und ein paar Steigungen. Die Fittesten schaffen es in 3 Std., die Schlapperen und die ›Herumschauer‹, die alle Aussichten auf die Vulkane genießen, brauchen schon mal 7 Std.).

Transfer und Übernachtung: Aus allen Übernachtungsorten der Region gibt es **Transfer-Shuttles** zu den bekanntesten Tracks, fast alle fahren via Whakapapa. Die längsten Anfahrten schlagen mit 55 NZD, die kürzeren mit 30–35 NZD zu Buche. Die Shuttles lassen ihren Kunden ca. 8 Std. für die Tongariro Alpine Crossing. Wer sie ohne Zeitdruck in Richtung eigenes Auto laufen will, kann das am Ketetahi Parkplatz (unsicher, keine Wertsachen im Wagen lassen!) abstellen und für 20 NZD mit einem Shuttle zum Startplatz an der Mangatepopo Road fahren. Alle Unterkünfte der Region buchen Transfers für Gäste u. a. bei **Alpine HotBus:** Tel. 0508 468 287, www.hotbus.co.nz ab Taupo, Turangi, Ketetahi; **Turangi Alpine Shuttles:** Tel. 07-386 8226, www.turangirentals.co.nz, ab Turangi und Ketetahi Parkplatz; **Tongariro Volcanic Adventures:** Tel. 07-892 2870, www.npbp.co.nz, ab National Park Village, Bike-Transport für 42nd Traverse; **Matai Shuttles:** Tel. [fc] 0800 4 62824, www.matai shuttles.co.nz, ab Ohakune, National Park.

wurde. Die Ausbrüche 1995–97 bildeten wieder einen Aschedamm, der 2007 brach. Der abgehende Lahar richtete jedoch keine Schäden an. Längst ist ein Warnsystem installiert, das je nach Gefährdungspotenzial Sperrungen, Warnungen oder Evakuierungen auslöst.

Der jüngste und markanteste Gipfel der Vulkangruppe, der **Mt Ngauruhoe 7**, erreicht mit seinem annähernd perfekten Kegel 2291 m. Sein einziger Krater legt seit gut 2500 Jahren regelmäßig mit kleinen Ausbrüchen Asche nach, derzeit scheint er aber

Tongariro National Park

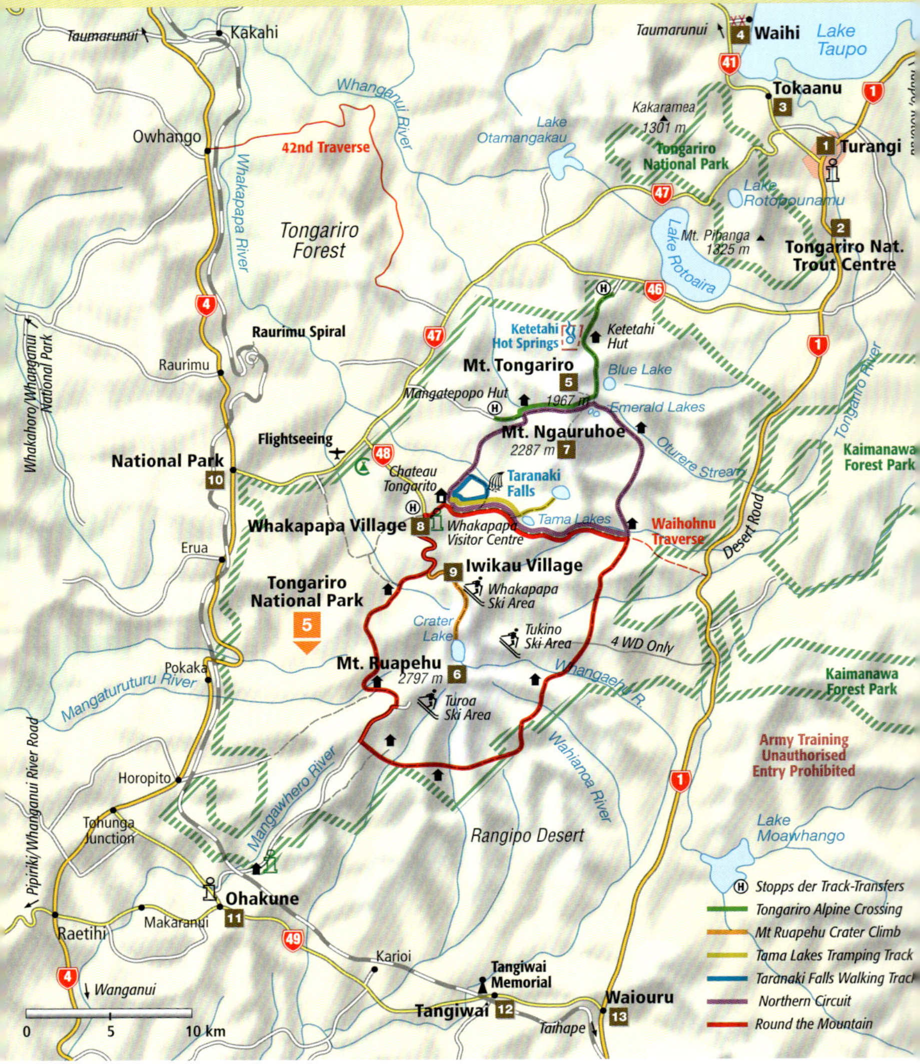

›dicht‹ zu sein. Der Mt Ngauruhoe ist ein Ableger des nicht ganz 2000 m hohen **Mt Tongariro,** den ein gutes Dutzend weiterer Krater überzieht, darunter der 1926 zuletzt aktive Red Crater, der mächtige South Crater, die viel fotografierten Emerald Lakes und der Blue Crater. Sie alle liegen am Rande der berühmten **Tongariro Alpine Crossing** (s. Aktiv unterwegs S. 234).

Die Orte

Whakapapa Village 8 ist eine von drei Siedlungen, die das touristische Rückgrat des Tongariro National Park auf seiner Westflanke bilden. Das Hotel **Grand Chateau** beherrscht die Szenerie, Ende der 1920er-Jahre nach dem Vorbild kanadischer Luxusherbergen in den Rocky Mountains gebaut und heute im Besitz einer Kette, die diesem Hotel mit Bergblick den grotesken Namenszusatz ›Bayview‹ verschafft. Bis zum Zweiten Weltkrieg war es das Trendsetter-Hotel in Neuseeland, heute bemüht man sich, an den mondänen Stil der 20er/30er-Jahre anzuknüpfen, als hier die heimische Upperclass und wohlsituierte ›Globetrotter‹ aus aller Welt verkehrten. Ein 9-Loch-Golfplatz liegt direkt vor dem Haus. In der Nachbarschaft gibt es aber auch bodenständige Cafés und einen Holiday Park sowie als Ziel aller Besucher das DOC Visitor Centre (s. u.) mit Ausstellung und Multimedia-Show u. a. zu Flora, Fauna, Vulkanismus und Geschichte des Nationalparks.

Durch Whakapapa windet sich die Bruce Road bis auf 1600 m den Mt Ruapehu zum **Iwikau Village** **9** hinauf, Location vieler Herr der Ringe-Szenen. Imponierende Blicke auf Mt Ngauruhoe und Mt Tongariro im Norden erlaubt der Felsgrat **Meads Wall** gleich oberhalb der Sesselliftstation. Sonst wirkt der Ort im Sommer, wenn die vielen Hütten der Skiclubs unbewohnt und die riesigen Parkplätze leer sind, eher trostlos.

Von Mitte Dezember bis Mitte April ist nur ein Lift zum bewirtschafteten, erst 2010 errichteten **Knoll Ridge Café** auf 2020 m Höhe in Betrieb (tgl. ca. 9–17 Uhr, 24 NZD, Familientickets; im Café sehr appetitliche Kleinigkeiten zu Preisen, die bei dieser Lage ok sind!), während im Winter mehr als ein Dutzend Lifte bis zu 15 000 Skifahrer und Snowboarder pro Stunde auf die Pisten der Whakapapa Ski Area schaufeln.

Das 250-Einwohner-Dorf **National Park** **10**, gerade außerhalb des Nationalparks gelegen, geht auf eine Eisenbahnersiedlung aus dem frühen 20. Jh. zurück. Hier finden Reisende alles, was sie brauchen, nicht billig, aber günstiger als in Whakapapa: Tankstelle mit Laden, Pubs, verschiedenste Unterkünfte und Restaurants. Eines davon belegt die denkmalgeschützte Bahnstation (Station Café, Tel. 07-892 2881).

Infos

DOC Whakapapa Visitor Centre: Whakapapa Village, Tel. 07-892 3729, tongarirovc@doc.govt.nz, www.visitruapehu.com, www.nationalpark.co.nz, tgl. 8–17/18 Uhr.

Übernachten

Klassisches Globetrotter-Hotel ► **Bayview Chateau Tongariro:** Whakapapa, Tel. 07-892 3809, [fc] 0800 CHATEAU, www.chateau.co.nz. Zahlreiche Zimmerkategorien im Haupthaus und in Nebengebäuden. Onlinetarife ab 195 NZD mit Frühstück ab 245 NZD, Suiten ab 355 NZD; diverse Pakete inkl. Mahlzeiten und/oder Aktivitäten.

Funktional und mit Bergblick aus den meisten Zimmern ► **Skotel Alpine Resort:** Ngauruhoe Place, Whakapapa, Tel. 07-892 3719, [fc] 0800 756 835, www.skotel.com. Mehrere Flügel, Nebengebäude und freistehende Chalets, viele Busgruppen. Flexible Preise, im Sommerhalbjahr ab ca. 140 NZD, im Backpacker-Flügel DZ ab ca. 60 NZD, Frühstück extra.

YHA/BBH-Backpacker mit großem Aktiv-Angebot ► **National Park Backpackers:** Findlay St, National Park, Tel. 07-892 2870, www.npbp.co.nz. Hilfsbereite neuseeländisch-Schweizer Familie als Gastgeber. Indoor-Kletteranlage, Bett ab 21 NZD/Pers., DZ 56 NZD, mit Dusche/WC 66–74 NZD. Eigener Shuttle für Tongariro Alpine Crossing, 42nd Traverse und im Winter in die Skigebiete.

Gleich gegenüber dem Visitor Centre ► **Whakapapa Holiday Park:** Tel. 07-892 3897, www.whakapapa.net.nz. Solider Holiday Park unter DOC-Regie. Zur Verfügung stehen Stellplätze ab 38 NZD und Hütten für ca. 70–110 NZD.

DOC-Camping und -Hütten ► **4 Hütten am Northern Circuit** fallen vom Labour Weekend Ende Oktober bis Ende April unter die **Great Walk Hut**-Regeln und sind in dieser Zeit buchungspflichtig (S. 87). Hütte 31 NZD, Camping 20,40 NZD, Buchungen u. a. im DOC Visitor Centre. Für alle anderen Hütten und Jahreszeiten gelten Backcountry Hut-Regeln (S. 87).

Essen & Trinken

Fine dining mit Dresscode oder ganz ›casual‹ ► **Ruapehu Restaurant** ist das edelste der fünf Restaurants und Cafés des Bayview Chateau Tongariro (S. 237), aber Jeans, T-Shirts und Outdoor-Outfit sind verpönt, die Küche setzt auf Klassiker der internationalen und leichte Gerichte aus der Pacific Rim-Küche (HG 30–40 NZD). Koloniale Tee-Riten pflegt am Nachmittag und frühen Abend die **Ruhapeu Lounge Bar** inkl. Fingerfood und süßen Kleinigkeiten (ab 20 NZD). Ungezwungener und preiswerter sind das **Café Pihanga & T Bar** (Seiteneingänge/Außengastronomie, HG um 20 NZD) und das romantisch-rustikale **Ferguson's** auf der anderen Straßenseite oder die **Tussock Bar** etwas weiter hinten in der Siedlung mit Burgern und Pizza (um 15 NZD).

Pures Pub-Leben ► **Schnapps:** Findlay St, National Park Village, Tel. 07-892 2788. Ein gigantischer Holzkiwi als Eyecatcher an der Straße, die Berge im Blick, ein *handle* in der Hand, ein ordentliches Steak oder einen Burger auf dem Teller, an kalten Tagen brennt der Kamin – so ist das Pub-Leben; im Winter noch munterer als im Sommer, HG ab 18 NZD.

Aktiv

Flightseeing ► **Mountain Air:** Mt Ruapehu Airfield (an SH47), Tel. 07-892 2812, [fc] 0800 922 812, www.mountainair.co.nz, wetterabhängig tgl. 8–17 Uhr, kleine Runde um die Gipfel (15 Min.) ca. 115 NZD, grandios die große über alle Vulkane: 35 Min. ca. 200 NZD.

Neuseelands größtes Skigebiet ► **Whakapapa Ski Area:** Über die Bruce Road zu erreichen (www.mtruapehu.com); Liftpässe (ab ca. 90 NZD/Tag, 355 NZD/Saison) sind auch in der Turoa Ski Area (S. 239) gültig.

Track-Transfers ► s. Aktiv unterwegs S. 236: In Whakapapa Village halten fast alle Busse, die aus umliegenden Orten zu den Tracks fahren zwischen 6 und 9 Uhr.

Verkehr

Bahn: National Park ist Stopp des **TranzScenic Overlander** – der nach Süden fahrende Zug macht hier 30 Min. Mittagspause.

Bus: InterCity in National Park 1 x tgl. ab/bis Auckland und Palmerston North, dort Anschluss ab/bis Wellington; lokaler Zubringer ab/bis National Park und Whakapapa zu Fernbussen in Turangi (S. 231).

Im Süden des Tongariro National Park ► L/M 9

Karte: S. 236

Ein imponierendes Eisenbahnmonument ist 10 km südlich National Park die Brücke über den **Makatote River**, die hoch über SH4 die tiefe Schlucht des Flusses überspannt. Verlaufen Bahn und Straße wieder auf gleicher Höhe, markiert das bescheidene ›Last Spike Memorial‹ zwischen Straße und Schiene die Stelle, an der 1908 der letzte Schwellennagel

Begehrter Blick nach anstrengendem Aufstieg: die Emerald Lakes

in die Bahnlinie quer über die Nordinsel geschlagen und die letzte große Pionierleistung im Lande zu einem Ende gebracht wurde.

Bevor dieser letzte Nagel geschlagen war, klaffte einige Jahre eine Lücke im Bahnnetz, die mit Kutschfahrten über die **Ohakune Old Coach Road** geschlossen wurde. Sie wird zwischen Horopito und Ohakune als Teil des Ruapehu–Whanganui Trails Nga Ara Tuhono Cycleway (S. 245) rekonstruiert. Die Wiedereröffnung als Wander- und Biker-Route sowie als Klammer für Relikte der Eisenbahn-Pionierzeit wurde schon gefeiert, sogar der Premierministers kam (aktueller Ausbaustand: www.ohakunecoachroad.co.nz). Von Ohakune aus ist das fast 300 m lange und 45 m hohe Hapuawhenua Viaduct leicht zu erreichen und darf überquert werden. Darüber verlief bis 1987 die Hauptstrecke der Bahn, ehe ihre Trasse auf die neue Brücke 200 m nach Süden verschoben wurde. Damals war die alte Brücke kurzzeitig Neuseelands erster Bungee-Jumping-Standort.

Ohakune **11** wirkt im Sommer verträumt, ist im Winter aber das schrillste Skidorf der Nordinsel mit wilden Stadtfesten und munterer Bar-Szene, dann pendeln Nacht-Shuttles zwischen Dorfzentrum und Unterkünften. Die Turoa Ski Area am Südhang – in der südlichen Hemisphäre die schneesicherere Seite! – des Mt Ruapehu ist etwas kleiner als ihr Pendant oberhalb Whakapapa, besitzt aber die höchstgelegenen Pisten im Lande. Die asphaltierte Ohakune Mountain Road führt auf 1600 m in das Skigebiet hinauf und verschafft im Sommer neben guten Aussichten Zugang zu diversen kurzen Walks und längeren Tracks. Gut 2 km abseits der Straße lie-

Bridge to Nowhere, die Brücke ohne Anschluss

gen die Waitonga Falls, mit 39 m höchster Wasserfall im National Park, während der 5-Minuten-Gang zu den Mangawhero Falls eher unter ›Füße vertreten‹ fällt. Direkt von der Straße kann man auch in den Round The Mountain Track (s. aktiv unterwegs S. 236) einsteigen. Auf niederem Level führt gleich hinter der Bahnlinie ab der DOC-Station der Mangawhero Forest Walk als einstündige Runde durch dichten Wald mit mächtigen Podocarpaceen, allen voran die ewig trauernden Rimu-Bäume. Alle Zugänge zu Walks und Tracks sind entlang der Straße gut sichtbar ausgeschildert.

Direkt neben SH49 westlich **Tangiwai** 12 erinnert am Ufer des Whangaehu River eine Gedenkstätte an die Eisenbahnkastastrophe 1953 (S. 236), die ein Lahar aus dem Crater Lake des Mt Ruapehu ausgelöst hatte. Der Gedenkstein zeigt die Nummernplatte der Unglückslok K949.

Um die Garnisonsstadt **Waiouru** 13 ist das neuseeländische Militär allgegenwärtig mit einem großen Truppenübungsplatz. Das Queen Elizabeth II Army Memorial Museum präsentiert neben Martialischem aus den Waffenkammern auch Informationen über das Engagement Neuseelands in den Konflikten der Welt von den Burenkriegen Ende des 19. Jh. über den Vietnamkrieg bis Afghanistan heute (Tel. 06-387 6911, www.armymuseum.co.nz, tgl. 9–16.30 Uhr, 15 NZD).

Infos

Ruapehu i-SITE Visitor Centre: 54 Clyde St, Ohakune, Tel. 06-385 8427, www.ohakune.info.

Übernachten

Hotel im alpinen Chalet-Stil ▶ Powderhorn Chateau: Mountain Rd, Tel. 06-385 8888, www.powderhorn.co.nz. Holzarchitektur an der Bergstraße zum Turoa-Skigebiet, DZ ab ca. 210 NZD.

BBH/YHA-Backpacker mit Track-Service ▶ LKNZ Backpackers: 1 Rata St, Ohakune, 06-385 9169, www.localknowledgenz.com. Sommerpreise: Bett ab 30 NZD/Pers., gute DZ mit Dusche/WC ab 74 NZD.

Super Campingplatz mit deutschen Betreibern ▸ Ohakune Top 10 Holiday Park: 5 Moore St, Ohakune, New Zealand, Tel. 06-385 8561, www.ohakune.net.nz. Unterhalb der Südhänge des Mt Ruapehu. Stellplätze kosten ab 38 NZD, Hütten/Apartments ca. 60–130 NZD.

Aktiv

Track-Transfers ▸ s. Aktiv unterwegs S. 236: Abfahrten in Ohakune ca. 6–7.30 Uhr.
Wintersport ▸ Turoa Ski Area: Ski-Shuttles aus dem Ort (Matai Shuttles: Tel. [fc] 0800 4 62824, www.mataishuttles.co.nz), Liftpässe s. Whakapapa Ski Area S. 238.

Whanganui National Park

▸ L 8/9

Karte: S. 243
Der **Whanganui River** und die **Whanganui River Journey,** die bekannteste Langstrecken-Reise für Kanuten und Kajakfahrer im Lande (Aktiv unterwegs S. 242), prägen das Image des Nationalparks am Westrand des Central Plateau. Seine Wälder bilden aber auch ein spannendes Trekkinggebiet. Die bekanntesten Tracks folgen beiderseits des Flusses einer Anfang des 20. Jh. geplanten Straße zwischen dem Central Plateau und Taranaki. Es wurden jedoch nur Vorarbeiten geleistet, mit Beginn des Ersten Weltkriegs stoppte der Bau.

Östlich des Flusses lässt sich der Kaiwhakauka/Mangapurua Track (40 km, 3–4 Tage) ab Whakahoro leicht mit Jet-Boot-Transfers zurück zum Ausgangspunkt organisieren. In den 1930ern entstand zur Straßenanbindung eines abgelegenen Siedlungsprojektes jene **Bridge to Nowhere,** die heute Wahrzeichen des Parks ist: eine einsame, hohe Betonbrücke mitten im Busch. Die Siedlung, für die sie gebaut wurde, ist längst vom Urwald verschluckt. Die Brücke liegt am Mangapurua Track, die meisten Besucher kommen aber nur von der Mangapurua Landing herauf (40 Min. pro Richtung), wo sie ihre Kanus festmachen oder Jet-Boats entsteigen – an dieser Stelle landeten früher auch die Flussdampfer.

Whanganui River Road

Eine Alternative zur direkten Fahrt vom Central Plateau nach Süden über SH1 (S. 244) sind zwei Routen über Wanganui. Die interessantere, aber nicht gänzlich asphaltierte Whanganui River Road zwischen Raetihi und der Stadt am Meer macht die Fahrt zwar nur 15 km länger als über SH4, frisst aber viel Zeit und es gibt zwischen Raetihi und Wanganui weder Läden noch Tankstellen.

Von Norden kommend trifft die River Road bei **Pipiriki** auf den Whanganui River. Die Siedlung war zu Flussschifferzeiten ein wichtiger Anleger, heute landen statt Raddampfern den ganzen Tag über Kanus und Kajaks – hier endet die Whanganui River Journey. Außerdem dröhnen regelmäßig Motoren von Jet-Boats, wenn sie zur Bridge to Nowhere im Whanganui National Park losrasen, der an dieser Stelle der Zivilisation so nah kommt, wie an keiner anderen.

aktiv unterwegs

Whanganui River – der Kanufluss

Tour-Infos

Start/Länge/Dauer: Von Taumarunui bis Pipiriki ca. 150 km und ab Whakahora kurz vor Erreichen des Whanganui National Park 88 km. Touren werden für 1–5 Tage angeboten, in der Regel inkl. Transfer u. a. ab Unterkünften in National Park, Ohakune, Taumarunui und Whakapapa.
Schwierigkeit: maximal Grade 2
Infos: Die i-SITEs in Wanganui (S. 203) und Taumarunui (S. 194) sowie das DOC Visitor Center Whakapapa (S. 237) halten Material zur Whanganui River Journey und zum Whanganui National Park bereit und verkaufen die notwendigen Übernachtungspässe (s. u.), sonst: www.whanganuiriver.co.nz.

Die Whanganui River Journey
Ruhig fließt der Whanganui River dahin. Seine Stromschnellen – 249 sollen es sein – erreichen maximal Grade 2. So ist Neuseelands beliebtester Kanufluss familien- und anfängertauglich. Auf den ersten 60 km von Taumarunui bis Whakahora ist die Zivilisation noch nicht weit, man kann bei Te Marie sogar für einen Cappuccino im Café von Lauren's Lavender Farm an Land gehen. An mehreren Fluss-Straße-Anbindungen können Boote und Passagiere abgeholt werden, somit spielen sich hier die meisten Touren von unter drei Tagen Dauer ab.

Auf den folgenden 88 km durch den Whanganui National Park von Whakahora bis Pipiriki, die in 3–4 Tagen gepaddelt werden, fehlt jeder Straßenkontakt. Der Urwald rückt dem Ufer immer näher, hin und wieder von Steilufern der Sandstein- und Tonberge unterbrochen, in die der Fluss Durchbrüche und Kehren modelliert hat. Nirgendwo ist der Whanganui landschaftlich spektakulärer. Hier sind auch die meisten Jet-Boote unterwegs, sie haben meist die legendäre Bridge to Nowhere zum Ziel. Ein- oder Zweitagestouren mit Kanu oder Kajak sind in diesem Abschnitt als Kombination mit Jet-Boot-Fahrten möglich.

Das Praktische
Das DOC unterhält am Ufer Hütten und Campingplätze, die in der Saison (1.Okt.–30.April) unter die Great Walk-Regeln fallen (S. 87), ein Permit für die ganze Strecke kostet 46 NZD, wer ohne angetroffen wird, zahlt 61,30 NZD. Ticket mit einer Übernachtung im Oberlauf 10,20 NZD.

Bei Kanumiete erledigen Verleiher alle notwendigen Buchungen. Geführte Touren sind immer inklusive Mahlzeiten und DOC-Abgaben. Anbieter sind u. a.:

In Pipiriki wendet sich die River Road nach Süden, ein Verkehrsschild am Ortsausgang lässt Schlimmes befürchten: kurvenreiche Strecke ›next 64 km‹. Aber so schlimm wird es nicht, die Straße ist sogar mit Campern problemlos zu befahren. Zwar leben in den Siedlungen auf den nächsten Kilometern mehrheitlich Maori, aber die alten Pakeha-Namen lassen glauben, man sei mitten in die alte Welt gesprungen: Jerusalem (heute Hiruharama), London (Ranana), Corinth (Koriniti) und Athen (Atene) liegen am Wege.

Jerusalem wurde 1854 Standort einer katholischen Missionsstation. 1892 gründete hier die in Frankreich geborene Nonne Suzanne Aubert den Orden Sisters of Compassion, der sich ganz der Hilfe und Pflege Bedürftiger verschrieben hat. Suzanne Aubert starb 1926, seit 1997 wird ihre Kanonisierung betrieben, sie könnte Neuseelands erste Heilige werden. Zwar gab der Orden den Konvent in Jerusalem auf, nutzt das Gebäude aber noch als von Geschichte und Glauben geprägtes Refugium, in dem auch Reisende

Blazing Paddles: 1033 SH 4, Piriaka (10 km südöstl. Taumarunui), Tel. 07-895 5261, [fc] 0800 BLAZING, www.blazingpaddles.co.nz. Kanus und Kajaks für 1- bis 5-Tages-Touren 80–250 NZD. Der nördlichste Anbieter!

Canoe Safaris: 6 Tay St, Ohakune, Tel. 06-385 9237, [fc] 0800 2PADDLE, www.canoe safaris.co.nz. 2- bis 5-tägige Kanutouren 415-895 NZD; auch mit Gourmet-Verpflegung und Extra-Guide für Zeltaufbau (3 Tage 705 NZD); Kanuverleih ab 2 Tage 140 NZD. Auch 1-Tages-Schnuppertour im Oberlauf 145 NZD und Kanu-/Jet-Boat-Optionen.

Wades Landing Outdoors: 29 Kaiteke Rd, Raurimu, Tel. 07-895 5995, [fc] 0800 CANOE 1, www.whanganui.co.nz. Kanuverleih 3/5 Tage 175/180NZD, Jet-Boot plus Kanu 1–2 Tage 125–180 NZD. Basisstation an SH 4, ab dort Transfers zum Fluss (ca. 45 Min.), auch Abholung ab/bis Unterkünften.

Yeti Tours: 61 Clyde Street, Ohakune, Tel. 06-385 8197, [fc] 0800 322 388, www.yeti tours.co.nz, operiert ab Ohakune, geführte Touren 2–6 Tage (ca. 420–895 NZD), auch Kanuverleih 2–6 Tage ca. 160–210 NZD/Pers. Bei reiner Miete Transfers und sichere Parkplätze im Preis enthalten, Campingausrüstung kostet extra. Fahrzeugtransfer zwischen Startpunkt/Unterkunft und Pipiriki auf Anfrage bei den meisten Anbietern.

willkommen sind (Tel. 06-342 8190, 25 NZD/Pers.).

Koriniti besitzt in seinem Marae ungewöhnlicherweise zwei Wharenui, Versammlungshäuser, das eigene und das restaurierte, aus einer aufgegebenen Siedlung von der anderen Seite des Flusses. 3 km bevor die River Road wieder auf SH4 trifft, bietet der Sattel Aramoana, zu dessen Füßen sich der Fluss mit großem Schwung nach Westen wendet, noch einmal einen imponierenden Blick kilometerweit das Flusstal hinauf. Mit den Weiden an den Hängen und einigen importierten Pappeln entlang der Straße am Ufer wirkt die Landschaft geradezu europäisch. Auf SH4 sind es dann noch 15 km bis Wanganui.

Infos

Alle umliegenden i-SITEs sowie DOC-Büros haben Material zum **Whanganui National Park,** das DOC publiziert Broschüren für Wasser- wie für Landaktivitäten. Im Web: www.whanganuiriver.co.nz.

Tipp: Gentle Annie Road zur Hawke's Bay

Mit ausreichendem Zeitbudget kann man zwischen Tongariro National Park und Wellington eine Route durch die sonnenverwöhnte Region Hawke's Bay wählen (S. 259). Der direkte Weg biegt 20 km südlich Waiouru vom SH1 Richtung Osten auf die im mittleren Abschnitt unasphaltierte, kurvenreiche Gentle Annie Road (▶ M/N9) ab, überquert die Kaweka Range und trifft westlich von Hastings auf SH50. 120 einsame, landschaftlich schöne Kilometer durch Farmland, durch Forste – auf Holztransporter achten! – und durch kleinere Abschnitte mit natürlichem Wald im Kaweka Forest Park. Für die Fahrt Waiouru–Napier sollte man knapp drei Stunden rechnen. Wer die vom neuseeländischen Autoclub AA als schwierig eingestufte Straße scheut, muss sonst den etwa doppelt so langen Weg über Taupo nehmen.

Übernachten

Ökologisch, verspielt, flippig und einmalig ▶ Flying Fox: 3081 Whanganui River Rd (ca. 500 m südl. des Marae von Koriniti), Tel. 06-342 8160, www.theflyingfox.co.nz. Am ›unerschlossenen‹ Ufer des Whanganui River liegt eine der ungewöhnlichsten Öko-Unterkünfte im Land, von einem Künstlerpaar betrieben. Zugang per Boot (Wassertaxi: Spirit of the River Jet, www.spirittoftheriver.co.nz 125 NZD) oder per Flying Fox (offene 2-Personen-Gondel) über den Fluss. Liebeshütte für 2 Pers. 100 NZD, 2 urige Sommerhäuser für 4–6 Pers. 200 NZD bei Pers., jede weitere 40 NZD, auch Camping möglich; Frühstück und Dinner optional (15 bzw. 50 NZD).

Aktiv

Jet-Boat-Touren ab Pipiriki ▶ Whanganui River Adventures: Pipiriki, Tel. 06-385 3246, [fc] 0800 TO BRIDGE, www.whanganuiriveradventures.co.nz. U. a. zur Brigde to Nowhere 4–5 Std. 120 NZD, auch halb- oder ganztägige Optionen für Jetboot plus Kanu und Track-Transfer per Jet-Boat und Transport von Rädern der Mountainbiker, die den Mangapurua Track nutzen (s. Tipp rechts).

Längste Jet-Boat-Anreise zur Bridge of Nowhere ▶ Whanganui Scenic Experience Jet: Pungarehu (ca. 6,5 km vor Südende Whanganui River Road), Tel. 06-342 5599, [fc] 0800 945 335, www.whanganuiscenicjet.com. 8 Std. mit weiteren Sightseeing-Stopps unterwegs, 185 NZD. Es gibt auch Kajak-Optionen im Unterlauf des Whanganui River.

Mit dem Postboten unterwegs ▶ Whanganui Tours: 12a Cambridge St, Wanganui, Tel. 06 345 3475, www.whanganuitours.co.nz. Der Postzusteller fährt bei seiner Whanganui River-Road-Mail-Tour die Post in einem modernen Minibus herum und nimmt eine Handvoll Gäste mit auf seine Tour von Wanganui bis Pirikiri und zurück mit Stopps überall dort, wo Post abgegeben werden muss: 63 NZD als reine Rundfahrt oder 160 NZD inkl. Jet-Boat-Trip zur Bridge of Nowhere ab Pipiriki.

SH1 – vom Central Plateau bis Wellington ▶ M 9, L 10–12

Die Hauptroute durch das Zentrum der Nordinsel folgt auf den 265 km zwischen Waiouru und Wellington immer SH1. **Taihape,** ein typisches Landstädtchen, liegt irgendwo ›auf halbem Weg‹, wie in einer Beschreibung der Stadt zu lesen ist. Hier hat man *gumboots,* die Gummistiefel der Farmer, als Markenzeichen entdeckt und ein Riesenexemplar aus Wellblech neben den nördlichen Ortseingang gestellt. Dienstags nach Ostern wird stets ein Gumboot Day zelebriert – mit einem Gummistiefelweitwurfwettbewerb als Höhepunkt.

Der dominierende Fluss der Region ist der **Rangitikei River.** Er hat sich vielerorts tief in die Hügel gegraben und diente im ersten Teil des ›Herrn der Ringe‹ als Kulisse für die Reise der Gefährten über den Strom Anduin. 80 m tief ist die Schlucht des Rangitikei River an

Tipp: Innovationen für Biker

Die Regierung hat die modernen Biker als ›neue Golfer‹ ausgemacht – sie bleiben laut Statistik länger im Land als andere Touristen und geben deutlich mehr Geld aus. Gefördert mit vielen Millionen Dollar entsteht seit 2009 ein Netz von Bike Trails überall im Lande, in Abschnitten über normale Straßen, oft aber über Backcountry Roads sowie über altbekannte oder neu angelegte Moutainbike-Strecken durch die Wildnis.

Weit fortgeschritten ist das Projekt des **Ruapehu–Whanganui Trails Nga Ara Tuhono Cycleway** kurz ›Mountain to Sea Cycleway‹. Er beginnt offiziell am oberen Ende der Ohakune Mountain Rd (S. 239) auf über 1600 m, nutzt die Old Coach Rd (S. 239) und führt anschließend tief in den Whanganui National Park hinein als Mountainbike-Route über den Mangapurua Track zur Bridge of Nowhere und weiter bis Mangapoura Landing am Ufer des Whanganui River. Über diesen werden die Bikes auf Jet-Booten nach Pipiriki gebracht (ca. 85 NZD) und vor dort folgt der Trail der wenig befahrenen River Road bis Wanganui. Bike-Transfers, Leihräder sowie Touren-Pakete inklusive Übernachtungen werden angeboten, u. a. von Whanganui Tours/Cycle Trail Tours (Tel. 06-347 7534, www.ruapehuwhanganuitrails.co.nz).

der **Mokai Bridge.** Dort kann man reichlich Adrenalin pumpen, beim höchsten Bungee Jumping der Nordinsel, beim Swing auf der Riesenschaukel durch den Canyon oder auf einer mehr als 1 km langen Flying-Fox-Anlage: Stellen Sie sich eine Gondel vor, an der die Bremsen versagen und die jetzt am Trageseil nach unten saust, quer über den Fluss – und die Gondel, das sind Sie, in einem Geschirr hängend! (Mokai Gravity Canyon; ausgeschildert: Abzweig von SH1 ca. 7 km südl. Taihape, dann 14 km nach Osten, Tel. [fc] 0800 802 864, www.gravitycanyon.co.nz. Aktivitäten 155–179 NZD, günstige Kombipreise bei mehreren Aktivitäten).

Je weiter man dann nach Süden kommt, desto flacher wird die Landschaft, die Weiden werden fetter, die Besiedlung dichter und der Verkehr nimmt immer mehr zu. Bei Bulls trifft diese Route auf die durch den Westen der Nordinsel (S. 204).

Infos

Rangitikei Information Centres: SH1, Taihape, Tel. 06-388 0350, SH1, Bulls Tel. 06-322 0055. Für beide: www.rangitikei.com.

Übernachten

Abenteuerlodge mit vielen Backpackern ► **River Valley Lodge:** Mangahoato Rd, Taihape, Tel. 06-388 1444, www.rivervalley.co.nz. Mit grandiosem Kajak- und Rafting-Revier direkt vor der Tür, Reiten möglich, Wellness-Angebote. Mokai Bridge ist 15 Min. entfernt. Backpacker-Betten ab 31, DZ ab 75; B&B-Zimmer mit Hotelstandard ab ca. 165 NZD, Camping ab 18 NZD/Pers. Mahlzeiten vom Frühstück bis zum Dinner optional und für den Abend gibt's eine muntere Bar. Rafting/Kajakfahren ab ca. 150 NZD. Nicht jedermanns Sache: Die munteren Backpacker von Kiwi Experience haben hier einen Übernachtungsstopp!

Aktiv

Abgedreht, wie die Kiwis so sind ► **Mangaweka International Airport Café/Mangaweka Adventure Co:** SH 1, Mangaweka, Tel. 06-382 5744, [fc] 0800 655 747, www.mangaweka.co.nz. Da ragt plötzlich eine alte DC3 mit dem Bug neben dem SH auf und obwohl weit und breit keine Landebahn ist, gehört zum Flieger ein Airport Café. Die Sandwiches sind auf jeden Fall besser als auf echten Flughäfen. Gleichzeitig ist das Airport ›Terminal‹ lokaler ›General Store‹ und dort residiert die Adventure Co. Die organisiert Rangitikei River Rafting ab 70 NZD, längere Touren im Oberlauf (bis Klasse 5) ab 170 NZD und Kajaktouren ab 75 NZD.

Die Pazifikküste – der Osten der Nordinsel

Ein boomender Badeort mit Apartmenthochhäusern an der Bay of Plenty, einsame Buchten um das East Cape. Vor Whakatane ein aktiver Vulkan im Meer, an der Hawke's Bay mondäne Weingüter und schnittige Basstölpel. Im Wairarapa finden die Schönen und Reichen aus Wellington Alltagsabwechslung und Herr-der-Ringe-Fans die Pfade der Toten.

Diese Route folgt zwischen Auckland und Hawke's Bay der gut ausgeschilderten Touristenroute **Pacific Coast Highway.** Dessen Abschnitt von Auckland bis Waihi wird im Kapitel über die Coromandel Peninsula vorgestellt (S. 165). Die Direktroute von der Metropole nach Waihi nutzt SH2 durch die weiten Hauraki Plains und die enge Schlucht Karangahake Gorge (145 km, 1,5–2 Std.). An der Bay of Plenty entlang um das East Cape bis zur Hawke's Bay sind dann 760 km zurückzulegen. Zwischen Hawke's Bay und Wellington bleibt die Hauptroute östlich der sogenannten Ranges in der Region Wairarapa.

Bay of Plenty

Tauranga Harbour ▶ M 6

Die Küste der westlichen Bay of Plenty vom Tauranga Harbour bis zur Landspitze Maketu, dem legendenumwobenen Landungsplatz des Ahnenkanus Te Arawa, lockt mit scheinbar unendlichen weißen Sandstränden und konstant mildem Klima neben vielen einheimischen Sommerfrischlern auch zahlreiche Rentner, die hier die Winter verbringen oder sich gleich ganz niederlassen. Überseetouristen, von Wassersportlern abgesehen, sieht man seltener, dafür sind Landschaft und Ambiente wohl nicht speziell genug.

Der **Tauranga Harbour,** ein weites flaches Haff, drängt die Hauptstraße landeinwärts gegen die Hänge der Kaimai Range, den gut 70 km langen Regenschirm der nördlichen Bay of Plenty. Auch hier wurden im 19. Jh. Gold und mit wenigen Ausnahmen alle Kauri-Bäume rücksichtslos aus den Bergen geholt, inzwischen sind die Hänge aufgeforstet und stehen als Kaimai Mamaku Forest Park unter Naturschutz (Infos zu Tracks im i-Büro Katikati und im i-SITE Tauranga).

Im nördlichen Teil, wo es in dem ansonsten sehr flachen Haff ein paar tiefe Rinnen gibt, gehen gelegentlich Orcas auf Rochenjagd, die sich im flachen Wasser in Sicherheit zu bringen versuchen. Also Augen auf, es ist ein sehr seltenes, aber dann sensationelles Schauspiel. Südwestlich des Städtchens **Katikati,** das für exzessive Fassadenmalereien an seinen Häusern bekannt ist, führen kurze, sehr gut präparierte DOC Walkways noch zu einigen überlebenden Kauri-Bäumen (Zufahrt über Hot Springs Rd) und bei Te Puna zweigt eine etwa 3 km lange Stichstraße zum fast 300 m hoch gelegenen **Minden Lookout** ab, der die beste Aussicht über den Tauranga Harbour, die prosperierende Hafenstadt Tauranga und die Bay of Plenty bietet.

Tauranga ▶ M 6

Das Oberzentrum der Region Bay of Plenty ist die 110 000-Einwohner-Stadt Tauranga mit einem der geschäftigsten Exporthäfen des Landes. Die meisten Kiwi-Früchte, die in Europa auf den Markt kommen, treten von hier ihre Reise an. Das kleine Zentrum liegt auf einer Landzunge, von zwei breiten Flussmündungen eingerahmt, und bemüht sich seit Jahren, mit einer aufwendigen Stadtsanierung Flair zu bekommen. Die Uferpromenade The Strand hat sich inzwischen mit vielen Lokalen und Cafés zur guten Stube gemausert.

Das alte Tauranga lebt im **Historic Village on 17th** im Süden der Stadt weiter: In den rund 90 Pionierzeitbauten werkeln und arbeiten Künstler, Kunsthandwerker und gemeinnützige Organisationen. Das aktuelle Programm gibt es auf www.villageon17.co.nz (17th Ave West, Tel. 07-571 3700, Läden ca. 10–16 Uhr).

Das restaurierte Missionshaus **The Elms** am anderen Ende des Zentrums ist das bedeutendste historische Gebäude der Stadt, in den 1840ern aus Kauri-Holz gebaut. Das parkartige Gelände ist täglich zugänglich, das Innere mit seiner Kolonialzeitausstattung nur Mi, Sa, So 14–16 Uhr (Mission St, www.theelms.org.nz, 5 NZD).

Mount Maunganui ► M 6

Der direkte Weg zwischen Tauranga und seinem modernen Badeort Mount Maunganui führt über die Harbour Bridge. Seit ziviler Ungehorsam – organisierte Zahlungsverweigerung – die Brückenmaut von 60 Cent pro Pkw kippte, ist der Verkehr so gestiegen, dass es ständig Staus gibt. Kommt man nicht gerade aus Taurangas Zentrum, ist die südlich des Zentrums verlaufende SH2 folglich die schnellere Verbindung zur Küste.

Mount Maunganui, auch eine Stadt mit annähernd 16 000 Einwohnern, hat seinen Namen von dem 232 m hohen Vulkankegel **Mauao,** der die südliche Einfahrt in den Tauranga Harbour bewacht. In vorkolonialen Zeiten diente er den Maori als Wehrdorf, wurde später von Kolonialtruppen befestigt und bietet von seiner Spitze grandiose Aussichten auf den Tauranga Harbour und die Bay of Plenty. Im Rahmen einer Waitangi-Wiedergutmachung (S. 31) wurde der Berg im Mai 2008 örtlichen Maori-Stämmen zurückgegeben, der Zugang bleibt aber offen für alle. Für einen Aufstieg über den Summit Track sollte man etwa 1,5 Std. h/z kalkulieren, der flache **Mauao Base Track** einmal um den Fuß des Ex-Vulkans ist in der Hälfte der Zeit zu schaffen. Anschließend kann man sich in den **Mt Maunganui Hot Pools** von den Strapazen erholen, einem komfortablen Salzwasser-Thermalbad mit Wellness-Einrichtungen (Adams Ave, Tel. 07-575 0868, Mo–Sa 6–22, So 8–22 Uhr, Erw. 10 NZD, Familientickets).

Vom Berg nach Südosten folgt die Marine Parade dem Strand als Uferpromenade und geht in die Ocean Rd über, die hinter den Dünen verläuft – insgesamt 18 km mit unzähligen Strandzugängen. Der städtische Teil ist leider bei jugendlichen Autonarren beliebt, die dort ihre frisierten Kisten präsentieren.

Am Tauranga Airport auf der Maunganui-Seite des Harbour zeigt **Classic Flyers NZ** Originale und Nachbauten jüngerer Oldtimer-Flugzeuge und bietet Rundflüge (8 Jean Batten Drive, Tel. 07-572 4000, www.classicflyersnz.com, Museum 10 NZD).

Infos

Mt Maunganui i-SITE Visitor Centre: Salisbury Avenue, Tel. 07-575 5099. Tauranga i-SITE Visitor Centre: 95 Willow St, Tel. 577 6234, www.bayofplentynz.com.

DOC Tauranga Area Office: 253 Chadwick Rd, West Greerton, Tauranga, Tel 07-578 7677, tgl. 8–16.30 Uhr.

Übernachten

Komfortable Apartment-Anlage ► **Oceanside Twin Towers Resort:** 1 Maunganui Rd, Mount Maunganui, 07-575 5371, [fc] 0800 4 MOUNT, www.oceanside.co.nz. In den silhouetteprägenden Twin Towers mit Restaurants und Cafés kostet in der Saison ein Einraum-Apartment 250 NZD, eines mit 2 Zimmern, Küche, Bad und Meerblick 485 NZD, zu Spitzenzeiten Mindestmietdauer.

›Basic‹ Wohnen mit Extras ► **Pacific Coast Lodge & Backpackers:** 432 Maunganui Rd, Mt Maunganui, Tel. 07-574 9601, www.pacificcoastlodge.co.nz. Hilfreiche Gastgeber und viele Extras wie Gratis-Räder ca. 500 m vom Strand und 1,5 km vom Stadtzentrum. Bett ab 23 NZ/Pers., DZ ab 66 NZD.

Von Camping bis Apartment ► **Papamoa Beach Top 10 Holiday Resort:** 535 Papamoa Beach Rd, Papamoa (10 km östl. Mt Maunganui), Tel. 07-542 0816, www.papamoabeach.co.nz. Holiday Park in den Dünen mit Hütten, Apartments, Designer-Ferienhäuser mit Whirlpool und Meerblick. Extreme Preissprünge in NZ-Ferien: Stellplätze 39–51 NZD, Hütten und Apartments ca. 75–380 NZD, zu wichtigen Kurzreiseterminen Mindestaufenthalte von 2 bis 5 Tagen!

Seltenes FKK-Camping ▶ **Katikati Naturist Park:** 149 Wharawhara Rd, Katikati, Tel. 07-549 2158, [fc] 0800 4KNP KNP, www.katikati-naturist-park.co.nz. Kleiner FKK-Campingplatz knapp 3 km südl. Katikati mitten im Grünen mit Swimming- und Whirlpool, Stellplätze ab 32 NZD, wenige Hütten 64–100 NZD.

Essen & Trinken

Im alten Yachtclub über dem Wasser ▶ **Harbourside Brasserie:** The Strand, Tauranga, Tel. 07-571 0520. Lunch- und Dinner-Restaurant mit Außenterrassen. Große Muschel- und Fischauswahl, HG mit Beilagen kaum unter 35 NZD; man sollte reservieren.

Aufgestylt und trendy ▶ **Latitude 37:** 181–83 Maunganui Rd, Mt Maunganui, Tel. 07-572 3037, www.37.co.nz. Trendlokal an der Haupteinkaufsstraße im Herzen von Mt Maunganui pflegt ›modern cooking‹ leicht und frisch – dafür gab's schon etliche Preise. HG ab ca. 20 NZD, sind Schalentiere dabei bis ca. 45 NZD.

Edles Weingut in Retro Art Déco ▶ **Mills Reef Restaurant and Winery:** 143 Moffat Road, Bethlehem, Tauranga (Westrand der Stadt nahe SH2), Tel. 07-576 8844, www.millsreef.co.nz. Edles Lunch-Restaurant – Sa/So ab 10 Uhr Brunch – mit vielen Terrassenplätzen. Beim Fisch vom Tage liegt man immer richtig, auch Lammgerichte sind ausgezeichnet und dazu eigene Weine! HG ca. 25–33 NZD. Weinverkauf mit Proben tgl. 10–17 Uhr.

Populärer Büfett-Chinese ▶ **Kwangchow:** 241 Maunganui Rd, Mt Maunganui, Tel. 07-575 5063. Hier essen sich viele Cliquen, *locals* und Dauerresidenten süß-sauer satt – und das für rund 20 NZD.

Aktiv

Kinderfreundlicher Badestrand ▶ Vor **Mt Maunganui** teilweise bewacht, im Sommer aber rappelvoll. Surf- (Tel. 07-575 3792) oder Wind- und Kite-Surfing-Schulen (Tel. [fc] 0800 486 729) bieten ihre Dienste an.

Hochseeangeln ▶ Das Meer vor Tauranga, insbesondere um die vorgelagerte Insel Mayor Island, gehört zu Neuseelands besten Revieren für *game fishing.* Viele Charterboote bieten Angeltouren an, das i-SITE bucht.

Seebär lädt zum Delfinschwimmen ▶ **Turangas Dolphin Co/Butler's Swim With Dolphins:** Tel. 07-578 3197, [fc] 0508 BUT LER, www.swimwithdolphins.co.nz, tgl. 9 Uhr ab Taurangi, 9.15 Uhr ab Mt Maunganui, mind. 6 Std., Erw. ab 135 NZD, Kinder 110 NZD. Der Skipper teilt seine Liebe für die Meeressäuger mit Gästen auf dem Boot. Schwimmen mit Delfinen und Schnorcheln ist möglich, hin und wieder werden Wale gesichtet.

Termine

National Jazz Festival: Immer Ostern, Traditionsveranstaltung (2012 in 50. Auflage) in Tauranga, die großen Acts im Baycourt Theatre, andere in Clubs, Cafés, im Historic Village oder openair, einiges gratis. Programm www.jazz.org.nz.

Verkehr

Stadt-/Regionalbusse: Baybus, Tel. [fc] 0800 4 BAYBUS, www.baybus.co.nz, tgl. 8–17, Mo–Fr auch 6–20 Uhr auf rund einem Dutzend Linien 1–2 x stdl.; u. a. entlang der Küste Mt Maunganui–Papamoa; Mo–Sa je 1 x tgl. ab/bis Whakatane, Mo–Fr je 2 x tgl. ab/bis Rotorua jeweils via Te Puke.

Fernbusse: Stopps an beiden i-SITEs. **InterCity/Newmans** tgl. u. a. ab/bis Auckland, Napier/Hastings und Wellington via Rotorua und Taupo; **nakedbus.com** u. a. ab/bis Auckland, New Plymouth, Gisborne; **Go Kiwi Shuttles** (S. 166) Sommerservice ab/bis Coromandel Peninsula.

Flug: Regionalflughafen am Südrand von Mt Maunganui, **Air New Zealand Link** ab/bis Auckland, Christchurch, Wellington. **Sunair**

u. a. ab/bis Gisborne, Napier, New Plymouth, Whitianga.

Te Puke – Kiwiland ► M/N 6

Warum die Bay of Plenty den Beinamen **Kiwi Coast** trägt, merkt man schnell, achtet man darauf, was im Hinterland zwischen windschützenden Hecken und Baumreihen an mannshohen Klettergerüsten der Sonne entgegenrankt: Kiwi-Früchte. Noch Anfang der 1980er kamen etwa 95 % der Weltproduktion an Kiwi-Früchten aus der Umgebung von Te Puke, inzwischen ist Neuseeland nicht einmal mehr der weltgrößte Produzent (S. 25). Alles, was Sie über die Kiwi wissen wollten, aber zu Hause niemanden fragen können, erfahren Sie auf der Kiwi-Besuchsfarm **Kiwi 360** – unübersehbar durch das gigantische Kiwistück, das neben SH2 aufragt. Mag die Anlage auch touristisch aufgemacht sein mit gigantischem Souvenirshop und großem Café, informativ ist sie trotzdem. Sogar wenn man mit dem Kiwi-Zug übers Gelände zuckelt, kann man einiges lernen (SH2, Te Puke, Tel. 07-573 6340, www.kiwi360.com, tgl. 9–16 Uhr, gratis außer Kiwi-Zug, 45 Min., 20 NZD). 10 km östlich von Te Puke stellt SH33 die Verbindung nach Rotorua zur Route durch das Zentrum (ab S. 208) her.

Whakatane und Ohope ► N 7

Whakatane, eine ansehnliche Kleinstadt, schmiegt sich in eine Biegung des Whakatane River. Der fließt träge vor dem Zentrum entlang, parallel zur Küste, zwischen sich und dem Meer eine schmale Nehrung. Diese Konstellation macht die Mündung nicht gerade einfach für die Schifffahrt, fordert allen Skippern große Aufmerksamkeit ab, die den Anleger am Flussufer nutzen. Das sind ein paar Fischer, Charterboote für Angler und Ausflugsboote, die zur Vulkaninsel White Island hinaus fahren.

In der Maori-Mythologie spielt der Ort als Landungsplatz des Ahnen-Kanus Mataatua eine bedeutende Rolle. Auch dieses Kanu hatte Probleme mit dem Landungsplatz in dieser Flussmündung: Kurz nach der Ankunft, als alle Männer das neu entdeckte Land erkundeten, wurde es von der Ebbe aufs offene Meer gezogen, aber Häuptlingstochter Wairaka rettete mit mutigem Einsatz Boot und Insassen. Von dieser Aktion ist ihr Ausruf *me whakatane au i au* (Ich muss hier wohl als Mann handeln) überliefert. Damit hatte der Ort einen Namen, und an die mutige Waikara erinnert eine grazile Statue auf einem Felsen neben der engen Hafeneinfahrt.

Wie ein Kap trennt der **Kohi Point** Whakatane von den Stränden im Osten. Bei so einer exponierten Lage verwundert kaum, dass oben Reste eines Pa gefunden wurden. Der Aussichtspunkt Kohi Point Lookout ist von der Straße nach Ohope aus über die Otarawairere Road gut zu erreichen.

Ohope ist noch jung, erst seit den 1950ern durfte die schmale Nehrung mit einem fast 10 km langen Sandstrand bebaut werden. Heute liegen in den Dünen hinter der Küste etliche Apartment- und Campinganlagen. In den Sommerferien und an langen Wochenenden in der warmen Hälfte des Jahres boomt Ohope, Überseetouristen profitieren in der Nebensaison von den großen Kapazitäten zu günstigen Preisen.

Von Ohope landeinwärts schlängelt sich die Straße am **Ohiwa Harbour** entlang, ein von großem Tidenhub geprägtes Haff. Mit jeder Ebbe fallen etwa 70 % der 2700 ha Wasserfläche trocken. Dann sieht man Vögel wie Einheimische überall nach Muscheln suchen. Bei Flut starten ab **Port Ohope** Kajaktouren – für Ornithologen ein Traum, zählt der Ohiwa Harbour doch zu Neuseelands besten Vogelbeobachtungsplätzen.

Infos

Whakatane i-SITE Visitor Centre: Ecke Quay St/Kakaharoa Dr, Tel. 07-306 2030, [fc] 0800 942 528, www.whakatane.com.

Übernachten

Motel mit großzügigen Wohneinheiten ►
White Island Rendezvous: 15 The Strand East, Whakatane, Tel. 07-308 9500, [fc] 0800 242 299, www.whiteisland.co.nz. Alle mit Kochgelegenheit, nah zu Pier und City. **White Island Tours** Buchungsbüro im Haus

(s. Tipp rechts); **Pee-Jay's Coffee House** (ca. 6.30–14 Uhr) im Erdgeschoss steht nicht nur Hausgästen offen und bietet vom Frühstück bis zum Lunch kleine Gerichte und Kuchen. Einheiten bei zwei Personen 130–190 NZD, jede weitere 25–35 NZD.

Farm-B&B unter deutscher Leitung ▶ **Pohutukawa Beach B&B & Cottage:** SH2, Whakatane (ca. 35 km westl.), Tel. 07-322 2182, www.beachbnb.co.nz. B&B am Meer, geführt vom deutschen Arzt und Therapeuten Dr. Jörg Prinz. DZ 140 NZD, Sommerhaus ab 150 NZD. Auch geführte Touren (S. 65).

Am Strand der Ohope-Halbinsel ▶ **Ohope Beach Top 10 Holiday Park:** 367 Harbour Rd, Port Ohope, Tel. 07-312 4460, www.ohopebeach.co.nz. Stellplätze ab 44 NZD, Hütten und Apartments ca. 75–310 NZD, große Preissprünge in Ferienzeiten und an langen Wochenenden.

Essen & Trinken

Wunderschöne Plätze auf der Außenterrasse ▶ **The Wharf Shed Restaurant:** 2 Strand East (am Anleger), Whakatane, Tel. 07-308 5698, www.wharfshed.com. Brunch bis Dinner mit Blick auf die Boote am Pier und über den Fluss Richtung Meer. Fisch ist Spezialität, HG um 30 NZD.

Aktiv

White-Island-Exkursionen ▶ s. Tipp rechts.

Schnorcheln oder Tauchen um White Island ▶ **Dive White:** c/o Sportsworld Whakatane, 186 The Strand, Whakatane, Tel. 07-307 0714, [fc] 0800 DIVEWHITE, www.divewhite.co.nz. Die Gewässer um die Vulkaninsel sind extrem fischreich. Schnorcheln ab 190, Tauchen mit Leihausrüstung 345 NZD.

Wale beobachten und mit Delfinen schwimmen ▶ **Whale & Dophin Watch:** 96 The Strand, Whakatane, Tel. 07-308 2001, [fc] 0800 FLIPPER, www.whalesanddolphinwatch.co.nz. 2 x tgl. 3–4 Std. Nur Schauen 130 NZD, inkl. Schwimmen 160 NZD.

Seakayaking Ohiwa Harbour oder Whale Island ▶ **KG Kayaks:** Tel. 07-315 4005, www.kgkayaks.co.nz. 2,5-Std.-Vogeltouren im geschützten Ohiwa Harbour und Seakayaking vor der Küste jeweils 80 NZD, romantische Moonlight-Touren, wenn die Tiden es erlauben, im Ohiwa Harbour 70 NZD. Seakayking um die Vulkaninsel Whale Island inkl. Bootstransfer 140 NZD. Kajakverleih ab Fisherman's Wharf, Port Ohope ab 25 NZD/Std. bis 85 NZD/Tag).

Verkehr

Bus: Baybus, Tel. [fc] 0800 4 BAYBUS, www.baybus.co.nz, Mo–Sa 4–7 x tgl. Ohope–Whakatane (2,50 NZD), 2 x wö. ab/bis Tauranga, Opotiki und Kawerau. **InterCity** und **nakedbus.com** tgl. auf ähnlichen Routen ab/bis Auckland via Rotorua und ab/bis Gisborne; Stopp am i-SITE.

Flug: Air New Zealand Link ab/bis Auckland und Wellington.

Eastland

Zwischen Opotiki und Gisborne trennen sich der Pacific Coast Highway, der auf SH35 rund 340 km der Küste folgt, und der etwa 200 km kürzere SH2 durch das Inland (ca. 2 Std.), eine Straße mit Sightseeingwert vor allem in der Waioeka Gorge im nördlichen Teil. SH35 hingegen ist zwar gut ausgebaut und asphaltiert, aber kurvenreich und zeitaufwendig. Es gibt Abschnitte, da hat man über viele Kilometer kaum eine Chance, langsamere Fahrzeuge zu überholen. 6–7 Std. Fahrzeit sollte man kalkulieren, mit einem Camper noch etwas mehr. Ohne wenigstens eine Übernachtung lohnt diese Fahrt nicht. Schotter bekommt man auf der etwa 20 km langen Sackgasse von Te Araroa zum eigentlichen East Cape unter die Räder.

Wie so oft in Neuseeland ist beim SH35 der Weg auch ein Ziel: Eine Straße mit faszinierender Küstenvielfalt, mal felsig unzugänglich, mal sanfte Badebuchten und Surfstrände. Wer es bunt liebt, fährt hier um den Jahreswechsel entlang, wenn in Ufernähe Tausende von Pohutukawa-Bäumen rot blühen, darunter **Te Waha o Rerekohu** in Te Araroa, der größte und mit etwa 600 Le-

Tipp: Reise auf den Vulkan – White Island

Als Außenposten der Taupo-Vulkan-Zone ragt **White Island** – Maori-Name: Te Puia o Whakaari – 50 km vor der Küste aus der Bay of Plenty ▶ O6. Die ständig vor sich hin qualmende Insel ist der Gipfel eines marinen Vulkans, der allein im 20. Jh. über 20 Ausbrüche verzeichnete. Im Krater ein See, ständig verändert sich der Wasserspiegel, mal füllt sich das große Loch annähernd bis zum Rand, dann brodelt mal wieder tief unten grün-gelbe oder grün-graue Pampe, überall steigt Dampf auf und es zischt aus verschiedensten Schwefelquellen – faszinierend die Formen im Detail, atemberaubend der Gestank: Gasmasken, mit denen Tourveranstalter ihre Gäste ausstatten, sind keine Requisiten, um Abenteuer-Feeling zu erzeugen, sie sind wirklich notwendig.

Die Ruine einer 1934 pleite gegangenen Fabrik zeigt Folgen der Dämpfe: Schwere Eisenteile sind zerbröselt, während Holz trotz des feuchtwarmen Klimas die Jahre fast unverändert überstand. Versuche, Schwefelvorkommen auf White Island abzubauen, gab es mehrfach, aber alle schlugen fehl. 1914 verloren sogar 12 Arbeiter ihr Leben: Eine nächtliche Eruption löste eine Schlammlawine aus, die sie mitsamt ihrer Unterkunft ins Meer spülte.

The GeoNet Project hält die Öffentlichkeit über die Geschehnisse auf White Island auf dem Laufenden mit aktuellem Vulkanstatus (Besuche sind nur bei Status 1–2 möglich), seismographischen Messungen und Webcam-Aufnahmen: www.geonet.org.nz.

Touren nach White Island sind zudem von Wetter und Seegang abhängig. Schnellboote von **White Islands Tours** (Tel. 07-308 9588, [fc] 0800 PEEJAY, www.whiteisland.co.nz, 185 NZD inkl. Lunch und Inselführung, ca. 6 Std.) brauchen ca. 80–90 Min. pro Weg und erlauben zusätzlich kurzes Schnorcheln vor der Insel. Hubschrauber von **Vulcan Helicopters** (Tel. [fc] 0800 804 354, www.vulcan heli.co.nz, ca. 550 NZD, 2,5 Std.) fliegen in 20 Min. vom Festland auf die Insel.

Eine Besuchergruppe erkundet dampfende Schwefelquellen auf White Island

bensjahren auch älteste Baum dieser Art im Lande, für die Maori ein heiliger Baum.

Traditionelles Maori-Land

Das Eastland zählt zu den ältesten besiedelten Teilen Neuseelands, und James Cook machte hier seine erste Schritte auf neuseeländischem Boden. Einen intensiven Zuzug von Pakeha erlebte die Region aber nie, während der Landkriege war es zudem ein nicht ungefährliches Pflaster für Menschen mit weißer Haut. Der charismatische ›Maori-Moses‹ Te Kooti, der mit seinen Gotteskriegern gegen Weiße ebenso wie gegen ihm nicht folgende Maori vorging, stammte aus der Nähe von Gisborne. 1867 zeichnet er im nahen Matawhero für ein Massaker an einem Trupp Maori und Pakeha-Soldaten verantwortlich, der ihn gefangen nehmen wollte.

Auch das verschlafene Opotiki auf der anderen Seite des Eastland erlebte zur Zeit der Landkriege heftige Kämpfe. Nachdem der aus Kassel stammende Missionar Carl Sylvius Völkner in seiner Kirche von Mitgliedern der Hauhau-Sekte bestialisch ermordet worden war, kam es zu einer Strafexpedition von Regierungstruppen und einer weitgehenden Vertreibung der Maori aus dem Ort.

Heute sind weit über die Hälfte der Bewohner im Eastland Maori, in einigen Dörfern annähernd 100 Prozent. Viele haben eine traditionelle Kultur bewahrt, Maraes spielen im Alltagsleben eine wichtige Rolle. Angesichts der schlechten Wirtschaftssituation und hoher Arbeitslosigkeit gibt es jedoch soziale Probleme. Der Tourismus soll neue Beschäftigungsfelder erschließen. Netzwerke touristischer Anbieter mit Maori-Hintergrund entstehen, um Besuchern Kultur und Natur der Region näher zu bringen. Viele Angebote wenden sich an Gruppen, Individualreisende erleben hingegen manchmal eine Reserviertheit, die nicht so recht zur Gastfreundschaft der Maori passt – Ursache dafür ist nicht selten die mangelnde Sensibilität früherer Besucher.

Man sollte in der Region auf jeden Fall zurückhaltend agieren, z. B. nie ein Marae ohne Einladung von Tribe-Angehörigen betreten.

Faustregel: Sieht man einzelne Personen, kann man ruhig fragen, ob man etwas ansehen darf. Sind größere Gruppen in einem Marae zu sehen, findet ein Treffen oder eine Feier statt, dann sollte man nicht stören. Und man sollte nicht bei jeder Begegnung sofort eine Kamera in Anschlag bringen. Das fällt aber schwer, denn das Eastland ist Hochburg der Schnitzkunst und es sind ansehnliche Beispiele an Versammlungshäusern und Kirchen zu entdecken, aber auch an Schulen und öffentlichen Gebäuden. In einigen Fällen wollen jedoch ganze Dorfgemeinschaften überhaupt keine Individualtouristen, dazu zählt die Siedlung **Whangara** nördlich Gisborne, wo der Film ›Whalerider‹ entstand (S. 49).

Von Opotiki zum East Cape

► O 7–P 6

Die Kleinstadt Opotiki ist das Tor zwischen der Bay of Plenty und dem Eastland. Auf dem Weg nach Osten sollte man hier noch einmal Vorräte auffüllen, tanken und Bargeld besorgen. Kommt man von Whakatane, wird SH2 westlich des Ortes am Waiotahi Beach für knapp 3 km zur Küstenstraße. Rettungs-

Rettungsschwimmer am Strand bei Opotiki

schwimmer kontrollieren im Sommer einzelne Abschnitte des Strandes, voll wird es aber selten. Gut 4 km vor Opotiki weisen zwei unübersehbare, reich beschnitzte Holzstämme ›Te ara Ki Te Tairawhiti‹ den ›Weg zum Sonnenaufgang‹ – die moderne Kunst mit traditionellen Formen soll das Miteinander der Völker Neuseelands symbolisieren.

Die Mündung des **Motu River** zwingt SH35 weit landeinwärts, in den Hängen über dem flachen Delta hangelt sich die Straße zu einer Brücke. Gleich am Ostufer des Flusses, der auch als anspruchsvolles Revier für White Water Rafting gilt, starten in der Saison regelmäßig Jet-Boote zu Touren den Fluss hinauf (Motu River Jetboat Boat Tours, Tel. 07-325 2735, ca. 1 Std., ab 95 NZD).

In **Ta Kaha** zeigt das exponiert liegende Tukaki-Versammlungshaus im örtlichen Marae großartige Schnitzkunst. Kulinarische Genüsse befriedigt man auf der **Pacific Coast Macadamias Farm** an der Whanarua Bay. Hoch über der Küste wachsen die als Königinnen der Nüsse geschätzten Macadamia Nuts und werden vor Ort zu Leckereien verarbeitet, z. B. in Manuka-Honig geröstet und im Hofladen verkauft. Spezialität im angeschlossen Café: Macadamia-Eis (Tel. 07-325 2960, www.macanuts.co.nz, Nov.–April tgl.).

Als erster Landungsplatz der Ahnenkanus Te Arawa (S. 208) und Tainui (S. 185) spielt die **Whangaparaoa Bay** in der Maori-Mythologie eine große Rolle. Richtung Osten verliert SH35 anschließend für einige Kilometer den Kontakt zum Meer, bis die **Hicks Bay** mit flachem Strand unterhalb der Hauptstraße auftaucht. Bevor sich SH35 dann in die weite Schwemmlandebene westlich Te Araroa hinablässt, kann man sie vom **Haupara Point** schon in Augenschein nehmen.

Unten lohnt eine kleine Fabrik einen Besuch: **Natural Solution** verarbeitet die Manuka *(Leptosperum scorparium)*, die im Eastland üppig wächst. Die strauchartige Pflanze mit weißen bis rosafarbenen Blüten liefert nicht nur einen aromatischen Honig, sondern wird bei Natural Solutions auch zur Gewinnung des Manuka Oil – besser als Teebaumöl bekannt – destilliert. Das gilt als natürliches Allheilmittel mit antibakterieller Wirkung bei Hautentzündungen und Verletzungen sowie bei Insektenstichen und leichtem Sonnenbrand. Im Factory Shop gibt es neben Öl-Extrakt auch damit hergestellte Kosmetika (Tel. 06-864 4824, www.manuka-products.com). Manuka Oil aus der Region East Cape gilt als deutlich wirksamer – und riecht auch besser – als das australische Teebaumöl, das in Europa auf den Markt kommt.

East Cape – das Ostkap ►P6

Attraktion jeder Reise um das Eastland ist ein kurzer Augenblick, der sich alle 24 Stunden wiederholt: das Erwachen eines neuen Tages. Nimmt man es ganz genau und ignoriert alle Abweichungen der Datumsgrenze von ihrer Ideallinie, dann treffen seine ersten Lichtstrahlen auf den Gipfel des 1754 m hohen Mt Hikurangi. Der Berg ist den Maori heilig und sie kontrollieren den Zugang (Touren und Permits für Besteigungen bei **Ngati Porou Tourism**, 144 Waiomatini Road, Ruatoria, Tel. 06-864 8660, www.ngatiporou.com/tourism).

Die meisten Besucher erleben das erste Tageslicht nur Augenblicke später zwar auf deutlich tieferem Niveau, aber noch weiter östlich am East Cape auf 178° 33' Ost. Rund 100 km weiter draußen auf dem Meer ist die Sonne nur Minuten vorher aufgegangen, aber dort, jenseits des 180° Meridians, steht noch der gestrige Tag auf dem Kalender.

Seit 1922 thront auf dem East Cape ein Stahlleuchtturm 154 m über dem Meer, 50 km strahlt sein Licht. Ein Treppenweg mit etwa 750 Stufen führt hinauf: Echter Frühsport, wenn man pünktlich zum Tagesanbruch oben sein will, zur Süd-Sommersonnenwende kurz nach 5 Uhr. Dem Kap ist ein kleines Felseneiland vorgelagert, East Island. Dort stand derselbe Leuchtturm von 1900 bis 1922. Den Maori ist auch die Insel tapu (heilig) und so wunderten sie sich nicht, dass sie sich mit Erdbeben und Erdrutschen gegen den Turm und seine Wärter wehrte. Schließlich baute man ihn auf der Insel ab und auf dem Festland wieder auf. Seitdem gab es, so wird erzählt, weder Erdbeben noch Erdrutsche auf East Island. Für den Abstecher von der Hauptstraße zum East Cape inklusive Aufstieg zum Leuchtturm sollte man mindestens 3 Std. kalkulieren. Die Straße ist ein Kapitel für sich, nicht schwindelerregend, aber am Ufer in engster Tuchfühlung zum Meer. Bei extremen Tiden-Sturm-Konstellationen muss sie gesperrt werden.

Tipp: Zeitreise

»Das Eastland ist eine Zeitmaschine, man springt 100 Jahre zurück«, brachte es eine i-Site-Mitarbeiterin auf den Punkt. Das gilt auch touristisch: Es gibt es nur wenige Angebote mit garantierten Terminen, dafür viele Guides, die Touren auf Kundenwünsche zuschneiden, vorausgesetzt, es sind genug Teilnehmer da (meist mind. 4 Pers.). Die i-SITEs in Opotiki und Gisborne beraten und organisieren gern.

Kreditkarten werden im Eastland nicht so häufig akzeptiert wie sonst in Neuseeland und Geldautomaten sind nur in Gisborne oder Opotiki vorhanden! Selbstversorger finden an der Straße um das Eastland nur wenige kleine General Stores. Tankstellen haben kurze Öffnungszeiten und sind teuer, am besten tankt man vorher voll.

Zwischen dem East Cape und Gisborne ►P6–8

Zwischen dem East Cape und Gisborne verliert der SH35 auf langen Abschnitten den Kontakt zum Meer, verläuft landeinwärts und kommt nur zu einigen Buchten an die Küste zurück.

In **Tikitiki,** oberhalb des breit dahin mäandernden Waiapu River, findet man im Inneren der St Mary's Church Schnitzkunst so komplex, wie kaum irgendwo sonst im Land (Eintritt). Christliche Elemente verbinden sich mit Darstellungen aus der Mythologie der diesen Teil des East Land dominierenden Ngati Porou Maori. In **Te Puia Springs** wartet ein *old-fashioned* wirkendes Thermalbad (am Hotel, 5 NZD) auf Gäste mit müden Gliedern.

Tokomaru Bay, an einer schönen, lang gestreckten Bucht gelegen, zeigt an vielen Bauten, dass es einmal bessere Tage gesehen hat. **Tolaga Bay** wirkt da schon properer. Was man aber weit ab der großen Städte kaum er-

Das Eastland ist für seine authentische Maori-Kultur bekannt

wartet, ist der Stammsitz einer international bekannten Modefirma: Die **Tolaga Bay Cashmere Company** ist sonst an den besten Adressen neuseeländischer und australischer Großstädte vertreten. Produziert wird edle Kaschmir-Mode. Im Fabrikladen werden die kuscheligen Strickwaren etwas günstiger verkauft als in den städtischen Boutiquen, von billig mag man aber nicht reden (31 Solander Street, Tolaga Bay, Tel. 06-862 6746, www.cashmere.co.nz).

Wahrzeichen der Tolaga Bay ist der 660 m ins Meer hinausragenden Betonpier aus jener Zeit, als Küstenschiffe die wichtigsten Transportmittel waren. Der vom Verfall bedrohte Pier wird derzeit abschnittweise restauriert, ist im Prinzip in ganzer Länge zu begehen und bei Anglern äußerst beliebt. Unweit des Piers beginnt der Cooks Cove Walkway über privates Maori-Land zu jener Bucht, an der James Cook nach seiner missglückten Premiere in Gisborne (S. 256) einen zweiten Landungsversuch machte und endlich die Vorräte an Bord auffüllen konnte (ca. 2,5 Std. h/z, Aug. bis Ende Okt. gesperrt).

Infos

Opotiki i-SITE Information Centre: Ecke St John St/Elliott St, Tel. 07-315 3031, www.opotikinz.com.

DOC Opotiki Office: wie i-SITE, Tel. 07-315 1001, opotiki-ao@doc.govt.nz. Region: www.eastlandnz.com. Eastland Beratung auch im i-SITE Gisborne (S. 257).

Übernachten

Geografisch von der Bay of Plenty nach Gisborne geordnet:

Mit direktem Strandzugang ▶ **Island View Family Holiday Park:** 6 Appleton Rd, Wai-

Tipp: Lifestyle-Shopping am SH35

Da sage noch jemand, die Region East Cape sei hinterwäldlerisch: Shoppen Sie durch Lifestyle- und Wellness-Produkte in Factory Shops von Pacific Coast Macadamias (S. 253), wo die ›Königinnen der Nüsse‹ veredelt werden, von Natural Solution Ltd. (S. 253), die die von den Maori schon lange gekannte Heil- und Pflegekraft der Südseemyrte für ihre Kosmetikserie mit Manuka Oil nutzt, und der Tolaga Bay Cashmere Company, die exklusive Kashmir-Mode produziert (S. 255).

otahi Beach, Tel. 07-315 7519, www.islandviewholiday.co.nz. Stellplätze je nach Saison 30 bzw. 36 NZD, Hütten und Apartments 50–100 NZD.

BBH-Backpacker am Strand ▶ **Opotiki Beach House:** 7 Appleton Rd, Waiotahi Beach, Opotiki, Tel. 07-315 5117. Betten ab 25 NZD/Pers., DZ ab 60 NZD.

Mit Cafeteria, Dorfladen und Post ▶ **Te Kaha Holiday Park:** SH 35, Te Kaha, Tel./Fax 07-325 2894, www.tekahaholidaypark.co.nz. Basic aber mit allem, was man braucht. Stellplätze ab 32 NZD, Motelzimmer ca. 95 NZD.

Unbezahlbare Aussicht ▶ **Hicks Bay Motel Lodge:** 5198 Te Araroa Rd/SH 35, Hicks Bay (etwa 34 km westl. East Cape), Tel. 06-864 4880, www.hicksbaymotel.co.nz. Großflächige Motel-Anlage hoch über dem Meer, Einrichtung etwas old fashioned. Gute Wahl für einen morgendlichen East-Cape-Besuch. DZ ab ca. 110 NZD, Apartment ca. 135 NZD, auch Betten im Backpacker-Stil ab 35 NZD.

Nah am ersten Sonnenstrahl ▶ **Te Araroa Holiday Park:** Te Araroa, Tel. 06-864 4873. Das Meer nicht weit und der Service gut, Stellplätze 24–28 NZD, Hütten und Apartments 55–140 NZD.

Relaxter BBH-Backpacker mit Meerblick ▶ **Brians Place:** 21 Potae St, Tokomaru Bay, Tel. 06-864 5870, www.briansplace.co.nz. Der hilfsbereite Brian organsiert für seine Gäste alles rund ums East Cape, Betten ab 25 NZD/Pers., DZ ab 60 NZD.

Altmodisch, einfach, herzlich ▶ **Te Puia Springs Hotel:** SH35, Te Puia Springs, Tel. 06-864 6755. Mit eigenen Thermalpools, DZ ab 90 NZD.

Gleich neben dem großen Pier ▶ **Tolaga Bay Holiday Park:** 167 Wharf Rd, Tolaga Bay, Tel. 06-862 6716, www.tolagabayholidaypark.co.nz. Am Strand gleich neben dem großen Pier und dem Start zum Cooks Cove Walk, Stellplätze 26–30 NZD, Hütten und Apartments 50–80 NZD.

Aktiv

White Water Rafting auf dem Motu River ▶ **Wet 'n' Wild Rafting:** 2 White Street, Rotorua, Tel. 07-348 3191, [fc] 0800 IN A RAFT, www.wetnwildrafting.co.nz. 2–5 Tagestouren, teils mit Helikoptertransfer, kosten ca. 875–995 NZD.

Verkehr

Auf SH 35 um das East Cape verkehren **Kurierdienste** mit Minibussen, die Personen mitnehmen. i-SITE Opotiki und i-SITE Gisborne wissen, wer aktuell welche Strecke befährt. Von den **Backpacker Networks** (S. 76) lassen Kiwi Experience ab Taupo mit mindestens drei und Stray ab Rotorua mit mindestens zwei Übernachtungen je einen Bus ums Eastland fahren, inklusive Begegnungen mit der Maori-Kultur der Region.

Gisborne ▶ P 8

Auch Gisborne sonnt sich gern als erste Stadt der Welt im Morgenlicht neuer Tage und verehrt eine weltberühmte Tochter der Stadt, die 1944 hier geborene und 1965 entdeckte Sopranistin Dame Kiri Te Kanawa. Und in Gisborne betrat James Cook 1769 erstmals neuseeländischen Boden. Der Obelisk am Landungsplatz **Kaiti Beach** nennt zwei Daten: Kapitän Cook notierte in seinem Logbuch, das sich wie bei der Marine üblich nach Londoner Zeit richtete, den 9., der ihn begleitende Botaniker Joseph Banks in seinem Tagebuch nach zivilem, vom Sonnenstand bestimmten Kalender den 8. Oktober. Die Ankömmlinge wurden von den ansässigen Maori nicht gerade freundlich empfangen und vor allem konnten sie nicht wie geplant Schiffsvorräte aufstocken. Welch eine armselige Bucht dachte sich Cook, der Name **Poverty Bay** hängt ihr bis heute an.

Zwei Tage vor der Landung hatte der Schiffsjunge Nick ein Kap am Horizont erspäht, das Cook ihm zu Ehren Young Nick's Head nannte. Am **Waikanae Beach** neben der Turanganui River-Mündung zeigt der in Bronze gegossene Nick auf seine Entdeckung. Ganz in der Nähe steht seit Anfang 2000 auch Captain Cook auf einer großen Weltkugel, auf der man seine Entdeckungsreisen nachvollziehen kann. Diesmal ist er gut getroffen, denn über die ältere Statue am Aussichtspunkt oben auf dem Kaiti Hill spotten selbst Einheimische, dass dafür wohl ein italienischer Operettenadmiral Modell gestanden habe. Am Kaiti Hill gehören das **Marae Te Poho O Rawiri** sowie die benachbarte Kirche **Toku Toru Tapu** zu schönen Beispielen für das hohe Niveau der Schnitzkunst in der Region Eastland.

Mehr über Gisbornes Geschichte, die Kolonialzeit und die Kultur der Eastland-Maori zeigt das **Tairawhiti Museum.** Direkt daneben präsentiert das **Te Moana Maritime Museum** seine maritime Sammlung, zu der die Brücke der Star of Canada gehört, eines 1912 vor Gisborne gestrandeten Frachters (beide: 18–22 Stourt St, Tel. 06-867 3832, www.tairawhitimuseum.org.nz, Mo–Sa 10–16, So 13.30–16 Uhr, gratis).

Infos

Gisborne i-SITE – Tourism Eastland: 209 Grey Street, Tel. 06-868 6139, www.gisbornenz.com. Region: www.eastlandnz.com.

DOC Gisborne Whakatane Area Office: 63 Carnarvon Street, Tel 06-869 0460, gisborneao@doc.govt.nz.

Übernachten

Surferstrand vor der Tür ▶ **Wainui Beach Motel:** 34 Wairere Rd, Wainui Beach (ca. 5 km vom Zentrum), Tel. 06-868 8482, www.wainuibeachmotel.co.nz. Traumlage an der Promenade, Mini-Apartments in der Saison ca. 125–155 NZD.

Coole Surfer-Unterkunft ▶ **Chalet Surf Lodge:** 62 Moana Road, Wainui Beach (ca. 7 km vom Zentrum), Tel. 06-868 9612, www.chaletsurf.co.nz. Mit Außenterrasse zum Meer hin, Backpacker-Betten ab 35 NZD/Pers., DZ ab 90 NZD.

Sehr gemütlicher YHA-Backpacker ▶ **Gisborne YHA:** 32 Harris St, Tel. 06-867 3269. Nette Atmosphäre, grüne Lage, nah zum Zentrum. Betten ab 23 NZD/Pers., DZ ab 56 NZD.

Camping direkt am Meer ▶ **Waikanae Beach Holiday Park:** 280 Grey St, Tel. 06-867 5634, www.gisborneholidaypark.co.nz. Kommunaler Platz nahe Zentrum – mitunter munter. Stellplätze ab 36–44 NZD, Hütten und Apartments 60–145 NZD.

Essen & Trinken

Die Region um Gisborne zählt zu Neuseelands produktivsten Weinanbaugebieten und ist bekannt für seinen Chardonnay. Viele Winzer verkaufen direkt ab Keller, einige haben Restaurants. Im i-SITE erhalten Sie eine Liste, welche Weingüter Besuchern die ein oder andere Flasche zum Probieren öffnen (www.gisbornewine.co.nz). Am Labour Weekend Ende Oktober stellen sich viele Weingüter auf dem **Gisborne Wine & Food Festival** vor (ca. 60 NZD).

Gute Weine, tolles Essen ▶ **The Works & Goldenvines Estate:** Kaiti Beach Rd, Tel. 06-863 1285, [fc] 0800 333 114, www.workscafe.co.nz. In der alten Eisfabrik wird heute Wein produziert, tgl. 15.30–17.30 Uhr gibt es Weinproben (inkl. Fingerfood 10 NZD). Das Café-Restaurant serviert zu Lunch und Dinner hauseigene wie fremde Weine aus der Region, HG ca. 35–40 NZD. Und wer gut konsumiert, bekommt sogar das Taxi zum Hotel spendiert.

In ehemaligen Fisch- und Lagerhallen am Hafen ▶ **The Wharf Café Bar and Restaurant:** 60 The Esplanade, Shed No. 1, The Wharf, Tel. 06-868 4876, www.wharfbar.co.nz. Di–So Frühstück und Lunch (ab 15 NZD),

Do–So auch Dinner (HG 20–30 NZD), große Karte auf der Muscheln, Fisch und Krustengetier dominieren, Lamm und Wild aber nicht fehlen.

Picknick selbst mitbringen ▶ **Stone Bridge Wines:** 70 Newstead Lane (etwa 10 km westl. Gisborne nahe SH2), Tel. 06-867 7140, www.stonebridgewine.co. Vergessen Sie nicht, vorher ein paar Snacks im Supermarkt zu kaufen, denn hier probiert und kauft man nur den Wein mit dem keltischen Symbol auf dem Label – die Besitzer sind stolz auf ihre irischen Vorfahren aber ›Wein können sie trotzdem‹.

Aktiv

Schwimmen und Surfen ▶ **Waikanae Beach** südlich der Mündung des Turanganui River ist populär bei Schwimmern wie Surfern. Beste Surf-Bedingungen auch an **Wainui Beach** und **Makorori Beach** (ca. 6 bzw. 10 km nördl. Zentrum).

Surfschulen ▶ Einzel- ab 75, Gruppenunterricht ab 50 NZD/Std. **Surfing With Frank,** Tel. 06-867 0823, [mob.] 021 119 0971, www.surfingwithfrank.com; **Aquatic Adventures,** Tel. [mob.] 0274 324 417, www.aquaticadventuresgisborne.co.nz, auch Sea Kayaking.

Liebevoll restaurierte Oldtimer ▶ **Steam Train 165/MV. Takitimu:** Fahrten hinter einer Dampflok von 1897 auf der Bahnlinie Richtung Wairoa (ca. 20 NZD) oder Bootstouren in die Bay mit einem restaurierten Lotsenboot (10 NZD). Das i-SITE kennt aktuelle Daten.

Verkehr

Bus: InterCity tgl. ab/bis Auckland via SH2 und ab/bis Napier via Wairoa mit Anschluss ab/bis Wellington. **nakedbus.com** tgl. nach Auckland via Rotorua. Haltestelle am i-SITE.

Flug: Regionalflughafen 5 km westl. des Zentrums; **Air New Zealand Link** ab/bis Auckland und Wellington. **Sunair** u. a. ab/bis Hamilton, Napier, Rotorua und Tauranga.

Zwischen Gisborne und Napier ▶ P 8–N 9

Zwischen Gisborne und Napier liegen etwa 215 km, die man in rund dreieinhalb Stunden ohne längere Stopps zurücklegen kann, aber nicht sollte: Der **Pacific Coast Highway** (SH2) wird seinem Namen nur noch teilweise gerecht, die Straße verläuft meist ein paar Kilometer im Landesinneren. In **Morere** nutzt der romantischste Thermalpark des Landes heiße Quellen mitten im *bush* (Morere Hot Springs, Main Rd/SH2, Morere, Tel. 06-837 8856, tgl. 10–17/21 Uhr, 6 NZD).

Die schönsten Strände der Region hat die **Mahia Peninsula** vor allem an dem flachen Isthmus, der die Ex-Insel ans Festland gebunden hat. Wassersport- und angelbegeisterte Neuseeländer machen hier gern Ferien.

Fährt man durch den größten Ort zwischen Gisborne und Napier, **Wairoa,** fällt am südwestlichen Ufer des Wairoa River, gleich neben der Brücke, ein alter Leuchtturm auf. Im Jahr 1877 aus massivem Kauriholz gebaut, diente er der Schifffahrt 70 Jahre als Wegweiser auf Portland Island, der Insel, die wie ein Nasentropfen unter der Mahia Peninsula hängt.

SH38 – die rustikale Straße durch den Te Urewera National Park – biegt hier vom SH2 nach Westen ab, eine zeitraubende Verbindung Richtung Taupo und Rotorua (S. 222).

In der Schlucht des **Mohaka River** ca. 40 km südlich Wairoa trifft SH2 wieder einmal auf die Bahnlinie Napier – Gisborne, die an dieser Stelle den Fluss auf der höchsten Eisenbahnbrücke des Landes überquert, einer fast filigran wirkenden Stahlkonstruktion aus dem Jahr 1937.

Infos

Wairoa Visitor Information Centre: Ecke SH2/Queen St, Tel. 06-838 7440, [fc] 0800 WAIROA, www.wairoadc.govt.nz

Übernachten

Familiencamping direkt am Strand ▶ **Mahia Beach Motels & Holiday Park:** 43 Moana Drive, Mahia Beach, Tel. 06-837 5830, www.motelscabinscampmahiabeach.com. Stellplätze 35–41NZD, Hütten und Apartments ab ca. 75–150 NZD, deutliche Ferienzuschläge.

6 Hawke's Bay ►N 9

Karte: S. 260

Für die Highlights der Region Hawke's Bay – die Basstölpel von Cape Kidnappers, die Architektur von Napier und Hastings und die guten Weine – sollte man sich mindestens einen ganzen Tag gönnen. **Napier, Hastings, Havelock North** und weitere kleine Orte sind so zusammengewachsen, dass Statistiker sie oft als ein 150 000-Einwohner-Ballungszentrum, das fünftgrößte im Lande, registrieren. Die Menschen genießen im Wind- und Regenschatten der Bergketten rund ums Jahr ein mildes, ausgeglichenes Klima, das die Region zu einem exzellenten Obst- und Weinanbaugebiet macht. 1851 setzten katholische Missionare hier erste Rebstöcke in die Erde. Zwei Jahrzehnte später folgte mit **Te Mata Estate** 1 südlich Havelock North das älteste ohne Unterbrechung bis in die Gegenwart existierende Weingut (349 Te Mata Rd, www.temata.co.nz, Verkauf Mo–Fr 9–17, Sa 10–17, So 11–16 Uhr).

Napier

Nördlich von Napier wächst Wein sogar auf altem Meeresboden: Im Vorort Bay View baut die **Crab Farm Winery** 2 (511 Main Road, Bay View, Tel. 06-836 6678, Do–So Lunch – HG 12–22 NZD – und Weinverkauf, Fr auch Dinner) ihre meist weißen Trauben auf Land an, das 1931 um rund 3 m angehoben und damit über den Meeresspiegel gedrückt wurde, genau am 3. Februar um 10.47 Uhr. Zwei Erdstöße mit einer Stärke von 7,9 auf der Richter-Skala veränderten innerhalb von zweieinhalb Minuten das Bild der Region: 253 Menschen verloren damals ihr Leben. Das alte Napier, das als Folge noch eine Feuersbrunst erdulden musste, sowie das alte Hastings existierten nicht mehr. Der Erdboden hatte sich um mehr als 2 m gehoben, und aus der Ahuriri Lagoon und großen Wattgebieten erwuchsen fast 40 km² Neuland. Die Hafenbehörden besaßen nach dem Beben das meiste Bauland in der Stadt, auf dem inzwischen Napiers neues Lifestyle-Zentrum Ahuriri gewachsen ist.

Das **Hawke's Bay Museum** 1 befasst sich ausführlich mit dem Erdbeben und seinen Folgen, aber auch mit der frühen polynesischen Besiedlung der Region sowie mit Kunst und Kultur der Maori (65 Marine Parade, Tel. 06-835 7781, wg. Renovierung und Erweiterung voraussichtlich bis Oktober 2012 geschlossen, Infos: www.forus. org.nz).

Trotz grassierender Wirtschaftsdepression erstanden Napier und Hastings binnen zweier Jahre wie Phönix aus der Asche. Dabei griff das Planungskomitee vor allem auf den Stil des Art déco zurück (Thema S. 262).

Viele markante Art-déco-Bauten findet man an der Tennyson Street: das Stadttheater **Municiple Theatre** 2, das **Daily Telegraph Building** 3 (S. 262) und **Hildebrandts Building** 4 mit deutschen und neuseeländischen Flaggen im Ornament, weil es früher deutschstämmige Besitzer hatte. Ansehnlich auch das **T&B Building** 5 das wuchtige Eckhaus mit dem Turm auf dem Dach an der Einmündung der Emerson Street auf die Marine Parade, und gegenüber das **Masonic Hotel** 3. In der Einkaufsstraße Emerson Street muss man den Blick häufiger nach oben wenden, weil Vordächer der Läden die schönen Fassaden verdecken. Gut zu sehen ist die Front des **Criterion Hotel** 6 in Nr. 48, heute ein Backpacker. Sie zeigt sich im Spanish Mission Style, ebenfalls beim Wiederaufbau populär.

Die 30er-Jahre-Bauten, in ihrer kunsthistorischen Bedeutung lange ignoriert, werden heute sorgfältig instand gehalten und möglichst authentisch restauriert. So bekam das wohl berühmteste Werk von Louis Hay, das Gebäude der **National Tobacco Company** 7, nach Jahrzehnten in Baby-Blau seinen ursprünglichen, beigefarbenen Anstrich zurück. Broschüren für Art déco-Rundgänge und eine Rundfahrt, die auch Hastings einschließt, halten die i-SITEs und **The Art Deco Shop** 8 bereit. Letzterer bietet zudem themenbezogene Informationen, Souvenirs und Führung zu den bedeutendsten Art-déco-Gebäuden der Stadt (Art Deco Trust, 163 Tennyson St, Tel. 06-835 0022, www.artdeconapier.com, Führungen 10 Uhr ab i-SITE 1 Std. 16 NZD,

Hawke's Bay mit Cityplan Napier

Sehenswert
1 Hawke's Bay Museum *
2 Municiple Theater (Stadttheater) *
3 Daily Telegraph Building *
4 Hildebrandts Building *
5 T&G Building *
6 Criterion Hotel *
7 National Tobacco Company*
8 The Art Deco Shop *
9 Veronica Sunbay *
10 Tom Parker Fountain *
11 National Aquarium
12 The Methodist Church
13 Westerman's Building
14 Cape Kidnappers
15 Black Reef

Übernachten
1 Mangapapa Petit Hotel
2 County Hotel *
3 Masonic Hotel *
4 Napier YHA *
5 Andy's Backpacker *
6 Kennedy Park Top 10 Resort
7 Clifton Beach Reserve Motor Camp

Essen & Trinken
1 Te Mata Estate
2 Crab Farm Winery
3 Clearview Estate
4 Elephant Hill Estate & Winery
5 Mission Estate Winery
6 Te Awa Winery & Restaurant

Einkaufen
1 The Hawke's Bay Farmers' Market Hastings
2 The Hawke's Bay Farmers' Market Napier (Sommer) *
3 Classic Sheepskins
4 Opossum World *

Abends & Nachts
1 Hawke's Bay Opera House
2 Ahuriri (Kneipenviertel)

Aktiv
1 Ocean Spa *
2 Par2 Minigolf *
3 Te Mata Peak
4 Strandwanderung Clifton – Cape Kidnappers
5 Gannet Beach Adventures

* Detailkarte Napier

14 Uhr 2 Std. ab Art Deco Shop 21 NZD; in der Saison auch Abendführungen; Autotouren in einem 30er-Jahre-Oldtimer auf Anfrage, ca. 140 NZD pro Wagen).

Nach dem Erdbeben bekam Napier nicht nur durch Landhebung Neuland, sondern auch durch Trümmerschutt, der am Meer abgekippt wurde. Darauf entstand die **Veronica Sunbay** 9 im Stil eines europäischen Kurparks und benannt nach dem britischen Marineschiff, das zur Zeit des Bebens in Napier lag und dessen Soldaten viele Menschen aus den Trümmern retteten. In der angrenzenden Grünanlage zeigt sich der **Tom Parker Fountain** 10 abends so richtig kitschigschön, wenn seine Wasserspiele in ständig wechselnden Farben leuchten. Daneben sitzt seit 1954 Pania of the Reef, Napiers viel fotografierte Schwester der Kleinen Meerjungfrau. Auch sie eine Nixe, die ein Menschenkind liebt, einen Maori-Prinzen. Aber den beiden bleibt ein Happy End verwehrt, weil Pania nur nachts das nasse Element verlassen kann.

Ein paar Schritte nördlich räkeln sich Nixen von heute im **Ocean Spa** 1, einem der schönsten Bäder Neuseelands. Auf Tuchfühlung zum Meer liegen seine Swimming- und Whirlpools unter freiem Himmel, aber windgeschützt hinter hohem Glas (42 Marine Parade Tel. 06-835 8553, Mo–Sa 6–22, So 8–22 Uhr, Erw. 8,50 NZD, 3–14 J. 6,50 NZD).

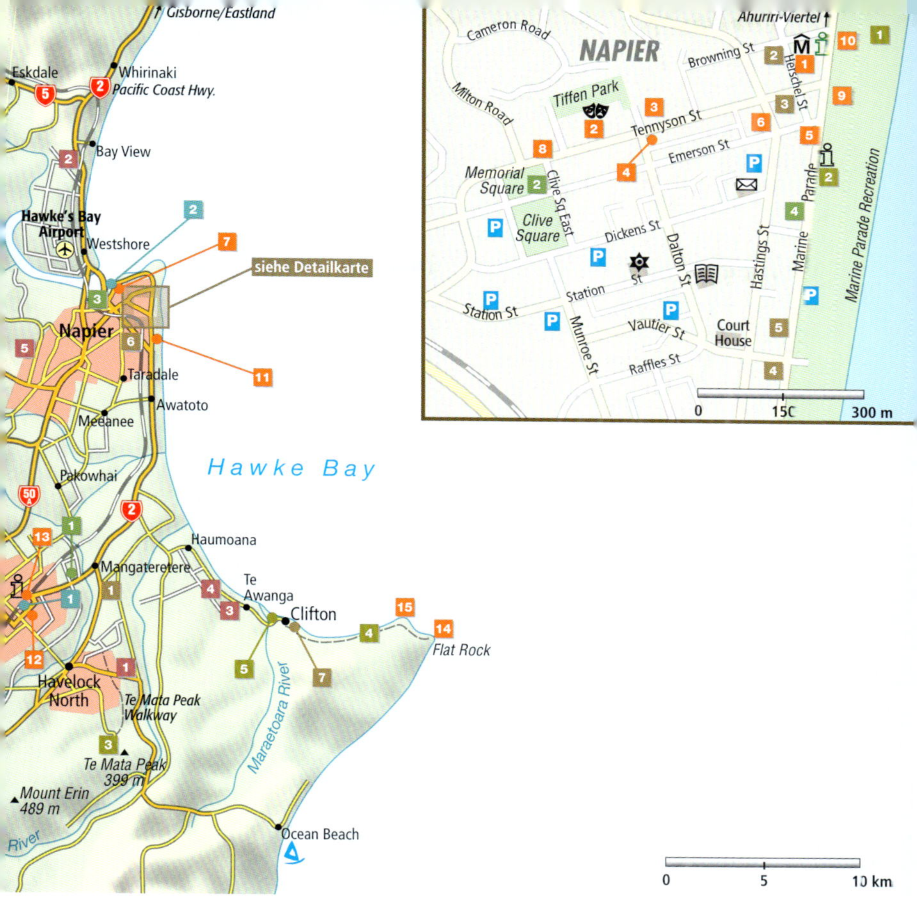

Auch wenn der Strand keinen Schönheitspreis gewinnt, lohnt ein Bummel über die Marine Parade nach Süden. Gleich neben dem i-SITE liegt die gepflegte, aufgestylte **Par2 Minigolf-Anlage** 2, auf der man eine Runde direkt am Meer spielen kann (Tel. 06-834 0248, www.par2golf.co.nz, tgl. 9.30–16.30 Uhr, Erw. 9 NZD, Kinder 5,90 NZD). Weiter im Süden ist das **National Aquarium** 11 mit Kindern ein Muss. Ein 50 m langer Glastunnel durch sein Oceanarium bringt Besucher in Tuchfühlung zu Hai, Rochen & Co. Täglich um 10 und um 14 Uhr steigt ein Clown-Taucher zur Fütterung ins Wasser, dreimal am Tag können auch Besucher mit ihnen ein paar Runden schwimmen. Insgesamt leben rund 1500 Fische im größten Becken der Anlage. Zu sehen sind auch Exoten aus anderen Meeren und aus der nicht-maritimen Welt wie Kiwis und Tuatara-Echsen (546 Marine Parade, Tel 06-834 1404, www.nationalaquarium.co.nz, tgl. 9–17 Uhr, Erw. 16.20 NZD, Familientickets; Schwimmen mit den Haien 60 NZD).

Hastings und Havelock North

Hastings steht im Schatten des mondäneren Napier, dabei hat es statistisch sogar mehr Einwohner – etwa 73 000 gegenüber 57 000. Hastings gilt als ›Fruchtkorb‹ Neuseelands, auch wenn mancher Apfelbaum in den letzten Jahrzehnten von Weinreben verdrängt

Art déco – Markenzeichen Bubikopf

Thema

Die Architekten des Wiederaufbaus von Napier und Hastings bauten einfach, kostengünstig, solide und erdbebensicher. Sie hatten aber auch eine Message: Unsere Stadt hat Zukunft. Da kam das fortschrittbejahende Art déco wie gerufen.

Art déco ist das Lebensgefühl der 1920er und 1930er: Stromlinienförmige Autos, Züge und Flugzeuge, kurzum alles, was für Fortschritt steht, sind häufig wiederkehrende Symbole. Art déco bricht auch Konventionen, geht einher mit Club-Jazz, wilden Tänzen, frecher Mode, lasziver Lebensfreude. Es macht die moderne, über sich selbst bestimmende Frau zum Kultobjekt – Markenzeichen Bubikopf.

Der Stil hatte als künstlerische Ausdrucksform mit der Exposition des Arts Décoratifs et Industriels Modernes in Paris 1925 einen Durchbruch und erlebte einen wahren Höhepunkt mit dem Chrysler Building in New York. Das zeigt die Gestaltungsbreite, denn Napier und Manhattan haben nicht viel gemein: Art déco hat kein dogmatisch zu nutzendes Stilmerkmal, eher ist es gestalterischer Rahmen für Formen, Materialien, Farben und Themen.

Das Art déco, das an der Hawke's Bay umgesetzt wurde, zeichnet sich weniger durch moderne Fassaden-Materialien als durch die Pastelltöne des Anstrichs aus, ist damit eher mit Miami denn mit Manhattan zu vergleichen. Das Art déco lässt zudem der Architektur große Freiheiten. So zeigt die Fassade des Daily Telegraph Building einen neoklassizistischen Aufbau, zählt mit seiner Ornamentik aber zu den schönsten Beispielen des Art déco. Die Lust des Art déco, Ethno-Kunst zu zitieren, zeigen Fassade wie Schalterhalle der ASB Bank an der Ecke Emerson Street/Hastings Street mit Elementen von Maori-Kunst. Ein Prunkstück des Art déco lohnt den Abstecher ins Viertel Ahuriri: Der üppig gestaltete Eingang des National Tobacco Company Building, ein ansonsten eher nüchterner Industriebau.

wurde. Das Beben 1931 zerstörte große Teile des Stadtkerns. Beim Wiederaufbau setzte man außer auf das Art déco auf den von der amerikanischen Westküste bekannten Spanish Mission Style, der zuvor schon am städtischen Theater verwendet wurde. Das hatte das Beben unversehrt überstanden, verlor jüngst aber durch die Modernisierung zum Event- und Konferenz-Zentrum **Hawke's Bay Opera House** 1 etwas von seinem einheitlichen Gesamteindruck (Hastings St, Programm: www.hawkesbayoperahouse.co.nz).

Ein schönes Beispiel des Spanish Mission Style aus der Zeit der Wiederaufbaus ist die **Methodist Church** 12 gegenüber, ein weiteres, das **Westerman's Building** 13, ein ehemaliges Kaufhaus und jetzt Domizil des i-SITE, steht an der Russell Street mitten im Zentrum.

Am Südrand von Hastings Nachbarstadt **Havelock North** windet sich eine kleine Straße auf den 399 m hohen **Te Mata Peak** 3. Er ragt als Gipfel über eine lang gezogene, steile Bergkette, an der ständig Winde hinaufstreichen, perfekt für Paragliding, aber auch als Aussichtspunkt kaum zu übertreffen für die, die sich nicht über den Klippen in der Luft treiben lassen mögen (Airplay Paragliding, Tel. 06-845 1977, Mob. 0274 512 886, www.airplay.co.nz, 15 Min. Tandemflug vor den Hängen ca. 140 NZD, auch Flugkurse).

Cape Kidnappers

Das bedeutendste Ausflugsziel der Region, **Cape Kidnappers** 14, stellt in der Maori-Mythologie von der Entstehung Neuseelands den Haken dar, mit dem Maui jenen Fisch fängt, der heute die Nordinsel bildet. Es ist ein ziemlich ›beschissenes‹ Stück Land: Dafür sorgen über 8000 Basstölpel-Paare, die hier ihre Jungen aufziehen. Die faszinierenden Vögel – bis 2 m Flügelspannweite und bis 2 kg Gewicht – leben am Cape Kidnappers in vier Kolonien eng beieinander. Zweien davon können sich Beobachter auf Tuchfühlung nähern, am **Black Reef** 15 auf Meereshöhe und auf dem Plateau über dem eigentlichen Kap. Die beste Zeit für Vogelbeobachtungen ist von November bis März. Juni bis Oktober ist der Zugang zu den Kolonien gesperrt. Das Brutgeschäft beginnt im Oktober, spätestens im Mai sind alle Jungen aus dem Nest. Nach 15 Wochen in der Obhut der gemeinsam aufziehenden Eltern führt sie ihr erster Solo-Flug an die 3000 km entfernten Küsten Australiens. Kaum ein Neuseeländer, der nicht Wert auf die Feststellung legt, dass sie dort nach 2–3 Jahren die Nase so voll haben, dass sie nunmehr im brutfähigen Alter für immer nach Neuseeland zurückkommen.

Flugbereite Jungvögel, die ab Februar an den Klippenrändern Trockenübungen machen, sind so groß wie ihre Eltern, doch leicht zu unterscheiden: Sie tragen ein graues Gefieder mit weißen Sprenkeln, während die erwachsenen Tiere weißes Gefieder, schwarze Flügelspitzen und einen markant beigefarbenen Kopf haben. Die Basstölpel stürzen sich aus bis zu 30 m Höhe, den Körper in Pfeilform gestreckt, ins Meer. Mit Aufschlaggeschwindigkeiten von fast 150 km/h sind dann Fische selbst in über 10 m Tiefe nicht vor ihnen sicher.

Die 8 km lange Strandwanderung **Clifton – Cape Kidnappers** 4 zu den Vogelkolonien am Kap ist eine Attraktion für sich: Selten lässt sich die Entstehung von Land durch Ablagerung, Faltung und Erosion so nachvollziehen wie hier. Lagen fossiler Muscheln, Baumstümpfe und fossilen Torfs zeigen das Auf und Ab im Verhältnis zum Meeresspiegel während der letzten 1 Mio. Jahre, Ascheschichten erzählen von Eruptionen des Supervulkans unter dem Lake Taupo (Thema S. 228), und Verschiebungen der Schichten von über 10 m lassen die Erdkräfte ahnen, die diese Region bearbeiten. Vorsicht aber bei Touren auf eigene Faust: Einige Strandabschnitte sind bei Hochwasser nicht passierbar. Sichere Zeiten unbedingt im i-Büro erfragen. Start der Wanderung ist am Clifton Beach Reserve Motor Camp, auf dessen Gelände man für ein kleines Entgelt relativ sicher parken kann. Die meisten Besucher lassen sich indes auf Anhängern hockend von Treckern der **Gannet Beach Adventures** 5 zum Kap ziehen (Abfahrt von Clifton Reserve 495 Clifton Rd, Tel. 06-875 0898, [fc] 0800

GANNET, www.gannets.com, Abfahrtszeiten tidenabhängig, 39 NZD, inkl. Transfer ab Napier und Hastings möglich, Familientickets).

Infos

Napier i-SITE Visitor Centre: 100 Marine Parade, Tel. 06-834 1911, [fc] 0800 VISIT US, www.VisitUs.co.nz.

Hastings i-SITE Visitor Centre: Ecke Russell St/Heretaunga St, Tel. 06-873 5526, [fc] 0800 HASTINGS, www.visithastings.co.nz. Region: www.hawkesbaynz.com.

DOC Hawke's Bay Area Office: Conservation House, 59 Marine Parade, Napier, Tel. 06-834 3111, napier-ao@doc.govt.nz, Mo–Fr 9–16.15 Uhr. Im Sommer DOC-Mitarbeiter im i-SITE Napier.

Übernachten

Intimes Luxushotel ▶ **Mangapapa Petit Hotel 1:** 466 Napier Rd, Havelock North, Tel. 06-878 3234, www.mangapapa.co.nz. Im Herrenhaus einer traditionsreichen Obstplantage, DZ mit Gourmet-Frühstück Nov.–April ca. 720–2300 NZD.

Boutique-Hotel im Art déco ▶ **County Hotel 2:** 12 Browning St, Napier, Tel. 06-835 7800, [fc] 0800 843 468, www.countyhotel.co.nz. An einer ruhigen Straße im Zentrum, DZ 295–935 NZD, Frühstück extra!

Art-déco-Kleinod ▶ **Masonic Hotel 3:** 64 Tennyson St, Napier, Tel. 06-835 8689, [fc] 0800 MASONIC. Im Zentrum, mit Bars und Kneipen im Untergeschoss, daher nicht leise! DZ 95–140 NZD.

YHA-Backpacker an der Promenade ▶ **Napier YHA 4:** 277 Marine Parade, Napier, Tel. 06-835 7039, www.yha.co.nz. Verwinkeltes, gemütliches Haus mit schönem Innenhof, streng, aber kompetent vom Urgestein ›Bob The Warden‹ geleitet, Betten ab 28 NZD/Pers., DZ ab 67 NZD.

BBH-Backpacker an der Promenade ▶ **Andy's Backpacker 5:** 259 Marine Parade, Napier, Tel. 06-835 5575. 28 Low-Budget-Betten nicht weit vom Zentrum. Betten ab 20 NZD/Pers., DZ 48–66 NZD.

Am Rande einer Grünanlage ▶ **Kennedy Park Top 10 Resort 6:** 11 Storkey St, Napier, Tel. 06 843 9126, [fc] 0800 457 275, www.kennedypark.co.nz. Unweit der Art-déco-Vorstadt Marewa. Stellplätze 41–45 NZD, Hütten und Apartments ca. 53–214 NZD.

Am Zugang zur Cape-Kidnappers-Wanderung ▶ **Clifton Beach Reserve Motor Camp 7:** Clifton, Tel. 06-875 0263. Direkt am Strand, gern von Anglern besucht. Stellplätze ab 25 NZD, Hütten/Apartments ab 50 NZD.

Essen & Trinken

Weingüter und Weinfestival: In den i-SITEs bekommen Sie Broschüren, die alle Weingüter nennen und was sie außer Proben und Verkauf noch bieten. Ein bis zwei Dutzend Wineries stellen sich mit viel kulturellem Beiprogramm beim **Harvest Hawke's Bay, Wine & Food Festival** vor (3 Tage Ende Jan./Anfang Febr., Tickets ab 45 NZD, www.harvesthawkesbay.co.nz).

Die Basstölpel am Cape Kidnappers sind ein Highlight der Region Hawke's Bay

Ein Muss für Genussmenschen ▶ Clearview Estate 3: 194 Clifton Rd, Te Awanga, Tel. 06-875 0150, www.clearviewestate.co.nz, Sommer Mo–Fr 10–16, Sa/So bis 17 Uhr, sonst Di/Mi geschlossen. Tim Turveys Weine gehören zur Spitze in der Region, sein Chardonnay ist geradezu Kult: kein Jahrgang ohne Auszeichnung. Neben Weinprobe und -verkauf gibt's ein romantisch umranktes Lunch-Restaurant – wäre der Pazifik nicht so nah, glaubte man sich in der Toskana (HG um 30 NZD); im Sommer ›bezahlbare Freitage‹ abends mit leichter Kost zu gutem Wein!

Deutsche Winzer ▶ Elephant Hill Estate & Winery 4: 86 Clifton Road, Te Awanga, Tel. 06-873 0400, www.elephanthill.co.nz, tgl. ab 11 Uhr bis zum Dinner, Weinverkauf 10–17 Uhr. Hier wurde nichts dem Zufall überlassen: Erste Weine – aromatische, fruchtige Sauvignon Blanc, Viognier und Chardonnay, aber auch edle Rote – kamen 2008 auf den Markt und heimsten gleich angesehene Preise ein. Darüber hinaus ist das Gut für seine extravagante Architektur berühmt – viel Glas und ein zarter Kupferrahmen wirken geradezu nordisch kühl. HG ca. 35–40 NZD.

Hier standen die ersten Weinstöcke ▶ Mission Estate Winery 5: 198 Church Rd, Taradale, Tel. 06-845 9350, www.missionestate.co.nz. Weinproben (Mo–Sa 10–17, So bis 16.30 Uhr) und Führungen (tgl. 10 und 14 Uhr), Restaurant tgl. ab 10 Uhr mit Lunch und Dinner, HG 30–40 NZD. Edles Ambiente im prächtig restaurierten Priesterseminar der ehemaligen Missionsstation.

Gourmetküche und Spitzenweine ▶ Te Awa Winery & Restaurant 6: 2375 SH 50, Flaxmere, Hastings, Tel. 06-879 7602, www.teawa.com. Das Restaurant gilt als eines der besten auf Neuseelands Weingütern überhaupt, im Winter kann man es freitags und samstags auch zum Dinner genießen. Im Sommer Weinproben tgl. 9–16 Uhr, Lunch tgl. ab 12, im Winter nur Do–Mo. HG um 30 NZD.

Essen & Trinken, Ausgehen

Kneipen-Viertel Ahuriri ▶ Im nördlichen Stadtteil **Ahuriri** 2 an Napiers altem Innenhafen, den noch ein paar Fischer und viele *boaties* frequentieren, hat sich ein munteres Restaurant- und Kneipenviertel in renovierten Lagerhäusern am West Quay entwickelt. Fast alle Lokale haben große Terrassen, hier kann man bis spät in die Wochenendnacht trinken und manchmal tanzen. Die Küchen folgen den aktuellen Trends, denn wer hier gastronomisch den Anschluss verpasst, ist schnell ›out‹. Populär sind **The Thirsty Whale** (Nr 62, Tel. 06 835 8815, www.thethirstywhale. co.nz, HG 25–35), **Shed2** mit separater **Caution Dining Lounge** fürs ›stylish dining‹ (Nr. 56 Tel. 06-835 2202, www.shed2.co.nz) und **The Gintrap** (Nr 64, Tel. 06-835 0199, HG um 30 NZD).

Einkaufen

Frisch vom Lande ▶ **Hastings Farmers' Market** 1: Hawke's Bay Showgrounds, Kenilworth Road, Hastings, So 8.30–12.30 Uhr. Bunter Bauernmarkt mit allem, was das Land an der Hawke Bay hergibt: von Bauernkäse über deutsches Brot bis Süßkartoffeln, vieles aus Ökolandbau. Die kleinere Variante **Napier Urban Farmers' Market** Sa 8.30–12.30 Uhr im Winter indoor (hinter Daily Telegraph Building 3, Tennyson St) und im Sommer open air an der Emerson St 2.

Führungen und Fabrikverkauf in Schaffellgerberei ▶ **Classic Sheepskins** 3: 22 Thames St, Napier, Tel. 06-835 9662, [fc] 0800 170 171, www.classicsheepskins.co.nz, Führungen tgl. 11 und 14 Uhr gratis. Schaffelle und Wollprodukte.

Shopping rund ums Possum ▶ **Opossum World** 4: 157 Marine Parade, Napier, Tel. 06-835 7697, www.opossumworld.co.nz. Viele Produkte aus Possumfell und -wolle, die besser isolieren und weicher sind als vergleichbare aus Merinowolle. Außerdem wird erklärt, warum die falsche Schreibweise benutzt wird …

Termine

Art Deco Weekend: www.artdeconapier. com, um das dritte Februar-Wochenende in Napier.

Verkehr

Busse: InterCity/Newmans (Hastings 117 Russel St, Napier 120 Dalton St) tgl. ab/bis Gisborne, Auckland via Taupo, Tauranga via Rotorua, Wellington via Palmerston North; **nakedbus.com** (Hastings 117 Russel St, Napier i-SITE,) tgl. ab/bis Auckland via Taupo und Rotorua, Do-Mo ab/bis Wellington via Palmerston North.

Flug: Flughafen nördl. von Napier, u. a. **Air New Zealand Link** ab/bis Auckland, Christchurch, Wellington; **Sunair** u. a. ab/bis Gisborne, Hamilton, Rotorua, Tauranga.

Zwischen Hawke's Bay und Wellington

Vom warmen Hawke's Bay ins windige Wellington fährt man über den SH2 in gut 5 Std. Eine Übernachtung wird nötig, möchte man die Region Wairarapa näher erkunden. In **Waipukurau** zweigt vom SH2 der Sightseeing-Highway SH52 durch den einsamen Osten der Region ab – 40 km mehr bis Masterton. Diese Strecke durch hügeliges, über weite Flächen gerodetes Weideland ist etwas für Landschaftsgenießer mit großem Zeitbudget, eine Straße zum Bummeln und Schauen. Sensationelles darf man nicht erwarten.

Unterwegs kann man an einem 305 m hohen Hügel Zungenübungen machen: **Taumatawhakatangihangakoauauotamateaturipukakapikimaungahoronukupokaiwhenuakitanatahu** heißt er, so zeigt es ein etwa 10 m langes Schild am SH52 an, auf Deutsch etwa ›Die Kuppe des Hügels, auf dem Tamatea, der Mann mit den großen Knien, der Berge hinabrutschte, emporkletterte und verschluckte und der rund um das Land gesegelt war, seiner Liebsten auf der Flöte spielte‹.

Weingüter sind Symbole für gehobenen Livestyle in Hawke's Bay und Wairarapa

Eine ältere Schreibweise mit 57 Buchstaben wurde wohl wissend, wie anziehend eine Nennung im Guinness Book of World Records ist, für die genannte mit 85 Buchstaben aufgegeben, inzwischen findet sich noch eine mit 92 Buchstaben. In Wales hat das Dorf Llanfairpwllgwyngyllgogerychwyrndrobwllllantysiliogogogoch, das mit seinen 58 Buchstaben lange Champion war, das Rennen um den Titel inzwischen aufgegeben.

Tararua – Land der Wikinger

► M/N 10

Während die Küstenregion von Engländern und Schotten kolonialisiert wurde, begrüßen im Landesinneren am SH2 Wikinger mit Hörnerhelmen Durchreisende im Siedlungsgebiet skandinavischer Immigranten. Norweger kamen 1872 nach **Norsewood.** Ihr damaliges Leben zeichnet das kleine Museum nach, mitten im ruhigen, vom Durchgangsverkehr verschonten Dorfzentrum (Norsewood Pioneer Cottage Museum, Coronation St, Norsewood, tgl. 8.30–16.30 Uhr, 2 NZD).

Die Siedler aus dem Norden blieben in vertrauter Nachbarschaft: Dänen gründeten das nahe **Dannevirke.** Der Ort trägt den Namen jenes Bollwerks nahe Schleswig, das Dänemarks Truppen im Zweiten Schleswigschen Krieg 1864 räumen mussten. Als das Land in der Folge Südjütland an Preußen verlor, wanderten dort viele Bewohner dänischer Abstammung aus. Dänisches zeigt Dannevirke aber heute kaum noch, abgesehen von einem Gedenkstein am Copenhagen Square.

Die schneller zu fahrende und von Einheimischen im Alltag bevorzugte Strecke zwischen Hawke's Bay und Wellington wechselt bei **Woodville** an die Westküste und nutzt die Manawatu River Gorge, die einzige und imposante Lücke in dem lang gezogenen Mittelgebirgsrücken, den sogenannten Ranges.

Die hier beschriebene Route bleibt indes östlich der Ranges. 16 km südlich Woodville zieht in **Mangatainoka** ein beeindruckendes Industriedenkmal die Blicke auf sich: Das sieben Stockwerke hohe Stammhaus der TUI Brauerei entstand 1931. TUI Bier, seit 1889 gebraut, ist nicht zuletzt dank cleverer Werbung (Spots auf: www.tui.co.nz) in einigen Regionen des Landes Kultbier. Dem wird gehuldigt auf Führungen, in einem Museum, einem Devotionalienshop und im Pub **TuiHQ**, in dem deftiges Pub-Food auf der Karte steht – die Namen der Gerichte spielen auf neuseeländische Promies an. Und für alle, die mit dem Auto unterwegs sind, heißt es: »...as the best Tui drinkers are the alive ones, so please don't drink and drive!« (Tel. 06-376 0815, Pub Mo–Do 10–16, Fr–So –17 Uhr, HG 10–20 NZD. **Museum** tgl. 10–16 Uhr 15 NZD und Führungen tgl. 11 u. 14 Uhr 18 NZD jeweils mit 3 Bier-Proben ›and You steel the glas‹).

Zwischen Eketahuna, einst als Mellemskov von Deutschen und Schweden gegründet, und Masterton präsentiert das **DOC Wildlife Centre Pukaha Mt Bruce** Neuseelands ursprüngliche Fauna. Die Anlage ist ein offenes Vogelreservat mit Rundgängen durch das umliegende Waldgebiet, aber auch mit verschiedenen Vogelhäusern, darunter ein Nachthaus für Kiwis. Das Zentrum besitzt einen hervorragenden Ruf als Forschungs- und Nachzuchtstation für bedrohte Arten. Erste Erfahrungen machte man schon 1958 mit Küken der zehn Jahre zuvor wiederentdeckten Takahe-Rallen (S. 17). Selbstverständlich leben hier etliche Exemplare der seltenen Vögel. Das Café ist eine gute Adresse für eine Rast auf langer Fahrt (SH2, Tel. 06-375 8004, www.mtbruce.org.nz, tgl. 9–16.30 Uhr, 15 NZD, 5–17 Jahre 4 NZD).

Weiter südlich fährt man in das flache Wairarapa hinein, eine Region mit viel Obst-, Gemüse- und zunehmend auch Weinanbau.

Masterton und Castle Point

► M 11

Im Zentrum der Gartenstadt **Masterton** kann der 1874 angelegte Queen Elisabeth Park die britische Herkunft seiner Gründer nicht leugnen: Cricket-, Bowling- und Tennis-Anlagen sowie der Rosengarten sprechen für sich. Am Rande des Parks zeigt das moderne **Aratoi Wairarapa Museum** of Arts and History Geschichte und Kultur der Region sowie nationale Kunst der Gegenwart (Ecke Bruce St/Dixon St, Tel. 06-370 0001, www.aratoi.co.nz,tgl. 10–16.30 NZD, Spende wird erwartet; große Ausstellungen Eintritt). Nebenan geht das **Shear Discovery Centre** auf ein Thema ein, mit dem die Stadt von ihren ersten Kolonialtagen an eng verbunden ist: Schafe und Schafscheren (12 Dixon Street, Masterton, Tel. 06-378 8008, tgl. 10–16 Uhr, 5 NZD).

Ein Highlight am Meer ist **Castle Point**, gut eine Autostunde abseits der Hauptroute: Ein paar hundert Meter vor der Küste, aber fast immer trockenen Fußes zu erreichen, stemmt sich eine lang gezogene, von einem schlanken Leuchtturm gekrönte Klippe den Pazifikwellen entgegen. Millionen fossiler Muscheln stecken in ihrem weißen Kalkgestein, das auf Meereshöhe von einer Höhle durchbohrt ist (Zugänglichkeit bei Ebbe vor Ort erfragen). Eine Sandbank verbindet Festland und Klippe und trennt eine offene Bucht von einer geschützten, flachen Lagune. Bei normaler Brandung besitzt diese nur eine schmale Öffnung zum offenen Meer, wenn die Wellen aber ihre ganze Kraft ausspielen, springen sie hemmungslos über die flachen Teile der Klippen – dann besteht dort Lebensgefahr! – und wirbeln das sanfte Lagunenwasser wild durcheinander. Am besten schaut man sich die ganze Szenerie vom 162 m hohen Castle Rock aus an, dem Aussichtshügel am Südrand der Lagune (ca. 2 Std. hin und zurück).

Infos

Wairarapa Visitor Centre – Masterton i-Site: im Kunstmuseum Aratoi (S. 268), Tel. 06-370 0900, www.wairarapanz.com.

Übernachten

Verkehrsgünstig und komfortabel ▶ Masterton Motor Lodge: 250 High St, Masterton, Tel. 06-378 2585, [fc] 0508 64 46 44, www.masterton-motorlodge.co.nz. Motel mit Pool und Restaurant, Wohneinheiten bei 2 Pers.-Belegung ca. 125–200 NZD.

Vor grandioser Küstenkulisse ▶ Castlepoint Holiday Park & Motels: Castlepoint (70 km Nebenstraßen nordöstl. Masterton), Tel. 06-372 6705, www.castlepoint.co.nz. Stellplätze je nach Meerblick und Saison 38–50 NZD, Hütten/Apartments 75–260 NZD.

Stop-over-Platz am Waipoua River ▶ Mawley Park Motor Camp & Cabins: 15 Oxford St, Masterton, Tel./Fax 06-378 6454, www.mawleypark.co.nz. Einfach und funktional. Stellplätze ab 24 NZD, Hütten und Apartments 40–50 NZD.

Termine

Golden Shears: www.goldenshears.co.nz. Urigwüchsiger Schafscherer-Wettstreit – gern als eine Art Welt-Cup vermarktet – Anfang März in Masterton.

Verkehr

S-Bahn: Masterton ist Endstation der **Tranz-Metro** ab Wellington (bis 5 x tgl., 90 Min., S. 287).

Martinborough und Cape Palliser ▶ L 12

Die guten Weine der Region **Martinborough** sind längst international entdeckt. Da ist gehobener Lifestyle nicht fern und das lockt gutsituierte Wellingtonians über die Ranges hierher. Längst wird in der Hauptstadt darüber gelästert, dass in den Hotels und Motels von Martinborough manch vermeintlich weite Dienstreise endet – die hübsche Kleinstadt hinter den Bergen hat den Ruf eines Liebesnestes für Seitenspringer. Doch so romantisch und kuschelig das Innere der Region Wairarapa, so rau, wüst und leer seine Küsten, nur von wenigen Straßen erschlossen.

Die bei Anglern beliebte Sommerfrische **Lake Ferry,** gut 30 km südlich Martinborough, bekam seinen Namen, als der Weg von Wellington an diese Küste noch zu Fuß oder mit dem Pferd immer am Meer entlang führte. Ein Fährmann brachte die Reisenden dann über den Lake Onoke, dessen Mündung nicht zu furten war.

Etwa 13 km nach dem Abzweig bei Lake Ferry Richtung Cape Palliser stößt das Putangirua Scenic Reserve an die Straße. Von dem kleinen DOC Campsite führt ein rauer Pfad durch ein Flusstal zu den **Putangirua Pinnacles.** Wind und Wasser schufen aus einer urzeitlichen Schotterküste einen surreal wirkenden Skulpturenpark mit filigranen Säulen und welligen Wänden, von denen bei jedem kräftigen Windstoß Steine und Staub herunterrieseln – nichts für schwache Nerven. Dieser faszinierende Ort ist ein Muss-Ziel aller Ring-Fans: eine Sequenz des dritten Teils, Aragorns Ritt in die Pfade der Toten, wurde hier gedreht.

Fast wie die Filmkulisse aus einem apokalyptischen Science Fiction wirkt der Strand am Fischerdorf **Ngawi.** Hier wird Strandfischerei betrieben, wobei ein wildes Sammelsurium mehr oder minder verrosteter Raupen und Schlepper zum Einsatz kommt, um die Boote ins Wasser zu schieben und wieder herauszuziehen.

Die Straße wird anschließend schlechter, ist aber bis zum Leuchtturm von Cape Palliser noch mit normalen Pkw zu schaffen, außer bei Starkregen. Die baumlose, karge Landschaft erinnert immer mehr an subarktische Regionen Islands, kaum noch an Neuseeland. Ziel des Weges ist ein rot geringelter Leuchtturm, 18 m hoch und seit 1897 auf einem knapp 80 m hohen Felsvorsprung thronend, die Südspitze der Nordinsel. 250 Treppenstufen führen hinauf, die Aussicht ist brillant, falls man nicht vom exponierten Plateau weggeweht wird. **Cape Palliser** ist eine extrem windige Ecke.

An den Stränden und auf den Klippen vor dem Cape leben Hunderte von Fellrobben, die einzige nennenswerte Kolonie auf der Nordinsel. Vor allem zwischen Felsen sind sie durch ihr graues Fell so gut getarnt, dass man manchmal den stinkenden Atem riecht, bevor man sie sieht. Passen Sie auf, die Tiere verstecken sich gern unter Felsvorsprüngen oder in kleinen Höhlen, auch hoch über dem Ufer und etliche Meter landeinwärts, und erschrecken dann mit lautem Gebrüll allzu neugierige Touristen.

Die Hauptroute verlässt westlich **Featherston** auf SH2 das Wairarapa und quert auf einem kurvenreichen, zeitraubenden Passstück die Rimutake Range, um im **Hutt Valley** (S. 282) in die Suburbs der Hauptstadt Wellington einzutauchen.

Infos

Wairarapa Visitor Centre – Martinborough i-Site: 18 Kitchener Street, Tel. 06-306 5010, www.wairarapanz.com.

Übernachten

Romantisches Liebesnest ► Peppers Martinborough Hotel: The Square, Tel. 06-306 9350, www.martinboroughhotel.co.nz. Das nostalgische Hotel im Kolonialstil steht symbolisch für das aufgestylte Städtchen: luxuriöse Zimmer (mit Frühstück 300–395 NZD) und an Wochenenden Pauschalpakete mit kulinarischen Extras. Gespeist wird im The **Bistrot** auf die ganz vornehme Art, dazu liegt im Weinkeller eine exquisite Auswahl regionaler Weine, darunter natürlich viele Pinot Noirs. In der rustikalen **Malt Whisky Bar** gibt's später einen ... na, was wohl?

Hier machen Kiwis gern Ferien ► Lake Ferry Holiday Park: 25–39 Lake Ferry Rd, Fetherston, Tel. 06-307 7873, www.lakeferryholidaypark.co.nz. Hier trifft man kaum Überseetouristen, dafür viele angelbegeisterte Kiwis. Die Cook Strait auf der einen, Lake Onoke auf der anderen Seite. Stellplätze ab 24–28 NZD, Hütten und Apartments 40–80 NZD.

Kaum mehr als die Wiese ► DOC Putangirua Pinnacles campsite: Cape Palliser Rd. Der Platz ist *basic,* aber direkt am Track zu den Pfaden der Toten. 6,10 NZD/Pers.

Essen & Trinken

Wairarapa produziert 2 % des neuseeländischen Weins, die aber am absolut oberen Ende der Qualitäts-, Preis- und Kultskala. Rund 30 Wineries mit Direktverkauf stellt www.winesfrommartinborough.com vor, eine Printversion gibt's beim i-SITE.

Heimat eines Kult-Pinot-Noir ► Martinborough Vineyard: Princess St, Tel. 06-306 9955, [fc] 0800 PINOT NOIR, www.martinorough-vineyard.co.nz, tgl. 11–16 Uhr Verkauf. Um den Pinot Noir dieses Erzeugers wird ein regelrechter Kult getrieben, viele loben ihn als einen der besten der Welt. Rund 60 NZD kostet die Flasche im Direktverkauf.

Große Auswahl zum Probieren ► Martinborough Wine Centre: 6 Kitchener Street, Tel. 06-306 9040, www.martinboroughwinecentre.co.nz. Dutzende Weine lokaler Weingüter zum Testen und Kaufen, tgl. 10–17 Uhr.

Paua Schmuck- und Souvenirs ► Paua World: 54 Kent St, Carterton (15 km südl. Masterton). Fabrikführungen und -verkauf von Souvenirs aus der farbenprächtigen Muschel, Mo–Fr 8–17, Sa/So 9–17 Uhr.

Aktiv

Sightseeing und Weinproben ► Tranzit Coachlines: Tel. 06-377 1227, [fc] 0800 471 227, www.tranzit.co.nz. Wein- oder Gourmettouren mit Proben um Martinborough ab 140 NZD auch inkl. Bahnanfahrt ab Wellington (ca. 180 NZD). Außerdem Naturexkursionen u. a. zum DOC Wildlife Centre Pukaha S. 268) oder an die wilden Küsten der Region.

Termine

Toast Martinborough: www.toastmartinborough.co.nz. Gutes Essen, guter Wein und gute Unterhaltung auf fast einem Dutzend Weingütern am 3. So im Nov., Eintritt ca. 60 NZD. Shuttles zwischen den Gütern, Sonderzüge der TranzMetro ab/bis Wellington.

Verkehr

S-Bahn/Bus: Martinborough ist mit Zubringerbussen in Featherston an die TranzMetro ab/bis Wellington angebunden (bis 5 x tgl., 90 Min., S. 287).

Wellington und Umgebung

Wellington, eingeklemmt zwischen Bergen und Meer, politisches Machtzentrum, Kulturhochburg und aufstrebende Filmstadt. Pulsierendes Nightlife, edler Lifestyle, sichere Straßen und eine wilde, raue Küste als Kontrast. Wellington kann hier klassisch schön, nostalgisch und romantisch sein, dort hypermodern, weltstädtisch, exzentrisch.

7 Wellington ▶ K/L 12

Cityplan: S. 276

Als *absolutely positively* vermarktet sich Neuseelands Hauptstadt, über *windy Welli* lästern Kiwis aus anderen Teilen des Landes. In der Tat fegen gern kräftige Winde durch die Straßen, aber weder das noch die Erdbebengefahr – Wellington liegt über einer geologischen Bruchzone – haben die Entwicklung der Stadt nachhaltig behindert. Im Gegenteil: Landhebungen als Folge eines Bebens 1855 legten Gebiete trocken, auf denen heute Teile des Zentrum um den pulsierenden Courtenay Place stehen. In den 1970/80er-Jahren lieferte die Erdbebengefahr indes Stadtplanern Argumente, alte Bauten durch moderne Glaspaläste und Hochhäuser zu ersetzen. Ob die den *big shake,* über den die Wellingtonians so gern reden wie Engländer übers Wetter, besser überstehen, muss sich noch erweisen. Auf jeden Fall haben Stadtplaner mehr Bausubstanz aus der Kolonialzeit vernichtet als die Erdkräfte. Etwa 198 000 Menschen leben in der eigentlichen Stadt Wellington, in der Metropolitan Area je nach Grenzziehung etwa 394 000 bis 483 000 Einwohner, dazu gehören auf jeden Fall die Vorstädte Lower Hutt (ca. 102 000), Porirua (52 000) und Upper Hutt (gut 39 000).

Genießen und shoppen

Um seiner Rolle als Kapitale gerecht zu werden, bemüht sich Wellington um das Image einer hippen Kultur- und Einkaufsstadt. Krönung des Kulturangebots ist das in geraden Jahren stattfindende **New Zealand International Arts Festival** mit viel etablierter Kunst (S. 286). Darüber hinaus lockt munteres Nightlife ins flippige, multikulturelle Viertel um die Cuba Street – in der Selbstdarstellung **Cuba 1/4** –, für die edleren Momente des Abends an die **Queens Wharf** oder für lange Nächte ins aufgestylte **Courtenay Quarter,** wo sich am schrill bunten Courtenay Place subkulturelle Cafés, asiatische Takeaways, billige Pizzerien, Edel-Italiener und Irish Pubs ebenso wie Diskotheken und Bistro-Restaurants im modernistischen Designer-Look aneinander reihen.

Top Viertel zum Shopping ist das **Lambton Quarter,** der Central Business District der Stadt. Hier sind die edelsten Boutiquen zu finden, ebenso das Luxuskaufhaus **Kirkcaldie & Stains** 1 (165–177 Lambton Quay, www.kirkcaldies.co.nz).

Schon eine Sehenswürdigkeit für sich ist die edelst gestaltete **Old Bank Arcade** 2. In dem restaurierten Bankgebäude aus dem frühen 20. Jh. füllen Boutiquen und Cafés drei Etagen, darunter Läden aufstrebender Kiwi-Label wie Andrea Moor und Ricochet. Ähnlichkeiten mit Sydneys berühmtem Queen Victoria Building kommen nicht von ungefähr, derselbe Generalunternehmer steht für beide Konzepte. Da fehlt dann nicht das nostalgische Element zum Schauen und Staunen: The Old Bank Clock, eine gigantische Spieluhr, zeigt die Geschichte der Old Bank Arcade: Das Gebäude steht auf altem Meeresgrund; bei der Renovierung wurden Teile des Dreimasters Inconstant freigelegt. Den hatte John Plimmer, der ›Vater von Wellington‹, an dieser Stelle 1850 auf Grund setzen und zu einem Lager umbauen lassen, das nach der Landhebung 1855 plötzlich auf dem Trockenen stand. Im Tresor-Geschoss der Old Bank Arcade sind Reste der Plimmers Ark zu sehen (Kreuzung Lambton Quay/Customhouse Quay/Willis St, Mo–Do/Fr 9–18/19 und Sa 10–16, So 11–15 Uhr; Spieluhr zu jeder vollen Stunde, Shopliste: www.oldbank.co.nz).

Von der Old Bank Arcade kann das Shoppen die Willis Street oder die parallele Victoria Street entlang weitergehen bis ins unkonventionellere Cuba 1/4. Und bei alledem das Angenehme: Wellington gilt dank aufwendiger Präventionsmaßnahmen als eine der sichersten Großstädte der Welt, zuletzt sogar von der WHO in einem internationalen Vergleich anerkannt.

Wellywood – ein neues Image

Als Regierungs-, Verwaltungs- und Universitätsstadt ist Wellington lange ein Begriff, als Finanzplatz hinkt es etwas hinter Auckland her und als Industriestandorte kommen allenfalls Städte im Umland in Frage. Eine noch junge Industrie sorgt seit 2001 indes für ein neues Image und globale Berühmtheit: Wellington ist ›Welliwood‹: Regiestar Peter Jackson lebt und arbeitet hier erklärtermaßen gern und die derzeit besten Trickser und Täuscher der Filmwelt, Weta Workshop und Weta Digital, die u. a. für Effekte und Ausstattungen in ›Der Herr der Ringe‹, im Remake von ›King Kong› oder in ›Die Chroniken von Narnia‹ verantwortlich zeichnen, haben im Vorort Miramar ihre Werkstätten und als jüngstes Kind den Ausstellungs- und Merchandising-Shop ›Weta Cave‹ (S. 282). Fünf Oscars stehen bei Ihnen schon im Trophäenschrank. Die Weltpremiere des letzten Teils der Tolkien-Verfilmung, ›Die Rückkehr des Königs‹, fand mit großem Pomp und Staraufgebot im **Embassy Theatre** 1 am Courtenay Place statt. Der angestaubte Kinopalast aus den 1920ern wurde dafür optisch wie technisch auf Weltstadtniveau gebracht. Blondini's Jazz Lounge & Cafe im oberen Foyer bietet sich für den Prä- oder Postmovie Drink an (10 Kent Terrace, Tel. 04-384 7657, www.deluxe.co.nz, Tickets je nach Wochentag und Tageszeit ab ca. 10–18 NZD). In Wellington, im Hutt Valley und entlang der Kapiti Coast (S. 205) entstanden viele **LOTR-Szenen** – Touren zu den Drehorten der Herr-der-Ringe-Trilogie werden angeboten (S. 283).

Anfänge

Te Whanganui-a-Tara, der Große Hafen des Tara, hieß der Wellington Harbour bei den Maori. Tara, ein Häuptlingssohn aus der Hawke's Bay Region, habe sich mit Gefolge hier im 12. Jh. niedergelassen. Ein weiterer Maori-Name für die Bucht nimmt auf den Mythos Bezug, in der Maui mit der Südinsel als Kanu und Stewart Island als Ankerstein den großen Fisch, der zur Nordinsel wurde, fängt: Te Upoko o te Ika a Maui, der Kopf des Fisches von Maui. Wellingtons angesehene Victoria University benutzt diese Bezeichnung in ihrem Maori-Namen.

Die Kolonialzeit begann, als 1840 am Ufer der Bucht Port Nicholson – heute als Wellington Harbour bekannt – Siedler der umstrittenen New Zealand Company von E. G. Wakefield aus den Booten stiegen. Ein Jahr zuvor hatte Wakefields Bruder William mit einem undurchsichtigen Handel das Land von den wenigen nach Stammeskriegen und Seuchen noch verbliebenen Maori erworben.

1855, Wellington war kaum als Stadt erkennbar, erlebte es das Erdbeben, das an der Küste so viel Neuland schuf und das Wissenschaftler anhand der Folgen zum stärksten hochgerechnet haben, das das Land seit der Besiedlung erlebt haben dürfte. Großen Schaden konnte es noch nicht anrichten.

Ein Jahrzehnt später wurde Wellington Hauptstadt. Damit verstärkten sich Platzprobleme, aber die von Hügeln und Wasser bedrängte Stadt rang dem Meer immer wieder Bauland ab. Lambton Quay verrät sich nur noch mit seinem Namen als ehemalige Uferpromenade, inzwischen haben sich zwei Häuserblocks und zwei wichtige Verkehrsachsen zwischen diese wichtigste innerstädtische Shoppingstraße und das Meer geschoben.

Mt Victoria Lookout 1

200 m hoch liegt der **Mt Victoria Lookout,** vom Courtenay Place oder von der Oriental Parade auf verwinkelten Straßen zu erreichen und auch zum Sonnenuntergang oder nach Einbruch der Dunkelheit ein gern besuchtes Ziel. Die Parks südlich das Aussichtspunktes kennen Millionen Menschen in aller Welt als dicht bewachsenen Wald am Rande des Auenlandes aus dem ersten Teil von ›Der Herr der Ringe‹, kaum jemand dürfte diesen Filmset inmitten einer Großstadt erwartet haben. Die Oriental Parade zu Füßen des Mt Victoria war der Platz, an dem früher die im Harbour gefangenen Wale zerlegt wurden. Heute ist es ein Strandboulevard mit Edelapartments, -hotels und -restaurants. Die Kaianlagen des Lambton Harbour, des eigentlichen Hafens von Wellington direkt vor der City, wurden zwischen dem von Kreuzfahrtschiffen oft genutzten Überseepier und dem Queens Wharf zur neuen Visitenkarte der Stadt aufgestylt, Kernstück der Neugestaltung ist das Nationalmuseum.

Nationalmuseum Te Papa 2

Einen Überblick über die Natur des ganzen Landes und die Kultur seiner Menschen bietet das Nationalmuseum **Te Papa Tongarewa**. In dem architektonisch extravaganten, dekonstruktivistischen Gebäude wurden 317 Mio. Dollar verbaut, viele davon für den Erdbebenschutz. Deren geologische Ursache, die Wellington Faultline, wird symbolisch aufgegriffen: Eine wuchtige graue Wand durchschneidet den Komplex und trennt die asymmetrisch angeordneten Gebäudeteile wie eine tektonische Verwerfung. Te Papa Tongarewa nutzt modernste Multimediatechnik, um Neuseeland mit seinen vielen Facetten für alle Generationen interessant zu präsentieren. Ein Miniregenwald, Kunstgalerien, Ausstellungen zur Naturwissenschaft, zu den Einwanderungswellen, zur Nationalgeschichte und zur Maori-Kultur gehören dazu, ebenso virtuelle Zeitreisen und ein Marae mit allen protokollarischen Weihen. Te Papa Tongarewa versteht sich als bikulturelle Einrichtung der Volksgruppen der Pakeha und der Maori. Folglich sind Maori und ihre Kultur nicht Ausstellungsgegenstand, sondern alle Themen werden auch aus ihrer speziellen Sicht dargestellt (Cable St, Waterfront, Tel 04-381 7000, www.tepapa.govt.nz, tgl. 10–18, Do bis 21 Uhr, gratis, bei bedeutenden Wechselausstellungen Eintritt).

Tipp: Wellington von oben

Wellington liegt zwischen Bergen und Meer die Stadt von oben zu sehen ist eine wahre Augenweide. Vom **Mt Victoria** 1 bietet sich nicht nur ein Blick auf das komplette Zentrum vor grünen Hügeln – auch am Abend wunderschön – sondern eine grandiose Rundumsicht: Man hat den geschäftigen Flughafen unter sich und kann den Weg der Fähren über die Cook Strait verfolgen. Von der **Kelburn Station** 3, der Bergstation der Kabelbahn, schaut man den Hochhäusern des Central Business District auf die Dächer und der Wellington Harbour bildet den Hintergrund.

Landeinwärts

Den meisten flachen Platz, sich landeinwärts auszudehnen, haben Cuba 1:4 und Courtenay Quarter. Im Hinterland findet man **The National Tattoo Museum** 4. Es dokumentiert die lange Tradition des Tätowierens in der Maori-Bevölkerung, insbesondere deren markante Gesichts-Tattoos, *moko* genannt (187 Vivian St, Tel. 04-385 2185, www.tat2 co.nz, So–Do/Fr, Sa 12–17.30/20 Uhr, gratis).

Eine Institution bekommt seit den Erfolgen von Peter Jackson immer mehr Beachtung: **The New Zealand Film Archive** 5. Es ist in erster Linie eine Präsenzbibliothek und Videothek, besitzt aber auch ein Kino, in dem cineastische Perlen gezeigt werden, sowie ein Café (84 Taranaki Street, Wellington, Tel. 04-384 7647, www.filmarchive.org.nz).

Kunst zwischen City und Sea

Folgt man vom Nationalmuseum jedoch dem Hafenufer nach Norden, stößt man bald auf eine kleine Lagune, an der zwei traditionsreiche Sportclubs, einer für Segler, einer für Ruderer, residieren. Von hier überquert die **City-to-Sea-Bridge** 6, eine Fußgängerbrücke voller moderner Holzplastiken, den viel befahrenen Jervois Quay zum **Civic Square,** einen von wichtigen Bauten eng umstandenen Platz: Für die 1904 in üppig historisierendem Stil mit hohem Glockenturm gebaute, aber später aus Gründen der Erdbebensicherheit radikal ›abgerüstete‹ **Wellington Town Hall** 7, das alte Rathaus, war schon die Abrissbirne bestellt, als sie durch Bürgerproteste gerettet wurde. Wohl deshalb steht es eng und in beißendem Kontrast neben dem **Mi-**

Die Kabelbahn zur Kelburn Station verschafft Besuchern Überblick

chael Fowler Centre 8 aus den 1980er-Jahren, einem Multifunktionsbau für Konzerte und Kongresse.

Die **City Gallery Wellington** 9, die städtische Kunstgalerie, nutzt für ihre Ausstellungen – meist Gegenwartskunst – das 1939 in sachlichem Klassizismus entstandene Gebäude der damaligen Stadtbibliothek am Civic Square (101 Wakefield St, www.citygallery.org.nz, tgl. 10–17 Uhr, gratis außer bei großen Sonderausstellung).

Die **Central Library** 10 zog mit ihren Büchern 1991 in das spektakulärste Haus am Platze, dessen Wahrzeichen die künstlichen Nikau-Palmen aus Kupfer und Stahl sind, von denen ein Teil als Säulenreihe das weit ausladende Obergeschoss trägt. Ian Athfield, weltweit anerkannter Doyen der neuseelän-

0
250
500 m
Town Belt
THORNDON
Katherine Mansfield Park
Dt. Botschaft
Thorndon Quay
Westpac Stadium
Tinakori Road
Murphy St
Molesworth St
Mulgrave St
Hawkestone St
Little Pipitea St
Pipitea St
Davis St
Hobson St
Hobson Cres
Moturoa St
Turnbull
Fitzherbert
Portland
Park St
Grant Road
Goring St
George St
Little George St
Wadestown Rd
Burnell Ave
Harriet St
Pitarua St
Hill St
Parliament St
Guilford Ter
Aitken St
Guthrie St
Waterloo Quay
Hinemoa St
Bluebridge Ferry Terminal
Railway Station
Upton Ter
Barton Ter
Lewisville Ter
St Mary St
Glenbervie Ter
Ascot St
Sydney St West
Stellin Memorial Park
Patanga Cres
Bowen St
New Zealand Portrait Gallery
Lambton Quay
Whitmore St
Ballance St
Stout St
Anderson Park
Lady Norwood Rose Garden
Easdale St
Bolton St
Kinross St
Wesley St
Aurora Terrace
The Terrace
Rosina Fell Ln
Glenmore Street
Bank Rd
Karori Wildlife Sanctuary
Wellington Botanic Garden
NZ Met Service
NORTH-LAND
Salamanca Road
Clermont Ter
Talavera Ter
Clifton Terrace
Everton Ter
LAMBTON
Waring Taylor St
Johnston St
Brandon St
Panama St
Featherston St
Customhouse Quay
Grey St
Hunter St
New Zealand Academy of Fine Arts
Wellington Harbour Ferry
Lambton Harbour
Cable Car
Cricket
Kelburn Park
Boulcott St
Gilmer Ter
Old Bank Arcade
Willeston St
Victoria St
Jervois Quay
Frank Kitts Park
Harris St
Mercer St
Civic Square
Wakefield St
Willis St
Church St
Allenby Ter
Bond St
Manners St
Percival St
Dixon St
McDonald Cres
TE ARO
Manners Mall
Cuba St
Opera
Oversea's Terminal
Cable St
Herd St
Chaffers St
Wakefield St
Courage Ln
Tory St
Allen St
Blair St
Courtnay Place
Roxburgh
Majoribanks St
Levy St
Taranaki St
Ghuznee St
Garrett St
Marion St
York St
Jacobs Pl
Tennyson St
Alpha St
Cambridge Terr
Kent Terrace
Lorne St
College St
Elizabeth St
Jessie St
Frederick St
Vivian St
Buller St
Victoria St
Walter St
Kensington St
Abel Smith St
Essex St
Devon St
St Johns St
Weston St
Oak St
Park St
Palmer St
Aro St
Willis St
Epuni St
Ohiro Rd
MT COOK
Landcross St
Fairlie Ter
Majoribanks St
Kelburn Pde
Central Ter
Grove Rd
Upland Rd
Glen Rd
Rimu Rd
Ngaio Rd
North Ter
Rawhiti Ter
KELBURN
Glasgow St
Kelburn Pde
Salamanca Rd
Victoria University
Broughamm St

Wellington

Sehenswert

1 Mt Victoria
2 Te Papa Tongarewa (Nationalmuseum)
3 Kelburn Station (Bergstation Kabelbahn)
4 The National Tattoo Museum
5 The New Zealand Film Archive
6 City-to-Sea-Bridge
7 Wellington Town Hall
8 Michael Fowler Centre
9 City Gallery Wellington
10 Central Library
11 Queens Wharf
12 Museum Of Wellington City & Sea
13 Old Government Buildings
14 Beehive
15 Parliament House
16 General Assembly Library
17 Nationalbibliothek/ Alexander Turnbull Library
18 Archives New Zealand
19 Old St Paul's
20 Wellington Cathedral of St Paul

Fortsetzung S. 278

Wellington

21 Katherine Mansfield Birthplace
22 Cable Car (Talstation)
23 Cable Car Museum
24 Treehouse Visitor Centre (Botanic Garden)
25 Lady Norwood Rose Garden (Botanic Garden)
26 Carter Observatory
27 ZEALANDIA: The Karori Sanctuary Experience
28 Weta Cave
29 Wahine Memorial

Übernachten
1 Intercontinental
2 Museum Hotel
3 Lambton Hights
4 Booklovers B&B
5 The Lighthouse
6 The Keep
7 The Shepherds Arms Hotel
8 Hotels Wellington
9 Wellington City YHA
10 Top 10 Hutt Park Holiday Park

Essen & Trinken
1 The Backbencher Pub & Café
2 Chocolate Fish Café
3 Maranui Café/Surf ,Life Saving Club
4 The Bach Café
5 Martin Bosley's Yacht Club Restaurant
6 The Whitehouse
7 Shed 5
8 Boulcott Street Bistro
9 Arbitrageur
10 Ortega Fish Shack & Bar
11 Enigma Café
12 BNZ Food Court

Einkaufen
1 Kirkcaldie & Stains
2 Old Bank Arcade
3 Begonia House (Shop im Botanic Garden)
4 New World Thorndon
5 Brezelmania Kelburn
6 Arobake
7 Real Groovy
8 Zambesi
9 Starfish
10 Karen Walker Store
11 Kura Contemporary Ethnic Art
12 Tamarillo

Abends & Nachts
1 Embassy Theatre
2 Penthouse Cinema & Café
3 Westpac St James Theatre
4 Opera House
5 BATS Theatre
6 Circa Theatre
7 Kitty O'Shea's
8 Matterhorn
9 San Francisco Bathhouse

Aktiv
1 Lyall Bay
2 Evans Bay
3 Island Bay Divers

dischen Architektur, schuf mit dieser Bibliothek und der Gesamtgestaltung des Civic Square sein Hauptwerk.

Nächste Station am Ufer sind die sanierten Kaianlagen am **Queens Wharf** 11. Hafenbüros und Speicher aus dem späten 19. Jh. wurden zu einem Konsumviertel mit Einkaufspassage, Activitycentre und Trend-Lokalen umgestaltet. Ein restauriertes Lagerhaus von 1892, The Bond Store, schirmt das Queens Wharf-Gelände Richtung Zentrum ab, hier ist das **Museum Of Wellington City & Sea** 12 zu Hause, eine Kombination aus Stadt- und Seefahrtsmuseum. Ein Schiffsmodell überrascht deutsche Besucher an diesem Ort: Die ›Pamir‹, deren Untergang 1957 als deutsches Segelschulschiff mit 80 meist jungen Kadetten in einem Hurrikan im Atlantik der noch jungen Bundesrepublik ihre emotionalste Schiffskatastrophe nach Ende des Zweiten Weltkrieges brachte und gleichzeitig weltweit das Ende der frachtfahrenden Großsegler bedeutete. Das Schiff schrieb aber auch in Neuseeland Seefahrtsgeschichte, wurde 1941 in Wellington auf britischen Wunsch als Prise beschlagnahmt und segelte bis 1948 unter neuseeländischer Flagge als Frachter und Segelschulschiff und war in dieser Zeit für das Land eine Art maritimes Wahrzeichen (www.museumofwellington.co.nz, tgl. 10–17 Uhr, gratis).

Machtzentrum mit Pub

Das Regierungsviertel bereichert Wellingtons Architekturvielfalt: Vier Gebäude, vier Stile. Die **Old Government Buildings** 13 am Lambton Quay entstanden zwischen 1876 und 1907 und kopieren die italienische Re-

Restaurant-Bar in Wellingtons Szeneviertel Cuba Quarter

naissance. Wie vom Architekten beabsichtigt, offenbart ein oberflächlicher Blick nicht, dass man vor einem der größten Holzgebäude der Welt steht. Damit hoffte man 1876, das Erdbebenrisiko für Regierung und Beamtenstab zu mindern. Inzwischen studieren hier angehende Juristen; im Erdgeschoss informieren Schautafeln über das Gebäude. Auf der anderen Straßenseite liegt das heutige Machtzentrum, die **Parliament Buildings**. Über das auffällige Kenotaph für die Gefallenen des Ersten Weltkriegs, insbesondere die Toten von Gallipoli (S. 30), blickt man auf das 1981 fertiggestellte Regierungsgebäude **Beehive** 14. Bienenkorb wird es, so behaupten Lästermäuler, ausschließlich wegen der Form des Baus genannt, keinesfalls seien diejenigen, die dort arbeiten, bienenfleißig. Nebenan tagt das Parlament hinter einer barocken Fassade aus Marmor und Granit.

Das 1921 fertiggestellte **Parliament House** 15 wirkt unproportioniert, weil für den ursprünglich geplanten Südflügel das Geld nicht reichte. Innen ist es hingegen prächtig ausgestattet, mit viel Kunst- und Kunsthandwerk aus allen Epochen, die das Gebäude bisher erlebte, und von Künstlern beider großen Volksgruppen (Führungen zur vollen Std. Mo–Fr 10–16, Sa 10–15, So 11–15 Uhr gratis ab Visitor Centre Erdgeschoss Beehive, reservieren! Tel. 04-471 9503; Besuchergalerie bei Sitzungen – meist Di–Do ca. 14–18 Uhr, Parlamentsferien Mitte Dez.–Mitte Feb.; kalkulieren Sie ca. 15 Min. für Sicherheitskontrollen ein). Fehlendes Geld verhinderte auch einen geplanten dritten Stock für die nun etwas gedrungen wirkende neogotische **General Assembly Library** 16, die Parlamentsbibliothek, das dritte Gebäude des Machtzentrums.

Am schönsten ist ein Besuch im Regierungsviertel, wenn die Rasenflächen vor den Gebäuden gegen Mittag zum größten Lunchplatz der City werden. Zu diesem familiären Machtzentrum gehört als wahre Institution **The Backbencher Pub & Café** 1, die heimliche Parlamentskantine, die längst zu einer Sehenswürdigkeit geworden ist. Die Speisekarte spielt bei allen Gerichten mit den Namen bekannter Politiker oder mit Politskandalen. Politiker kommen trotzdem gern und je prominenter, desto größer die Chance, dass sie sich irgendwann in Form einer karikierenden Gummipuppe an der Wand entdecken (34 Molesworth St, Tel. 04-472 3065, www.backbencher.co.nz, tgl. ab 11 Uhr, HG 20–30 NZD).

Zwei auf den ersten Blick wenig spektakuläre Kulturinstitutionen sind neben dem Regierungsviertel zu Haus: Die **Nationalbibliothek** 17 umfasst auch die **Alexander Turnbull Library,** eine weltberühmte Sammlung von Büchern, Schriften, Fotos und anderen Dokumenten über die gesamte Pazifikregion, ständig werden Teile des Bestandes gezeigt (58–78 Molesworth St, www.natlib.govt.nz, Mo–Fr 9–17, Sa 9–13 Uhr, gratis).

Die **Archives New Zealand** 18, das Nationalarchiv, hortet alles zur Geschichte Neuseelands und zeigt im Constitution Room permanent einige seiner Schätze wie das Original des Treaty of Waitangi und die Woman's Suffrage Petition von 1893, eine über 30 000-mal unterzeichnete Petition, die den neuseeländischen Frauen als den ersten weltweit ein Wahlrecht auf nationaler Ebene einbrachte (S. 30, 10 Mulgrave St, www.archives.govt.nz, Mo–Fr 9–17, Sa 9–13 Uhr, gratis).

Ein paar Schritte die Mulgrave Street hinauf versteckt sich **Old St Paul's** 19 zwischen den Häusern, die alte anglikanische Hauptkirche der Stadt, ein Holzbau von 1865 im Stil englischer Gotik. Im Inneren beindruckt die offene Tragekonstruktion des Daches (34 Mulgrave St, tgl. 9.30–17 Uhr, Spende wird erwartet). Old St Paul's ist noch als Kirche eingesegnet und wird gern für Hochzeiten genutzt, steht aber längst unter der Obhut der nationalen Denkmalschützer des Historic Places Trust. Als Domkirche der anglikanischen Kirche dient inzwischen die wuchtige **Wellington Cathedral of St Paul** 20 oberhalb der Parlamentsbauten, die 1998 nach über vier Jahrzehnten Bauzeit fertig wurde.

Thorndon – oder was davon übrig ist

An der deutschen Botschaft vorbei und über die Stadtautobahn hinweg gelangt man auf die Tinakori Road. Gleich rechter Hand erinnert **Katherine Mansfield Birthplace** 21 an Neuseelands international bekannteste Literatin (s. 46). Kathleen Mansfield Beauchamp, so ihr Geburtsname, lebte hier und in einem inzwischen abgerissenen Haus ein Stück die Straße hinauf 13 ihrer knapp 17 neuseeländischen Jahre, ehe sie 1908 nach Europa ging, wo sie im Alter von nur 34 Jahren starb, ohne ihre Heimat wiedergesehen zu haben. Da sie in ihren Geschichten häufig die eigene Kindheit und Jugend zum Thema machte, ist ein Besuch in der Tinakori Road immer eine Stippvisite in die Literaturgeschichte Neuseelands (25 Tinakori Rd, Tel. 04-473 7268, www.katherinemansfield.com, Di–So 10–16 Uhr, 8 NZD). Im Museum bekommt man die Broschüre ›Guide to Katherine Mansfield's Wellington‹, mit dem Schauplätze aus ihrem Werk zu entdecken sind. Dabei war das Verhältnis der Autorin zu ihrer Heimatstadt durchaus diffizil: Sie empfand Wellington als äußerst spießig.

Nach Südwesten durchquert die Tinakori Road das, was der Bau der Stadtautobahn vom Kern des alten **Thorndon** übrig gelassen hat – ein paar Häuser aus Wellingtons kolonialen Kindertagen sind geblieben, darunter die Residenz des Premierministers.

Kelburn – über den Dingen

Auf der tagsüber so quirligen Shopping-Straße **Lambton Quay** übersieht man leicht das Hinweisschild mit dem Minimodell eines Kabelbahn-Zuges, das den Weg zur versteckt in einer Shopping Mall liegenden Talstation der **Wellington Cable Car** 22 weist (Cable Car Lane, www.wellingtoncablecar.co.nz, Mo–Fr 7–22 Uhr, Sa/So 9–22, alle 10 Min., 3,50 NZD einfach). Diese Kabelbahn ist in der bergigen Stadt ein viel genutztes öffentliches Verkehrsmittel. An der 610 m langen Strecke, die 120 Höhenmeter überwindet, bieten Zwischenstationen Zugang zur Uni und zu Studentenwohnheimen, während ganz oben die **Kelburn Station** 3 das Wohnviertel Kelburn mit geradezu kleinstädtischem Charakter erschließt.

Vom Aussichtspunkt neben der Station ist der Blick auf Wellington und den Harbour grandios – schauen Sie, ob vielleicht das Lokal auf der anderen Seite der Station wieder mit einem ansprechenden Konzept geöffnet hat, denn auch dort sitzt man mit einer faszinierenden Aussicht. Das **Cable Car Museum** 23 im alten Kabelhaus der Bergstation informiert über die mehr als 100-jährige Geschichte der Bergbahn und zeigt auch einen der halboffenen Wagen aus ihren Anfangstagen (Kelburn Station, Tel. 04-475 3578, Nov.–April tgl. 9.30–17.30 sonst 10–17 Uhr, gratis).

Daneben ist ein Zugang in den beeindruckenden Wellington Botanic Garden. Mit dem **Treehouse Visitor Centre** 24, wo man fachmännischen Rat für Gartenprobleme einholen kann, und dem gut sortierten Garten-Shop im **Begonia House** 3, ist er nicht nur eine grüne Oase, sondern auch ein ›must visit‹ für jeden Hobbygärtner (Park tgl. bis Sonnenuntergang, Visitor Centre Tel. 04-499 1400, Mo–Fr 9–16, Shop tgl. mind. 9–16 Uhr). Blumenbeete und Grünanlagen ziehen sich die Hänge bis an den Rand des Regierungsviertels hinunter, ein Highlight ist der **Lady Norwood Rose Garden** 25 mit über hundert Rosenarten. Von der Cable Car Bergstation sind es es nur wenige Schritte in den Park hinein zum **Carter Observatory** 26, das mit seinen Austellungen und einem modern konzipierten Planetarium Einblicke in den südlichen Sternenhimmel erlaubt (Tel. 04-499 4444, www.carterobservatory.org, tgl. 10–17 Uhr, Sa –21.30 Uhr Sternenbeobachtung live bei klarem Himmel, Planetarium Shows Mo–Fr alle 90, Sa/So alle 60 Min., 18 NZD, Familientickets).

Östlich von Kelburn ist **ZEALANDIA: The Karori Sanctuary Experience** 27, auf Wellingtons dreidimensionalem Straßennetz nicht leicht zu finden. 250 ha Wald- und Buschlandschaft wurden mit einem aufwendigen Sperrzaun gegen das Eindringen schädlicher Importtiere gesichert und renaturiert zur neuen Heimat bedrohter heimischer Vogelarten – sogar Kiwis sind schon ausgewildert. Das Gelände ist zugänglich, mehr als 35 km Wege sind angelegt und auch Relikte aus der frühen Kolonialzeit, als hier nach Gold gesucht wurde, lassen sich entdecken. Bei Nachtführungen bestehen gute Chancen, freilebende Kiwis zu sehen. Ein großes Visitor Centre vertieft die Natureindrücke (Waiapu Rd, Tel. 04-920 9200, www.visitzealandia.com, tgl. mind. 10–17 Uhr, Visitor Centre oder Freigelände jeweils 18,50 NZD, Kombiticket 28,50 NZD, Familientickets; Nachtwanderungen mit jahreszeitlich variierenden Startzeiten tgl. inkl. Shuttle aus der Stadt ca. 80 NZD).

Die Küstenvororte ► K/L 12

Cityplan: S. 276

Wer Wellington motorisiert oder per Rad entfliehen möchte, folgt von der Oriental Parade um die östlichen Stadtviertel herum rund 40 km der Küste, erst mit Aussichten auf die City, dann auf die enge Öffnung des Wellington Harbour zum Meer und schließlich auf die Cook Strait. Unterwegs staunt man über Villen der besserverdienenden Wellingtonians an den Hängen über dem Ufer, später darüber, wie rau und abgeschieden einige Küstenabschnitt trotz der Nähe zur Großstadt geblieben sind – hin und wieder entdeckt man sogar Robben auf den Felsen.

Autofahrer könnten die Strecke mit einer Fahrt durch den Seatoun Tunnel abkürzen, aber schöner ist die ganze Runde an der Küste entlang. Sie biegt auf Höhe des Flughafens am Ostufer der Evans Bay nach Norden und führt etwa auf halber Strecke zum Point Halswell durch eine ehemalige Militäranlage. Die kam im Zuge eines Waitangi-Verfahrens in den Besitz eines Maori Trusts, der damit liebäugelt, sie als Künstler- und Kunsthandwerkerkolonie zu nutzen. In einem der Gebäude kam schon eine Ikone der Cafészene unter, das **Chocolate Fish Café** 2. Das eigentlich unspektakuläre Café wurde an seinem früheren Standort Kult, als sich dort Stars und Crew-Mitglieder der Herr der Ringe-Verfilmung regelmäßig in den Drehpausen tummelten (100 Shelly Bay Rd, Maupuia, Tel. 04-388 2808).

Hat man **Point Halswell** umrundet, schlängelt sich die Straße an den Karaka Bays wieder südwärts. Eine Alternativroute führt ›oben‹ durch Miramar, Wellingtons Antwort auf Hollywood. Hier sind Filmstudios und Weta-Workshops zu Hause, eine der bekanntesten Special Effects-Schmieden der Filmwelt (S. 48/49). In der **Weta Cave** 28, einem Multimedia Mini-Museum, huldigen sich die Filmemacher selbst und verkaufen dabei reichlich aus dem Merchandising rund um ihre Werke wie ›Herr der Ringe‹, ›Chroniken von Narnia‹, ›King Kong‹, ›Superman Returns‹ und wahrscheinlich bald ›The Hobbit‹ (7 Weka St, Miramar, Tel. 04-380 9361, www.wetanz.com/cave, tgl. 9–17.30 Uhr, gratis).

An der Worser Bay am Viertel Seatoun erinnert das **Wahine Memorial** 29 an die letzte große Havarie im Verkehr zwischen den Inseln: 1968 wurde hier eine Fähre mit über 700 Menschen an Bord von einem Zyklon auf die Küste zugetrieben und zum Kentern gebracht, 51 Menschen starben.

Um die Südostspitze der Halbinsel wird es richtig einsam, es gibt praktisch keine Bebauung mehr, nur felsige Küste, an der man hin und wieder Angler sieht. Als Kontrast touchiert die Straße dann plötzlich den Flughafen. An der **Lyall Bay** 1 kann man fast unter der Einflugschneise am Strand liegen und den Maschinen zusehen, die über die Straße hinweg starten und landen – manchmal spektakulär! (Tipp: www.youtube.com, dort suchen: wellington airport landings).

An dieser bei Schwimmern wie Surfern beliebten Bucht geht man immer gut behütet ins Wasser: Ein Streit unter Mitgliedern des Lyall Bay Surf & Live Saving Club führte 1910 zu einer Abspaltung, und so residieren zwei der Rettungsvereine, die in Neuseelands Küstengemeinden eine wichtige Rolle bei der Jugendarbeit spielen, mit eigenen Clubhäusern an der Lyall Parade. In dem des **Maranui Surf Life Saving Club** wird das **Maranui Café** 3 mit seiner urigen Sammelsurium-Einrichtung und der guten Aussicht von *locals* gern für ein deftiges Frühstück, einen Snack zwischendurch, den Fish-Curry zum Lunch oder einen guten Cappuccino angesteuert (7 Lyall Bay Parade, Lyall Bay, 04-387 4539, www.maranui.co.nz, tgl. 7–17 Uhr).

Die Aussicht bei schönem Wetter von der Sonnenterrasse auf die Cook Strait und erst recht der Blick bei Sturm durch die großen Fenster, wenn die Fähren draußen vorbei tanzen, macht auch das Ausflugscafé **The Bach Cafe** 4 an der felsigen Küste zwischen Island Bay und Owhiro Bay zu einer Institution (410 Esplanade, Island Bay, Tel. 04-383 5108, tgl. 8–17 Uhr mit frischen Lunch-Gerichten für 15–20 NZD und gelegentlichem Themen-Dinner ›till late‹). Biegt man dann ein paar Hundert Meter weiter westlich an der **Owhiro Bay** in das karge Happy Valley, glaubt man sich noch Welten von den Hochhäusern der City entfernt. Es liegen aber kaum mehr als 5 km und das Intellektuellenviertel Brooklyn dazwischen, eine Welt für sich. Würde Woody Allen in Wellington leben, dies wäre sein Viertel und im schmucken **Penthouse Cinema & Café** 2 würden seine Filme laufen, aber das tun sie in Wellingtons ältestem Programmkino in einem ansehnlichen Art-déco-Gebäude auch so schon (205 Ohiro Rd, Tel. 04-384 3157, www.penthousecinema.co.nz).

Hutt Valley ► L 11/12

Im lang gestreckten **Hutt Valley** entlang SH2 Richtung Wairarapa leben rund 140 000 Menschen in **Lower Hutt** und **Upper Hutt.** Beide Vorstädte bieten schon lange Zugang zu

Tracks für Wanderer und Mountainbiker im Rimutaka Forest Park und entlang der Ostküste des Wellington Harbour im East Harbour Regional Park bis hinunter zu den Leuchttürmen von Pencarrow Head, aber Überseetouristen konnten sie kaum locken.

Wieder waren es ›Der Herr der Ringe‹ und seine Filmsets, die das Tal auf die touristische Landkarte hoben. Touren ab Wellington fahren sie ab: Bruchtal (im Original Rivendell) wurde ein paar Kilometer nördlich Upper Hutt im **Kaitoke Regional Park** in Szene gesetzt, und als Garten von Isengart, in dem Gandalf und Saruman plaudernd herumwandelten, diente **Harcourt Park** in Upper Hutt.

Wahre Fans checken gleich nebenan im Harcourt Holiday Park ein (45 Akatarawa Rd, Upper Hutt, Tel./Fax 04-526 7400, www.harcourtholidaypark.co.nz) und werfen an der Hayward Hill Road (SH58), nahe dem Abzweiger vom SH2, einen Blick in den Steinbruch **Dry Creek Quarry:** Die Festung Helms Klamm (Helm's Deep) und die Stadt Minas Tirith waren hier für Dreharbeiten aufgebaut. Doch nichts blieb außer einem staubigen Steinbruch, der nicht betreten werden soll.

Und es gibt im Hutt Valley mehr als LOTR-Erinnerungen: **The New Dowse** besitzt eine bedeutende Sammlung von Kunst, Kunsthandwerk und Design, das meiste davon aus der Moderne. Das Museum im Zentrum bekam 2007 neue Räumlichkeiten und präsentiert sich heute als innovatives, sehr lebendiges Kunst- und Kulturzentrum (45 Laings Rd, Lower Hutt, Tel. 04-570 6500, www.dowse.org.nz, Mo–Fr 10–16.30, Sa/So 10–17 Uhr).

Infos

Wellington i-SITE Visitor Centre: Ecke Victoria St/Wakefield St, Wellington, Tel. 04-802 4860, www.wellingtonnz.com.

Upper Hutt i-SITE Visitor Centre: 90 Main St, Upper Hut, Tel. 04-527 2141, www.upperhuttcity.com.

DOC Wellington Visitor Centre: 18 Manners St, Tel. 04-348 7770, Fax 04-348 7773, wellingtonvc@doc.govt.nz, Mo–Fr 9–17, Sa 10–15.30 Uhr; u. a. Buchungen für Kapiti Island Permits (S. 207).

Walk Wellington: Tel. 04-472 8280. Geführte Stadtspaziergänge mit Start am i-SITE, 1,5–2 Std., 20 NZD.

Wellington CitySights: www.citysights.co.nz, tgl 9.30–16.30 Uhr ab Wellington i-SITE stündlich auf einem in 60 Min.-Rundkurs mit 12 Hop-off-Hop-on-Stopps an touristisch interessanten Stellen, im Bus Kommentar, 24-Std.-Ticket 30 NZD.

Wellington Rover Tours: Tel. [fc] 0800 426 211, www.wellingtonrover.co.nz. Stadt- und Küste 2,5 Std., 3–4 x tgl. mit Hop-off-Hop-on-Option bis zur nächsten Tour 50 NZD; Lord of the Rings Tour mit Stopp an Weta Cave (S. 282), 7.5 Std., 170 NZD.

Wellington Sightseeing Tours: Tel. 04-472 0869, www.wellingtonsightseeingtours.com. Je 2 x tgl. City 2,5 Std. 55 NZD und Kapiti Coast (S. 205) 4 Std. 100 NZD; Ganztagestouren Cape Palliser (S. 269) oder Wairarapa Weingüter je ca. 200 NZD.

Welly Walks: Stadtwanderungen als kostenlose iPhone Apps auf www.wellingtonnz.com.

Übernachten

Wer flexibel ist, steuert Wellington während der neuseeländischen Sommerferien oder an Wochenenden an, dann locken Business-Hotels mit Sonderangeboten, vorausgesetzt, es gibt kein wichtiges Rugby-Match. Ansonsten sind Unterkünfte etwas teurer als im Landesdurchschnitt. Günstige Alternativen sind Unterkünfte an der Kapiti Coast (S. 205).

Zentral gelegenes Businesshotel ▶ Intercontinental 1: 2 Grey St, Tel. 04-472 2722, www.wellington.intercontinental.com. Internationaler Hotelstandard, Online-Tarife – die meisten ohne Frühstück – ab ca. 180 NZD.

Neben dem Nationalmuseum ▶ Museum Hotel 2: 90 Cable Street, Tel. 04-802 8900, [fc] 0800 994 335, www.museumhotel.co.nz. Modernes, komfortables Cityhotel, nahe gelegen zu Shopping- und Lifestyle-Vierteln. Flexible Preise, z. B. B&B-Pakete in den Ferien und am Wochenende ab ca. 225, sonst ab ca. 260 NZD.

B&B über den Dächern der City ▶ Lambton Hights 3: 20 Talavera Terrace, Kelburn,

Tel. 04-472 4710, www.lambtonheights.co.nz. Gepflegtes und mit viel Sinn für Stil eingerichtetes Bed & Breakfast an ruhiger Nebenstraße. Zimmer zum Teil mit Blick auf Wellington Harbour. DZ mit opulentem Frühstück 180–275 NZD.

Leben in Büchern ▶ **Booklovers B&B** 4: 123 Pirie St, Mount Victoria, Wellington, Tel. 04-384 2714, www.booklovers.co.nz. Wie der Name es andeutet: Hier gibt es Bücher überall, zum Lesen und sogar zum Mitnehmen. Stilvoll eingerichtet, alle DZ mit Bad/WC, Nov.–April 220 NZD, sonst ab 180 NZD.

Absolut originell und romantisch ▶ **The Lighthouse** 5 (326 Esplanade, Island Bay), **The Keep** 6 (116 Esplanade, Houghton Bay), Buchung: Bruce Stokell, Tel. 04-472 4177, www.thelighthouse.net.nz. Ein Ex-Leuchtturm und ein Steinturm mit Aussichtsplattform auf dem Dach jeweils für 2 Personen – statt TV der direkte Blick auf die Cook Strait. Wer sich liebt, ist hier richtig, So–Do 180, Fr/Sa 200 NZD. Frühstück steht im Kühlschrank bereit, ansonsten gibt's eine Kochecke.

Mitten im alten Thorndon ▶ **The Shepherds Arms Hotel** 7: 285 Tinakori Road, Tel. 04-472 1320, [fc] 0800 393 782, www.shepherds.co.nz. Historisches Boutique-Hotel im ältesten Viertel der Stadt, flexible Online-Preise DZ ab ca. 120 NZD, Paket-Angebote. Angeschlossen ist das rustikale Restaurant **The Speight's Ale House**.

Doppelpack im prallen, drallen Cuba 1/4 ▶ **Hotels Wellington** 8: 213/223 Cuba, www.hotelwellington.co.nz. Als das Traditionshotel mit Achtung vor seiner Architektur des frühen 20. Jh. renoviert und erweitert wurde, konnten nicht alle Zimmer denselben Standard bekommen. So läuft ein Teil als 4-Sterne+-Quality Hotel (Tel. 04-385 2156, [fc] 0800 888 5 999, flexible Online-Preise DZ ab ca. 150 NZD), der andere als 3-Sterne-Comfort-Hotel (Tel. 04-385 2153, [fc] 0800 873 553, DZ ab ca. 90 NZD), in dieser Kategorie gibt's auch Zimmer zur munteren Cuba St hin. Frühstück bei den meisten Tarifen nicht enthalten, wohl aber in vielen Webangeboten.

Beste Lowbudget-Unterkunft der Stadt ▶ **Wellington City YHA** 9: Cambridge Terrace/Wakefield St, Tel. 04-801 7280, www.yha.co.nz. Mit 320 Betten erreicht diese 5-Sterne-YHA-Herberge annähernd Hotelstandard. Top-Lage nahe Courtenay Place, Oriental Parade und Nationalmuseum. Betten ab 29 NZD/Pers., DZ ab 95 NZD, auch rund ein Dutzend DZ mit Bad ab 115 NZD.

In Lower Hut, günstig zur Fähre ▶ **Top 10 Hutt Park Holiday Park** 10: 95 Hutt Park Rd, Lower Hutt (15 km östl. Wellington CBD), Tel. [fc] 0800 48 88 74, www.huttpark.co.nz. Etwas old fashioned, aber funktional und gepflegt. Stellplätze 44 NZD, Hütten und Apartments 63–178 NZD, Preisnachlässe ab dem 2. Tag!

Essen & Trinken

Wellington habe, so schrieb vor Jahren ein Kollege, mehr Lokale als New York – und es sind seitdem noch viele hinzugekommen. Man stolpert an jeder Ecke über Cafés, Restaurants, Food Courts, Deli-Imbisse oder Gourmettempel.

Schon vorgestellt ▶ **The Backbencher Pub & Café** 1 S. 280, **Chocolate Fish Café** 2, **Maranui Café** 3 und **The Bach Café** 4 alle drei S. 282.

Fine dining in Vollendung ▶ **Martin Bosley's Yacht Club Restaurant** 5: Royal Port Nicholson Yacht Club, 103 Oriental Parade, Wellington, Tel. 04-385 6963, www.martinbosley.com, Mo–Fr Lunch, Di–So Dinner. Hier speist man mit Blick auf den Wellington Harbour frischeste Rohwaren als kleine, experimentelle Sensation für die Zunge zubereitet – kulinarisch Spitze in Neuseeland … und das hat natürlich seinen Preis: HG um 50 NZD plus Beilage, Degustationsmenü inkl. Wein ca. 220 NZD.

Junge neuseeländische Gourmetküche ▶ **The Whitehouse** 6: 232 Oriental Parade, Tel. 04-385 8555, www.whr.co.nz, tgl. ab 18 Uhr zum Dinner, Fr auch Lunch. Speisen mit Blick auf den Harbour und die Skyline, eines der Top-Restaurants im Land. HG ca. 45–50 NZD, auch Degustationsmenü inkl. Wein ca. 200 NZD.

Beliebtester After-Work-Treff ▶ **Shed 5** 7 Queens Wharf, Tel. 04-499 9069, www.shed

5.co.nz, Mo–Fr ab 12, Sa/So ab 10 Uhr jeweils Lunch/Brunch und Dinner. Luftig, im Art déco-Stil renoviertes Ex-Wolllager am aufgehübschten Queens Wharf mit innovativer Pacific Rim-Küche, Schwerpunkt Fisch, HG um 40 NZD.

Moderne Küche im alten Plimmer House ▶ Boulcott Street Bistro 8: 99 Boulcott St, Tel. 04-499 4199, www.boulcottstreetbistro.co.nz, Lunch Mo–Fr ab 12 Uhr, Bistro-Dinner und Weinbar mit Snacks tgl. Ungezwungene Atmosphäre und ein schöner Rahmen in dem Haus von 1876. HG mittags wie abends ca. 30–40 NZD.

Wine Room, Restaurant, Oyster Bar ▶ Arbitrageur 9: 125 Featherston St, Tel. 04-499 5530, www.arbitrageur.co.nz, tgl. ab 12 Uhr. Mediterran geprägte Küche mit vielen Meeresfrüchten und immer passende Weine dazu, HG 20–30 NZD, große Weinkarte mit erträglichen Preisen (ab 40 NZD/Flasche).

Alles Frische aus dem Meer ▶ Ortega Fish Shack & Bar 10: 16 Majoribanks St, Wellington, Tel. 04-382 9559, www.ortega.co.nz, Mo–Sa nur Dinner. Fisch und Schalentiere gibt's in dieser edlen, intimen ›Fischbude‹ so frisch, dass sie fast noch zappeln. HG um 30 NZD.

Schrill, laut, gut ▶ Enigma Café 11: 128 Courtenay Pl, Tel. 04-384 7790. Das kultige Café im Hinterhof-Look spricht mit preiswerten Gerichten zu Lunch, Dinner und später Stunde sowie mit exzellent zubereiteten Kaffee-Spezialitäten ein Publikum an, das manchmal in grellem Kontrast zu Dekor, Basic-Mobiliar und Musik-Lautstärke steht. HG 15–20 NZD.

Multi-Kulti-Fressbudengasse ▶ BNZ Food Court 12: 1 Willis St (Untergeschoss des BNZ Tower), die Küchen Asiens zum Lunch. Viele HG unter 10 NZD.

Gastronomie im Nationalmuseum ▶ Te Papa Cafe: im Nationalmuseum Te Papa 2. Das **Familienrestaurant** mit Zugang zum Museumsgarten (Lunch-HG ca. 15–20 NZD) sowie das **Level 4 Espresso Café** inmitten der Ausstellung zu den neuseeländischen Kulturen befriedigen mehr als nur kulturelle Bedürfnisse – der Eintritt ist frei!

Einkaufen

Supermarkt im Diplomatenviertel Thorndon ▶ New World 4: 150 Molesworth St, tgl. 7–23 Uhr). Umfangreiches Sortiment europäischer Produkte, hier kann man fast wie zu Hause einkaufen.

Deutsche Bäckerei ▶ Brezelmania 5: 83 B Upland Rd, Kelburn. Endlich wieder richtiges Brot!

Schweizer Bäckerei ▶ Arobake 6: 83 Aro St. Auch hier lohnt das Brot einen Umweg.

Tonträger ▶ Real Groovy 7: 250 Cuba St, Tel. 04-385 2020, www.realgroovy.co.nz, Mo–Sa 9–18, Fr 9–21, So 10–18 Uhr. Man fragt sich, ob bei Amazon im Zentrallager mehr CDs, DVDs und Vinyl-LPs stehen oder in diesem Laden! Musik aller Sparten aus Neuseeland und international, auch Konzerttickets,

Kiwi-Mode ▶ Wellington macht seinem Ruf als Stadt der Kreativen auch bei der Mode alle Ehre. Wichtige NZ-Label mit Brand-Shops: **Zambesi 8:** 107 Customhouse Quay, Tel. 04-472 3638, www.zambesi.co.nz; **Starfish 9:** 128 Willis St, Tel 04-385 3722, www.starfish.co.nz; **Karen Walker Store 10:** 126 Wakefield St, Tel. 04-499 3558, www.karenwalker.com.

Maori-Kunst und -Design ▶ Kura Contemporary Ethnic Art 11: 19 Allen St, Tel. 04-802 4934, www.kuragallery.co.nz. Es geht auch modern.

Schmuck, Keramik, Malerei, Glaskunst ▶ Tamarillo 12: 326 Lambton Quay, Tel. 04-473 6095, www.tamarillonz.com. Wer ausgefallene Souvenirs sucht ist hier richtig.

Abends & Nachts

Bühne für alle Sparten ▶ Westpac St James Theatre 3: 77–87 Courtenay Pl, Tel. 04-802 4060, www.stjames.co.nz. Seine Dependance **Opera House 4**, 111–113 Mannes St, dient für alle möglichen Events von Konzerten über Musicals und Tanz bis Opern.

Freie Theater ▶ BATS Theatre 5, 1 Kent Terrace, Tel. 04-802 4175, www.bats.co.nz, und **Circa Theatre 6**, 1 Taranaki St, Tel. 04-801 7992, www.circa.co.nz bringen vor allem Werke junger neuseeländischer Autoren auf die Bühne.

Nightlife allgemein ▶ Vor allem an Wochenenden haben viele Lokale breitschultrige Türsteher, die u. a. auf den Dresscode achten. Der ist am Wochenende strenger und da wird man mit Turnschuhen und Jeans schon mal abgewiesen, wo man am Mittwoch noch willkommen war. Lokale wechseln oft Namen und Konzept – einige Traditionalisten:

Authentischer Irish Pub ▶ Kitty O'Shea's 7: 28 Courtenay Pl, www.kittyosheas.co.nz. Mindestens am Wochende Live-Musik von tollem Irish Folk bis zu manchmal gnadenlos schlechten Cover-Bands, Mo Jam-Session.

Nightlife-Ikone ▶ Matterhorn 8: 106 Cuba St, Tel. 04-384 3359, www.matterhorn.co.nz, tgl. ab 10 Uhr. Seit den 1960ern – gegründet von zwei Schweizern – im Geschäft und immer wieder neu erfunden. Heute mit Kultur-Programm von traditionellem Jazz bis zu aktuellen Stilen, bekannt für gute Küche bis in die späte Nacht und weltberühmt für seine Cocktails – kein anderes Lokal kann sich rühmen, im selben Jahr zu Neuseelands bestem Restaurant und zu Neuseelands bester Cocktailbar gewählt worden zu sein. HG zum Lunch um 25 NZD, Dinner um 35–40 NZD.

Quirlige Live-location ▶ San Francisco Bathhouse 9: 171 Cuba St, www.sfbh.co.nz. Seit den 1970ern als Club präsent mit Bands, Solisten oder DJs, regelmäßig Comedy, an den Wochenenden nach Konzerten DJs bis zum Grauen des Morgens.

Aktiv

Zahlreiche Freizeitangebote in und um Wellington sind auf der kommunalen Website www.feelinggreat.co.nz gebündelt.

Schwimmen ▶ Wellingtonians fahren gern an die **Kapiti Coast** (S. 205) zu Sandstränden nördlich von Paekakariki, der populärste Stadtstrand liegt an der **Lyall Bay** 1.

Windsurfen ▶ Die Harbour Bays vor den südlichen Vororten sind die besten Reviere, besonders die **Evans Bay** 2.

Surfen ▶ Die Buchten zur Cook Strait locken immer wieder Surfer mit ihren Boards, eine versteckte Perle ist die **Makara Bay** (▶ K 12), an Wellingtons wilder, einsamer Westküste, an der aber auch gar nichts mehr an die Großstadt erinnert, eher alles wie ein kalifornischer Hippie-Surf-Spot wirkt (via Makara Rd, ca. 11 km kurvenreiche Nebenstraße).

Tauchen ▶ 2005 wurde gut eine Seemeile vor der **Island Bay** die ausgemusterte Fregatte Wellington versenkt, die inzwischen in mehrere Teile zerbrochen ist. Tauchgänge werden angeboten von **Island Bay Divers** 3: 353 The Parade, Island Bay, Wellington, Tel. 04-383 6778, www.ibdivers.co.nz, etwa 80 NZD plus Gerätemiete.

Termine

Veranstaltungstipps online auf www.feelinggreat.co.nz, www.wotzon.com und www.eventfinder.co.nz, alternative Szene eher auf www.undertheradar.co.nz. **Konzert-/Theaterkarten** bei Real Groovy (S. 285 Einkaufen) oder Ticketek, Tel. 04-384 3840, [fc] 0800 TICKETEK, www.ticketek.co.nz, mit Ticket-Büros u. a. im Westpac St James Theatre (s. Abends & Nachts).

Fringe Festival: Muntere Präsentation der freien Theater-, Tanz-, Musik- und Kunstszene jedes Jahr Mitte Febr. bis Anfang März, www.fringe.org.nz.

New Zealand International Arts Festival: breites, international besetztes Programm von Klassik bis Jazz, von Oper bis Modern Dance, alle geraden Jahre 3–4 Wochen Ende Feb. bis 1. Hälfte März, www.nzfestival.co.nz.

World of Wearable Art: Kunst als Kleidung in einer Show präsentiert (S. 476), ca. 3 Wochen Ende Aug./Anfang Sept., www.worldofwearableart.com, Standardtickets ca. 95 NZD, diverse Sonderveranstaltungen.

Rugby im Westpac Stadium: Das Stadion auf den alten Kaianlagen am Hafen hat den Status eines Nationalstadions. Hier ist jedes Rugbyspiel ein Erlebnis, selbst wenn man die Regeln nicht versteht. Das i-SITE und jeder Kiwi kennen die Termine.

Verkehr

Stadt- und Regionalverkehr: Wellington besitzt ein gut ausgebautes, viel genutztes Nahverkehrsnetz. Unten genannte Preise beziehen sich auf einfache Fahrten, 10er-Karten bringen ca. 20 % Rabatt, die aufladbaren Snapper-Karten, die Einheimische gern nutzen, bringen sogar 25 %, lohnen aber nur bei langen Aufenthalten wegen der Grundgebühr für die Basiskarte. Zu touristenfreundlichen Netzkarten s. Tipp rechts. Infos: **MetLink,** Tel. [fc] 0800 801 700, www.metlink.org.nz.

Stadtbusse – im Innenstadtbereich Elektrobusse – verbinden in dichter Folge quer durchs Zentrum Vororte im Norden und Süden. **Zentrale Haltestellen** am Bahnhof Wellington Station und am Courtenay Place, Einzelfahrten Stadtverkehr 2–4,50 NZD, Vororte bis 9,50 NZD. **Nachtbusse** ab 24 Uhr 6 NZD, in die Vorstädte 12 NZD.

S-Bahn TranzMetro (www.tranzmetro.co.nz) ab **Wellington Station** auf vier Linien, u. a. zur Kapiti Coast nach Paraparaumu (S. 205; 55 Min., 1–2 x stdl.) und via Upper Hutt (45 Min., 1–2 x stdl.) bis ins Wairarapa (S. 246; 90 Min., Mo–Fr 5–6 x, Sa/So je 2 x, maximal 17 NZD pro Strecke) auf der Bahn vergünstigte ›Off-Peak‹-Tarife.

Wellington Harbour Ferry – East by West: Tel. 04-499 1282, www.eastbywest.co.nz, Queens Wharf–Day's Bay bei Eastbourne bis 16 x tgl., 20 Min., 10,50 NZD, 3–4 x tgl. Stopp auf der ehemaligen Gefangenen- und Quarantäne-Insel Matiu Somes Island, Ausflugsticket 22 NZD h/z. Wochenende weniger Abfahrten aber mehr Stopps auf Matiu Somes Island.

Fernbahn: TranzScenic Overlander 1 x tgl. ab/bis Auckland (S. 129) und **Capital Connection** Mo–Fr ab/bis Palmerston North (S. 204) sind die letzten beiden Fernzüge, die noch Wellington Station nutzen.

Fernbusse: InterCity/Newmans ab Bahnhof Platform 9, einige auch ab/bis Flughafen und Interislander Ferry Terminal ab/bis Auckland Tagesfahrten via Taupo, Nachtfahrt via Rotorua, ab/bis Tauranga via Rotorua, ab/bis Hastings/Napier und Wanganui/New Plymouth jeweils via Palmerston North. **nakedbus.com** mit Haltestellen Wakefield St/Jervois Quay und Bunny St gegenüber Wellington Station tgl. ab/bis Auckland via Rotorua oder New Plymouth, 4 x wö. ab/bis Napier/Hastings.

Tipp: Pässe für Busse und Bahnen

Alle genannten Pässe sind Mo–Fr ab ca. 9 Uhr sowie Sa/So ganztägig gültig, nicht jedoch in Nachtbussen. Sie sind an TranzMetro Ticket Schaltern sowie bei Busfahrern und beim Zugpersonal erhältlich.

BusAbout/Family BusAbout: nur Stadtbusse in Wellington und Hutt Valley, 9 NZD/Pers., 20 NZD/Familie bis 6 Pers.

Day Rover/Goup Rover Ticket: nur Tranz-Metro-S-Bahnen (ausgenommen ins Wairarapa), 13 NZD/Pers., 35 NZD/Gruppe bis 4 Pers. Das 3 Day Weekend Rover Ticket ist Fr–So gültig, 20 NZD/Pers.

Metlink Explorer Ticket: TranzMetro-S-Bahnen (ausgenommen ins Wairarapa) plus Busse in Wellington, Hutt Valley, auch Airport Flyer, 20 NZD/Erw. + 1 Kind.

Wairarapa Day Excursion Ticket: Tagesrückfahrkarte ins Wairarapa, 18 NZD/Pers., 50 NZD/Gruppe bis 4 Pers.

Tour- und Backpackerbusse: Alle fahren regelmäßig Wellington an.

Fähren: Interislander ab Aotea Quay ca. 3 km nördl. der City, Shuttle-Busse ab Bahnhof Platform 9 ca. 50 Min. vor der Abfahrt (2 NZD) oder ab Backpackern u. a. YHA (s. o. 3 NZD). Bluebridge ab Waterloo Quay gegenüber Wellington Station. Details zum Verkehr über die Cook Strait S. 288.

Flug: Wellingtons Flughafen mit dem Image-Slogan: Wild At Heart liegt nur 5 km südlich der City; **Taxis** ab 18 NZD, **Tür-zu-Tür-Shuttles** 12–16 NZD, Flughafenbus **›Airport Flyer‹** Lower Hutt–City–Airport ca. 5.30–20.30 Uhr alle 15 Min. ca. 5,50–8,50 NZD.

Air New Zealand/Air New Zealand Link fliegen über ein Dutzend Orte auf Nord- wie Südinsel an, **Jetstar** nur Auckland und Christchruch. Internationale Flüge von **Air New Zealand, Pacific Blue** und **Qantas** an die australischen Ostküste sowie zu einigen Sonnenzielen im Pazifik.

Kurzstreckenflüge über Cook Strait S. 289.

Cook-Strait-Überfahrt

Gut drei Stunden brauchen Fähren für die 96 km lange Seestrecke von Wellington auf der Nordinsel nach Picton auf der Südinsel. Pläne, den Südinsel-Anleger in die Nähe von Blenheim zu verlegen, wurden oft diskutiert, Land ist akquiriert, aber umgesetzt wurde noch nichts. So bleibt eine der schönsten Fährstrecken der Welt vorerst noch erhalten.

Die Nordinsel verabschiedet sich mit der Skyline von Wellington. Von den Hängen über den Vororten blinken Villen herüber, nördlich des Kurses die alte Quarantäneinsel Somes Island. Dann gleiten die Fähren durch die schmale Fahrrinne zwischen Barrett Reef und der East Harbour-Seite Richtung offene See. Der Leuchtturm oben auf Pencarrow Head ist der älteste im Lande, 1859 aufgestellt.

Die Fahrt durch die eigentliche Cook Strait wird gern zum Tänzchen über Wellen. Da sich beide Hauptinseln mit voller Breitseite gegen die vorherrschenden Westwinde stemmen, werden Dünung und Winde durch ein zwischen Cape Terawhiti auf der Nord- und Perano Head auf der Südinsel gerade einmal 20 km breites Nadelöhr gepresst. Wer es an Deck aushält, sieht oft Delfine oder Wale.

Abel Tasman verzichtete 1642 auf die Erkundung der vom Meer her wie eine Bucht wirkenden Passage, und damit war es an James Cook, die Meerenge am 23. Januar 1770 als solche zu erkennen, zu durchsegeln und nach sich zu benennen. Jeder Wellentanz endet schlagartig, wenn die Fähren in den schmalen, lang gestreckten **Tory Channel** einlaufen. Gleich hinter der Einfahrt lag bis 1964 eine Basisstation für den Walfang in der Cook Strait, 140 Jahre in Betrieb. Um den Dieffenbach Point schwenken die Fähren mit elegantem Bogen in den Queen Charlotte Sound und ziehen noch 13 km ihren Kurs durch diesen Meeresarm, der mit seinen grünen Berghängen über den Ufern wie ein Fjord wirkt, aber keiner ist. Am Ende der Fährfahrt wartet das charmante Picton (S. 467).

Es gibt natürlich noch die Option, selbst zu schwimmen. Bisher haben das etwa 50 Menschen geschafft. Die Strecke ist kürzer als für die Fähren, nur 26 km. Der aktuelle Rekord vom April 2008 liegt bei 4 Std. 37 Min. Der jüngste Schwimmer war 11, der älteste 55 Jahre alt. Philip Rush, mehrfacher Cook Strait-Bezwinger und Rekordhalter für das direkte Hin- und Zurückschwimmen, bietet einen kompletten Betreuungsservice (Tel. 04-479 5837, www.cookstraitswim.org.nz. dort auch alle geschwommenen Zeiten).

Verkehr

Fähren: Derzeit queren zwei Reedereien die Cook Strait. Trotz wachsender Kapazitäten sollte man in der Saison für Fahrzeuge Tagesüberfahrten früh reservieren. Aber selbst wenn es heißt, alle Überfahrten seien über Tage ausverkauft, gibt es immer Restplätze – anstellen, warten, hoffen! Beide Reedereien bieten neben den flexiblen Preisen, die unten genannt werden und Umbuchung und Stornierung erlauben, Sparpreise mit bis zu 50 % Rabatt aber Buchungsfristen und Einschränkungen beim Umbuchen. Man muss deutlich früher als in Europa vor Abfahrt am Terminal sein: PKW 60 Min., Fußpassagiere 45 Min.

interislander: Tel. 04-498 3302 o. [fc] 0800 802 802, www.interislander.co.nz, bis 6 x tgl.

Thema

je Richtung, 3 Std., Pers. ca. 75, PKW ca. 175, gängige Camper ca. 215–375 NZD; Extras wie komfortable Lounge mit Gratis-Getränken und -Snacks können zugebucht werden (ca. 20–40 NZD). Auf der größten interislander-Fähre Kaitaki gibt es ein i-SITE.

Bluebridge: Tel. 04-471 6188, [fc] 0800 844 844, www.bluebridge.co.nz, 3–5 x tgl. in jede Richtung, ca. 3 Std. 20 Min., Pers. 67, PKW 159, gängige Campervans ca. 200–375 NZD.

Fliegen: Wer Luftlöcher dem Wellentanz vorzieht, kann viele Male am Tag über die Cook Strait fliegen. Online-Buchungen sind immer am günstigsten. Freigepäck 15 kg. Start-/Zielflughafen ist auf der Nordinsel meist Wellington. Check-in 30 Min. vor Abflug.

Soundsair: Tel. 03-520 3080, [fc] 0800 50 50 05, www.soundsair.com, ab/bis Picton, Blenheim und Nelson ca. 86–112 NZD.

Air2there: Tel. 04-904 5130, [fc] 0800 777 000, www.air2there, ab/bis Blenheim und Nelson, auch ab/bis Paraparaumu nördl. Wellington, ca. 100–185 NZD.

Golden Bay Air: Tel. 03-525 8725, [fc] 0800 588 885, www.goldenbayair.co.nz, ab/bis Takaka (S. 486), ca. 120–170 NZD; in Takaka Track Transfer für Heaphy und Abel Tasman Tracks.

Wenn die Cook Strait Crossing doch immer so romantisch wäre

Kajaks auf dem Pororari River im Paparoa National Park

Kapitel 3

South Island – Canterbury und West Coast

Christchurch muss sich nach dem Erdbeben 2011 erst einmal neu erfinden. Jahre dürften vergehen, bis das Zentrum wieder ein Gesicht bekommen hat. Trotzdem bleibt die Stadt das Tor der Südinsel für Besucher aus aller Welt. Und die vielen Highlights der Umgebung sind auch geblieben, wie die Banks Peninsula: Hier setzt Akaroa französische Kolonialtupfer, im Akaroa Harbour kann man mit Delfinen schwimmen. Weiter nördlich vor Kaikoura heben Pottwale ihre gewaltigen Fluken vor eine grandiose Bergkulisse. Überhaupt erlebt man im mittleren Teil der Südinsel auf 250 km zwischen Pazifik und Tasman Sea nahezu alle bedeutenden Landschaftsformen Neuseelands.

Von der Ostküste dehnen sich die fruchtbaren Canterbury Plains Richtung Westen aus und enden an den Füßen der Southern Alps. Im Voralpenland unendliche Schafweiden und Action: Skipisten, Jetboating und White Water Rafting. Dann geht's hinauf zu ewig schneebedeckten 3000ern. Von denen züngeln die muntersten Gletscher der Erde bis in die Regenwälder der West Coast hinab, deren dichtes Grün an rauen Stränden der Tasman Sea endet.

Für die grandiose Banks Peninsula, Kaikoura mit seinen Nature-Watch-Optionen und die Bergwelt am Mt Cook sollte man sich je mindestens einen Tag Zeit nehmen. Mindestens zwei, besser drei volle Tage, braucht man für die Erkundung der wilden Westküste – nach oben sind keine Grenzen gesetzt.

Auf einen Blick

South Island – Canterbury und West Coast

Sehenswert

8 **Kaikoura:** Auge in Auge mit Walen, Robben, Delfinen und Albatrossen vor einer imponierenden Bergkulisse (S. 321).

Okarito Trig Walk: Grandios, wenn bei Sonnenuntergang die 3000er der Southern Alps über dem grünen Dach des Küstenwaldes aufflammen und beim Rückweg Kiwis im *bush* rufen (S. 369).

9 **Westland National Park:** Gletscher küssen Regenwald an der archaischen West Coast, im Lake Matheson spiegeln sich Alpengipfel und Gillespies Beach präsentiert als Skulpturenmuseum der Natur einen Strand voller von Sonne und Meer ausgeblichener Baumreste (S. 370).

Schöne Routen

Banks Peninsula Rundfahrt: Einen Weg über die Summit Road, den anderen am Ufer des Akaroa Harbour entlang (S. 312).

Alpine Pacific Triangle: Durch die Weinregion Waipara über das Thermalbad Hanmer Springs nach Kaikoura (S. 317).

Great Alpine Highway/SH 73: Via Arthur's Pass über die Alpen (S. 329).

Inland Scenic Route 72: Am Alpenvorland entlang (S. 334) und die Verlängerung über Burkes Pass zum Lake Tekapo (S. 339), Mt Cook (S. 343) Richtung Queenstown.

West Coast Touring Route: Auf SH67 und SH6 von Karamea die Westküste entlang bis zum Haast Pass durch vier äußerst unterschiedliche Nationalparks (S. 350).

Meine Tipps

TranzCoastal und TranzAlpine: Zwei Komfortzüge, der TranzAlpine für Bergfans und der TranzCoastal für Küstenliebhaber, starten ab Christchurch (S. 326).

The Grand Traverse Flightseeing: Spannendes Flightseeing rund um die 3000er der Südalpen (S. 342).

Kiwis in Okarito: Ian Cooper engagiert sich seit den 1990ern für den Schutz der Kiwis um Okarito. Seine nächtlichen Kiwi-Beobachtungen sind naturnah, kompetent und mit viel Liebe und Rücksicht für die Tiere geführt. Diese danken es ihm mit einer der besten ›Sichtungsraten‹ im ganzen Land (S. 370)!

aktiv unterwegs

Banks Peninsula Track: Traumtour über wilden Küsten (S. 316).

Schwimmen mit Robben: Die Robben vor Kaikoura klatschen mit ihren Schwanzflossen Beifall, wenn Schwimmer zu ihnen kommen (S. 323).

Bergtouren in den Southern Alps: Gipfelstürme und andere Kraxeleien (S. 347).

Buller Coalfields Heritage Trail: Industriegeschichte und tolle Aussichten in Neuseelands Kohlenpott (S. 357).

Gletschertouren im Westland National Park: Soll man auf die Gletscher fliegen oder besser darauf herumkraxeln oder lieber zum Kraxeln hinauffliegen (S. 371)?

Christchurch und Banks Peninsula

Graue Neogotik. Grüne Parks. Blühende Rosengärten. Junge Männer, die in nostalgischer Kluft über den Avon punten. Christchurch war bis zum 22. Februar 2011 die englischste Stadt südlich des Ärmelkanals – dann bebte die Erde. Viele historische Bauten sind verloren. Keine Frage: Christchurch wird auferstehen, ökologisch ›up to date‹ und erdbebensicherer als je zuvor. Ohne Folgen blieb das Beben für die Banks Peninsula, eine andere Welt: zerklüftete Küsten, einsame Bays und über Akaroa weht die Trikolore – zumindest inoffiziell.

Christchurch ► H 15

Cityplan: S. 300
Christchurch fließt in den Weiten der Canterbury Plains auseinander wie ein Kuchenteig auf einem zu breiten Backblech. Das Zentrum – gern umschrieben als ›inside the 4-Avenues‹, womit Deans Ave im Westen, Moorhouse Ave im Süden, Fitzgerald Ave im Osten und Harper/Bealey Ave im Norden gemeint sind – ist jedoch auf eine kleine Fläche konzentriert. Dort schlug das Beben vom 22. Februar 2011 am schlimmsten zu, außerdem waren Vororte im Osten betroffen, kaum jedoch der Westen und die Grünanlagen. Auch der Flughafen war schon kurz nach den Erdstößen wieder einsatzbereit. Er ist ein wichtiger *Hub* im Inlandsflugverkehr und dank guter Verbindungen mit Europa via Australien, Asien oder den mittleren Osten auch beliebtes Gateway für den internationalen Tourismus. Viele Besucher benutzen den Flughafen von Christchurch alternierend zu dem von Auckland: dort ankommen, hier abfliegen oder umgekehrt.

Bis zu den Beben (s. Kasten S. 296) war Christchurch mit gut 366 000 Einwohnern größte Stadt Neuseelands außerhalb der Region Auckland. Christchurch wirkte dabei zwar multikulturell, aber doch sehr viel europäischer als die Nordinsel-Metropole. Die Einwohnerzahl wird zurückgehen, da sind sich Experten wie Laien einig. Viele Menschen kapitulieren vor den ständigen Nachbeben – bei Redaktionsschluss im April waren es fast 6300 seit dem 4. September 2010. Christchurch ist aber trotz dieser Beben Wirtschafts- und Kulturmetropole der Südinsel mit bedeutenden Bildungseinrichtungen, Museen von nationaler Bedeutung, Theater, Orchester und Oper. Diese Rolle soll die Stadt weiter spielen, so alle Verantwortlichen.

Klimaplage Nor'wester

Christchurch – so der erste Eindruck – wird vom Klima begünstigt, statistisch auf jeden Fall: Deutlich über 2000 Stunden scheint hier die Sonne im Jahr, 280 Tage im Jahr fällt kein Regen. Dank des nahen Meeres und kühlender Briesen bewegen sich sommerliche Tageshöchsttemperaturen im moderaten 20er Bereich, nur selten klettert das Thermometer auf 30er Werte. Alles super also? Nicht ganz. Es gibt da den Nor'wester, einen Vetter von Föhn, Mistral und Co. Er macht sich von August bis in den Oktober hinein am deutlichsten bemerkbar, wenn starke Winde vom Äquator zum Südpol streben. Sie treffen auf die West Coast Neuseelands, regnen sich dort an den Hängen der Southern Alps ab, überqueren die Bergkette, rutschen deren Osthänge wieder hinunter, erwärmen sich und fegen trocken und heiß über die Canterbury Plains in die Stadt. Auf dem Weg von Küste zu Küste können sich die Lufttemperaturen fast verdoppeln. Kopfschmerzen, Verspannungen, innere Unruhe sind harmlose, steigende Selbstmordzahlen die schlimmsten Folgen. Dreht der Nor'wester zur Sturmstärke auf, bläst er tonnenweise Staub und Erde aus den Plains über die Stadt hinweg ins Meer – die hohen Baumhecken, charakteristisch für das flache Land um Christchurch, sollen seiner zerstörerischen Kraft Einhalt gebieten.

Very english

Das englische Gesicht der Stadt, das beim Wiederaufbau bewahrt werden soll, erklärt sich, wenn man sich die ersten Siedler genauer anschaut. Sie kamen fast ausschließlich aus England unter den Fittichen der von der anglikanischen Kirche dominierten Canterbury Association. Die strebte eine theokratische Oligarchie an. Um den Führungsanspruch der Kirche zu untermauern, entstand Anfang des 20. Jhs. in der Mitte der Stadt die Kathedrale, die wie kein anderes Bauwerk das Konzept symbolisiert, mit dem sich die Siedler ihre neue Heimat als Abbild der alten schufen.

Wo es anfing – Riccarton Bush

Ein Vorauskommando hatte einen Platz ganz im Inneren des Lyttelton Harbour als Standort der Stadt auserkoren. Bald erkannte man aber, dass der auf längere Sicht zu eng werden könnte und man schaute über die Berge. Dort lebten schon ein paar Jahre die Deans, zwei schottische Brüder. Ihre 1843 gebaute Hütte, **Deans Cottage,** ist das älteste erhaltene Gebäude in der ganzen Provinz Canterbury und steht nicht weit vom feudalen **Riccarton House** 1**,** in das sie später umzogen und das ihren zwischenzeitlich gewonnenen Reichtum zur Schau stellt. Die Deans waren für ihre Zeit recht umweltbewusst und fällten nicht gleich jeden Baum, der ihnen in die Quere kam. Und so blieb mitten im radikal gerodeten Canterbury ausgerechnet neben dem Wohnsitz der ersten Siedler ein kleines knapp 8 ha großes Stück ›Urwald‹, **Riccarton Bush,** erhalten, voller einheimischer Bäume, Büsche und Farne. Alle überragen die gut 600 Jahre alte Kahikatea, die White Pines, die zu Neuseelands Baumriesen zählen (16 Kahu Rd, www.riccartonhouse.co.nz, Wald und Cottage frei, Riccarton House voraussichtlich ab Sommer 2011/12 wieder zugänglich).

Die Kulturmeile – ein Rundgang

Das beim Beben schwer beschädigte neogotische Christchurch zieht sich vom Cathedral Square zum Botanischen Garten mit dem Worcester – sprich ›Wuuster‹ – Boulevard als Achse. Nach Visionen der Stadtgründer sollte hier das Herz ihrer Provinz schlagen. Kunst, Kultur, Wissenschaft, Verwaltung und Religion auf weniger als einem Quadratkilometer vereint, aber auch Ruheräume mit viel Grün und bunten Blumen. Dazu mäandert der Avon wie eine Aorta durch dieses Herz, auf dem die Punter mit ihren gemächlichen Bewegungen signalisieren: Hier ist das Herz, aber lasst es geruhsam schlagen.

Cathedral Square

Der **Cathedral Square** ist Mittelpunkt der Stadt. Nach den Beben stellt sich um so mehr die Frage, was den Platz mehr prägt, die 18 m hohe Stahlskulptur Chalice von Neil Dawson, 2000 als Hommage an das neue Jahrtausend aufgestellt, oder die **Christ Church Cathedral** 2**,** die 1904 in jenem Stil vollendet wurde, der im Empire als Viktorianische Gotik bezeichnet wird. Immer schon machte der unruhige Untergrund der Statik zu schaffen, am 22. Februar stürzten der Turm und große Teile des Kirchenschiffs ein. Für Neuseelands bekanntestes Gotteshaus war von Anfang an klar: diese Ikone der Besiedlungszeit wird wieder erstehen. Schräg gegenüber der Kathedrale überstand das **Main Post Office** 3**,** die alte Hauptpost, mit ihrer Fassade im Stil der italienischen Renaissance die Beben recht gut, wenn alles

Besuch in einer geschundenen Stadt – nach den Beben vom September 2010 und Februar 2011

Selten fiel es mir schwerer, Zeilen über eine Stadt zu schreiben, wie diese über Christchurch. Ich mag die Stadt, habe Freunde dort. Christchurch war immer großstädtisch, aber viel relaxter als Auckland, erholsamer, trotzdem kulturell attraktiv und mit einem wunderbaren Umland. Es gibt Jahreszeiten, da kann man sich morgens entscheiden, ob man mittags lieber am Strand liegen oder die Skipiste hinabwedeln will, ob man am Nachmittag mit Hektor-Delfinen schwimmen oder mit einem Schlauchboot zwischen Mini-Eisbergen herumdriften möchte. Diese Lebensqualität ist das wichtigste Potential der Stadt, auch jetzt nach den Erdbeben.

Bei meinem Besuch in Christchurch eineinhalb Monate nach dem verheerenden Beben vom 22. Februar 2011 ist die Innenstadt für die Öffentlichkeit noch gesperrt, das Militär kontrolliert die Zugänge. Für die ›Rote Zone‹ gilt ein Ausnahmezustand, viele Häuser konnten bis zu diesem Zeitpunkt noch keinmal betreten werden, nicht einmal um das Nötigste heraus zu holen wie Gepäckstücke von Gästen aus Hotels, die am 22. Februar in der Stadt waren, oder Geschäftsunterlagen. Da sind Läden, deren Kühlregale gefüllt, aber seit sechs Wochen ohne Strom sind und immer noch stehen Autos in Parkhäusern, die keine Ausfahrt mehr haben. Der aktuelle Zeitplan sieht eine teilweise Wiedereröffnung der City Ende Oktober 2011 vor, dann sollen erste Geschäfte und Lokale um Oxford Terrace, Hereford St, Colombo St und Lichfield St wieder öffnen, zum Teil in provisorischen Bauten (s. Service Einkaufen).

Große Probleme macht ein 26-stöckiger Hotelkoloss. Eine optische Bausünde war das Grand Chancellor immer schon, jetzt sieht es wahrlich skurril aus: Etwa ein Drittel des Gebäudes ist um Meter absackt. Obwohl inzwischen Tonnen von Beton unter das Fundament gespritzt wurden, könne der Bau bei einem Nachbeben einstürzen fürchten Ingenieure. Lange war unklar, wie man den Kasten los wird: Sprengen oder ›rückbauen‹. Jetzt wird er erst stabilisiert und dann Stock für Stock abtragen.

Es gab schon wildeste Gerüchte, ob die Stadt überhaupt an ihrem ursprünglichen Ort wieder aufgebaut werden könnte. Ein Problem trat mit dem Beben im wahrsten Sinne des Wortes zu Tage: Teile der Stadt stehen auf trockengelegten Sümpfen mit sandigem Untergrund. Das sind die Voraussetzungen, bei denen im Falle eines Erdbebens das Phänomen der Bodenverflüssigung eintritt – ›liquifaction‹ ist das Wort, das man bei einem Christchurch-Besuch kennen sollte. Sie traf vor allem die östlichen Vororte. Schlamm drückte an die Oberfläche, überflutete Straßen und Gärten und drang in Häuser ein. Viele Grundstücke werden auf Dauer unbenutzbar bleiben.

Und so fing alles an: Am 4. September 2010 um 4.35 Uhr reißt ein Erdbeben der Stärke 7.1 die Menschen in Christchurch aus dem Schlaf und schüttelt fast eine Minute lang die Region. Das Hypozentrum liegt 40 km westlich in 10 km Tiefe unter dem Dorf Darfield. Aus der Luft lässt sich in den folgenden Tagen eine zuvor nicht auffällige, fast 30 km lange Verwerfung in den Canterbury Plains ausmachen, die Greendale Fault: Zaunhecken, Gräben und Fahrspuren, zuvor wie mit dem Lineal gezogen, verlaufen jetzt bis zu 4 m seitlich und bis zu 1,5 m in der Höhe versetzt. Trotz großer Sachschäden kommen nur wenige Menschen zu Schaden.

Dann wird es zermürbend: Messgeräte registrierten Tausende Nachbeben, viele für Menschen nicht oder kaum wahrnehmbar, andere erschreckend, wie ein 5.1-Beben Weihnachten 2010. Es ist das 4945ste Nachbeben, das alles veränderte: Am 22. Februar 2011 um 12.51 Uhr, gerade zur Lunchzeit, als sich die Straßen der Stadt füllen, bebt die Erde wieder. Stärke 6.3 registrieren die Geologen, diesmal näher am Zentrum und bei weitem nicht so tief wie das September-Beben – das Epizentrum liegt in Christchurchs Hafenvorort Lyttelton (S. 309). Die Port Hills, die Berge zwischen Stadt und Hafen, wachsen um ca. 40 cm, ergeben wenig später Messungen mit Hilfe von Satelliten.

Reihenweise werden Häuser zerstört, grundlegend beschädigt oder schwer ›angeknackst‹. Vor allem Bauten aus dem 19. und frühen 20. Jh. sind betroffen – vom Verlust von bis zu 50 % aller denkmalgeschützten Häuser ist die Rede. Zwar halten die meisten modernen Bauten die Erdstöße aus, aber die wenigen, die einstürzen, begraben Hunderte Menschen unter sich – hier sind die meisten der wahrscheinlich 181 Opfer zu beklagen. Darüber hinaus werden rund 2000 Menschen verletzt, etwa 165 schwer.

Der eingestürzte Turm der Kathedrale wird zum Symbol der Katastrophe, er kracht auf den Cathedral Square. Der Wiederaufbau ist beschlossen. Mit den Canterbury Provincial Council Buildings geht ein paar hundert Meter entfernt am Ufer des Avon eines der schönste Gebäude der frühen Kolonialzeit verloren, in Lyttelton die Time-Ball Station, eine technische wie architektonische Perle des 19. Jh. Hier hofft man die einzigartige Technik zu bergen und später einmal in eine Rekonstruktion des Hauses einzubauen, das wie eine kleine schottische Burg über der Stadt thronte.

Auch bekannte Personen hauten die Beben vom Sockel, so den Einwanderer-Führer und Stadtgründer John Robert Godley auf dem Cathedral Square. Im Sockel seiner Bronzestatue, die restauriert wird, fanden Bauarbeiter zwei Zeitkapseln mit Nachrichten aus der Gründungszeit der Stadt – sie werden demnächst im Museum zu sehen sein. Gestürzt und zerbrochen ist auch Polarforscher Robert Falcon Scott am Ufer des Avon neben der Worchester Street Brücke, auch er soll restauriert werden, steht er doch für die Rolle der Stadt als Tor zur Antarktis (S. 303).

Das neogotische Arts Centre in der ehemaligen Universität, weltbekanntes Symbol des englischen Christchurch, verlor Türme und Kamine und im Hauptportal klafft ein meterlanger Riss. Die Fassade wird von einer mächtigen Konstruktion aus Eisen und Beton gestützt und ein ›Roter Sticker‹ signalisiert: Das Gebäude ist in gefährlichem Zustand und darf nicht betreten werden – auch hier ist ein Wiederaufbau sicher, aber er wird Jahre dauern. Das benachbarte Canterbury Museum bleibt indes fast ohne Schäden, natürlich auch der wunderschöne botanische Garten. Und heil blieb die hypermoderne Art Gallery, bei der nicht eine Scheibe der gigantischen Glasfassade zu Bruch ging. Das Gebäude wurde zur Zentrale der Rettungskräfte und die Fassade zum Hintergrund Hunderter von TV-Berichten über das Beben. Mitte 2011, so hoffen die Museumsleute, können sie endlich wieder Kunst ausstellen.

Wie lange der Ausnahmezustand in der Innenstadt aufrecht erhalten wird, ist Mitte April noch nicht geklärt, von Ende 2011 ist die Rede. Beim Wiederaufbau der wichtigsten Gebäude spricht man von rund fünf Jahren, bis alle Spuren der beiden Beben beseitigt sind, kann es zwei Jahrzehnte dauern. Die Visionäre sehen für Christchurch einen ökologisch fundierten Wiederaufbau mit vielen modernen Elementen, aber Platz für Erinnerungen an das alte, englische Christchurch.

Bei Redaktionsschluss dieser Ausgabe weiß aber nicht einmal das i-Site, wo es residieren wird, wenn dieses Buch erscheint. Im Augenblick ist die Touristeninformation in einem Hotel untergeschlüpft, die alten Büros am Cathedral Square konnten die Mitarbeiter bisher noch nicht einmal betreten. Aus diesem Grunde sind die praktischen Informationen am Ende dieser Stadtbeschreibung ungewohnt knapp, konkreter sind sie zu diesem Zeitpunkt aber nicht zu geben.

Eines kann ich guten Gewissens sagen: Christchurch ist nach wie vor das wichtigste Gateway der Südinsel. Die Infrastruktur ist schon jetzt, gut sechs Wochen nach dem Beben, soweit wieder hergestellt, dass Besucher aus aller Welt untergebracht und bewirtet werden können, ehe sie die Weiterreise zu den Highlights der Südinsel antreten oder den Rückflug in die Heimat. Und jeden Tag kommen neue Angebote hinzu.

klappt sollte hier nach der Freigabe der City wieder das **i-SITE** für Christchurch und Canterbury residieren wie vor dem 22. Februar 2011.

Standhafte Suffragetten

Vom Cathedral Square ist schnell die **Worcester Bridge** 4 über den Avon erreicht. Der rote Backsteinbau mit dem markanten Türmchen daneben entstand 1887 als erster Sitz des Stadtrates – es sieht so aus, als könne er restauriert werden. Zum Fluss hin würdigt seit 1993 das **Kate Sheppard National Memorial** jene Kate aus Christchurch, die als Führerin der neuseeländischen Suffragetten treibende Kraft hinter der Gesetzesinitiative war, die Neuseelands Frauen als ersten weltweit das uneingeschränkte Wahlrecht auf nationaler Ebene brachte. Die Frauen erwiesen sich als standhafter als viele andere Denkmäler der Stadt und überstanden die Beben unbeschadet. Folgt man dem Avon nach Süden, an der Oxford Terrace entlang, dort wo sich **The Strip** 1 als muntere Restaurant-, Café- und Club-Zeile entlangzog und sicher wieder ziehen wird, kommt man zur Gedenkbrücke für die Gefallenen des Ersten Weltkrieges, der **Bridge of Remembrance** 5.

Christchurch Art Gallery, der Kunsttempel der Stadt

Kunstgalerien

Große Ausstellungsflächen auf verschiedenen Ebenen innen, ein imponierendes Foyer hinter einer gewaltigen Glasfassade und viel Platz open air für Skulpturen – bei ihrer Eröffnung 2003 setzte die **Christchurch Art Gallery – Te Puna o Waiwhetu** 6 Maßstäbe im Land (Worcester Blvd/Montreal St, Tel. 03-941 7300, www.christchurchartgallery.org.nz, tgl. 10–17, Mi bis 21 Uhr, gratis außer Sonderausstellungen). Zusammen mit ihrer gleich um die Ecke liegenden Verkaufsgalerie **CoCA – Centre of Contemporary Art** 7 (www.coca.org.nz, Di–Fr 10–17, Sa/So 12–16 Uhr) vereint sie mehrere traditionsreiche Kunstinstitutionen unter einem Dach und besitzt Werke aus allen Epochen der neuseeländischen Kunst bis in die aktuellste Gegenwart, dazu aber auch Nebenwerke alter Meister aus Europa.

Ein paar Schritte weiter Richtung Botanischer Garten ziehen vor einer Kolonialzeit-Villa (21 Worchester Bvd) weitere Skulpturen den Blick auf sich: In der **Dyslexia Discovery Exhibit** 8 machen bekannte wie selbst betroffene Künstler und Kulturschaffende – darunter Weta Workshop-Gründer, Herr-der-Ringe-Ausstatter und fünffacher Oscar-Gewinner Richard Taylor – auf die Dyslexie aufmerksam, ein Probleme mit dem Lesen und Schreiben von Wörtern und Texten, das in Neuseeland wie in anderen modernen Industriestaaten etwa jeder 10. Einwohner hat. Die Macher des Projektes verstehen die Dyslexie als eine von der Norm abweichende, aber nicht defizitäre Wahrnehmungsform.

Das neogotische Dreigestirn

Den Kontrapunkt zur modernen Art Gallery setzt die Neogotik der alten Universität. Die bekam als **Arts Centre** 9 neue Funktionen, nachdem der Lehrbetrieb an den Stadtrand verlagert wurde. Das schwer beschädigte Gebäude mit seinen Läden, Theatern und Galerien und den Erinnerungen an bekannte Studenten, wie Ernest Rutherford, den Atomphysiker und Nobelpreisträger von 1908, dürfte erst in einigen Jahren wieder voll zugänglich sein (Infos zum aktuellen Stand der Restaurierungen: www.artscentre.org.nz).

Am Arts Centre vorbei läuft man auf das **Canterbury Museum** 10 zu, das sich architektonisch perfekt in dieses Oxford-Ensemble einpasst. Vor allem mit seinen Maori-Exponaten sowie Ausstellungen zur Kolonialzeit und Naturgeschichte hat es mehr als nur regionale Bedeutung. Hier wird das Konzept verfolgt, Teile der Ausstellung auch aus der Sicht der Maori darzustellen und nicht alles nur der Interpretation der Pakeha (S. 36) zu überlassen (Rollestone Ave, www.canterburymuseum.com, tgl. 9–17/17.30 Uhr,

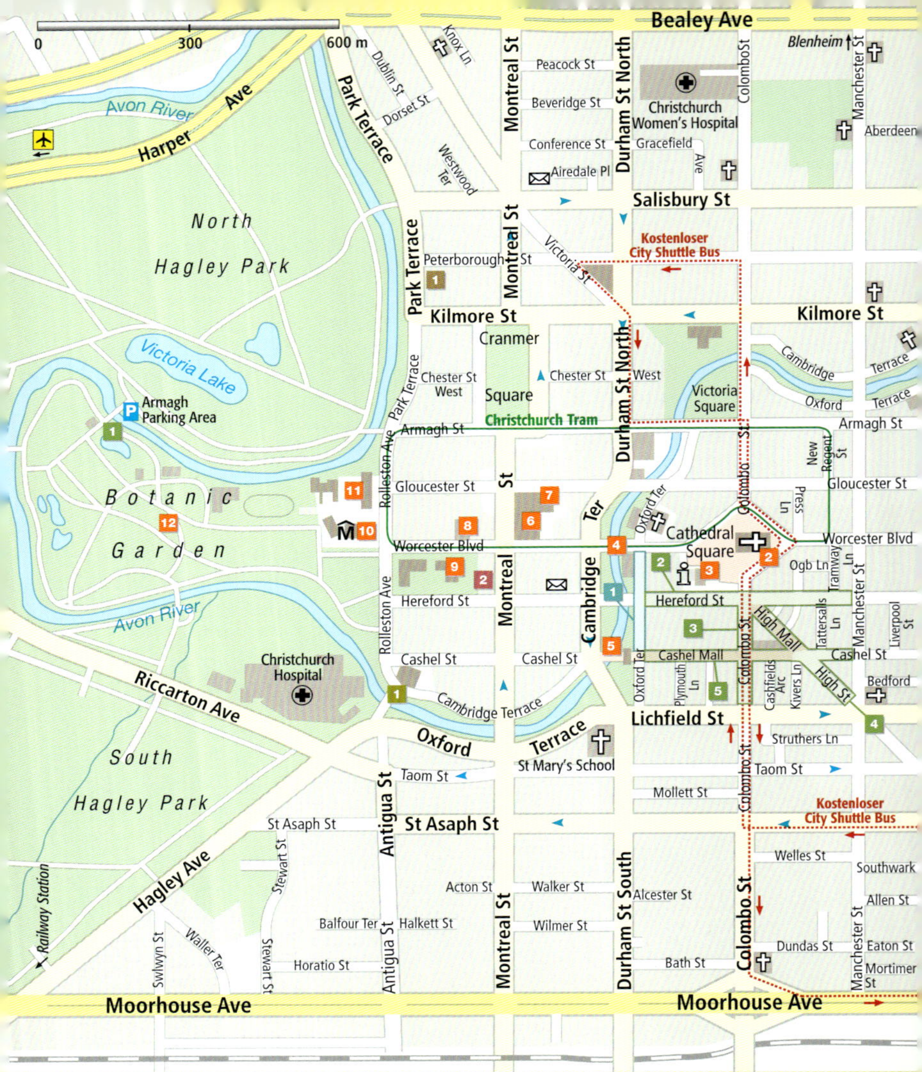

Christchurch

Sehenswert

1. Riccarton House
2. Christ Church Cathedral
3. Main Post Office
4. Worcester Bridge/ Sufragetten-Denkmal
5. Bridge of Remembrance
6. Christchurch Art Gallery – Te Puna o Waiwhetu
7. CoCA – Centre of Contemporary Art
8. Dyslexia Discovery Exhibit
9. Arts Centre
10. Canterbury Museum
11. Christ's College
12. Botanischer Garten
13. Port Hills/Castle Rock
14. Christchurch Gondola
15. Ferrymead Historic Park
16. Willowbank Wildlife Reserve

17 Antarctic Centre
18 New Brighton Pier
19 Cave Rock Sumner

Übernachten

1 The George Hotel
2 Moa Cottages/Boutique Stays (7 Standorte)
3 Foley Towers
4 Jailhouse Accommodation
5 Christchurch Top 10 Holiday Park

Essen & Trinken

1 Sign of the Takahe
2 Dux de Lux
3 Fishermans Wharf (Lyttelton S. 309)

Fortsetzung S. 302

Christchurch

Einkaufen
- 1 Botanic Gardens Information Centre & Shop
- 2 Hereford Street
- 3 Colombo Street
- 4 High Street
- 5 Cashel Street
- 6 DressSmart – Outlet Shopping

Abends & Nachts
- 1 The Strip
- 2 Wunderbar (Lyttelton s. S. 309)

Aktiv
- 1 Antigua Boatshed
- 2 New Brighton Beach
- 3 Sumner Beach
- 4 Taylors Mistake (Surf-Strand)

Spende wird erwartet; Gratis-Führungen Di, Do 15.30–16.30 Uhr).

Das letzte bedeutende Gebäude aus dem neogotischen Ensemble ist das **Christ's College 11**, das nach Norden an das Museum anschließt. Seit 1850 ist es eine anglikanische Eliteschule für Jungen, deren Kollegiaten an schwarzen Blazern mit dünnen weißen Streifen und in der Regel einem ordentlich gebundenen Schlips zu erkennen sind. Falls Sie Ihren Sohn auch einmal so sehen wollen: Das Schulgeld für ausländische Schüler liegt bei gut 45 500 NZD im Jahr (www.christscollege.com; im Sommer Führungen Mo, Mi, Fr 10 Uhr, Erw. 5 NZD, Tickets beim i-SITE).

Botanischer Garten 12

In einer Stadt, die für ihre Grünanlagen berühmt ist, muss man einen Blick in den Botanischen Garten werfen, der sich über 30 ha hinter Museum und Schule ausbreitet und vom Avon gegenüber dem fünfmal so großen Hagley Park abgegrenzt wird. Der Botanische Garten ist exotisch gefüllt, aber *very british* – da fehlen weder Rosengarten noch nostalgische Gewächshäuser. Ein Kleinod ist der verschnörkelte Fasanenbrunnen gleich neben dem Canterbury Museum am Eingang von der Stadt aus. Nahe dem nördlichen Eingang von den Parkplätzen der Armagh Parking Area wartet ein i-Center mit **Souvenirshop 1** auf Gartenliebhaber (Park tgl. 7 bis je nach Saison 18.30, 20.30 oder 21 Uhr, i-Center/Gewächshäuser tgl. mind. 10.15–16 Uhr).

Punten für Verliebte

Wenn Sie unter all den Bäumen im Botanischen Garten die Albert-Edward-Eiche gefunden haben, dann stehen Sie vor dem ersten Baum, der hier bewusst gepflanzt wurde, genau am 9. Juli 1863 zur Hochzeit des Prinzen Edward mit der dänischen Prinzessin Alexandra. Dieser Hochzeitsbaum steht nicht weit vom Ufer des Avon. Über das Flüsschen lassen sich derweil andere Verliebte *punten*, wie diese Art der Fortbewegung mit Stechkähnen heißt. Punting the Park startet vom idyllischen **Antigua Boatshed 1** (2 Cambridge Terrace, Tel. 03-366 0337, www.punting.co.nz, 9/10–16/18 Uhr, 30 Min. 25 NZD/Pers.). Wer selbst aktiv werden will, leiht sich dort ein Ruderboot oder ein Kanu (Tel. 03-366 5885, www.boatsheds.co.nz, je nach Saison 9–17/17.30 Uhr, je nach Bootstyp 10–30 NZD/Std.).

Am Rande der Stadt

Zu den Attraktionen außerhalb der 4-Avenues gelangt man bequem mit Stadtbussen. Wer ein Rad nutzt, freut sich über das meist flache Terrain. Eine Route fordert indes fitte Biker: die Fahrt über die **Port Hills 13** im Südosten der Stadt. Dieser alte Kraterrand bildet die natürliche Grenze zwischen den Plains und der Banks Peninsula. Üblicherweise fährt man vom Zentrum nach Süden über die Colombo Street, überquert den zweiten, weniger bekannten Fluss der Stadt, den Heathcote River, und quält sich dann die Dyers Pass Road hinauf, vorbei am **Sign of the Takahe 1**: Was wie eine Miniburg aus dem europäischen Mittelalter aussieht, ist ein Edellokal im Ritter-Historien-Look aus dem frühen 20. Jh. und gern als romantischer Rahmen für Hochzeiten genutzt (s. Essen & Trinken). Schließlich biegt man nach Osten auf die schmale, kurvenreiche **Summit Road.** Hier versperrten nach dem Beben riesige Fels-

brocken die Straße – inzwischen ist sie wieder frei. Immer wieder will man jetzt anhalten, die Aussichten auf Stadt und Plains und manchmal auch nach Lyttelton hinüber in sich aufnehmen.
Der **Castle Rock,** etwa in der Mitte der Strecke, ist der beste Aussichtsplatz. Bald passiert man die Bergstation der Gondola (s. u.) und wenig später gibt es eine erste Abfahrt zur Küste über die Mt Pleasant Road. Die Rundfahrt geht jedoch weiter über die Kammstraße, nutzt die Evans Pass Road nach Sumner hinunter und folgt ab dem Badeort der Küste zurück in die Innenstadt. Die Rundfahrt ist rund 50 km lang.

Gondola und Ferrymead

Die **Christchurch Gondola** 14 besitzt eine 500 m hoch gelegene Bergstation mit Café, Shops und Restaurant auf dem Kamm des Port Hill – die Aussichten auf die Stadt, die Canterbury Plains und bei gutem Wetter bis zu den Südalpen sowie in den Lyttelton Harbour (S. 309) hinunter sind brillant (Wiedereröffnung für Saison 2011/12 geplant; aktuelle Infos www.gondola.co.nz, Gondola Talstation: 10 Bridle Path Rd). Nahe der Talstation leben im **Ferrymead Historic Park** 15 alte Zeiten auf. Oldtimer von Straße und Schiene sorgen fürs Ambiente und an Wochenenden und Ferientagen füllen Freiwillige im Kolonialdress die historischen Gebäude und Werkstätten während alte Straßenbahnen und Züge übers Gelände rattern (50 Ferrymead Park Drive, Tel. 03 384 1970, www.ferrymead.org.nz, Bus 35, tgl. 10–16.30 Uhr, wenn alle Aktivitäten laufen Erw. 15,50, sonst 10 NZD, Familientickets).

Willowbank

Weit im Norden der City trifft man im **Willowbank Wildlife Reserve** 16 auf heimische Tiere. Stars sind die vorwitzigen Keas sowie Kiwis im Nachthaus und von September bis März in einer Brutstation. Abends gibt's noch romantische Dinner und die Kultursho w **Ko Tane – The Maori Experience** im nachgebauten Maori Dorf, inklusive Begrüßungszeremonie Powhiri und Haka-Kriegstanz als Highlight (60 Hussey Rd, Harewood, Christchurch, Tel. 03-359 6226, [fc] 0800 484 485 www.willowbank.co.nz, Bus 11 ab City, 1–2 x stdl., zur Kultursho w gratis Transfer ab Innstadt, tgl. 9–22 Uhr, nach Einbruch der Dunkelheit nur auf Führungen; Wildlife Park Erw. 27 NZD, inkl. Kiwi-Brutstation 50 NZD, inkl. Dinner 68 NZD, inkl. Kultursho w 65 NZD, inkl. Dinner & Show 112 NZD).

Antarktische Gefühle

Angesichts des recht milden Klimas in Christchurch mutet es schon paradox an, dass man sogar im Hochsommer einen Schneesturm erleben kann, wie im **Antarctic Centre** 17. Christchurch besitzt eine lange Tradition als Ausgangspunkt für die Erforschung des sechsten Kontinents, Robert Scott und Ernest Shackleton brachen von hier zu ihren Expeditionen auf, und heute organisieren neben Neuseeland die USA und Italien von hier ihre antarktischen Aktivitäten. Damit das Südpol-Feeling authentisch rüberkommt, kann man mit einem Raupenfahrzeug wie es in den Stationen um den Südpol benutzt wird, einen 15-minütigen **Hägglund Ride** über ein künstliches Off-Road-Gelände machen; im Unterschied zu den Originalen wird die Klimaanlage in den Fahrzeugen jedoch auf ›Kühlen‹ gestellt. Das Pinguingehege **New Zealand Penguin Encounter** ergänzt die antarktischen Impressionen; tgl. 10.30, 13.30 und 15.30 werden die Little Blue Penguins vor Publikum gefüttert (38 Orchard Rd, Tel. 03-353 7798, [fc] 0508 PENGUIN, www.iceberg.co.nz, 5 Min. zu Fuß ab Airport, gratis Penguin Express Bus ab Cathedral Square 1 x stdl., tgl. 9–17.30, Okt.–März bis 19 Uhr, Ausstellungen inkl. Hägglund Ride Erw. 65 NZD, Familientickets).

Christchurchs Badeorte

Im Osten stoßen Vororte von Christchurch ans Meer, hier sind die Strände der Stadt. Zwischen die beiden bekanntesten hat sich die Mündung von Avon und Heathcote River geschoben und deshalb muss man sich im Straßengewirr der City früh entscheiden, welchen man ansteuern will. Am Wasser entlang gibt es keine Verbindung. **New Brighton,** streckt den längsten Streifen Strand über Kilometer dem Pazifik entgegen (Bus 5, 40, 60). Nach Süden schiebt sich eine von Meeresströmungen ausgestrichene Nehrung mit einer Dünenkette hinter dem **New Brighton Beach** 2 vor die Flussmündung. Direkt vor dem Zentrum von New Brighton bewachen im Sommer Lebensretter den Strand und hier ragt seit 1999 ein moderner Betonpier 300 m weit in den Pazifik hinaus, 7 m über der Hochwasserlinie und vom Erdbeben verschont.

Auf dem **New Brighton Pier** 18 kann man flanieren, bei Sturm die Gischt spüren oder Angeln und herrliche Aussichten beim Blick zurück auf Strand, Stadt und Südalpen genießen. Der Pier ist mit einem Komplex verbunden, der an Kurhäuser deutscher Küstenorte erinnert, hier aber die örtliche Bibliothek beherbergt.

Sumner wirkt distinguierter, charmanter, dörflicher mit Cafés und Restaurants an der Esplanade, der Uferpromenade, hat aber durch Erdrutsche beim Beben im Februar 2011 arg gelitten. Da rächten sich manche Bausünden bei der Jagd nach dem ultimativen Meerblick – die Hänge wurden unsicher. Diese Hänge sind Ausläufer der Port Hills, die hier ins Meer auslaufen. Die Küste ist felsig. Markante Landmarke ist der **Cave Rock** 19, der den **Sumner Beach** 3 teilt und sich bei Niedrigwasser gut erkunden lässt (Bus 3). Nach Süden wird der Strand vom Landvorsprung Sumner Head begrenzt. Der Weg auf die Spitze lohnt bei klarem Wetter, wenn man von dort zurück über die felsige Küste und die Avon-Heathcote Mündung auf Christchurch blickt und dahinter die schneebedeckten Gipfel der Southern Alps blinken.

Über das Gewirr kleiner Straßen, die sich über die Anhöhen winden, oder über den markierten Klippenweg Scarborough Walk & Taylors Mistake Track (45–60 Min.) erreicht man die Bucht **Taylors Mistake** 4, der bekannteste Surfer-Spot im Umfeld von Christchurch, aber auch zum Schwimmen populär (Webcam: www.taylorssurf.co.nz). Die Herkunft des Namens ahnt man: 1858 setzte ein Captain Taylor sein Schiff in der Bucht auf Grund. Er wollte eigentlich die nächste Einfahrt treffen, den Lyttelton Harbour. Der Spott der Kollegen war ihm sicher, aber sein Name wurde unsterblich.

Infos

Christchurch i-SITE Visitor Centre: aktuelle Adresse erfragen unter Tel. 03-379 9629.
Christchurch Airport i-SITE: Ankunftshalle, Tel. 03-353 7774. Für beide: www.christchurchnz.com.

Übernachten

Christchurch bot bei Redaktionsschluss dieser Ausgabe schon wieder rund 150 Unterkünfte verschiedenster Art, darunter besonders viele Motels in den Vororten, die von den Beben nicht betroffen waren, aber auch einige innenstadtnahe Hotels, Backpacker und Holiday-Parks. Aktuelle Listen beim i-SITE, hier eine kleine Auswahl:

Eines der ›Small Luxury Hotels of the World‹ ► **The George Hotel** 1: 50 Park Terrace, Tel. 03-379 4560, [fc] 0800 100 220, www.thegeorge.com. Intimes Luxus- und Wellnesshotel nahe Hagley Park. DZ und Suiten mit Marktpreisen online ca. 390–1375 NZD, nicht alle Tarife mit Frühstück. Zum Hotel gehören zwei Gourmet-Restaurants, das sehr formelle **Pescatore** (Tel. 03-371 0257) und das etwas legerere **50 on Park Restaurant & Bar** (Tel. 03-371 0250).

Sehr schnuckelige Apartments und Häuschen ► **Moa Cottages/Boutique Stays** 2: Tel. 03-385 4789, www.moacottages.co.nz, www.boutiquestays.co.nz. Sabine und Ernst Wipperfuerth, Auswanderer aus Deutschland, vermieten am Rande des Zentrums in ruhigen Lagen renovierte und mit viel Liebe fürs Detail eingerichtete Stadthäuschen und ›Cottages‹. Mindestmietzeiten, Preise je nach Objekt und Mietdauer 70–160 NZD/Tag.

Fasanenbrunnen im Botanischen Garten von Christchurch

Mutter aller BBH-Backpacker ▶ Foley Towers 3: 208 Kilmore St, Tel. 03-366 9720, www.backpack.co.nz/foley.html. Citynah, viele Doppelzimmer. Betten ab 21 NZD/ Pers., DZ ab 56, mit Dusche/WC ab 62 NZD. Gründer und Namensgeber Eric Foley ist ein Pionier der Backpacker-Bewegung und Vater der BBH-Organisation (S. 79).

BBH-Backpacker im Ex-Knast ▶ Jailhouse Accommodation 4: 338 Lincoln Rd, Addington, Tel. 03-982 7777, www.jail.co.nz. Viele Einzel- (ab ca. 50 NZD) und Doppelzellen (ab ca. 70 NZD), Bett im Mehrbettzimmer ab 26 NZD. Ca. 2,5 km vom Cathedral Square, aber mit guter Verkehrsanbindung und freiem Parken vor der Tür. Top ausgestattet!

Günstig zum Flughafen ▶ Christchurch Top 10 Holiday Park 5: 39 Meadow St, Tel. 03-352 9176, www.meadowpark.co.nz. Komfortable Anlage mit Hallenbad, 5 km nördl. Cathedral Square, ca. 100 Stellplätze für 33–48 NZD und fast ebenso viele Hütten und Apartments für 62–120 NZD, auch Backpacker-Lodge.

Essen & Trinken

Konkrete Angaben zu innerstädtischen Ess-Adressen sind z. Zt. praktisch unmöglich.

Edler Mittelalter-Look ▶ Sign of the Takahe 1: (S. 302) 200 Hackthorne Road, Tel. 03-332 4052, www.signofthetakahe.co.nz. Café tgl. 9–17 Uhr mit Lunch um 20 NZD, Restaurant ab 18 Uhr mit traditioneller Edelküche, HG um 40 NZD.

Hier ist immer was los ▶ Dux de Lux 2: Hereford St/Montreal St, Tel. 03-366 6919, www.thedux.co.nz. All-in-one-Location mit Restaurant, Café, Außenterrasse unter großen Sonnensegeln, Disco, Micro-Brauerei und Bühne mit fast täglichen Konzerten. Aus der Küche kommen viele vegetarische Gerichte und Gutes aus dem Meer, die Muscheln sind Spitze. Hauptgerichte ca. 20–30 NZD. Zwei hungrige Seelen am Tisch werden mit dem Seafood Platter für ca. 70 NZD garantiert satt. Bierfans können aus rund einem halben Dutzend vielfach prämierter Biere aus hauseigenen Braukesseln wählen. Das Dux ist ein MUSS und hat die Wiedereröffnung schon angekündigt: Also hin und nachsehen!

Einkaufen

Konkrete Angaben zu innerstädtischen Shopping-Möglichkeiten sind z. Zt. unmöglich. Die Einkaufsstraßen Hereford Street 2, Colombo Street 3, High Street 4 und Cashel Street 5 bildeten bis zum Erdbeben 2011 südlich des Cathedral Square ein populäres Shopping-Viertel mit einem guten Mix aus kleinen Läden und modernen Passagen – hier soll Ende Oktober 2011 die Wiedereröffnung der Innenstadt beginnen.

Mall mit 50 Factory Outlets ▶ DressSmart – Outlet Shopping 6: 409 Main South Rd (neben SH1 Richtung Süden), Hornby, Tel. 03-349 5750, www.dress-smart.co.nz, tgl. 10–17 Uhr. Preisnachlässe bis 70 % auf nicht mehr ganz aktuelle Ware nationaler Marken wie Hallensteins (modisch-preiswert) und Canterbury NZ (CCC = Rugby-Ausstatter, teuer) und internationaler wie New Balance, Puma oder Rip Curl.

Abends & Nachts

Christchurch mit seinen vielen Studenten war bis zum Beben für sein munteres Nachtleben und seine Musikclubs berühmt, was davon zurückkehrt weiß z. Zt. noch niemand. Offiziell ist aber, dass die Kneipenmeilen **The Strip** 1 am Oxford Terrace zu den ersten Locations gehören soll, die Ende 2011 wieder öffnen dürfen.

Aktiv

Biken in Christchurch ▶ City Cycle Hire: Tel. 03-377 5952, [fc] 0800 424 534, www.cyclehire-tours.co.nz, ab 35 NZD/Tag, 140 NZD/Woche. Stellt überall in der Stadt Tourenräder oder Mountainbikes für Touren bereit. Sobald die Gondola 14 (S. 303) wieder eröffnet auch in Kombination mit Bergfahrten dort und dann Port Hills über Stock und Stein wieder hinunter.

Ballonflüge für Frühaufsteher ▶ Up, up and Away: Tel. 03-381 4600, www.ballooning.co.nz. Startzeiten je nach Saison 5–7 Uhr, Dauer ca. 4–5 Std., davon rund 1 Std. Flugzeit über die Canterbury Plains, Erw. 340 NZD, Kinder 300 NZD, inkl. Transfer ab/bis Unterkünften.

Touren in die und in der Umgebung ▶
Black Cat Curises auf dem Lyttelton Harbour S. 309. Weitere Aktivitäten inkl. Transport ab/bis Christchurch unter Akaroa S. 313, Kaikoura S. 321, Methven S. 336 und Hanmer Springs S. 319.

Termine

Rund ein Dutzend Festivals stehen auf dem jährlichen Event-Kalender, wann welche wieder in vollem Umfang durchgeführt werden, erkundet man am besten auf den Websites:

Garden City SummerTimes: Pop- und Klassikkonzerte, Kinderunterhaltung und Openair-Kino kostenlos von Dezember bis März inkl. Silvesterparty: www.summertimes.org.nz.

World Buskers Festival: ambitioniertes Straßentheater- und Straßenkünstler-Festival, 2. Hälfte Jan.: www.worldbuskersfestival.com.

Festival of Flowers: Modenschauen, Musik, Tanz und immer wieder Blumen Febr./März: www.festivalofflowers.co.nz.

New Zealand Jazz&Blues Festival: Ende April, www.jazzfestivalnz.com.

Christchurch Arts Festival: Musik, Theater, Ausstellungen biennal in ungeraden Jahren im August: www.artsfestival.co.nz.

Verkehr

Wer in Christchurch mit dem **Auto** fährt, sollte sich einen Stadtplan besorgen, der die Richtungen der Einbahnstraßen zeigt.

Mietwagenfirmen unterbieten sich in allen wichtigen Touristenbroschüren sowie mit Flyern in i-SITEs und Unterkünften, u. a. haben ACE und APEX (S. 71) Filialen in Flughafennähe.

Christchurch Airport, ca. 20 Autominuten nordwestlich des Zentrums; www.christchurch-airport.co.nz. Fahrten ins Zentrum: Taxi ca. 40 NZD, Sammeltaxis/Shuttles 2? NZD, Flughafenbus ›City Flyer‹ (2–4 x stdl., ca. 30 Min.) 7,50 NZD oder Metrocard (s. u.).

Bahnhof mit zwei Zugabfahrten und -ankünften pro Tag im Stadtteil Riccarton (Bus 51).

Stadtbusse verbinden das Zentrum mit allen Vororten von ca. 5.30–24 Uhr mit kurzer Taktfrequenz (Infos: Tel. 03-366 8855, www.redbus.co.nz). Erw. zahlen 3,20 NZD pro Fahrt cash, mit der Metrocard, einer personengebundenen Prepaid-Karte, 2,30 NZD pro Fahrt oder maximal 4,60 NZD/Tag bzw. 23 NZD/Woche. Nach Wiedereröffnung der Innenstadt wird der kostenlose **The Shuttle** wieder verkehren (gelbe Elektrobusse, gelbe Haltestellen, s. Cityplan S. 300) Mo–Fr 7.30–22.30, Sa 8–22.30, So 10–20 Uhr alle 10–15 Min).

Fernbusse aller bekannten Linienbusunternehmen in alle Regionen der Südinsel. Zu aktuellen Haltestellen in der Stadt beachten Sie die Webseiten der Anbieter oder fragen Sie im i-Site. Shuttle-Busse mit Tür-zu-Tür-Service innerhalb zur Westküste und nach Nelson, Picton, Dunedin und Queenstown u. a. Atomic Shuttles S. 76.

Tipp: Nostalgische Tramway

Die Christchurch Tramway ist zwar nur eine nostalgische Wiedergeburt von 1995 auf einem Touristen-Rundkurs, prägte mit ihrem historischen Wagenpark aber das romantische Bild der Stadt bis zum Beben im Februar 2011. Bevor dieses Schienen und Oberleitungen zerstörte, hatte man sogar die Erweiterung des Schienennetzes in Angriff genommen. Jetzt heißt es erst einmal, dass es sechs bis 18 Monate dauern kann, bis die Straßenbahnen endlich wieder durch die Stadt rattern.

Das Original fuhr 1905–54 im Stadtgebiet, aber nur zwei der fünf Waggons von heute, die 152 und 178, sind echte Christchurcher, die anderen stammen aus Dunedin und Melbourne. Aktuelles zum Wiederbeginn auf www.tram.co.nz, dort auch Infos, ob der einst so beliebte Restaurantwagen wieder zum Einsatz kommt.

Wie an einem anderen Tag – Chatham Islands

Thema

Knapp ein Dutzend Inseln ungefähr auf demselben Breitengrad wie Christchurch, aber rund 800–850 Kilometer weiter im Osten, bilden die Chatham Islands. Das Archipel liegt auf 176° West, also schon jenseits des 180. Längengrads, der eigentlichen Datumsgrenze. Die hat hier jedoch eine Beule und erlaubt damit den Inselbewohnern das Leben ›am selben Tag‹ wie der Rest Neuseelands, jedoch in einer Sonderzeitzone, immer 45 Minuten dem Festland voraus.

Auf der größten der Inseln, Chatham Island, leben etwa 700 Menschen, davon gut 200 in der ›Hauptstadt‹ Waitangi. Darüber hinaus ist nur noch das kleine Pitt Island von etwa 50 Personen bewohnt. Jedem auf den Inseln ist der Name Tommy Salomon (1884–1933) geläufig: Er gilt als letzter ›reinblütiger‹ Moriori. Viele der Menschen auf den Chathams sehen sich jedoch als Nachfahren dieser indigenen Volksgruppe. Zwischen ihnen und Abkömmlingen der Maori, die 1835 als Invasoren kamen, unter den Moriori ein fürchterliches Blutbad anrichteten, einen Teil verspeisten und die Überlebenden versklavten, besteht ein ähnlicher Streit wie auf dem Festland zwischen Maori und Pakeha: Hier geht es um Fischereirechte, insbesondere um den lukrativen Langustenfang, der reich macht: Nirgendwo in Neuseeland ist der Anteil an Millionären in der Bevölkerung so hoch und nirgendwo weltweit sind so viele Harley-Davidson pro Kopf registriert wie hier – bei nicht einmal 100 km Straßen, zumeist Schotter.

Die Herkunft der Moriori war lange umstritten. Inzwischen gilt es als gesichert, dass sie Nachfahren einer Maori-Gruppe (S. 27) sind, die etwa um 1500 von der Südinsel kam und in der Isolation eine eigenständige Kultur entwickelte, die vor allem für Fels- und Baumritzungen berühmt ist, die man in dieser Form auf dem Festland nicht kennt.

Die Inseln wurden ab 1791 auch von weißen Wal- und Robbenfängern besiedelt. Viele Einwohner geben zudem deutsche Vorfahren aus dem Kreis evangelisch-lutherischer Missionare an, die ab 1843 auf den Inseln tätig waren. Touristisch sind die Chatham Islands kaum entwickelt, jedoch populär bei Ornithologen und Naturliebhabern wegen zahlreicher endemischer Arten in Flora und Aviafauna. Hier wurde mit der Rettung des Black Robin ab 1981 das erste Erfolgskapitel einer systematisch kontrollierten Artenerhaltung in Neuseeland geschrieben: Der Weltbestand lag damals bei fünf Exemplaren (S. 16).

Zu Beginn des Jahres 2000 machten die Chathams dann weltweit Furore, weil dank der Delle in der Datumsgrenze auf einem 290 m hohen Hügel von Pitt Island rechnerisch weltweit das erste Tageslicht auf festen Boden fällt. Damals berichteten mehrere TV-Stationen live von der Insel, nachdem sie sich zur Freude der betroffenen Landbesitzer mit irrwitzigen Summen die Nutzungsrechte für die Weiden gesichert hatten – bis heute gilt ›The Millenium Site‹ als Attraktion.

Flugverbindungen bestehen ab Christchurch, Wellington und Auckland. Wichtige Webadressen: www.chathams.com (allgemeine und touristische Infos), www.airchathams.com (Airline), www.hengo-lodge.co.nz, www.hotelchatham.co.nz (Unterkünfte).

Lyttelton ▶ H 15

Cityplan: S. 300
New Brighton und Sumner haben zwar schöne Strände, aber keinen Hafen. So mussten schon die ersten Siedler im **Lyttelton Harbour** landen, einem der besten Naturhäfen des Landes. Nur einen Teil dieser weit ins Land ragenden Meeresbucht nutzt der eigentliche Verkehrshafen von Lyttelton, wichtig u. a. für Holz- und Kohleexport. Der Old-timer-Schlepper ›Lyttelton‹ von 1907 macht unter den Fittichen einer Gruppe freiwilliger Enthusiasten an Sommersonntagen Rundfahrten (nach Hafenreparatur voraussichtlich ab Oktober 2011 wieder im Einsatz: ca. 25 NZD, Details unter Tel. 03-322 8911, www.tuglyttelton.co.nz oder beim i-SITE).

Maritime Traditionen

Lyttelton ist von langer maritimer Tradition geprägt, auch wenn die modernen Hafenanlagen nicht gerade romantisch wirken. Lyttelton Harbour entstand vor gut zehn Millionen Jahren als gigantischer Vulkankrater, der später an der Meerseite aufbrach. Sein Manko: Der Kraterring trennt die geschützte Bucht vom Hinterland. Die ersten Siedler mussten mühsam über die Pässe klettern, dann wurde ein Kutschenweg angelegt, aus dem sich die Straße über Sumner entwickelte. 1867 dampfte ein erster Zug durch den Eisenbahntunnel und 1964 kam der Straßentunnel hinzu, der die Fahrt von Christchurch nach Lyttelton auf knapp 15 Min. verkürzt – 12 km sind es vom Zentrum. Der Tunnel brachte neues Leben in die Hafenstadt: An den Hängen oberhalb der Buchten Corsair Bay, Cass Bay, Rapaki Bay ziehen sich die Villen der Besserverdienenden aus Christchurch immer weiter nach Westen und dank häufiger Fährverbindungen lässt sich sogar das Wohnen am anderen Ufer in Diamond Harbour mit einer Arbeit in der City vereinbaren.

Delfine und Gefangene

Der Lyttelton Harbour ist bekannter Beobachtungsplatz für Hector-Delfine, der mit 1–1,5 m Länge kleinsten Delfinart weltweit. Die gesamte Weltpopulation von etwa 2500 Tieren lebt ausschließlich in Neuseelands Küstengewässern. **Black Cat Cruises** bieten zur Beobachtung die Christchurch Wildlife Cruises mit ihrem Katamaran (nach Beseitigung der Erdbebenschäden im Hafen voraussichtlich wieder ab Sommersaison 2011/12; aktuelle Infos Tel. 03-328 9078, [fc] 0800 4 DOLPHINS, www.blackcat.co.nz, zu allen Touren Shuttle ab Christchurch Innenstadt). Als Bonus der Bootstouren sieht man von Bord aus u. a. frühe Siedlungsplätze der Maori sowie der ersten weißen Siedler. Dazu gehört auch das Inselchen Ripapa Island: Hier bauten zuerst Maori ein Pa, 1888 befestigten britische Truppen die Insel und 1918 wurde sie Kriegsgefangenenlager. In dem saß zeitweilig der als Seeteufel legendäre Kaperkapitän der kaiserlich-deutschen Marine Graf von Luckner ein (S. 135).

Auf dem Kraterrand

Grandiose Aussichten bietet die Summit Road, die sich zwischen Christchurch und Lyttelton über die Port Hills schlängelt. Sie verlässt oberhalb des Containerhafens den Ort und schwenkt dann schnell in die Berge. Von Lyttelton am Ufer des Harbour entlang ebenso wie von der Summit Road besteht via Gebbies Pass Road eine zwar kurvenreiche, aber gut zu befahrende Verbindung mit hohem Sightseeingwert zum SH75 Richtung Banks Peninsula und nach Akaroa. Die Nebenstraßen über Diamond Harbour und Port Levy zu den nördlichen Buchten der Halbinsel sind indes sehr schmal, oft steil, teilweise noch unasphaltiert und nach starken Regenfällen oft beschädigt. Über die Befahrbarkeit sollte man sich vor Ort erkundigen, aber sie mit Campervans gänzlich meiden.

Infos

Lyttelton Visitor Centre: Tel. 03-328 9093, www.lytteltonharbour.co.nz. Dort Informationen zum aktuellen Standort des i-Büros sowie zu Unterkünften und Ess-Adressen in der vom Beben am 22. Febr. sehr stark getroffenen Stadt.

Übernachten, Essen

Fisch am Hafen mit Helden-Status ▶ Fishermans Wharf 3: 39 Norwich Quay, Lyttelton, Tel. 03-328 7530; tgl. 11–22 Uhr. Fusion aus Fisch-Lokal und Fish-&-Chips-Take-Away mit glutfrischem Fisch vom eigenen Kutter. Es sollte etwa San Franciscos Atmosphäre sein, aber so viele Parallelen mit der Stadt in Kalifornien hatte sich Loyd Millar, der Chefkoch und Besitzer nicht erhofft, als er am 23. Februar 2011 sein neues Lokal eröffnen wollte. Die Eröffnung musste aber nur einen Tage verschoben werden, da das Gebäude das Beben gut überstanden hatte und so wurde das Fishermans Wharf zu einem geradezu glorifizierten Symbol für den Wiederanfang in der arg gebeutelten Hafenstadt. Viele Gerichte schon ab ca. 10 NZD.

Abends & Nachts

Kultkneipe mit viel Musik ▶ Wunderbar 2: 19 London Street, Lyttelton, Tel. 03-328 8818, www.wunderbar.co.nz, Mo-Fr ab 17, Sa/So ab 12 Uhr. Das Interieur irgendwo zwischen 1950ern und 1970ern und die Fast-jeden-Tag-Konzerte mit Musik von gestern bis zur Gegenwart. Kult ist der Dienstag mit ›offenem Mikrofon‹ für jeden, der mal auf die Bühne will. Stille Typen genießen die Aussicht auf den Hafen, aktive spielen Billiard und Tischfußball – wirklich Fußball, nicht Rugby!

Verkehr

Buslinien 28 und 35 ab Christchurch Zentrum (ca. 30 Min., mehrmals stdl.).
Diamond Harbour Ferry (Info/Ticket s. Black Cat Cruise S. 313), 1–2 x stdl., 10 Min., Erw. 5,60 NZD.

Banks Peninsula ▶ H/J 15/16

Die Banks Peninsula beweist, dass auch die Großen der Weltgeschichte nicht unfehlbar sind: James Cook sah die gebirgsähnlich auf über 900 m aus dem Meer aufragenden Vulkanreste nur mit gehörigem Abstand vom Meer her, während die extrem flachen Canterbury Plains dahinter in einem Flimmern versanken. Cook sparte es sich nachzusehen und zeichnete die **Banks Peninsula** als Insel in sein Kartenwerk, erst vier Jahrzehnte später fiel das auf, als ein Kollege des großen Seefahrers die vermeintliche Passage durchsegeln wollte. Eigentlich hatte Cook nicht ganz unrecht, er kam mit seiner Ferndiagnose nur viel zu spät: Die Banks Peninsula entstand als Insel durch submarine vulkanische Aktivitäten. Gewaltige Mengen an Sediment, von Gletschern in den Southern Alps abgetragen und von Gletscherströmen Richtung Meer getragen, ließen die heutigen Canterbury Plains jedoch immer weiter wachsen, bis die Vulkaninsel landfest wurde.

Auf der Banks Peninsula

Die Franzosen kommen

Am 16. August 1840 landeten im geschützten Akaroa Harbour 57 französische Siedler mit dem Ziel, eine Kolonie für die Grande Nation zu gründen. Das Land an der French Bay hatte ein französischer Walfänger, der die Kolonialisten anführte, schon Jahre zuvor den örtlichen Maori abgekauft. Inzwischen war jedoch der Vertrag von Waitangi (S. 28) unterzeichnet und Neuseeland britische Kolonie. Sobald Gouverneur Hobson von den Franzosen und ihren Plänen Wind bekam, schickte er ein Schiff nach Akaroa und ließ fünf Tage vor Ankunft der Franzosen dort den Union Jack hissen. Für beide Ankünfte finden sich an der Uferpromenade von Akaroa das French Settlers Memorial und das Britomart Memorial, benannt nach dem Schiff, mit dem die Briten kamen.

Die Franzosen wurden sesshaft und sorgten auf diese Weise in unmittelbarer Nachbarschaft der englischsten aller Städte in Neuseeland für französisches Flair: Da wird mal die Trikolore gehisst, eine Bucht firmiert als Le Bons Bay, etliche Straßen haben ein Rue im Namen, das wichtigste Weingut heißt French Farm und bei Unterkünften und Restaurants klingt erst recht vieles französisch – *c'est la vie.* Und bei all dem wird fast vergessen, dass mit den Franzosen sechs Deutsche kamen, die eine Bucht weiter im Norden – heute Takamatua Bay, aber lange *German Bay* genannt – siedelten.

Wege auf die Banks Peninsula

Solange man nicht die schwer zu befahrenden Nebenstraßen im Norden der Halbinsel wählt, erreicht man die Banks Peninsula immer auf SH75 am Ufer des **Lake Ellesmere** entlang. Dieses Haff, durch die flache Nehrung Kaitorete Spit vom offenen Meer getrennt, ist ein Vogelschutzgebiet, die Wasserfläche lockt Windsurfer.

Little River war bis 1962 Endstation einer Bahnlinie aus Christchurch, deren Trasse als 44 km langer **Christchurch – Little River Rail Trail** für Biker präpariert ist, ein weitgehend flacher Radwanderweg u. a. an den Ufern von Lake Ellesmere und Lake Forsyth entlang (www.littleriverrailtrail.co.nz).

Von **Hilltop,** das vor allem aus dem Ausflugs- und Aussichtslokal The Hilltop Café & Bar besteht, ist dann zum ersten Mal der Blick frei auf den Akaroa Harbour und das gleichnamige Städtchen. In Hilltop biegt die Banks Peninsula Summit Road vom SH75 ab, beide führen nach Akaroa, so dass eine Rundfahrt möglich ist. Während SH75 schnell am Ufer des Harbour ist und ihm bis in die Stadt folgt, windet sich die Summit Road über den Kamm des Ex-Kraters bis auf fast 750 m Höhe hinauf und bietet unbeschreibliche Aussichten, mal nach Akaroa hinunter, mal auf dünn besiedelte Täler, die zu einsamen Buchten an der Nordküste der Halbinsel hinabkriechen. Die kleinen Nebenstraßen, die hinunterführen, können problemlos befahren werden, soweit sie asphaltiert sind. Es gibt auch einige küstennahe, aber weitgehend unbefestigte Verbindungen zwischen den Bays, zu deren Befahrbarkeit man sich aktuell vor Ort erkundigt.

Will man an eine der Bays hinunter, empfiehlt sich die **Okains Bay,** denn das dortige Freilichtmuseum Okains Bay Maori and Colonial Museum ist durchs seinen Mix außergewöhnlich, behandelt es doch die weiße Kolonialkultur ebenso wie Kunsthandwerk und Leben der Maori. So ist viel sehr authentische Schnitzkunst zu sehen, auch ein restauriertes Maori-Kriegskanu (Okains Bay, Tel. 03-304 8611, tgl. 10–17 Uhr, Erw. 10 NZD). Okains Bay kann mit der nächsten Bucht nach Osten, **Le Bons Bay,** darum streiten, wo der Strand schöner ist. Zum Baden sind beide gut geeignet und geschützt, campen am Wasser kann man jedoch nur an der Okains Bay auf einem sehr einfachen Campground.

Akaroa

Hochburg der Frankophilie ist **Akaroa.** Das sonnenverwöhnte Städtchen voller Blumen und mit einer schönen Uferstraße ist mit nicht einmal tausend Einwohnern der größte Ort der Halbinsel. Der Main Wharf vor dem Zentrum ist Ausgangspunkt für Bootsexkursionen auf dem Akaroa Harbour, der sich nach Süden zum Pazifik öffnet. Bei ruhiger See fahren die Ausflugsboote kurz aufs offene Meer, so dass man die von gewaltigen Felstoren und Höhlen gesäumte Einfahrt richtig sehen kann. Aber auch der Inner Harbour hat seine Reize. Spuren des Vulkanismus sind zu erkennen, manchmal sieht man Pinguine, fast immer Hector-Delfine. Und nur in Akaroa gibt es Touren zum Schwimmen mit dieser Art.

Die Geschichte der Halbinsel und ihrer Besiedlung von den ersten Maori über Walfänger bis zu den Franzosen ist ein Schwerpunkt im **Akaroa Museum** (71 Rue Lavaud/Ecke Rue Balguerie, Tel. 03-304 1013, tgl. 10.30–16.30 Uhr, Erw. 4 NZD). Zu den Walfängern, die auf der Halbinsel aktiv waren und deren Hinterlassenschaften im Museum zu sehen sind, gehörte von 1836–44 eine Gruppe Deutscher unter ihrem Kapitän Georg Hemplemann, der zu einem der gewissenhaftesten Chronisten der frühen Siedlungsphase avancierte, weil er alles schriftlich festhielt, von Auseinandersetzungen der Maori bis zu den Namen aller Schiffe, die die Halbinsel anliefen.

Infos

Akaroa Information Centre: 80 Rue Lavaud, Akaroa, Tel. 03-304 8600, www.akaroa.com.

Übernachten

In Akaroa gibt es charmante Motels und Hotels, unübertroffen sind jedoch B&Bs und Backpacker – kaum irgendwo sonst in Neuseeland ist das Niveau dieser Unterkunftsform so hoch! – an den einsamen Outer Bays.

Traumhaftes Farm-B&B ▶ **Kawatea Farmstay:** Kawatea, 1048 Okains Bay Rd, Okains Bay (auf halbem Weg zwischen Summit Road und Okains Bay Strand), Tel. 03-304 8621. Nur vier Zimmer, ab 125 NZD, Dinner optional 35 NZD/Pers.

Ferienhausvermittler ▶ **Akaroa Rental Homes:** 47 Rue Lavaud, Akaroa, Tel. 03-304 8487, www.akaroarentalhomes.co.nz. Die meisten Ferienhäuser liegen in Akaroa, Mindestmietzeiten ab 2 Nächte, Preise ab ca. 65 NZD/Tag.

Campen mit Aussicht ▶ **Akaroa Top 10 Holiday Park:** 96 Morgan Rd, Tel. 03-304 7471, [fc] 0800 727 525, www.akaroa-holidaypark.co.nz. Auf einer Anhöhe kurz vor Akaroa, Stellplätze 32–42, Hütten/Apartments 55–120 NZD.

Ein Paradies unter holländischer Regie ▶ **Double Dutch:** 32 Chorlton Road, Okains Bay, Tel. 03-304 7229, www.doubledutch.co.nz. Ein holländisches Paar betreibt nahe dem Strand von Okains Bay diesen 7-Betten-Backpacker, der eher wie ein komfortables B&B wirkt, nur muss man sich das Frühstück selbst machen. Top die Zimmer, traumhaft die Lage, großzügig alle Gemeinschafträume – die Gäste honorierten es beim BBH-Rating 2010/11 mit Platz 1 im Lande! DZ ab 64, Bett ab 27 NZD.

BBH-Backpacker am Ende aller Wege ▶ **Onuku Farm Hostel:** 89 Hamiltons Road, Tel. 03-304 7066, Onuku (6 km südl. Akaroa), www.onukufarm.co.nz, gratis Abholung in Akaroa 1 x tgl. Startpunkt des Banks Peninsula Track (s. aktiv unterwegs). Einfach, aber mit coolen Ideen – Sternengucker-Minihütten mit Glasdach über dem Bett – auf einem Bauernhof, im Sommer auch Zelten. Matratze im ›Dorm‹ ab 15, Betten ab 25, DZ/Hütten ab 64 NZD, eigene Kajaks und Lizenz zum Swimming with Dolphins (ca. 100 NZD), Juni–Aug. geschlossen.

Essen & Trinken

Europäische Landhausküche ▶ **The Little Bistro:** 33 Rue Lavaud, Akaroa, Tel. 03-304 7314, im Sommer Mi–Mo ab 18 Uhr. Intimes Lokal mit europäisch geprägter Küche – tolle Lammgerichte – und regionaler Weinkarte. Man sollte unbedingt reservieren! HG ca. 25–35 NZD.

Einkaufen

Gott sei Dank, nicht nur Chedcar ▶ **Barry's Bay Cheese:** 5801 Main Rd (SH75), Barrys Bay (15 km westl. Akaroa), Tel. 03-304 5809. Hauseigener Käse und andere Leckereien der Region.

Aktiv

Bootstouren und Schwimmen mit Delfinen ▶ **Black Cat Cruises Akaroa:** Main Wharf, Akaroa, Tel. 03-304 7641, [fc] 0800 436 574, www.blackcat.co.nz. Beobachtung von Seevögeln und spektakuläre Küstenfahrt im Akaroa Harbour, bei ruhiger See bis aufs offene Meer (Erw. ab 68 NZD), wer mit Hector-Delfinen schwimmen will – max. 10 Pers. pro Tour – zahlt ca. 140 NZD/Erw.

Bootstouren mit Delfinbeobachtung ▶ **Akaroa Dolphins:** 65 Beach Road, Akaroa, Tel. 03-304 7866, www.akaroadolphins.co.nz, bis 3 x tgl., ca. 70 NZD.

Sea Kayaking und andere Aktivitäten ▶ **Akaroa Adventure Centre:** 14 Rue Lavaud, Akaroa, Tel. 03-420 0199. Gute Chancen in Begleitung von Delfinen zu kajaken! Sea Kayaks ab ca. 60 NZD/Tag. Auch Bikes und Surfboards.

Verkehr

Zwischen Christchurch (ab Unterkünften) und Akaroa verkehren mehrmals tgl. Busse mit einer Mixtur aus Linienverkehr und Sightseeingtour. Morgenfahrten erreichen Bootsexkursionen: **Akaroa Shuttle,** Tel. [fc] 0800 500 929, www.akaroashuttle.co.nz, direkt 45 NZD h/z, mit Sightseeing ab 55 NZD. **Akaroa French Connection,** Tel. [fc] 0800 800 575 www.akaroabus.co.nz, Transport ab 35 NZD h/z, zahlreiche Sightseeing-Pakete.

Hafen von Akaroa auf der Banks Peninsula

aktiv unterwegs

Banks Peninsula Track

Tour-Infos

Länge/Dauer: 35 km gut markierter Rundweg, 2- oder 4-Nächte-Optionen
Saison: Okt.–April, Hochsaison Weihnachten–Ostern
Buchungen: Tel. 03-304 7612, www.bankstrack.co.nz
Preise: 2 Nächte 143/163 NZD, 4 Nächte 215/245 NZD; Transfer ab Akaroa zur 1. Übernachtung auf Onuku Farm, Gepäcktransfer optional gegen Aufpreis
Verpflegung: Selbstversorgung; Mini-Shops bei Übernachtungsstopp 3 und 4

Seit seiner Gründung 1989 hat sich der Banks Peninsula Track von der belächelten Idee einiger Bauern, mit ihrem abgelegenen Land am Tourismusboom teilzuhaben, zum international bekannten Wanderweg gemausert. Der seinerzeit erste private Track im Lande erschließt über 35 abwechslungsreiche Kilometer den entvölkerten Südosten der Banks Peninsula. Am ersten und letzten Tag quert er mit schweißtreibenden Anstiegen – der heftigste der ganzen Tour mit gut 500 Höhenmetern gleich nach dem Start – die Ausläufer des uralten Kraterringes, der die Halbinsel formte. Der Lohn: grandiose Aussichten auf den Akaroa Harbour zur einen und auf den offenen Pazifik zur anderen Seite und bei klarer Sicht bis zu den Southern Alps weit im Westen. Das Mittelstück windet sich als relativ flacher Klippenweg zwischen drei nicht mehr ganzjährig bewohnten ›Outer Bays‹ über eine spektakulär zerklüftete Küste mit Seehund- und Pinguin-Kolonien. An den Buchten wird in stilvoll renovierten Cottages aus kolonialer Zeit übernachtet. Zeit zum Erkunden der Küste und ihrer tierischen Bewohner ist reichlich vorhanden. An der Flea Bay Option zum Sea Kayaking in ein Meeresreservat – mit etwas Glück in Augenhöhe zu Hector-Delfinen.

Der Track ist für die 4-Nächte-Option in Etappen von 11, 8, 6 und 10 km Länge aufgeteilt, die Wanderer mit durchschnittlicher Fitness in je 3–6 Std. pro Tag bequem schaffen. Fitte laufen dieselbe Strecke bei der 2-Nächte-Option mit je zwei Etappen pro Tag. Die Zahl der Betten in den Hütten beschränkt die der Wanderer auf zwölf pro Tag für die lange und vier für die schnelle Option – frühes Reservieren ist da ein Muss.

North Canterbury

Kaikoura ist maritimer Eckpunkt des Alpine Pacific Triangle: Wale, Delfine, Albatrosse, Naturbegegnung schlechthin. Die anderen Ecken des Dreiecks bieten gute Weine, heiße Quellen und hohe Berge. Ganz hoch hinaus führen die Alpenquerungen über Lewis und Arthur's Pass.

Kaikoura hat fast jeder Neuseelandbesucher auf seiner Agenda. Die Wale locken. Einmal die größten Säugetieren der Welt fast zum Greifen nah erleben oder mit Delfinen Auge in Auge schwimmen. Und das alles noch vor einer beeindruckenden Bergkulisse. Hier ist das ultimative Walfoto machbar: Ein Pottwal taucht ab, reckt seine riesige Fluke, von der Wasser in Strömen abtropft, vor schneebedeckten Bergen in blauen Himmel

Ansonsten gilt die Region zwischen Christchurch und den Marlborough Sounds (S. 466) eher als Transitstrecke: Von Christchurch nach Picton (340 km) schafft man es in gut 5 Std., abgesehen von dem Stopp in Kaikoura (185 km). Aber warum probiert man nicht mal Weine im Waipara Valley, relaxt im Thermalbad von Hanmer Springs und fährt am nächsten Tag über die **Inland Road** via Waiau nach Kaikoura hinunter, eine Alternativstrecke mit weit mehr Sightseeingpotenzial als der in diesem Abschnitt stark befahrene SH1?

Und warum über die Alpenpässe nur hetzen? Von der spektakulären Straße über den Arthur's Pass ebenso wie von der Lewis Pass Road sind etliche Walks und Tracks zugänglich. Die Straße über den Lewis Pass klettert zwar fast so hoch wie die über den Arthur's Pass, ist aber weitaus bequemer zu befahren und dient deshalb nicht nur als Verbindung von Canterbury an die nördliche West Coast z. B. nach Westport (S. 361; ab Christchurch 335 km, 5,25 Std.), sondern auch nach Nelson (S. 475; 430 km, 6,5 Std.) und zum Abel Tasman National Park (S. 481, 435 km, 6,5 Std.). Eine abwechslungsreiche Rundfahrt für mindestens zwei Tage ist *The Alpine Travers*: Von Christchurch via Arthur's Pass nach Greymouth, von dort über Reefton und den Lewis Pass nach Hanmer Springs, weiter über Waiau und die Inland Road nach Kaikoura und von dort an der Küste zurück nach Christchurch (790 km).

Weinregion Waipara Valley ►H 14

Christchurch verlässt man nach Norden vom Flughafen direkt auf SH1 oder aus der City via SH74, die im Vorort Belfast auf SH1 trifft. In **Amberley** beginnt die gut ausgeschilderte Touristenroute Alpine Pacific Triangle. Dort wo sie am Abzweig von SH7 Richtung Hanmer Springs und Lewis Pass (S. 326) zum wirklichen Dreieck wird, breitet sich das **Waipara Valley** aus. Von Weidegras überzogene Hügel rahmen das eigentliche Tal, ansehnliche, mit Fossilien durchsetzte Kalksteinklippen und Felsen sind die auffälligsten Landmarken. Nur noch hier und da sieht man ein paar Bäume, jedoch vielerorts Rebstöcke in Reih und Glied: Im ›Matschepampe-Wasser-Tal‹, so die Übersetzung ins Deutsche, fühlen sich fast alle gängigen Rebsorten wohl, allen voran Trauben für fruchtige Rieslinge und Pinot Noirs. Spät hat man diese Qualitäten entdeckt, und so expandiert die kleine Weinregion derzeit so schnell wie keine andere im Lande. Viele Weingüter haben Direktverkauf, einige angeschlossene Lunch-Restaurants. Und auch was sonst hier wächst, lässt einen

Hauch Südeuropa durch das Tal wehen: Oliven und Lavendel. Einen bunten Überblick über die Produkte der Region bietet der Waipara Valley Farmers' Market samstags in Amberley (Carters Road, Ende Okt.–April Sa 9–12 Uhr).

Eisenbahn-Fans sollten einen Besuch an Wochenenden planen, an denen die **Weka Pass Railway** mit einem Oldtimer-Dampfzug von Waipara nach Waikari rollt (www.wekapassrailway.co.nz, jeden 1. u. 3. So im Monat, in der Saison und an Feiertagen häufiger; Hin- und Rückfahrt Erw. 25 NZD).

Infos

i-SITE s. u. Hanmer Springs. Infos zur Weinregion: www.waiparawine.co.nz.

Übernachten

Luxuriöses Landleben ▶ Claremont Country Estate: 828 Ram Paddock Rd, Waipara Gorge RD2, Amberley, Tel. 03-314 7559, www.claremont-estate.com. So sieht Neuseeland auch sonntags abends im ZDF aus! DZ in der Saison ca. 725–1130 NZD, Dinner optional im Hause. Ebenfalls optional eine 4WD-Halbtagstour über das gigantische Farmgelände u. a. zu sonst nicht zugänglichen Kalksteinformationen (ca. 160 NZD).

Origineller BBH-Backpacker ▶ Waipara Sleepers: 12 Glenmark Drive, Waipara. Tel. 03-314 6003, www.waiparasleepers.co.nz. Hier schläft man in restaurierten Eisenbahnwaggons aus den 1940ern. Bett im Mehrbett-Waggon ab 20, Zweibett-Waggon ab 58, einfache Hütten ab ca. 50 NZD, auch Camping möglich. Täglich gratis frisches Brot und Eier nach *chickens' convenience*.

Essen & Trinken

Frische Küche und gute Weine ▶ Nor'wester Café: 95 Main North Rd, Amberley, 03-314 9411, www.norwestercafe.co.nz. Ambitioniertes Restaurant mit saisonbetonter, regionaler Karte und passenden, lokalen Weinen zu jedem Gericht. Innen nostalgisch, schöne Plätze open air, ideal für Lunch- oder Brunch-Stopp (tgl. ab 9 Uhr). HG abends um 30 NZD.

Klein, bodenständig, schnörkellos ▶ Hurunui River Wines: 110 Costellos Rd, Hawarden, Tel. 03-314 4495, www.hurunuiriver.co.nz (gut 25 km nördl. von Waipara). Hier wird Weinkauf – frische Rieslinge, Sauvignon Blanc, Chardonnay – zum Sightseeing-Ausflug und mit etwas Glück hat das kleine Café zur Lunchzeit auf.

Ein großer Weinproduzent ▶ The Mudhouse Winery & Café: 780 Glasnevin Road, SH 1, Waipara, 03-314 6900, www.mudhousewineryandcafe.co.nz. Repräsentative ›Winery‹ im Bruchsteinlook am SH1, ca. 1,5 km südl. der Kreuzung bei Waipare, an der der SH7 nach Westen abzweigt. Im Café kann man sich mit Kleinigkeiten oder beim Lunch stärken (HG ca. 20–30 NZD), Weinproben und Wein-Shop gibt's natürlich auch.

Vielfach prämierte Rot- und Weißweine ▶ Waipara Springs Winery & Restaurant: Waipara, Tel. 03-314 6777, www.waiparasprings.co.nz (SH1 ca. 4 km nördl. der Kreuzung SH1/SH7). Weingut mit Lunch-Restaurant, Frühjahr/Sommer tgl. 11–17 Uhr.

Weckt provenzalische Gefühle ▶ Purple Patch – Lavender Farm: 42 Greney's Lane, Amberley, Tel. 03-314 8611, www.lavenderbeds.co.nz. Von November bis Januar, manchmal noch in den Februar hinein, blüht der Lavendel, sonst muss man sich im Shop mit allerlei Lavendelprodukten trösten. Wer den Duft liebt, kann im Bed & Breakfast der Farm nächtigen.

Aktiv

Reiten im Land der Schaffarmen ▶ Hurunui Trails and Adventures: 757 The Peaks Road, Ribbonwood, Hawarden RD, North Canterbury, Tel. 03-314 4500, www.hurunui.co.nz. Tagesritte zu Füßen der Southern Alps, ca. 295 NZD inkl. Lunch, auch Mehrtagestouren mit unterschiedlichsten Übernachtungsformen.

Termine

Waipara Valley Wine and Food Festival: Wein und Kulinaria aus der Region verpackt mit einem bunten Kulturprogramm irgendwann im März, genaues Datum auf www.waiparawineandfood.co.nz.

Hanmer Springs ►H 14

Hanmer Springs kann dank seiner geothermischen Quellen auf eine lange Tradition als Kurort zurückblicken. Heute präsentiert sich das knapp 400 m hoch gelegene Dorf unter dem Motto ›The Hot Alpine Village‹ im Winter als munteres Skizentrum mit gut erschlossenen Pisten und im Sommer als Destination für junge Aktive und Familien.

Die zentrale Lage mit guten Straßenverbindungen und die im Sommer günstigen Übernachtungspreise machen Hanmer Springs zu einem populären Stop-over-Ort: Christchurch und Kaikoura an der Ostküste sind rund anderthalb, Westport und Greymouth über den Lewis Pass (S. 326) weniger als drei Stunden entfernt.

Der Ort liegt 10 km vom SH7 entfernt am Ende einer gut ausgebauten Stichstraße, die für die meisten Besucher eine Sackgasse ist, denn die Pisten nach Norden sind etwas für spezielle Naturen und Gefährte (S. 320).

An der 1887 gebauten **Waiau Ferry Bridge,** gleich am Anfang der Stichstraße, kommen Adrenalinsüchtige bei Thrillseekers Adventures auf ihre Kosten: Bungeesprünge von der Brücke, White Water Rafting und Jetboating auf dem Fluss, Quad Biking und Fahrten mit geländetauglichen Gokarts an seinen Ufern (839 Hanmer Springs Rd., Tel. 03-315 7046, www.thrillseekers.co.nz).

Heiße Pötte zum Relaxen im Hanmer Springs Thermal Spa

Wer selbst aktiv werden will, findet in den Wäldern um Hanmer Springs anspruchsvolle Wander- und Mountainbikerouten. Auch das Zentrum des Dorfes ist einladend grün. Besuchermagnet ist das Spaß- und Wellnessbad **Hanmer Springs Thermal Pools & Spa,** dem man nicht ansieht, dass es auf eine über 125-jährige Geschichte zurückblickt. Die Aufteilung in gut ein Dutzend verschiedene Pools und Schwimmbecken trennt Relaxer von Aktivisten und tobenden Kindern – eine echte Familienattraktion (Amuri Ave/Jacks Pass Rd, Hanmer Springs, Tel. 03-315 0000, [fc] 0800 442 663, www.hanmersprings.co.nz, tgl. 10–21 Uhr, Erw. ab 18 NZD, gegen Aufpreis diverse Wellness-Angebote).

Infos

Hurunui i-SITE Visitor Centre: 42 Amuri Ave West, Hanmer Springs, Tel. 03-315 7128, [fc] 0800 442 663, www.visithurunui.co.nz.

Übernachten

B&B mit Top-Aussicht ► **Hanmer View:** 8 Oregon Heights, Tel. 03-315 7947, www.hanmerview.co.nz. Wenige, sehr individuelle Zimmer, großzügige Veranda mit Top-Aussicht – fast schon schade, dass man in der Umgebung so viel machen und nicht nur hier sitzen kann! DZ ab 180 NZD, Rabatte ab der zweiten Nacht.

In Nachbarschaft zu Thermalbad und i-SITE ► **Alpine Lodge Motel:** 1 Harrogate St, Tel. 03-315 7311, www.alpinelodgemotel.co.nz. Modernes Motel mit Units verschiedenen Standards für max. 3 Pers. (115–140 NZD). Wer sich Luxus gönnen will, wählt eine Tower Suite (260 NZD), Frühstück optional.

4-Sterne-Platz zentral gelegen ► **Mountain View Top 10 Holiday Park:** Hanmer Springs Rd, Tel. 03-315 7113, [fc] 0800 90 45 45, www.mountainviewtop10.co.nz. Nur wenige hundert Meter von Thermalbad und Shops entfernt. Stellplätze 30–38, Hütten und Apartments 65–140 NZD.

Gut gelegenes YHA-Hostel ► **Kakapo Lodge:** 14 Amuri Lodge, Tel./Fax 03-315 7472. Erst 2002 gebaut, funktional, aber mit vielen DZ, teilweise mit Dusche/WC, gute Gemeinschaftseinrichtungen. Mehrbettzimmer ab 25 NZD/Pers., Doppel- und Familienzimmer ab 62 NZD.

Essen & Trinken

Bar Food und gutes Bier ► **Monteiths Brewery Bar:** 47 Amuri Ave, Tel. 03-315 5133, www.mbbh.co.nz. Herzhafte Kiwi-Pub-Küche und gute Biere von der West Coast, HG ca. 20–35 NZD, beim ›Monteith Radler Fish & Chips‹ fusionieren Küche und Bier sogar zum Klassiker ›Fisch im Bierteig mit Fritten‹!

Neuseeländische Küche ► **Robbies Bar & Bistro:** 2 Jacks Pass Rd, Hanmer Springs, Tel. 03-315 7631. Filiale einer familienfreundlichen Kette nahe den Pools, HG 20–33 NZD.

Verkehr

Busse: Christchurch–Hanmer Springs 2 x tgl. mit Hanmer Connection (Tel. [fc] 0800 242 663), 1 x tgl. mit Hanmer Shuttle (Tel. [fc] 0800 800 575).

Molesworth Station ► J 13

Hanmer Springs ist über zwei private, raue und kaum befestigt Pisten mit dem Norden der Südinsel verbunden. Beide durchqueren eine Hochlandregion, gut abgeschirmt im Osten von den Kaikoura Ranges und im Westen von Ausläufern der Southern Alps. Ein kontinentales Mikroklima setzt hier immer wieder Temperaturrekorde, im Sommer für Hitze, im Winter für Kälte. Nachtfrost kann es in höheren Lagen entlang der Strecken sogar im Hochsommer geben.

Es sind keine spektakulären Highlights, die auf die staubigen Wege locken, eher Einsamkeit, Aussichten auf die umliegende Bergwelt mit einigen Fast-Dreitausendern, viele endemische Pflanzen, seltene Eidechsen, so man sie denn zu Gesicht bekommt, und Einblicke in das Leben auf High Country-Farmen.

Hanmer – Rainbow Road

Geländetauglichkeit der Fahrzeuge fordert die 112 km lange **Hanmer – Rainbow Road** zwischen Hanmer Springs und Nelson Lakes National Park. Drei Stunden Fahrzeit ist das Minimum. Im Süden folgt sie dem Clarence, im Norden dem Wairau River und dann muss Neuseelands höchster »Straßen«-Pass überwunden werden, der knapp 1350 m hohe **Island Saddle.** Im Norden führt die Piste über das Land der Rainbow Station, die sich diese Überfahrt an einer Mautstelle honorieren lässt (geöffnet nur Dez.–März; Fahrräder 2, Motorräder 15, 4WD 25 NZD). Gut 15 km vor Erreichen des SH63 liegt westlich der Straße in den Bergen die Rainbow Ski Area, das Wintersportrevier der Region Nelson (S. 495). Ab der Kreuzung hat man wieder Asphalt unter den Rädern.

Acheron Road

Über 185 km, aber nicht ganz so hoch hinaus, führt die Acheron Road von Hanmer Springs zum SH1 nahe Blenheim (S. 471), die in normalen Sommern von Weihnachten bis Anfang April außer für Wohnmobile und Gespanne geöffnet ist. Gut 60 km verlaufen über das Gelände der flächenmäßig größten Farm Neuseelands, der vom DOC verwalteten **Molesworth Station.** Auf rund 1800 Quadratkilometern – in Europa genug für einen passablen Kleinstaat – leben rund 10 000 Rinder. Diese Zahl macht sich noch bescheiden aus gegenüber fast 100 000 Schafen, die hier früher die empfindliche Vegetation niederfraßen. Erst mit der Übernahme durch den Staat wurde auf ökologisch verträglichere Viehwirtschaft umgestellt. An frühe Tage der Besiedlung und des Lebens im High Country erinnern gut erhaltene Gebäude aus der zweiten Hälfte des 19. Jh.

Infos

Witterungsbedingt oder bei Viehtracks kann es kurzzeitig zu Sperrungen der Pisten kommen. Informationen zur Befahrbarkeit u. a. bei den i-SITEs Hanmer Springs und Blenheim, beim **DOC South Marlborough Area Office,** Tel. 03-572 9100 oder **DOC Nelson Lakes Visitor Centre** in St Arnaud, Tel. 03-521 1806. Nutzer von Mietwagen sollten klären, ob Versicherungsschutz besteht. Außerdem sollte man sich darauf einstellen, dass es in großen Abschnitten entlang der Routen keine Mobilfunkdeckung gibt!

Übernachten

Zelten und Hüttenübernachtungen ► Nur auf wenigen, einfachen **DOC Campgrounds** erlaubt, an der Acheron Rd z. B. an Nord- und Südgrenze der Molesworth Station (jeweils 6,10 NZD/Erw.). An der Rainbow Road ist das Campinggelände **Lake Tennyson** (32 km nördl. Hanmer) beliebt und kostenlos.

Aktiv

Mountainbiking ► Beide Pisten sind populär, es gelten jedoch dieselben Öffnungszeiten wie für Motorfahrzeuge, ebenso die Beschränkungen beim Campen.

Organisierte Touren ► Ca. Okt.–Mai Tagesfahrten ab ca. 200 NZD oder mit Übernachtungen ab ca. 700 NZD immer mit Vollverpflegung: **Molesworth Station Heritage Tours** (Hanmer Springs, Tel. 03-315 7401, www.molesworth.co.nz) oder **The Molesworth Tour Company** (Blenheim, Tel. 03-577 9897, www.molesworthtours.co.nz) die auch geführte 4-Tage-Biketouren im Programm hat (ca. 1450 NZD inkl. Leihrad).

8 Kaikoura ► J 13

Kaikoura bildet die nördliche Spitze des Alpine Pacific Triangle und steht für die maritimen Aspekte dieser abwechslungsreichen Touristenroute. Grandios ist schon das Panorama des Städtchens am dunkelgrünen Meer vor den aufragenden Kaikoura Ranges mit dem 2885 m hohen Tapuae-o-Jenuku, dem höchsten Berg Neuseelands außerhalb der Southern Alps – unübertrefflich.

Nach Langusten benannt

Fährt man zwischen Christchurch und Picton an der Küste entlang, wird deutlich, dass die kleine Halbinsel mit etwas flachem Hinterland auf vielen Kilometern der einzige Flecken ist, auf dem Menschen – heute sind es knapp über 2000 – bequem siedeln können. Das hatten Maori schon lange, bevor Weiße kamen, entdeckt. Damals muss es schon Feinschmecker gegeben haben, wie sonst ließe sich der Name Kaikoura – ›Mahl von Langusten‹ – erklären. *Crayfish* (S. 51) wird an der felsigen Küste viel gefangen und ist kulinarische Spezialität. Jedes Restaurant, das etwas auf sich hält, hat ihn auf der Karte, während es, zugegeben, schon etwas dekadent wirkt, ihn an einem Straßenimbiss zu goutieren.

Auch sonst zeigt sich das Meer großzügig. Wenige Kilometer vor der Küste fällt der Boden auf weit über 1000 m Tiefe ab. Vor dieser Schwelle sorgen Strömungen aus arktischen Gewässern für reiche Fischgründe. Davon wissen nicht nur die Menschen, auch große Meeressäuger und Seevögel laben sich an diesen natürlichen Reichtümern.

Früher Walfang ...

Früher lockte das Wal- und Robbenfänger. Für ihre Zeit steht das historische **Fyffe House** an der Straße vom Zentrum zur Spitze der Halbinsel. Dieses Wohngebäude ist der einzige erhaltene Teil einer alter Walfangstation, die wie das Haus in mehreren Bauabschnitten ab 1842 entstand. Fyffe House ist heute Museum und mit Memorabilien der Walfangzeit vollgestopft. Zu den Exponaten gehört das Modell eines großen Moa-Eis, das ein früher Besitzer in der Erde fand, als er Fundamente für eine Erweiterung aushob. Eine Broschüre des Museums erklärt, was es von der Walfangstation und von früheren Maori-Siedlungen um das Haus herum noch zu entdecken gibt (62 Avoca St, Tel. 03-319 5835; Okt.–April tgl. 10–18 Uhr, sonst Do–Mo 10–16 Uhr, Erw. 9. NZD). Die eigentliche Walfangzeit endete in den 1920er-Jahren, der letzte Wal starb vor Kaikoura aber erst 1964. Inzwischen verdient man mit den Meeressäugern wieder sehr viel Geld.

... heute Whale Watch

Weltweit gibt es nur wenige Reviere, in denen man die Giganten der Meere so zuverlässig zu Gesicht bekommt. Ständig vor Ort sind Pottwale, saisonal auch Orcas, Buckel- und Grindwale. Die Pottwale sind die Stars beim Whale Watch, weil sie das am besten kalkulierbare Verhalten an den Tag legen: Sie tauchen etwa 45 Min. zur Nahrungssuche in die Tiefe, kommen wieder an die Oberfläche, pumpen ihre Lungen 10 Min. lang mit Sauerstoff voll und tauchen dann so ab, dass dabei ihre Schwanzflosse in den Himmel steigt. Die Kunst aller Beobachtungstouren: Den Wal während des Luftholens zu lokalisieren und spätestens bei ihm zu sein, wenn die Fluke aus dem Wasser kommt. Sonst ist vom Boot aus aber auch nicht viel mehr zu sehen, anders als aus der Luft, wo die Größe der Tiere deutlich besser auszumachen ist, aber der Schwanz nicht so perfekt aufs Bild zu bannen ist, vor allem nicht mit der grandiosen Bergkulisse im Hintergrund, die für Kaikoura so typisch ist.

Wer die Wale vom Boot aus sehen will, sollte sich auf jeden Fall darauf einstellen, dass dies in Kaikoura ein perfekt durchorganisiertes Business ist, das mit High-Speed-Katamaranen operiert, jeder mit offenen Decks auf zwei Ebenen und einer großen Innenkabine. Treffpunkt für die Bootstouren ist der alte Bahnhof von Kaikoura, den Whale Watch Kaikoura (S. 325) als Besucherzentrum mit Ticketcounter, Souvenirshop und Café nutzt. Von hier werden die Besucher per Bus zum Pier an der South Bay gebracht. Dann dröhnen die Motoren für den Ritt hinaus in das Beobachtungsrevier, da kann es schon mal rumpeln. Das Schaukeln kommt später, wenn die Boote mit ruhiger Motorkraft neben den Walen dümpeln.

Whale Watch Kaikoura mag wie eine Geldmaschine erscheinen, hat aber eine wichtige Funktion in der Gemeinde: Das Unternehmen gehört den örtlichen Maori und wurde 1987 aus der Not geboren, als eine Wirtschaftskrise vor allem den Maori Arbeitsplätze raubte. Heute ist es der größte Arbeitgeber am Ort, Existenzgrundlage für viele Familien. Übrigens ist Whale Watch Kaikoura das einzige Unternehmen, das Bootstouren zur Walbeobachtung machen darf. Dies bedeutet, dass ein Boot, das z. B. zur Albatross-Beobachtung unterwegs ist und auf einen Wal trifft, bei diesem nicht stoppen darf.

aktiv unterwegs

Schwimmen mit Robben vor Kaikoura

Tour-Infos

Veranstalter: Seal Swim Kaikoura, 58 West End, Kaikoura, Tel. 03-319 6182, [fc] 0800 SEAL SWIM, www.sealswimkaikoura.co.nz
Saison/Termine: Okt.–Mai, mind. 2 x tgl., Hochsaison häufiger, je ca. 2–2,5 Std.
Preise: je nach Saison ca. 70–110 NZD, Flossen, Schwimmbrille, Schnorchel, Neoprenanzug (Größe Kinder/5 J. bis XXXXL) inkl.

Ihre Mitbewerber um die Publikumsgunst haben einen hohen Sympathiebonus, und so bekommt man beim Schwimmen mit Robben oft noch einen Platz, während beim Schwimmen mit Delfinen die Wartelisten überlaufen. Dabei sind die Pelzrobben ebenso verspielt und neugierig, außerdem zuverlässiger, weil sie in Kolonien leben, die die Guides kennen, während herumziehende Delfine in der weiten Bucht erst ausgemacht werden müssen.

Die ›Begegnungsplätze‹ liegen küstennah vor und zwischen vorgelagerten Felsen. Entweder schwimmt man direkt vom Ufer oder vom Boot aus, das nahe der Robbenkolonie ankert. Neben Robben sieht man in den faszinierenden Algenwäldern, die Felsen und Boden bedecken, auch immer wieder Fische und manchmal sogar die ein oder andere Languste.

An Land werden die Robben garstig, wenn man ihnen zu nahe kommt, im Wasser das Gegenteil: Einige kommen auf Berührungsnähe heran, andere umkreisen die Besucher, glotzen mit großen Augen herüber und klatschen hin und wieder mit den Schwanzflossen. Beifall? Mit wem schwimmt man da eigentlich? Die New Zealand Fur Seal (Arctocephalus forste) wird im Deutschen meist als Neuseeländische Pelzrobbe bezeichnet und gehört zur Familie der Ohrenrobben (Otariidae). Der Bestand von über 50 000 Tieren lebt vor allem an Neuseelands Hauptinseln, auf subantarktischen Eilanden und in kleiner Zahl an der australischen Südwestküste. Die Pelzrobbe ist näher mit Seelöwen verwandt als mit europäischen Seehunden.

Seal Swimm Kaikoura, ein Familienbetrieb in zweiter Generation, ist der Pionier des Schwimmens mit Robben in Neuseeland und ein Unternehmen, das sehr auf die Einhaltung von Naturschutzbestimmungen achtet und jegliche ›Belästigung› der Tiere vermeidet. Und ich kann aus Erfahrung sagen: Ich hatte nie das Gefühl, die Tiere hätten Angst vor uns, eher Spaß daran, mit uns zu spielen!

Albatrosse, Delfine, Robben

Das Nahrungsangebot im Meer lockt indes auch Giganten der Lüfte wie Albatrosse und seltene Sturmtaucher. Bei den Bootstouren von Ocean Wings – Albatross Encounter sieht man sie hautnah, wenn sie für ein paar Brocken Fischabfälle alle Hemmungen fallen lassen. Anderen Meeresbewohnern kann man vor Kaikoura im wahrsten Sinne des Wortes hautnah begegnen: Dusky Dolphins und Pelzrobben (s. aktiv unterwegs, oben).

Bei all den Aktivitäten auf dem Wasser rund um Kaikoura wird das Land oft vernachlässigt. So ist der Peninsula Walk um die Spitze der Kaikoura-Halbinsel einer der abwechslungsreichsten Küstenwanderwege Neuseelands. Er kombiniert einen Weg über den Strand (Gezeiten beachten, von Robben entfernt halten!) mit einem Weg oberhalb der Klippen mit grandiosen Ausblicken.

Infos

Kaikoura i-SITE Visitor Centre: Westend, Tel. 03-319 5641, www.kaikoura.co.nz.

Übernachten

Moderne Motelanlage ▶ **Admiral Court Motel:** 16 Avoca St, Tel. 03-319 5525, [fc]

Fluke eines Pottwals vor der Küste von Kaikoura

0800 555 525, www.kaikouramotel.co.nz. Funktionale Zimmer mit guter Aussichten auf Bucht und Berge, ca. 2,5 km vom Zentrum nahe Hafen. Ab 110 NZD.

Wohnen auf Kaikouras ruhiger Seite ▶ **Bay Cottages:** 29 South Parade, Tel. 03-319 5506, www.baycottages.co.nz. Acht großzügige Hütten – Wohn-/Schlafraum, Kochecke, Dusche/WC – für maximal vier Pers. (ab ca. 100 NZD) sowie Motelzimmer (130 NZD) nur einen Steinwurf vom Meer an der South Bay, der ruhigeren Seite der Kaikoura Peninsula, dazu ein sehr hilfreicher und bei allen Informationen kompetenter Besitzer. Da sind Preis und Leistung perfekt – mein *favourite*!

Verkehrsgünstig ▶ **Kaikoura Top 10 Holiday Park & Motels:** 34 Beach Rd, Tel. 03-319 5362, [fc] 0800 363 638, www.kaikouratop10.co.nz. Super ausgestattet, aber eingezwängt zwischen SH1 und Bahnlinie, Stellplätze 35–42, Hütten/Apartments 55–185 NZD.

Unübertroffene Lage ▶ **Kaikoura Maui YHA:** 270 Esplanade, Tel. 03-319 5931, yhakaikr@yha.org.nz. Ca. 2 km vom Zentrum, aber kaum ein Hotel kann mit Lage und Aussicht konkurrieren. DZ ab 74 NZD, Mehrbettzimmer ab 31 NZD/Pers., früh buchen!

Essen & Trinken

Tagsüber bieten viele Lokale an der Hauptstraße – West End – günstige Lunchgerichte,

zum Teil mit Selbstbedienung, und natürlich jede Art von Kaffeespezialitäten. Der Preis für Crayfish – Langusten – richtet sich nach Gewicht und Marktlage und liegt immer deutlich über dem normaler Hauptgerichte!

Ökologisches auf dem Teller ▶ Hislops Whole Food Café: 33 Beach Rd, Kaikoura, Tel. 03-319 6971, www.hislops-wholefoods.co.nz. Hier werden vom Frühstück bis zum abendlichen Dinner nur Bio- oder Wildfang-Waren verarbeitet, viel Fisch aber auch exzellentes Lamm, HG ca. 30–35 NZD.

Langusten und Fisch glutfrisch ▶ The Green Dolphin Restaurant & Bar: 12 Avoca Street, Tel. 03-319 6666. Zwar 2,5 km vom Zentrum, aber nur einen Steinwurf vom Fischereihafen entfernt und von da kommen jeden Tag frische Rohwaren – als Bonus die Aussicht auf Bucht und Bergpanorama. HG ab 30 NZD.

Hummerimbiss, unschlagbar bei Lage und Preis ▶ Kaikoura Seafood BBQ: Tel. (mob.) 027-376 3619. Imbisswagen am Fyfe Quay, der Straße zur Seehundkolonie ca. 500 m vor dem Ende, Sommer tgl. ca. 10.30–Einbruch der Dunkelheit. Muscheln, Fisch und vor allem Langusten zu Preisen gut 50 % unter denen »normaler« Restaurants – ganzer Crayfisch ab ca. 50 NZD. Die Zubereitung ist jedoch wenig kulinarisch: Alles kommt auf die heiße Grillplatte. Trotzdem ein Kult!

Aktiv

Wird beim Whale Watch oder Swimming with Dolphins eine Tour witterungsbedingt abgesagt, besteht kein Anspruch, auf der nächsten Fahrt mitgenommen zu werden, es sei denn, es gibt freie Plätze. Tauchen die erwarteten Wale, Delfine oder Robben nicht auf, erstatten die Veranstalter ca. 50–80% des Ticketpreises.

Schwimmen mit Robben ▶ Seal Swimm Kaikoura: s. aktiv unterwegs S. 323

Schwimmen mit Delfinen ▶ Dolphin Encounter: 96 Esplanade, Tel. 03-319 6777, [fc] 0800 733 365, www.dolphinencounter.co.nz, 2–3 Abfahrten tgl., 3,5 Std., Erw. 165, Kinder 150 NZD, nur Zuschauen 80/40 NZD.

Albatrosse beobachten vom Boot ▶ Albatross Encounter: 96 Esplanade, Tel. 03-319 6777, [fc] 0800 733 365, www.albatross encounter.co.nz. 2–3 x tgl., 2–3 Std., 110 NZD.

Wale beobachten vom Boot ▶ Whale Watch Kaikoura: Im alten Bahnhof, Tel. 03-319 6767, [fc] 0800 655 121, www.whale watch.co.nz, 3 Std., Erw. 145 NZD.

Wale beobachten vom Flugzeug ▶ Wings over Whales: Kaikoura Airport, Tel. 03-319 6580, [fc] 0800 2CMOBY, www.whales.co.nz. 30 Min. 165 NZD.

Wale beobachten vom Helikopter ▶ Kaikoura Helicopters: Tel. 03-319 6609, www.worldofwhales.co.nz. Startplatz neben dem Bahnhof, 30–50 Min. ca. 220–400 NZD.

Tipp: TranzCoastal und TranzAlpine

Vier Fernzüge rollen noch im Land (S. 76), zwei davon starten morgens in Christchurch: TranzAlpine und TranzCoastal. Obwohl die gegenüber der europäischen Norm 40 cm schmalere Spurbreite die Waggons merkbar enger macht, sind die Sightseeing-Züge komfortabel und klimatisiert sowieso. Fahrtwind kann man sich jedoch auf offenen Aussichtswagen um die Nase wehen lassen.

Der **TranzCoastal** verlässt Christchurch um 7 Uhr. Dann liegen gut fünf Stunden Fahrzeit, rund 350 km Strecke, 22 Tunnel und 175 Brücken und sogar ein Salzsee, Lake Grassmere (S. 473), vor ihm. Die ungewöhnlichste der Brücken überspannt seit 1903 den Awatere River bei Seddon als zweigeschossige Fachwerkbrücke: Oben die Bahn, darunter eine Spur für den gesamten SH1-Verkehr. Erst 2008 wurde dieses Jahrzehnte nervende Nadelöhr durch eine neue Straßenbrücke beseitigt. Straße und Schiene bleiben meist auf Tuchfühlung, mal ist die eine dem Meer näher, mal die andere, und wo die Hänge der Kaikoura Ranges mit den Zehen fast im Pazifik stehen, wird es richtig eng. In Picton trifft der Zug eine InterIslander-Fähre, ehe er um 13 Uhr wieder Richtung Christchurch startet, wo er gegen 18.20 Uhr zurückerwartet wird.

Der **TranzAlpine** präsentiert auf seiner 223 km lange Reise von Küste zu Küste Neuseeland kompakt. Um 8.15 Uhr verlässt er Christchurch Richtung West Coast, rollt durch die Canterbury Plains, windet sich ab Springfield an Broken River, Waimakariki River und Bealey River entlang, überquert mehrfach die Flüsse und kriecht immer weiter in die Berge. Gut 730 Höhenmeter muss er überwinden bis zum Scheitelpunkt der Strecke am Arthur's Pass Village. Zur ›Abfahrt‹ verschwindet er im 8529 m langen Otira Tunnel – Auto- oder Busreisende sehen hier mehr von der grandiosen Otira Gorge. Kommt der Zug aus dem Dunkeln, zeigt sich ein neues Bild vor den Panoramascheiben, grüner und dichter bewachsen. Das regenreiche Westland ist erreicht. Vorbei am Lake Brunner rollt der TranzAlpine ins Tal des Grey River mit vielen Bergbaurelikten und folgt ihm zur Tasman Sea nach Greymouth (S. 361). Nach einer Stunde geht es zurück und kurz nach 18 Uhr sollte Christchurch wieder erreicht sein – Verspätungen gibt es oft. Ein Ausflugsticket für den TranzAlpine Christchurch–Greymouth und zurück kostet ca. 209 NZD, die einfache Fahrt Christchurch–Picton ca. 164 NZD. Info und Buchung S. 76.

Verkehr

Der **TranzCoastal** (s. Tipp oben) hält morgens auf der Fahrt von Christchurch nach Picton und nachmittags auf der Rückfahrt am Besucherzentrum von Whale Watch Kaikoura. Der Fahrplan gewährt dazwischen genug Zeit für Aktivitäten. Gleiches gilt für Busverbindungen u. a. von Inter City oder Atomic Shuttles sowie für alle Backpackerbusse.

Lewis Pass Road

Der gut ausgebaute SH7 führt über lange Strecken durch Forst- und Waldgebiete und klettert am **Lewis Pass** auf 864 m Höhe in subalpine Regionen. Dort durchquert er das Lewis Pass National Reserve. Diese nördlichste der drei Passstraßen über die Südalpen wirkt nicht so archaisch wie der 300 m niedrigere Hasst Pass ganz im Süden und nicht so alpin wie der nur knapp 60 m höhere Arthur's Pass.

Lewis Pass National Reserve und angrenzende Forrest Parks bilden ein beliebtes Trekkinggebiet. Start/Ziel der meisten Tracks und Walks liegen an der Straße und sind mit Bussen zu erreichen. Hohe Anforderungen stellen Touren in den Lake Sumner Conservation Park oder hinüber zur Arthur's Pass Road, wie der **Harpers Pass Track** (3–5 Tage). Der folgt einem historischen Jadehändler- und Goldgräberpfad über die tiefsten aller Alpenquerungen. Er ist von Ost nach West zwar leichter zu laufen, aus Sicherheitsgründen – Wettergefahren auf dem schlechter präparierten Teil westlich des Hauptkamms – empfiehlt das DOC die West-Ost-Variante.

Einen imponierenden Einblick in die Natur bietet fast auf Passhöhe der **Tarn Nature Walk,** ein 30-Min.-Naturlehrpfad um einen langsam versumpfenden Bergsee und zu einem Aussichtspunkt auf die umliegende Bergwelt. Hier beginnt auch der **St James Walkway,** ein populärer Langstreckenwanderweg (66 km, 4–5 Tage, Hütten vorhanden, Ende ca. 15 km östl. am SH7) durch die ganze Landschaftspalette: Südbuchenwald, subalpine Zonen, High Country Farmland, Bergpässe, Flusstäler und Schluchten.

Übernachten, Aktiv

In die Berge ▶ **DOC Hütten-Tickets und Wanderbroschüren** mit Wegskizzen sowie Wanderkarten sind in umliegenden DOC-Büros und i-SITEs (Reefton, Hanmer Springs) erhältlich.

Maruia Springs ▶ H 13

10 km westlich der Passhöhe darf man sich von den Strapazen im schwefelhaltigen Wasser des **Maruia Springs Thermal Resort** erholen. Liebevoll der Landschaft angepasste Rock Pools, traditionelle Wassermassage und Badehäuser im japanischen Stil warten. Wer Privatsphäre möchte, mietet sich einen eigenen Pool. Die ganze Anlage strahlt Ruhe aus, man wähnt sich im Paradies, aber auch dies hat seine Plage: Sandflies. Nie habe ich die Blutsauger so weit im Landesinneren derart aufdringlich empfunden wie hier in den Openair-Pools an einem schönen Sommertag – und in warmem Wasser versagt leider auch jedes Anti-Insekten-Mittelchen. Im Winter und nach Einbruch der Dunkelheit sind die Quälgeister kein Problem mehr (öffentliche Pools ca. 9–19.30 Uhr, 19 NZD, Familientickets). Seit über 100 Jahren besteht das Thermalbad, das immer auch eine populäre Raststätte an der Passstraße war.

In **Springs Junction** zweigt SH65 ab, der dem Tal des Maruia River nach Norden zur Buller Gorge folgt und dort auf SH6 Richtung Nelson und Abel Tasman National Park trifft. Hier entlang nach Westport zu fahren ist ein Umweg, aber die schönere Route. Sie führt am 10 m hohen Wasserfall **Maruia Falls** vorbei, über den sich Kajakkönner gern in die Tiefe stürzen, und verläuft später einen längeren Abschnitt durch die beeindruckende Buller Gorge (S. 497).

Übernachten, Essen & Trinken

Japan in den Bergen ▶ **Maruia Springs Thermal Resort:** SH 7, Lewis Pass, Tel. 03-523 8840, www.maruia.co.nz. Japanische Lebensart prägt das Wellness-Resort. Apartments inkl. Frühstück und Pool-Nutzung je nach Saison und Standard ca. 160–250 NZD, Shiatsu Massagen optional. Vom Frühstück bis zum Dinner versorgen eine Cafeteria und ein edles japanisches Restaurant auch durchreisende Gäste (HG 20–35 NZD).

Verkehr

Atomic Shuttles: Tel. 03-349 0697, www.atomictravel.co.nz, tgl. Christchurch–Nelson via Lewis Pass in beide Richtungen. **East West Coaches & Rentals:** Tel. 03-789 6251, [fc] 0800 142 622, tgl. Westport–Christchurch via Lewis Pass und zurück.

Reefton ▶ G 13

Nach Goldfunden in Flüssen der Umgebung in den 1860ern und ab 1870 auch in Quarzadern – der Stadtname ist vom goldhaltigen Quarz *reefs* abgeleitet – wurde Reefton reich und konnte sich etwas leisten. Gern wird darauf hingewiesen, dass die Stadt als Erste auf der südlichen Erdhalbkugel 1888 eine öffentliche Stromversorgung und ein paar Straßenlaternen bekam – Stadtslogan: ›Reefton – the town of light‹. Und Reefton lebt immer noch vom Bergbau, wenigstens teilweise. Zum Gold, nach dem zur Zeit wieder forciert gesucht wird, kam die Kohle. Über 100 000 t werden pro Jahr im Reefton-Revier abgebaut, der größte Teil wird über Lyttelton nach Asien exportiert. Da verwundert es nicht, dass das **DOC Reefton Visitor Centre** am Broadway (!) dem Bergbau eine spannende Ausstellung widmet, inklusive authentisch wirkendem Goldbergwerk-Stollengang (67–69 Broadway, Reefton, Tel. 03-732 8391, www.reefton.co.nz). Im Visitor Centre erfährt man, welche Walks aktuell zu Relikten des frühen Gold- und Kohlebooms führen: Verfallende Bergbauanlagen gibt es überall in den umliegenden Bergen und Wäldern. Gut zu erreichen ist die Geisterstadt **Waiuta** über einem 1951 stillgelegte Goldbergwerk, zu aktiver Zeit eines der lukrativsten im Lande – bei anhaltend hohem Goldpreis soll auch hier wieder nach Gold gesucht werden. Viele Gebäude sind Ruinen, wenige erhalten. Rundgänge von 1,5–2,5 Std. sind möglich, Infos dazu im Reefton Visitor Centre. Die nur auf den ersten Kilometern asphaltierte, ca. 13 km lange Waiuta Road zweigt 25 km südlich von Reefton kurz vor Ikamatua von SH 7 ab und ist problemlos zu befahren.

Grey River Valley ► G 13

Das lang gezogene Tal zwischen Reefton und Greymouth wird von der Paparoa Range, einem Küstengebirge, gut abgeschirmt. Oft fährt man im Sonnenschein auf SH7 entlang, während oben über dem Kamm schwere Wolken hängen. Mehrere Brücken queren den Grey River. Die Straße am anderen Ufer sollte man nutzen, um **Blackball** einen Besuch abzustatten, ein Dorf mit Kultpotenzial. Als 1964 die Zeche dichtmachte, lief Blackball Gefahr, wie so viele andere alte Bergbauorte zur Geisterstadt zu werden, aber die knapp 400 verbliebenen Einwohner wehren sich bis heute mit neuen Ideen. Als Delikatesse der West Coast gelten die würzigen Würstchen der Blackball Salami Company und geradezu legendär sind das Formerly The Blackball Hilton und sein Kampf um die Nutzung des ursprünglichen Namens Blackball Hilton, gegen den eine internationale Hotelkette geklagt hatte.

Im letzten Abschnitt des Grey Valley vor **Greymouth** sind beiderseits des Grey River Industriedenkmäler aus der Bergbauzeit zu sehen. Eine historische, 2004 mit großem Aufwand restaurierte Hängebrücke über den Grey River, erschließt einen historischen Lehrpfad auf dem Gelände der ehemaligen **Brunner Mine.** Neuseelands älteste Industrieanlage aus den 1860er-Jahren war Schauplatz des schwersten Grubenunglücks, das das Land je erlebte, als am 26. März 1896 die Hälfte der Belegschaft, 65 Kumpel, unter Tage bei einer Explosion das Leben verlor.

Wie riskant das Arbeiten unter Tage hier bis heute ist, zeigte Ende 2010 das Pike River Mine Desaster. Der Pütt 50 km das Grey River Valley hinauf auf Höhe der Siedlung Ikamatua sollte eigentlich lang ersehnte Arbeitsplätze bringen. Bis in die 2030er könnte man dort pro Jahr rund 1 Mio. Tonnen hochwertiger Exportkohle abbauen, hoffte die Minengesellschaft. Unter geringstmöglicher Beeinträchtigung der Natur – die Kohle liegt unter dem Paparoa National Park – wurde ein rund 2 km langer Stollen von außerhalb des Nationalparks waagerecht in den Berg getrieben bis in einen mächtigen Flöz, der durch eine Verwerfung an dieser Stelle sehr hoch liegt. Noch bevor die Förderung richtig anlaufen konnte, erschütterte am 19. November 2010 eine Grubengasexplosion die Mine. Nur zwei Kumpel retteten sich aus dem Stollen, 29 erreichten das Tageslicht nicht mehr und wurden nach einer zweiten, besonders heftigen Explosion fünf Tage später, für tot erklärt. Weitere Explosionen folgten, offenbar geriet sogar die Kohle im Berg in Brand. Bisher konnten nicht einmal die Opfer geborgen werden. Die Region wird lange brauchen, diese neue Tragödie beim Kampf um ihre Rohstoffe zu verarbeiten.

Übernachten, Essen & Trinken

West-Coast-Institution ► **Formerly The Blackball Hilton:** Hart St, Blackball, Tel. 03-732 4705, [fc] 0800 4 BLACKBALL, www.blackballhilton.co.nz. Viel Programm, tolle Stimmung, deftige Küche, DZ mit Frühstück ca. 110 NZD, HG 18–26 NZD.

Einkaufen

Salami aus dem Fabrikverkauf ► **The Blackball Salami Factory Shop:** 11 Hilton St, Blackball, Tel. 03-732 4111, www.blackballsalami.co.nz, Mo–Fr 8–16, Sa 9–14 Uhr. Salami aus Wild – sehr fettarm – oder Rind.

Arthur's Pass ► G 14/15

Bei gut 920 m Höhe überquert SH73 am **Arthur's Pass** die ›Main Divide‹, wie man den Kamm der Southern Alps hier nennt. Von den drei Straßenquerungen der Südalpen – die beiden anderen sind der Hasst Pass Highway (S. 416) und die Lewis Pass Road (S. 326) – ist die über den Arthur's Pass, die als **Great Alpine Highway** vermarktet wird, ohne Zweifel die spektakulärste.

Erste Piste zum Goldrausch

Anfang der 1860er schrie die vom Goldrausch gepackte West Coast geradezu nach Verbindungen zu den Städten im Osten. Bekannt war ein beschwerlicher und schon nach dem ersten Ansturm nahezu unpassierbar getrampelter Pfad über den niedrigsten aller Alpenpässe, den Harpers Pass, den Maori für den Handel mit Jade nutzten und den man heute als sehr anspruchsvolle 4- bis 5-Tage-Trekkingtour bis hinauf zur Lewis Pass Road ›nachlaufen‹ kann.

Ein junger Landvermesser, Arthur Dudley Dobson, brach 1864 auf, neue Wege zu suchen. Auch er nutzte Pfade der Maori und fand den Pass, der heute seinen Namen trägt. Mit Hacke, Schaufel und ein paar Stangen Dynamit präparierten im folgenden Jahr 1000 Männer die erste steile und holperige Piste über die Berge. Immer wieder zerstörten Schnee- und Steinlawinen die Strecke, forderte der Pass Opfer, vor allem unter den armen Glückssuchern, die zu Fuß dem Ruf des Goldes folgten. Aber auch wer sich eine Fahrt mit den Kutschen von Cobb & Co leisten konnte, buchte keine Vergnügungstour. Um Material und vor allem die Pferde etwas zu schonen, mussten auch Kutschenpassagiere die steilsten Passagen zu Fuß gehen.

Bahn für Kohle

Eine Bahnlinie für den Transport von Kohle aus den Bergwerken der West Coast zur Verladung nach Lyttelton wurde bald in Angriff genommen. Gut vier Jahrzehnte werkelten verschiedenste Firmen daran, etliche gingen Pleite. Schließlich warteten alle Beteiligten nur noch auf den Otira Tunnel. Nach 15 Jahren Bauzeit war er bei seiner Eröffnung 1923 der siebtlängste Eisenbahntunnel weltweit. Da in der engen Röhre unter der Erde die größte Steigung der Strecke überwunden wird, konnte bei dieser Länge nicht mit Dampf gearbeitet werden, wohl aber mit den ersten elektrischen Lokomotiven. So wurden zwischen Otira und Arthur's Pass 14 km Bahnlinie elektrifiziert, die einzigen, die es je auf der Südinsel gab.

Als das ursprüngliche Gleichstromsystem, das seine Energie aus einem kleinen Wasserkraftwerk bei Otira bezog, ausgereizt war und der Umbau auf ein kräftigeres Wechselstromsystem für den kurzen Abschnitt unrentabel erschien, entfernte man die Oberleitungen aus dem Tunnel und setzt seitdem Dieselloks ein. 2,4 Mio. Tonnen Kohle ziehen sie im Jahr über die Alpen. Dabei kommt ein aufwendiges Ventilationssystem zum Einsatz, um bei Bergfahrten ein Überhitzen der bis zu fünf aneinandergekuppelten Lokomotiven zu verhindern und Abgase aus der Röhre zu saugen. Es dauert fast einen halbe Stunde, bis nach einem aufwärts fahrenden Kohlezug der Tunnel wieder frei ist.

Porters Pass, Castle Hills und eine Höhle

Aus Christchurch heraus durchquert SH73 die flachen Canterbury Plains. Hohe Baumhecken, als Windschutz (S. 295) für Obst- und Weinplantagen angepflanzt, schränken immer wieder die Aussicht ein. Ab **Springfield** steigt SH 73 dann stetig, die Szenerie wird spannender. Karge, braune Tussock-Weiden dominieren, fettes Grün dort, wo fremde Grassorten gesät wurden.

Dann eine Überraschung: Nicht am Arthur's Pass, sondern hier im Alpenvorland am **Porters Pass,** erreicht SH73 mit 945,5 m seine höchste Stelle und gewährt einen herrlichen Blick auf die Canterbury Plains. Der Pass liegt im Korowai Torlesse Tussockland Park. Die Bergketten in der dritten Reihe bekommen kaum noch Regen ab und bilden dadurch ein extrem trockenes Ökosystem mit sehr spezieller Bergfauna.

Immer auffälliger werden jetzt Kalksteingebilde, die aus dem Boden hervorbrechen. Am Castle Hill Scenic Reserve kann man auf besten präparierten Wegen mitten in diese bizarre Welt der Natur-Skulpturen hineingehen – ca. 30 Minuten einplanen.

Etwas näher lässt sich diese Landschaft mit ihrer speziellen Vegetation noch im **Cave Stream Scenic Reserve** studieren. Dort windet sich der Cave Stream in einer Höhle durch den Untergrund, kleinere Wasserfälle inklusive. Einen knapp 400 m langen Abschnitt können körperlich Fitte mit solider Ausrüstung – mindestens eine ordentliche Taschenlampe inkl. Reservebatterien pro Person, wassertaugliches Schuhwerk, warme Kleidung – ohne spezielle Erfahrung durchwaten. Am besten geht man gegen die Fließrichtung des Baches! Rund eine Stunde ist man unter der Erde, dort wo es notwendig ist, stößt man auf Kletterhilfen. Beachten Sie unbedingt Sicherheitshinweise vor Ort, gehen Sie nie allein und auf keinen Fall nach starken Regenfällen oder zur Zeit der Schneeschmelze!

Bei der Weiterfahrt passiert SH73 bald die Seen **Lake Pearson** und **Lake Grassmere** mit ansehnlichen Bergpanoramen im Hintergrund, die sich an windstillen Tagen im Wasser spiegeln. In den umliegenden Bergen verstecken sich eine ganze Reihe mehr oder minder gut erschlossener Skigebiete, viele von privaten Skiclubs betrieben und vorrangig von Einheimischen genutzt.

Waimakariki River

In einem weiten Bogen schwingt die Straße schließlich in das weite Flusstal des Waimakariki River. Der Blick kann frei über den Fluss und sein kilometerbreites Schotterbett auf die oft schneegepuderten Alpen schweifen. Eisenbahnfans wie ambitionierte Fotografen passen hier den TranzAlpine ab, wenn er vor dieser Kulisse auf seiner langen flachen Brücke den Fluss überquert, um am gegenüberliegenden Ufer wieder allen Blicken zu entschwinden (ca. 10–15 Min. morgens vor Ankunft, bzw. nachmittags nach Abfahrt in Arthur's Pass Station).

Bald hinter **Bealey Spur** mit seinen Ferienhäusern und einem Hotel trifft SH73 auf die Grenze des **Arthur's Pass National Park** und überquert den Waimakariki River. Die Berglandschaft um den Pass wurde 1929 zum ersten Nationalpark auf der Südinsel, ein Refugium einzigartiger Alpenflora und -fauna, mit dem neugierig-frechen Bergpapagei Kea als auffälligstem Bewohner und des Nachts hört man oft Kiwis rufen.

Abkühlung in der Gischt der Devil's Punchbowl Falls

Arthur's Pass Village

Mitten im Park bedient **Arthur's Pass Village** mit Unterkünften und Serviceeinrichtungen sowie einem DOC Visitor Centre touristische Bedürfnisse. An der Bahnstation stoppt zweimal täglich der TranzAlpine (S. 326) und die Kohlenzüge von der West Coast hängen hier ihre Verstärkungslokomotiven wieder ab, nachdem sie den steilsten Teil der Strecke überwunden haben.

Die Siedlung – 150 km von Christchurch und 95 km von Greymouth entfernt – ist Ausgangspunkt für zahlreiche Walks und Tracks im National Park: Mit durchschnittlicher Kondition und gutem Schuhwerk ist der 131 m hohe Wasserfall **Devil's Punchbowl Falls** vom Westrand des Dorfes ein beeindruckendes Ziel (ca. 1 Std.). 3 km weiter westlich, auf der eigentlichen Passhöhe, ist der **Dobson Nature Walk,** ein Lehrpfad zur Alpenflora, für

Blühende Rata-Bäume hüllen die Hänge der Otara Gorge in ein rotes Gewand

jeden zu bewältigen (verschiedene Varianten 30–90 Min.). Solide Bergerfahrung sollte man für Tagestouren – alle mindestens 6 Std. – auf die Gipfel der umliegenden 1800er mitbringen. Alle führen teilweise über unmarkierte Pfade und sind bei schlechter Witterung gefährlich (Empfehlenswert: DOC-Broschüre ›Walks in Arthur's Pass National Park‹).

Otira Gorge

Während sich der Zug gleich hinter Arthur's Pass Station im Otira Tunnel verkriecht, klettert die Straße zur eigentlichen Passhöhe ca. 5 km hinter dem Ort hinauf, markiert durch das Arthur Dudley Dobson Memorial.

Seit Ende 1999 entschärft eine kühn geschwungene, 440 m lange Talbrücke westlich dieser Passhöhe die waghalsigsten und ständig von Erdrutschen bedrohten Serpentinen quer durch unstabile Hänge. Wenn man die Reste der Straße heute von der Brücke aus sieht, wundert man sich nur, wie sich bis vor wenigen Jahren der ganze Verkehr dort entlangquälen konnte. Der große Augenblick der aktuellen Straßenführung kommt wenig später, wenn SH73 sich in die enge **Otira Gorge** hineinstürzt. An manchen Stellen wirkt sie regelrecht an die Felswände getackert. Unbeschreiblich wird der Anblick, wenn die Hänge der Schlucht im Spätsommer von blühenden Rata-Bäumen rot gefärbt werden – leider gibt es dieses Naturwunder nicht regelmäßig jedes Jahr.

Wenige Kilometer oberhalb der alten Eisenbahnersiedlung Otira kommen die Züge wieder ans Tageslicht. Hinter **Jacksons** mit seiner Taverne – seit den Kindertagen der Arthur's Pass Road ein beliebter Erfrischungsstopp – gehen SH73 und Bahnlinie wieder getrennte Wege: Die Straße nimmt den kürzesten Weg zur Küste und trifft an der **Kumara Junction** auf SH6 (S. 364), während die Schiene nach Norden schwenkt, den **Lake Brunner** umrundet und durch das Grey Valley (S. 328) nach Greymouth hineinfährt.

Infos

Arthur's Pass Visitor Centre (DOC): SH73, Arthur's Pass Village, Tel. 03-318 9211, arthurspassvc@doc.govt.nz.

Übernachten

Luxus-Öko-Lodge mit Alpenblick ▶ Wilderness Lodge Arthur's Pass: SH73, Arthur's Pass (16 km östl.), Tel. 03-318 9246, www.wildernesslodge.co.nz. Perfekte Gastronomie, gegründet vom Umweltaktivisten Gerry McSweeney. Touren in die Natur oder auf eine High Country-Schaffarm sind inklusive, längere Exkursionen optional. DZ inkl. Frühstück und Gourmet-Dinner je nach Saison ab 620 bzw. 800 NZD.

Aussicht auf Waimakariki River ▶ Bealey Hotel: SH73, Bealey (12 km östl. Arthur's Pass Village), Tel. 03-318 9277, www.bealeyhotel.co.nz. Apartments ab 140 NZD, einfache DZ 80 NZD. Auch Restaurant.

Rustikal, einfach, klein ▶ Arthur's Pass Alpine Motel: SH 73, Arthur's Pass, Tel. 03-318 9233, [fc] 0800 900 401, www.apam.co.nz. Apartments Saison ab 115 NZD.

YHA-Backpacker ▶ Mountain House YHA: SH73, Arthur's Pass, Tel. 03-318 9258, www.trampers.co.nz. Mit großzügigen Gemeinschaftsräumen. Bett im Mehrbettzimmer ab 24 NZD, DZ ab 76 NZD, auch Hüttenmiete und Camping möglich.

Basic in den Bergen ▶ Ca. 30 **DOC-Hütten** (S. 87) und 5 **DOC-Campgrounds** (gratis bis 6,10 NZD) im Nationalpark.

Aktiv

Wandern ▶ Wanderungen aller Schwierigkeitsgrade, Broschüre mit Beschreibungen und Skizzen im DOC Visitor Centre.

Verkehr

Arthur's Pass ist wichtigster Stopp für den **TranzAlpine** (S. 326) sowie für **Linien- und Shuttlebusse** von West Coast Shuttle (Tel. 03-768 0028, www.westcoastshuttle.co.nz) und Atomic Shuttles (S. 76) auf der Fahrt zwischen Christchurch und Greymouth. Der Fahrplan von Atomic Shuttle ist dabei so auf den des TranzAlpine abgestimmt, dass Tagesausflüge (ein Weg Bus, ein Weg Zug) ab Christchurch möglich sind.

Tipp: Rennen für die ganz Harten

The **Speight's Coast to Coast** immer am zweiten Februarwochenende zählt zu den härtesten Multi-Sport-Events der Welt, 2012 erlebt es sein 30. Jubiläum. Das Rennen ist mit 243 km fast doppelt so lang wie ein Ironman-Rennen: Es führt vom Kumara Beach auf halbem Weg zwischen Greymouth und Hokitika an der Küste der Tasman Sea über die Southern Alps nach Sumner Beach, dem mondänen der Badeorte von Christchurch. Die Kombination der Sportarten fällt etwas aus dem Rahmen des Triathlon-Schemas: 140 km werden auf drei Etappen auf dem Fahrradsattel, 33 km bei einem Cross Country-Lauf über einen Alpenpass und 67 km im Kajak auf dem Waimakariki River zurückgelegt, einem Wildwasserrevier der Klasse 2. Top-Athleten schaffen das Programm in weniger als 11 Stunden. Für Teams gibt es eine Zwei-Tage-Variante. Mehr Infos auf www.coasttocoast.co.nz.

South Canterbury und die Southern Alps

Hier die fruchtbaren Canterbury Plains, dort die wie vertrocknet erscheinenden Tussock-Weiden des Mackenzie Country. Gletscherflüsse, die mit den Jahreszeiten wachsen oder schrumpfen, durchschneiden die Ebenen und immer schweben schneebedeckte Gipfel der Southern Alps über dem Horizont.

Dichte Baumhecken umstehen Obstplantagen und Gemüsefelder als Schutz vor dem gefürchteten Nor'wester (S. 294), näher zu den Bergen hin dann fette Weiden – so zeigen sich in South Canterbury die Plains, jene gigantische Schwemmlandebene, die die Gletscherströme der letzten Eiszeit als Kornkammer hinterlassen haben. Je näher man den Bergen kommt, desto brauner wirkt das Land, die Farbe des Tussock-Grases. Große Flusssysteme, allen voran Rataia und Rangitata River, mäandern von den Alpen durch das flache Land zum Pazifik, schleppen tonnenweise Steine und Sand zum Meer – *braided rivers* werden sie wegen ihrer vielen ineinander verwobenen Arme genannt.

Die Küsten-Route

▶ H/G 15/16

Die oft schnurgerade verlaufende Hauptstraße zwischen Christchurch und Timaru bringt man schnell hinter sich, je nach Verkehrslage sind die 165 km in rund 2 Std. geschafft. **Ashburton** versorgt ein großes, bäuerliches Hinterland bis hinüber zur Inland Scenic Route SH72 (S. 336). Auffällig am SH1 sind die langen, flachen Betonbrücken über den Rakaia River – mit 1,8 km Neuseelands längste Straßenbrücke, daneben Neuseelands längste Eisenbahnbrücke – und den Rangitata River. Die Flüsse selbst zeigen sich die meiste Zeit des Jahres eher bescheiden, winden sich in unzähligen Armen durch scheinbar viel zu große Betten, es sei dann, die Schneeschmelze in den Bergen lässt die Wassermassen anschwellen, dann reichen sie fast von Ufer zu Ufer.

Die gigantische Lachsskulptur neben der Straße in **Rakaia** lässt ahnen, was Angler an den Fluss lockt, bis hinunter zu seiner Mündung ins Meer. Ende Februar kommen jedes Jahr Angelfreaks aus dem ganzen Land zum Wettangeln.

Nach den Brücken über das breite Bett des **Rangitata River** biegt SH79 landeinwärts – eine Abkürzung via Geraldine nach Fairlie zum SH8, der Hauptstraße von South Canterbury durch das Mackenzie Country Richtung Wanaka und Queenstown (S. 426).

Der erste Flug der Welt?

Um **Timaru** zeigt die Landschaft wieder etwas Profil, außerdem zieren ein paar ansehnliche Bauten aus der Zeit um 1900 die Hafenstadt. Der Strand an der Caroline Bay nördlich der Hafenanlagen ist bei Familien beliebt, in den Sommerferien kommt Rummelplatzstimmung auf.

Timaru ehrt wo es nur kann einen Mann, für den es gern ein Kapitel Weltgeschichte umschreiben würde: Richard Pearse (1877–1953), Bauer und Luftfahrtpionier. Leider lässt es sich nicht so recht beweisen, dass sein Luftsprung mit einer motorgetriebenen Flugmaschine am 31. März 1903, neun Monate vor dem der Gebrüder Wright in North Carolina, lang genug und ausreichend kontrolliert – es gab eine Bruchlandung – war, um den Amerikanern die Ehre des weltweit ersten Fluges ernsthaft streitig zu machen. Einen Nachbau des Fluggerätes von Richard Pearse zeigt das **South Canterbury Museum** (Perth St, Timaru, Tel. 03-684 2212, Di–Fr, Schulferien auch Mo, 10–16.30, Sa/So 13.30–16.30 Uhr, Spende wird erwartet).

Das **Aigantighe Art Museum** ist nach den Kunstmuseen von Christchurch und Dunedin das drittgrößte auf der Südinsel und mit dem großen Skulpturengarten – auch außerhalb der Öffnungszeiten zugänglich – das am schönsten gelegene. Neben Arbeiten regionaler Maler und Bildhauer besitzt die Sammlung einige moderne, neuseeländische Klassiker. Der ungewöhnliche Name stammt aus dem Gälischen und falls Sie nach dem Weg fragen müssen, hängen sie im Englischen einfach einem Ei einen Schlips um: Egg 'n tie (49 Wai-iti Road, Timaru, Tel. 03-688 4424, Di–Fr 10–16 Uhr, Sa/So 12–16 Uhr, gratis).

Oldtimerbahn und Kängurus

Technikfans machen noch einen Umweg über Nebenstraßen zu jener Wiese an der Waitohi Main Road westlich **Waitohi** (ca. 13 km ab SH1), wo Richard Pearse seinen ersten Flug machte und ein Denkmal das Fluggerät hoch auf einem Pfosten zeigt. Im nahen **Pleasant Point** nutzt Pleasant Point Museum & Railway eine alte Bahnstrecke für Oldtimerzüge, an ausgewählten Wochenenden, Feier- und Ferientagen sogar mit Dampfloks. Sonst rollt von Mitte Dezember bis Ende Februar ein umgebauter Ford T als Triebwagen über die Schienen – einzigartig in der Welt (Railway Station, Main Rd., Pleasant Point, ca. 13 km westl. von Timaru an SH8; ›Dampftage‹ 10.30–16.30, ›T-Modell-Tage‹ 11–15 Uhr, 6 NZD).

Von Timaru nach Süden sind es gut 60 km bis zur 906 m langen Brücke über den **Waitaki River,** der die Grenze zwischen Canterbury und Otago markiert. Nördlich des Flusses um **Waimate** wurden Ende des 19. Jh. Wallabies ausgesetzt, einige leben noch wild dort – aber wer fährt nach Neuseeland, um Mini-Kängurus zu sehen, wenn es wenige Kilometer weiter Pinguine gibt (S. 385)?

Infos

Ashburton i-SITE Visitor Centre: East St, Tel. 03-308 1050, www.ashburtondistrict.co.nz.

Timaru i-SITE Visitor Centre: 2 George St, Tel. 03-688 6163, [fc] 0800 4 TIMARU, www.southisland.org.nz, www.timaru.govt.nz.

Übernachten

Nah zu Kunstmuseum und Strand ► **Timaru Top 10 Selwyn Holiday Park:** 154a Selwyn St, Timaru, Tel. 03-684 7690, [fc] 0800 242 121, www.timaruholidaypark.co.nz. Stellplätze 32–36, Hütten/Apartments 57–120 NZD.

Kiwi Holiday Park mit Streichelzoo ► **Kelceys Bush Farmyard Holiday Park:** Mill Rd, Waimate, Tel. 03-689 8057, www.kiwicamps.com. 15 km landeinwärts von SH1, ideal für Familien mit Kindern. Und natürlich gibt es hier auch ein Känguru. Stellplätze 29, Wohnwagen/Hütten/Ferienhäuschen 51–87 NZD.

Essen & Trinken

Rustikale Restaurant-Kneipe ► **Timaru Speights Ale House:** 2 George Street, Tel. 03-686 6030, www.timarualehouse.co.nz. Speights, das Bier aus Dunedin, kommt in diesem historischen Basalt-Bruchsteinbau, einem der ältesten Häuser in South Canterbury, aus den Hähnen, dazu bestes Pub-Food – eine Erfahrung: zarte Lammleber mit Zwiebeln und Kartoffelbrei (ca. 20 NZD) – und gute Stimmung gibt's gratis dazu.

Termine

Timaru Festival of Roses: etwa 1 Woche Ende Nov., Kultur und leibliche Genüsse garnieren das Festival zum Sommerbeginn mit der Rose als Klammer www festivalofroses.co.nz.

Verkehr

Bus: InterCity Coachlines, Atomic Shuttles Dunedin–Christchurch tgl. 2 x via Timaru (alte Bahnstation) und Ashburton (i-SITE).

Tipp: Felsritzungen

South Canterbury und der Waitaki District (S. 384) mit seinen Kalksteinklippen ist Hochburg der **Maori Rock Art.** Rund 500 historische Felsritzungen sind bekannt, am besten erhalten unter Felsüberhängen. Die Datierung ist schwierig, die ältesten werden auf das 16. Jh. geschätzt, die jüngsten zeigen schon Gegenstände, die erst mit den Weißen ins Land kamen. Ansonsten sind Kanus, Tiersymbole und mystische Figuren die Motive. Für Laien sind es keine spektakulären Kulturfunde. Viele sind öffentlich nicht einmal zugänglich. Die i-SITEs in Timaru und Oamaru nennen Fundstätten, eine der bekanntesten liegt westlich Duntrun am SH83.

Flüge: Air Newzealand Link fliegt Timaru (Richard Pearse Airport)–Wellington.

Inland Scenic Route 72

► G/H 15/16

Alternativ zum viel befahrenen SH1 an der Küste schlängelt sich die Inland Scenic Route 72 am Rande des Alpenvorlandes entlang, mal kurvenreich und hügelig, mal schnurgrade und flach. Gut ausgeschildert und mit hohem Sightseeing-Faktor lockt sie Landschaftsgenießer, fordert bis Geraldine aber mehr Zeit. Genaugenommen umgeht sie Christchurch im Nordwesten via Rangiora und Oxford, in der Regel folgt man aber aus der Stadt heraus die ersten Kilometer dem SH73 Richtung Arthur's Pass bis Darfield, wo das Epizentrum des Canterbury Earthquake 2010 lag (S. 296). Die Inland Scenic Route 72 ist nebenbei Zubringer zu Pisten ins High Country, dem Hochland vor den Alpen. Dort sind Seen wie Lake Coleridge, Lake Heron oder Lake Clearwater beliebte Ziele der Einheimischen zum Angeln, Windsurfen und Segeln.

Lake Coleridge ist Rückhaltebecken eines Wasserkraftwerks, das seit 1914 Strom für Christchurch liefert. Schon beim Bau litten Arbeiter oft unter dem Nor'wester, wenn er über die Ebene pfiff. Also versuchte man immer wieder, mit Bäumen Windschutz zu schaffen, ganz intensiv in den Jahren von 1923 bis 1953 unter Kraftwerksinspektor Harry Hart. Er ließ testweise Nadelbäume aus aller Welt anpflanzen, die heute das **Hart Arboretum** bilden. Die Unterkünfte rund um den See sind auch im Winter beliebt, immerhin sind in maximal einer Stunde sechs Skigebiete zu erreichen – Mt Olympus, Porters Hights, Mt Cheeseman, Broken River, Craigiburn und Mt Hutt.

Der **Rakaia River,** der das Wasser des Lake Coleridge nach dem Durchlauf durch die Turbinen aufnimmt, formt die enge Rakaia Gorge. Dort wo der Fluss sich wieder weitet, überquert ihn die Inland Scenic Route 72 auf zwei Brücken mit einer Insel als Bindeglied. Die nördliche Brücke ist ein Kleinod der Brückenbaugeschichte, nutzt sie doch ein äußerst seltenes Prinzip – es gibt nur noch eine ähnliche Brücke weltweit – mit verschieden stark geneigten Trägern unter der Fahrbahn. Das hält nun seit 1884. Die Konstruktion sieht man gut vom Jetboat des Rakaia Gorge Scenic Jet. Der nimmt unterhalb der Brücke am Nordufer Gäste auf und saust mit ihnen durch die Schlucht. Optional kann man sich am **Rakaia Gorge Walkway** absetzen lassen und oberhalb der Schlucht zur Brücke zurücklaufen (**Discovery Jet,** Tel. 03-318 6943, [fc] 0800 JETBOAT, 15–45 Min., 40–95 NZD).

Skiparadies Mt Hutt

Südlich des Flusses bestimmt das Massiv des 2185 m hohen Mt Hutt das Bild. Oben in den Bergen auf Höhen zwischen ca. 1400 und 2100 m warten von Juni bis Oktober Pisten und Halfpipes der **Mt Hutt Ski Area** auf Wintersportler. Zur Haupt-Liftstation führt eine Schotterpiste, wer sich da mit dem eigenen Wagen nicht hinauf traut, nutzt Shuttle-Busse ab **Methven.** Im Winter pulsierendes Skidorf mit Partystimmung in etlichen Après-Ski-Locations, hält Methven im Sommer den Atem an. Als Tor zum High Country und als Heißluftballon-Hochburg hat der Ort aber auch in der warmen Jahreszeit Gäste und man findet immer ein paar offene Lokale und Unterkünfte (s. r.).

Upper Rangitata Valley

Das Upper Rangitata Valley ist ein archaisches Flusstal am Ostrand der Southern Alps, durch das der Rangitata River raumgreifend mäandert. Inmitten einer grandiosen Berglandschaft wirkt der eher unscheinbare Hügel **Mt Sunday** am Nordufer des Flusses wie ein Magnet auf Touristen aus aller Welt: Auf seiner Spitze stand Edoras, Hauptstadt von Rohan im zweiten Teil vom Herrn der Ringe. Vom Set durfte nichts bleiben, aber das stört Set-Jetter genauso wenig wie die Anfahrt über die staubige Piste an **Lake Clearwater** vorbei in die Berge. Ohne Zweifel ist Mt Sunday einer der schönsten LOTR-Schauplätze und lohnt auch ohne Filmbonus den Besuch. Der Hügel liegt auf privatem Gelände. Fahrzeuge von Tourenanbietern (s. Aktivitäten, S. 338) dürfen die letzten Bäche und Flüsschen furten, wer auf eigene Faust kommt, muss sie durchwaten.

Erewhon im Nowhere

Die Piste zum Mt Sunday endet an der **Erewhon Station.** Erewhon ist nicht nur ein passendes Anagramm für eine abgelegene Hochlandfarm mitten im ›Nowhere‹, sondern auch Titel eines satirisch-utpischen Romans aus dem viktorianischen England, Vorläufer von Werken wie ›Die Zeitmaschine‹ oder ›1984‹. In ›Erewhon‹ erkundet der Held, ein junger Schaffarmer, ein ›verbotenes‹ Land hinter den Bergen mit einer technikfeindlichen, in absurden Traditionen erstarrten Gesellschaft. Autor Samuel Buttler lebte von 1860 bis 1864 jenseits der Berge auf der nächsten High Country Farm weiter im Süden. Er gab ihr den in dieser Region etwas auffälligen Namen Mesopotamia, weil er sein Land zwischen zwei Strömen sah, dem kleinen Forest Creek und dem mächtigen Rangitata River. In diesem Zweistromland bietet die **Mesopotamia Station** Quartier, vor allem für Jäger – zum Abschuss frei sind u. a. Rotwild, Tahr und Gämsen (Mesopotamia Station, RD 20, Peel Forest, Tel. 03-696 3738, www.mesopotamia.co.nz).

Peel Forest Park

Angesichts der gnadenlosen Abholzungen in den Canterbury Plains ist es ein kleines Wunder, dass im Peel Forest, von der Inland Scenic Route 72 ab Arundel knapp 10 km landeinwärts, ein ›Urwald‹ fast erhalten blieb, aber immerhin steht er über 100 Jahre unter Schutz. Mehr als ein Dutzend markierter Wege erschließen das Gelände. Wer einen der Gipfel von Mt Peel (Tagestour, Bergerfahrung notwendig) oder Little Mt Peel (6–8 Std.) erklimmt, verschafft sich brillante Ausblicke über die Canterbury Plains.

Weitere 13 km die Straße flussaufwärts ist das Basislager der **Rangitata Rafts**, die den oft schäumenden Rangitata River mit ihren Schlauchbooten befahren (s. Aktiv S. 338).

In Geraldine biegen die meisten Touristen auf SH79 Richtung **Fairlie** ab, wo sie SH8 erreichen, die Hauptstraße über den Burkes Pass ins Mackenzie Country hinauf, in das am besten erreichbare High Country. Am Südrand von Geraldine kann man unterdes Sammelleidenschaft bestaunen: Das **Geraldine Vintage Car & Machinery Museum** zeigt zwar auch alte Autos, wie der Name ahnen lässt, Schwerpunkt sind indes Gerätschaften aus der Landwirtschaft, besonders Traktoren (178 Talbot St, Geraldine, 03-693 8756, von Labour Weekend Ende Okt. bis Anfang Juni tgl. 10–16 Uhr, sonst Wochenenden, Erw. 7 NZD).

Infos

Methven i-SITE Visitor Centre: 160 Main St, Tel. 03-302 8955, www.amazingspace.co.nz.
Geraldine i-SITE Visitor Centre: Talbot St Ecke Cox St, Tel. 03-693 1006, www.southisland.org.nz.

Übernachten, Essen & Trinken

Unterkunft mit High Country-Flair ▶ Lake Coleridge Lodge: 114 Hummocks Rd, Lake Coleridge, Tel. 03-318 5002, [fc] 0800 LAKECO, www.lakecoleridgelodge.co.nz. DZ ab 195 NZD inkl. Dinner mit guter Kiwi-Hausmannskost und ordentlichem Frühstück. Im Restaurant ist Lachs aus dem Rakaia River Spezialität, dazu lokale Weine.

Bayerischer Livestyle unter Kiwi-Management ▶ **Forest Lodge/The Bavarian Restaurant & Bar:** 140 Forest Drive, Methven, 03-302 8116, www.forestlodge.co.nz. Einfache, funktionale Zimmer zu flexiblen Preisen, DZ ca. 80–195 NZD. Das ›bayerische‹ Lokal im Haus hat im Winter täglich und im Sommer Fr–Mo zum Abend auf: Wen es mal wieder nach Bratwurst, Sauerkraut mit Kartoffelbrei oder Apfelstrudel gelüstet, ist hier genau richtig. HG ca. 20–30 NZD).

YHA-Hostel mit Doppelnamen ▶ **Methven YHA – Mt Hutt Village Flashpackers** (Sommer-)**/Snow Denn Lodge** (Wintername): Bank St Ecke McMillan St, Methven, Tel. 03-302 8999, www.methvenaccommodation.co.nz. Zentral, modern, großzügige Gemeinschaftsräume; Frühstück und allerlei Sportgerät inkl. Fahrräder gratis. Bett ab 25 NZD/Pers., DZ ab 68, mit Dusche/WC ab 76 NZD.

Günstig für Touren ins Hochland ▶ **Mt Somers Holiday Park:** Hoods Rd, Mount Somers, Tel. 03-303 9719, www.mountsomers.co.nz. Sehr intimer Platz, ideal für Mt Sunday-Exkursionen. Stellplätze 22–26, Cabins 54–69 NZD.

Komfortable Anlage unter alten Bäumen ▶ **Fairlie Gateway Top 10 Holiday Park:** 10 Allandale Rd, Fairlie, Tel. 03-685 8375, [fc] 0800 324 754, www.fairlietop10.co.nz. Stellplätze 40, Hütten/Apartments 60–140 NZD.

Einkaufen

Obst und Gemüse der Saison wird überall in **Buden und Hofläden** an den Straßen angeboten. Kommt es direkt vom Erzeuger, ist es in der Regel günstiger als im Supermarkt, größere Straßenläden ergänzen ihr Angebot aber um Fremdprodukte, bei denen man nichts spart.

Aktiv

Heißluftballons im Morgengrauen ▶ **Aoraki Balloon Safaris:** 20 Barkers Rd, Methven, Tel. [fc] 0800 CLOUD7, www.nzballooning.com. Wie auf Wolke 7 über die Canterbury Plains, regulär ca. 385 NZD, billiger auf Standby-Basis.

Besuch im Königreich Rohan ▶ **Hasslefree Tours/Edoras Tours:** 03-379 6377, [fc] 0800 HASSLE FREE, www.hasslefree.co.nz. Sightseeing vom Feinsten bei der Ganztagestour zum Mt Sunday, der Kulisse für Edoras, Hauptstadt von Rohan, in Peter Jacksons Herr der Ringe; ab Methven ca. 200, ab Christchurch 225 NZD.

Rafting auf dem Rangitata River ▶ **Rangitata Rafts:** Rangitata Gorge Rd, Peel Forest (ca. 13 km flussaufwärts), Tel. [fc] 0800 251 251, www.rafts.co.nz. Von familienkompatibel bis Grade 5; ab Christchurch ca. 12 Std., davon etwa 2,5–3 Std. auf dem Wasser, ca. 220 NZD inkl. Lunch und BBQ; bei Selbstanreise ca. 200 NZD. In der Lodge des Unternehmens Schlafsaalplätze ab 20, DZ ab ca. 50 NZD.

Wintersport, auch per Hubschrauber ▶ **Mt Hutt Ski Area:** www.nzski.com/mthutt, www.mthuttvillage.co.nz. Im Skigebiet drei Lifte, sonst Heli-Skiing oder Heli-Boarding im Hinterland: **Mt Hutt Helicopters** (03-302 8401, www.mthuttheli.co.nz) ab Mt Hutt Ski Area Parkplatz ab 175 NZD. **Methven Heli-skiing** (Tel. 03-302 8108, www.methvenheli.co.nz) ab Methven ab ca. 850 NZD inkl. 5 Flüge. **Helipark** (Tel. 03-303 9060, [fc] 0800 HELIPARK, www.helipark.co.nz) am Mt Potts, exklusives Backcountry-Skigebiet, Pisten nur mit Hubschrauber erreichbar, Tagespass ab 325 NZD inkl. 1 Flug, jeder weitere 75 NZD.

Verkehr

Bus: Great Sights, Newmans, Atomic Shuttles und **nakedbus.com** je 1 x tgl. Christchurch–Queenstown via Geraldine und Fairlie. **Methven Travel** (Tel. 03-302 8106, [fc] 0800 684 888, www.methventravel.co.nz) Shuttle Christchurch–Methven im Sommer 3 x wö. im Winter 3 x tgl.

Mackenzie Country

SH8 schlängelt sich westlich Fairlie durch eine grüne, hügelige Landschaft zum 829 m hohen **Burkes Pass** hinauf. Das ist keine markante Passhöhe, man merkt nur irgendwann, dass das Land rundherum kahler und brauner geworden ist. Bäume sind fast ganz aus dem Bild verschwunden, nur am Straßenrand bunte Tupfer im Frühjahr und Frühsommer: Lupinen, die man als natürlichen Dünger wollte und die wie so viele andere Importpflanzen zur Pest geworden sind, breiten sich immer weiter aus. Kern der Region ist das Mackenzie Basin, eine von Bergketten umrahmte Hochebene, vielerorts mehr als 700 m über dem Meer. SH8 zieht sich auf langen Strecken schnurgrade durch die Landschaft, die 135 km vom Burkes Pass bis zum Lindis Pass im Süden kommt man schnell voran, etwa anderthalb Stunden reine Fahrzeit. Ein Abstecher führt 55 km als Sackgasse ins **Aoraki Mt Cook Village** zu Füßen des höchsten Gipfels im Lande. Den Namen haben Hochebene und Verwaltungsdistrikt von einer Legende: James Mackenzie.

Viehdieb als Namenspatron

Nach zeitgenössischen Quellen ist James Mackenzie, über dessen genauen Namen sich die Historiker noch nicht einmal einig sind, ein echter Highlander. Schotte von Geburt, hager, muskulös, hochgewachsen, rote Haare, roter Bart, langes schmales Gesicht. Er spricht nur Gälisch fließend, Englisch stockend. Mackenzies einziger wirklicher Freund ist sein Hund Friday. Anfänglich verdient er seinen Lebensunterhalt als Schäfer, später macht er sich mit Schafen anderer selbstständig, vornehmlich aus dem Gebiet um Timaru. Dabei erkundet Mackenzie als erster Pakeha die Hochebene. Deren Einsamkeit bietet ihm mit seiner Beute Schutz und versteckte Wege zum Viehmarkt von Dunedin. Bei den Herden der damaligen Zeit fällt der Schwund lange nicht auf, Anfang März 1855 entführt Mackenzie jedoch gleich 1000 Tiere auf einen Streich von der Levels Station. Nach einer der vielen Geschichten über diese Tat ist darunter ein schwarzes Schaf, das dem Verwalter besonders am Herzen liegt und dessen Verschwinden auffällt. Drei Männer folgten den Spuren, die die Herde im Gelände hinterlässt, und bald hinter dem **Mackenzie Pass,** der südlich des Burkes Pass die Berge quert, haben sie ihn: James Mackenzie allein, nur mit Friday und 1000 Schafen im Hochland. Mackenzie wird überwältigt, beteuert jedoch seine Unschuld: Er hüte die Tiere nur im Auftrag eines Dritten. Nach einer ersten Flucht wird er schnell wieder geschnappt, zu fünf Jahren Zwangsarbeit verurteilt, haut wieder ab, wird wieder geschnappt ... Schließlich wird sein Fall neu aufgerollt. Man habe nicht richtig ermittelt, ist die Begründung für seine Freilassung. Mitte 1856 verliert sich seine Spur im Chaos der jungen Kolonie für immer. Das alles ist Stoff für eine Karriere als Outlaw-Legende, erzählt und ausgeschmückt vor allem von jenen, die am Rande der Kolonialgesellschaft stehen, nicht am Boom teilhaben und mit gehörigem Sozialneid auf die reichen Farmer blicken.

Seit 2003 steht James Mackenzie mit seinem treuen Friday zu Füßen in Bronze gegossen an der Main Street in **Fairlie,** den Blick zu jenem Pass gerichtet, an dem sich sein Schicksal entschied und der heute seinen Namen trägt.

Lake Tekapo ▸ F 16

Lake Tekapo, der erste Ort von Norden kommend im Mackenzie Basin, ist ein wichtiger Stopp bei Rundreisen, kaum jemand fährt hier vorbei. Souvenirläden, Buchungsbüros für Touren, Restaurants und Kneipen sind auf eine Shoppingmall über dem Seeufer konzentriert. Beim originellen **Mackenzie Country Minigolf** am Westende dieses Village Centre bekommt man einen Einblick in das Mackenzie Country: Alle 18 Bahnen zeigen Bekanntes aus der Region (tgl. ab 9 Uhr).

An der Straße, die zum See hinunter führt, liegt das Sport- und Wellness-Center **Alpine Springs** mit ganzjährig geöffnetem Thermalbad, von lokale Quellen gespeist. Drumherum eine im Wechsel der Jahreszeiten als Eis- oder Rollschuhbahn genutzte Anlage und im Winter eine Snow-Tubing-Piste, die man mit Gummireifen hinunter saust (6 Lakeside Drive, [fc] 0800 2 ELEVATE, www.alpinesprings.co.nz. Bad tgl. 10–21/22 Uhr, Erw.

Kirche des guten Hirten am Lake Tekapo

18 NZD Kinder/Senioren 10–16 NZD, Winteraktivitäten 18/12–14 NZD, diverse Kombi-, Mehrfach- und Familienpreise).

Etwas abseits vom Kommerzrummel, aber nicht von den Besucherströmen, steht direkt am See die ›Kirche des Guten Hirten‹, 1935 gebaut. Auf ein Altarbild hat man verzichtet, stattdessen ein großes Fenster eingebaut mit Blick über den See auf das Alpenpanorama. Die Chance, hier ein Brautpaar in den Hafen der Ehe einlaufen zu sehen, ist groß, die **Church of the Good Shepherd** ist eine der beliebtesten Hochzeitskirchen im ganzen Land. Ein paar Meter entfernt dann das wohl meistfotografierte Denkmal im Land: Der Hund des Hirten, genauer gesagt des Schafhirten im Mackenzie Country, ein Collie. Über die künstlerische Bedeutung ist es müßig zu diskutieren, wenn dem besten Freund des Menschen ein Denkmal gesetzt wird.

Lake Tekapo ist darüber hinaus für sein Nachtleben bekannt, viele Besucher kommen nur dafür. Sie stehen dann zu später Stunde auf der Straße abseits ihrer Unterkunft, wo kein Lichtschein mehr stört, und starren in den Himmel: Die Sterne faszinieren hier noch ein bisschen mehr als sonst in Neuseeland. Die Bedingungen im Mackenzie Basin sowie die Lage fast auf dem 45. Breitengrad sind so ideal zur Beobachtung des südlichen Sternenhimmels, dass die University of Canterbury 1965 mit amerikanischen Partnern auf dem **Mt John,** der sich gut 300 m über das Westufer des Lake Tekapo hebt, ein Observatorium errichtete. Bis 1983 war es zudem ein wichtiger Stützpunkt bei der Beobachtung und Kontrolle von Satelliten über der südlichen Erdhalbkugel.

Wissenschaftler aus aller Welt sind heute mit den Teleskopen neuen Sternen und schwarzen Löchern auf der Spur. Tagsüber kann man die Anlage und ihre wichtigsten Geräte auf Führungen sehen, u. a. ein Teleskop aus den 1930ern, das gebraucht aus den USA kam, sowie das nagelneue 1,8-m-Teleskop, aus japanischen Forschungsmitteln finanziert (10–16 Uhr ab Astro Café, 20 NZD). Wer das echte Kreuz des Südens – es gibt Doppelgänger – und andere Bilder des südlichen Sternenhimmels kompetent gezeigt bekommen will, kann zu nächtlicher Stunde auf Mt John an **Star Gazing Night Tours,** organisierten Sternenbeobachtungen, teilnehmen, klarer Himmel vorausgesetzt (nach Einbruch der Dunkelheit ab Earth & Sky Office, Village Centre, Lake Tekapo, Tel. 03-680 6960, www.earthandsky.co.nz, Erw. 85 NZD).

Man darf auf Mt John jedoch nicht nur Augen für den Himmel haben, der Blick über das weite Mackenzie Basin und die umliegenden Bergketten ist ebenso gewaltig. Eine asphaltierte Privatstraße führt auf den Berg (tgl. ca. 9–18 Uhr geöffnet, ca. 3 km westl. des Ortes von SH8 Richtung Lake Alexandrina, dann ausgeschildert), alternativ geht man vom Dorf einen gut markierten Weg hinauf (ca. 2 Std.).

Twizel und die Energie ► E 16

Twizel entstand erst 1968 am Reißbrett für Arbeiter, die die Dämme, Kraftwerke und Kanäle des Waitaki Hydro Scheme bauten. Platz gab es genug, also wurde der Ort großzügig angelegt mit gut 30 Kilometer ›innerstädtischem‹ Straßennetz, großem Einkaufs- und Gemeindezentrum sowie ausgezeichneten Sporteinrichtungen. Geplant wurde alles für gut 6000 Menschen, rund 1300 leben heute in der Stadt. 1984 vermachte der Staat die ganze Stadt der Bezirksregierung, und die verkaufte die Häuser an Privatleute. Viele Rentner nutzten die Gelegenheit, günstig einen Altersruhesitz zu erwerben. An der Wairepo Road sieht es aus, als hätten die Bauarbeiter einfach ihre schweren Baumaschinen stehen lassen, aber dieses beindruckende Sammelsurium ist als Ausstellung ›historischer Maschinen‹ gedacht.

Rund um Twizel wird deutlich, wie diese Maschinen die Landschaft zur Stromgewinnung aus Wasserkraft veränderten: Staudämme und -mauern, Rückhaltebecken und fast 60 km schnurgerader Kanäle ersetzen und veränderten natürliche Seen und Flussläufe, vernetzen sie zu einer gigantischen Stromfabrik. So wurde zum Beispiel der Wasserspiegel des natürlichen **Lake Pukaki** um gut 45 m angehoben. Die Stauseen vom Rande der Southern Alps bis zu dem schon in den späten 1920ern entstandenen Lake Waitaki bei Kurow (S. 384) versorgen acht Kraftwerksblöcke der staatlichen Meridian Energy Group. Die können mit ihrer Gesamtkapazität von über 1500 MW – zum Vergleich: das Kernkraftwerk Brockdorf hat eine Nominalleistung von 1440 MW – knapp ein Drittel des neuseeländischen Strombedarfs decken. Die **Power Station Benmore Dam** steht im Sommer Besuchern offen (Meridian Energy Benmore Visitor Centre, SH83, 25 km östl. Omarama, Tel. 03-438 9212, Ende Okt. bis April tgl.10.30–16.30 Uhr).

Tipp: Cappuccino auf Mt John

Als ich das Asto Café auf der Spitze des Mt John zum ersten Mal besuchte, stand dort nur ein silberner Wohnwagen mit Holztischchen und Klappstühlen davor. Ein eisiger Wind pfiff mir um die Ohren, trotzdem habe ich auf über 1000 m Höhe mit 360°-Blick über das Mackenzie Basin und die Southern Alps am Horizont einen exzellenten Cappuccino genossen. Den gibt es immer noch, nur ist der Wohnwagen inzwischen durch ein modernes Café mit Panoramafenstern und großer Terrasse ersetzt worden – bessere Aussicht unmöglich.

Ruderer, Lachse und der Kaki

Die meisten Stauseen sind heute Sommerfrischen und Anglerparadiese oder dienen als nationales Leistungszentrum für Ruderer, wie der **Lake Ruataniwha** am Südrand von Twizel – Hauptsponsor ist der Kraftwerksbetreiber. Die konstant fließenden Kanäle des Waikato Power Scheme sind aber auch ideale Zuchtbecken für ungewöhnlich fettarmen Edel-Lachs. Die Lachsfarmen um Tekapo und Twizel garantieren, dass aufgrund der guten Wasserqualitäten die Fische absolut ohne

Tipp: The Grand Traverse

Die Maschinen von **Air Safaris** sind konsequent auf Flightseeing eingestellt, jeder Fluggast hat einen Fensterplatz. Dazu kommt ein flexibles Konzept mit Starts und Landungen auf verschiedenen Flugplätzen im Mackenzie Basin und an der West Coast. Standard ist die 50-minütige Grand Traverse. Die Flugpassagen über die türkisfarbenen Seen, über den langen Schmuddelgletscher Mt Tasman und über das Voralpenland sind dabei dem Flug um die eigentlichen Gipfel ebenbürtig – eine Landschaft wie geschaffen für Flightseeing. Air Safaris betreibt Buchungsbüros im Village Centre Lake Tekapo und an seinen drei wichtigsten Start- und Ziel-Airports, nämlich Lake Tekapo, Glentanner oder Franz Josef (S. 373).

Zentrale Telefonbuchung Tel. 03-680 6880, [fc] 0800 806 880, online www.airsafaris.co.nz. Ca. 8–17 Uhr Abflüge jede Stunde, solange das Wetter es zulässt. Erw. 295–340, 3–13 Jahre 195–240 NZD. Auf Charterbasis auch Flightseeing über andere Regionen bis hin zum Milford Sound (S. 431).

Antibiotika und andere Medikamente heranwachsen, ein Problem bei vielen Zuchtlachsen aus Fischfarmen am Meer. Zwei Anlagen heißen Besucher willkommen und verkaufen frischen und auch geräucherten Lachs: **High Country Salmon,** Wairepo, SH8 südl. von Twizel, und **Mount Cook Alpine Salmon,** Ostufer des Lake Pukaki am ›Tekapo-Pukaki Hydro Canal Heritage Trail‹, der Nebenstrecke zwischen Lake Pukaki und Lake Tekapo.

Trotz oder gerade wegen der Eingriffe in die Natur laufen in der Region auch aufwendige Naturschutz- und Aufforstungsprogramme. Vorzeigeprojekt ist ein Bruthilfeprogramm für den Kaki (*Himantopus novaezelandiae*) bzw. Black Stilt, wie ihn die Pakeha nennen. Der schlanke Schwarze Stelzenläufer mit seinen roten Beinen war früher auf der Südinsel weit verbreitet, jetzt gilt er als seltenster Watvogel der Welt und lebt nur noch auf Schotterbänken einiger Bergflüsse im Mackenzie Country. Dieses bevorzugte Habitat macht es unmöglich, die letzten ihrer Art wie andere bedrohte Vögel im Lande kurzerhand auf geschützte, räuberfreie Inseln umzusiedeln. Aber immerhin hat sich der Bestand seit einem Tiefststand 1981 mit 23 Vögeln durch die konsequente Betreuung wieder so stabilisiert, dass inzwischen regelmäßig Exemplare an anderen Standorten ausgewildert werden. So wurden in der Brutsaison 2010/11 in Twizel über 100 Eier erfolgreich ausgebrütet. Das Beobachtungszentrum **DOC Kaki Visitor Hide** steht im Frühjahr und Sommer für Besucher offen (Buchung zwingend über i-Büros Lake Pukaki oder Twizel, Erw. 15 NZD, eigener Transport notwendig, Start aller Besuche am Twizel i-Büro).

Schlachtfeld von Pelennor

► E 16

Auf den Tussock-Weiden der Ohau Station westlich von Twizel brachte am 15. März 3019 des Dritten Zeitalters die **Schlacht auf dem Pelennor** die Wende im Ringkrieg – Tolkien-Fans wissen, um was es geht: In der Entscheidungsschlacht im dritten Teil der Trilogie treffen die Heere der freien Völker Mittelerdes auf Saurons Streitmacht. Hier stampft die Phalanx der Mûmakil entlang, der gewaltigen Kriegselefanten, hier tötet die hübsche Eowyn den Hexenkönig von Angmar, dem kein Mann etwas anhaben kann, und hier fällt König Theoden im Kampfgetümmel – beim größten Massendreh der LOTR-Verfilmung waren rund 1500 Statisten beteiligt. Natürlich gibt es die obligatorische Tour zum Set, der Veranstalter verspricht sogar, dass einer der Statisten als Guide fungiert (Discovery Tours, 7 Ostler Road, Twizel, Tel. 03-435 0114, [fc] 0800 213 868, www.discoverytours.co.nz, ab 2 Std., ab 75 NZD, auch LOTR-freie Touren in der Region).

Infos

Lake Tekapo i-SITE Visitor Centre: Main Street, SH8, Lake Tekapo, Tel. 03-680 6579, www.southisland.org.nz.

Lake Pukaki Visitor Centre: Lake Pukaki Dam, Lake Pukaki (am SH8 ca. 2 km östl. des Abzweigers SH80 Richtung Mt Cook), Tel. 03-685 6195, www.mtcooknz.com.

Twizel Information Centre: Twizel Events Centre, 61 McKenzie Dr, Twizel, Tel. 03-435 3124, www.twizel.com.

Übernachten

Tolle Apartments am Seeufer ▶ **The Chalet Boutique Motel:** 14 Pioneer Drive, Lake Tekapo, Tel. 03-680 6774, [fc] 0800 843 242, www.thechalet.co.nz. Apartments in drei Häusern mit großen Zimmern und Kochecken (ab 175 NZD) nicht weit von Hundedenkmal und Kirche. Die Schweizer Walter und Zita Speck haben ein kleines Paradies für den ›Urlaub vom Reisen‹ geschaffen. Walter Speck ist auch Jagdführer im High Country: www.44south.com.

Motel, Camping, Backpacker ▶ **Lake Tekapo Motels & Holiday Park:** Lakeside Drive, Lake Tekapo, Tel. 03-680 6825, [fc] 0800 853 853, www.laketekapo-accommodation.co.nz. Idyllisch am Seeufer, ca. 10 Min. Fußweg vom Village Centre, findet man diese All-in-one-Anlage mit Campingplatz (Stellplätze 30–36 NZD), Basic-Hütten und gut ausgestatten Sommerhäusern (60–150 NZD) sowie der **Lake Tekapo Lakefront Backpackers Lodge** (Tel. 03-680 6227, [fc] 0800 840 740, Bett im Mehrbettzimmer ab 26 NZD, DZ ab 70 NZD) mit großer Seeblick-Lounge.

Essen & Trinken

Von Pizza bis zu Sushi ▶ **Im Lake Tekapo Village Centre** gibt es Lokale von der Pizzeria bis zum Japaner – keines zeigt Ambitionen, in der kulinarischen Oberklasse zu spielen. Sehr ordentlich ist das **Reflections Café & Restaurant** (Tel. 03-680 6234) am Westende des Village Centre mit bestem Seeblick und coolem Minigolf (S. 339) direkt vor der Tür.

Aktiv

Bergsteigen ▶ **Alpine Recreation** und **Mountains New Zealand** (s. Aktiv unterwegs S. 347).

Heli-Biking ▶ **Heli Bike:** Ostler Rd/Wairepo Rd, Twizel, Tel. 03-426 9964, [fc] 0800 HELI BIKE, www.helibike.com. Rauf mit dem Helikopter, runter mit dem Mountainbike, 1,5–3,5 Std. ca. 300-450 NZD inkl. Radmiete.

Wintersport ▶ **www.mackenziewinter.co.nz:** Mehrere kleine Skigebiete u. a. die auf Familien ausgerichtete **Roundhill Ski Area** nordöstl. Lake Tekapo.

Verkehr

Newmans, Atomic Shuttles und **nakedbus.com** tgl. Christchurch–Queenstown mit Stopps in Lake Tekapo und Twizel, ebenso **Great Sights,** aber mit Abstecher zum Aoraki Mt Cook Village. **The Cook Connection** tgl. 1–2 x tgl. Tekapo/Twizel–Aoraki Mt Cock Village, Tel. 0800 266 526, www.cookconnect.co.nz.

Aoraki Mt Cook ▶ E 15–17

SH80 führt am Westufer des **Lake Pukaki** entlang als 55 km lange Sackgasse in die Alpen hinein. Wenn man auf die Phalanx der Dreitausender zufährt mit dem See rechter

Tipp: Das Türkis-Wunder

Gletschermehl heißt der feine Abrieb, den Gletscher aus dem Urgestein der Southern Alps schaben und den kurze Gletscherflüsse in den Lake Tekapo und den Lake Pukaki schwemmen. Einfallendes Sonnenlicht lässt das Wasser dann türkis erscheinen. Die Intensität der Farbe verändert sich entsprechend mit dem Wetter wie mit dem Tagesablauf.

Fehlt eine direkte Verbindung zu einem Gletscher, fehlt den Gewässern auch die markante Färbung. Das Phänomen ist mit Google Earth aus der Satellitenperspektive fantastisch zu beobachten

Hand, ist das eine *scenic route* mit Sightseeingfaktor Fünf-Sterne-Plus. Nahe der Kreuzung SH80/SH8 wird der See gestaut. Vom Damm neben dem **Lake Pukaki Visitor Centre** lässt sich prüfen, ob der Höhepunkt des Abstechers überhaupt präsent ist oder sich in tiefe Wolken hüllt: Über dem See-Ende sollte der 3754 m hohe **Mt Cook,** der seinen Maori-Namen **Aoraki** – deutsch etwa Himmelkratzer – als Zweitnamen trägt, deutlich zu sehen sein. Ist am Ende des Sees aber nichts als Grau auszumachen, sollte man im Visitor Centre die Wettervorhersage abfragen und eventuell umdisponieren.

Fährt man die Straße in die Berge, macht man spätestens auf **Peters Look Out** hoch über dem Seeufer einen ersten Stopp, vor allem für Fotografen wird das nicht der letzte sein. Einen Eindruck vom Tourismus im Tal gibt die alte Schafstation **Glentanner,** ein groß angelegter Ferienpark inklusive Landebahn und Heliport. Bei gutem Wetter starten und landen alle naselang Flugzeuge oder Helikopter zu Rundflügen um die Alpengipfel. Ähnliches gilt für den **Aoraki Mt Cook Airport** weiter oben im Tal, auf dem auch Skiflugzeuge abheben, die ihren Rundflug für eine kleine Pause auf den Schneefeldern des Tasman-Gletschers unterbrechen und im Winter Skiläufer auf die Pisten bringen.

Traditionshotel Hermitage

Im knapp 800 m hoch gelegenen **Aoraki Mt Cook Village** leben ganzjährig kaum mehr als 100 Menschen, in der Saison etwa 300. Das Bergdorf ist seit dem späten 19. Jh. Basislager für Alpenerkundungen und Gipfelstürme; der Mt Cook wurde von hier aus Weihnachten 1894 erstmals bezwungen. Zehn Jahre zuvor hatte eine erste Unterkunft eröffnet. Nachdem diese noch sehr einfache Ur-Hermitage 1913 vom über die Ufer getretenen Hooker River weggespült worden war, entstand im Jahr darauf ein Neubau in höherer Lage, dort wo heute die dritte, mehrfach erweiterte Ausgabe des Traditionshotels steht. Das scheint weniger der Ästhetik denn dem Prinzip zu folgen, so vielen Räumen wie möglich Ausblicke auf den Aoraki Mt Cook zu verschaffen – die Zimmerpreise steigen etagenweise: Je mehr Blick, desto teurer.

Und sollte das Wetter alle Aussichten vermiesen, verschafft Multimediatechnik ein Mt-Cook-Erlebnis: **The Sir Edmund Hillary Alpine Centre** zeigt in einem 3D-Kino mehrmals täglich das 15-minütige ›Mount Cook Magic‹ abwechselnd mit digitalen Planetariumsprogrammen. Dazu befasst sich ein Museum mit dem Berg und mit der Bergsteigerlegende Sir Edmund Hillary (S. 33). Hier erfährt man u. a., dass er nicht nur als erster Mensch auf dem Mt Everest Schlagzeilen machte, sondern auch als Südpol-Eroberer und als unermüdlicher Helfer für Menschen der Himalaya-Region (Museum und einzelne Film-/Planetariumsprogramme 16 NZD, Flatrate 26 NZD, Rabatte in Kombination mit Exkursionen).

Zufahrt ins Hooker Valley bei Mt Cook Village

Der höchste Gipfel

Egal was man sonst im Hermitage zu tun hat, man sollte sich dort wenigstens einen Tee im Café oder einen Drink in einer Bar mit Panoramablick auf den **Aoraki Mt Cook** gönnen. Der höchste Berg Ozeaniens ist Mittelpunkt eines Nationalparks mit 19 Drei- und über 140 Zweitausendern, die Gipfel seiner nächsten Nachbarn, Mt Tasman und Mt Dampier, erreichen beinahe die 3500-m-Marke. Die Gipfel haben einen besonderen Platz in der Mythologie der Südinsel-Maori und es gibt Hardliner, die es nicht richtig finden, dass andere Menschen praktisch auf den Köpfen ihrer Vorfahren herumkrabbeln. Die gemäßigten Ngai Tahu haben den Aoraki, der ihnen durch eine Waitangi-Tribunal-Vereinbarung (S. 28) de facto rückübereignet wurde, jedoch nicht als *tapu,* also heilig, erklärt und so darf er bestiegen werden, wenn man ihm den ›nötigen Respekt‹ erweist.

Der Aoraki kratzt mit einer steilen, vereisten Gipfelspitze zwar an den Wolken, ist aber ein brüchiger Riese: Zuletzt verlor er am 14. Dezember 1991 mehrere Millionen Kubikmeter Masse und gut 10 m Höhe. Die Lawine aus Eis und Geröll nahm auf den fast 60 ° steilen Hängen richtig Fahrt auf – man schätzt maximal 400–600 km/h – und kam erst auf dem Tasman-Gletscher zur Ruhe, mehr als 7 km vom Abbruch entfernt. Menschen kamen nicht zu Schaden, obwohl zu der Zeit viele Bergsteiger in der Region unterwegs waren.

Wandern auf ›unterem‹ Niveau

Um sich körperlich zu betätigen, muss man jedoch nicht auf die Berge steigen: Rund um

Aoraki Mt Cook Village stehen ›Flachland‹-Tracks von 30 Min. bis 4 Std. Dauer zur Wahl: Der **Kea Point Track** (3 Std.) bietet Ausblicke auf den Mueller-Gletscher und den Aoraki Mt Cook, aber auch Einblicke in die imponierende Alpenflora. Der **Hooker Valley Track** (je nach Umkehrpunkt 2–4 Std.) zum Moränensee des Hooker-Gletschers lockt mit imposanten Ansichten des Aoraki Mt Cook und vom Blue Lakes Parkplatz, acht Kilometer die Straße ins **Tasman Valley** hinein, verschaffen kurze Wege von 30 bis 60 Min. grandiose Blicke auf den mondlandschaftlichen **Tasman Glacier,** des mit 27 km Ausdehnung längsten Gletschers der neuseeländischen Alpen.

Vom *look-out* auf einer alten Endmoräne erfasst man erst die ganze Dimension: Was wie ein Band aus grauem Schotter auf den Betrachter zufließt, ist in Wirklichkeit das von einer dicken Lage Geröll und Schlamm bedeckte Eis. Der Gletscher geht zurück, deutlich zu sehen an gar nicht so alten Schleifspuren entlang der Talränder weit über der heutigen Gletscheroberfläche. Rund 30 m geht der Tasman Glacier derzeit pro Jahr zurück, aber in der Mitte hat er noch eine Dicke von gut 600 m und selbst am Ende, dort wo das Eis in den Gletschersee kalbt, ist es noch etwa 200 m dick. Auch hier wirkt das Eis grau und dreckig, das Wasser ist milchig. Da verwirrt der Name **Blue Lakes Walk** vielleicht, er stammt jedoch nicht von dem Gletschersee, sondern von drei einst blau leuchtenden, aber inzwischen unscheinbar grünen Tümpeln neben dem Weg zum *lookout* hinauf. Auf dem Gletschersee werden Bootstouren bis zwischen die driftenden Eisberge angeboten.

Infos

Aoraki Mt Cook National Park Visitor Centre: 1 Larch Grove, Aoraki Mount Cook Village (unterhalb The Hermitage), Tel. 03-435 1186, www.mtcooknz.com.

Blick vom Blue Lakes Walk auf den Tasman Glacier

aktiv unterwegs

Bergtouren in den Southern Alps

Tour-Infos

Start: Mt Cook/Aoraki Village

Bergführer: Alpine Guides, Sir Edmund Hillary Centre, Aoraki Mt Cook Village, Tel. 03-435 1834, www.alpineguides.co.nz; im Winter (ca. Juli–Okt) Skitouren auf dem Tasman-Gletscher und Heli-Skiing. **Alpine Recreation,** 30 Murray Pl, Lake Tekapo, Tel. 03-680 6736, [fc] 0800 006 096, www.alpinerecreation.com. Unter deutschsprachiger Leitung, viele deutschsprachige Guides, auch Wintertouren. Partner des DAV Summit Club. Alle bieten regelmäßig Bergsteiger-Kurse an.

Preise: Trekking in der Gruppe ca. 300 NZD/Tag, 6/7-tägige Mt Cook-Expedition ab ca. 4100 NZD bei 1:1 Führung. Übernachtungen in Berghütten 5,10–35,70 NZD.

Tom Fyfe, George Graham, Jack Clarke standen Weihnachten 1894 als Erste auf dem Mt Cook. In den späten 1940ern trainierte hier dann ein schlaksiger junger Mann, Edmund Hillary (S. 33). Der 1933 m hohe Mt Ollivier oberhalb der Mueller Hut war sein erster Alpengipfel überhaupt. Am 30. Januar 1948 bezwang er mit zwei Kollegen und einer Kollegin zum ersten Mal den Mt Cook, fünf Jahre später stand er als erster Mensch auf dem Mt Everest. Den Pionieren folgten bis heute Tausende, dabei sparen sich die meisten die beschwerliche erste Etappe und fliegen zum Basislager in der Plateau Hut. Alle Bergführer planen die Besteigung expeditionsmäßig und kalkulieren die Zeit aufgrund des Wetterrisikos großzügig. Ist der Aoraki Mt Cook-Gipfel früher erreicht, warten an ›übrig gebliebenen‹ Tagen weitere 3000er.

Neben Gipfelrouten sind Hochgebirgs-Tracks – Kiwi-Slang: ›alpine routes‹ – erschlossen und etliche Hütten vorhanden. Die populärste bei Individualwanderern ist die Mueller Hut auf 1768 m Höhe, die Loge hinsichtlich Mt Cook-Blick. Ein steiler Aufstieg führt vom Dorf unter optimalen Bedingungen in ca. 3,5 Std. und im Frühjahr mit Schneefeldern in 6–8 Std. hinauf – 1000 Höhenmeter auf gut 5 km. Von der 28-Kojen-Hütte ist es nur noch ein Katzensprung auf den Mt Olivier. Schon in anderer Dimension sind Touren zur Plateau Hut auf 2400 m unter dem Aoraki-Gipfel. Hier sind echte Bergerfahrung und -ausrüstung gefordert. Die braucht man auch für die Ball Pass Crossing bei gut 2100 m über die Aoraki Mt Cook Range. Noch schwieriger ist die Querung des Copland Pass zur West Coast – ein Track für Spezialisten oder Selbstmörder. Die Nähe der Dreitausender zum Meer – 25 bis 30 km – und eine Hauptwindrichtung, die ständig schwere Wolken gegen die Gipfel schiebt, macht Neuseelands Alpen unberechenbar. Wer hier ohne Erfahrung und Ausrüstung für alle Eventualitäten herumkraxelt, der spielt mit seinem Leben. Das gilt besonders für Touren im Winter und im Frühjahr, wenn Lawinengefahr hinzukommt. Keine individuelle Tour sollte ohne Abmeldung im DOC Visitor Centre gestartet werden (Zurückmelden nicht vergessen!). Je höher hinauf, desto wichtiger ist es, sich einem Bergführer anzuvertrauen, viele in der Region haben Himalaja-Erfahrung.

Übernachten

In Aoraki Mt Cook Village gibt es gelegentlich Engpässe bei Übernachtungen. Es empfiehlt sich, früh zu buchen oder auf Quartiere in Tekapo (S. 343) bzw. Twizel zurückzugreifen:

Fast Monopolist von rustikal bis luxuriös ▶

The Hermitage Aoraki Mount Cook Alpine Village: Tel. 03-435 1809, 03-435 1635, [fc] 0800 68 68 00, www.hermitage.cc.nz. Weit über 200 unterschiedlichste Zimmer verteilt auf mehrere Häuser. Die Preise von ca. 170 bis ca. 575 NZD werden je nach Nach-

Aorakis Kanu

Nach der Mythologie des Maori-Stammes Ngai Tahu von der Südinsel waren vier Söhne des Himmelsvaters Rakinui, darunter der junge Aoraki, mit einer Gruppe von Männern unterwegs auf einer Kanutour um die Erdmutter Papatuanuku, als sie ein Riff rammten. Das Kanu kenterte und alle kletterten auf den kieloben treibenden Rumpf. Dort ließ ein eisiger Südwind sie zu Stein erstarren. Das Kanu wurde zur Südinsel – *Te Waka o Aoraki* – und die Männer mit Aoraki an der Spitze zu den Gipfeln der Southern Alps, in Maori *Ka Tiritiri o te Moana.*

frage flexibel gestaltet; auch Pakete Unterkunft + Restaurant + Aktivitäten. Die teuersten Zimmer in den oberen Etagen des Traditionshotels **The Hermitage,** preiswertere in **Hermitage Motels & Chalets** (inkl. 24-Std.-Shuttle zum Hauptgebäude).

Die unabhängige Alternative ▶ **Aoraki Mt Cook Alpine Lodge:** Aoraki Mt Cook Village, Tel. 03-435 1860, www.aorakialpinelodge.co.nz. Viele der 16 Zimmer mit Bergblick, alle mit Dusche/WC, gute Gemeinschaftseinrichtungen wie Küche und Lounge. DZ ca. 160–190, Backpacker- und Familienzimmer (bis 4 Pers.) ca. 165–240 NZD.

Die Low-Budget-Alternative im Dorf ▶ **Aoraki Mt Cook YHA-Hostel:** Ecke Bowen & Kitchener Drives, Tel. 03-435 1820, yha.mtcook@yha.co.nz. Schlafsaalbetten ca. 35 NZD, wenige DZ ab ca. 100 NZD.

Die ›Außerhalb‹-Alternative ▶ **Glentanner Park Centre:** Glentanner, Tel. 03-435 1855, [fc] 0800 453 682, www.glentanner.co.nz. Am Seeufer ca. 25 km südl. Mt Cook Village an SH80 mit Cafeteria, Booking Centre und Startbahn für Flightseeing, Reit- und 4WD-Exkursionen. Stellplätze 33–37, Cabins ab 80 NZD, Backpacker-Betten 27,50 NZD/Pers.

Die Camping-Alternative ▶ **White Horse Hill Camping Area (DOC):** Hooker Valley (2 km nördl. Aoraki Mt Cook Village, Schotterpiste), Tel. 03-435 1186. Kein Strom, keine Duschen, keine Hütten – aber ideal für Wanderungen und Bergtouren, 6,10 NZD/Erw.

Essen & Trinken

Und alles mit Bergsicht ▶ **The Hermitage:** (s. l.) The Alpine Restaurant setzt zum Frühstück, Lunch und Dinner auf bezahlbare Buffets, während auf den schnellen, preisbewussten Gast von ca. 7.30 bis 18 Uhr die Cafeteria **The Sir Edmund Hillary Café & Bar** mit schöner Außenterrasse wartet und zum Dinner das edle **Panorama Restaurant** Gerichte mit Gourmet-Anspruch à la carte serviert (ab 18 Uhr, HG ca. 30–40 NZD). Falls es nach dem Aoraki Salmon oder dem Canterbury Lamm noch Platz gibt, schauen Sie mal, ob es noch das Mount Cook Soufflé gibt, ein hauchzartes Zitronen-Käse-Soufflé mit Boysenbeeren-Jogurteis. Den Aperitif oder den späten Cocktail nimmt man mit Bergblick in den dicken Ledersesseln der **Snowline Bar** zu sich. Freunde der freien Natur können sich einen Picknickkorb (ca. 25–30 NZD) mit ins Gelände nehmen.

Die rustikale Alternative ▶ **The Old Mountaineers' Café, Bar & Restaurant:** Aoraki Mt Cook Village, Tel. 03-435 1890, www.mtcook.com/restaurant.html. Hier treffen Tramper und Guides aufeinander, trinken ein Bier oder zwei zusammen und legen in den Bergen verlorene Kalorien mit deftigem, aber aus Bioware produziertem Essen wieder nach (HG 15–40 NZD). Nach einem anstrengenden Track freut man sich auch über die Frühstückszeit bis 13 Uhr.

Einkaufen

Nur eingeschränkte Auswahl ▶ **Hermitage:** (s. l.) Die einzige Einkaufsmöglichkeit im Dorf bietet Souvenirs ohne Ende aber nur das Nötigste für täglichen Bedarf. Selbstversorger decken sich günstiger in Twizel oder Lake Tekapo ein, gleiches gilt fürs Tanken.

Aktiv

Bergsteigen ▶ **Alpine Guides:** s. aktiv unterwegs S. 347

Heliflüge in die Berge ▶ **Helicopter Line Mt Cook:** ab Glentanner, Tel. 03-435 1801,

[fc] 0800 650 651, www.helicopter.co.nz. Zum Teil mit Landung auf dem Schnee. Flüge von 20–60 Min. für ca. 215–535 NZD. Im Winter Heli-Skiing.

Mit Ski-Flugzeugen zum Tasman ▶ Aoraki Mount Cook Skiplanes: Aoraki Mt Cook Airport, Tel. 03-430 8034, [fc] 0800 800 702, www.mountcookskiplanes.co.nz. Mit oder ohne Landung auf dem Gletscher, 25–60 Min. ca. 255–495 NZD. Bergsteiger-Transfer. Im Winter auch Transfer zum Skifahren.

Coole Touren für ganz Aktive ▶ Southern Alps Guiding/Glacier Sea Kayaking/Tasman Glacier Skiing: Larch Grove (= The Old Mountaineers' Café s. o.) Tel. 03-435 1890, www.mtcook.com. Kajaktouren auf Gletscherlagunen ab 3 Std./120 NZD, im Winter Gletscher-Skitouren inkl. Airtransfer ab ca. 800 NZD.

Mit dem Boot zu den Eisbergen ▶ Glacier Explorers: Tel. 03-435 1641, [fc] 0800 686 800, www.glacierexplorers.com. Bis 6 x tgl. ab Hermitage, ca. 3 Std., Erw. 133 NZD.

Mit Guide auf geländegängigen Vehikeln ins … ▶ Tasman Valley 4WD & Argo Tours: Tel. 03-435 1601, [fc] 0800 686 800, www.mountcooktours.co.nz, bis 5 x tgl. ab Hermitage, ca. 1,5 Std., 75 NZD.

Verkehr

Great Sights 1 x tgl. Christchurch–Mt Cook Village–Queenstown mit Stopps an Hermitage, YHA und Glentanner Park Centre. **The Cook Connection** (S. 343) tgl. Mt Cook Village–Tekapo/Twizel.

Omarama

Omarama – ›Wo das Mondlicht scheint‹ in der Sprache der Maori – ganz im Süden des Mackenzie Basin zählt verwaltungsmäßig als abgelegenster Zipfel des Waitaki District schon zur Provinz Otago, oft findet man es deshalb in Touristenbroschüren eher mit dem 120 km entfernten Oamaru an der Küste zusammen als mit den anderen Orten im Mackenzie Basin. Omarama ist ein typischer ›Pinkelpausen-Ort‹ mit einer wichtigen Straßenkreuzung, um die sich Cafés, Cafeterias und Unterkünfte gruppieren. SH83, die Verbindung zwischen Pazifikküste und Hochland (S. 384) am Waitaki River entlang, trifft auf SH8. Ein Urlaubsfotoklassiker wird jeden Tag dutzendweise vor der überdimensionalen Schafbock-skulptur geschossen, die an der Kreuzung steht. Damit ist zum wichtigsten Erwerbszweig neben dem Tourismus schon alles gesagt.

Etwas lockt Menschen aus aller Welt: Der Auftrieb. Der Himmel um Omarama ist ein Segelflugrevier, das schon Weltmeisterschaften (1995) erlebte. Infos auch zu Kurzzeit-Kursen – der Begriff Crash-Kurs sei vermieden, selbst wenn es den Kern trifft – auf www.guideomarama.com oder www.omarama.com.

Von Twizel kommend biegt gut ausgeschildert kurz vor Omarama eine nur teilweise asphaltierte Piste zu den **Clay Cliffs** ab, bizarre und ihrer Gesamtheit spektakuläre Verwitterungsformen mit Schluchten und spitzen Zinnen in den Hängen über dem Nordufer des Ahuriri River. Die Cliffs sieht man bei der Weiterfahrt Richtung Lindis Pass auch vom SH8, aber weit entfernt auf der anderen Seite des Flusses, der hier breit gefächert durch das Tal mäandert.

Westlich Omarama hat das DOC 2004 die Birchwood Station am Oberlauf des Ahuriri übernommen und entwickelt in der archaischen High Country-Landschaft zwischen Lake Ohau und Lake Hawea den **Ahuriri Conservation Park** mit Wegen und Pfaden für Wanderer, Mountainbiker und Reiter. Hütten und einfache Zeltplätze sind vorhanden. Die Birchwood Road (17 km westl. Omarama ab SH8) kann bis zu einem Parkplatz ca. 25 km das Tal hinauf mit allen Fahrzeugen befahren werden, dort beginnt das Wegenetz. Broschüren bei allen umliegenden i-SITEs und DOC Visitor Centres.

Übernachten

Alte Bäume spenden Schatten ▶ Omarama Top 10 Holiday Park: Ecke SH 8/83, Omarama, Tel. 03-438 9875, www.omaramatop10.co.nz. Eine für das High Country recht grüne Anlage. Stellplätze 30–34, Hütten ab 50, Apartments ab 110 NZD.

West Coast

Höhlen und Schluchten in Karstgebirgen. Gletscherzungen im Regenwald. Menschen, die das Skurrile kultivieren. Strände übersät mit bizarrem Treibholz. Festival für Ekelessen. Kolonien mit Robben und Silberreihern. Versteinerte Pfannkuchen. Gold, Jade und Kohle. Industriedenkmäler und fünf Nationalparks – die West Coast hat viele Gesichter.

Von Karamea im Norden bis südlich von Hokitika wirkt die West Coast vergleichsweise beschaulich und sanft, soweit diese Begriffe für diese Küste überhaupt zutreffen: In diesem Teil leben über 95 % der Coaster, hier liegen die drei Städte Westport, Greymouth und Hokitika. Die entwickelten sich um die wenigen brauchbaren Häfen, denn vor Fertigstellung der Bahnlinie über den Arthur's Pass war der Seeweg die einzige massentaugliche Verbindung der West Coast mit der Außenwelt. Je weiter südlich, desto alpiner das Hinterland: Aus den Bergen heraus zerreißen breite Flusstäler das Vorland, oft nur von Rinnsalen gefüllt, aber breit genug, große Massen Schmelzwasser oder die Wassermengen heftiger Regenfälle aufzunehmen. Dort, wo die Straße nach Okarito zum Meer hinunter führt, beginnt der Westland National Park, der Nationalpark der Gletscher, die von den Southern Alps herunterfließen. Das DOC gibt ihre Zahl im Nationalpark mit 140 an.

Humor, Regen, Sandflies

Gut eine Stunde Autofahrt nördlich von Franz Josef und ›a 2500 km swim from Sydney‹ (Eigenlokalisierung) liegt Pukekura. Die Speisekarte des dortigen Pubs dürfte Zwist in jede Naturschutzorganisation bringen, vorausgesetzt, sie vereint Wald- und Tierschützer. ›Rette Neuseelands Wald, iss ein Possum‹ heißt die Devise: *Road kill of the day – you'll kill 'em we'll grill 'em* – was Sie auf der Straße plattfahren, wird gegrillt. Oder *wheel tread possum*, Possum mit Reifenprofil auf Toast. Oder die Spezialität des Hauses *headlight delight*, ein Possum-Pie mit Salat der Wildnis und Pommes. Gerade in den Regenwäldern der West Coast sind die putzigen Possums trotz gemeinsamer Bemühungen von Autofahrern und Naturschützern eine Pest. Die Coaster, für trockenen Humor und Skurrilität bekannt, gehen das Problem deshalb auf ihre Art an: Es gab sogar schon nächtliche *Possum Rallyes* mit dem Ziel, möglichst viele der ›Kettensägen im Fell‹ niederzuwalzen. Der Westküsten-Ausdruck *road pizza* für das tausendfach zu sehende Ergebnis ist in den Kiwi-Wortschatz eingegangen.

Von den anderen Facetten der West Coast fallen zwei ins Auge, die eine ungewohnte Symbiose eingehen: Regenwald und Gletscher. Beide brauchen viel Niederschlag und folglich gehört die West Coast zu Neuseelands feuchtesten Ecken. Damit kein falscher Eindruck entsteht: Unter normalen Bedingungen scheint die Sonne oft und lang, kommt jedoch eine Wolke, schüttet es aus ihr wie aus Kübeln. So summiert sich im Laufe des Jahres die Niederschlagsmenge bis zum Zehnfachen dessen, was an der Ostküste der Südinsel niedergeht – bei annähernd gleicher Sonnenstundenzahl. Die Temperaturen sind dabei ausgeglichen, fallen so selten unter den Gefrierpunkt, wie sie sich in den 30ern tummeln. Meeresklima eben. Unberechenbar.

Noch etwas gehört zur West Coast: Sandflies. Jeden erwischen die kleinen Plagegeister, beißen Einheimische wie Fremde. Die Coaster scheint das aber nicht sonderlich zu stören. Es heißt, sie desensibilisieren sich im Laufe der Zeit, und auch Besucher, die lange in der Region sind, empfinden die Bisse irgendwann weniger störend und juckend.

Lockrufe: Jade, Gold und Kohle

Wenn man heute die West Coast entlangfährt, erscheint sie wie altes Pionierland. Dieser Eindruck wird gern kultiviert, obwohl die Küste auch für Maori einen hohen Stellenwert besaß: Te Waipounamu, ›Wo es den Grünen Stein gibt‹, nannten sie die Region. Hier fanden sie *pounamu*, den Stein, den die Pakeha später Greenstone nannten oder Jade, und der wissenschaftlich Nephrit heißt. In der Mythologie der Maori ist *pounamu* ein Stein der Götter, von Erdfeuer und Erdkräften geformt und so unglaublich hart gemacht. In alten Zeiten hatten nur wenige das Privileg, die heilige Hülle der Steine aufzubrechen und sie zu bearbeiten. Pounamu von der West Coast war in präkolonialer Maori-Kultur einer der begehrtesten Rohstoffe und der Hauptgrund, warum Maori diesen Landstrich erkundeten und besiedelten. Alle heutigen Verbindungen von der West Coast nach Osten gehen auf Handelswege der Jadezeit zurück.

Alten Vorbildern nachempfundene Jadefiguren sind im Souvenirhandel beinahe so populär wie moderne Formen. Aber längst stammt nicht mehr alles, was als Jade an der West Coast verarbeitet und verkauft wird, auch von hier, der größte Teil der Steine wird importiert, u. a. aus Kanada. *Gemstone hunting*, Suche nach Schmucksteinen, ist an den Stränden der West Coast ein beliebtes Hobby. Grüne Steine findet man oft, echter Greenstone ist selten.

Was die Jade den Maori, wurde ab 1864 das Gold für die Pakeha: Lockmittel, an diese eher unwirtliche Küste zu ziehen. Weiße Siedler entdeckten bald nach ihrer Ankunft echtes wie auch schwarzes Gold – verlassene Grubenorte und Minenanlagen aus Boomzeiten im 19. und frühen 20. Jh. sind eine weitere Facette der West Coast. Und obwohl Kohle und Gold hier nach wie vor aus der Erde geholt werden, mangelt es an Arbeitsplätzen für die etwa 32 000 Coaster. Industrieansiedlungen oder geplante Abholzungen in den Wäldern sind jedoch immer heiße Eisen: Jedes größere Projekt kollidiert über kurz oder lang mit dem Naturschutz, der nirgendwo in Neuseeland so großflächig betrieben wird wie im Westen der Südinsel mit fünf – zählt man die angrenzenden Aoraki Mt Cook und Arthur's Pass National Parks hinzu, sogar sieben – der 14 Nationalparks des Landes. Dort gilt es laut DOC u. a. 28 bedrohte Vogelarten zu schützen.

Reisen an der West Coast

Die West Coast ist touristisch gut erschlossen. Trotzdem muss man sorgfältiger planen als sonst. Vor allem im Süden kann es zwischen zwei Tankstellen schon mal eine Lücke von mehr als 100 km geben, eine Bank sucht man auf 530 km zwischen Hokitika und Wanaka vergeblich. Zum Glück gibt es in Franz Josef einen Geldautomaten. Zum Einkaufen finden Selbstversorger die größten Läden in Greymouth, Supermärkte noch in Westport und Hokitika, nur kleinere Läden in Karamea, Franz Josef, Fox und Haast.

Zwar liegt die Polizei entlang der lange als polizeifrei angesehenen West Coast immer häufiger mit Radarpistolen auf der Lauer, aber auch mit legalem Tempo kommt man schnell voran, abgesehen von einigen kurvenreichen, zeitfressenden Bergpassagen, die auf Karten mit großen Maßstäben nicht erkennbar sind: 35 km über den Karamea Bluff zwischen Westport und Karamea, 15 km über Mt Hercules zwischen Harihari und Whataroa sowie 25 km zwischen Franz Josef und Fox.

Infos

Die Region im Web: www.westcoastnz.com, www.westcoast.co.nz.

Aktiv

Exkursionen ▸ Kea Heritage Tours: Tel. 03-768 9292, [fc] 0800 532 868, www.keatours.co.nz. Halb-, Ganz- und Mehrtagestouren überall an der West Coast u. a. zu den

Gletschern (12 Std., ca. 280 NZD) oder zu den Pancake Rocks (4 Std., ca. 100 NZD).
Rafting ► **Eco Rafting Adventures:** Tel. 03-753 4246, [fc] 0508 NO WORK, www.ecorafting.co.nz. Auf verschiedenen Flüssen Familientouren (Grade 1–2, ab 160 NZD/Pers.), Heli-Rafting auf Flüssen aller Schwierigkeitsgrade ab ca. 450 NZD, Mehrtagestouren bis 5 Tage/2000 NZD.
Fun-&-Thrill-Bausteine ► **Wild West Adventure Co.:** Tel. 03-768 6649, [fc] 0508 286 877, www.fun-nz.com. Spaß oder Abenteuer entlang der West Coast u. a. Black Water-, White Water- und Heli-Rafting, Tracks, Kajak-Fahren und romantische Momente in der Wildnis, viele Angebote auf TranzAlpine-Fahrplan (S. 326) abgestimmt.

Verkehr

Bahn: TranzAlpine S. 326
Bus: Vom/in den Norden: **InterCity, Atomic Shuttles, nakedbus.com** tgl. Nelson–Fox (ca. 11 Std.) via Westport, Punakaiki, Greymouth (Anschluss an TranzAlpine und Atomic Shuttles ab/bis Christchurch) und Franz Josef. Vom/in den Süden: **Newmans** tgl. Queenstown–Franz Josef (ca. 8,5 Std.) bzw. **Atomic Shuttles** tgl., **nakedbus.com** 5 x wö. Queenstown–Greymouth (ca. 9,5 Std.) alle via Wanaka, Haast und Fox. Man schafft also nie die ganze West Coast an einem Tag, doch hat man bei allen Anbietern aufgrund der ›überlappenden‹ Endstationen bei der Wahl des Übernachtungsortes viel Auswahl. Auch alle **Backpacker-Networks** cruisen entlang der West Coast, Magic mit mindestens 2, Stray und Kiwi Experience mit 3 Übernachtungen.
Flug: Air New Zealand Link fliegt Westport–Wellington und Hokitika–Christchurch.

Die nördliche West Coast

Abseits gängiger Pfade lockt ganz im Norden des bewohnten Teils der West Coast **Karamea** Jäger, Angler, Extrem-Rafter – der Karamea River ist ein Klasse-5-Gewässer – und vor allem Wanderer. Der 600-Einwohner-Ort streckt sich als Enklave zwischen den **Kahurangi National Park** (S. 493) und die Tasman Sea, ist nur von Süden über eine 100 km lange Sackgasse auf der Straße zu erreichen.

Der bekannteste Wanderweg des Nationalparks, der 82 km lange **Heaphy Track** (s. Aktiv unterwegs S. 494), endet für die meisten Wanderer 15 km nördlich Karamea an der Hängebrücke über den Kohaihai River. Auch wenn man ihn nicht ganz laufen will, lohnt es, von Süden ein paar Kilometer den Heaphy hinein zu laufen über einen flachen Sattel (Aussichtspunkt) bis zum weißsandigen **Scotts Beach** (ca. 60 Min.) oder noch weiter die Küste hinauf – Abschnitte am Strand und im Küstenwald wechseln sich ab. Auf keinen Fall sollte man jenen Abstecher vom Haupttrack verpassen, der als **Nikau Palm Walk** (45 Min.) gleich am Anfang des Tracks markiert ist: Der Naturlehrpfad führt als Rundweg durch einen geradezu verzauberten Palmenwald an der Mündung des Kohaihai River. Der Fluss selbst windet sich zu Füßen des Kohaihai Bluff durch den breiten Sandstrand ins Meer. Dieses Bild genießt man richtig vom **Zig Zag Track,** der am Parkplatz einen Hang hinaufklettert.

Oparara Basin ► H 11

Etwa 10 km nördlich Karamea biegt die McCallum's Mill Road landeinwärts in den Kahurangi National Park ab, ein schmaler Schotterweg, ungeeignet für Campervans. Ca. 15 km (45 Min. Fahrzeit kalkulieren) von der Hauptstraße entfernt stößt man im Abstand von 3 km auf zwei Parkplätze. Hier beginnen kurze, gut präparierte Waldwege (10–60 Min.) zu Höhlen und Flussdurchbrüchen im Karstgestein des Oparara Basin. Der namensgebende Fluss hat sich mit dem imponierenden **Oparara Arch** einen Tunnel von fast kathedralen Dimensionen gegraben, über 200 m lang und an seiner höchsten Stelle 45 m hoch. Der kleinere, flachere **Moria Gate Arch** bringt es auf knapp 45 m Länge und hat eher Brückencharakter.

Die **Crasy Paving Cave** und **Box Canyon Cave** sind sehr leicht zugänglich, eine Lampe muss man aber mitbringen. In diesen Höhlen sind Sie nie allein: Schauen sie sich um, vielleicht entdecken Sie eine der seltenen, langbeinigen Nelson-Höhlenspinnen *Spelungula cavernicola.* Auffällig sind die Kokons, in denen sie ihre Eier ablegen und die an dünnen Fäden von der Decke hängen, an kleine Wespennester erinnernd. Die Spinne ist harmlos und als einzige endemische Höhlenspinne im Lande streng geschützt. Sie jagt in der Dunkelheit Höhlen-Wetas, ganz entfernte Verwandte unserer Heuschrecken, die sich durch extrem lange Fühler auszeichnen.

Honeycomp Cave und Arch

▶ H 11

In der bekanntesten und imposantesten Höhle der Region, der **Honeycomp Cave,** wurden große Mengen uralter Knochen gefunden, viele von längst ausgestorbenen Vögeln, darunter neun Moa-Arten. Die flugunfähigen Riesenvögel sind wahrscheinlich durch Erdlöcher in die Höhlen gestürzt und fanden keinen Weg in die Freiheit zurück. Etliche Knochen sind in Museen gekommen, einige sieht man aber noch in der Höhle.

Die Höhle und der umliegende Teil des Oparara Basin darf nur mit dafür lizenzierten Führern betreten werden (S. 352). Die bieten auch Kanutouren über den Oparara River zum **Honeycomb Arch** an, einem weiteren Flussdurchbruch, den man nur auf diesem Weg zu sehen bekommt. Im Frühjahr ist der Wasserweg jedoch gesperrt, denn die Blue Ducks *(Hymenolanimus malacorhynchos),* eine endemische und bedrohte Entenart, brütet hier – Weltbestand laut DOC weniger als 2500 Tiere. Zu den seltenen Geschöpfen, die man noch im Oparara Basin entdecken kann, gehören Powelliphanta-Schnecken (S. 493), die Wurmfresser unter den Schnecken – auch sie streng geschützt.

Von Karamea nach Westport

▶ G 12

Zwischen Karamea und Westport liegen 100 km gut ausgebauter Straße. SH67 endet von Süden kommend formal an der Brücke über den **Mokihinui River,** aber was viele Straßenkarten ab dort wie eine Straße niederer Kategorie erscheinen lassen, wird real nicht schlechter, allenfalls kurviger: Der Karamea Highway windet sich nördlich der Brücke über gut 30 km als wahrhafte *scenic road* bis zum Little Wanganui River über die Karamea Bluffs mit großartigen Aussichten über das grüne Dach des immergrünen Podocarp-Waldes auf die Tasman Sea.

Auf dem südlichen Abschnitt zwischen Westport und **Seddonville** verläuft SH67 auf einem schmalen flachen Vorland. Vor allem in den Bergen dahinter stößt man immer wieder auf Bergbaurelikte ebenso wie auf Zeichen des aktiven Kohleabbaus. John Rochfort, nach dem heute so viel in der Region benannt ist, entdeckte Mitte des 19. Jh. die erste Kohle im Norden der West Coast. Der aus Bonn stammende Geologe Julius von Haast and sein Kollege James Burnett untersuchten die Region später im Auftrag der Bezirksverwaltung Nelson und entdeckten große Mengen auf dem gut 600 m hohen Plateau nordöstlich Westport, heute als Denniston Plateau bekannt. Grubenorte wie Burnetts Face, Coalbrookdale und Denniston entstanden. Anfang des 20. Jh. lebten 1500 Menschen hier oben, ab der Depression in den 1930ern ging die Zahl zurück, 1995 wurde der Kohleabbau in diesem Revier ganz eingestellt. Geblieben sind inmitten einer unwirtlich erscheinenden Landschaft pittoreske Industrieruinen und viele gemauerte Kamine, oft das einzig Beständige der Privathäuser.

Während Denniston für die Vergangenheit steht, steht **Stockton** für die Gegenwart des Kohleabbaus. Zwar ist das alte Stockton oberhalb von Granity auf dem Plateau kaum noch auszumachen, doch gibt es seinen Namen für einen landschaftfressenden, ökologisch nicht unumstrittenen Tagebau – wie erschreckend groß, offenbart der Blick aus der Satellitenperspektive mit Google Earth (Suche: Stockton, New Zealand). Der moderne Kohleabbau versteckt sich hinter hohen Zäunen, in der Regel sieht man nur Monstertrucks, die das schwarze Gold zu jener unübersehbaren Gondelbahn karren, mit der es dann den Berg hinunter zur Bahnverladung in **Hector** gebracht wird. Auf jeden Fall lohnt die Fahrt hinauf nach Stockton wie nach Den-

Eine Institution in der ehemaligen Kohlebergbau-Region: Drifters Café in Granity

niston (s. aktiv unterwegs S. 356) allein wegen der Aussicht auf Küste und Tasman Sea.

Infos

Karamea Information & Resource Centre: 106 Bridge St, Market Cross, Karamea, Tel. 03-782 6652, www.karameainfo.co.nz.

Übernachten, Essen & Trinken

Exotische Ökoarchitektur ▶ **Last Resort:** 71 Waverly St, Karamea, Tel. 03-782 6617, [fc] 0800 505 042, www.lastresort.co.nz. Sehr grüne Anlage aus den 1990ern. Backpackerbetten ab 37 NZD/Pers., DZ/Apartments ca. 110–155 NZD. Ein Restaurant fürs ›fine dining‹ u. a. mit Lamm, Wild oder Whitebait. Preiswerter, aber weniger anspruchsvoll die Küche im **Last Resort Café & House Bar,** wo abends Pub-Atmosphäre aufkommt.

Kleiner, bunter Backpacker ▶ **Rongo Lodge Backpackers:** 130 Waverley St, Karamea, Tel. 03-782 6667, www.rongobackpackers.com. BBH. 1970er-Retrostil oder alles original? Man weiß es nicht ... Bett im Mehrbettzimmer ab 24, DZ ab 70 NZD.

Lifestyle à la West Coast ▶ **Gentle Annie Seaside Mokihinui Holiday Park:** Atkins, Gentle Annie, Westport (45 km nördlich an der Mündung des Mokihinui River), Tel. 03-782 1826, www.gentleannie.co.nz. Auf halbem Weg zwischen Westport und Karamea. Stellplätze ab 24 NZD, Hüttenpreise saisonabhängig 95–180 NZD für jeweils 2 Erw., Kinder pro Lebensjahr 1 NZD extra. Das

Cowshed Café auf dem Gelände war wirklich mal ein Kuhstall und bietet deftige West Coast-Kost mit Öko-Touch.

Backpacker mit grandiosem Meerblick ▶ The Old Slaughterhouse: Hector, Westport (35 km nördl. am SH67), Tel. 03-782 8333, www.oldslaughterhouse.co.nz. BBH, 10 Min. Fußweg oberhalb der Straße, Terrasse mit Blick über der Küste. Bett im Mehrbettzimmer ab 28 NZD, DZ ab 72 NZD.

Skurril bis sehr speziell ▶ Drifters Café: 97 Torea Street, Granity, Tel. 03-782 8808. Laden, Videothek, Internetecke, gehobene Imbiss-Küche, günstiges Bier, viele *locals*. Das Drifters ist schwer zu beschreiben – man muss es erleben.

Aktiv

Touren ins Oparara Basin ▶ Oparara Guided Tours: www.oparara.co.nz, Infos und Buchungen über i-Büro (s. l.), u. a. Honeycomb Hill Caves Tours 2 x tgl. ab Parkplätzen im Oparara Basin, 150 Min., Erw. 95 NZD. Honeycomb Hill Arch Kayak Trip ca. 120 Min., 95 NZD.

MTB-Track durch den Regenwald ▶ K.Road Mountainbike Track: 27-km-Tour ins Oparara Basin auf alten Logging Roads und Forstwegen aus der Zeit, als hier noch kommerziell Bäume geschlagen wurden, Infos im i-Büro (s. l.).

Verkehr

Karamea Express: Tel. 03-782 6757, Mo–Fr, im Sommer auch Sa je 1 x Karamea–Westport und zurück mit Anschluss an überregionale Dienste (S. 352). Transfer für Heaphy 2 x tgl. gegen Mittag und Wangapeka Track auf Bestellung ab/bis Karamea. Andere Track-Transfers s. Aktiv unterwegs S. 494.

Westport und Charleston

▶ G 12/13

Westport, eine alte Kohle- und Industriestadt mit 3500 Einwohnern, versucht als ›Adventure Capital of the Coast‹ ein Stück vom lukrativen Tourismuskuchen abzuschneiden: Jetboating und Rafting auf dem Buller River, Reittouren im Hinterland, Höhlenabenteuer in den Nile Caves bei Charleston sind die Highlights. Westport profitiert dabei von der Rolle als Verkehrsknotenpunkt: Südlich der Stadt trifft SH6 von Nelson (230 km, 3,5 Std.) kommend mit Querverbindung aus Christchurch (335 km, 5,25 Std.) auf die Küste.

Der Hafen in der Mündung des Buller River ist der beste an der gesamten West Coast. Man kann ihn sich praktisch von See aus ansehen, wenn man zur Spitze einer der Molen hinausfährt, die die Mündung bändigen. Eine große Fischereiflotte ist hier zu Hause, außerdem werden Zement, Holz und ein Teil der hochwertigen Kohle verschifft, die im Tagebau auf dem Stockton Plateau abgebaut wird. Der Rest des schwarzen Goldes geht per Bahn nach Lyttelton bei Christchurch via Arthur's Pass (S. 329), Kohlezüge sieht man oft am Rande der Stadt rangieren.

Bergbau der Region ist Schwerpunktthema des volkskundlichen **Coaltown Museum.** Die Ausstellung ist multimedial konzipiert, der Abbau der Kohle ganz realistisch gezeigt. Will man die Bergbaurelikte nördlich von Westport besuchen, wird vieles dort durch einen Museumsbesuch verständlicher (165 Queen St South, Tel. 03-789 82 04, Okt.–April tgl. 9–16.30, sonst 10–16 Uhr, Erw. 12,50 NZD).

Robben und Surfer

Ansonsten liegt die größte Attraktion von Westport vor den Toren der Stadt. Am Cape Foulwind, 12 km westlich, markiert ein Leuchtturm das Nordende einer zerklüfteten Klippenpartie, über die ein Küstenwanderweg führt. Vor dem Südende dieser Steilküste tummeln sich zahlreiche Fellrobben im Meer, in Felsenpools und auf den Steinen. Die Aussichtsplattform über der Robbenkolonie ist vom Leuchtturm in gut einer Stunde erreicht, von einem Parkplatz an der Tauranga Bay in 10 Min. Die vielen schwarzen Punkte, die oft in der Bucht auf den Wellen treiben, sehen nur von ferne aus wie Robben, näher betrachtet sind es Surfer – die Bay ist einer der besten Surfspots entlang der West Coast.

aktiv unterwegs

Buller Coalfields Heritage Trail

Tour-Infos

Start/Länge/Dauer: Denniston Walks ca. 40–180 Min., Denniston Plateau Mountainbike Tracks 3–17 km/20–135 Min.

Anfahrt: Westport–Denniston 25 km, 30 Min.

Optional: Denniston ist Station des ausgeschilderten Buller Coalfields Heritage Trail über 120 km von Westport bis Seddonville.

Infos: i-SITE und DOC in Westport (S. 358), DOC Paparoa National Park Visitor Centre (S. 360)

Geführte Touren: The Denniston Experience (Tel. 03-731 1895, [fc] 0800 881 880, www.dennistonmineexperience.co.nz) ab Breakhead Car Park (obere Ende der Incline) ›Underground Union Express‹ mit ›Untertage‹-Besuch in restaurierten Stollen (2 Std., 49 NZD) oder ›Gorge Express‹ mit Lorenfahrt (ca. 1 Std. 29 NZD).

Man muss nicht an Bergbau oder alter Technik interessiert sein, um über die **Denniston Incline** zu staunen: Um die hochwertige Kohle vom Denniston Plateau hinunter auf den Küstenstreifen zu bringen, wo die Eisenbahn den Weitertransport besorgte, bauten Ingenieure aus Westport 1878/79 eine spektakuläre Kabelbahn. Sie brach alle damaligen Steigungsrekorde: 518 Höhenmeter auf nur 1,7 km Länge. Dabei zogen volle, mit bis zu 80 km/h abwärts donnernde Loren, die leeren wieder nach oben – für Lokalpatrioten bis heute ein achtes Weltwunder. Aber auch ein Knochenjob für die, die sie in Schwung halten mussten: 19 Männer waren nötig, Bremser in zwei Kabelhäusern, *hookmen,* die die Waggons in die laufenden Kabel einhaken mussten oder *trimmer,* die die Kohle so in den Loren verteilen mussten, dass sie selbst in den steilsten Abschnitten nicht heraus flogen. Anfangs transportierte die Kabelbahn auch Personen, aber nach einem tödlichen Unfall entstand 1884 der **Denniston Bridle Path** für Menschen und Packpferde – noch heute kann man ihn laufen (ca. 3 Std. bergauf, 1,5–2 Std. bergab). 1900 war endlich eine Straße fertig, die Kohle nahm aber noch bis 1967 den Weg über die steilen Schienen – in den 88 Jahren ihres Bestehens donnerten etwa 13 Mio. Tonnen in Loren die Denniston Incline hinunter. Seitdem wird das schwarze Gold per LKW zur Verladung nach Waimangaroa gefahren, bis in die 1990er noch in großem Stil, jetzt nur noch aus einer kleinen Tagebau-Grube – das erklärt aber die bestens ausgebaute Straße vom SH67 den Berg hinauf.

1911, zur produktivsten Zeit, lebten 1500 Menschen in vier Siedlungen auf dem Plateau, nur in **Denniston** ist noch eine Handvoll Gebäude benutzbar, von vielen anderen stehen nur noch Kamine. Die ›Friends of the Hill‹ (www.denniston.org.nz), ein Verein ehemaliger Bewohner und ihrer Nachfahren, bemüht sich schon lange, Vergessen und Verfall von Denniston zu verhindern – ihr Museum in der alten Schule dokumentiert Leben und Arbeit auf dem Plateau in alten Zeiten

Gerne würde ich hier wie in früheren Ausgagen des Buches über das **Bay House Café** schreiben, aber diese immer wieder mit Preisen überhäufte kulinarische Perle stand bei Redaktionsschluss zum Verkauf und niemand wusste, was daraus in Zukunft wird. Hoffentlich wieder ein Café oder Restaurant, denn die geniale Lage mit Blick aufs Meer (besonders schön bei Sonnenuntergang), schreit einfach danach, dass hier wieder Gäste verwöhnt werden – fragen Sie beim i-SITE.

Goldrausch-Erinnerungen

Auf dem Weg zur Tauranga Bay passiert man Neuseelands größte Zementfabrik, der Kalk wird aus einer nahen Grube gefördert. Nach

(Sommerferien und lange Wochenenden tgl. 11–15 Uhr, sonst nach Vereinbarung, Tel. 03-789 9755). Inzwischen restauriert auch das DOC kontinuierlich Industrierelikte auf dem Plateau. Auf Führungen in der **Banbury Historic Coal Mine** kommt man in einem der ältesten Stollen des Landes 170 m weit in den Berg hinein. Er wurde in den 1870ern waagerecht ins Gestein getrieben und 2011 mit modernster Sicherheitstechnik als ›Besuchsbergwerk‹ wieder eröffnet: So wurde unter Tage malocht.

Über Tage streift man auf dem **Town Walk** (ca. 40 Min.) durch die Geisterstadt oder folgt dem **Breakhead Walk** (ca. 40 Min.) zu imponierenden Relikten der Bergbauzeit: Breakhead ist die 2008 restaurierte Verladestation, in der die Loren für die Talfahrt gefüllt wurden, ehe sie auf der Incline in die Tiefe donnerten. Der Breakhead liegt am Rande des Plateaus, wo es zur imposanten Waimangaroa Gorge abreißt – die Aussichten in das fast 500 m tiefe Flusstal und über die Incline hinweg Richtung Küste sind schlicht atemberaubend.

Neben Wanderwegen überziehen Mountainbike-Trails das Plateau. Der **Pig Route Circuit** (ca. 5,5 km, moderate Steigungen ca. 45 Min.) kommt der Incline am nächsten und der **Ropers Hotel Circuit** (leicht, flach, ca. 4,7 km, 30 Min.) führt zu einem weiteren ehemaligen Siedlungsplatz auf dem Plateau: Von Burnetts Face ist aber kaum etwas geblieben. Eine sehr anspruchsvolle Tour bringt fitte Biker über die **Mt Rochfort Road** auf den namensgebenden Berg 400 m über das eigentliche Plateau zu einem der besten *viewpoints* der Region (ca. 18 km, gut 2 Std. h/z).

Kalk zu graben hätte auf den Straßen von Westport und in den umliegenden Orten in den späten 1860ern allenfalls Gelächter ausgelöst: Hier drehte sich nach 1864 für einige Jahre alles nur um Gold. Selbst Addisons Flat, die trostlose Ebene hinter der Tauranga Bay, erlebte einen kurzen Goldrausch. Damals lebten hier viele Iren in einer Zeltstadt und sorgten im April 1868 mit der ›Schlacht auf Addison Flat‹ für Furore, genau genommen war es wohl eher eine Massenschlägerei zwischen 600 loyalistischen Iren und sogenannten Fanions, Anhängern der Irisch Republikanischen Bruderschaft.

Mitchells Gully Gold Mine, 22 km südlich von Westport kurz vor Charleston, ist eine

Museumsgoldmine voll mit alten Gerätschaften und Grubengängen, wäre aber ohne das Charisma ihres Besitzers nur halb so spannend (tgl. 9–16 Uhr).

Charleston, ursprünglich ›Charlie's Town‹ nach dem Skipper, der hier das erste Versorgungsschiff an Land brachte, war eine typische Boomtown der Goldära. Auch wenn Lokalpatrioten die Zahl gern höher ansetzen, dürften zum Höhepunkt um 1870 etwa fünf- bis zehntausend Menschen hier gelebt haben. An wenige erinnern Gräber auf dem malerisch gelegenen historischen Friedhof am nördlichen Ortseingang (Old Nile Hill Rd; Hinweisschild ›Cemetery‹ am SH6). Das **Charleston European Hotel** direkt am SH6 verwendet den Namen eines der einst 80 Hotels der Stadt, ist aber ein Neubau und heute ein populärer Pub. Nebenan betreibt **Norwest Adventures** seine ›Charleston base‹ für Aktivitäten in den Nile River Caves, der zweiten für Laien erschlossenen Unterwelt im Land neben dem bekannteren Waitomo (S. 189). Das verzweigte Höhlensystem kann man trockenen Fußes oder beim Black Water Rafting erleben, optional mit Abseiling als Einstieg. Glühwürmchen leuchten ebenfalls. Der **Charleston Nile River Rainforest Train** bringt Teilnehmer der Touren von Norwest Adventures ins Höhlengebiet, kann aber auch für eine Sightseeing-Fahrt durch den Regenwald am Nile River genutzt werden (tgl. 3–5 Abfahrten, Erw. 20, Kinder 15 NZD).

Infos

Westport i-SITE Visitor Centre: 1 Brougham St, Tel. 03-789 6658, www.westport.org.nz.

DOC Buller – Kawatiri Area Office: 72 Russell Street, Westport, Tel. 03-788 8008.

Übernachten

An der Straße zum Cape Foulwind ▶ **Westport Seal Colony Top 10 Holiday Park:** Marine Parade, Carters Beach, Tel. 03-789 8002, [fc] 0508 937 876, www.top10westport.co.nz. Nahe dem familienfreundlichen Carters Beach. Stellplätze ab 36 NZD, Hütten und Apartments ca. 70–140 NZD.

Mit viel Grün angelegt ▶ **Westport Holiday Park:** 31–37 Domett St, Tel. 03-789 7043, www.westportholidaypark.co.nz. Stadtnaher Kiwi Holiday Park mit Stellplätzen ab 30–38 NZD, urigen Nur-Dach-Hütten ab 60 NZD, Hütten und Apartments ca. 90–145 NZD.

Sophisticated BBH-Backpacker ▶ **Beaconstone Eco Lodge:** Birds Ferry Rd., Charleston (Abzweig von SH6 ca. 9 km nördl. Charleston/17 km südl. Westport), Tel. [mob.] 027 431 0491, www.beaconstone.co.nz. Öko-Backpacker auf riesigem Naturareal mit eigenen Bushwalks und Zugang zu Badeplätzen im Big Totara River. Sehr gepflegt, großzügige Gemeinschaftsräume, wenige Betten. Im Mehrbettzimmer ab 25, DZ ab 66 NZD.

Essen & Trinken

Auch bei den locals populär ▶ **Denniston Dog:** 18 Wakefield St, Westport, Tel. 03-789 5030, tgl. ab 8 Uhr bis ›late‹. Rustikale West Coast-Atmosphäre mit der Grubenstadt Denniston als Thema. Bar und Restaurant unter einem Dach: Kiwiana-Küche mit ordentlichen Fleischportionen oder frischem Fisch, in der Saison Whitebait. HG ca. 15–30 NZD.

Aktiv

Action auf dem Buller River ▶ **Buller Adventure Tours:** Buller Gorge Rd, SH6, Westport, Tel. 03-789 7286, [fc] 0800 697 286, www.adventuretours.co.nz. Jetboating (Erw. 80 NZD) und Rafting (120 NZD), auch Reiten (80 NZD) und Quad-Biking (140 NZD).

Alles in den Nile River Caves ▶ **Norwest Adventures:** 182 Queen St, Westport, Tel. 03-788 8168, [fc] 0800 116 686, www.caverafting.com; Treffpunkt für Touren in Charleston (S. 355); Underworld Rafting 4 Std., 165 NZD, Höhlenerkundung mit Abseiling 5 Std., 330 NZD, Glühwürmchen-Höhle 3 Std., 105 NZD.

Verkehr

Bus: Westport–Christchurch S. 327, entlang West Coast S. 352

Paparoa National Park

► **G 13**

Zwischen Charleston und Greymouth schlängelt sich SH6 mal am Ufer entlang, mal über Bergvorsprünge, hält an Aussichtspunkten inne. Die Landschaft wird dramatisch. Wer hier unter Zeitdruck reist, dem blutet das Herz.

Am Südende der lang gestreckten **Woodpecker Bay** quert die Straße den **Fox River.** Neben der neuen Brücke steht noch die alte als historisches Bauwerk. Am Nordufer startet der Inland Pack Track (27 km, 2 Tage, nur Camping). Dieser Hauptwanderweg im Paparoa National Park folgt der alten Goldgräberroute zwischen Charleston und Greymouth, die bis zur Fertigstellung der Küstenstraße 1930 die einzige Nord-Süd-Verbindung bildete. Gut 90 Min. flussaufwärts erreicht man die Fox River Caves. Eine der beiden Tropfsteinhöhlen ist mit guter Lampe für jedermann zugänglich, die andere nur für erfahrene Höhlenforscher. Die ›Höhle‹ gleich hinter der alten Brücke ist jedoch ›manmade‹ – ein alter Straßentunnel, den sich die Natur zurückerobert hat. Wenn man schön auf den Boden schaut, kann man mit etwas Glück eine der endemischen *cave wetas* entdecken, heuschreckenähnliche Höhleninsekten mit extrem langen Beinen und Fühlern – Vorbild vieler Horror-Kreaturen aus Peter Jacksons King Kong-Verfilmung (S. 49).

Der Paparoa National Park erstreckt sich über 300 km² von den Gipfeln der Paparoa Range nach Westen zum Meer, größtenteils von undurchdringlichem subtropischem Regenwald bedeckt. Statistisch scheint hier 2000 Stunden im Jahr die Sonne und 2000 mm Regen sorgen für die notwendige Bewässerung dieses großartigen Biotops, das praktisch keinen Frost kennt. Ein Markenzeichen sind allgegenwärtige Nikau-Palmen.

Pfannkuchen, Geysire und tiefe Schluchten

Die **Pancake Rocks,** die versteinerten ›Pfannkuchenfelsen‹ von Punakaiki, sind das Aushängeschild des Nationalparks. Vor rund 30 Mio. Jahren übereinandergeschichtete Ablagerungen von Kalksedimenten und Tonmineralien erodieren unterschiedlich schnell, seit sie durch Landhebung Wellen, Wind und Regen ausgesetzt sind. Ein Rundweg – wenn der Bus wartet in 15 Min. zu schaffen, sonst 45 Min. – ist angelegt. Am besten besucht man die Pancake Rocks, wenn Flut und ein steifer Westwind zusammenkommen. Dann donnern Brecher der Tasman Sea ununterbrochen in unterirdische Gänge und Höhlen. Einige haben Auslassventile, *blowholes,* aus denen Gischt wie aus Geysiren meterhoch in den Himmel zischt.

Eine weitere bizarr geformte Küstenpartie erschließt ein 15 Min.-Gang durch den Regenwald über den **Truman Track** (ca. 3 km nördl. Visitor Centre, Parkplatz am SH6). Kommt man bei Niedrigwasser, fauchen zwar die kleinen Blowholes nicht, aber man kann zum malerischen Kiesstrand Pebble Beach hinunterklettern und schauen, was die letzte Flut dort zurückgelassen hat.

Eine weitere Attraktion ist der Canyon, den der Pororari River durch den Kalksandstein im Hinterland gegraben hat. Populär sind Kajaktouren, denn der Fluss ist weit ins Land hinein anfängertauglich. Wer sich lieber auf seine Füße verlässt, folgt ihm auf dem Pororari River Track, bis er nach gut 1,5 Std. auf den Inland Pack Track trifft. Über den kann man nach Süden zur Hauptstraße (+ ca. 2,5 Std.) weitergehen, statt denselben Weg am Fluss zurück. Wer weniger Zeit hat, fährt auf der gut präparierten Schotterstraße Bullock Creek Road (biegt ca. 1,5 km nördl. des Visitor Center von SH6 ab) rund 6 km landeinwärts bis zu einem Parkplatz und wandert von dort den **Kotihotiho Walk** zur Klamm **Cave Creek** – ein kleiner aber beeindruckender Einblick in das Innere der Paparoa Ranges mit ihrer dichten Vegetation.

Gefiederte Bruchpiloten

Ein gefiederter Coaster wurde erst 1946 als eigenständige Art identifiziert: der Taiko oder Westland Petrel, Westland-Sturmvogel, mit Flügelspannweiten von weit über einem Meter ... ein stattlicher, schwarzer Albatros-Ver-

Aussichtsplattform über den Pancake Rocks

wandter. Er bevölkert seine weltweit einzige Brutkolonie am Rand des Paparoa National Park von April bis November. Der Vogel ist ein toller Flieger und Segler, wenn er über dem Meer unterwegs ist, aber Starts und Landungen muss er noch üben. Stoppt man zur Morgen- oder Abenddämmerung an einem klotzigen Industriebau etwa 3 km südl. des Visitor Centre, steht man unter der An- und Abflugschneise der Vögel. Im DOC Visitor Centre weiß man, ob es Beobachtungstouren zu der sonst unzugänglichen Kolonie gibt.

Infos

Paparoa National Park Visitor Centre (DOC): Main Road, Punakaiki (SH6, gegenüber Pancake Rocks), Tel. 03-731 1895, paparoavc@doc.govt.nz.

Übernachten

Moderner Komfort direkt am Meer ► **Punakaiki Resort:** SH6 (300 m südl. Pancake Rocks), Punakaiki, Tel. 03-731 1168, [fc] 0800 786 2524, www.punakaiki-resort.co.nz. Die meisten Zimmer und Apartments haben Meerblick. Flexible Preise, DZ ab ca. 160 NZD; mit vielfach prämiertem **Restaurant Waterline,** HG 30–40 NZD.

Zentral wohnen, deftig essen ► **Punakaiki Tavern:** Ecke SH6/Owen St, Punakaiki, Tel. 03-731 1188. Motelzimmer (95–135 NZD) in gesondertem Flügel getrennt von Bar und

Restaurant. Dort gibt's deftiges Kiwifood und man wird ab 20 NZD gut satt.

YHA/BBH Backpacker im Regenwald ▶ Te Nikau Retreat: 19 Hartmount Place (3 km nördl. Pancake Rocks), Punakaiki, Tel. 03-731 1111, www.tenikauretreat.co.nz. Häuser und Hütten versteckt im Grün, nur 250 m vom Meer. Wer Natur hautnah mag, wählt die kuschelige Stargazer Hut, eine Art Zelt aus Holz mit Glasdach. Bett im Mehrbettzimmer ab 24 NZD, DZ/Hütten ab 65 NZD.

An der Mündung des Pororari River ▶ Punakaiki Beach Camping: Owen St, Punakaiki, Tel. 03-731 1894. Im Dreieck zwischen Meer und Fluss mit Strandzugang. Stellplätze ab 30, einfache Hütten ab ca. 40 NZD.

Aktiv

Natur- und Höhlenexkursionen ▶ Nature's Tours Punakaiki: Tel. 03-731 1442, www.naturestours.co.nz. Individuelle Touren im Nationalpark sowie Track Transfers/Betreuung auf allen wichtigen Tracks.

Kajakverleih auf dem Pororari River ▶ Punakaiki Canoe Hire: SH6 (neben Pororari River Brücke), Punakaiki, Tel. 03-731 1870, www.riverkayaking.co.nz. Ab 2 Std. für 35 NZD/Pers. bis max. 55 NZD/Pers. für den ganzen Tag.

Verkehr

Bus: S. 352; Stopp am Visitor Centre in der Regel mit genug Zeit für kurzen Gang zu den Pancake Rocks.

Greymouth ▶ F 14

Selbst ein gestandener TV-Korrespondent des ZDF ließ sich schon mal vom ersten Eindruck täuschen und machte aus **Greymouth** kurzerhand ›Graumünde‹, vielleicht weil der Name zu den tristen Regenbildern seines Berichtes über eine TranzAlpine-Reise passte. Aber selbst wenn der Grey River, den die Maori Mawhera nennen, sehr grau zur Tas-

Tipp: Kaffee und Souvenirs

Gegenüber dem Zugang zu den Pancake Rocks haben sich gleich neben dem DOC Visitor Centre zwei Einrichtungen für den kleinen Hunger, den Kaffeedurst und die Shoppinglust platziert: Das **Punakaiki Rocks Café** (tgl. ab 8 Uhr bis Sonnenuntergang) besitzt eine Internetecke und das **Punakaiki Crafts & Café** (tgl. 9–17/19 Uhr) neben dem Café die Verkaufsgalerie einer Künstler- und Kunsthandwerker Cooperative (www.punakaikicrafts.co.nz) – u. a. Jade- und Stein-Designer, Holzschnitzer, Webkünstler, Glasbläser, Keramiker – mit hochwertigen, zum Teil extravaganten Souvenirs.

man Sea strömt, benannt ist der Fluss tatsächlich nach Sir George Grey, dem wichtigsten Politiker Neuseelands in der zweiten Hälfte des 19. Jh. Er war viele Jahre Gouverneur und Premierminister. Der Fluss überflutete die Stadt oft, wenn Weststürme seine Wassermassen in die Mündung zurückdrückten und heftige Regenfälle ihn gleichzeitig anschwellen ließen. Doch schließlich entstand Anfang der 1990er-Jahre die hohe Flutmauer, die den Grey River bändigen soll und gleichzeitig eine schöne Promenade mit Blick über die Stadt abgibt. Wenn Ihnen ein *local* einen Spaziergang auf der ›Großen Mauer‹ empfiehlt, müssen Sie also nicht gleich an China denken.

Markanter Orientierungspunkt auf der Mauer ist ein **Clock Tower.** Direkt unterhalb kann man das auffällige Gebäude der **Left Bank Art Gallery** kaum übersehen, 1924 als Filiale der Bank of New Zealand mit einer für Geldhäuser der Zeit typischen neoklassizistischen Fassade gebaut. Die Galerie zeigt Wechselausstellungen sowie permanent die New Zealand Pounamu and Jade Collection, eine Sammlung von Jadearbeiten anerkannter Künstler (1 Tainui St, www.leftbankarts.co.nz, Sommer Mo–Fr 10–17, Sa/So bis 15 Uhr). Etwas weiter Richtung Meer dokumentiert das **History House Museum** mit Bildern und Fotos die Kolonialzeit (Gresson St, Tel. 03-768 4028, www.history-house.co.nz, Mo–Fr, im Sommer auch Sa/So 10–16 Uhr).

Maori-Camp und Grubenstadt

Findet man den Weg um die Erua Moana Lagoon herum zur Spitze der südlichen Hafenmole, hat man Chancen, bei klarem Wetter den Gipfel des Aoaraki Mt Cook im Süden zu sehen und mit Glück Delfine, die vor der Küste im Wasser spielen. An dieser Flussmündung lag in präkolonialer Zeit eine der wenigen großen Maori-Siedlungen im Westen der Südinsel. Als die Regierung 1860 das bewohnbare Land entlang der West Coast den Poutini Ngai Tahu für lächerliche 300 £ abkaufte, blieb diese Siedlung ausgespart, so dass große Teile der modernen Innenstadt von Greymouth auf Maori-Besitz stehen.

Der Bergbau, der das Greymouth der Pakeha wachsen ließ, ist im **Grey Valley** dokumentiert (S. 328). 130 Gruben gab es in der Umgebung der Stadt, eine große ist derzeit noch aktiv. Heute ist Greymouth mit annähernd 10 000 Einwohnern unangefochtene Westküsten-Metropole, ein Dienstleistungszentrum und populäres Ziel aus weitem Umkreis für fröhliche Wochenend-Abende. Natürlich trinkt man gern *local beer:* Monteith Extra Bitter, gebraut in der **Monteiths Brewing Company** in Greymouth. Die kultiviert Braukunst seit 1858, da lohnt sich eine Probe nach der Führung (60 Herbert St, Tel. 03-768 4149, 2–5 x tgl.; Buchung notwendig, 18 NZD).

Infos

Greymouth i-SITE Visitor Centre: Herbert St/Ecke Mackay St, Tel. 03-768 5101, www.greydistrict.co.nz.

Übernachten

Elisabeth II. schlief hier schon ► Revington's Hotel: 46 Tainui St, Tel. 03-768 7055, www.revingtons.co.nz. Voll im drallen Leben und vielleicht eine der Bars direkt unter dem Zimmer, dafür preiswert und in dem Wissen: Die Queen schlief hier schon – aber lang, lang ist's her. DZ ab 80 NZD, Bett im Mehrbettzimmer 23 NZD. Restaurant mit Pizza, Steaks & Co, HG ca. 18–30 NZD.

Nur ein paar Schritte vom Strand ► Greymouth Seaside Top 10 Holiday Park: 2 Chesterfield St, Tel. 03-768 6618, [fc] 0800 867 104, www.top10greymouth.co.nz. Am Meer aber gut 2,5 km vom Zentrum. Stellplätze 36–40 NZD, Hütten und Apartments ca. 55–145 NZD.

YHA-Backpacker mit viel Geschichte ► Kainga-ra YHA Greymouth: 15 Alexander St, Greymouth, Tel. 03-768 4951, yha.greymouth@yha.org.nz. Denkmalgeschütztes Haus oberhalb der Stadt mit großartiger Aussicht. Vielleicht etwas old fashioned, aber mit Charakter: Eine katholische Bildungsmission baute das Haus 1930, ihre Kapelle dient heute als gemischter Schlafsaal. Bett im Mehrbettzimmer 26, DZ ab 60 NZD.

Essen & Trinken

Abwechslungsreiche Restaurantstraße im Zentrum ▶ Mackay St: An der Straße, die vom Bahnhof quer durch die Stadt verläuft, muss man nicht hungern: **Cafe 124 on Mackay** (Nr. 124) bietet mit seinem Straßencafé den besten Überblick vom Frühstück bis zum Dinner, **The Smelting House Café** (Nr. 102) hat reichlich Auswahl zum Lunch, **Steamers Carvery & Bar** (Nr. 58) ordentliche Fleischportionen und **Bonzai Pizzeria** (Nr. 31–33) nicht nur Pizzas.

Verkehr

s. S. 352.

Shantytown und Kumara

Etwa 10 km südlich Greymouth erinnert **Shantytown,** eine liebenswerte Mischung aus Vergnügungspark und Freilichtmuseum, an die Goldrauschzeit des 19. Jh. Hier stehen einige Originale neben Gebäudenachbauten. Dampflokomotiven ziehen Oldtimerzüge über das Gelände, ein Chinatown würdigt die chinesischen Schürfer auf den Goldfeldern, die Kirche von 1865 wird gern für Hochzeiten genutzt und verschiedene Formen des Goldabbaus werden demonstriert.

Besucher können sogar selbst die Pfanne schwenken und etwas Goldstaub gewinnt man immer aus der Handvoll Sand, die man hier waschen darf. Als erstes Projekte eines moderneren Shantytown Konzeptes wurde 2008 ein interaktives Sägewerk eröffnet, das mit großem Einsatz der neuen Medien die alte Zeit lebendig machen will (Rutherglen Road, am SH6 ausgeschildert, www.shantytown.co.nz, tgl. 8.30–17 Uhr, Erwachsene 28,50 NZD, Kinder 5–17 Jahre 13 NZD, Familienrabatt).

Beim Goldwaschen in Shantytown

Um **Kumara** erlebte die West Coast 1864 ihren ersten Goldrausch am Greenstone River. Unter den Goldsuchern war auch ein gewisser Richard John Seddon. Er wurde bald Bürgermeister des Städtchens, später 27 Jahre lang Parlamentsabgeordneter für das Westland und von 1893 bis 1906 der bis heute am längsten regierende Premier Neuseelands und Vater des neuseeländischen Sozialstaates. Überall entlang der West Coast wird an ihn erinnert.

Kumara Junction wo sich die Eisenbahn und die Straße einen Kreisverkehr teilen, markiert den Abzweiger des SH73 zum Arthur's Pass (S. 329). Etwa nördlich geht SH6 an der Brücke über den Taramakau River eine ungewohnte Liaison mit der Güterbahnstrecke Greymouth – Hokitika ein: Auf der schmalen Brücke teilen sich State Highway und Schienenstrang eine einzige Spur. Der Zug hat immer Vorfahrt und kommt einer, geht alles im Schneckentempo vor sich. Das ist in der Hauptreisezeit Ursache für lange Staus, zumal bei solchen Begegnungen die Fahrt des Zuges durch ein Spalier fotografierender und filmender Touristen fast schon an den Zieleinlauf der Tour de France erinnert – bis die alle wieder in ihren Autos und Bussen sitzen, vergeht Zeit. Zweiradfahrer sollten aufpassen: auf der Brücke gibt es wegen der Schienen oft Stürze! Eine ähnliche Brücke am Arahura River südl. Kumara ist durch einen Neubau ersetzt, die alte kann aber nebenan als ›Denkmal‹ inspiziert werden.

Von Hokitika nach Okarito

Hokitika ► F 14

Der **Arahura River** ist für seine Greenstone-Vorkommen berühmt und im nahen Hokitika wird Jade in Schleifereien vor den Augen der Besucher verarbeitet. Weit mehr als die Jade prägte aber das Gold die Stadt: 1864 siedelten die ersten Pakeha an der Mündung des Hokitika River, schon 1867 lebten hier 4000 fest, mehr als heute – hinzu kamen rasch über 10 000, manche Quellen sprechen von 40 000 Goldschürfern, die auf der Suche nach dem schnellen Glück in Hotels und Absteigen wohnten – allein in der Rewell Street soll es 102 solcher Unterkünfte gegeben haben.

Statt nach dem Goldrausch in der Bedeutungslosigkeit zu verschwinden, wie viele andere Boomtowns, wurde Hokitika Sitz der Provinzregierung für das Westland, ehe Greymouth diese Rolle übernahm. So kann man ansehnliche Bauten aus dem 19. und frühen 20. Jh. auf einer Stadtwanderung entdecken. Dazu gehört auch das neoklassizistische Carnegie Building der alten Bibliothek, in der heute das **West Coast Historic Museum** zu Hause ist (Hamilton St/Tancred St, tgl. 9.30–17 außer Sa/So im Winter, dann 10–14 Uhr, 5 NZD).

Ein Glockenturm, 1903 zur Feier der Krönung von Edward VII. enthüllt, ist mitten auf der Kreuzung der Einkaufstraßen Weld Street und Sewell Street das Wahrzeichen von Hokitika. Ein Stück die Sewel Street Richtung Fluss hinunter imponieren die Government Buildings, größte Hinterlassenschaft aus der Verwaltungsära, 1909–13 im Imperial Baroque gebaut. Den Anstoß für den Bau gab noch ›King Dick‹, wie Richard John Seddon in der Gegend genannt wurde. Er steht in staatsmännischer Pose vor dem Gebäude als Denkmal.

Von hier sollte man die Erkundung Hokitikas noch bis zu den Kaianlagen am Hokitika River fortsetzen und ein Stück zur Mündung hinausgehen, dann über den Strand – vielleicht finden Sie Greenstone – zurück. Angesichts dieser Flussmündung mit all ihren Sandbänken und Untiefen kann man sich kaum vorstellen, dass hier zur Goldrush-Zeit Neuseelands geschäftigster Hafen war.

Auf Natur statt Kultur setzt das **National Kiwi Centre.** Hier sieht der Besucher jedoch nicht nur Kiwis, sondern in Aquarien, Terrarien und Käfigen auch Fische der West Coast oder Tuatara-Brückenechsen. Von den fetten Aalen, die dreimal am Tag spektakulär gefüttert werden, scheinen vor allem asiatische Besucher begeistert (64 Tancred St, Tel. 03-755 5251, tgl. 9–17 Uhr, Erwachsene 18,50 NZD).

Hokitikas Hinterland ► F/G 14

Nirgendwo sonst ist die West Coast in einem so breiten Streifen besiedelt wie auf Höhe von Hokitika. Nördlich der Stadt im Dreieck zwischen SH6 und SH73 um Goldsborough führen mehrere Walks zu Relikten der Goldära. Ein populäres Wanderer-, Wassersportler- und Anglerziel ist **Lake Kaniere,** eine ganz andere Welt als 18 km entfernt an der Tasman Sea. Der von dichtem Wald und hohen Bergen umringte, gut 8 km lange Bergsee bietet liebliche Badeplätze, den ansehnlichen Wasserfall Dorothy Falls über dem Ostufer sowie einen einfachen DOC-Zeltplatz an der Hans Bay (Erw. 6,10 NZD).

Infos

Hokitika i-SITE Visitor Centre: 36 Weld St, Tel. 03-755 6166, www.hokitika.org, www.hokitika.com.

Übernachten

Strand hinterm Haus ► Beachfront Hotel Hokitika: 111 Revell St, Tel. 03-755 8344, [fc] 0800 400 344, www.beachfronthotel.co.nz. Direkt hinter dem Strand gibt's DZ mit Stadtblick ab 135 NZD oder mit grandiosem ›Ocean View‹ ab 240 NZ; bei seinem Besuch 2011 an der West Coast wohnte Prinz William hier (Restaurants s. u.).

Camping, Cabins und Chalets ► Shining Star – Chalets & Apartments: 16 Richards Drive (Nordrand von Hokitika), Tel. 03-755 8921, [fc] 0800 744 646, www.shiningstar.co.nz. Häuschen im Blockhausstil ab 88 NZD, hier lohnt es sich aber, tiefer in die Tasche zu greifen für Apartment/Chalet in erster Reihe mit Meerblick. Camper-Stellplätze ab 36 NZD.

Perfekter BBH-Backpacker ► Birdsong: 124 SH 6 (ca. 2 km nördl. Hokitika), Tel. 03-755 7179, www.birdsong.co.nz. Von Travellern für Traveller mit großer Lounge, individuell gestalteten Zimmern, nicht weit von einem wilden Strand mit wunderbaren Sonnenuntergängen. Bett ab 25, DZ ab 65 NZD.

1,5 km vom Zentrum ► Hokitika Holiday Park: 242 Stafford St, Tel. 03-755 8172, [fc] 0800 465 436, www.hokitika.com/holidaypark. Kiwi Holiday Park mit Stellplätzen für 26–30 NZD, Hütten und Apartments 45–120 NZD.

Essen & Trinken

Im Beachfront Hotel ► Ocean View Restaurant: ›Fine Dining‹ zum Sonnenuntergang über dem Meer, besonders stimmungsvoll von der Außenterrasse. HG ca. 30–35 NZD. Mehr ›casual‹ gibt sich das **Driftwood Café** mit Kaffee für die italienischen Momente im Leben, ordentlichem Frühstück ab 7 Uhr sowie Lunch und Dinner mit preiswerter Pizza-Pasta-Burger-Küche (ca. 10–20 NZD).

Fast wie in Frankreich ► Café de Paris: 19 Tancred St, Tel. 03-755 8933, www.cafedeparis.net.nz. Gleich gegenüber dem Museum. HG ca. 25–30 NZD.

So mögen's Kiwis richtig ► Stumpers Bar and Café: 2 Weld St, Tel. [fc] 0800 788 673, www.stumpers.co.nz. Hier wird man vom Frühstück (ab 7 Uhr), über Lunch und Kleinigkeiten zwischendurch (10–20 NZD) bis zum deftigen Dinner (ab 17.30 Uhr, HG ca. 20–35 NZD) schnell bedient, ohne die Urlaubskasse unnötig zu strapazieren.

Einkaufen

Jade, Paua, Gold und Holz ► Kunsthandwerker-Shops: In Hokitikas Straßen findet man ungewöhnlich viele Kunst- und Kunsthandwerkershops mit Arbeiten aus **Jade** (Jade Factory, 41 Weld St; Mountain Jade, 30 Tancred St; Westland Greenstone, 34 Tancred St), **Gold** (The Gold Room, 37 Tancred St; tp goldsmith, 81 Revell St), **Paua-Muscheln** (Ocean Paua 2000, 25 Weld St), **Glas** (Hokitika Glas Studio, 9 Weld St) oder von allem etwas in der Hokitika Craft Gallery, in der über ein Dutzend lokale Kunsthandwerker und Künstler ausstellen (25 Tancred St) sowie in der Wilderness Gallery (29 Tancred St).

Westcoast-Juwel Goodelit ► Ruby Rock Gallery: 21 Tancred Street, Tel 03 755 7448, www.nzrubyrock.com. Goodelit – Marketingname Ruby Rock – ist ein smaragdgrünes Mineral mit rubin- und saphirfarbenen Einschlüssen und nur um Hokitika zu finden. Seit Goldrauschzeiten bekannt, war es lange ver-

Tipp: Jade vom Kenner

Suche ich ein außergewöhnliches Geschenk, ist das Studio des Jade-Schleifers Stan McCullum und seiner jungen Kollegin Kristy Wilson, einer Maori, die die natürlichen Jadelager der Umgebung bestens kennt, am Südufer des Hokitika Rivergleich neben der SH6-Brücke (Tel. 03-755 7868) erste Wahl. Die Formen ihrer Arbeiten sind eher zurückhaltend, aber niemand außer den beiden hat so ein Auge für Farben und Gestalt der Rohlinge, um die wahren Bilder herauszuarbeiten, die im Inneren der Jadesteine schlummern. Da tauchen schon mal Gesichter, Landschaften oder Gestirne in einem kleinen Anhänger auf – das ist eine andere Dimension von Jadeschmuck, kein Vergleich mit der Massenware aus den großen Galerien. Stan und Kristy verarbeiten übrigens nur Steine aus der Region.

gessen und wird erst seit den späten 1990ern wieder zu Schmuck verarbeitet.

Possumfelle und -wolle ▶ The Possum People (Factory Outlet): 20 Weld Rd, Tel. 03-756 8090, www.possum-nz.com.

Aktiv

Selbst schleifen statt kaufen ▶ Bonz 'n' Stonz: 16 Hamilton St, Tel. 03-755 6504, [fc] 0800 214 949, www.bonz-n-stonz.co.nz. In einem halben Tag schleift man schon ein kleines Kunstwerk aus Knochen oder Paua (ab 75 NZD), für Jade sollte man einen ganzen Tag einkalkulieren (ab 150 NZD) und für komplexe Formen sind nach oben kaum Zeit- und Geldgrenzen gesetzt.

Termine

Das **Hokitika Wildfood Festival** (www.wildfoods.co.nz) lockt jeweils am 2. Sa im März rund 20 000 Besucher – bei 30 000 Einwohnern an der gesamten West Coast! – nach Hokitika. Die gieren nach mehr oder minder appetitlichen Spezialitäten wie Würstchen aus Bullenpenis oder German Bratwurst, marinierte Hammelhoden, bekannt als West Coast-Austern, Skorpion in Wodka, gegrillte Grillen, Possum in diversen Zubereitungen und die allseits beliebten *HuHu grubs:* dicke, fette, gelbe Larven des HuHu-Käfers, die frisch gegrillt nach Erdnussbutter schmecken sollen. Wer darauf nicht so steht, sollte die Region am Festwochenende meiden, denn dann ist Hokitika übervoll und auf SH6 gibt es weiträumig Staus.

Ross ▶ F 14

Südlich Hokitika hastet SH6 auf schnurgerader Straße über eine alte Nehrung. Der **Lake Mahinapua** ist der Rest des alten Haffs und Teil eines Scenic Reserve: ein sumpfähnliches Biotop von dichtem Wald umstanden und mit reichem Vogelleben. DOC-Walks erschließen das Reservat, Bootstouren werden angeboten (Paddle Boat Cruises, Tel. 03-755 7239, bis 3 x tgl. ab 30 NZD).

Der nächste größere Ort, **Ross,** hatte früher ein Loch, jetzt einen See direkt neben dem Zentrum. Bis 2003 wurde aus einer gigantischen, 90 m tiefen und mehrere hundert Meter breiten Grube Golderz im Tagebau geholt. Nachdem die Pumpen abgestellt waren, die zuvor 60 Kubikmeter Wasser pro Minute abpumpten, brauchte man nur zu warten, bis der neue Dorfteich voll war. Die Burchfield Ross Mining Ltd sucht derweil in und um Ross weiter nach Gold, zurzeit nahe dem Meer. Eine Zwischenlösung? Ein Goldlager wird unter dem Ortskern vermutet, der Abbau dort wäre das Ende des Städtchens.

Ross erlangte 1909 als Fundort von Neuseelands bisher größtem, 3,1 kg schweren Goldnugget Berühmtheit. Er wurde nach dem damaligen Minister für Bergbau ›Honourable Roddy‹ genannt und machte als Hochzeitsgeschenk des neuseeländischen Volkes für Britenkönig George V. Karriere. Eine Kopie zeigt die Ausstellung des **Ross Goldfields Visitor Information & Heritage Centre,** das sich mit einem i-Büro das Gebäude der alten Bank Of New South Wales teilt (4 Aylmer St, Tel. 03-755 4077, www.ross.org.nz). Hier kann man Utensilien zum Goldwaschen leihen und hier beginnt ein Spaziergang zu erhaltenen Spuren der Goldgräberzeit. Zu den ›lebenden‹ Relikten gehört das **Historic Empire Hotel** (19 Aylmer St, Tel. 03-755 4005). Seit 1866, so heißt es stolz, werden Gäste bewirtet. Nur eins ist nach fast 150 Jahren neu: Das Empire ist jetzt ein Hotel am See.

Was macht man mit einer überflüssigen Kirche, wenn Gemeinden zusammengelegt werden? Man setze sie auf einen Tieflader, fahre sie in eine Traumlandschaft und baue sie zu einem originellen Backpacker um: **The Old Church** liegt günstig für schöne Wanderungen an einsamen Stränden etwa 16 km südl. Ross am Kakapotahi River (Tel. 03-755 4000, BBH, Bett im Mehrbettzimmer ab 20 NZD, DZ ab 50 NZD).

Pukekura – voll auf Possum

► F 14

In der Zwei-Einwohner-Stadt Pukekura, als Holzfällerlager gegründet und bis in die 1990er Standort einer Sägemühle, begrüßt vor dem **Bushman's Centre** eine gigantische Sandfly alle Besucher. Eine Ausstellung in dem rustikalen Blockhaus informiert über Jagd, Holzwirtschaft und vieles mehr aus dem Leben entlang der West Coast. Ein beliebtes Thema ist hier das Possum. Man kann es jagen. Man kann es lecker zubereitet essen. Man kann im Wild Food Restaurant des **Puké Pub** auf seinen weichen Fellen sitzen. Man kann Mützen oder Handschuhe aus Possumfell im Souvenirshop kaufen. Und wenn man hier übernachtet und bei Dunkelheit mal in den Busch geht, hört man sicher auch eines im Unterholz rascheln.

Übernachten, Essen & Trinken

100 Prozent West Coast ► Bushman's Centre/Puké Pub: Pukekura Accommodation, Tel. 03-755 4144, www.pukekura.co.nz. Cafeteria im Bushman's Centre mit Imbiss-Preisen, Possum- und andere Wildgerichte im Puké Pub ab ca. 20 NZD, auch einfache Unterkunft.

Harihari ► F 15

Immer häufiger überquert die Straße jetzt milchig-graue Flüsse, von Gletschern gespeist und im Oberlauf als Rafting Flüsse geschätzt. Zu ihnen gehören um Harihari der Wanganui River (Grade 3–4) sowie der Whataroa River (Grade 4) und dessen Zufluss, der Perth River (Grade 5). Alle Rafting Touren sind hier als Heli-Rafting möglich: *fly-in, raft-out* (z. B. mit Eco Rafting, s. S. 352). Die Piloten der Helikopter wissen hoffentlich besser, wo sie landen müssen, als Guy Menzies am 7. Januar 1931. Gut 12 Stunden war er beim ersten Soloflug von Sydney über die Tasman Sea schon unterwegs und wollte in Blenheim (S. 471) landen. Schlechtes Wetter hatte ihn etwas (!!) vom Kurs gebracht, dann endlich hatte er Land unter sich, hohe Berge vor sich und kaum noch Sprit im Tank. Also setzte er auf der erstbesten Wiese auf, die er auszumachen glaubte – es war ein Sumpf. Die Maschine machte einen Kopfstand. Selbstverständlich wird in Harihari an diese Bruchlandung erinnert.

Whataroa ► E/F 15

Ab **Whataroa** startet von November bis in den Februar hinein das Jetboat von **White Heron Sanctuary Tours** zu Neuseelands einziger Brutkolonie von White Herons, Silberreihern, am Waitangiroto River (Tel. [fc] 0800 523 456, www.whiteherontours.co.nz, 2,5 Std., 110 NZD). Dieser Glamour Star der Vogelwelt ist weltweit nicht gerade selten, aber in Neuseeland nur mit etwa 200 Exemplaren vertreten. Von den Maori, die ihn *kotuku* nennen, wurde er verehrt, seine Federn standen als Schmuck nur Häuptlingen zu. Neben den Silberreihern lebt noch einer ihrer Vettern, der mit seinem breiten Schnabel etwas bizarr aussehende Royal Spoonbil, Königslöffler oder Kotuku Ngutu Papa in Maori. Sind alle Vögel ausgeflogen (ca. März–Okt.), macht das Jetboat Sightseeing-Touren auf dem Waitangitaonia River mit einem fast 1000-jährigen Baumbestand an den Ufern.

Okarito/Ōkārito ► E 15

Historiker glauben, dass auf Höhe von Okarito (Maori: Ōkārito) 1642 mit Abel Tasman

Die Okarito-Lagune mit den Southern Alps

zum ersten Mal ein Weißer Neuseeland vor Augen hatte. Das 30-Einwohner-Nest liegt 13 km von SH6 entfernt am Meer und kommt ohne Laden und Kneipe aus. Das war einmal anders: ab 1866 erlebten Okarito und zwei nicht mehr bewohnte Nachbarorte weiter südlich an der Küste einen Goldrausch. Okarito war damals eine verrufene Hafenstadt mit mehreren Dutzend Hotels und Bars.

Aus dieser Vergangenheit stammen **Okarito Wharf,** ein rekonstruierter Anleger an der Lagune, der sorgfältig restaurierte **Donovan's Store,** der bis 1980 Dorfladen war, aber schon Mitte der 1860er als Hotel gebaut wurde und damit der älteste Holzbau an der West Coast ist und jetzt als Gemeindehaus und Musikclub dient, sowie die alte Schule neben dem obelisken Krieger-Denkmal. In ihr wurden die letzten Kinder 1946 unterrichtet, dann war sie viele Jahre Neuseelands kleinste Jugendherberge und wird heute vom DOC als Hütte vermietet (c/o DOC Visitor Centre Franz Josef S. 374, 60 NZD/2 Pers., jede weitere 10 NZD, max. 12 Pers). Keri Hulme (S. 46) machte Okarito dann literarisch berühmt, als sie hier Studien für ›The Bone

People‹, einen der bedeutendsten Romane der neuseeländischen Gegenwartsliteratur, betrieb. Die Autorin lebt – ganz öffentlichkeitsscheu – im Ort.

Okarito ist darüber hinaus für seine **Kiwis** bekannt. In den umliegenden Wäldern lebt der Rowi, die seltenste und erst 1996 als eigenständig identifizierte Art des neuseeländischen Nationalvogels (S. 16). Auf ca. 350 Tiere schätzt das DOC den Bestand. Um ihn zu bewahren, nimmt man regelmäßig Eier aus den Nestern, brütet sie in speziellen Zentren aus, zieht die Vögel auf sicheren Inseln groß. Erst wenn sie über ein Kilo Kampfgewicht auf die Waage bringen, eine Größe, bei der sie sich gut gegen Wiesel und andere Feinde wehren können, bringt man die Tiere in die Wälder von Okarito zurück.

Okarito Trig Walk

Nach Okarito locken Ruhe, lange Strandspaziergänge und exzellente Wanderwege. Highlight ist der Okarito Trig Walk hinauf zu einem trigonometrischen Punkt oberhalb des Dorfes. Normal in 60–80 Min. zu schaffen, ist man an klaren Abenden schnell mehrere Stunden unterwegs, weil man sich einfach nicht abwenden kann: Taucht im Westen die Sonne in die Tasman Sea, brennen die 3000er der Southern Alps über dem grünen Meer des Regenwaldes und im Norden schillert die Okarito Lagoon in allen Farben des Abendlichtes. Beim Rückweg durch den dunklen Wald hört man dann oft Kiwis rufen, mit ganz viel Glück sieht man sogar einen.

Eine weitere großartige Wanderung führt durch den Küstenwald über eine alte Packstraße oder jeweils zwei Stunden vor und nach Niedrigwasser über den Strand nach Süden zur **Three Mile Lagoon** – am besten kombiniert man beide Varianten zu einem Rundweg von gut drei Stunden Tidenpläne hängen am Zugang zum Strand aus!

Okarito Lagoon

Kajak- und Bootstouren erschließen die von unzähligen Watvögeln bevölkerte Okarito Lagoon. Das größte Haff der West Coast bildet ein mehr als 30 km² großes, tidenabhängiges Brackwassergebiet, das sich von einer offenen Fläche auf der Meerseite landeinwärts in den Regenwald hinein verästelt bis zu den Füßen der Kahikatea- und Rimu-Baumgiganten – und das alles vor einem grandiose Alpenpanorama. In der flachen Lagune staken viele Silberreiher herum und warten geduldig darauf, dass ihnen das Fressen vor den Schnabel schwimmt. Das sieht aus, als würden sie ständig ihr eigenes Spiegelbild im Wasser anschauen, was dem Vogel den Ruf einbrachte, ein gefiederter Narziss zu sein. Die Brutkolonie der Silberreiner am Waitan-

Tipp: Okarito Kiwi Tours

Ian Cooper ist ein Kiwi-Enthusiast, für den das Wohl der Vögel immer im Vordergrund steht. In den 1990ern blieb er mit Leib und Seele in Okarito hängen, engagierte sich beim Schutz der Kiwis in umliegenden Wäldern und bietet inzwischen mit Okarito Kiwi Tours die authentischste Kiwi-Beobachtungs-Tour im Lande an – naturnah und kompetent.

Nur mit einem Minimum an Licht streift er mit maximal acht Teilnehmern durch den stockfinsteren, nächtlichen Wald – auch für Nicht-Ornithologen eine große Erfahrung. Und die Kiwis scheinen Ian zu mögen: Die ›Sichtungsraten‹ seiner Touren gehören zu den besten im Lande! Okarito Kiwi Tours, The Strand, Okarito, Tel. 03-753 4330, www.okaritokiwitours.co.nz, ca. 2–3 Std., 75 NZD).

giroto River (S. 367) ist von der Okarito Lagoon aus aber nicht zugänglich!

Übernachten

BBH-Backpacker mit Komfortzimmern ► The Okarito Beach House: The Strand, Tel. 03-753 4080, www.okaritobeachhouse.com. Viele individuell eingerichtete Zimmer in mehreren Gebäuden. Mehrbettzimmer ab 25, DZ – viele mit Bad – ca. 56–84 NZD, romantische Doppelbett-Hütte ›Hutel‹ für Verliebte 80 NZD; in der Saison oft Gruppen.

Ferienhäuser und Hütten ► www.holidayhomes.co.nz: Online-Portal mit mehreren Sommerhäusern in ›Okarito‹ ab 90 NZD, darunter **Kotuku Lodge** (The Strand, Buchung über Okarito Boat Tours s. u., Tel. 03-753 4223), großes Haus an Okaritos Hauptstraße für bis zu 6 Pers., komplett 130 NZD/bei 2 Pers., jede weiter 10 NZD oder Einzelbetten auf Anfrage 30 NZD.

Guter Campingplatz ► Okarito Camping Ground: Russell St. Nah zum Strand, aber geschützt durch Hecken und Bäume. Keine ›powered sites‹, aber Kochecke und gute Sanitäreinrichtungen. 10 NZD/Pers. (Bezahlung in Kassenbox, keine Reservierung möglich). **Achtung: Freies Campen** ist in Okarito und an der Straße vom SH6 ins Dorf verboten, die Kontrollen sind rigoros!

Einkaufen

Kein Shop in Okarito! Einkaufsmöglichkeit in Whataroa oder Franz Josef, jeweils ca. 30 km entfernt.

Aktiv

Strand ► Okarito Beach ist grandios für Strandspaziergänge, Schwimmen wegen heftiger Strömungen aber lebensgefährlich, gleiches gilt für den Tidenstrom zwischen Meer und Lagune.

Bootstouren und Wanderungen ► Okarito Boat Tours: Tel. 03-753 4223, www.okaritoboattours.co.nz. Bis 4 x tgl. Sightseeing-Fahrten und Natur-Exkursionen auf der Okarito Lagoon (1 bzw. 2 Std. 45/85 NZD) mit 12-sitzigem, offenen Boot; geführte Natur-Wanderungen u. a. Okarito Trig Walk und Three Mile Pack Track (ab 40 NZD); günstige Unterkunft+Aktivitäten-Pakete.

Kanu-/Kajakverleih für Okarito Lagoon ► Okarito Nature Tours: Tel. 03-753 4014, www.okarito.co.nz, z. B. 2 Std. 40 NZD, ganzer Tag 60 NZD, 2 Tage 80 NZD, geführte Kajak-Touren ab 75 NZD/Pers.

9 Westland National Park ► E 15

Südlich der Stichstraße vom SH6 nach Okarito beginnt **Te Wahipounamu – South West New Zealand World Heritage Area,** das größte zusammenhängende Naturschutzgebiet Neuseelands, das sich über gut ein Zehntel der Landesfläche bis hinunter an die Südküste erstreckt. Dazu gehören der Westland National Park mit den Gletschern, der im Osten daran anschließende Aoraki Mt Cook National Park, der Mt Aspiring National Park mit Neuseelands Antwort auf das Matterhorn und der große, in der Fläche kaum erschlossene Fiordland National Park. In Haast

aktiv unterwegs

Gletschertouren im Westland National Park

Tour-Infos

Dauer/Preise: Flüge ca. 10–45 Min., 95–395 NZD. **Gletschertouren** zu Fuß ans Eis 2–2,5 Std., ca. 50 NZD, aufs Eis 4– 8 Std., ca. 110–180 NZD, Eisklettern 8–9 Std., ca. 250–260 NZD. Touren mit Heli-Transfer 4–8 Std., ca. 400–650 NZD. **Fallschirmsprünge:** Sprunghöhen von 9000–18000 ft ca. 245–650 NZD zzgl. Sprungdokumentation (bis zu 260 NZD).

Ausrüstung: Alles zum Eisklettern wird gestellt; sonst Kleidung auf um ca. 10 ° kühlere Temperaturen als in den Orten einstellen; Sonnenbrille mit breiter Abdeckung.

Veranstalter Flugexkursionen: Air Safaries (Flugzeug): Tel. [fc] 0800 806 880, www.air safaris.co.nz. Auch Transfer zwischen West Coast und Mackenzie Country (S. 326). **Alpine Adventures** (Helikopter): Tel. [fc] 0800 800 793, www.scenic-flights.co.nz. **Glacier Helicopters:** Tel. [fc] 0800 800 732, www.gla cierhelicopters.co.nz. **Mountain Helicopters:** Tel. [fc] 0800 369 423, www.mountain helicopters.co.nz. **The Helicopter Line:** Tel. [fc] 0800 807 767, www.helicopter.co.nz.

Veranstalter Fallschimsprünge: skydive franz: Tel: [fc] 0800 4JUMPS, www.skydive franz.co.nz. **SkyDive NZ – Fox Glacier:** Tel. [fc] 0800 751 0080, www.skydivingnz.co.nz.

Veranstalter Gletscherwanderungen: Alpine Guides Fox Glacier: Tel. [fc] 0800 111 600, www.foxguides.co.nz. **Franz Josef Glacier Guides:** Tel. [fc] 0800 GUIDES, www.franzjosefglacier.com.

Solange die Gletscher wolkenfrei sind – beste Chancen vormittags – starten von Franz Josef wie Fox ununterbrochen Helikopter und Flugzeuge zum Flightseeing. 10 Minuten dauert die kürzeste Schleife über einen der Talgletscher, beide Gletscher oder ein Schlenker Richtung Mt Cook inklusive kurzer Landung auf dem Schnee gehören zum Flugplan für 30-minütige Helikopter-Flüge und in 45 Minuten umkreist man die ganze alpine Pracht ebenfalls inklusive Landung. Normale Flugzeuge sind länger unterwegs, aber man zahlt trotzdem etwa 100 NZD weniger für die große Runde.

Alle Anbieter wollen eine Mindestzahl von Passagieren, ehe sie abheben. Einzelpersonen sollten deshalb ihre Buchung erst dann festmachen, wenn der Flug wirklich bald startet, sonst fragt man besser bei anderen Anbietern: Fehlt irgendwo nur noch ein Gast, kann es sofort losgehen. Mutige nutzen Gletscher und 3000er der Southern Alps als spektakuläres Panorama für Tandem-Fallschirmsprünge – die höchste Absprunghöhe von 18 000 ft, fast 5500 m, verschafft über eine Minute freien Fall, bevor die Reißleine gezogen wird.

Wer das Gletschereis intensiv spüren will, macht Gletscherwanderungen auf gut vorpräparierten Wegen durchs Eis bzw. nimmt am Ice Climbing mit höherem Schwierigkeitsgrad und mehr Anforderung an die Fitness teil. Dazu gehört beim Franz-Josef- wie beim Fox-Gletscher immer die 45-minütige Wanderung vom Parkplatz zum Eis, und je weiter sich die beiden zurückziehen, desto länger wird dieser Teil der Tour. Heli-Hiking und Heli-Ice-Climbing erlauben bei gleichem Zeitaufwand inzwischen mehr Zeit auf dem Eis, nur muss man tiefer in die Tasche greifen: Flug auf den Gletscher, Wandern bzw. Klettern dort oben, und Flug zurück kosten mindestens 400 NZD. Bei geführten Wanderungen zur Gletscherfront kommt man dem Eis nah, schont aber die Reisekasse. Diese Tour kann man bei Beachtung der Sicherheitshinweise auch auf eigene Faust machen, nur aufs Eis sollte man ohne ortskundigen Guide nicht gehen.

(S. 377) informiert ein DOC Visitor Centre speziell über diese World Heritage Area.

Unter den Gletschern

Franz Josef und Fox Glacier züngeln von fast 3000 m Höhe an der Westseite des Alpenhauptkammes bis in die Regenwaldzone des Voralpenlandes hinunter. Ihren Ursprung haben die gefrorenen Flüsse in großen Schneefeldern, sogenannten Akkumulationsgebieten. Dort sind die Niederschlagsmengen mit bis zu 15 000 mm pro Jahr – über 50 m Neuschnee – noch bis zu dreimal höher als im wahrlich nicht trockenen Tiefland. Jeder Neuschnee drückt ältere Lagen zusammen. So wird aus lockeren Schneeflocken körniger Firn und dann immer festeres Eis. Je blauer das schimmert, desto weniger Luftbläschen enthält es, folglich ist es stärker gepresst und älter. In ›warmen Gletschern‹, so nennen Fachleute Gletscher gemäßigter Klimazonen, verstärkt während der Sommermonate einsickerndes Schmelzwasser von der Oberfläche die Eisbildung.

Dort, wo das Eis auf dem Felsen aufliegt, bekommt indes ein anderes physikalisches Gesetz eine im wahrsten Sinne tragende Bedeutung: Druck erzeugt Wärme. So kann Wasser entstehen, das zwischen Gestein und Eis wie eine Schmierschicht wirkt. Darüber folgt die gewaltige Masse derweil den Gesetzen der Schwerkraft und drängt talwärts. Der Gletscher fließt.

Immer im Fluss

Aus Flightseeing-Perspektiven erkennt man Oberflächenstrukturen, die zeigen, dass die Geschwindigkeiten verschiedener Abschnitte desselben Gletschers sehr unterschiedlich sein können, beeinflusst von Hangneigung, Untergrund, Temperaturen in unterschiedlichen Höhen usw. Beim Franz Josef wurden Spitzengeschwindigkeiten von 8 m am Tag gemessen, 2–3 m sind durchaus normal; damit gehört er zu den Rasern der Gletscherwelt. Der Tasman Glacier (S. 346) im niederschlagsarmen Osten der Southern Alps, schafft mit Mühe 50 cm. Die Fließgeschwindigkeit des Franz Josef machte ein Unfall in den 1940ern deutlich. Ein Flugzeug rutschte nach der Notlandung in eine Spalte und kam fünf Jahre später und vier Kilometer tiefer wieder zum Vorschein.

Während Gletscher in den Hochlagen durch Neuschnee wachsen, schmelzen sie unten ab. Das Verhältnis von Abschmelz- und Fließgeschwindigkeit bestimmt, ob ein Gletscher größer oder kleiner wird. Zwar ist seit dem frühen 18. Jh. ein grundsätzlicher Rückgang von Franz Josef und Fox zu beobachten, aber irgendwie vollführen die beiden eine Springprozession.

Unberechenbar

Immer wieder gibt es Phasen, in denen die Gletscher des Westland wachsen. Wie schwierig es ist, diesen ständigen Wandel zu beschreiben, hat mir der Franz Josef-Gletscher schon deutlich gezeigt. Als ich das erste Mal über Neuseeland schrieb, war er im Vormarsch. Begründung: Die Klimaerwärmung führt zu vermehrter Wolkenbildung über der Tasman Sea, das sorgt für mehr Schneenachschub in den Hochlagen, wo sich der Gletscher speist. Kaum war das veröffentlicht, zog sich der Franz Josef rapide zurück. Begründung: Die Klimaerwärmung lässt ihn unten schneller schmelzen, als von oben Eis nachgeschoben wird. Also alles neu formuliert. Bei meinem letzten Besuch war er dann noch kleiner geworden, ich musste noch länger durch das Schotterbett des Waiho River zum Eis laufen. Und kurz vor Manuskriptabgabe dieses Buches erzählt mir eine liebe Bekannte, die nahe Franz Josef lebt, am Telefon: »Der Gletscher ist zur Zeit so unheimlich. Er wächst total schnell. Dauernd kracht es und knackt es.« Ich habe erst gar nicht nach der Begründung gefragt. An den Wegen zu den Gletschern von Franz Josef und Fox sind alte Ausdehnungen mit Jahreszahlen angezeigt. Während der letzten Eiszeit vor rund 15 000 Jahren küssten beide Gletscherzungen sogar die Wellen der Tasman Sea, fast 25 km von ihren heutigen Endpunkten entfernt.

Gletscher prägen ihre Umgebung, schleifen die Seiten der Täler, in denen sie herab-

Immer weiter zieht sich der Franz Josef Glacier zurück

fließen, und lagern das mitgerissene Material als End- oder Seitenmoränen ab. Entsprechende Spuren sind gerade in Rückzugsgebieten gut zu erkennen. Die höchsten sichtbaren Schleifspuren an den Talwänden oberhalb von Franz Josef und Fox Glacier stammen von einer starken Ausdehnung gegen Ende einer weltweit registrierten Kälteperiode vom 13. bis zum 18. Jh.

Franz Josef Glacier

Wie kommt ein neuseeländischer Gletscher an den Namen Franz Josef? Die übliche Antwort: Julius von Haast benannte ihn 1865 nach Kaiser Franz Josef I. von Österreich. Aber warum? Der Geologe Haast war in Bonn geboren und suchte für die Provinz-Regierung von Canterbury im Westland nach Bodenschätzen. Haast war jedoch mit dem Kollegen Ferdinand Hochstetter eng befreundet, der als Geologe in Diensten der Donaumonarchie auf dem österreichischen Expeditionsschiff Novara nach Neuseeland kam. Die beiden unternahmen zusammen mehrere Expeditionen im Land. Die Benennung des Gletschers nach dem österreichischen Kaiser war also in erster Linie ein Gruß an den Freund in Wien. Voll tragischer Poesie ist hingegen der Maori-Name *Ka Roimata o Hinehukatere*, der auf die Legende von einer jungen Frau zurückgeht, die in den Bergen ihren Liebsten verliert und einen Strom von Tränen vergießt, der zu Eis wird.

Ausgangspunkt aller Erkundungen des Gletschers ist **Franz Josef Village,** Maori Name Waiau. Der Ort besteht vor allem aus Unterkünften, Restaurants, Ticketbüros, Souvenirshops und einem Supermarkt – permanent leben hier nur 300 Menschen. Der schönste Weg vom Dorf zum Gletscher ist der **Callery-Waiho Walk** durch den Regenwald über dem Nordufer des Waiho River.

Nach gut 6 km quert man den Fluss auf der fast 80 m langen Douglas Swingbridge und erreicht vorbei an Peters Pool, einem Spiegelsee, in dem sich bei Windstille Gletscher und Berge spiegeln, den großen Gletscherparkplatz (ca. 3–3,5 Std.). Die Mehrheit der Besucher nimmt dorthin jedoch die befestigte Schotterstraße oder den parallelen Te Ara a Waiau Fuß- und Fahrradweg (Auto 5–10, Rad 20–30, zu Fuß 60–70 Min.) am Südufer des Waiho River entlang.

Am Parkplatz beginnen der steile **Sentenial Rock Walk** (30 Min. h/z) zu einer Aussichtsplattform hoch über dem Flusstal mit perfektem Gletscherblick sowie der **Franz Josef Glacier Walk** (1,5 Std. h/z), der Weg zum Eis. Der wird häufig vom DOC gesperrt: Schneeschmelze im Frühjahr oder Starkregen überfluten das Flusstal, durch das sich der Weg schlängelt, und selbst bei schönem Wetter kommt es manchmal zu Eisabbrüchen oder sturzflutartigen Gletscherläufen, wenn sich unter dem Eis aufgestautes Wasser einen Weg nach draußen bahnt. Die DOC-Broschüre ›Glacier region walks‹ zeigt alle Wege.

Und wenn das Wetter gar nicht mitspielen will, sieht man zur Not die Gletscherwelt im Kinosaal des Alpine Adventure Centre an der Hauptstraße gleich neben dem Zugang zum Heli-Landeplatz (Erw. 12 NZD).

Infos

Westland Tai Poutini National Park Visitor Centre Franz Josef (DOC): Main Road, Franz Josef, Tel. 03-752 0796, www.glaciercountry.co.nz.

Übernachten

Drei in einem ▶ Rainforest Retreat/Rainforest Backpackers/Rainforest Holiday Park: 46 Cron St, Franz Josef, Tel. 03-752 0220, [fc] 0800 873 346, www.rainforestretreat.co.nz, www.rainforestbackpackers.co.nz, www.rainforestholidaypark.co.nz. Rustikal im Blockhausstil, groß und mit intimen Stellplätzen im Regenwald (ca. 33–39 NZD), Hütten (ab 70 NZD), komfortablen Motel-DZ (Sommer ab 155 NZD) und edlen Blockhaus-Chalets (bis 335 NZD). Der angeschlossene Backpacker (Bett ca. 30, DZ ca. 112 NZD) wird gern von munteren Gruppen frequentiert. Und egal, ob man auf dem Gelände wohnt oder anderswo im Dorf, ist das **Monsoon** eine populäre Anlaufstelle mit herzhafter Küche – Lamm, Beef, Lachs – und gut bestückter Bar. HG 20–30 NZD.

Guter YHA Backpacker ▶ Franz Josef Glacier YHA: 2–4 Cron Street, Tel. 03-752 0754, yha.franzjosef@yha.co.nz. Mehrbettzimmer ab 23, viele Doppelzimmer, teilweise mit Bad/WC, ca. 70–100 NZD.

Essen & Trinken

Die drei an der Hauptstraße ▶ Beeches, Blue Ice Café und **Speights Landing Bar** unterscheiden sich, was Karte, Preise (HG 20–30 NZD) und Qualität angeht, nicht sonderlich und überall kann man nach dem Dinner auch ein Bier trinken – oder zwei ...

Einkaufen, Aktiv

Entlang SH6 reihen sich **Buchungsbüros** der Hike-, Flight- und Rafting-Anbieter, oft gepaart mit einem **Souvenirshop.** Outdoor-Kleidung und T-Shirts mit Applikationen, die Bezug zur Region oder zu den Gletschern haben, sind populär. Zu Aktivitäten s. aktiv unterwegs 371.

Verkehr

Linien-, Shuttle- und Backpackerbusse holen ihre Fahrgäste an den wichtigsten Unterkünften ab.

Fox Glacier

SH6 windet sich zwischen Franz Josef und Fox 25 zeitraubende Kilometer durch die Berge. Auch **Fox Glacier Township** besteht hauptsächlich aus Unterkünften, Lokalen und Touristenshops und hatte bei der letzten Volkszählung mit knapp 400 sogar etwas mehr dauerhafte Einwohner als Franz Josef.

Dem Fox River knapp 2 km südlich der Siedlung folgen zwei Pisten Richtung Gletscher, aber nur die Glacier Road am Nordufer bietet vom Ende in 1–1,5 Std. hin und zurück einen Zugang direkt ans Eis des Gletschers.

Der markierte Weg führt über recht instabile Hänge, das kann zu Sperrungen, Umleitungen und Verzögerungen führen. Am Gletscher-Terminal selbst sind großflächige Absperrungen üblich, da es oft zu Eisabbrüchen kommt. Von der Glacier View Road am Südufer des Fox River besteht Zugang zu einem Aussichtspunkt, eine Fußgänger-Hängebrücke verbindet im Tal beide Zufahrten.

In Fox angekommen stellt sich immer die Frage: Reicht das Tageslicht noch für einen Blick auf die Spiegelungen von Neuseelands höchsten Gipfeln im **Lake Matheson?** Die beste Zeit ist kurz vor Sonnenuntergang, wenn sich der Wind zur Nachtruhe legt und das Alpenglühen die Szene geradezu verkitscht. Man läuft vom Parkplatz (5 km westl. Fox) noch etwa 45 Min. über gut präparierte Waldwege zum besten Aussichtspunkt. Für den Rückweg empfiehlt sich eine Taschenlampe. Schaffen Sie es am Abend nicht, gibt's noch eine Chance am nächsten Morgen zum Sonnenaufgang über den Southern Alps, dann ist es in der Regel noch windstill und klar. Tagsüber verweht Wind meist die berühmten Spiegelbilder. Dann fährt man besser die Cook Flat Road weiter zum Gillespies Beach hinaus: 10 km westlich Fox, kurz bevor der Asphalt endet, erlaubt der **Peak View Point** einen Panoramablick auf den Fox Glacier fast in seiner ganzen Länge und die Gipfel der Southern Alps inklusive Aoraki Mt Cook.

Der **Gillespies Beach** ist 21 km westlich Fox am Ende einer schmalen kurvenreichen Schotterpiste erreicht. Die bescheidenen Hinterlassenschaften eines späten Goldrausches in den 1930ern lohnen den Weg nicht, wohl aber der Strand. Das mehrere Kilometer lange Schotterband lockt sicher nicht zum Baden, mehr zum Staunen. Tausende von Baumstümpfen, Ästen, Wurzeln, manchmal ganze Baumriesen hat das Meer hier abgeladen. Viele Stämme sehen wie Skulpturen aus, oft helfen kreative Geister nach und drapieren die Funde künstlerisch.

Vom ausgeschilderten Parkplatz in den Dünen führen Walks und Tracks die Küste

Erkundung des Fox Glacier

entlang nach Norden und folgen teilweise einem alten Packweg der Goldgräberzeit, der Küstensiedlungen verknüpfte. Eines der Ziele ist die Robbenkolonie am **Galway Beach** (3–4 Std. hin und zurück).

Übernachten

Stilvolles, komfortables B&B ▶ **Te Weheka Inn:** SH6, Tel. 03-751 0730, [fc] 0800 313 414, www.tewekeha.co.nz. DZ je nach Saison ca. 335–395 NZD.

Tolle Sicht auf die Berge ▶ **Fox Glacier Holiday Park:** Kerrs Rd, Tel. 03-751 0821, [fc] 0800 154 366, www.fghp.co.nz. Ca. 1 km vom Ortskern, Stellplätze 34–39 NZD, Hütten und Zimmer 60–210 NZD.

BBH-Backpacker in zentraler Lage ▶ **Ivory Towers Lodge:** Sullivan Rd, Fox Glacier, Tel. 03-751 0838, www.ivorytowers.co.nz. Der Besitzer wirkt bärbeißig, führt seinen Backpacker aber mit Herz und Erfahrung. Kleine DZ ab 73 NZD, mit Bad 87, Schlafsaalbett ab 28 NZD.

Essen & Trinken

An der Hauptstraße ▶ **Cook Saddle Café and Saloon:** 19 SH 6, Tel. 03-751 0700. Von der Außenterrasse hat man einen voyeuristisch-schönen Blick auf das Leben im Ort und abends futtern einem manchmal Keas die Pommes vom Teller – die Küche ist rustikal wie das ganze Lokal (HG ca. 15–30 NZD).

Am Lake Matheson ▶ **Matheson Café:** Lake Matheson Rd, Tel. 03-751 0878. Es verwundert kaum, neben einer Weltklasse-Attraktion wie dem ›Spiegelsee‹ Lake Matheson ein Café (HG mittags bis 20 NZD, abends 25–35 NZD) und einen gut sortierten Souvenirshop, **ReflectioNZ Gifts and Gallery,** zu finden – verwunderlich nur, dass an solch einem Ort auch das Preis-Leistungsverhältnis stimmt!

Die südliche West Coast

Fox liegt nur 30 km Luftlinie von Aoraki Mt Cook Village (S. 344) jenseits des Alpenhauptkammes entfernt, eine Überquerung zu Fuß – möglich über den 2150 m hohen Copland Pass – ist jedoch erfahrenen Alpinisten vorbehalten. Ein Trost: Die Straße, die das Alpenmassiv im Süden umfährt, zählt zu den schönsten Neuseelands. Allerdings versperren südlich von Fox auf vielen Kilometern Bäume die Sicht und man lechzt geradezu nach Lücken, durch die man Blicke auf die schneebedeckten Alpengipfel erhascht.

Für Durchblick zu den Alpen sorgt schließlich der **Lake Moeraki.** Vom Westende des Sees führt der Monro Beach Walk (1–2 Std. h/z) zu einer Bucht an der Tasman Sea, die als Nistplatz des seltenen Fiordland Crested Pinguin, dt. Dickschnabelpinguin, bekannt ist. Er ist von den anderen Arten im Land an den gelblichen Federn zu unterscheiden, die wie buschige Augenbrauen den Kopf schmücken. Die Pinguine sind etwa von Juli bis Dezember hier zu beobachten.

Übernachten, Aktiv

Inbegriff eines ökologischen Luxustourismus ▶ **Wilderness Lodge Lake Moeraki:** Lake Moeraki, Tel. 03-750 0881, www.wildernesslodge.co.nz. Naturerleben und -verstehen im Einklang mit perfekter Gastronomie. Touren führen die Gäste in den umgebenden Regenwald oder zu den Stränden an der Tasman Sea, Kajaks stehen zur Verfügung. Übernachtung inkl. Frühstück, Dinner und tgl. mind. zwei Naturaktivitäten je nach Zimmerkategorie und Saison 400–500 NZD/Pers.

Knights Point und Ship Creek

▶ D 16

Wenige Kilometer südlich windet sich SH6 über ein kleines Vorgebirge und erreicht am **Knights Point** den besten Straßen-Aussichtspunkt der südlichen West Coast hoch über einer imposanten Steilküste. Vor 1965 gab es hier keine Straße, Franz Josef und Fox lagen bis dahin am Ende einer Sackgasse von Norden. Erst ab 1965 schloss sich am Knights Point die letzte Lücke, durchgängig asphaltiert war SH6 nicht vor 1995.

Wieder in flacheren Gefilden lohnt **Ship Creek** einen Stopp. Ein Aussichtsturm verschafft den Überblick über Strand und Dünen, Schautafeln erklären die Natur. Eine geht auf Sandflies ein – und das nicht zufällig: Die Plagegeister haben im Sumpfland hinter dem Strand einen idealen Lebensraum. Zwei Walks erschließen die so unterschiedlichen Landschaftstypen, der **Kahikatea Swamp Forest Walk** (20 Min.) folgt dem von verrottendem Pflanzenmaterial tief braun gefärbten Flüsschen Ship Creek unter der Straße hindurch in das Sumpfland, der **Dune Lake Walk** bleibt in Strandnähe und führt dort zu einem See (ca. 30 Min.). Der Name Ship Creek geht auf das Wrack des Dreimasters Schomberg zurück, das vor der Flussmündung auf dem Meeresgrund liegt. Der Segler havarierte 1855 bei seiner Jungfernfahrt von England nach Melbourne vor der australischen Küste. Mannschaft und Passagiere kamen heil an Land, der Rumpf machte sich aber selbstständig und driftete als Geisterschiff 1900 km über die Tasman Sea bis zu dieser letzten Ruhestätte.

Haast ► D 16

Der **Haast River** wird von der mit fast 750 m längsten einspurigen Straßenbrücke Neuseelands überquert. Möge sich das Wetter von der guten Seite zeigen, denn ein Bild von der Brücke über das breite, in der Sonne weiß leuchtende Schotterbett des verästelten Flusses umrahmt von tiefgrünem Wäldern mit vielleicht schneebedeckten Gipfeln im Hintergrund und das ganze unter tiefblauem Himmel – das ist ein Fotoklassiker. Am Nordufer des Flusses startet neben der Brücke das große, geschlossene Jetboat von **Haast River Safari** zu einem Trip den Fluss hinauf – die derzeit gesittetste Form des Jetboating im Lande (Tel. 03-750 0101, [fc] 0800 865 382, www.haastriver.co.nz, 2–3 x tgl. ca. 90 Min., Erw. 139 NZD).

Südlich der Brücke fällt das moderne **DOC Visitor Centre** für das **South West New Zealand World Heritage Area** auf. Für die Ausstellung zur Entstehung und Natur des von der Unesco zum Weltnaturerbe geadelten Naturschutzgebietes sollte man etwa eine halbe Stunde einplanen (gratis).

Haast, so unscheinbar es wirken mag, ist die einzige nennenswerte Siedlung auf gut 260 km zwischen Fox und Wanaka und bietet dem Durchreisenden vom Café – immer gut für einen kleinen Stopp ist das Fantail Café (tgl. 7–16 Uhr) direkt an der Dorfstraße – über verschiedenste Unterkünfte und einen kleinen Supermarkt bis zur Tankstelle alles Notwendige. Dass hier ein breites Zimmerangebot besteht, ist in erster Linie den fischreichen Gewässern der Umgebung geschuldet. Angler gehen hier gern auf Forellen und Lachse, auch Jäger sieht man häufig. Außerdem stoppen hier preisbewusste Busgruppen, die das Gedränge und die Preise von Fox meiden wollen.

Infos

Haast Visitor Centre (DOC): SH6 (südlich Haast River Bridge), Haast, Tel. 03-750 0809, www.haastnz.com.

Übernachten

Vielfalt zum Übernachten ► Aspiring Court Motel and Haast Lodge & Motorpark: Marks Rd, Haast, Tel. 03-750 0703, [fc] 0800 500 703, www.haastlodge.com. Alles in einer Hand, aber auf verschiedene Gebäude verteilt – vom etwas ältlichen Backpacker (Mehrbettzimmer 24 NZD/Pers., DZ ab 56 NZD) bis zu ›motel units‹ (bis zu 6 Pers., ca. 80–140 NZD) sowie einfache Hütten.

Hier machen Kiwis gern Urlaub ► Haast Beach Holiday Park: Jacksons Bay Rd (15 km südl. Haast), Tel. 03-750 0860, [fc] 0800 843 226, www.accommodationhaastpark.co.nz. Familienfreundlich, im Mündungsdelta mehrerer Flüsse bei Okuru. Der Hapuka Esturay Walk, ein Paradiespfad für Ornithologen, gleich gegenüber. Stellplätze 30–32, Hütten und Apartments 45–110 NZD.

Jackson Bay Road – der unbekannte Süden ► C/D 16

Wer Küstenstraßen liebt, darf auf den Abstecher nach Jackson Bay nicht verzichten. Hinter Dünen breitet sich eine flache, feuchte, dicht bewaldete Schwemmlandebene mit breiten Flussmündungen aus. Anders als am

Tipp: Jetboat zwischen Bergen und Meer

Einer der großen Flüsse, die von den Bergen herunter kommen, ist der Waiatoto River, Revier von **Waiatoto River Safari.** Deren Jetboat flitzt über unzählige Stromschnellen weit in die Bergwelt des World Heritage Park hinein. Die 2,5-stündige Spritztour mit nicht zu verachtendem Thrill-Faktor wirft aber auch einen Blick auf die Mündungslagune des Flusses am Meer und ist damit eine der abwechslungsreichsten Jetboat-Fahrten im Land (Tel. 03-750 0780, [fc] 0800 538 723, www.riversafaris.co.nz, 3 x tgl., Erw. 199 NZD; Treffpunkt zur Tour: Hannahs Homestead, Hannahs Clearing, Jackson Bay Rd, ca. 19 km südl. Abzweiger in Haast).

SH6 nördlich Haast liegt die grüne Wand, aus deren dichtem Unterholz Baumriesen wie Rimu und Kahitakehe herausragen, so weit von der Straße zurück, dass man über den Wipfeln noch etwas von den Bergen sieht.

Jackson Bay wurde als Walfang-Station geboren, sollte später zur Hafenstadt für die südliche West Coast ausgebaut werden, was in einem Fiasko endete. Dann planten US-Militärs eine große Basis, was dem Nest eine hervorragende Straße und einen großen Pier brachte, doch wurden die Pläne aufgegeben. Heute nutzt eine kleine Flotte von Fischerbooten diesen Pier.

Am **Jackson Head,** dem Landvorsprung, der die Bay vor den Wellen der Tasman Sea abschirmt, brüten von August bis Dezember regelmäßig Dickschnabelpinguine und die seltenen Hector Dolphins, die kleinsten Delfine überhaupt, sind häufig Gäste in der Bucht. Bootstouren zur Beobachtung bietet im Sommer **Round About Haast** (Tel. 03-750 0890, www.roundabouthaast.co.nz). An Land kann man derweil Relikte der ersten Siedlung erkunden, z. B. jenen vom Urwald bald ganz überwucherten Friedhof kurz vor Jackson Bay. Und zur Stärkung gibt's im ›Ort‹ gleich neben dem Pier einen Imbiss mit Kultstatus: **Craypot** (Tel. 03-750 0035; Fish & Chips immer, in der Saison Whitebait, auch Hot Dogs & co.; ab 10 NZD kann man gut satt werden; tgl. mind. 12–18.30 Uhr).

Die **Jackson River Road,** die nach der Überquerung des Arawhata River von der Jackson Bay Road abbiegt und gut 18 km als Piste weiter nach Süden bis über den Martyr Saddle führt, ist in der Tat ein Martyrium für jeden Nicht-Geländewagen, aber fahrbar. Warum? Selbst in Neuseeland habe ich selten eine Landschaft so archaisch und unberührt empfunden wie die, die man vom Cascade Viewpoint über das weite **Cascade River Valley** sieht. Man spürt fast die Vibrationen, wenn unten die Dinosaurier durch die Ebene trampeln.

Politiker sind auch in Neuseeland immer für Überraschungen gut und so lag schon ein ernst gemeinter Vorschlag auf dem Tisch, die Straße von Haast nach Jackson Bay über die Piste zum Cascade River weiter nach Süden auszubauen und sie durch das Hollyford Valley (S. 443) an die Milford Road und damit die West Coast an die Touristenströme im Fiordland anzuschließen – zwischen den Asphaltenden auf beiden Seiten liegen nur 80 km Luftlinie. Bisher blieb es bei dem Vorschlag, und so wird die Fahrt von Haast ins ›benachbarte‹ Fiordland wohl noch viele Jahre über Wanaka, Queenstown und Te Anau führen – rund 500 km bis zum Hollyford Valley.

Haast Pass ► D 16

SH6 folgt östlich von Haast viele Kilometer dem Haast River mit wunderbaren Aussichten auf die von dichtem Wald überzogenen Westhänge der Southern Alps und überquert dann deren Hauptkamm – **The Main Divide** – auf dem mit nur 563 m niedrigsten Straßenpass, dem Haast Pass. Bevor man sich auf den Weg macht, empfiehlt sich in einem der umliegenden DOC Visitor Centre der Kauf der Broschüre ›Walks along the Haast Highway‹, ein Leitfaden für gut ein Dutzend markierter Walks und Tracks zu donnernden Wasserfällen, verzauberten Schluchten und den wichtigsten Aussichtspunkten entlang der Route. Manche Attraktion erfordert nur wenige Minuten, verbirgt sich aber vor dem Blick von der Straße, so dass man sonst leicht vorbeifährt. Der Spaziergang zu den **Thunder Creek Falls** noch auf der West Coast Seite des Passes (5 Min.) und der **Blue Pools Walk** durch einen lichten Silver-Beech-Wald (30 Min.) sind zwei empfehlenswerte Spaziergänge unterwegs.

In **Makarora** sind die Alpen endgültig überquert. Die Zivilisation steht Spalier: Ein DOC Visitor Centre, eine Tankstelle mit Restaurant und Bar, i-Büro und Hüttenpark, ein kleiner Flugplatz, von dem meist ein paar Maschinen direkt neben der Straße geparkt sind, sowie ein Anbieter von Jetboat- und Helikopter-Touren. Wilkin River Jets war Ende der 1960er einer der ersten Anbieter von touristischen Jetboat-Fahrten im ganzen Land. Die Touren über den Wilkin River, einen Nebenfluss des großen Makarora River, dem die Straße folgt, setzen weniger auf den Thrill als auf die grandiose Landschaft, die man durchfährt – Spaß und den ein oder anderen 360°-Dreh gibt es aber garantiert auch!

Eine Jetboat-Tour ist immer Teil der geradezu legendären **Siberia Experience,** die ebenfalls in Makarora startet. Southern Alps Air fliegt die Teilnehmer in 25 Min. über die Bergwelt zu einer Piste im Siberia Valley. Von dort wandert man knapp 3 Std. durch das von dichtem Südbuchenwald durchzogene Tal zum Wilkin River, steigt in ein Jetboat und rast damit in etwa 30 Min. durch das weite Flusstal nach Makarora zurück. Ähnlich, jedoch mit einem Helikopterflug ins Gelände, verläuft **Siberia Wilderness Adventure**.

Am **Lake Wanaka** ist die von Eiszeitgletschern geschaffene Seenplatte erreicht, die für die Landschaft östlich des Alpenhauptkammes charakteristisch ist. Die Straße schmiegt sich für einige Kilometer an die Hänge über dem Seeufer, kommt am Boundary Creek zum Wasser hinunter: ein beliebter Picknickplatz, an dem auch Campen erlaubt ist. Über den Pass The Neck wechselt SH6 dann zum benachbarten **Lake Hawea,** der wie viele Seen der Region künstlich reguliert wird, um das ganze Jahr hindurch die Wasserversorgung der Kraftwerke im Clutha River zu sichern. Schließlich ist Wanaka erreicht – Fahrzeit ab Makarora ca. 45 Min.

Infos

DOC Makarora Visitor Centre: Haast Highway 6, Makarora, Tel. 03-443 8365, Fax 03-443 8374, makaroravc@doc.govt.nz, Dez.–Febr. tgl., März Mo–Fr 8–17 Uhr.
Informationen und Buchungen auch im **Makarora Wilderness Resort** (s. u.)

Übernachten, Essen & Trinken

Hier findet man alles in einem ▶ Makarora Tourist Centre: SH6, Makarora, Tel. 03-443 8372, [fc] 0800 800 443, www.makarora.co.nz. Tourist-Info und Buchungscenter Café, Cafeteria, Restaurant (im Sommer mit Frühstücks-, Lunch- und Dinner-Buffet, im Winter abends à la carte), Kneipe, Tante-Emma-Laden, Post-Shop, Flughafenbüro für Direktflüge nach Sibirien, Tankstelle sowie Unterkünfte vom Backpacker (ab 28 NZD/Pers., DZ 70 NZD) bis zu gut ausgestatteten Hütten (ab 85 ohne/120 NZD mit Bad). Stellplätze 24–28 NZD.

Aktiv

Das volle Quantum Abenteuer ▶ Inside New Zealand Wilderness Adventures: Makarora Base, SH6 (neben dem Makarora Tourist Centre), [fc] 0800 538 945, www.insidenz co.nz. Es handelt sich um einen Zusammenschluss von **Wilkin River Jets** (Tel. 03-443 8351, www.wilkinriverjets. co.nz) und **Backcountry Helicopters.** Spritztouren mit dem Jetboat (Erw. 98 NZD), Flightseeing mit dem Helikopter im Aspering National Park (ab 300 NZD), Kombis Flug-Jetboat und Flug-Walk-Jetboat (360 NZD).

Milford, Mt Cook, Sibirien ▶ Southern Alps Air: Tel. 03-443 4385, [fc] 0800 345 666, www.southernalpsair.co.nz. Angeboten wird Flightseeing ab Makarora oder Wanaka u. a. über den nahen Mt Aspiring (Erw. 230 NZD), zum Milford Sound inkl. Bootstour (450 NZD) oder via Fox und Franz Josef Glacier rund um Mt Cook (410 NZD), außerdem die Siberia Experience (340 NZD).

White Water Rafter am Oxenbridge Tunnel bei Queenstown

Kapitel 4

South Island – der Süden

Abenteuer, Action, Albatrosse, Bungee-Jumping, Delfine, Jetboating, Goldwaschen, Kakapos, Keas, Kultur, Natur, Pinguine, Regenwald, Seelöwen, Skipisten, Strände, Tracks, Wasserfälle – kann man überhaupt aufzählen, was der Süden der Südinsel alles hat? Protzige Bauten zeigen in Oamaru, Dunedin oder Invercargill, wie locker das Geld früher saß – koloniale Kulturgeschichte. Im Southern Lakes District prallen alte Goldgräberzeiten auf modernen Action- und Partytourismus. Devise: ›really awesome‹ schneller, höher, wilder! In den Catlins, im Fiordland und auf Stewart Island finden indes Naturliebhaber ihre Erfüllung.

Wanaka und Queenstown sind Ganzjahresziele, sonst wirkt das touristische Angebot von Mai bis Oktober eingeschränkt. Will man den Süden inlusive Catlins und Stewart Island – unter 2 Tagen zu viel Aufwand – richtig kennenlernen, sind 7 bis 10 Tage schnell verplant. Viele Besucher reduzieren die Region indes auf ein Kompaktprogramm Dunedin – Queenstown – Milford Sound, praktischer Weise mit einer Overnight Cruise im Fiordland kombiniert. Da reichen 3–4 Tage. Aber zur Kür: Biker machen 3–5 Tage auf dem Otago Rail Trail, Naturlieber investieren in den Catlins oder auf Stewart Island zusätzliche Tage, Adrenalin-Junkies in Wanaka oder Queenstown, Trekkingfans rund um Te Anau, Wanaka oder Tuatapere. Wer Kultur wie Natur huldigt, hängt in Dunedin ein paar Nächte an.

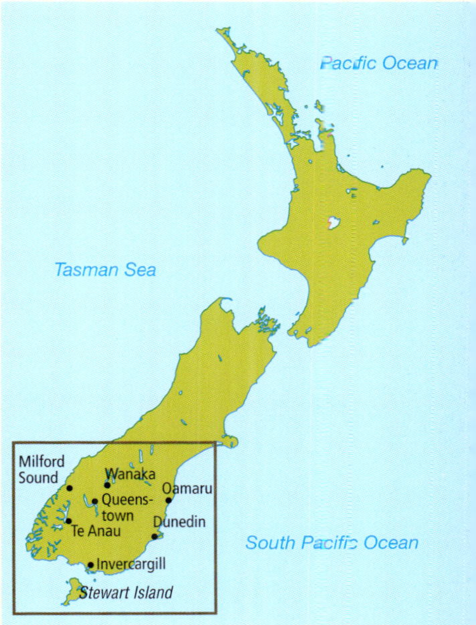

Auf einen Blick

South Island – der Süden

Sehenswert

10 **Oamaru:** Parforce-Ritt durch Europas Architekturgeschichte und Spalierstehen für Blaue Pinguine (S. 385).

11 **Dunedin:** Die quirlige Uni-Stadt mit Kilt-Faktor fusioniert Kulturerlebnisse und Naturbegegnungen (S. 392).

12 **Fiordland National Park:** Die tiefsten Fjorde und einsamsten Küsten bilden Neuseelands größten Nationalpark (S. 439).

13 **Stewart Island:** Eine Naturperle am Rande der Welt mit viel Flair, Trekking-Routen und tagaktiven Kiwis (S. 452).

Schöne Routen

Southern Scenic Route: Die 612 km lange Touristenroute von Queenstown durch den tiefen Süden via Te Anau, Invercargill und die Catlins bis Dunedin (S. 448) passt perfekt in jede große Neuseelandrundreise. Von der West Coast (Haast Pass, S. 361) oder aus dem MacKenzie Country (Lindis Pass, S. 333) kommend, gibt es jeweils ca. 150 km lange Anschlüsse via Wanaka und die Cardrona Road nach Queenstown oder alternativ ab/bis MacKenzie Country eine 235 km lange Fahrt zwischen Omarama (S. 323) und Dunedin via Oamaru an der Otago-Küste entlang.

Milford Road: Eine der spektakulärsten Sightseeing-Straßen der Welt ist die 120 km lange Sackgasse von Te Anau bis zum Milford Sound (S. 442).

Meine Tipps

Otago Peninsula – Wildlife hautnah: Die besten Tour-Anbieter und mein Rundfahrtvorschlag für Selbstfahrer (S. 399).

Kreuzen durch die Nacht: Kreuzen und Schlafen auf Milford oder Doubtful Sound (S. 445) garantieren bestes Sightseeing. Man spart eine Nacht im Hotel und kann die Milford Road relaxt und antizyklisch zu den Konvois der Tagesbesucher fahren.

Invercargill überrascht: Von Keith Richards gemobbt, von Anthony Hopkins geschätzt, entpuppt sich Invercargill als raue, aber herzliche Perle tief im Süden (S. 450).

Sonnenuntergangspicknick auf Stewart Island: Wein besorge ich schon am Nachmittag und kurz vor Sonnenuntergang dann die dazugehörige Portion Fish & Chips im Kai Kart – fertig ist das perfekte Dinner auf dem Observation Rock (S. 457).

aktiv unterwegs

Taieri Gorge Railway & Otago Central Rail Trail: Eisenbahnnostalgie und viele Kilometer zum Strampeln garniert mit Country-Lifestyle und Goldgräberstimmung – ein Eldorado für Bahnfans und Biker (S. 404).

Fiordland Tracks: Te Anau, die ›Welthauptstadt des Trekking‹, ist Tor zum Fiordland und zum Milford Track und wurde schon vor über einem Jahrhundert als ›the finest walk of the world‹ geadelt (S. 436).

Stewart Island – kleine Gänge, legendäre Tracks: Faszinierende Walks und viele Kilometer einsamer Tracks erschließen Neuseelands ›dritte‹ Hauptinsel. Da stolpern Wanderer über Kiwis, andere versinken fast bis zum Scheitel im Schlamm (S. 456).

Otago

Auf halbem Wege vom Äquator zum Südpol klotzt Oamaru mit europäischer Architektur und lässt blaue Pinguine paradieren. Am Moeraki Beach geben geheimnisvolle Riesenkugeln Rätsel auf. Dunedin trägt schottischen Tartan, lässt Albatrosse kreisen und Yellow Eyed Penguins watscheln. Central Otago setzt auf goldige Erinnerungen, junge Weine und viel Countrylife wie in alten Tagen.

Wege nach Oamaru

Von Norden der Küste folgend (S. 334) erreicht SH1 über die 906 m lange **Waitaki River Bridge** den Waitaki District, den nördlichsten Bezirk an der Küste Otagos. Viele Überseetouristen wählen indes die Route durch das Mackenzie Country an den Southern Alps vorbei und kommen von Omarama (S. 349) auf dem 110 km langen SH83 durch das **Waitaki Valley** am Südufer des Waitaki River aus dem High Country zur Küste herunter. Unterwegs passieren sie Staustufen des Waitaki Hydro Scheme und die davor entstandenen Seen, populäre Wassersportreviere. **Lake Benmore** ist mit gut 80 km^2 Wasserfläche der größte künstliche See im Lande und das Kraftwerk am Benmore Dam das größte im Waitaki Hydro-Energie-Verbund, der etwa 20 % der elektrischen Energie Neuseelands liefert. Vor Ort informiert das **Meridian Energy Benmore Visitor Centre** (S. 341) über den verstromten Strom aus Sicht der Betreiber. Das älteste Kraftwerk entstand schon 1928, sein Damm staut den Lake Waitaki bei Kurow. Die letzten 60 km

Tipp: Im Reich der Pinguine

Von Norden kommend erreicht man in Oamaru den Teil Neuseelands, in dem man leicht Pinguine trifft. Einige leben in ›betreutem Wohnen‹ wie Zwergpinguine in Oamaru (s. re.) oder Gelbaugenpinguine im Penguin Place (S. 399) bei Dunedin. Daneben gibt es frei zugängliche Beobachtungsstellen mit Unterständen oder Plattformen, von denen aus man Tiere in freier Wildbahn beobachten kann, wie am Bushy Beach (S. 385). Mein Lieblingsplatz ist Katiki Point (S. 390) nahe Moeraki. Zwei andere schön gelegene Stellen sind die Roaring Bay am Nugget Point (S. 459) und Sandfly Bay auf der Otago Peninsula (S. 399). Nutzen Sie immer angebotene Unterstände bzw. Plattformen und betreten Sie nie Strände, die als Landungsplätze bekannt sind. Forschungen zeigen, dass dort, wo Touristen unkontrolliert Gelbaugenpinguine beobachten, die Jungvögel, die in den Nestern auf Futter warten, leichter, schwächer und kränkelnder sind und dass ihre Mortalität signifikant höher ist als in abgeschirmten oder kontrollierten Nistgebieten. Treffen Sie unbeabsichtigt auf Pinguine am Strand, ziehen Sie sich behutsam zurück und lassen Sie den Tieren ihre Wildnis! Fotografieren Sie niemals mit Blitz! Auf Bitten von Naturschützern nenne ich im Buch keine Beobachtungsplätze ohne entsprechende Einrichtungen.

von diesem Damm zum Pazifik darf der Waitaki ungestört im alten Bett fließen, aber nur, weil Anliegerproteste im Jahr 2004 den Bau von weiteren sechs Kraftwerksblöcken auf diesem Abschnitt verhinderten.

Felsenritzungen und Fossilien

Kalkstein ist das Markenzeichen der Region, und je näher man der Küste kommt, desto auffälliger werden Kalksteinklippen und -berge. Um das unscheinbare **Duntroon** finden sich mehrere Maori-Felsenritzungen (S. 385) wie die **Takiroa Maori Rock Art** am SH83 westlich des Ortes.

Mindestens 30 Mio. Jahre haben Fossilien einer vorgeschichtlichen Meereswelt – u. a. von Pinguinen, Walen und Delfinen – auf den Knochen, die in dem Gestein eingelagert sind. Ihnen widmet sich in Duntroon das **Vanished World Centre** mit Funden und Infos zur Geologe und Paläontologie der Region (SH83, Duntroon, Tel. 03-431 2024, www.vanishedworld.co.nz, Okt.–Juni tgl. 10–16 Uhr, sonst Sa, So 11–15 Uhr, ab 12 Jahre 5 NZD, Familienkarten). Der **Vanished World Heritage Trail** verbindet auf Nebenstraßen das Waitaki Valley mit der Küste um Oamaru und führt zu Fundstätten (Broschüre im Centre oder im i-SITE Oamaru).

SH83 erreicht in Pukeuri SH1. Nahe der Kreuzung kündet eine Tafel, dass man sich auf 45° südlicher Breite befindet, genau auf halbem Weg zwischen Äquator und Südpol. Auf Europa projiziert entspricht das etwa der Höhe von Bordeaux und Turin.

10 Oamaru ▶ F 18

Cityplan: S. 386

Oamaru ist ein Stopp mit Bonus: Man kommt für die Top-Attraktion, die Blue Penguin Colony, und während man darauf wartet, sie abends besuchen zu können, stellt man plötzlich fest: Hier gibt es viel mehr zu sehen als nur Zwergpinguine: Ungewöhnliche Architektur, gepflegte Parks – **Oamaru Public Gardens** 1 zählen zu den schönsten Themengärten Neuseelands – und noch eine Pinguinart, die mit den gelben Augen. Zum Glück gehen sie früher ins Bett als ihre blauen Vettern, sodass der typische Oamaru-Aufenthalt Begegnungen mit zwei Pinguinarten erlaubt. Wann man sie am besten sieht, ist die erste Frage, die man in der Unterkunft oder im i-SITE stellt. Die Zeiten hängen vom Sonnenuntergang ab. Die Yellow Eyed Penguins (S. 400) kommen mit der ersten Dämmerung an Land, die Blue Penguins mögen es lieber ganz Dunkel, das wird um das südliche Mittsommer im Dezember schon mal nach 22 Uhr.

In gelbe Augen geschaut

Der **Lookout** 2 am Ostende der Tamar Street bietet den optimalen Überblick über das Städtchen und seinen Hafen mit der langen Molen. Nach dieser Orientierung ist es nicht weit zum **Bushy Beach** 3, dem nördlichsten Nistplatz der Yellow Eyed Penguins, der Gelbaugenpinguine, in Neuseeland. Der Strand selbst ist ab dem Nachmittag gesperrt, damit vom Meer zu ihren Nestern zurückkehrende Tiere nicht gestört werden, Beobachtungsmöglichkeiten sind von einem Klippenweg hoch über dem Ufer gegeben. Heften Sie den Blick nicht zu sehr auf den Strand, behalten Sie auch das Gebüsch direkt neben dem Weg im Auge – bis dort hinauf krabbeln die seltenen Vögel.

Blues Parade

Sind die Yellow Eyed Penguins im Bett, wird es Zeit, zur **Oamaru Blue Penguin Colony** 4 hinunterzufahren oder zu laufen (Begehbarkeit des Küstenweges unbedingt vorher beim i-SITE erfragen!). Naturfreunde haben 1992 am Hafen einen alten Steinbruch, aus dem das Material für die Hafenmolen stammte, von abgeladenem Müll befreit und mit Büschen, Nistkästen und Mutterboden ein Umfeld geschaffen, wie Blue Penguins es mögen. Die Idee kam von den Pinguinen selbst, einige Paare hatten zwischen dem Müll Quartier bezogen.

Die Pinguine mit dem blauen Kleid, die im deutschen Zwergpinguine und wissenschaftlich *Eudyptula minor* heißen, sind die kleins-

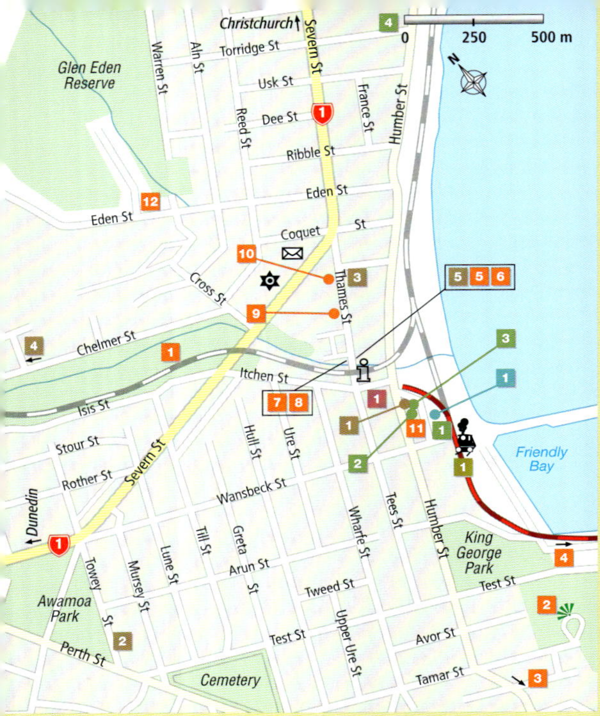

Oamaru

11 Harbour and Tyne Historic Precinct
12 Janet Frame House

Übernachten
1 Criterion Hote
2 Pen-Y-Bryn Lodge
3 Kingsgate Hotel Brydone Oamaru
4 Oamaru Top 10 Holiday Park
5 Empire Hotel Backpackers

Essen & Trinken
1 Star and Garter

Einkaufen
1 The New Zealand Malt Whisky Company
2 Ian Andersen Limestone Carving
3 Harbour St Bakery
4 Whitestone Cheese Factory Shop & Café

Abends & Nachts
1 The Penguin Club

Aktiv
1 Oamaru Steam

Sehenswert
1 Oamaru Public Gardens
2 Lookout
3 Bushy Beach
4 Oamaru Blue Penguin Colony
5 National Bank
6 Forrester Gallery
7 First Post Office
8 Former Post Office
9 North Otago Museum
10 Courthouse

ten aller 17 weltweit bekannten Pinguinarten. Ausgewachsen bringen sie gut ein Kilo auf die Wage und erreichen stehend bis 30 cm Körperhöhe. Selten sind sie an Neuseelands Küsten nicht, aber nirgendwo sieht man sie so leicht und zahlreich wie in Oamaru. Hier ist man auf das späte Nachhausekommen eingestellt: Die Pinguine kommen mit der Dunkelheit in Gruppen – Flöße genannt – von der Nahrungssuche auf offener See zurück, lassen sich mit der Brandung ans Ufer spülen und krabbeln zwischen den Felsen in trockene Gefilde hinauf, sammeln sich noch einmal und tippeln dann vom Ufer zu ihren Höhlen über ein freies Areal, das in gespenstisches, die Vögel jedoch nicht irritierendes Gelblicht getaucht ist (Fotografieren verboten!). An dieser Transitstrecke lauern Zuschauer auf einer eigens gebauten Tribüne, während ein Naturguide den Auftritt der Pinguine kommentiert.

Trotz dieser Vermarktung fühlen sich die Tiere augenscheinlich wohl, die Fortpflanzungsrate in der Showkolonie ist höher als in einer abgeschirmten Kontrollkolonie. Aus 33 Brutpaaren 1992 sind über 200 geworden, und die nisten längst nicht mehr nur in den bereitgestellten Nistkästen, sondern überall im Hafengelände. Wenn Sie ihren Wagen vom Parkplatz holen, schauen Sie vor dem Losfahren unter das Fahrzeug, es könnte sich dort jemand versteckt haben! Auch tagsüber kann man die Kolonie erkunden und dabei den einen oder anderen Pinguin sehen (Waterfront Rd, Tel. 03-433 1195, www.penguins.co.nz, beste Beobachtungszeit Okt.–März. Abends Einlass ca. 1 Std. vor Einbruch der Dunkelheit Erw. 25 NZD, Rundgang am Tage 12 NZD, mit Führung/Info-Vortrag 18 NZD, günstige Kombi- und Familientickets).

Architekturquerschnitt

Der Steinbruch am Hafen ist nicht der einzige um Oamaru: Vor den Toren der Stadt wird der weiße bis cremefarbene Oamaru-Kalkstein gebrochen, besser gesagt gesägt. Der Stein kam im 19. Jh. überall in Neuseeland zum Einsatz, wo es galt, repräsentativ zu bauen. Dafür war der Oamaru Whitestone ideal. Er lässt sich frisch fast wie Holz bearbeiten, härtet an der Luft schnell aus und wird sehr fest. So kann man Fassadendetails herrlich herausarbeiten oder wuchtige Säulen formen.

Das Zentrum von Oamaru, vor allem der südliche Teil der Thames Street, wurde in der zweiten Hälfte des 19. Jh. zum ›Showroom‹ für die heimische Steinindustrie: Griechische und römische Vorbilder standen Pate für die tempelartigen Säulenportale der **National Bank** 5 und der ehemaligen Bank of New South Wales, in der heute die **Forrester Gallery** 6 residiert. Die Sammlung zeigt regionale Kunst, es gibt aber immer wieder auch ambitionierte Sonderausstellungen (9 Thames St, www.forrestergallery.com; tgl. 10.30–16.30 Uhr). Beide Gebäude sind Arbeiten des Stararchitekten Robert Lawson (S. 395), die Fassade der National Bank gilt als sein stilistisch perfektestes Werk.

Auf der anderen Straßenseite beherbergt das **First Post Office** 7 im italienischen Landhausstil ein Restaurant (S. 389) und das deutlich größer ausgefallene **Former Post Office** 8 mit repräsentativem Turm die Bezirksverwaltung für den Waitaki District. Klassizistisch zeigen sich ferner das **North Otago Museum** 9, ein Regionalmuseum mit kulturhistorischer und naturwissenschaftlicher Sammlung (60 Thames St; Mo–Fr 10.30–16.30, Sa u. So 13–16.30 Uhr) sowie das **Courthouse** 10, das Amtsgericht, ein paar Schritte nördlich in der Thames Street.

Restauriertes Hafenviertel

Ein viktorianisches Kronjuwel wartet am Hafen. Das **Harbour and Tyne Historic Precinct** 11 (Kernöffnungszeiten der Shops tgl. 10–16 Uhr) ist ein in dieser Form nirgendwo sonst in Neuseeland erhaltenes Gewerbegebiet aus dem 19. Jh. – größtenteils 1870 bis 1900 gebaut – mit alten Lager- und Bürogebäuden. Man kann mitten drin sogar Quartier nehmen: Das **Criterion Hotel** 1 von 1877 wurde nach einer gut 90-jährigen Pause als Bed & Breakfast Hotel wiederbelebt und besitzt eine urige ›Schankstube‹.

Der Niedergang, den der Hafen ab Mitte des 20. Jh. erlebte, war für das Viertel ein wahres Denkmalschutzprogramm. Als man sich in den 1990ern dieses Schatzes bewusst wurde, war es leicht, die Gebäude zu restaurieren und mit neuem Leben zu füllen, darunter Antiquitäten und ein Oldtimermuseum, Antiquarisches, Kunsthandwerkliches und Künstlerisches, Kulinarisches und Hochprozentiges – **The New Zealand Malt Whisky Company** 1 unterhält in 14–16 Harbour Street ein Lager mit Bar und Shop, ›Geschmacksproben‹ sind möglich.

Tipp: Janet Frame in Oamaru

Die Schriftstellerin Janet Frame (1924–2004, S. 46), durch ihre Bücher und die Verfilmung ihrer ergreifenden Autobiografie ›Ein Engel an meiner Tafel‹ auch in Europa bekannt, wuchs in Oamaru auf. Die Stadt war ihr ›Königreich am Meer‹. Für einen Spaziergang auf Janet Frames Spuren gibt es einen Leitfaden – Janet Frame Trail – im i-SITE. Das **Janet Frame House** 12, 56 Eden Street, in dem die Autorin zwischen 1931 und 1943 Kinder- und Teenagerjahre verlebte, ist im damaligen Stil restauriert und wird für literarische Events genutzt (Nov.–April tgl. 14–16 Uhr, 5 NZD).

Liebevoll restauriert: Criterion Hotel im Hafenviertel von Oamaru

In einem der alten Lagerhäuser, die sich von der Tyne Street bis zur Harbour St durch den Block ziehen, kann man dem Bildhauer **Ian Andersen** 2 (15 Tyne St., www.ianandersensculptor.co.nz) in seinem Studio bei der Arbeit zuschauen. Er formt aus lokalem Oamaru-Kalkstein Skulpturen mit sanften Rundungen, oft von Formen aus der Natur inspiriert. Wer hier kauft, braucht nicht an Übergepäck beim Rückflug zu denken: Die Kosten für einen Versand nach Übersee sind erträglich, weil dann die neuseeländische Mehrwertsteuer entfällt. Ein paar Eingänge entfernt backt in der **Harbour St Bakery** 3 ein Holländer nach deutschen und anderen europäischen Rezepten mit Zutaten aus Bio-Anbau Brot und Kuchen. Für alle Papp-Toast-Geschädigten die wichtigste Adresse in Oamaru (4 Harbour St, tgl. außer Mo ca. 8–16 Uhr). Am muntersten ist das Viertel sonntags von 9 bis 15 Uhr, wenn sich Straßen und Gassen mit dem Trödel- und Antiquitätenmarkt **Harbour Street Market** füllen. Ebenfalls So zuckelt die Oldtimerbahn **Oamaru Steam** 1 mit einer Dampflok an der Spitze von ihrer Harbourside Station hinter dem i-SITE durch das Viertel (www.oamarusteam.org.nz, So 11–16 Uhr, Erw. 8 NZD, Familienkarten).

Infos

Oamaru i-SITE Visitor Centre: 1 Thames St, Oamaru, Tel. 03-434 1656, Fax 03-434 1657, oamaru@i-SITE.org, www.visitoamaru.co.nz.
Stadtrundfahrten: Penguin Express (Tel. 03-437 0753) abendliche Touren mit Besuch beider Pinguin-Kolonien und des historischen Hafenviertels, Erw. 55 NZD inkl. Eintritt.

Übernachten

Ur-viktorianisch ► **Criterion Hotel** 1: Tel. 03-434 6247, www.criterion. net.nz. s. S. 387. DZ ab 105 ohne, 165 NZD mit Bad.
Edel-Unterkunft ► **Pen-Y-Bryn Lodge** 2: 41 Towey St, Tel. 03-434 7939, www.peny

bryn.co.nz. Schöne Lage am Rande der Stadt. DZ 575, Rundumverwöhnung mit Drinks, 4-Gänge-Gourmet-Dinner und Frühstück 125 NZD/Pers. extra.

Moderne Zimmer, klassisches Ambiente ▶ **Kingsgate Hotel Brydone Oamaru 3:** 115 Thames St, Tel. 03-434 0011, www.kingsgateoamaru.co.nz. Das Hotel entstand 1881. Flexible Preise, DZ ab ca. 140 NZD, nicht alle Tarife inkl. Frühstück!

Im Grünen nahe Oamaru Publik Gardens ▶ **Oamaru Gardens Top 10 Holiday Park 4:** Chelmer St, Tel. 03-434 7666, [fc] 0800 280 202, www.oamarutop10.co.nz. Bequeme Entfernung zur City. Neben Stellplätzen ab 40 NZD Hütten und Apartments 65–135 NZD.

Zentrales BBH-Backpacker ▶ **Empire Hotel Backpackers 5:** 13 Thames St, Oamaru, 03-434 3446, www.empirebackpackersoamaru.co.nz. Im historischen Oamaru nahe Kunstmuseum und i-SITE, funktional, Parkplätze. Bett ab 25 NZD, DZ ab 60 NZD.

Essen & Trinken

Pub in historischen Mauern ▶ **The Last Post Pub & Restaurant 7:** 12 Thames St, Tel. 03-434 8080. Mit Biergarten und ›Kiwi-Food‹-Küche. HG ca. 20–25 NZD.

Café & Kneipe, urgemütlich ▶ **Star and Garter 1:** 9 Itchen St, 3 434 5246. Um die Ecke vom historischen Hafenviertel gibt's vom Cappuccino bis zum Dinner mit lokalen Weinen alles, was das Herz begehrt, HG 15–25 NZD.

Einkaufen

Hier wird Käse gemacht ▶ **Whitestone Cheese Factory Shop & Café 4:** 3 Torridge St, Tel. 03-434 8098, www.whitestonecheese.co.nz, tgl. Kernzeit 10–16 Uhr. Probieren, kaufen oder ›lunchen‹.

Abends & Nachts

Kulturclub mit Kultstatus ▶ **The Penguin Club 1:** Emulsion Lane, Tel. 03-434 5634, www.thepenguinclub.co.nz. Versteckt in einem düsteren Durchgang des renovierten Hafenviertels mit Musik, Kleinkunst und Lesungen auf dem Programm. Kein Event kann bei Stimmung und Laune mit der offenen Bühne Fr ca. 20–1 Uhr mithalten (gratis).

Termine

Victorian Heritage Celebrations: Mi–So der 3. Novemberwoche. Stadtfest im Stil der viktorianischen Zeit.

Verkehr

Bus: InterCity tgl. 2–3 x, **nakedbus.com, Atomic Shuttles** 1 x tgl. Invercargill/Dunedin – Christchurch via Oamaru. **Coast Line Tours** (Tel. 03-434 7744, www.coastline-tours.co.nz) Mo–Fr Oamaru–Dunedin mit Tür-zu-Tür-Service.

Zwischen Oamaru und Dunedin

Südlich Oamaru passiert SH1 **Totara Estate,** ursprünglich eine Schaf- und Rinderfarm, dann ein frühindustrieller Modellbetrieb und heute ein Freilichtmuseum zum Thema Industrialisierung der Landwirtschaft mit einem sehr hohen Stellenwert als historische Attraktion. Überseebesucher können dies nicht immer nachvollziehen, müssen aber bedenken: Hier schlachtete man die Schafe und bereitete sie für den Transport vor, die als erste Ladung Tiefkühlfleisch 1882 mit dem Kühlschiff ›Dunedin‹ von Port Chalmers nach England exportiert wurden, ein Urknall für die wirtschaftliche Entwicklung Neuseelands – kein ›Muss‹ auf einer knapp bemessenen Rundreise, aber ein Puzzleteilchen zum Verständnis des Landes (SH1, ca. 8 km südl. Oamaru, Nov.–April tgl. 10–17, sonst bis 16 Uhr, Erw. 9 NZD, Familientickets. Im Sommer Führungen, Erw. 15 NZD).

Landschaftlich abwechslungsreicher als die Fahrt über SH1 sind die 25 km zwischen Oamaru und der Brücke über den Waianakarua River auf der Beach Road. Die führt durch den Badeort **Kakanui** und an der All Day Bay entlang, fast immer in Tuchfühlung mit dem Pazifik – eine Strecke für Bummler, die Küstenstraßen lieben und gern ein Picknick mit Meerblick machen.

Moeraki ► F 18

Wenige hundert Meter abseits des SH1, doch unübersehbar ausgeschildert liegen auf dem Strand von **Moeraki** rund 50 Steinbälle, die größten mit Durchmessern von über zwei Metern: Die **Moeraki Boulders** wurden von den Wellen aus der Uferböschung gespült. Dort lagern sie in einer Schicht weichen Kalk-Tons, die vor rund 60 Mio. Jahren den Grund eines Ur-Meeres bildete. Die Kugeln sind nicht im Wasser rund geschliffene Felsbrocken, sondern entstanden um organische Stoffe durch einen Prozess, den man im Kleinen von Perlen kennt und den Wissenschaftler ›Konkretion‹ nennen. Die größten Kugeln bildeten sich in bis zu 4 Mio. Jahren heraus. Spätere Prozesse ließen Risse entstehen, in denen sich der Kalkspat ablagerte, der für die markanten Muster sorgt. Trotz einer sehr festen, ›zementierten‹ Oberfläche beginnt in der Brandungszone der Verfall. Beim Gang am Strand entlang sieht man alle möglichen Stadien von völlig aufgeplatzten Kugeln, die deutlich ihre innere Struktur zeigen, bis zu komplett erhaltenen Exemplaren.

Maori haben eine mythologische Erklärung für die Kugeln: Sie waren Verpflegungskörbe und Wasserbehälter eines am nahen Shag Point gekenterten Ahnen-Kanus ›Arai-ti-uru‹. Die ganz großen ›Kugeln‹ oberhalb des Strandes beherbergen Kiosk, Café und Restaurant. Wer hier parkt, wird um eine ›Spende‹ gebeten. Der Strand ist jedoch öffentlich und auch von einem Parkplatz weiter südlich zugänglich, nur der Weg am Wasser entlang zu den Boulders ist von dort etwas weiter.

Angesichts der Riesenkugeln wird die Halbinsel mit dem Dorf Moeraki oft übersehen. Am **Katiki Point** – Zufahrt über Schotterpiste – gab es in präkolonialer Zeit ein Pa, eine Wehrsiedlung. In den Algenwäldern der Felsenpools rund um die Landspitze tollen Fellrobben oder räkeln sich auf kleinen Stränden. Unterhalb des Leuchtturms nisten Yel-

Riesenkugeln am Strand: die Moeraki Boulders

low Eyed Penguins, ein Beobachtungsstand ist vorhanden, der Zugang kostenlos.

Übernachten

Kleines Paradies mit Meerblick ▶ Moeraki Village Holiday Park: 114 Haven St, Moeraki, Tel. 03-439 4759, www.moerakivillageholidaypark.co.nz. Den kleinen Holiday Park betreibt ein Schweizer Paar mit viel Sinn für Gastlichkeit. Stellplätze 27 NZD, aber auch einfache Hütten und komfortable Apartments für 50–125 NZD.

Essen & Trinken

Urig, rustikal und kulinarisch kultig ▶ Fleurs Place: At the Old Jetty, Moeraki, Tel. 03-439 4480, Mi–So ab 10.30 Uhr. Es herrscht immer eine verzauberte Atmosphäre in und bei schönem Wetter um den umgebauten Fischerschuppen am alten Pier. Fisch wird direkt von den Kuttern in die Küche geliefert, man kann froh sein, wenn er auf dem Teller nicht mehr zappelt. HG ca. 25–35 NZD, am besten immer reservieren.

Shag Point und Palmerston

▶ F 18

Zwischen Katiki und **Shag Point** wird SH1 für einige Kilometer Uferstraße. An dem lang gezogenen Strand finden sich kleinere Konkretionen, nach dem Mythos vom Untergang des Kanus Arai-ti-uru sind das Saat-Kumara, die an Bord waren. Das Kanu selbst bildet das Riff vor dem Shag Point. Auch an diesem Landvorsprung liegt eine uralte Sedimentschicht mit großen Konkretionen frei, nicht so perfekt gerundet wie bei Moeraki, aber mit überraschenden Inhalten. Aus einem 15 t schweren Steinblock präparierten Paläontologen die rund 65 Mio. Jahre alten Überreste eines 7 m langen Elasmosauriers heraus, eines langhalsigen Meeres-Dinos, heute im Otago Museum von Dunedin zu sehen.

In **Palmerston** zweigt SH85 Richtung Central Otago ab. Der kleine Ort bemüht sich, den ein oder anderen Autofahrer auf SH1 zum Stopp in Shops und Lokalen zu bewegen. Ein Steinturm mit Aussichtsplattform auf dem **Puketapu** im Osten hoch über Palmerston gewährt grandiose Rundumsichten, wenn man denn den einstündigen Aufstieg über den Puketapu Summit Track in Kauf nimmt. Der Turm erinnert an den Politiker Sir John McKenzie, der Ende des 19. Jh. mit einer Landreform überdimensionierte Ländereien zugunsten kleinerer Höfe zerschlug, aber nicht mit James Mackenzie (S. 339) verwechselt werden darf, der dem Mackenzie Country den Namen gab und für eine andere Form der ›Umverteilung‹ berüchtigt war.

Tipp: Seasider nach Palmerston

Die Taieri Gorge Railway (s. Aktiv unterwegs, S. 404) befährt an ausgewählten Tagen mit dem Sightseeingzug **Seasider** die Pacific Coast Railway von Dunedin am Otago Harbour entlang via Port Chalmers und weiter am Pazifik nordwärts bis Palmerston (im Sommer 1–2 x wö., h/z 4 Std., 70 NZD). Dies kann mit einer Bustour zur **Macraes Gold Mine** (S. 407) und Rückfahrt mit dem Nachmittagszug durch die Taieri Gorge kombiniert werden – ein spannender Tagesausflug (190 NZD).

Mt Cargill Road ▶ F 19

Die Verkehrsführung leitet Autofahrer nördlich Dunedin auf den Motorway North, wie SH1 hier genannt wird. Da muss der Ortsunkundige aufpassen, will er von Norden kommend in **Waitati** den Abzweiger nach links zur kurvigen **Mt Cargill Road** erwischen. Die windet sich um den 680 m hohen Mt Cargill Richtung Dunedin und bietet fantastische Aussichten auf den Otago Harbour, den langen Meeresarm – ein versunkener Vulkankrater – der sich bis zum Zentrum der Stadt streckt. Er ist zwar bis Dunedin schiffbar, aber zwei Inseln und eine Halbinsel schnüren die Fahrrinne auf Höhe von **Port Chalmers** so ein, dass größere Schiffe, auch die meisten Kreuzfahrtschiffe, schon dort festmachen. Ein moderner Containerhafen sorgt für schnelle Abfertigung. Dunedin stört das kaum, denn so eigenständig Port Chalmers auch wirkt, es wurde in den 1980ern eingemeindet. Aus Dunedin kommend erreicht man die Mt Cargill Road an der Baldwin Street vorbei via North Road und Norwood Street. Für die 20 km zwischen City und Waitati sollte man etwa dreimal soviel Zeit kalkulieren, wie man auf dem Motorway benötigt.

11 Dunedin ► F 19

Cityplan: S. 394

›Spieglein, Spieglein an der Wand, wer ist die Schönste im ganzen Land?‹ mag man angesichts der großen Städte Neuseelands fragen. Meine Antwort: Dunedin. Unter den gut 120 000 Einwohnern sind 20 000 Studenten, die für ein lebendiges Kultur- und Nachtleben sorgen. Cafés und Kneipen an allen Ecken sprechen für sich, ebenso die Musik-Szene. In den 1980ern und 90ern war der ›Dunedin Sound‹ ein Begriff; Bands wie The Clean, The Chills und Verlaines hatten internationale Erfolge. Das moderne Leben kontrastiert historische Bauten aus der Boomzeit Ende des 19. Jh., als die größte und reichste Stadt der jungen Kolonie sich Repräsentatives leisten konnte. Sogar ein Schloss mit einer grauen Dame gibt es. Dunedin ist zudem Badeort mit tollen Stränden am Pazifik. Es ist eine Stadt mit Profil dank der Hügel vulkanischen Ursprungs, über die sie sich ausdehnt. Und wo sonst kann man in einer Großstadt an einem Nachmittag Robben, Seelöwen, Albatrosse und Pinguine in freier Natur sehen?

Schottische Wurzeln

Dunedin trägt den gälischen Namen der schottischen Hauptstadt Edinburgh, hängt sich gern Attribute wie ›Edinburgh des Südens‹ an und hat sogar die Namen wichtiger Straßen – Princes Street, George Street – und Vororte – Portobello – vom Vorbild im Norden abgekupfert. Schotten gründeten 1848 die Stadt, waren aber nicht die ersten Menschen in der Region. Die Maori-Bevölkerung hatte jedoch Stammeskämpfen und Konflikten mit weißen Walfängern – am Otago Harbour gab es ab 1831 eine Walfangstationen – sowie von Europäern eingeschleppten Krankheiten einen hohen Blutzoll geleistet.

Vielleicht erinnerte die Schotten das Klima an die Heimat: Dunedin gilt für neuseeländische Verhältnisse als kalt, klamm und nebelreich. Nach einer zeitgenössische Quelle war die ›Philip Laing‹ mit dem Hauptkontingent von 247 Neusiedlern nach fünf Monaten auf See am 15. April 1848 in Port Chalmers gerade vor Anker gegangen, als der Himmel seine Pforten öffnete – drei zermürbende Wochen schüttete es. Holte der Himmel Atem für den nächsten Schauer, kroch Nebel die

Der wohl schönste Bahnhof der Welt: Dunedin Railway Station

Berge hinab bis zum Meer. Die Siedler konnten nicht einmal an Land Quartier beziehen, sondern mussten an Bord hausen. Trostloser konnte der Neuanfang kaum sein. Aber keine Sorge, wer in den Sommermonaten nach Dunedin kommt, wird das schlechte Wetter-Image kaum nachvollziehen können.

Whisky & Ale

Bei den schottischen Wurzeln verwundert nicht, dass vor dem Rathaus Schottlands Nationaldichter Robert Burns – Neffe des Siedlerführers Tom Burns – in Bronze sitzt, dass das Rugby Team als Otago Highlanders aufläuft, dass es einen offiziell anerkannten Dunedin Tartan gibt, natürlich im **Scottish Shop** 1 (17 George St), dass das Touristenbüro Haggis Ceremonies mit Dudelsack und schottischen Spezialitäten organisiert und dass in Dunedin lange der Lebenssaft der Kiltträger destilliert wurde, der südlichste Whisky der Welt. Der überall für teures Geld verkaufte ›Milford Single Malt‹ stammt noch aus den Fässern einer 1995 geschlossenen Whisky-Destille in der Stadt. Aber selbst wenn sich dieser Vorrat einmal zu Ende neigt,

Purakaunui
Waitati
Blueskin Road
Aramoana Road
Wellers Rock
Otago Harbour
Wickliffe Bay
Port Chalmers
Mt Cargill
North Road
Portobello
Papanui Inlet
Cape Saunders
Hoopers Inlet
Cruises
Monarch Wildlife
s. Detailkarte
Portobello Road
Dunedin
Sandfly Bay
Otago Peninsula
St Kilda
St Clair
0
3
6 km
Machenzie
Love Lock Ave
Lindsay Creek
Howe St
Great King St
Cumberland St
Castle St North
Leith St North
Warrender St
Queen St
George St
Ellis
Titan
Gore
NORTH DUNEDIN
Dundas St
Butt
Cosy Dell Rd
Regent
North Ground
Montgomery
Clyde St
Forth St
St David St
Harbour Terrace
Park St
Leith St
Otago
Union St West
Union St
West
Union Pl
Union St East
Water of Leith
Heriot Row
Riego
Trent Ave
Polytec
Albany St
Pitt St
Malcolm St
Gowland St
Hyde St
Harrow St
Anzac Ave
Elder
Constitution
Pacific St
Cobden
Frederick St
Grange St
Garfield Ave
Melrose St
Wallace St
London St
Dunedin Hospital
Royal Terrace
Avon
Littlebourne Rd
Queens Dr
Filleul St
Hanover St
Wickliffe St
Sturdee St
Ward St
Halsey
Scotland St
Roberts Park
LITTLEBOURNE
Cargill St
Fire Station
Stuart St
St Andrew St
Haddon
Bauchop St
Belt
Bow
York Place
Moray Pl
Devon St
Jutland St
Arthur St
Stuart St
Lower Stuart St
Mason St
City Rd
The Octagon
Dunedin Railway Station
Tennyson St
Bombay
Fryatt
i-SITE Dunedin Visitor Centre
Thomas Burns St
Cresswell
Tewsley St
Willis St
St Joseph's Cathedral
CENTRAL
Burlington St
Rattray St
Bishops Pl
Brown St
Elm Row
Dowling St
Princes St
Queens Grds
Queens Gardens
Fish
Fryatt Wharf
Monarch Wildlife Cruise
Duncan St
Braid Rd
Cannongate
Broadway
Custom House Quay
Russell St
Clark St
Water St
Vogel St
Maclaggan St
High St
Manse St
Bond St
Crawford St
Wharf St
Maori Rd
Jetty St
Birch St
Kitchener St
Jubilee Park
Hope St
Stafford St
Police St
Roberts St
Buller St
White
Serpentine Ave
Airedale
French St
Otago Harbour
Carroll St
Jervois St
Sutherland
Grant
Maitland St
Melville St
Market Reserve
Manor Pl
St Clair, St Kilda
Otago Peninsula
0
250
500 m

Dunedin: Cityplan & Otago Peninsula

Sehenswert

1 Otago Boys' High School
2 The Municipal Chambers (Rathaus)
3 St Paul's Cathedral
4 First Church
5 Dunedin Public Art Gallery
6 Cadbury World
7 Law Courts
8 Dunedin Railway Station
9 Otago Settlers Museum
10 Dunedin Chinese Garden
11 Olveston
12 Otago Museum
13 University of Otago
14 Botanic Garden
15 Baldwin Street
16 St Clair
17 St Kilda
18 Tunnel Beach
19 Sandfly Bay
20 Allans Beach
21 Aquarium/Marine Studies Centre
22 Taiaroa Head
23 Penguin Place
24 Fletcher House
25 Larnach Castle

Übernachten

1 St Clair Beach Resort
2 Scenic Circle Southern Cross Hotel
3 Otago Peninsula Seaside Cottages *
4 Hogwartz
5 Dunedin Holiday Park
6 Nisbet Cottage

Essen & Trinken

1 Speight's
2 Bacchus Winebar & Restaurant
3 Scotia Bar & Bistro
4 Plato
5 Esplanade/Swell/ Pier 24

Einkaufen

1 Scottish Shop
2 Princes Street/Octagon/ George Street
3 Lower Stuart Street
4 Otago Farmers Market

Abends & Nachts

1 Sammy's
2 Fortune Theatre
3 Chicks Hotel

Aktiv

1 Monarch Anleger City
2 Monarch Anleger Wellers Rock
3 Natures Wonders Naturally
4 St Clair Beach
5 St Clair Hot Salt Water Pool

muss keine Kehle trocken bleiben: Die Brauerei **Speight's** 1 mit ihrem Motto ›Pride of the South‹ bittet mehrmals täglich zu 90-minütigen Führungen mit Probe (200 Rattray St, Tel. 03-477 7697, 5 x tgl., Erw. 19 NZD, Familientickets. Optional Führung plus 2-Gänge-Lunch oder 3-Gänge-Dinner – 47 bzw. 58 NZD – im rustikalen Brauhaus Speight's Ale House nebenan).

Boomzeit-Bauten

Das zuvor noch etwas verschlafene Dunedin avancierte ab 1861 zum Gateway für die Goldfelder Otagos. Hier wird der Goldrausch organisiert, hier landen die Schiffe mit den Glückssuchern, hier wird der Handel mit dem Gold abgewickelt. Und als das Gold zur Neige geht, kommt das Vieh. 1870 ist Dunedin die größte und reichste Stadt der jungen Kolonie, eine Drehscheibe für Wirtschaft und Handel und ein Platz für Innovationen in Technik, Kunst und Bildung: erste Straßenbahn, erste Fernbuslinien, erste Tageszeitung, das erste Telefon, erste Universität, erste höhere Schule für Mädchen südlich des Äquators, erste Universität im Empire ohne jede Zugangsbeschränkung für Frauen, erster Kindergarten, erste Gaslaternen, erstes Kühlhaus, erstes Kühlschiff nach Europa, erste Kunstgalerie, erste lizenzierte Brennerei – Dunedin setzte fünf Jahrzehnte lang Maßstäbe nicht nur für Neuseeland.

In der Boomzeit entstehen mit Griff in den Stiltopf europäischer Architekturgeschichte repräsentative Villen, Hotels und Banken, öffentliche Schulen, das Gericht, das Gefängnis und die ersten Gebäude der Universität. Zum angehimmelten Stararchitekten Otagos avanciert der in Schottland geborene Robert Arthur Lawson (1833–1902). Er baut in der Stadt neogotische Kirchen wie die First Church oder die ehemalige **Trinity Church** einen Block oberhalb des Octagon, seit Mitte der 1970er Spielstätte des Fortune Theaters. Die **Otago Boys' High School** 1 noch weiter oben über dem Zentrum zeigt den gewagtesten Mix aus Stilzitaten – so dürfte das Resultat eines Seitensprungs des Londoner Tower mit einem Loire-Schlösschen aussehen. Derweil fällt Larnach Castle (S. 399), das Schloss auf der Otago Peninsula, am deutlichsten aus dem Rahmen seines Œuvres.

Rund um das Octagon

Jeder Rundgang sollte am **Octagon** beginnen. Der grüne Platz im Zentrum wird bei schönem Wetter zum mittäglichen Pausenhof für viele, die in der inneren City arbeiten, und immer wieder Schauplatz von Open-Air-Events. Das Bild der Nordseite prägt mit repräsentativem Glockenturm und einer Fassade, in der Neo-Renaissance und Neo-Barock zusammenfließen, **The Municipal Chambers** 2**,** das 2010–12 grundlegend renovierte Rathaus. Ursprünglicher Architekt war in den 1870ern wieder Robert Lawson. Man sieht es nicht auf den ersten Blick: Das Gebäude zieht sich quer durch den Block bis zum Moray Place und besitzt u. a. einen Konzert- und Konferenzsaal für 2000 Gäste.

Gleich nebenan steht die neogotische **St Paul's Cathedral** 3 der Anglikaner. Die ›Engländer‹ durften in der Guten Stube der Stadt bauen, während die Kirche der schottischen Stadtgründer, die im gotisch-normannischen Stil gehaltene **First Church** 4 der Presbyterianer, in der zweiten Reihe am Moray Place steht, unübersehbar durch ihren 54 m hohen und mit architektonischen Tricks – lange spitze Fenster – noch aufschießender wirkenden Turm: Nach ersten Stadtplanungen sollte der Moray Place bis vor das Portal der First Church eine unbebaute Fläche bleiben. Dann intrigierten Anglikaner beim englischen Gouverneur und erschlichen sich die Erlaubnis, mitten auf dem Platz zu bauen. Damit war der Baubann gebrochen und der große innerstädtische Platz wurde zum heutigen Octagon gestutzt – groß genug für Feste und Konzerte ist er aber allemal.

In seiner oberen Hälfte fand die bedeutendste Kulturinstitution der Stadt, die **Dunedin Public Art Gallery** 5, in einem umgebauten Kaufhaus eine Heimat. Das Kunstmuseum besitzt eine breit gestreute Sammlung, von der für Übersee-Besucher die neuseeländische Kunst von ihren Anfängen bis zur Gegenwart am interessantesten ist, außerdem gibt es immer wieder aufsehenerregende, gern provokative Sonderausstellungen (30 Octagon, Tel. 03-477 4000, www.dunedin.art.museum, tgl. mind. 10–17 Uhr, gratis).

Schokolade und Lebkuchen

Zum Shopping bummelt man vom Octagon die Princes Street nach Südwesten oder George Street nach Nordosten, zum Sightseeing indes die Lower Stuart Street hinunter. Ein Schlenker für Schleckermäuler: **Cadbury World** 6, Besucherzentrum einer Schokoladenfabrik, lädt zu Führungen (ca. 75 Min.) durch die Produktion mit gut gemachtem Infotainment rund um Schokolade. Natürlich gibt es Proben und vor dem Ausgang landet man wie von selbst im Fabrikverkauf (280 Cumberland St, Tel. [fc] 0800 CHOC TOUR, tgl. 9–15.15 Uhr alle 30 Min., Erw. 18 NZD; an produktionsfreien Tagen 45 Min.-Kurzführungen 12 NZD; Familientickets)..

Im Turm über dem Haupteingang der auffälligen **Law Courts** 7, dem Gerichtshaus von 1899, wacht eine Justitia, an der man nicht ungesehen vorbeikommt – ihr fehlt die obligatorische Augenbinde.

Für ihre Lebkuchenarchitektur wurde die **Dunedin Railway Station** 8 bei der Fertigstellung 1906 geschmäht, hundert Jahre später huldigt man ihr als Perle der historisierenden Bauten in Dunedin, rühmt ihre Anklänge an die flämische Renaissance und tituliert sie als meistfotografierten Bahnhof der Welt – wer zählt das wirklich? Richtige Bahnhofsatmosphäre erlebt man jedoch nicht mehr, seit der Passagierverkehr zwischen Christchurch und Invercargill eingestellt ist und nur noch die **Taieri Gorge Railway** (s. Aktiv unterwegs S. 404) einen Bahnsteig nutzt.

Den Blick in die Schalterhalle darf man sich nicht entgehen lassen: der Boden ein feines Porzellan-Mosaik mit Eisenbahnmotiven, die Wände dekorativ gekachelt und im ersten Stock dampft eine schmucke Lok vor schneebedeckten Bergen durch das dreiflügelige Fensterbild. Auf dieser Etage huldigt die **New Zealand Sports Hall of Fame** Heroen des neuseeländischen Sports, das sind vor allem Rugby- und Cricket-Spieler sowie Leichtathleten. 2005 nahm sie auch einen Fußballer auf, der seine Karriere vor allem in Deutschland erlebte und dort bis heute der bekannteste Sportler aus Neuseeland sein dürfte: Wynton ›Kiwi‹ Rufer, 1989–95 für Werder Bremen aktiv (Tel. 03-477 7775, www.nzhalloffame.co.nz, tgl. 10–16 Uhr).

Otago Settlers Museum 9 gleich südlich des Bahnhofs zeigt ein großes Objekt schon zur Straße hin hinter Glas: Josephine, 1872 aus England importiert und heute die älteste bewahrte Dampflokomotive im Land. Ein Thema des Museums ist Otagos multikulturelle Besiedlung im 19. Jh. Das Museum, dessen jüngerer Flügel mit seiner auffälligen Art déco-Fassade einst Busbahnhof war, kann auf einen exzellenten Fundus zurückgreifen, denn als es 1898 gegründet wurde, konnten viele Siedler der ersten Stunde noch persönlich etwas beisteuern und in einer großen Fotosammlung schaut man vielen Männern und Frauen des 19. Jh. in die Gesichter (31 Queens Gardens, Tel. 03-477 5052, www.otago.settlers.museum, tgl. 10–17 Uhr, gratis; während Umbau bis Mitte 2012 nicht immer alle Teile zugänglich!).

Zu den ersten Siedlern in Otago gehörten viele Chinesen, damals ›Underdogs‹ der jungen Kolonie. Um sie heute zu ehren, öffnete 2008 hinter dem Museum mit Unterstützung der chinesischen Gemeinde und der Partnerstadt Shanghai der **Dunedin Chinese Garden** 10 in einem Stil, wie er im China des 17. Jh. populär war und wie es ihn außerhalb Chinas selten zu sehen gibt (Cumberland Street, Tel. 03-477 3248, tgl. 10–17, Mi auch 19–21, Tea-House 10–16.30 Uhr, Erw. 9 NZD).

In den Norden der Stadt

Auf dem Weg zum hoch gelegenen **Olveston** 11 merkt man, wie hügelig Dunedin sein kann. Das an britische Landhäuser aus dem frühen 17. Jh. erinnernde Patrizierhaus gibt mit überbordender Ausstattung zwischen Kunst und Nippes Einblicke in das Leben des neuseeländischen Geldadels Anfang des 20. Jh. (42 Royal Terrace, Tel. 03-477 3320, www.olveston.co.nz, Führungen bis 6 x tgl., Erw. 16,90 NZD).

Das **Otago Museum** 12 oberhalb der Universität spannt einen weiten Bogen von archäologischen Funden vornehmlich aus Otago über Neuseelands Naturgeschichte bis zur Maori-Kultur. Kinder werden über die großen Moa-Skelette und die Überreste von Neuseelands größtem Dinosaurier, gefunden am Shag Point bei Moeraki (S. 391), staunen (419 Great King St, Tel. 03-474 7474, www.otagomuseum.govt.nz, tgl. 10–17 Uhr, Spende erwartet).

Im nördlichen Teil von Dunedin macht sich die **University of Otago** wie eine Krake breit. Den eigentlichen **Campus** 13 überragt ein markanter Glockenturm, etwas kleiner als sein Vorbild an der Universität von Glasgow. Der neogotische Stil dieser ersten Unibauten von 1878 wurde bis heute bei allen Erweiterungen beibehalten. Die international angesehene Universität lockt viele ausländische Studenten, die fast 200 eingeschriebenen Deutschen stellen eine der größten Gruppen. Infos rund um Uni und Studiengänge auf www.otago.ac.nz.

Dunedins **Botanic Garden** 14 ist ein Schmuckstück mit Vogel- und Glashaus, Rosen-, Stein- und Wassergarten sowie umfangreichen Zusammenstellungen heimischer Pflanzen; das Croque-o-dile In The Garden Café (S. 402) sorgt fürs leibliche Wohl. Für Einheimische gilt die Zeit der Rhododendrenblüte Ende Oktober, die mit einem Festival gefeiert wird, als schönste (Eingänge mit Parkplatz u. a. ab Cumberland Street und Love Lock Avenue, tgl. vom Morgengrauen bis Sonnenuntergang; Info-Centre und Gewächshäuser tgl. 10–16 Uhr). Eine Nebenstraße der North Road lockt noch ein bisschen weiter nach Norden: Die **Baldwin Street** 15 steht mit einer Steigung von 38 % im oberen Teil als steilste Straße der Welt im Guiness Book of World Records.

Dunedins Pazifikstrände

Die Badeorte **St Clair** 16 und **St Kilda** 17 im Süden der Stadt an der offenen Pazifikküste haben kilometerlangen Sandstrand, an dem unter guten Bedingungen gebadet, häufiger aber gesurft wird. An der Promenade **Esplanade** mit der auffälligen Hai-Glocke rücken die Häuser von St Clair bis ans Meer, sonst türmt sich ein breiter Dünengürtel zwischen Wellen und Stadt auf. Nach Norden unterbrechen Landspitzen mit Aussichtspunkten das Sandband. Vor St Kilda beginnt am Surf Club der John Wilson Drive, eine mehrere Kilometer lange Sackgasse über die Dünen mit vielen direkten Zugängen zum Strand. Gleich zu Beginn ist die Station der **Ocean Beach Railway,** der ältesten Museumsbahn im Lande (Nov.–April So 13.30–16.30 Uhr, Erw. 5 NZD, Familientickets).

Südlich von St Clair wird die Küste steil. Am **Tunnel Beach** 18 modellierte das Meer den Sandstein am Ufer zu einem besonders eindrucksvollen Abschnitt, dem der Mensch eine kleine Kapriole hinzugefügt hat: Eine natürliche Steinbrücke überspannt einen tosenden Schlund hinüber zu einer Mini-Insel. Nebenan ließ ein Mitglied des reichen Cargill-Clans einen Treppentunnel durch das Gestein schlagen, damit seine Familie bequem zu einem von steilen Wänden umrahmten Sandstrand kommen konnte. Heute leckt das Meer regelmäßig an der Treppe, bei Niedrigwasser kann man aber getrost an den Strand gehen, nur sollte man mit der aufkommenden Flut den Rückzug antreten, es gibt nur den Tunnel als Ausgang (ab/bis Tunnel Beach Rd ca. 45–60 Min. über privates Land; gesperrt während der Lamm-Saison Aug.–Okt.).

Otago Peninsula ► F 19

Karte: S. 394

Die von tiefen Buchten zergliederte Otago Peninsula trennt den Otago Harbour vom Pazifik und lockt sicher mehr Besucher nach Dunedin als die Stadt selbst, die hier ihrem Ruf als ›Wildlife Capital‹ gerecht wird. Die Halbinsel hat drei Gesichter, ein eher sanftes zum Otago Harbour hin, wo die meisten Menschen leben, einen grünen Höhenzug, an dem sich die Highcliff Road mit schönen Aussichtspunkten entlanghangelt, und den kaum besiedelten Osten mit grandiosen Sandstränden, auf denen sich Robben und Seelöwen räkeln und wo im Gebüsch hinter dem Strand seltene Pinguine nisten.

Dass an der Pazifikküste oft ein heftiger Wind vom Meer aufs Land bläst, zeigen die schon weit die Hänge hinaufgewanderten Dünen der **Sandfly Bay** 19, die wohlgemerkt nicht nach den kleinen Quälgeistern, sondern nach fliegendem Sand benannt ist. Beim Bummeln über diesen großartigen Strand darf man die Dünen nie aus den Auge lassen, dort ruhen sich oft Seelöwen aus und können sehr grantig werden, wenn sie sich vom Meer abgeschnitten fühlen. Jedes Jahr bezahlen Touristen ihre Unvorsichtigkeit mit Adrenalinschüben, wenn sie plötzlich von einem Bullen angebrüllt werden. Gleiches gilt für **Allans Beach** 20, der bequemer zugänglich, aber nicht ganz so spektakulär ist. Er trennt **Hoopers Inlet** von der offenen See, ein Wattgebiet, das mit den Tiden lebt und viele Wattvögel anlockt. Hier sieht man z. B. oft den bizarren Löffelreiher.

Albatrosse ...

Viel über das Leben im Meer erfährt man sachlich, sehr informativ und nett für Kinder präsentiert im **Aquarium/Marine Studies Centre** 21 der Otago University (Hatchery Rd, Portobello, www.marine.ac.nz, Tel. 03-479 5826, tgl. 10–16.30 Uhr; Erw. 12,50 NZD, Führungen tgl. 10.30 Uhr, 21,50 NZD, Familientickets).

Auf **Taiaroa Head** 22, der Spitze der Halbinsel, leben seit den 1930ern Königs-Albatrosse. Nirgendwo sonst auf der Welt existiert eine Kolonie dieser beeindruckenden Vögel – Flügelspannweite bis 3,5 m – so nah an einer Großstadt, überhaupt nirgendwo auf einem Festland. Das **Royal Albatross Centre** informiert umfassend; der Gang durch das Schutzgebiet erinnert indes an den Besuch in einem Hochsicherheitstrakt. Dafür kommt man im Beobachtungshaus mit seinen dunkel getönten Scheiben den nistenden Albatrossen so nah wie nirgendwo sonst auf dieser Welt als Nichtwissenschaftler (Tel. 03-478

Tipp: Otago Peninsula – Wildlife hautnah

Kein Besuch in Dunedin ohne Tour auf die Otago Peninsula (www.otago-peninsula.co.nz):

Mit Führungen: Nature Guides Otago geht mit maximal sechs Gästen schon zum Sonnenaufgang auf Pinguin-Tour (s. Kasten S. 399, 95 NZD), andere Veranstalter touren ab mittags bis zum frühen Abend optional inkl. Royal Albatross Centre, Penguin Place und/oder Monarch Cruise wie **Dunedin Wildlife Tours** (Tel. 03-477 5577, www.citibus.co.nz/wildlife.asp, 95 NZD) oder **Elm Wildlife Tours** (Tel. [fc] 0800 356 563, www.elmwildlifetours.co.nz, ca. 95–190 NZD).

Bei den kompetent kommentierten **Natur-Boots-Exkursionen** mit der **Monarch** (**Monarch Wildlife Cruises,** Tel. 03-477 4276, [fc] 0800 MONARC, www.wildlife.co.nz, ab 46 NZD) um Taiaroa Head sieht man fast immer Albatrosse und Robben, manchmal Wale und Delfine. Die erste und letzte Tour des Tages fährt die Monarch den Otago Harbour entlang ab/bis Anleger Wharf St/Fryatt St 1, sonst kreuzt sie bis 5 x tgl. für 60 Min.-Touren ab/bis Wellers Rock 2:

Selbstfahrer: Für die gut 32 km vom Zentrum am Ufer des Otago Harbour entlang bis Taiaroa Head sollte man ca. 1 Std. Fahrzeit rechnen, der Abstecher von der Company Bay zum **Larnach Castle** 25 hinauf sind etwa vier steile, kurvige Kilometer. Ein alternativer Rundfahrtvorschlag ist in der Karte S. 394 rot markiert: ab St Clair 16 hinter den Dünen entlang (Victoria Rd, Tahuna Rd, Tomahawk Rd) nach Osten. Wo die Aussicht auf die umliegenden Buchten am besten ist, auf Centre Road abbiegen zur Highcliff Road hinauf und dann weiter ostwärts. Via Campt Road Abstecher zu Larnach Castle. Anschließend wieder Highcliff Road knapp 1 km bis Seal Point Road (Schotter), darauf zum **Sandfly Bay** 19 Parkplatz. Die **Sandy Mount Road** (Schotter) noch einmal 1 km weiter bietet an ihrem Ende kurze Tracks und irre Aussichten auf das Hoopers Inlet. Statt zur Highcliff Road zurückzufahren, biegt man in die Hoopers Inlet Road ab und erreicht um das Wattgebiet herum **Alans Beach** 20. Zurück über Alans Beach Road bis Portobello (jetzt wieder Asphalt), dort optional **Aquarium** 21. Küstenstraße vorbei an Wellers Rock (Monarch Cruise s.o.) und **Penguin Place** 24 (beste Zeit später Nachmittag) zum **Taiaroa Head** 22 mit Albatros-Kolonie, Pilots Beach und **Natures Wonders Naturally** 3. Macht man nicht alle Stopps, ist die Rundfahrt an einem halben Tag zu schaffen, besser ist ein ganzer Tag.

Hilfreich: ›Otago Peninsula walks‹ auf www.doc.govt.nz für Kurzwanderungen und ›Otago Peninsula Studio Trail‹ für Kunsthandwerker-Shops am Wege auf www.openarts.co.nz.

Beachten Sie: Alle Straßen auf der Peninsula sind schmal, kurvig mit Wasser oder Steilhängen am Rande und die Wege zu Sandfly Bay, Sandymount, Alans Beach sind nicht einmal asphaltiert. Unsichere Fahrer mit Wohnmobilen fühlen sich da nicht wohl, Freies Campen ist auf der Peninsula außerdem verboten. Es gibt außerdem keine Tankstellen. In der Lamm-Saison Aug. bis Okt. sind viele Tracks gesperrt!

0499, [fc] 0800 528 767, www.albatross.org.nz. Beste Beobachtung Dez.–Aug., Touren alle 30 Min. Sommer ab 8.30, sonst 10.30 Uhr, unbedingt reservieren, Erw. 45 NZD, Familientickets).

In Katakomben unter dem Naturschutzgebiet verbirgt sich eine Küstenschutzbatterie vom Ende des 19. Jh., als man Sorge vor einem russischen Angriff hatte, weil das britische Mutterland mit dem zaristischen Russland gerade um Afghanistan stritt. Diese kriegerische Seite des Taiaroa Head kann man ebenfalls vom Centre aus auf Führungen besichtigen (20 NZD). Ohne Eintritt sieht man ankommende und abfliegende Albatrosse vom Parkplatz sowie von Aussichtsplätzen oberhalb der steilen Ostküste, die zudem noch von Kormoranen bewohnt wird.

... Robben und Pinguine

Unübersehbar ist vom Parkplatz am Centre die Zufahrt zu **Natures Wonders Naturally** 3. Eine Familie gestaltete hier ihre Schaffarm hoch über den Klippen an der Pazifikseite der Peninsula zur Touristenattraktion inkl. Aussichtscafé und Wildlife-Touren mit vierachsigen Gelände-Gokarts. Für manchen Besucher enttäuschend, aber für die Beobachteten gut: Man befindet sich immer mit gutem Abstand hoch über den Tieren (Erw. 52, 5–15 Jahre 45 NZD). Anders sieht es unterhalb des Albatross Centre am **Pilots Beach** aus, dem alte Lotsen›hafen‹ an der Mündung des Otago Harbour. Hier kommt man auf Augenhöhe zu den am Ufer lebenden Fellrobben und im Gebüsch lebenden Blue Penguins. Bitte respektieren Sie Hinweistafeln des DOC bzw. Anweisungen der DOC-Helfer vor Ort zum Schutz der Tiere.

Menschelndes Auftreten mit aufrechtem Watschelgang und zärtliche Begrüßungsrituale machen jedoch die Yellow Eyed Penguins (Megadyptes antipodes) zu den populärsten Beobachtungsobjekten auf der Otago Peninsula. Von ca. 2000 Brutpaaren leben 450–500 auf dem neuseeländischen Festland, gut 200 auf Stewart Island und der Rest auf Neuseelands subantarktischen Inseln. Während die Pakeha den bis 65 cm hohen und 5–8 kg schweren Vogel nach seiner gelben Iris und einem gelben Streifen um die Augen benennen, heißt er in Maori nach einem anderen Charakteristikum Hoiho, ›Schreihals‹.

Tief in die gelben Augen schaut man ihm im Yellow Eyed Penguin Reserve, gemeinhin **Penguin Place** 24 genannt. Das größte private Schutzprojekt für Gelbaugenpinguine finanziert sich, indem es Teile seines Areals Besuchern öffnet, die in militärisch getarnt anmutenden Gräben und Unterständen bis auf wenige Meter an die Vögel herankommen. Am späten Nachmittag vor Einbruch der Dämmerung ist die beste Beobachtungszeit (Portobello Rd, Tel. 03-478 0286, nur geführte Touren ca. 1,5 Std. im Sommer ab 10.15 Uhr bis Einbruch der Dunkelheit, Erw. 45, Kinder 12 NZD).

Seelöwe an der Otago Peninsula

Kultur auf der Peninsula

Die Peninsula ist aber nicht nur Natur. Das **Fletcher House** 24 an der Broad Bay konserviert den Lebensstil des frühen 20. Jh. (727 Portobello Rd, Weihnachten bis Ostern tgl., sonst Wochenenden 11–16 Uhr, Erw. 4 NZD). Überragt wird es im wahrsten Sinne des Wortes vom 1871–87 gebauten **Larnach Castle** 25 auf dem Höhenzug der Peninsula. Nach kolonialen Maßstäben ist es Neuseelands einziges Schloss, in Europa würde man von Herrensitz oder Landgut sprechen. Stilistisch ist Larnach Castle schwer einzuordnen: Ein turmähnlicher Mittelteil erinnert an einen gotischen Landsitz irgendwo in England, die zweigeschossige Veranda aus Glas und Gusseisen, die diesen steinernen Kern umgibt, ist typischer Kolonialstil. Die originale Einrichtung kam Anfang des 20. Jh. komplett unter den Hammer, danach vergammelte das Anwesen, wurde als Notunterkunft, Psychiatrie, Lazarett, Funkstation und sogar als Schafstall benutzt. Erst seit 1967 wird es wieder mit Engagement gepflegt, restauriert und zeittypisch wie stilgerecht möbliert.

Was Larnach Castle spannend macht, ist seine von heißer Liebe und tiefen Tragödien umwobene Geschichte, nach der sich heute jede Yellow Press-Postille die Finger lecken würde: William Larnach wird als Kaufmann und Bankier zur Goldrauschzeit steinreich, geht als Südinsel-Nationalist in die Politik, wird Minister in verschiedenen Funktionen. Seine beiden ersten Frauen – Halbschwestern – sterben früh, ebenfalls seine Lieblingstochter Kate. Bei einem Bankencrash 1895 verliert er sein Vermögen. Über seine dritte Frau Constance de Bathe Brandon wird kolportiert, sie finde am Stiefsohn mehr Gefallen als am Vater. Das ist für Larnach dann zu viel. 1898 erschießt er sich aufsehenerregend im Parlament in Wellington. Ob Geschichten vom Geist in den jungen Gemäuern – Larnachs erste Frau Eliza soll dort umtriebig sein – stimmen, könnten Sie bei einer Übernachtung prüfen (Camp Rd, Abzweig von Highcliff Rd, ca.15 km ab City, Tel. 03-476 1616, www.larnachcastle.co.nz, tgl. 9–17 Uhr, Erw. 27 NZD; zur Übernachtung s. u. 2).

Infos

i-SITE Dunedin Visitor Centre: 20 Princess St (bei Redaktionsschluss war nicht entschieden, ob diese Adresse permanent wird, oder ob das i-SITE nach Renovierung des Rathauses 2 2012 in seine alten Räume dort zurück zieht), Tel. 03-474 3300, www.isitedunedin.co.nz, www.dunedinnz.com, www.otago-peninsula.co.nz.

DOC Coastal Otago Area Office: Conservation House, 77 Lower Stuart St, Dunedin, Tel. 03-477 0677.

Sightseeing: 5 x tgl. 1 Std. mit Doppeldeckerbus von Citibus Dunedin (Tel. 03-477 5577, www.citibus.co.nz, Erw. 20 NZD). **City Walks** bis 3 x tgl. außer So zu verschiedenen Themen ca. 90–120 Min., 30 NZD (Tel. [fc] 0800 925 571, www.citywalks.co.nz), das aktuelle Programm kennt auch das i-SITE.

Übernachten

Neu, hell, direkt am Meer ▶ **St Clair Beach Resort** 1: 24 Esplanade, St Clair Beach, 03 456 0555, www.stclairbeachresort.com. 2010 an der Promenade von St. Clair eröffnet, lichtdurchflutete Zimmer mit Meerblick und frischem Geruch des Pazifiks in der Luft. DZ ca. 225–400 NZD. In-Restaurant **Pier 24** im Haus s. u. 5.

Klassisches Grand-Hotel mit Kasino ▶ **Scenic Circle Southern Cross Hotel** 2: Princess St/High St, Tel. 03-477 0752, [fc] 0800 NZ OWNED, www.scenic-circle.co.nz. Zimmer in modernen Anbauten, flexible Preise: DZ ab ca. 220 NZD, viele Paket-Angebote. Im Haus zwei Restaurants, ein Café mit Lunch-Küche, Dunedin Casino tgl. 11–3 Uhr.

Deutsch-neuseeländisches Gastgeberpaar ▶ **Otago Peninsula Seaside Cottages** 3: Broad Bay und Harwood, Otago Peninsula, Tel. 03-476 1877, mobil 027 228 3380, www.otago-peninsula.co.nz/thecottage.html. Ein halbes Dutzend individuell und mit viel Liebe zum Detail eingerichtete Ferienhäuser in Traumlagen zwischen City und den Highlights der Otago Peninsula. Optional liefern Lutz (Hamburger) und Julz (Maori) ein opulentes ›deutsches‹ Frühstückspaket. Je nach Saison, Mietdauer und Extras 160–235 NZD/Tag und ›Cottage‹.

Originelles Wohnen ▶ **Larnach Castle Lodge** 25: Camp Rd, Otago Peninsula, Tel. 03-476 1616, www.larnachcastle.co.nz. Lodge mit edlen Zimmern (ab 260 NZD) oder ›Kutscherunterkunft‹ Larnach Stablestay (ab 155 NZD/DZ ohne eigenes Bad) in Wirtschaftsgebäuden von Larnach Castle , alle Preise inkl. Frühstück und Schlosseintritt.

BBH-Backpacker mit vielen DZ ▶ **Hogwartz** 4: 277 Rattray St, Dunedin, Tel. 03-474 1487, www.hogwartz.co.nz. Weniger Zauberei als gelebte Gastfreundschaft und eigenes Knowhow als Traveller hat das Hogwartz des Neuseeländisch-Schweizer Gastgeberpaares so populär gemacht. Bett ab 25, DZ zum Teil mit Bad ab 60 NZD.

Kiwi Holiday Park am Pazifik ▶ **Dunedin Holiday Park** 5: 41 Victoria Rd, St Kilda, Tel. 03-455 4690, [fc] 0800 945 455, www.dune dinholidaypark.co.nz. Nur durch ein paar Dünen vom Meer getrennt; Esplanade von St Clair nah, Stadtbus Richtung Zentrum vor der Tür und auf die Otago Peninsula kommt man, ohne durch die Stadt zu müssen. Stellplätze ab 34 NZD, Hütten und Apartments ca. 48–120 NZD, DZ und Familienzimmer mit Dusche/WC in einer Lodge ab 70 NZD.

Tipp: Nisbet Cottage/ Nature Guides Otago

Hildegard and Ralf Lübcke, Auswanderer aus Deutschland, kombinieren Naturerkundungen in und um Dunedin sowie in den Catlins (S. 458) mit komfortabler Unterbringung in ihrem **B&B Nisbet Cottage** 6 nahe der Highcliff Road, der Höhenstraße zur Otago-Halbinsel. Für zwei Nächte und einen vollen Tag mit Ausflügen inklusive Pinguin-Beobachtung und Picknick-Lunch zahlt man bei Unterbringung im DZ ca. 645 NZD/Pers. (6a Elliffe Place, Shiel Hill, Tel. 03-454 5169, www.natureguidesotago.co.nz).

Tipp: Ausgebucht

An ›Graduation Dates‹, an denen die Fakultäten der Uni Abschlusszeugnisse ausgeben – Samstage im Mai, Mitte August und kurz vor Weihnachten – bekommt man in Restaurants der Stadt kurzfristig kaum einen Tisch.

Essen & Trinken

Dunedin ist für seine Café- und Bar-Szene berühmt, Espressi und Cappuccini gehören zur Stadt fast wie zu Venedig oder Florenz. Dutzende Lokale bedienen an Octagon und Moray Place vom Frühstück über preiswertes Lunch bis zum edlen Dinner und späten Bier jeden Geschmack und Geldbeutel.

Traditionelles ›fine dining‹ ▶ **Bacchus Winebar & Restaurant** 2: 12 The Octagon, Tel. 03-4740824, www.bacchuswinebarrestau rant.co.nz. Moderne Gourmetküche und großartige Weinkarte. HG 35–40 NZD.

So schmeckt schottische Küche ▶ **Scotia Bar & Bistro** 3: 199 Upper Stuart Street, Tel. 03-477 7704, www.scotiadunedin.co.nz. Mo–Sa ab 15 Uhr. Gleich oberhalb des Octogon gibt's Haggis und eine große Whisky-Auswahl, aber das Scotia schaut auch in Töpfe anderer Regionen oder serviert Traditionelles aus Neuseeland wie gebackenen Sturmtaucher (muttonbird). Barfood ca. 15–20 NZD, HG abends ab 30 NZD.

In-Location ▶ **Plato** 4: 2 Birch Street, Tel. 03-477 4235, www.platocafe.co.nz, tgl. Dinner, So populäres Brunch. Früher raues Seemannsheim, heute modernistisch innen und Industrie-Viertel-Charme außen. Viel Fisch auf der Karte, die Zutaten möglichst ökologisch und regional, HG um 30 NZD.

Café im Botanischen Garten ▶ **Croque-o-dile In The Garden** 14: tgl. 9.30–16.30 Uhr. Zauberhaft gelegenes Café des ehemaligen Reisebuchautors Lutz Ritter, bekannt für preiswerte Croques, gute Torten und die Qualität der Kaffees.

Drei mit Top-Aussicht ▶ **Cafés & Restaurants an St Clair Esplanade** 5: Mit dem Blick und der salzigen Luft des Meeres an der

Esplanade in St Clair können die Ufer-Locations in Auckland und Wellington nicht mithalten. Das ist echter Ozean, kein Hafenwasser! Alle Lokale servieren tagsüber Kaffee, Cappuccino, Espresso & Co oder Bier, Wein und Cocktails. Zum Essen unterscheiden sie sich: An der Ecke Forbury Rd/Esplanade serviert das **Esplanade Restaurant** seit Jahren Pizza und Pasta (Tel. 03-456 2544). Zwei Häuser weiter setzt **Swell Cafe & Bar** (8 Esplande, Tel. 03-455 9500) auf stylisches Ambiente mit Frühstück und mediterranen Kleinigkeiten, Betonung auf ›klein‹. Das angesagteste Restaurant der Stadt war bei Redaktionsschluss **Pier 24** im St Clair Beach Resort (s. o. 1 reservieren Tel. 03-456 0555) mit dem in Dunedin seit Langem für innovative, aber nicht abgehobene Küche geliebten Michael Coughlin an den Töpfen, zum Frühstück und Lunch noch recht casual, wird's ab 18 Uhr zum Dinner formeller. HG mittags bis 30, abends ca. 30–40 NZD.

Einkaufen

Princes Street–Octagon–George Street 2 bildet die Haupteinkaufsstraße der Stadt, einige interessante Outdoor-Ausstatter auch an der **Lower Stuart Street** 3.

Der **Otago Farmers Market** 4 Sa 8–13 Uhr auf dem Parkplatz am Bahnhof bringt Frisches aus der Region auf den Speiseplan.

Abends & Nachts

Einen Konzertkalender bietet aktuell ***ink – Dunedin's Weekly Entertainment Guide** (www.ink.org.nz), Gig-Guide auch auf www.dunedinmusic.com. In Semesterferien ist das Programm eher müde!

Soundvielfalt für junges Publikum ► **Sammy's** 1: 65 Crawford Street, Tel. 03-477 2185, www.sammys.co.nz. Tanzbar soll es sein mit DJs und Bands, viel Dubstep, aber auch Reggae, Soul oder Metal.

Boulevardtheater in ehemaliger Kirche ► **Fortune Theatre** 2: 231 Stuart St (Ecke Moray Place), Tel. 03-477 8323, www.fortunetheatre.co.nz. Spielpause im Hochsommer.

Munterer Musikclub vor den Toren von Dunedin ► **Chicks Hotel** 3: 2 Mount St, Port Chalmers (15 km vom Octagon), Tel. 03-472 5074. Wenn über Clubkonzerte in Dunedin geredet wird, dann über die in Chicks Hotel in Port Chalmers – dort lebt der Spirit des Dunedin Sound hinter dicken Bruchsteinmauern weiter.

Aktiv

Otago Peninsula Exkursionen ► s. Tipp S. 399.

Schwimmen & Surfen ► **St Clair Beach** 4 ist populärer Bade- und Surferstrand, je weiter man den **St Kilda Beach** 17 nach Norden zieht, desto einsamer wird es und Surfer dominieren das Bild. Am Südende der Esplanade von St Clair bietet das Freibad **Hot Salt Water Pool** 5 (Ende Okt.–März, tgl. 7–19 Uhr, 5,70 NZD) gewärmtes Meerwasser in Tuchfühlung zum Pazifik.

Termine

Dunedin Fringe Festival 2. Hälfte März mit knapp zwei Wochen Theater- und Kleinkunst (www.dunedinfringe.org.nz). Im späten Okt. nimmt das **Dunedin Rhododendron Festival** (www.rhododunedin.co.nz) die Rhododendrenblüte zum Anlass für ein floristisches Fest in allen Parks und Gärten, garniert mit viel Kultur. Das in geraden Jahren Mitte Oktober stattfindende **Otago Festival of Arts** präsentiert Theater und Musik von klassisch bis modern (www.otagofestival.co.nz).

Verkehr

Stadtbusse: Viele Linien, kurze Abstände, zentraler Knotenpunkt Octagon; Preise nach Zonen bei Barzahlung 1,90–6,40 NZD, z. B. Octagon–St Clair Beach 3,20 NZD; alle Preise und Fahrpläne auf www.orc.govt.nz unter ›information and services‹ > ›buses‹.

Fernbusse: InterCity (ab/bis 205 St Andrews St, zum Teil Octagon und Uni), **Atomic Shuttles** und **nakedbus.com** jeweils ab Bahnhof 1–2 x tgl. ab/bis Invercargill via Gore, ab/bis Christchurch via Oamaru, ab/bis Queenstown via Central Otago (SH8-Route). **Coast Line Tours** (S. 389) Mo–Fr Dunedin–Oamaru mit Tür-zu-Tür-Service. **ConneXions** (www.time2.co.nz/connexions) tgl. mehrmals Du-

aktiv unterwegs

Taieri Gorge Railway & Otago Central Rail Trail

Tour-Infos

Start/Infos: Taieri Gorge Railway ab Dunedin Railway Station (S. 394), Tel. 03-377 4449, www.taieri.co.nz. 1–2 x tgl., h/z 4 Std., 84 NZD bis Pukerangi, Okt.–April Fr u. So auch 1 x tgl. bis Middlemarch, h/z 6 Std., 97 NZD. Pro Erw. fährt ein Kind gratis, jedes weitere 22 NZD. Radtransport gratis. **Otago Central Rail Trail:** Infos bei i-SITE/ i-Büros an der Route wie in Alexandra, Ranfurly oder Naseby (S. 414) und im i-SITE Dunedin (S. 401); hervorragend auch www.otagocentralrailtrail.co.nz und www.otago-railtrail.co.nz.

Veranstalter, Radverleih und Übernachtungen: TrailJourneys: Tel. 03-449 2150, [fc] 0800 Rail Trail, www.trailjourneys.co.nz. Sept.–April ›betreute‹ 5-Tage-Radreisen ›all inclusive‹ ab ca. 1500 NZD oder Fahrradverleih in Middlemarch und Clyde (ca. 40 NZD/Tag), auch Organisation von Übernachtungen und Gepäcktransfer.

Während TranzScenic, Neuseelands Bahngesellschaft, Dunedin 2002 vom Passagierservice abkoppelte, boomt die **Taieri Gorge Railway** von Dunedin durch das wilde Flusstal des Taieri River nach Central Otago hinauf. An sonst unzugänglichen Stellen stoppt der Zug und Passagiere können ihn im Gelände oder auf spektakulären Brücken fotografieren. Genutzt wird die Trasse der 1879 bis 1921 gebauten Bahnlinie Dunedin–Cromwell. Als die Linie 1990 geschlossen werden sollte, übernahm die Taieri Gorge Railway, ein Gemeinschaftunternehmen der Stadt Dunedin und eines Ausflugszug-Betreibers, die Schienen bis Middlemarch. Dort wendet der Sightseeing-Zug an einigen Wochenendterminen, meist wird aber nur bis Pukerangi gefahren, kaum mehr als ein Wartehäuschen im Nirgendwo – aber bei diesem Zug ist immer die Fahrt das Ziel.

Wo jetzt die Schienen enden beginnt der **Otago Central Rail Trail.** In weitem Bogen nach Westen wurden weitere 150 km Bahnstrecke bis Clyde freigeräumt und für Wanderer, Biker und in Abschnitten für Reiter präpariert, darunter drei Tunnel und 68 Brücken. Der Rail Trail führt in ein ländliches ›old-fashioned‹ Neuseeland voller Erinnerungen an Goldgräberzeiten mit Lokalen und Unterkünften voller historischem Ambiente – die einschlägigen Web-Portale (s. l.) listen sie Ort für Ort auf.

nedin–Queenstown/Wanaka auch 1 x tgl. in jede Richtung als **Track & Trail,** eine Kombination aus Taieri Gorge Railway (S. 404) + Bus, ca. 6 Std., Erw. ca. 125 NZD. **Backpacker-Busse** Dunedin–Invercargill via Catlins mit Bottom Bus und Catlins Coaster (S. 461). **Dunedin International Airport** (www.dnairport.co.nz) ca. 30 km südl. nahe SH1. International nach Australien, Inland Air New Zealand u. a. nach Christchurch, Wellington und Auckland. Kein Airport-Bus, aber Fernbusse Dunedin–Invercargill/Queenstown/Wanaka halten bei Bedarf am Airport (ca. 30 Min, ab ca. 16 NZD), Taxi ab/bis City ab 75 NZD, Shuttles je nach Personenzahl 25–35 NZD/ Pers.

Central Otago

► D–F 18/19

Das offizielle, das gefühlte und das historische Central Otago sind drei verschiedene Dinge. Central Otago District Council (www.codc.govt.nz) verwaltet das rustikale, geruhsame Otago von einer Linie Ranfurly–Roxburg im Osten bis Cromwell im Westen mit rund 15 000 Einwohnern. Die kennen das

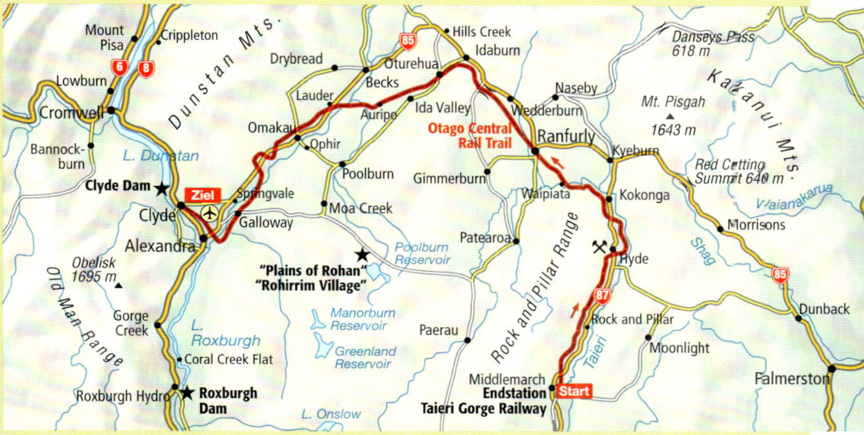

Die Endpunkte liegen 170 bzw. 201 m über dem Meer, als höchste Stelle ist ein Pass mit 618 m bei Wedderburn zu überwinden – wie es sich für eine Bahnlinie ziemt aber nie mit extremen Steigungen. Bei normaler Fitness – nach Umfragen sind 85 % der Radfahrer auf dem Rail Trail über 45 Jahre alt – radelt man die ganze Strecke in 4 bis 5 Tagen, so muss keine Etappe länger als ca. 45 km sein und man hat Zeit zum Schauen und Genießen. Biker, die das Fahren in den Vordergrund stellen, machen die Strecke auch in 2 oder 3 Tagen. *Locals* empfehlen den Start ab Clyde u. a. wegen höheren Chancen auf Rückenwind – aber wer will für Wetter garantieren? Rail Trail Dienstleister (s. o.) bieten auf jeden Fall als Service-Paket sichere Parkplätze in Middlemarch plus Shuttle Transfer der Radfahrer inkl. Bikes nach Clyde. So fährt man ohne Zeitdruck zum eigenen Auto zurück.

Wort ›rush‹ allenfalls im historischen Zusammenhang des ›goldrush‹. Landschaftlich wie atmosphärisch gehören auch Middlemarch, Endpunkt der Taieri Gorge Railway, und das Städtchen Lawrence, wo Central Otago 1862 mit dem ersten Goldfund seine Geburtsstunde erlebte, hinzu, auch wenn sie formal zu benachbarten Verwaltungsbezirken gehören. Historisch schließt Central Otago den Verwaltungsbezirk Queenstown Lakes ein, der mit Queenstown, Wanaka und Glenorchy touristisch als Southern Lakes ein auf Action-Abenteuer ausgerichtetes Eigenleben besitzt (ab S. 415).

Neuseelands Klima-Kontinent

Landschaftlich ist Central Otago ein von Hügelketten aus uraltem Schiefergestein in Nord-Süd-Richtung gegliedertes und auf drei Seiten von Bergketten umringtes Hochland. Es gilt klimatisch als Neuseelands ›Kontinent‹ und Alexandra mit 350 mm Niederschlag pro Jahr als einer der trockensten Flecken im Land. Im Sommer klettert das Thermometer gern in die 40er, fällt dafür im Winter lang anhaltend unter den Gefrierpunkt. Das lässt viele Seen zufrieren und machte die Region schon im 19. Jh. zu einer Curling-Hochburg mit annähernd 20 aktiven Vereinen.

Das Klima beschert Central Otago im Frühjahr und Sommer eine alpin anmutende Wildblumen- und Kräuterflora. Thymian, von den ersten Goldsuchern importiert, gedeiht prächtig, hat sich ausgewildert und wird jeden November in Alexandra mit einem Thymian-Festival gefeiert. Cromwell und Alexandra gelten zudem als Hochburgen des Wein- und Obstanbaus – Äpfel, Aprikosen, Pfirsiche, Birnen. Ideal für den Anbau trotz Trockenheit ist das Wasser, das zur kontrollierten Bewässerung von den Flüssen aus den Southern Alps frei Haus und vom Clyde Dam rund ums Jahr reguliert geliefert wird.

Im Herbst legt die Region ein für Neuseeland ungewohnt goldenes Kleid an, das sich mit dem Braun des Tussok-Grases trefflich ergänzt: Die meisten Bäume sind importierte Exoten, die mit ihrem Laub anders als die immergrünen einheimischen Bäume den Jahreszeiten folgen, besonders auffällig die vielen Pappeln. Markante Punkte im Gelände sind immer wieder freistehende, fast wie Skulpturen wirkende Schieferfelsen – seit Urzeiten vom Wind geformt.

Der erste Goldrausch

Ende Mai 1861 stochert nahe **Lawrence,** dort wo es heute Gabriels Gully heißt, ein Mann mit einem Spaten in einem Bachbett. Es ist schon spät, das Tageslicht schwindet um diese Jahreszeit früh. Gabriel Read hat seinen Spaten im Laufe des Tages schon etliche Male in den Boden gerammt, Schotter an die Seite geschoben und etwas herumgebuddelt. Er hat genug Erfahrung von Goldfeldern in Australien mitgebracht, um sofort zu wissen, was plötzlich vor seinen Füßen glänzt. Gold. »Die Nuggets glänzten wie die Sterne des Orion in einer frostklaren Nacht« wird er später über diesen Moment sagen. Es ist nicht das erste Gold, das in Neuseeland entdeckt wird, aber es sind die ersten wirklich lohnenden Vorkommen. Neuseeland erlebt einen Goldrausch, der global registriert wird und Glückssucher mobilisiert. Allein in den zwei Jahren nach Gabriels Fund registrieren die Behörden in Australien 64 000 Ausreisen mit dem Ziel Otago. Aber schon 1865 ist mit Spaten und Goldpfanne an den Flüssen von Otago Schluss.

Der zweite Goldrausch

Die Karawane der Individualisten zieht weiter zur West Coast, organisierte Goldsucher übernehmen das Feld, spritzen mit Wasserkanonen die Hänge auf. Unter den Goldsuchern der zweiten Stunde sind viele Chinesen, die mit einfachsten Mitteln, aber ungeheuerem Fleiß die von Weißen bereits ausgebeuteten Claims noch einmal durchwühlen. Ihr wirtschaftlicher Erfolg führt zu rassistischen Spannungen, sogar die Provinzregierung versucht mit Einreise- und Aufenthaltsabgaben den Zuzug aus dem Reich der Mitte zu bremsen, aber erst als die Goldvorräte sich erschöpfen, ebbt er ab.

Die Maschinen zur Goldsuche werden größer. Minengesellschaften übernehmen die Suche, interessieren sich für tiefere Abschnitte der Flussbetten. Schließlich fressen sich dampfgetriebene Monsterschürfer durch Clutha, Kawarau und Shotover River, betrieben mit Kohle, die man gleich nebenan aus der Erde holt. In den 1890ern ziehen die Bagger die Ufer hinauf, reißen Weiden und Berge auf, nur erreicht man noch nicht die Tiefen von 250 m wie aktuell in den Löchern der Macraes Gold Mine. Das Zentrum dieses frühen Tagebaus von etwa 1890 bis 1920 und noch einmal in den 1950ern ist Alexandra. Von beiden Perioden zeugen geradezu extraterrestrisch wirkende Abraumhalden, Earnscleugh Tailings, die seit 1989 als **Goldfields Historical Reserve** unter Schutz stehen.

Überall stößt man auf Hinterlassenschaften der Goldgräberzeit, auf Gerätschaften, die mal an Flussufern verrosten, mal für kleine Museen – kaum ein Ort ohne! – und Ausstellungen oder Monumente restauriert wurden. Einige Städte der Goldära sind von der Landkarte verschwunden, allenfalls erinnern noch Ruinen an sie. In den Orten, die blieben, scheint seit der Boomzeit auch nicht viel passiert zu sein. Sie leben von der Versorgung des Farmlandes in ihrer Umgebung und konservieren die Geschichte mit viel Engagement, weil das alte Gold eine neue Einnahmequelle erschließt: Tourismus. Die typische Architektur des alten Central Otago sind flache Gebäude, die Wände geschichtet aus den Schiefersteinen der Region.

Der dritte Goldrausch

Vergangenheit ist die Goldära noch nicht: Im Nordosten der Region liegt bei **Macraes Flat** die größte aktive Goldmine Neuseelands. Im Tagebau werden seit 1990 jedes Jahr mehrere Tonnen – 2004 knapp sechs – des Edelmetalls gewonnen. Das Geschäft ist mühsam, für jedes Kilo müssen etwa 600–700 t Golderz aus dem Boden geholt und verarbeitet werden. Trotzdem lieferte Macraes Gold Mine in den letzten Jahren etwa die Hälfte der neuseeländischen Goldproduktion, noch bis in die 2020er-Jahre sollen die Vorkommen abbauwürdig sein.

So wie hier eine fast vier Jahrzehnte nicht genutzte Fundstätte reanimierte wurde, erwarten Experten und befürchten Umweltschützer bei steigenden Goldpreisen und neuen Technologien weitere Neuauflagen des Goldabbaus in Central Otago. Der gut ausgeschilderte **Otago Goldfields Heritage Trail** führt zu Relikten und Aktualitäten des Goldbergbaus. Broschüren bei allen i-Büros oder in Cromwell im Visitor and Information Centre des Otago Goldfields Heritage Trust (Erris St/Donegal St, Cromwell, Tel. 03-445 0111, www.goldfieldstrust.org.nz).

Noch mehr Veränderungen

Veränderte schon der Goldabbau mit jeder neuen Erfindung die Landschaft mehr, so setzte die Energiewirtschaft noch einen drauf: Der Clutha River, Abfluss des Lake Wanaka und längster Fluss der Südinsel, wurde 1949 auserkoren, Stromfabrik zu werden. 1956 war ein Damm mit Kraftwerk nördlich Roxburgh fertig, in den 1980ern folgte der umstrittene Clyde Dam, der aus dem Clutha den fast 50 km langen Lake Dunstan machte, in dem das alte Cromwell und viele Hektar fruchtbarer Obstplantagen untergingen. Der Wasserspiegel des Sees liegt gut 40 m über dem ehemaligen Fluss. Beide Seen werden inzwischen als großartige Freizeitareale für Wassersportler und Angler gepriesen. Der Clutha River zeigt den Einfluss der Schotten in der Region und trägt den gälischen Namen des berühmten Clyde aus ihrer Heimat.

Tipp: Love Train zum Singles' Dance

Ostersamstag. Die Jahreszahl muss ungrade sein. Der Zug der Taieri Gorge Railway rollt zu ungewohnter Stunde mit schriller Fracht aus dem Bahnhof von Dunedin. An Bord nippen ein paar hundert aufgedrehte und aufgestylte Frauen am ersten Zickensprudel. Aus Dunedin kommen viele, auch aus dem Rest Neuseelands und dank globaler Medienentdeckung der ersten Events auch Frauen aus Australien, Europa und den USA. Ihr Ziel: Männer.

Im Partyzelt von Middlemarch ist Singles' Ball, und da sollen nicht nur die Waggons des Love Train verkuppelt werden. Central Otago leidet an Frauenmangel, viele Farmer sind Singles und wer einen großen Hof zu versorgen hat, kommt nicht oft auf Freiers-Füßen in die Stadt. Also kommen die Frauen zu den Männern. Um Mitternacht rollt der Zug zurück – für die braven und die sparsamen Mädchen. Der ›Lumpensammler‹ am nächsten Morgen kostet 10 NZD extra. Ein Problem: Tickets für das Kuppel-Event (ca. 90 NZD inkl. Zugfahrt) sind fast schwerer zu bekommen als ein Mann und sind lange vor Ostern ausverkauft. Es sollen sich, so hört man in Middlemarch, schon etliche feste Beziehungen entwickelt haben. Die nächste Chance darauf soll es – wahrscheinlich – am 30. März 2013 geben. Good luck!

SH8 – die Südroute ► E 19/18

Central Otago wird von SH85 im Norden und SH8 im Süden in die Zange genommen, in Alexandra (S. 412) treffen beide wieder zusammen. Ab Dunedin fährt man jeweils rund 200 km, die über den exzellent ausgebauten SH8 – die Route, die auch die meisten Fernbusse nehmen – in 3 Std. zu schaffen sind.

Auf der Südroute macht man schnell Kilometer, es lenken weniger Details ab als auf der Nordroute. Dabei fiel wenige Kilometer nördlich des verschlafenen **Lawrence** der oft zitierte Startschuss für den Otago Goldrausch an **Gabriels Gully.** Kaum vorstellbar, dass Lawrence vor rund 150 Jahren eine ›Stadt‹ mit über 10 000 Einwohnern war, inklusive China Town. Von der alte Bausubstanz ist viel bewahrt, darunter etliche ehemalige Gotteshäuser: Die Multi-Kulti-Gesellschaft der Goldsucher war auch multireligiös.

Nördlich **Roxburgh** passiert SH8 den älteren der beiden Clutha-Dämme, dessen Kraftwerk 1956 ans Netz ging und gut 17 km vor Alexandra erinnert am Gorge Creek Pick-nick-Platz neben der Straße das **Miners Monument,** ein bescheidener Obelisk, an die Tragödien, die mit der Goldsuche in dieser harschen Landschaft verbunden sind. So fegte im Juli 1863 auf dem Höhepunkt des ersten Goldrauschs, ein verheerender Blizzard – im Volksmund nur ›The Great Snow‹ – über Central Otago. Vor allem auf exponierten Claims in den Hochlagen der Old Man Range erfroren viele Männer. Da es in diesen chaotischen Zeiten keine verlässlichen Einwohnerlisten gab, blieben viele Opfer namenlos.

SH85/87 – die Pigroute ► E/F 18

SH85 von Palmerston (S. 391) nach Central Otago hinein geht auf eine Postkutschenpiste

Am Hang über der Shaky Bridge bei Alexandra prangt die Clock on the Hill

zurück, die als Alternative zur extrem wetterabhängigen Old Dunston Road (s. u.) gesucht und seit ihren frühesten Tagen als ›Pigroot‹ bezeichnet wurde.

Um das Dorf **Macraes Flat,** etwas südlich des SH85, wird heute wieder in großem Stil Gold abgebaut (s. S. 407). Besichtigungstouren zeigen die moderne Tagebaugrube ebenso wie Hinterlassenschaften des alten Goldbergbaus, darunter die funktionsfähige Erzmühle der Golden Point Mine in Deepdell Creek aus dem frühen 20. Jh. (OceanaGold Tours, Tel. 0800 465 386, 2 x tgl. Erw. 30 NZD). Für das alte Macraes steht das urige Stanleys Hotel aus den 1880ern, mehr Pub denn Unterkunft.

Um ca. 35 km verlängert sich die Fahrt von Dunedin nach Central Otago, wählt man SH87 über Middlemarch bis Kyeburn für den ersten Abschnitt zur Pigroute. Bei Kyeburn treffen SH85 und SH87 zusammen. Die **Old Dunstan Road** (nur echte Geländefahrzeuge; bei Nässe nur im Konvoi zu empfehlen), die bei Clarks Junction von SH87 abzweigt und sich bis auf 1000 m Höhe über die Rock And Pillar Range windet, war die erste Straße von Dunedin nach Dunstan, dem heutigen Clyde (S. 413).

SH87 gewann durch die Taieri Gorge Railway (s. S. 404) und den Otago Central Rail Trail stark an Bedeutung, auch viele Busrundreisen bauen eine Zugfahrt in ihr Programm. Im Zentrum der Strath Taieri-Ebene liegt **Middlemarch.** Am Bahnhof, wo jetzt die Schienen enden, zeigt die Landschaftsskulptur ›Arches‹ von Rebecca South and Jesse Stevens, zwei jungen Künstlern aus Dunedin, die Richtung an, in die der Rail Trail weiterführt. Ansonsten ist Middlemarch meist ein ruhiger Flecken. Da freut man sich, am Ortseingang das familiäre Kissing Gate Café (SH87 Richtung Süden, tgl. 8.30–17 Uhr) zu entdecken, in dem Süßes wie Herzhaftes gleich lecker sind.

Vielleicht haben Sie Glück und sehen ein Super-UFO. *Locals* nennen das nur an wenigen Stellen der Welt zu beobachtende Wolkenphänomen Taieri Pet: Kräftige *Nor'wester,* die Nordwestwinde, bilden hier ganz extreme, lenticulare – linsenförmige – Föhnwolken aus. Steht so ein Gebilde am Himmel ist kräftiger Wind angesagt und die vielen Warnhinweise vor Windböen stehen nicht umsonst an der Straße, vor allem Camper müssen aufpassen.

Ranfurly und Naseby ► E 18

Ranfurly am SH85, Hauptort der Maniototo Ebene, fällt aus dem Rahmen: Hier wurde ab den 1930ern fast zwei Jahrzehnte viel im Art déco-Stil gebaut. Kein Vergleich mit Hastings und Napier auf der Nordinsel, aber markant genug für den Ort, diese Epoche jedes Jahr Ende Februar mit einem Art-déco-Wochenende zu zelebrieren. Hier löste kein Erdbeben wie an der Hawke's Bay die Bautätigkeit aus, sondern ein Feuerteufel, der immer wieder Brände legte. Vorzeigehaus im Art déco ist die ehemalige Centennial Milk Bar, heute die **Rual Art Deco Gallery** (www.ruralartdeco.co.nz).

Ein paar Kilometer nördlich der Hauptstraße liegt mitten in einem Forstgebiet das rustikale Goldgräberstädtchen **Naseby** mit nur wenig mehr als 100 festen Einwohnern, aber vielen Sommerhäusern. Das von frühen Siedlern aus Schottland mitgebrachte Curling wird mit solcher Inbrunst betrieben dass man sogar eine für internationale Curling-Wettbewerbe ausgelegte Eissporthalle besitzt, die einzige südlich des Äquators und ganzjährig geöffnet – es hat schon was, sich an einem brüllheißen Central Otago Sommertag mit Temperaturen in den 30ern auf einer Eisbahn beim konzentrierten Steineschieben abzukühlen (www.curling.co.nz, tgl. mind. 10–17 Uhr, 18 NZD/Erw./Std.)! Im Winter gibt's natürlich auch Openair-Eisbahnen.

Das pittoreske **The Royal Hotel** (S. 414) von 1879 war schon zu Postkutschenzeiten Übernachtungsstopp auf dem Weg von der Küste nach Clyde. Durch Naseby fährt man bis heute zur wahrlich historisch anmutenden Dansey's Pass Road hinauf. Die holperige, schmale und für Campervans gesperrte – Versicherungsschutz! – Schotterpiste stößt bei Duntroon im Waitaki District auf SH83 (S. 385). Kurz bevor die Piste in die einsamen

Pinot Noir – das neue Gold ist rot

Der moderne ›Winerush‹ katapultierte Central Otago in kaum zwei Jahrzehnten unter die großen Weinanbaugebiete Neuseelands. Inzwischen liefern weit über 100 Produzenten Weine, die auch international für Aufsehen sorgen.

Jean Desire Feraud machte mit Gold am Frenchman's Point bei Alexandra ein Vermögen, dann kam der Franzose in ihm durch und er investierte in Weinstöcke. In den 1870ern gewannen seine Monte Christo-Weine sogar internationale Preise. Warum Feraud trotzdem bald aufgab, ist unbekannt. Anschließend lag der Weinanbau brach, bis 1987 nach gut einem Jahrzehnt der Forschung und Vorbereitung zum ersten Mal wieder Weine aus Central Otago vermarktet wurden.

Viele Reben wachsen auf Böden, die während des Goldrush mit Wasserkanonen aus den Berghängen gespült wurden. Mit Anbauflächen bis zu 400 m über dem Meer ist es die höchstgelegene Weinregion in Neuseeland und bei 45° Süd die südlichste der Erde. Das Sommer- und Herbstklima mit heißen Tages-, aber niedrigen Nachttemperaturen, kalten Winter und geringen Niederschlägen zur Erntezeit bieten ideale Bedingungen. Ein Risiko sind Nachtfröste im Frühjahr und Herbst. Aber neuseeländischer Pragmatismus kriegt das in den Griff mit Warmluftgebläsen oder Helikoptern, die die kalten Luftschichten über dem Boden aufwirbeln sollen.

Zur wichtigsten Traube hat sich der Pinot Noir entwickelt, als Blauer Spätburgunder im Deutschen bekannt. Er macht fast zwei Drittel der Produktion aus und gilt als einer der besten seiner Art weltweit, frischer und fruchtiger als das, was Franzosen aus dieser Rebsorte keltern. Unter den Weißweinen der Region ist der Riesling sensationell, der Chardonnay hervorragend und sogar der gute alte Gewürztraminer wird hier neu definiert.

Die Central Otago Winegrowers Association (www.cowa.org.nz) unterscheidet sechs Subregionen: Die spektakulärsten Anbauflächen klammern sich an die Nordhänge der Kawarau Gorge, rund 20 km vor Queenstown. Am östlichen Eingang in das archaische Flusstal um Cromwell sowie um das Weindorf Bannockburn stehen die meisten Reben und auch im Alexandra Basin, wo Jean Desire Feraud einst Wein pflanzte, wird wieder reichlich gekeltert. Die geringsten Mengen kommen aus der Region Wanaka.

Thema

Viele Weingüter verkaufen direkt ab *cellar door* und lassen Besucher probieren, im Sommer meist täglich zwischen 10 und 17 Uhr. Der weltweit bekannteste ›Weinbauer‹ – eher wohl Wein-Investor – in Central Otago ist Schauspieler Sam Neill (S. 47). Seine Two Paddocks-Weine bekommt man in gut sortierten Weinshops der Region oder bei Besuchen des Weingutes in den Bergen zwischen Clyde und Alexandra (nur auf Voranmeldung: Tel. 03-449 2756, www.twopaddocks.com). Etliche *wineries* bieten neben Weinproben auch etwas zu Essen, vor allem zum Lunch, wie **Carrick's Restaurant and Cellar Door** in Bannockburn (Cairnmuir Road, Tel. 03-445 3480, www.carrick.co.nz) tgl. von 11–17 Uhr.

Konsequent für Besucher geplant wurde **Gibbston Valley Winery** (S. 421), wenige hundert Meter östlich der Kawarau Bridge: Führungen erlauben Einblicke in das Tunnellager des Weinguts (10–16 Uhr, 10 NZD), ein großer Wein- und Souvenir-Shop sowie eine Käserei (10–17 Uhr) locken zum Shoppen, ein Lunch-Restaurant verwöhnt den Magen (Tel. 03-442 6910, www.gvwines.co.nz).

Ein Highlight, was Lage und Weine betrifft, ist die **Chard Farm Winery** (S. 420, Tel. 03-442 6119, www.chardfarm.co.nz, tgl. 10–17 Uhr). Allein die abenteuerliche Zufahrt über die alte Kutschenpiste Richtung Queenstown, die nahe dem A. J. Hacket Bungee Centre vom SH6 abbiegt, lohnt den Besuch: Grandios der Blick auf den Canyon des Kawarau River und seine alte Brücke mit ihrer Bungee-Plattform. Und lassen Sie sich nicht vom Warnschild ›Fallschirme im Fahrzeug empfohlen‹ schrecken: Solange Ihnen kein Fahrer nach ausgiebiger Weinprobe entgegenkommt, haben sie beste Chancen, auch ohne einen solchen durchzukommen.

Chard Farm Winery: In unwirtlicher Lage gedeiht ein prämierter Wein

Berge klettert, liegt ein weiteres der alten Postkutschenhotels am Wege: **Danseys Pass Coach Inn** von 1863. Sorgfältig restauriert, möbliert und stilgerecht erweitert bringt es die Geschichte des Hauses, die historische Atmosphäre und die Komfortbedürfnisse der Gäste unter einen Hut (S. 414).

Manuherikia River ►E 18

Nördlich **Wedderburn** quert SH85 die Ausläufer der North Rough Ridge. In Tuchfühlung zur Straße verläuft der Central Otago Rail Trail, der hier seine höchste Stelle erreicht. Auf der Straße kann man zwischen Idaburn und Omakau alternative Routen wählen. In **Oturehua** im Ida Valley ist der einzige Förderturm eines Untertageschachtes erhalten und ein in den 1950ern geschlossener Zulieferbetrieb der Gold- und Farmindustrie, Hayes Engineering Works, steht jetzt unter den Fittichen des Historic Places Trust und der lässt an Sommerwochenenden Besucher auf das Gelände, das seit einem halben Jahrhundert wahrscheinlich nicht mehr richtig aufgeräumt wurde – eher originell denn sensationell. In dem am besten mit Geländefahrzeugen zugänglichen Teil des Ida Valley diente die Landschaft am **Poolburn Reservoir** als Kulisse für Rohan-Szenen im zweiten Teil der Herr-der-Ringe-Trilogie (Zufahrt auf Old Dunstan Rd via Moa Creek).

In **St Bathans,** auf einem Schlenker vom SH85 nach Westen erreichbar, sind das Vulcan Hotel mit seinem Pub, das alte Postamt und das klitzekleine Gold Office der ehemaligen Bank of New South Wales Vorzeigestücke der historischen Bauten. Berühmt ist der Ort jedoch, weil Goldgräber den 120 m hohen Kildare Hill mit ihren Wasserkanonen nicht nur komplett wegspülten, sondern an seiner Stelle gleich noch fast 70 m weiter in die Erde gingen. Nirgendwo sonst auf der Welt wurde mit der Technik des *hydraulic elevating,* einem wasserbetriebenen Vakuum-Schlammsauger, so tief in die Erde gegraben. Als die Arbeiten eingestellt wurden, füllte sich das Loch zum manchmal blau schimmernden **Blue Lake.** Auch **Ophir,** Omakau gegenüber am Ostufer des Manuherikia River gelegen und über eine historische Hängebrücke erreichbar, wird gern für seine restaurierten Bauten aus der Goldrauschzeit besucht. Das Post- und Telegrafenamt von 1886 ist kein Amt mehr, aber noch Postagentur und wirkt fast wie ein Museum (Mo–Fr 9–12 Uhr).

Alexandra ►E 18

Am Zusammenfluss von Clutha und Manuherikia River findet man zwischen Obstplantagen und Weingütern Central Otagos Hauptstadt Alexandra mit fast 6000 Einwohnern. Die Stadt ist nach Prinzessin Alexandra (1844–1925) benannt, eine ideale Integrationsfigur für die multikulturelle Gründergeneration von Central Otago: Tochter des dänischen Königs, verheiratet mit Britenkönig Edward VII, Schwester des griechischen und Tante des norwegischen Königs sowie Schwägerin von Zar Alexander III.

Für einen Rundgang zu sehenswerten Bauten im Ort gibt es einen Leitfaden im i-SITE. Das **Alexandra District Museum** (21 Centennial Ave, Tel. 03-448 6230, www.centralstories.com, tgl. 9–17 Uhr) fokussiert unter dem Motto ›Central Stories‹ auf die Menschen der Region. Ein Schwerpunkt sind die Goldrausch-Perioden, die die Region erlebte. Eine ins Museum integrierte Art Gallery zeigt in erster Line regionale Künstler. Die moderne Straßenbrücke über den Clutha River am Südrand des Zentrums ist die zweite an dieser Stelle. Von der Vorgängerin, über die von 1882 bis 1958 der Verkehr lief, stehen noch ganz pittoresk die **Old Bridge Piers,** zwei knapp 30 m hohe Pylone im Wasser.

Auf der **Shaky Bridge** von 1879 über den Manuherikia River können sich nur noch Fußgänger schütteln (lassen) – lange trug sie die meisten Lasten auf dem Weg von der Küste Richtung Dunstan (Clyde). An einem normalen, trockenen Tag fällt es schwer, sich vorzustellen, dass es selbst nach dem Bau des Clyde Dam an diesem Flussdreieck schon wieder zwei große Überschwemmungen gab, 1995 und 1999, bei denen man auf dieser Brücke mit den Füßen im Wasser gestanden hätte. Über die Brücke hinweg blickt man auf ein Wahrzeichen der Stadt, die kilometerweit sichtbare **Clock on the Hill**, die den Alexandrinern seit 1968 die Zeit anzeigt, nachts sogar durch 150 Glühbirnen illuminiert. Das Zifferblatt hat einen Durchmesser von elf Metern, da wiegt der Minutenzeiger mal eben gut fünf Zentner. Die Berge ›hinter der Uhr‹ sind ein beliebtes Revier für Mountain-Biker.

Clyde ► E 18

Clyde – das alte Dunstan – war die erste Hauptstadt der Region, ehe Alexandra diese Rolle übernahm. Von allen Städten in Central Otago wirkt es am geschichtsträchtigsten, auch wenn nebenan mit dem Clyde Dam die Neuzeit anklopft. Seit 1993 laufen hier Turbinen eines 430-MW-Kraftwerks, nachdem es jahrelang Verzögerungen gab, weil das Grundgestein um den Damm nicht die erwartete Festigkeit hatte und viel nachgebessert werden musste – auch deutsche Firmen waren am Bau beteiligt. Ein Aussichtspunkt oberhalb Clyde erlaubt den Blick über Stauanlage, Kraftwerk und Ort.

Im alten Clyde gehen viele Gebäude auf das späte 19. und frühe 20. Jh. zurück, meist in typischer Bauweise mit Schiefersteinen. Natürlich wird die alte Zeit museal aufbereitet, u. a. im **Clyde Historical Museum** (5 Blyth St) und im angeschlossenen **Briar Herb Factory Museum** (12 Fraser St, 03-449 2092, beide Di–So 14–16 Uhr, 5 NZD). In der alten Gewürzfabrik wurde ab den 1930ern verwilderter Thymian aus der Umgebung kommerziell verarbeitet.

Cromwell, Bannockburn ► D 18

Zwischen Clyde und Cromwell hangelt sich SH8 am Nordufer des neuen Sees zu Füßen der Dunstan Mountains entlang. Bei **Cromwell,** einer weiteren Hochburg des Obstanbaus, bildet der Zufluss des Kawarau River einen Seitenarm des Lake Dunstan. Die neue Stadt am Ufer ist Nachfolgerin von Neuseelands Atlantis, dem alten Cromwell, das im See verschwand. Genau genommen wurde es vorher planiert, um den Boden noch einmal intensiv nach Gold zu durchwühlen, bevor das Wasser kam – über 100 kg betrug die Ausbeute. Das i-SITE zeigt Hinterlassenschaften der Goldära und dokumentiert außerdem das gigantische Staudammprojekt. Acht exemplarische Häuser wurden rechtzeitig abgetragen und am neuen Ufer – Melmore Terrace – als idealtypischer Straßenzug der alten Stadt Stein für Stein wieder errichtet, heute eine Mischung aus Freilichtmuseum und Souvenir-Fußgängerzone.

Vom neuen Cromwell sind es gut 7 km und eine Brücke über den Kawarau River ins Dorf **Bannockburn.** Kaum irgendwo sonst haben Goldsucher so systematisch Berghänge durchwühlt und neu geformt. Dem Boden muss es gut getan haben. Heute liefert er einige der besten Weine Neuseelands (S. 410).

Kawarau Gorge ► D 18

Richtung Queenstown setzt sich in der Kawarau Gorge fort, wofür Central Otago berühmt ist: Zum Thema Goldabbau gewährt das **Gold Fields Mining Centre,** etwa 8 km westlich Cromwell, dort, wo die Gorge enger wird, Einblicke in das nicht immer leichte Leben der Goldsucher und demonstriert verschiedene Abbaumethoden. Die Besucher dürfen selbst die Pfanne kreisen lassen – vielleicht bleibt etwas Goldstaub auf dem Boden zurück (SH6, Kawarau Gorge, Tel. 03-445 1038, www.goldfieldsmining.co.nz, tgl 9–17 Uhr, Eintritt mit 60-Min.-Führung, Erw. 25 NZD, nur Selbsterkundung 20 NZD).

Kaum zur Goldgräberzeit passend, aber geeignet, die Region aus anderem Blickwinkeln zu sehen, sind die Jet-Boote des **Goldfields Jet** mit der Basis am Goldfields Mining Centre (Tel. [fc] 0800 111 038, 40 Min., Erw. 90 NZD). Der Kawarau River und seine Schlucht gaben die Kulisse für Teile der Bootsfahrt der Gefährten auf dem Fluss Anduin im ersten Teil der Herr-der-Ringe-Trilogie. Die Argonath, die gigantischen Säulen der Könige, die im Film zu sehen sind, sucht man jedoch vergeblich, sie wurden digital in die Felswände ›gebaut‹.

Im oberen Teil der Kawarau Gorge weiten sich die Hänge zum Gibbston Valley und auch hier haben Weinbauern die Qualitäten der alten Böden entdeckt. An der historischen Kawarau-Hängebrücke mit der ersten kommerziellen Bungee-Sprunganlage der Welt (S. 422) ist man dann mitten drin in der Actionwelt von Queenstown.

Infos

Ganze Region im Web: www.centralotago nz.com.

Alexandra i-SITE Visitor Centre: 21 Centenial Ave, Tel. 03-448 9515, www.alexandra.co.nz.

Cromwell i-SITE Visitor Centre: 47 The Mall, Tel. 03-445 0212, www.cromwell.org.nz.

Maniototo Information Centre: Charlemont St East (im alten Bahnhof), Ranfurly, Tel. 03-444 1005, www.maniototo.co.nz.

Naseby Information Centre: Derwent St (im historischen Post Office), Tel. 03-444 9961, www.nasebyinfo.org.nz.

Roxburgh Visitor Information Centre: 120 Scotland St (SH8), Tel. 03-446 8920.

Übernachten, Essen & Trinken

Am Central Otago Rail Trail ► **www.otago centralrailtrail.co.nz** und **www.otagorail trail.co.nz** listen zahlreiche Unterkünfte auf, viele einfach und funktional, einige komfortabel bis luxuriös, alle recht klein. Sie werden viel von Radwanderern frequentiert, nehmen aber nicht nur die auf. Gleiches gilt für die Pubs und Cafés im Country Style an der Route.

Mitten im historischen Clyde ► **Dunstan House:** 29 Sunderland St, Clyde, Tel. 03-449 2295, www.dunstanhouse.co.nz. Ganz nostalgisch, Zimmer von praktisch bis romantisch (120–220 NZD) inkl. gutem Frühstücksbuffet. Lunchpakete optional!

Alte Postkutschenstation ► **Danseys Pass Coach Inn:** Kyeburn Diggings, Naseby, Tel./Fax 03-444 9048, www.danseyspass.co.nz (S. 412). DZ ab 140 NZD. Serviert auch rustikale Kiwi-Küche, die Fleischliebhaber mögen werden.

Wie in alten Zeiten ► **The Royal Hotel:** Earne St, Naseby, Tel. 03-444 9990, [fc] 0800 2 NASEBY, www.naseby.co.nz (S. 409). DZ ab 95, Bett im Mehrbettzimmer 30 NZD. Ordentliche Back-Country-Küche mit Lamm, Lachs, Wild aus der Region, HG um 25 NZD.

Sehr zentral ► **Cromwell Top 10 Holiday Park:** 1 Alpha St, Cromwell, Tel. 03-445 0164, [fc] 0800 107 275, www.cromwellholiday park.co.nz. Nicht weit vom Lake Dunstan. Stellplätze 38, einfache Hütten ab 70, Hütten/Apartments mit Bad ca. 100–190 NZD.

Klein, nostalgisch, einfach ► **Larchview Holiday Park:** Swimming Dam Rd, Naseby, Tel. 03-444 9904, www.larchviewholidaypark.co.nz. Der Name lässt ahnen, dass der Platz in einem Lärchenwald liegt. Stellplätze ab 26, Hütten, zum Teil im Outfit der Goldgräberzeit, 45–81 NZD.

Einkaufen

Stände und Hofläden ► Direktverkauf der Obstbauern überall an den Straßen um Cromwell, Alexandra und entlang SH8.

Aktiv

Touren nach Kundenwünschen ► **Central Otago Tours & Wildflower Walks:** Tel. 03-448 7474, www.wildflowerwalks.co.nz. Ganz individuelle Touren überall in Central Otago mit Schwerpunkt Natur und Geschichte organisiert John Douglas mit viel Engagement. Er kennt wie kaum ein anderer verlassene Plätze der Goldrauschzeit. Bei mind. zwei Gästen kosten Halbtagestouren ab 80, Ganztagestouren ab 160 NZD pro Person.

Termine

Die **Otago Goldfields Cavalcade** erinnert an die erste Postkutschenfahrt auf die prosperierenden Goldfelder am 22.11.1862. Bessere Wetterchancen haben den Termin in den goldenen Herbst Anfang März rutschen lassen. Die Cavalcade ist ein Sternmarsch, bei dem Wanderer, Reiter und Planwagenfahrer im Outfit der Goldgräberzeit auf verschiedenen Routen in einen jährlich wechselnden Ort ziehen, wo dann ein Abschlussfest stattfindet. Aktuelle Daten und Programmdetails auf www.cavalcade.co.nz.

Verkehr

Zur **Taieri Gorge Railway** S. 404. **Linienbusse** Dunedin–Queenstown/Wanaka nutzen meist SH8 via Roxburgh und Lawrence.

Southern Lakes und Fiordland

Menschen an Gummiseilen und in Riesenschaukeln. Dröhnende Jet-Boote und erhabene Fjorde. Weingüter für Genießer und Tracks für Asketen. Wasser- und Wintersport. Trockene Tussock-Weiden und triefender Regenwald – die Southern Lakes mit ihrem Lifestyle und den Action-Abenteuern ergänzen sich hervorragend mit dem Fiordland und seinen Naturerlebnissen.

Abenteuerspielplatz ...

Ein knallrotes Jet-Boot dreht sich nur Meter von einem Gummiboot voll kreischender White Water Rafter um die eigene Achse, ein Kajakfahrer paddelt verwundert zwischen beiden hindurch und ein verrostendes Relikt der Goldgräberzeit thront über der Szene auf einem Felsen – solche Treffen gibt es mehrmals täglich am Ende des Oxenbridge Tunnel bei Queenstown, eines Tunnels, den die Rafter mit ihren Flößen durchfahren können.

Eingerahmt von Bergketten an malerischen Seen gelegen, bietet der Bezirk um die Adventure- und Party-Metropole Queenstown, das mondänere Wanaka und das rustikale Glenorchy eine ideale Mischung für Ganzjahrestourismus: schneesichere Pisten, weltbekannte Tracks, Wassersport und Action ohne Ende. Und als gäbe es nicht schon genug, was Besucherströme lockt, setzte Peter Jackson mit seiner Filmtrilogie ›Der Herr der Ringe‹, insbesondere mit dem zweiten Teil, den Bergen, Flüssen und Seen der Region noch ein cineastisches Denkmal.

Der Southern Lakes District ist pulsierendes Leben mit einem Hauch Geschichte garniert. Wie der Rest von Otago erlebte der Lakes District ab den 1860ern in verschiedenen Wellen die Gier nach Gold. Aber wie so vieles ist auch diese Epoche hier touristengerechter aufgearbeitet, vor allem in Arrowtown. Der Shotover River galt als einer der reichsten Goldflüsse des Landes.

... und Naturschutzgebiet

Im Fiordland zwängen sich 14 Fjordsysteme wie lange dünne Finger bis zu 40 km weit in eine archaische Berglandschaft: Steile Felswände, von Eiszeitgletschern klassisch ausgeschliffene U-Täler, von dichtem Grün überzogene Hänge.

Extreme Niederschläge versorgen hier zu Füßen der südlichen Ausläufer der Southern Alps einen temperierten Regenwald mit dem nötigen Nass. Der Fiordland National Park, mit 12 500 km² Neuseelands größter Nationalpark, ist Teil des South West New Zealand World Heritage Area, des von der Unesco zum Weltnaturerbe erklärten größten Naturschutzgebietes im Land.

Für größere Besuchermengen sind nur zwei der Meeresarme erschlossen, besonders der Milford Sound. Die Geographie zwingt allen, die nicht in die Luft gehen wollen, dorthin lange Umwege auf: Von Queenstown bis Milford sind es gerade einmal 70 km Luftlinie, von Glenorchy sogar nur 40 km, auf der Straße aber fast 300 respektive 350 km. Gilt Te Anau als Tor zum Fiordland, dann darf man Queenstown als den Hub bezeichnen: Jeden Morgen machen sich aus der Stadt Dutzende von Bussen Richtung Milford auf, erreichen dort gegen Mittag die Boote und sind am Abend wieder zurück in Queenstown. Wer tiefer in die Tasche greift, fliegt wenigstens eine Strecke, starten kann er fast überall in der Region.

Von Norden nach Wanaka

► D/E 17

Karte: S. 420/421
Auf dem **Haast Pass Highway** (SH6) zwischen West Coast und Otago erlebt man an der Main Divide einen beeindruckenden Wechsel der Szenerie. Dichter, triefender Regenwald im Westen, braunes, vertrocknet wirkendes Tussock-Gras im Osten – Makaroa mit all seinen Serviceeinrichtungen wirkt da wie eine Grenzstation (S. 379). Südlich Makaroa wird der Lake District seinem Namen gerecht, SH6 hangelt sich mit großartigen Aussichten über dem Ufer des **Lake Wanaka** entlang, wechselt kurz über einen schmalen Isthmus nach Osten und trifft dort auf den Lake Hawea, ehe es nach Wanaka hinein geht. **Lake Hawea** ist künstlich vergrößert, um den Wasserzulauf zu den Clutha-Kraftwerken besser regulieren zu können; SH8 passiert am Südende des Sees den **Lake Hawea Dam** 1.

Die hervorragend ausgebaute **Lindis Pass Road** (SH8) zwischen Mackenzie Country (S. 338) und Lakes District muss zwar nicht die Main Divide überwinden, klettert am **Lindis Pass** 2 aber auf 971 m Höhe und damit gut 300 m höher hinauf als der Haast Pass. Vor allem Radwanderer sollten vorbereitet sein, dass zwischen Omarama und Tarras viele einsame Kilometer durch die Berge ohne einen schattenspendenden Baum liegen – Tussock-Weiden dominieren das Bild. Zwischen Tarras und Queenstown sind zwei etwa gleich lange Fahrtoptionen via Wanaka/Cardrona oder via Cromwell/Kawarau Gorge möglich.

In welchen Dimensionen sich das abspielen kann, zeigte 2005 die Sängerin Shania Twain mit ihrem damaligen Mann. Weil sie gern in Wanaka urlaubten, legten sich die beiden die **Motatapu Station** 3 und eine weitere Schaffarm mit fast 25 000 ha Back-Country-Gelände zu und bauten sich ein Luxus-Liebesnest mit Reitställen und Traumblick. Die Dimensionen erfasst man weder vom **Motatapu Track,** der über ihr Land nach Macetown (S. 423) führt, noch von der Straße an der Glendhu Bay aus, sondern nur beim Flightseeing – kaum ein Pilot, der seine Passagiere nicht darauf hinweist. Den Rest der Story kennt man aus der Yellow Press: Fremdgehen, Trennung, Scheidung. Die Station erhielt der Ex-Gatte, und Superstar Shania ward in Wanaka nicht mehr gesehen – »Shit happens« kommentierte eine fürs Image der Region zuständige Tourismusmitarbeiterin.

Wanaka ► D 17

Cityplan: S. 420; **Karte:** S. 420/421
Wanaka wird oft mit dem schrilleren, volleren, lauteren Queenstown verglichen, obwohl diese Stadt dreimal größer ist. Doch ist Wanaka bei Neuseeländern als Ferienort populär, auch die Einwohnerzahlen wachsen so schnell wie nirgendwo sonst im Lande – und die Immobilienpreise ebenfalls.

Wanaka stößt mit einer breiten, munteren Uferzone an Neuseelands viertgrößten See. An der Lakefront wird im Sommer gebadet, gepaddelt und mit großen Dreirädern – Aqua Bikes – über das Wasser gestrampelt, auch Wasserski und Wakeboarding sind populär. Im auffälligen Blockhaus **The Log Cabin** 1 residieren direkt am Ufer das i-SITE und The Lakeland Café. Hier kann man alles mieten, was man braucht, um in See zu stechen, und hier legen sowohl Bootstouren auf dem See als auch die Jet-Boote ab, bevor sie ein Stück in den ›Abfluss‹ des Sees hineindröhnen (Lakeland Adventures, Tel. [fc] 0508 525 352, www.lakelandadventures.co.nz). Überhaupt braucht das Angebot von Wanakas Sommeraktivitäten keinen Vergleich zu scheuen. Vom individuellen Aufstieg auf den **Mt Iron** 2 (45 Min.), der im Osten des Zentrums 240 m hochragt, bis zum Helibiking, bei dem Rad und Fahrer vom Helikopter für rasante Abfahrten auf bis zu 2000 m Höhe geliftet werden, ist alles möglich.

Die ausladend über dem Lakefront-Ufer hängenden Weiden, die im Sommer so schön Schatten spenden, sorgen von März bis Ende Mai, wenn der Herbst langsam das Land erobert, zusammen mit anderen Baumexoten

Sprung in den Lake Wanaka

überall am Ufer für ein traumhaft buntes Bild, für das der Lake Wanaka berühmt ist. Von Juni bis August wandelt sich Wanaka dann zum Wintersportort mit Neuseelands einzigem nordischen und zwei alpinen Skigebieten sowie einem Fun-Ski-Park im Umland.

Verspieltes und Martialisches

Gut 2 km östlichen des Zentrums an der Hauptstraße Richtung Lake Dunstan (SH6) fallen die krummen und schiefen Häuser von **Stuart Landsborough's Puzzling World** 4 (tgl. 8.30–17 Uhr, Erw. 12,50 NZD) ins Auge. Was außen komisch aussieht, spielt innen den Sinnen Streiche: Räume und Einrichtung sind um 15° geneigt – der Gleichgewichtssinn merkt's, das Auge nicht. Daneben kann man sich im Labyrinth Great Maze aus anderthalb Kilometer Wegen über zwei Ebenen den richtigen in die Freiheit suchen – in 30 Minuten soll man es schaffen können, der Test während der Recherche dauerte deutlich länger (Notausgänge sind aber vorhanden).

Am **Wanaka Airport** 5 8 km östlich des Zentrums findet man nicht nur Anbieter von Flightseeing, Flugakrobatik oder Fallschirmspringen (s. Aktiv S. 419), sondern auch das mit einem Sammelsurium von Kriegsgerät über Oldtimer und Star-Wars-Utensilien bis hin zu 500 Barbiepuppen gefüllte **National Transport and Toy Museum Wanaka** (www.nttmuseum.co.nz, tgl. 8.30–17 Uhr, Erw. 10 NZD, Familientickets). Auf dem Flughafen werden zudem Erinnerungen an Neuseelands Luftwaffe mit dem Schwerpunkt Zweiter Weltkrieg wachgehalten, eine Zeit, die im Land gern heroisiert wird. Neuseeland stellte auf Seiten der Alliierten im Verhältnis zur Bevölkerungszahl die mit Abstand meisten Flugzeugbesatzungen und musste auch den höchsten Blutzoll zahlen. Flugzeuge, -utensilien und Fahrzeuge gehören zur Sammlung eines zweiten Museums, das Ende 2011 nach einer Rundumerneuerung mit neuem Namen wieder eröffnen wird, Details kennt dann das i-SITE. Auf jeden Fall gibt es oft Flugvorführungen mit Oldtimern, Höhepunkt ist die biennale Airshow **Warbirds over Wanaka** (www.warbirdsoverwanaka.co.nz) zu Ostern in den geraden Jahren.

Mt Aspiring National Park 3

Wanaka ist das Tor zum **Mt Aspiring National Park**. Der schließt neben dem südlichsten 3000er der Southern Alps, dem Mt Aspiring, noch vier weitere Gipfel über 2500 m ein, mit mehreren Gletschern. So bietet sich ein Querschnitt durch alle alpinen Landschafts- und Lebensformen, erschlossen von Tages-Walks und Mehrtages-Tracks aller Schwierigkeitsgrade. Routenskizzen und Hütten-Tickets beim DOC-Büro in Wanaka.

An der **Glendhu Bay** vorbei folgt eine Schotterpiste dem Tal des **Matukituki River**, ein populäres White Water Rafting-Revier, in die Berge hinauf zum wichtigsten Startpunkt im Track-Netz des Mt Aspiring-Massivs am Raspberry Creek (50 km ab Wanaka, Tracktransfer S. 419). Etwa auf halbem Wege bietet der **Diamond Lake Track** 4 zum Gipfel des Rocky Hill auch weniger ambitionierten Wanderern Wege zu imponierenden Aussichten auf den Mt Aspiring, das Skigebiet am Treble Cone – im Sommer von Paraglidern genutzt – und den Lake Wanaka.

Infos

Wanaka i-SITE Visitor Centre: 100 Ardmore St, Lake Front, Tel. 03-443 1233, www.lakewanaka.co.nz.

Mt Aspiring National Park Visitor Centre (DOC): Ardmore St, Tel. 03-443 7660, mtaspiringvc@doc.govt.nz. Alles zum Nationalpark, Nov.–April tgl., sonst Mo–Sa Kernzeit 9.30–16 Uhr.

Übernachten

Luxus-Apartments mit Hotelservice ▶ **Minaret Lodge** 1**:** 34 Eely Point Rd, Tel. 03-443 1856, www.minaretlodge.co.nz. Schmucke Blockhäuser auf abgeschirmtem Parkgrundstück. Ein Häuschen ist im Herr-der-Ringe-Stil eingerichtet, Themen-Pakete inkl. Rundfahrt zu Filmsets werden angeboten. Das Frühstück ist exquisit! DZ 460, Suiten 565 NZD (April–Okt. 395/495 NZD).

YHA-Hostel mit Top-Aussicht ▶ **YHA Wanaka Purple Cow** 2**:** 94 Brownston St, Tel. 03 443 1880, www.yha.co.nz. Große Auswahl vom Bett im Mehrbettzimmer – alle mit eigenem Bad – ab 28 NZD über einfache DZ 72 NZD bis Komfort DZ mit Bad 120 NZD.

Am Stadtrand mit Seeblick ▶ **Wanaka Top 10 Holiday Park** 3**:** 217 Mount Aspiring Rd, Tel. 03-443 7360, [fc] 0508 WANAKA, www.wanakatop10.co.nz, Stellplätze 30–40, Hütten/Apartments 55–110 NZD.

Traumlage am See ▶ **Glendhu Bay Lakeside Holiday Park** 4**:** 1127 Mt Aspiring Road, Glendhu Bay (11 km westl. Wanaka), Tel. 03-443 7243, www.glendhubaymotorcamp.co.nz. Guter Standort, wenn man im Mt Aspiring Nationalpark wandern will. Stellplätze ab 32, Hütten ab 40 NZD, Backpackerlodge.

Essen & Trinken

Mediterran mit tollem Blick ▶ **The Landing** 1**:** Ardmore House, 80 Ardmore St, Tel. 03-443 5099, www.missyskitchen.com, tgl. ab 16 Uhr. Frisches aus der Region auch auf der großen Terrasse serviert, HG 20–40 NZD.

Immer gut ▶ **Relishes Café** 2**:** 99 Ardmore St, Tel. 03-443 9018, www.relishescafe.co.nz. Hier mache ich immer gern einen Stopp – egal ob zum frühen Frühstück (mit allem Drum und Dran ca. 20 NZD), zum Cappuccino am Nachmittag oder zum kleinen Dinner (HG ca. 20–30 NZD) an einem lauen Abend.

Einkaufen

Rustikale Mode, die wärmt ▶ **Glowing Sky Merino** 1**:** A 21 Helwick Street, Tel. 03-443 6758, www.glowingsky.co.nz. Praktisch, funktional und sehr, sehr warm ist die Kleidung aus 100 % Merino-Wolle von South Island Schafen, die das Familienunternehmen mit Ursprüngen auf Stewart Island produziert und in Wanaka in einem Brand-Shop verkauft: Da gibt's ›alle Lagen‹ von Unterwäsche bis zur Jacke für Männer und Frauen – wer jetzt noch friert, ist selber schuld.

Abends & Nachts

Kultkino, das man sehen muss ▶ **Cinema Paradiso** 1**:** 1 Ardmore Street, Tel. 03-443 1505, www.paradiso.net.nz. Hier kann man im Auto sitzen, ohne ins Autokino zu müssen, oder in einem alten Sofa. Läuft dann noch ein guter Film, ist das Kinoerlebnis perfekt. Essen und Trinken gibt es auch noch!

Aktiv

Naturverträgliche Wanderungen ▶ Eco Wanaka Adventures: Tel. 03-443 8422, www.adventure.net.nz. Umfangreiches Angebot von Boots-Exkursionen auf dem Lake Wanaka inkl. Naturwanderung auf Insel Mou Wohu bis zu Bergtouren am Mt Aspiring. Tipp: Rob Roy-Gletscher als Tagestour inkl. Transfer und Picknick ca. 235 NZD/Pers.
Großes Flugprogramm ▶ Wanaka Flightseeing: Wanaka Airport 5, Tel. 03-443 8787, www.flightseeing.co.nz, zum Milford Sound ohne Boot-Exkursion (2 Std., Erw. 395 NZD) oder mit (4 Std., 460 NZD) bis zu Umrundungen des Aoraki Mt Cook (2 Std., 395 NZD).
Sommeraktivitäten ▶ Canyoning: Deep Canyon, Tel. 03-443 7922, www.deepcanyon.co.nz; **White Water Sledging** im Kawarau River **6**: Frogs White Water Sledging, Tel. [fc] 0800 4 FROGZ, www.frogz.co.nz; **Free-Climbing:** Wanaka Rock Climbing & Abseil Adventures, Tel. 03-443 6411, www.wanakarock.co.nz; **Kajakfahren:** Alpine Kayaks, Tel. 03-443 9023, www.alpinekayaks.co.nz, Infos/Treffpunkt The Log Cabin 1; **Fallschirmspringen** ab Wanaka Airport 5: SkyDive Wanaka, Tel. 03-443 7207, www.skydive nz.com.
Wintersport ▶ Treble Cone 7, www.treblecone.co.nz, alpin für gute Läufer bis Könner; **Cardrona 8**, www.cardrona.com, alpin für Familien; **Snow Park 9**, www.snowpark nz.com, Fun-Ski-Arten, Snowboard; **Waiorau Snow Farm 10**, www.snowfarm nz.com, nordisch; **Harris Mountains Heli-Ski 11**, 99 Ardmore, Tel. 03-443 7930, (Büro nur Winter), www.heliski.co.nz, Heli-Skiing in den Harris Mountains, Touren mit Guide je nach Zahl der Abfahrten 775–995 NZD.

Verkehr

Fernbusse: Stopps an den Parkplätzen am i-SITE. **Atomic Shuttles** 1 x tgl. nach Queenstown, Greymouth und Dunedin, nach Christchurch via Tekapo mit Umsteigen. **nakedbus.com** tgl. nach Queenstown und Christchurch, 5 x wö. Richtung West Coast. **Connexions** (Tel. 0800 846 364, www.time2.co.nz/connexions) mehrmals tgl. ab/bis Queenstown via Cromwell oder Cardrona, zudem tgl. ab/bis Dunedin und Invercargill. **Newmans/Great Sights** nach Queenstown, Franz Josef, Mt Cook und Christchurch ab Wanaka tgl., zum Teil aber mit Zubringern und Umsteigen.
Lokaler Shuttle: Alpine Coachlines (17–23 Dunmore Street, Tel. 03-443 7966, www.alpinecoachlines.co.nz) im Sommer Mt Aspiring National Park Trampers Shuttle 2 x tgl. ab Wanaka mit Stopps bei Start-/Endpunkten aller wichtigen Tracks (bis 35 NZD pro Weg) und im Winter Wanaka Winter Ski Resort Shuttle zu allen Skigebieten der Umgebung.
Flug: Air Newzealand Link ab/bis Christchurch.

Zwischen Wanaka und Queenstown

Karte: S. 420/421

Crowne Range Road ▶ D 17/18

SH6, die Hauptstraße zwischen den beiden größten Städten des Lakes District via Cromwell, folgt dem Westufer des Lake Dunstan sowie der engen Kawarau Gorge (S. 413) – eine imponierende Sightseeing-Straße. Seit die 40 km kürzere **Crown Range Road** (SH 89) via Cardrona durchgängig asphaltiert ist und somit von Campern befahren werden darf, spricht – solange kein Schnee liegt – nichts mehr dagegen, diese Passstraße zu benutzen. In ihrem südlichen Abschnitt windet sie sich als steile Serpentinenstraße über die Crown Terraces, dafür gibt es hier die grandiosesten Aussichten über den Lake Hayes Richtung Queenstown und aus höheren Lagen dann ins Tal des Kawarau River hinunter. Wie hoch genau die Straße klettert, wird unterschiedlich angegeben, auf einem Schild am Aussichtspunkt neben der Passhöhe heißt es 1076 m.

Auf halber Strecke versorgte das **Cardrona Hotel 5** schon zu Goldrauschzeiten Reisende (Tel. 03-443 8153, www.cardronahotel.co.nz, DZ je nach Saison 135–185 NZD,

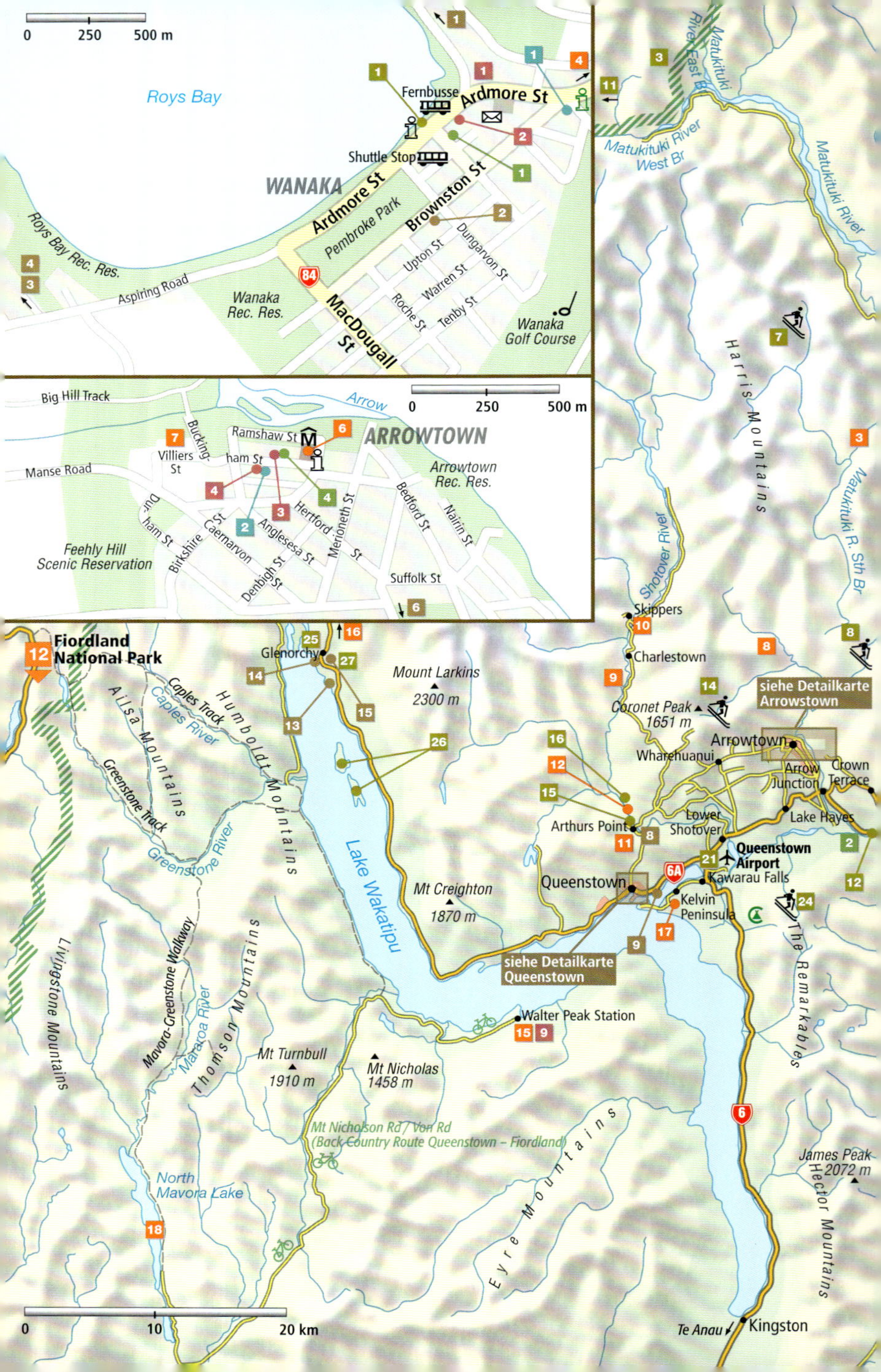

0 250 500 m
Roys Bay
WANAKA
Fernbusse
Ardmore St
Shuttle Stop
Ardmore St
Pembroke Park
Brownston St
Upton St
Dungarvon St
Warren St
Roche St
Tenby St
Roys Bay Rec. Res.
Aspiring Road
Wanaka Rec. Res.
MacDougall St
Wanaka Golf Course
84
Big Hill Track
Arrow
0 250 500 m
Ramshaw St
ARROWTOWN
Buckingham St
Villiers St
Manse Road
Arrowtown Rec. Res.
Durham St
Birkshire St
Caernarvon St
Anglesesa St
Hertford St
Merioneth St
Bedford St
Nairin St
Feehly Hill Scenic Reservation
Denbigh St
Suffolk St
Fiordland National Park
Glenorchy
Mount Larkins 2300 m
Caples Track
Caples River
Ailsa Mountains
Humboldt Mountains
Greenstone Track
Greenstone River
Lake Wakatipu
Mt Creighton 1870 m
Matukituki River East Br
Matukituki River West Br
Matukituki River
Harris Mountains
Matukituki R. Sth Br
Shotover River
Skippers
Charlestown
Coronet Peak 1651 m
siehe Detailkarte Arrowstown
Arrowtown
Wharehuanui
Arrow Junction
Crown Terrace
Lake Hayes
Lower Shotover
Arthurs Point
Queenstown
Queenstown Airport
6A
Kawarau Falls
Kelvin Peninsula
The Remarkables
siehe Detailkarte Queenstown
Walter Peak Station
Livingstone Mountains
Mavora-Greenstone Walkway
Mararoa River
Thomson Mountains
Mt Turnbull 1910 m
Mt Nicholas 1458 m
Mt Nicholson Rd / Von Rd (Back Country Route Queenstown – Fiordland)
North Mavora Lake
Eyre Mountains
6
James Peak 2072 m
Hector Mountains
0 10 20 km
Te Anau
Kingston

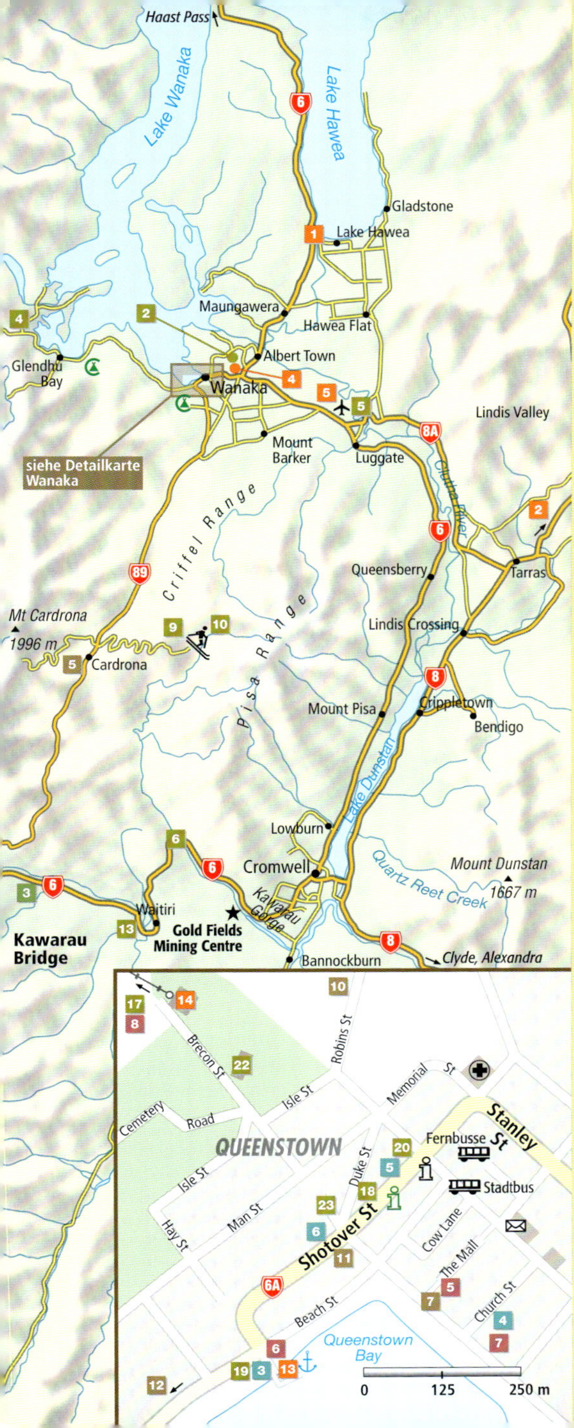

Lake District und Citypläne Arrowtown, Queenstown, Wanaka

Sehenswert

1 Lake Hawea Dam
2 Lindis Pass
3 Motatapu Station (Shania Twain Anwesen)
4 Stuart Landsborough's Puzzling World (W)
5 Wanaka Airport (u. a. National Transport and Toy Museum Wanaka)
6 Lakes District Museum and Gallery (A)
7 Bush Creek/Chinese Settlement (A)
8 Macetown
9 Skippers Canyon
10 Skippers
11 Arthurs Point
12 Oxenbridge Tunnel
13 Steamers Wharf Complex (Q)
14 Skyline Gondola (Q)
15 Walter Peak Station
16 Paradise
17 Kelvin Heights
18 Mavora Lakes

Übernachten

1 Minaret Lodge (W)
2 YHA Wanaka Purple Cow (W)
3 Wanaka Top 10 Holiday Park (W)
4 Glendhu Bay Motor Camp (W)
5 Cardrona Hotel
6 Arrowtown Viking Lodge Motels (A)
7 Eichardt's Private Hotel (Q)
8 The Canyons Country Lodge
9 Spinnaker Bay Executive Apartments

Fortsetzung S. 422

Lake District und Citypläne Arrowtown, Queenstown, Wanaka

10 Queenstown Top 10 Holiday Park (Q)
11 YHA Queenstown Central (Q)
12 YHA Queenstown Lakefront (Q)
13 Blanket Bay Lodge
14 Glenorchy Hotel & Backpackers
15 Glenorchy Camping Ground

Essen & Trinken
1 The Landing (W)
2 Relishes Café (W)
3 New Orleans Hotel (A)
4 Saffron/Pesto (A)
5 Tatler Restaurant (Q)
6 Pier 19 (Q)
7 Botswana Butchery (Q)

Einkaufen
1 Glowing Sky Merino (W)
2 Chard Farm (Wein)
3 Gibbston Valley (Wein, Käse)
4 The Gold Shop (A)

Abends & Nachts
1 Cinema Paradiso (W) (Kino, Bar, Restaurant)
2 Dorothy Browns (A) (Kino & Bar)
3 Steamer Wharf Complex (Q) mit Minus 5 Ice Bar und Lesseters Wharf Casino
4 Dux de Lux Queenstown (Q)
5 World Bar (Q)
6 The Altitude Bar (Q)

Aktiv
1 The Log Cabin/Lakeland Adventures u. a. (W)
2 Mt Iron Walk
3 Mt Aspiring National Park
4 Diamond Lake Track
5 Flightseeing/Skydiving ab Wanaka Airport
6 Kawarau River (White Water Sledging)
7 Treble Cone (Alpine Ski)
8 Cardrona (Alpine Ski)
9 Snow Park (Fun Ski)
10 Waiorau Snow Farm (Nordic Ski)
11 Harris Mountains (Heli-Skiing)
12 Kawarau Bridge (Bungee)
13 Nevis River Bungy
14 Coronet Peak (Ski, Paragliding)
15 Shotover Jet
16 Shotover Canyon Swing
17 Skyline Gondola Bergstation mit The Luge, The Ledge Bungy, The Ledge Urban Swing, The Zip Trek Ecotours, Vertigo Bikes
18 Info & Track (Q)
19 Real Journeys Visitor Centre (Q)
20 The Station (Action-Buchungsbüros) (Q)
21 Queenstown Airport (Flightseeing, Sky Diving)
22 CaddyShack City (Q)
23 Vertigo Bikes (Q) (Fahrradverleih)
24 The Remarkables (Ski)
25 Dart River Jet Safaris
26 Pigeon und Pig Island (Kajaktouren)
27 Dart Stables (Reiten)

gehobene Back-Country-Pub-Küche, HG ca. 20–35 NZD). Das Hotel wurde in den 1980ern mit viel Sinn für die historische Atmosphäre restauriert, ansonsten räumte eine katastrophale Überschwemmung 1878 das Cardrona Valley von Goldgräbererinnerungen frei. Das Hotel mit seinem rustikalen Schankraum ist im Winter populärer Après-Ski-Treff für die benachbarten Skigebiete am 1934 m hohen Mt Cardrona und in der etwas flacheren Criffel Range (s. Aktiv S. 421 8–10). Und in den nahen Bergen versteckt sich noch eine ungewöhnliche Anlage: Auf dem **Southern Hemisphere Proving Ground** rasen im Winter Autos durch Eis und Schnee – hier testen Autobauer aus Europa, Asien und den USA ihre Modelle unter Winterbedingungen, wenn bei Ihnen zu Hause Hochsommer ist.

Kawarau Bridge ▶ D 18

Fährt man via Crown Range Road, sollte man sich trotzdem einen Blick in die Kawarau Gorge gönnen, zumal drei Attraktionen kaum mehr als 5 km von der Kreuzung SH89/SH6 entfernt liegen: Da sind die **Weingüter Chard Farm** 2 und **Gibbston Valley** 3 (S. 411) und die **Kawarau Bridge** 12, die 1880 über den Kawarau River geschlagene Hängebrücke. Hier stürzen sich aus 43 m Höhe vornehmlich junge Menschen fast im Minutentakt in die Tiefe, weder aus Liebeskummer noch aus Weinseligkeit, allenfalls weil ihnen gerade 180 Dollar abgenommen wurden – so viel kostet aktuell der Sprung am Bungee-Seil inklusive Erinnerungs-T-Shirt (S. 422). In einem Besucherzentrum mit Aussichtsplattform dreht sich alles ums Bungee Jumping; es gibt eine

›Free-Fall-Winebar‹, einen Devotionalen-Shop sowie eine Multimediashow für die, die selbst nicht am Seil baumeln wollen (Sectrets of Bungy Tour, 45 Min., 45 NZD).

Was an der Kawarau Bridge begann, findet seinen vorläufigen Höhepunkt einige Kilometer südlich über dem nur mit Geländewagen erreichbaren Canyon des **Nevis River.** Aus einer eigens konstruierten Gondel kann man 134 m in die Tiefe stürzen (260 NZD, knapp 9 Sek. freier Fall). Alternativ (180 NZD) kann man mit **Nevis Arc** Kindheitserlebnisse in großem Maßstab wiederbeleben und an einer bis zu 120 m langen Schaukel durch den wilden Canyon schwingen. Wem das nicht reicht, der kann den Bungee-Sprung als Teil diverser Combos goutieren, so beim abwechslungsreichen *awesome foursome* zusammen mit einem Helikopterflug in Tuchfühlung zu Felswänden sowie Jetboating und White Water Rafting auf dem Shotover River. Danach ist man um fast 600 NZD erleichtert.

Arrowtown ► D 17

Cityplan: S. 420

Der direkte Weg zwischen Arrow Junction und Queenstown führt über den viel befahrenen SH6, weit höheren Sightseeingwert hat die Strecke über Arrowtown und Arthurs Point. **Arrowtown** ist Vorzeigebeispiel einer Goldgräberstadt mit über 50 bewahrten Gebäuden aus dem 19. Jh., vor allem die Buckingham Street ist touristisch sehr aufbereitet. Suchen Sie jedoch Souvenirs, ob aus Wolle, Jade oder Gold, dann sind Sie genau richtig, ebenso wenn Sie in historisiertem Ambiente ein Bier trinken oder einen Happen essen wollen, wie im **New Orleans Hotel** 3 (27 Buckingham St, Tel. 03-442 1745, www.neworleanshotel.co.nz, auch wenige rustikale Zimmer ab 85 NZD). Das **Lakes District Museum** 6 spannt in einer Innen- und Freilichtausstellung einen Bogen von den präkolonialen Maori-Siedlungen der Region über die Pionierzeit der ersten weißen Siedler bis zur überall gegenwärtigen Goldgräberära. Gleichzeitig dient der Empfang als i-Büro für Arrowtown, das gegenüberliegende Postoffice – Teil des Museums – als Souvenir- und Postkartenhandel (49 Buckingham St, Tel. 03-442 1824, www.museumqueenstown.com, tgl. 8.30–17 Uhr, Erw. 7 NZD). Das Museum würdigt auch die chinesischen Goldsucher, die in Central Otago weiße Glückssucher ablösten, sobald diese sich den vermeintlich lukrativeren Claims an der West Coast zuwandten. Die Chinesen holten auch noch das letzte Gramm des gelben Metalls aus dem Boden. In Lower Arrowtown am Ufer des **Bush Creek** 7 gab es eine größere chinesische Siedlung, Rekonstruktionen einiger Häuser an einer Ausgrabungsstätte dokumentieren die damalige Lebensweise.

Die europäischen Siedler der ersten Stunde pflanzten ein weiteres Markenzeichen von Arrowtown: Alleen von Laubbäumen aus ihrer Heimat geben der Goldgräberstadt ab Ende März regelmäßig ein für Neuseeland ungewohnt goldenes Laubgesicht.

Geisterstadt Macetown ► D 17

Macetown 8, das zur Geisterstadt gewordene Pendant von Arrowtown, liegt etwa 15 km den Arrow River flussaufwärts in den Bergen, ab Arrowtown auf einer 4WD-Piste mit über einem Dutzend Furten zu erreichen. Aktuelle Routen für Wanderer und Mountainbiker kennt das i-Büro in Arrowtown. In Macetown stehen zwei Gebäude – recht ansehnlich das steinerne **Needhams Cottage** – und eine alte Erzmühle, **Andersons Battery,** unter DOC-Kontrolle. Wer genau hinsieht erkennt noch einiges von den alten Gärten sowie Spuren des Wegenetzes. Macetown steht auf dem Programm verschiedener 4WD- und Reittouren-Anbieter.

Infos

i-Büro Arrowtown: im Museum (s. l.), www.arrowtown.com.

Übernachten

Funktionale Nur-Dach-Häuschen ► **Arrowtown Viking Lodge Motels** 6**:** 21 Inverness Crescent, Arrowtown, Tel. 03-442 1765, [fc] 0800 181 900, www.vikinglodge.co.nz. Einheiten mit 1 oder 2 Schlafräumen in kinderfreundlicher Anlage mit Pool 95–150 NZD

Freier Fall am Gummizug – Bungee Jumping

Thema

Nirgendwo auf der Welt wird so viel Bungee gesprungen, wie in Queenstown. Die Idee stammt jedoch von der kleinen Pazifikinsel Pentecôte in der Gruppe der Neuen Hebriden, heute Vanuatu. Seit Jahrhunderten springen dort junge Männer, an Lianen gebunden, von hohen Holztürmen in die Tiefe – Ritual auf dem Weg zum Mannsein.

Nach der modernen Legende des Bungee Jumping waren es Exzentriker des Oxford University Dangerous Sports Club, die, angeregt durch eine BBC-Reportage über die Springer von Pentecôte, den Sprung mit elastischen Tauen kopierten. 1979 gab es von einer Brücke bei Bristol in England den ersten Bungee Jump als Freizeit-Extrem-Sport. Irgendwann bekam ein junger Neuseeländer ein Video davon zu sehen, erkannte das kommerzielle Potenzial und machte das archaische Ritual der Südsee-Jünglinge marktreif für die Spaßgesellschaft des ausgehenden 20. Jh.

Fernsehteams und Fotografen aus aller Welt wussten Bescheid, nur die französischen Behörden nicht: AJ Hackett stürzte sich im Sommer 1987 kopfüber vom Eiffelturm, festgezurrt an einem dicken Tau aus Gummi, und machte Bungee Jumping damit zum weltweiten Medienereignis. Gleichzeitig war es Promotion für seine junge Firma. Die eröffnete ein halbes Jahr später an der 43 m hohen Kawarau Bridge bei Queenstown die erste kommerzielle Sprungplattform der Welt. 28 Springer, so ist überliefert, wagten im ersten Sommer den Sprung. Heute ist AJ Hackett eine Marke, ein Global Player in Sachen kurzfristiger Adrenalinausschüttung mit Sprunganlagen auf vier Kontinenten. Queenstowns Rolle als *world capital* der adrenalinsteigernden Fallsucht war jedoch nie bedroht: Aktuell stehen drei Absprungplätze zur Wahl: 43 m am Original, 134 m aus einer an Stahlseilen aufgehängten Kanzel über dem Nevis Canyon, 47 m Gummiseil 400 m über der Stadt am Ledge Bungy.

Gibt es aber auch ein Risiko? Ja, wie bei jedem Extremsport. Zu Risiken und Nebenwirkungen rufen Sie am besten bei http://de.wikipedia.org das Stichwort ›Bungeespringen‹ auf wikipedia.org das Stichwort ›Bungee-Jumping‹ auf.

Vivian wagt den Sprung von der Kawarau Bridge

Essen & Trinken

Top-Restaurants im Lande ▶ **Saffron** 4: 18 Buckingham St, Tel. 03-442 0131, www.saffronrestaurant.co.nz. Spitze bei Qualität, Atmosphäre, aber auch den Preisen. Wildgeflügel, Lamm und Fisch stammen möglichst aus der Region, HG ca. 40 NZD. Unter gleicher Adresse das ungezwungenere und preiswertere **Pesto** (Tel. 03-442 0885) mit italienischer Pizza- und Pastaküche, HG 18–30 NZD.

Einkaufen

Goldiger Souvenir-Shop ▶ **The Gold Shop** 4: 29 Buckingham St, Tel. 03-442 1319. Hier wird das Edelmetall am liebsten so verarbeitet, wie es gefunden wird: als Nugget.

Abends & Nachts

Art-house-Kino mit hipper Bar ▶ **Dorothy Browns** 2: 18 Buckingham St, Tel. 03-442 1964, www.dorothybrowns.com. Gern etwas bessere Mainsteam-Filme oder art-house-Kino und natürliche neuseeländische Produktionen – so schön und komfortabel kann Kino sein ... und dazu ein Gläschen Wein aus der Bar.

Termine

Arrowtown Autumn Festival: Zehn Tage Stadtfest mit historischem Touch ab Mitte/Ende April, große Parade am Eröffnungswochenende, Programm auf www.arrowtown.com.

Verkehr

Connectabus (S. 432) Linie 10 ab/bis Frankton mit direktem Anschluss ab/bis Queenstown bis 12 x tgl.

Coronet Peak und Skippers Road ▶ D 17

Zwischen Arrowtown und Queenstown fährt man am Fuß des 1646 m hohen **Coronet Peak** 14 entlang, im Winter populäres Skigebiet mit gut ausgebauter Zufahrt bis zur Gipfelstation – da lohnt der Aussicht zuliebe auch im Sommer ein Abstecher. Der Gipfel ist zudem beliebter Startplatz für Para- und Hanglider (**Coronet Peak Tandems:** Tel. [fc] 0800 GO PEAK, www.tandemparagliding.com; ab 185 NZD inkl. Transfers). Etwa auf halbem Weg zum Gipfel erreicht man den Skippers Saddle, an dem die **Skippers Road** in den **Skippers Canyon** 9 abzweigt. Autoverleiher untersagen, sie zu befahren, weil auf der einspurigen Holperpiste jeder Versicherungsschutz erlischt. Außerdem wird sie von 4WD-Fahrzeugen und Minibussen diverser Abenteuer-Anbieter in scheinbar abgesprochenen Zyklen frequentiert – wehe, man kommt ihren Kolonnen entgegen; 4WD-Sightseeing-Touren werden angeboten (S. 432).

Auf den ersten Blick erscheint die Schlucht des Shotover River wie eine raue, unberührte, grandiose Naturlandschaft, eine vom Fluss gestaltete Kerbe in der Landschaft. Hat ein guter Guide jedoch das Auge geschärft, sieht man immer mehr Menschenwerk: von Hochdruckspritzen ausgewaschene Hänge als Siedlungsgrund planierte Flächen, Grundmauern von Häusern, überwucherte Gräber, rostende Geräte industrieller Goldsuche. Die Goldsuche im Skippers Canyon begann 1862. Die Funde waren so immens, dass der Shotover River als reichster Fluss der Welt in die Annalen der Goldgräberzeit des 19. Jh. einging, von keinem Fluss in Kalifornien, Alaska oder Victoria getoppt. Erst 1992, nach 130 Jahren Graberei und Wühlerei, gab der letzte kommerzielle Goldsucher auf.

Den maritimen Namen fern des Meeres bekam das Tal von einem der ersten Goldwäscher, der hier auf das begehrte Metall stieß: Melcolm ›Skipper‹ Duncan. Er gründete die Siedlung **Skippers** 10, wo das renovierte Schulhaus als eines der wenigen erhaltenen Gebäude der Boomzeit ein kleines Heimatmuseum beherbergt.

Adrenalinstoß am Arthurs Point ▶ D 18

Am **Arthurs Point** 11, dort wo das erste Gold im Shotover River gefunden wurde, überspannt die Edith Cavell Bridge den Fluss. Namenspatronin der Brücke ist eine im Empire hoch geachtete englische Rot-Kreuz-Schwester, die im Ersten Weltkrieg in Brüssel arbeitete. Sie wurde von einem deutschen Kriegsgericht wegen Hochverrats zum Tode verurteilt und exekutiert, weil sie Alliierten Kriegsgefangenen zur Flucht verhalf – ein Fall mit Auswirkungen auf das Kriegsrecht weltweit.

Von einem Schotterstrand am Ostufer des Shotover operiert **Shotover Jet 15**: Deren Jet-Boote rasen mit kreischender Ladung nervenzerfetzend eng an Klippen und Felsvorsprüngen vorbei durch die enge Klamm südlich der Brücke, vom Arthurs Point gut zu beobachten (George Rd, Athur's Point, Tel. 03-442 8570, [fc] 0800 SHOTOVER, www.shotoverjet.com. 30 Min. im Boot, ca. 1,5 Std. inkl. Transfer ab City, Erw. 119 NZD).

Von der Brücke folgt eine kurze, raue Piste dem Westufer des Shotover zum **Oxenbridge Tunnel 12**. Den bohrten Goldsucher in dreijähriger Arbeit, um den Fluss aus seinem natürlichen Bett zu locken, in dem sie Gold vermuteten – gerade einmal zweieinhalb Kilo holten sie heraus. Dafür ist der Tunnel heute Goldgrube: Als einziger weltweit kann er mit Schlauchbooten beim White Water Rafting befahren werden. Diese purzeln am Ende geradezu aus ihm heraus und treffen auf Jet-Boote, die hier eine Wende machen müssen, weil sie weder durch den Tunnel noch über die Stromschnellen im echten Flussbett fahren können.

Gut einen Kilometer weiter flussaufwärts kann man wieder groß schaukeln: Beim **Shotover Canyon Swing 16** wird man in Gurten fest verzurrt und an ein Stahlseil gehakt. Lässt man sich von der Plattform 109 m über dem Fluss in die Tiefe fallen, sind die ersten 60 m bodenlos, ehe das Seil straff wird und der Fall in einen Schwung durch den Canyon übergeht. Auf 150 km/h beschleunigt der Körper, das pumpt Adrenalin in die Adern und weil das so schön ist, sind Extra-Schwünge deutlich billiger als der erste (Tel. 03-442 6990, [fc] 0800 2 SWING, www.canyonswing.co.nz, 199 für 1. ›Swing‹, 39 NZD für weitere, Zuschauer 20 NZD immer inkl. Transfer ab Stadtbüro 37 Shotover St). Die große Schaukel ist sonst nur von den White Water-Flößen aus zu sehen, die unter der Anlage entlang driften, oder vom **Moonlight Track,** der dem Westufer des Shotover River folgt – einer der Vorschläge aus der DOC-Broschüre ›Wakatipu Walks‹, über Wanderungen in der Region.

Queenstown ► D 18

Cityplan: S. 421; **Karte:** S. 420/421

Wie keine andere Stadt Neuseelands setzt **Queenstown** auf die Vergnügungs- und Adrenalinsüchtigen dieser Welt, die knapp 11 000 Bewohner sehen gut 1,5 Mio. Besucher im Jahr. Die Eröffnung der Bungee-Plattform an der Kawarau Bridge 1988 gilt als Urknall für die ›Adventure Capital Queenstown‹. Seitdem lebt die Stadt nach dem Motto schneller, höher, schriller. Der Markt der Verrücktheiten ist ungemein schnelllebig, dieses Buch stellt vor allem Aktivitäten vor (S. 431), die schon eine gewisse Kontinuität bewiesen haben. Wer sich umschaut, wird sicher noch die ein oder andere Neuheit entdecken – garantiert *awesome*.

Queenstown hat einen speziellen Rhythmus, antizyklisch kann man den Ort sogar relaxt erleben: Ab dem frühen Morgen hetzen Busse der Tourveranstalter durch den Ort, um ihre Klientel an den Unterkünften einzusammeln. Dann gibt es eine regelrechte Rushhour stadtauswärts, ein Teil bleibt in der Umgebung am Shotover oder am Kawarau River, dort wo die Action zu Hause ist, die anderen machen sich ins Fiordland auf. Dorthin rollen die Busse regelrecht im Konvoi, frühestens nach 12 Std. sieht man sie wieder. Derweil dröhnen über den Köpfen die Sightseeing-Flugzeuge und -Helikopter, die meisten ebenfalls auf dem Weg ins Fiordland.

Auf Piste in der City

Die Ströme der Rückkehrer treffen am Nachmittag auf die neuen Gäste: Rushhour stadteinwärts. Bald füllen sich dann zwischen The Mall, Camp St, Shotover St und dem Ufer des Lake Wakatipu die Restaurants, Bars, Pubs und Discos mit trinkfesten Australiern und ihren späteren Brüdern und Schwestern aus al-

Ein Jet-Boot rast den Shotover River hinauf – Wassertiefe ist kein Problem

ler Welt – am heftigsten ist die Party dort, wohin Backpacker mit Biergutscheinen gelockt werden, die in ihren Unterkünften ausliegen. Derweil buhlen entlang der Shotover Street Buchungsbüros der Action- und Touren-Veranstalter mit Videos von den Mutigen des Tages um die Kunden von morgen, und beim romantisierten **Steamers Wharf Complex** 13 halten Duty-free-Shops die Tore für kauflustige Asiaten offen. Bleibt noch Geld übrig, kann man es in zwei Casinos verzocken.

Über den Dächern ...

Den besten Blick über Queenstown verschafft die Fahrt mit der **Skyline Gondola** 14 (Talstation Brecon St, tgl. 9 Uhr bis Restaurantschluss, Erw. 25 NZD, Familientickets; für Biker inkl. Radtransport 30 NZD, Halb- bzw. Ganztagespässe 40 bzw. 70 NZD) auf **Bob's Peak.** Die Bergstation 17 gut 450 m über der Stadt besitzt ein Restaurant mit Panoramablick, ist Schauplatz abendlicher **Maori Kulturshows** in einem weichgespülten 30-Minuten-Format (Show+Gondelfahrt Erw. 55 NZD, Kombi-Angebote mit Dinnerbuffet S. 430) und Startpunkt vieler Walks und Tracks sowie wichtiger Action Hot-Spot: Über die Betonbahnen von **The Luge** flitzt man in Schlitten auf Rädern die Hänge hinunter (z. B. 5 Fahrten 36 NZD), an der Bude von **Vertigo Bikes** mietet man Mountainbikes für das Netz der Abfahrten kreuz und quer durch den Ben Lomond Forest (80 NZD/Tag, mehr s. Aktiv S. 431), bei AJ Hacketts **The Ledge**

Bungy stürzt man am Gummiseil in die Tiefe oder schaukelt beim **The Ledge Urban Swing** hoch über der Stadt (180 bzw. 130 NZD, mehr s. Aktiv S. 431) und als Tandem-Paraglider schwebt man bis ins Tal hinunter (**GForce Paragliding,** Tel. 03-441 8581, [fc] 0800 SKY OUT, www.nzgforce.com, 199 NZD plus Gondelfahrt). Jüngste Attraktion ist **The Zip Trek Ecotours:** Eingehakt an den Stahlseilen mehrerer Riesenseilrutschen rauscht man zwischen Baumwipfeln dahin, unterbrochen von kurzen Spaziergängen durch den Wald, bei denen ein Guide Natur und Ökosystem erklärt – ein Kletterpark mit mehr Spaß als Schweiß (Tel. 03-441 2102, [fc] 0800 ZIP TREK, www.ziptrek.com, Buchungsbüro 45 Camp St, 2 Routen, 2–3 Std. 119/179 NZD, Familien-/Senioren-Rabatt).

... auf dem See

Für nostalgische Momente sorgt **TSS Earnslaw,** ein *twin screw steamer* wie das Kürzel andeutet, der 2012 mit großem Pomp seine 100. Saison auf Lake Wakatipu feiert – immer noch mit Kohle beheizt. 1912 war der Doppelschraubendampfer das letzte Schiff, das für den See in einer provisorischen Werft bei Kingston aus Teilen zusammengebaut wurde, die in Dunedin vorgefertigt waren. Ab 1952 war die ›Lady of the Lake‹, wie sie inzwischen liebevoll genannt wird, die letzte von drei Dutzend Dampfern, die Passagiere und Fracht über den See transportierten. Die Versorgung der Schaffarmen und der Abtransport der Tiere von den Weiden rund um den See war die Hauptaufgabe – TSS Earnslaw konnte bis zu 1500 Schafe befördern. Die Epoche endete 1963 mit der Fertigstellung der Straße nach Glenorchy. Wenig später übernahm Fiordland Travel – heute Real Journeys – den Dampfer für touristische Zwecke und machte TSS Earnslaw zum Fluchtvehikel in eine romantische Welt: Mehrmals am Tag zieht der Oldtimer mit 12 Knoten Reisegeschwindigkeit seine Bahn zur **Walter Peak Station** 15 am anderen Ufer des Lake Wakatipu hinüber. Dort gibt es Tea, BBQ oder Dinner (S. 430) in gepflegtem Rahmen – so sieht Kolonialismus sonst nur im Kino aus. Im Beiprogramm kann man sich über High Country-Schafzucht informieren oder an Reit- bzw. Biketouren teilnehmen.

Der **Lake Wakatipu** ist nicht nur einer der schönsten Seen im Lande, sondern auch – was man aufgrund seiner S-Form kaum wahrnimmt – mit knapp 85 km der längste. Und sein Wasserspiegel hebt und senkt sich im 5-Minuten-Rhythmus: ›Seiche‹ nennen Wissenschaftler das bei größeren Seen nicht ungewöhnliche Phänomen, das sogar Eingang in die Maori-Mythologie fand: Im See pocht das Herz des Dämonen Matua, der einzige Teil seines Körpers, der übrig blieb, als der junge Krieger Matakauri ihn verbrannte, nachdem er seine Liebste Manata aus den Klauen des schlafenden Monsters befreit hatte.

To be in Queenstown or not to be?

Queenstown polarisiert. Man liebt die Stadt oder macht einen Bogen um sie. Ich würde sie nicht vermissen, käme ich bei einer meiner Reisen einmal nicht hin, aber wenn ich dort bin, genieße ich sie, sitze am Steamer Wharf und liebe den Anblick, wenn der Oldtimerdampfer TSS Earnslaw mit weitem Bogen an den Anleger gleitet. Von der Action ist mir Jetboating auf dem Dart River ab Glenorchy die liebste – Thrill, Fun und viel Sightseeing in grandioser Landschaft. Beim Bungee-Jumping an der Kawarau Bridge, dem beliebtesten Stopp im Umland, schaue ich lieber denen zu, die sich dort herunterstürzen, als mich selbst ans Seil binden zu lassen. Schon mal dort, fahre ich lieber zur Chard Farm Winery hinauf und kaufe ein oder zwei Flaschen Pinot Noir – die Piste dorthin hat auch ihren Thrill-Faktor.

Infos

Viele Buchungsbüros nutzen ›Information‹ im Namen und i-Zeichen an der Tür, aber es gibt nur ein offizielles i-SITE:

Queenstown i-SITE Visitor Centre: Camp St/Shotover St, Clocktower Building, Tel. 03-

442 4100, www.queenstown-vacation.com, www.queenstown-nz.co.nz (auch dt.).

Queenstown Regional Visitor Centre (DOC): 38 Shotover St, Tel. 03-442 7935, queenstownvc@doc.govt.nz.

Info & Track 18**:** 37 Shotover St, Tel. 03-442 9708, www.infotrack.co.nz. Kommerzielles Info- und Buchungsbüro für Tracks, insbesondere Track-Transfers, bucht aber auch andere Aktivitäten.

Real Journeys Visitor Centre 19**:** Steamers Wharf, Tel. 03-442 7500, [fc] 0800 65 65 03, www.realjourneys.co.nz. Ausflugsprogramm von Real Journeys für Lakes District, Fiordland und Stewart Island inkl. Tickets für TSS Earslaw, Info-Material über die Regionen.

The Station – Information & Booking Centre 20**:** 25 Shotover St. Eine Shopping Mall für Action und Exkursionen u. a. mit Buchungsschaltern des Bungee-Spezialisten **AJ Hackett** (S. 431) oder von **Queenstown Combos** (Tel. 03-442 7318, [fc] 0800 4 ADVENTURE, www.combos.co.nz), die Aktivitäten verschiedener Anbieter wie Rafting, Jetboating, Helikopterflug und Bungee-Jumping verknüpfen.

www.everythingqueenstown.com: Online, was in Queenstown an Action angeboten wird, plus Unterkünfte und Transport.

Double Decker Bus: Tel. 03-441 4471, www.doubledeckerbus.co.nz. Sightseeing mit City, Kawarau Bridge, Arrowtown, Arthurs Point ca. 3 Std., 48 NZD.

Übernachten

Die Zahl der Betten gibt das i-SITE mit ›10 000+‹ an. Hotels, Apartmentanlagen, B&B und Backpacker ziehen sich längt bis Frankton am See entlang und alle Hänge hinauf, *Lakeview* – Seeblick – versprechen fast alle. Das i-SITE vermittelt Zimmer. Wichtig: In der Innenstadt gibt es kaum Parkplätze und je preiswerter die Unterkunft, desto geringer die Chance, dass hauseigene vorhanden sind.

Luxuriöses Boutique-Hotel ▶ Eichardt's Private Hotel 7**:** Marine Parade, Tel. 03-441 0450, www.eichardtshotel.co.nz. Hotelgründer im Jahr 1866 war Albert Eichhardt, ein eingewanderter Preuße, als Goldsucher reich geworden und schon damals von Queenstowns touristischem Potenzial überzeugt. Das Hotel hat sehr stilvolle Zimmer und Suiten am Seeufer, ca. 1035–1425 NZD, Übernachtungspakete.

Blick auf Canyons und Gipfel ▶ The Canyons Country Lodge 8**:** 13 Watties Track, Arthur's Point, Queenstown, Tel. 03-442 6108, www.thecanyonslodge.com. Müsste man die Aussicht mitbezahlen, könnten sich nur Bill Gates und ein paar Scheichs die Zimmer leisten – zum Glück kosten sie aber nur 320–480 NZD inkl. Häppchen am Abend und Superfrühstück am Morgen.

Moderne Apartmentanlage mit Seeblick ▶ Spinnaker Bay Executive Apartments 9**:** 151 Frankton Rd, Tel. 03-442 5050, [fc] 0800 00 55 77, www.spinnaker.co.nz. Komfortable Wohnungen mit 1–3 Schlafzimmern 325–375 NZD/2 Pers., jede weitere 40 NZD.

Trotz Stadtnähe sehr grün ▶ Queenstown Top 10 Holiday Park Creekside 10**:** 54 Robins Rd, Queenstown, Tel. 03-442 9447, [fc] 0800 786 222. Zentraler kann man in Queenstown nicht Campen. Supermarkt nebenan, Stellplätze ab 47 NZD, DZ im Backpacker-Stil ab 62 NZD, Hütten/Apartments mit Bad ca. 115–165 NZD.

Zentraler YHA-Backpacker mit Hotelqualität ▶ YHA Queenstown Central 11**:** 48A Shotover St, Queenstown, Tel. 03-442 7400, www.yha.co.nz. Traumhaft die Küchen-Lounge mit Blick auf See und Steamer Wharf. Bett im Mehrbettzimmer ab 34, DZ mit Bad ab 108 NZD. Mehr Jugendherberge in traditionellem Sinn ist **YHA Queenstown Lakefront** 12**:** 88–90 Lake Esplanade, Tel. 03-442 8413. Bett ab 28 NZD, DZ ab 75 NZD.

Essen & Trinken

Queenstown besitzt unzählige Restaurants besonders an The Mall und im Steamer Wharf Komplex, fast alle mit Außengastronomie.

›Fine dining‹ in historischem Ambiente ▶ Tatler Restaurant 5**:** 5 The Mall, Tel. 03-442 8372. Neuseeländische Küche mit mediterraner Note vom Frühstück in britischer Herzhaftigkeit und leichtem Lunch – das meiste unter 20 NZD – bis zum großen Dinner mit

Die Sonne genießen am Steamer Wharf von Queenstown

Lamm, Wild, Wildgeflügel und Fisch, HG um 35 NZD; zum frühen Dinner (bis 18.30 Uhr) Tagesgerichte/Early Bird Menu unter 20 NZD.

Rustikales am Dampfer-Anleger ▶ **Pier 19** 6: Steamer Wharf, 88 Beach St, Tel. 03-442 4006. Immer voll, oft gestresstes Personal, aber die Lage macht's, vor allem die Open-air-Plätze. Leichte Lunch-Küche unter 20 NZD, abends HG mit Fisch, aber auch Lamm und Wild ca. 30–35 NZD.

Steak House in historischem Ambiente ▶ **Botswana Butchery** 7: 17 Marine Parade, Queenstown, Tel. 03-442 6994, auf www.goodbars.co.nz. Im Archers Cottage am Seeufer kommt viel, aber nicht nur Fleisch auf den Teller. Mit Glück ergattern Sie einen Terrassenplatz mit Seeblick! HG ca. 30–40, Hummer ca. 60 NZD.

Büfetts mit traumhafter Aussicht ▶ **Skyline Restaurant:** Gondola-Bergstation 14, Tel. 03-442 7860, www.skyline.co.nz. Lunch Erw. 49 NZD, Dinner – mehrere Sitzungen, Reservierung notwendig – 74 NZD jeweils inkl. Gondola-Fahrt.

Gute alte Zeit ▶ **Colonels Homestead** mit TSS Earnslaw Dinner Cruise: c/o Real Journeys S. 429. Deftiges High Country Dinner auf Walter Peak Station 15 Okt.–Mai tgl. 18 Uhr ab Steamers Wharf (115 NZD) oder mittags Grillen auf der Barbecue Cruise (Sept.–Mai 1–2 x tgl. 90 NZD).

Lunch-Touren zu Weingütern ▶ **Queenstown Wine Trail:** Tel. 03-442 3799, www.queenstownwinetrail.co.nz. Ins Gibbston Valley ab 125 NZD, Lunch optional.

Abends & Nachts

Bars, Clubs, Casino ▶ **Steamer Wharf Complex** 3: 88 Beach Street. Am Tage romantisch, in der Nacht quirlig: Unter den knapp ein Dutzend Lokalen gibt's neben Restaurants (s. S. 430 Pier 19) auch abgedrehte Bars wie die **Minus 5 Ice Bar** (www.minus5queenstown.co.nz, Eintritt inkl. 1. Cocktail ab 32 NZD), in der alles von den Stühlen bis zu den Gläsern aus Eis ist, Clubs zum Abtanzen wie **Frasers Bar** und eines der kleinsten Casinos der Welt, das **Lesseters Wharf Casino** (www.wharf-casino.co.nz, tgl. 11–3 Uhr).

Essen, Trinken, Musik hören ▶ **Dux de Lux** 4: 14 Church Street, Tel. 03-442 9688, www.thedux.co.nz. Aus der Küche kommt viel unter 20 NZD, aus der Mircro-Brauerei bestes Bier und von der Bühne Live-Musik!

Für partysüchtige Pub Crawler ▶ **Shotover St:** Die **World Bar** 5 in Nr. 27 mit neuem Motto jeden Abend und **The Altitude Bar** 6 in einem Backpacker in Nr. 49 sind Treffs junger Reisender aus aller Welt. Beide Läden sind Di–Sa Start-Locations für feucht fröhliche Pub-crawl-Touren durch Queenstowns Nachtleben (www.bignightout.net.nz/qtown oder www.kiwicrawl.co.nz je 25 NZD)!

Aktiv

Eine von vielen Milford-Exkursionen ▶ **BBQ Bus:** Tel. 03-442 1045, [fc] 0800 421 045, www.milford.net.nz. Mit überschaubaren Gruppen, viel Kiwi-Atmosphäre und deftigem BBQ inmitten schönster Szenerie; ab 182 NZD inkl. Bootstour.

Mit 4WD ins Paradies ▶ **Paradise Safari:** c/o Info & Track s. S. 429. Exkursionen zu Filmsets inmitten der grandiosen Natur von Paradise bei Glenorchy ab 135 NZD.

4WD ins Back-Country ▶ **RD Tours:** Tel. 03-441 2299, [fc] 0800 RD TOUR, www.rdtours.co.nz. RD steht hier einmal nicht für Rural Delivery (= Postzustellung »j.w.d.«) sondern für Rural Discovery; u. a. zum Skippers Canyon 9 und in die Gegend von Glenorchy, auch Wein-Touren; ein halber Tag kostet ca. 155–185 NZD.

4WD zu Goldrush- und Ring-Locations ▶ **Nomad Safaris:** Tel. 03-442 6699, www.nomadsafaris.co.nz. Über Skippers Canyon Road, nach Macetown 8 und zu LOTR-Sets bei Glenorchy. Morgen- und Nachmittagstouren ca. 4 Std., Erw. ca. 155 NZD.

Bungee-Spezialist ▶ **AJ Hackett:** Tel. 03-442 4007, [fc] 0800 BUNGY JUMP, www.bungy.co.nz. Büros: Bungy Centre Kawarau Bridge 12 (S. 422) oder The Station 20, 25 Shotover St. Bungee 180–260 NZD, Swing 130–180 NZD.

Fallschirmspringen ▶ **NZONE:** Tel. [fc] 0800 DROP ZONE, www.nzone.biz. Ab **Queenstown Airport** 21 je nach Sprunghöhe 269–429 NZD, Film/Fotos ca. 180–220 NZD extra.

Flightseeing ▶ Ab **Queenstown Airport** 21 meist Richtung Milford Sound mit Überflug (Erw. ab ca. 340 NZD/1 Std.) oder Landung und Bootstour (ca. 450 NZD/4 Std., Bus–Boot–Flug ab 520 NZD/8 Std.). Helikopterflüge mit Zwischenlandungen im Gebirge und am Milford Sound ab 680 NZD. 20-Min.-Rundflüge über Queenstown gibt's ab ca. 215 NZD, möglich auch Heli-Hiking in entlegene Wandergebiete oder dekadente Dekantier-Touren zu Weingütern (ca. 4 Std., 360 NZD). Anbieter u. a. **Air Fiordland** (Tel. 03-442 3404, [fc] 0800 103 404, www.airfiord land.com), **Air Milford** (Tel. 03-442 2351, www.airmilford.co.nz), **Real Journeys** (s. S. 429), **The Helicopter Line** (Tel. 03-442 3034, [fc] 0800 500 575, www.helicopter.co.nz) oder **Heliworks** (03-441 4011, www.heliworks.co.nz).

Jetboat-Touren ▶ **Dart River Jet** s. Shotover Jet s. S. 426, Dart River S. 433.

Kayak-Touren ▶ **Rippled Earth Kayaking** S. 433.

Mountainbiking ▶ **Fat Tyre Adventures:** Tel. [fc] 0800 FAT TYRE, www.fat-tyre.co.nz. Mit dem 4WD zum Start ca. 200 NZD für ca.

Tipp: Indoor-Minigolf

CaddyShack City 22 (25 Brecon St, Tel. 03-442 6642, tgl. 10–20 Uhr, Erw. 19, 5–14 Jahre 12 NZD, Familientickets) ist ein Muss, wenn man mit Kindern (ab 5 Jahren) reist oder wenn das Wetter einmal schlecht gelaunt ist: Auf der Indoor-Minigolf-Anlage kann man sich durch eine ›lebendige‹ Welt putten, bei der Bälle an den 18 Themen-Löchern auf die absonderlichsten Abwege geraten können.

Tipp: Biken durchs Back Country

Von der Walter Peak Station 15, gegenüber von Queenstown am anderen Seeufer, gibt es eine typische Back Country-Piste mit einigen kleinen Furten an den Mavora Lakes 18 vorbei zum SH94. Zwar sind etwa 80 km unasphaltiert, aber man spart 50 km gegenüber der Hauptstraße nach Te Anau. Die Überfahrt erfolgt mit dem Oldtimerdampfer TSS Earnslaw (S. 428). Er nimmt Fahrräder und bei ausreichendem Wasserstand – sonst Verladung schwierig – Motorräder mit (5 bzw. 20 NZD plus 30 NZD/Pers. einfache Strecke; Buchung in allen Büros von Real Journeys).

6 Std., mit dem Helikopter auf ungeahnte Höhen ab ca. 360 NZD, auch Mehrtagestouren. **Real Journeys** (s. S 429. Infos): Fahrradexkursion auf Backcountry-Pisten für Gelegenheits-Radler inkl. Bootstour mit TSS Earnslaw via Walter Peak Station 15 mit Guide und inkl. Verpflegung (7 Std,, davon ca. 2–3 ›on Wheels, ca. 200 NZD). **Vertigo Bikes:** Tel. 03-442 8378, [fc] 0800 VERTIGO, www.vertigobikes.co.nz, City-Filiale 4 Brecon St 23 oder Skyline Bergstation 17. Tourenräder ca. 50 NZD/Tag, Mountain- und Down-hill-Bikes ca. 80 NZD/ Tag. Touren mit Guide u. a. Skippers Canyon Rd (ab ca. 160 NZD) und Heli-Biking ab ca. 400 NZD.

Rafting ▶ **Queenstown Rafting:** Tel. 03-442 9792, [fc] 0800 RAFTING, www.rafting.co.nz, Stadtbüro: 35 Shotover St. Auf dem Shotover durch den Skippers Canyon 9 bis Arthurs Point 11 oder auf dem Kawarau River 169 NZD mit Startplatz nahe der Bungee-Brücke (Sommer mit Bus ab 185, ganzjährig mit Helikopter 265 NZD), überregional auch Mehrtagestouren. Family Adventures: Tel. 03-442 8836, [fc] 0800 4RAFTING, www.familyadventures.co.nz. 2 x tgl. 4-Std. inkl. informativer Tour mit 4WD in den Skippers Canyon 9, Rafting auf kindgerechten Abschnitten, Erw. 169, bis 17 Jahre 110 NZD, Transfers ab/bis The Station 20.

Reiten ▶ **Dart Stables:** S. 433

Wintersport ▶ **Coronet Peak 14**, www.nzski.com/coronet, und **The Remarkables 24**, www.nzski.com. Liftpässe Erw. 85–95 NZD/ Tag, auch Halb- oder Mehrtagespässe. In der Saison (Juni–Okt.) mehrmals tgl. Ski-Shuttles ab/bis The Station 20 mit Zubringerbussen von allen Hotels. **Harris Mountains Heli-Ski:** Tel. 03-442 6722, www.heliski.co.nz. Stadtbüro in The Station 20, Touren mit Guide je nach Zahl der Abfahrten 775–995 NZD.

Termine

Queenstown Jazzfest: www.queenstownjazz.co.nz. Im Oktober erfüllen Jazzklänge für fünf Tage das sonst eher auf Dance Music ausgerichtete Queenstown.

Verkehr

Stadtbusse: Connectabus (www.connectabus.com) alle 15 Min. City–Frankton inkl. Airport. An ›Hub‹-Stationen (Queenstown Camp St an O'Connells Mall und Frankton Bus Shelter) 1–2 x stdl. Anschlüsse u. a. ab/bis Arrowtown (S. 423), Kelvin Heights (S. 434) oder Arthurs Point (S. 425). Connectabus bedient alle wichtigen Hotels. Zeitkarten erlauben 1 oder 7 Tage unbegrenztes Fahren auf allen Linien für 20 bzw. 35 NZD/Erw.

Fernbusse: Newmans/Intercity/Great Sights je 1 x tgl. ab/bis Franz Josef (West Coast), Dunedin, Christchurch via Tekapo und Mt Cook (nur Great Sights), Invercargill und Milford Sound via Te Anau (mit Bootsexkursion). **Atomic Shuttles** je einmal tgl. ab/bis Greymouth (West Coast) und Christchurch, mit Umsteigen ab/bis Dunedin. **nakedbus.com** tgl. ab/ bis Christchurch via Tekapo sowie zum Milford Sound via Te Anau, 5 x wö. ab/bis Greymouth. **Connexions** (S. 419) mehrmals tgl. ab/bis Wanaka, 1 x tgl. ab/bis Invercargill und Dunedin. **Tracknet** (S. 439) u. a. 2–3 x tgl. ab/ bis Te Anau und Milford, 1 x tgl. Te Anau via Walter Peak Station 15 in Kombination mit TSS Earnslaw sowie 1 x tgl. ab/bis Invercargill. **Track-Transfer** S. 436.

Fliegen: Queenstown Airport (www.queenstownairport.co.nz) 8 km östl. bei Frankton. Air New Zealand und Jet Star nach Auckland,

Wellington, Christchurch und Rotorua. International von/nach Australiens Süd- und Ostküste. Flughafenzubringer mit Sammeltaxis (Super Shuttle, Tel. 03-442 3639, [fc] 0800 SHUTTLE) ab/bis Innenstadt ca. 15 NZD oder Stadtbusse von Connectabus (s. S. 432).

Glenorchy ► C 17

Karte: S. 420/421

Am Nordzipfel des Lake Wakatipu endet die Uferstraße mit hohem Sightseeing-Wert in **Glenorchy.** Das vermarktet sich gern als Tor zum **›Paradise‹** 16, wie ein Gebiet im Hinterland heißt, zu Fiordland-Tracks (s. Aktiv unterwegs S. 436) und zum alpinen Rees Dart Track. Außerdem starten Touren mit Jetboats und Fun-yaks – aufblasbare Kanadier – zum landschaftlich faszinierend archaischen Gletscherfluss Dart River, der nahe der Siedlung in den Lake Wakatipu mündet.

Am Südrand von Glenorchy versteckt sich auf einem 65 000 ha großen Areal am Seeufer eine VIP-Unterkunft im Rocky Mountains-Stil: In der **Blanket Bay Lodge** 13 logieren oft Superreiche und Hollywood-Größen, letztere gern, wenn sie zu Filmaufnahmen im Lande sind. Sonst schrecken die Zimmerpreise eher ab: im Sommer ca. 1670–3200 NZD fürs DZ pro Nacht, aber immerhin inklusive Dinner und Frühstück (Tel. 03-442 9442, www.blanketbay.com).

Mit dem Film-Business steht Glenorchy auf gutem Fuß: Hier wurden schon Milka-Werbespots mit der lila Kuh gedreht, weil das Bergpanorama mehr nach Alpen aussieht als das europäische Original. Größere Bekanntheit erlangten Szenen der Herr der Ringe-Trilogie aus Lothlórien, Amon Hen und mit Isengard, der schwarzen Burg des bösen Zaubers Saruman. Später entstanden noch Aufnahmen für ›Die Chroniken von Narnia‹, ›Mein Freund, der Wasserdrache‹ und Action-Szenen mit Hugh Jackman für ›X-Men Origins: Wolverine‹, dem Prequell zu den X-Men Filmen. Auch Peter Jackson kam wieder, als er den Bestseller ›Lovely Bones‹ (dt.: In meinem Himmel) verfilmte.

Infos, Übernachten, Essen & Trinken

Old-fashioned Kiwi-Style ► **Glenorchy Hotel & Backpackers** 14: Mull St, Tel. 03-442 9902, www.glenorchynz.com. DZ im Hotel ohne/mit Bad ab 100/120 NZD, im angeschlossen Backpacker 30 NZD/Pers, 75 NZD fürs DZ. Im Hauptgebäude Café, Bar & Restaurant vom Frühstück über Lunch und Kaffee/Kuchen bis zum Kiwi-Style-Dinner mit Lachs, Dorsch, Steaks – viele Open-air-Plätze. Die Rezeption fungiert noch als **Glenorchy-NZ Information Centre** (Tel. 03-409 2049, www.glenorchy-nz.co.nz), Souvenirshop, Dorfladen, Radverleih und Buchungsbüro für Aktivitäten und Track-Transfers.

Campen und Info am Ortsrand ► **Glenorchy Camping Ground** 15: 2 Oban Street, Tel. 03-441 0303, www.glenorchyaccommoda tion.co.nz. Stellplätze von 24/28 NZD, Hütten ab 48 NZD, Backpackerbetten ab 20 NZD/Pers. Die Rezeption bietet als **Glenorchy Information Centre** Buchungs-Service für Aktivitäten, Track-Transfers und DOC-Pässe und -Permits.

Aktiv

Ausflüge ins Paradies ► **Nomads Safaries, Paradies Safaries, RD Tours** (alle s. S. 431) auch ab/bis Glenorchy.

Jetboat mit Panorama ► **Dart River Jet Safaris** 25: Mull Street, Tel. 03-442 9992, [fc] 0800 DART JET, www.dartriver.co.nz. Landschaftlich eine der besten Jet-Boot-Strecken im Lande. Jetboat+Wanderung+4WD-Kombi 3 Std., Erw. 219 NZD oder Jetboat+Funyak+4WD-Kombi 7 Std., 289 NZD. Transfer ab/bis Queenstown gratis aber ca. 2–3 Std. extra, Familienrabatte.

Kajaktouren auf dem See ► **Rippled Earth Kayaking:** Kinloch, Tel. 03-442 9904, [fc] 0800 4 RIPPLE, www.rippledearth.co.nz. Entspanntes Kajakfahren zu **Pigeon** und **Pig Island** 26, zwei Naturperlen im Lake Wakatipu, 3 Std. ab Glenorchy, 4,5 ab/bis Queenstown 135 NZD.

Reiten durchs Paradies nach Mittelerde ► **Dart Stables** 27: 58 Coll St, Tel. 03-442 5688, [fc] 0800 4 RIDING, www.dartstables.com.

Vielleicht taucht Aragorn zwischen den Bäumen auf! Ab Glenorchy 2 Std. ca. 130 NZD, ab/bis Queenstown 1/2 Tag ca. 170 NZD, 1 Tag ab ca. 280 NZD jeweils inkl. Transfers.

Verkehr

Track-Transfers ab Queenstown (S. 436) immer via Glenorchy, dort Zustieg möglich, Buchungen bei beiden Information Centre (s. S. 433); Busse Queenstown–Glenorchy ca. 45 Min., 20 NZD.

Zwischen Queenstown und Te Anau

Karte: S. 420/421

Kelvin Heights, Kingston und Garston ► D 18

Am anderen Ufer der Lake Wakatipu Bucht, die nach **Frankton** greift, lassen sich auf den **Kelvin Heights** 17 ein halbes Dutzend Herr der Ringe-Filmsets lokalisieren, vor allem aus Teil 2 der Trilogie. Außerdem wurden dort Szenen für ›X-Men Origins: Wolverine‹ gedreht und in den 1980ern der Korea-Action-Reißer ›The Rescue‹ (dt. Rescue – Sonderkommando Südkorea). Aus jener Zeit steht noch die Kulisse eines nordkoreanischen Gefängnisses oben auf dem Hügel, der grandiose Aussichtsplätze auf Queenstown und das Wakatipu Basin besitzt. Die Kelvin Heights waren bis 2008 eine Top-Attraktion für Queenstown, dann sperrte der Besitzer überraschend den Zugang – fragen Sie im i-SITE, ob er seine Meinung inzwischen geändert hat, es würde sich lohnen.

Südlich Frankton wird SH6 zu Füßen der Remarkables Uferstraße mit imposanten Aussichten. Da ahnt man kaum, dass es bis weit ins 20. Jh. keine Straße am Lake Wakatipu gab: Der See war Weg für Mensch, Tier und Material. In **Kingston** am Südzipfel trafen Dampfer auf die Bahn mit Verbindungen nach Invercargill und via Gore nach Dunedin.

Das 100-Einwohner-Nest **Garston** behauptet von sich, das am weitesten vom Meer entfernte Dorf Neuseelands sein. Ein Schilderbaum zeigt Entfernungen zu Küsten in allen Himmelsrichtungen, am nächsten liegt der Milford Sound, 108 km Luftlinie entfernt.

Mavora Lakes Park ► C 18

Etwa auf halber Strecke zwischen Mossburn und Te Anau strecken sich gut 40 km nördlich des SH94 die **Mavora Lakes** 18, zwei weniger bekannte Southern Lakes, in der typischen, von den Gletscherbewegungen vorgegebenen Nord-Süd-Richtung entlang der Grenze von Tussock-Grasland und Südbuchenwald. Die Region steht als **Mavora Lakes Park** unter DOC-Kontrolle und trägt eine weitere Facette zu Neuseelands größtem Naturschutzgebiet, der South West New Zealand World Heritage Area bei. Die Seen sind bei den Kiwis eine beliebte Sommerfrische mit guten Wassersportmöglichkeiten (und DOC-Campinggelände), was ausschließlich auf Naturerlebnisse fixierte Überseetouristen gelegentlich als etwas zu laut empfinden.

Der Mavora-Greenstone Walkway (50 km, in der Regel 4 Tage) sorgt für Anschluss an das Netz der großen Fiordlandtracks (S. 436). Am South Mavora Lake und am Westufer des Mararora River entlang gibt es zudem exzellente Kurz-Walks, vorausgesetzt man traut sich über die langen *swingbridges*. Die Zufahrt zu den Seen verlängert sich nach Norden über die Mt Nicholas Road bis zur Walter Peak Station 15, ab dort günstiger Transport von Motor- und Fahrrädern mit der TSS Earnslaw nach Queenstown (S. 428).

Te Anau ► C 18

Der 2000-Einwohner-Ort Te Anau ist das Tor zum Fiordland und Ausgangspunkt für eine Handvoll weltbekannter Langstreckenwanderwege (S. 436). Am Ufer des Lake Te Anau wartet ein vorbildlich ausgestattetes **DOC Visitor Centre** mit einer Ausstellung zu Geschichte und Natur des Fiordland. Besucher bekommen zudem praktische Informationen rund um den Fiordland National Park und am **Great Walks Booking Desk** mit Glück noch *permits* für die begehrtesten Tracks. Einen kurzen Fußweg am Seeufer entlang stadtauswärts betreibt DOC das **Te Anau Wildlife Centre** (Sonnenauf- bis Sonnenuntergang, gratis) mit Vögeln, die man sonst kaum zu Gesicht bekommt. Unter ihnen natürlich Takahes, die als ausgestorben galten, ehe 1948 am Westufer des Lake Te Anau in den Murchison Mountains ein Ranger plötzlich über mehrere Exemplare stolperte. Dort ist bis heute die größte frei lebende Population dieser seltenen Rallen zu Hause.

Vom Wildlife Centre führt der Weg am See entlang zu den **Lake Te Anau Control Gates** (ca. 45 Min.). Von zahlreichen Zuflüssen gespeist, besitzt der See nur diesen Abfluss, den Waiau River, der nach wenigen Kilometern in den Lake Manapouri mündet. Über das Wehr, mit dem der Wasserstand im See kontrolliert wird, gelangt man ans Westufer auf den **Kepler Track** (s. Aktiv unterwegs S. 436), von dem sich Abschnitte auch als Tageswanderung gehen lassen.

Folgt man vom DOC Visitor Centre der Uferpromenade Lakefront Drive Richtung Zentrum, trifft man auf das **i-SITE** der Region, das sich mit dem **Real Journeys Visitor Centre** ein Dach teilt, dem Buchungsbüro des größten Tourenanbieters im Fiordland. In der Nachbarschaft starten vom Ufer Helikopter, Wasserflugzeuge und Boote zu Exkursionen. Der Ausflugs-Klassiker führt per Boot ans Westufer des Sees zu den **Te Anau Caves,** in der Sprache der früher hier ansässigen Maori etwa ›Höhle mit dem wirbelnden Wasserstrom‹. Sie war namensgebend für See und Ort. Nur ein Teil des von einem Flüsschen durchsprudelten, kilometerlangen Höhlensystems ist zugänglich. Über leicht zu begehende Gangways und mit zwei kurzen Touren auf floßähnlichen Booten gelangt man in eine von Glühwürmchen anheimelnd illuminierte Grotte (Real Journeys s. Information, bis 4 x tgl., die meisten Abfahrten abends; 2,5 Std., Erw. 70, Kinder 22 NZD).

See mit falschen Fjorden

Der **Lake Te Anau,** an dessen relativ flaches Ostufer sich der Ort kuschelt, ist der größte See der Südinsel und die Nummer zwei im Land. Seine Dimensionen verbirgt er dem ersten Blick, streckt sich gut 60 km recht schlank in Nord-Süd-Richtung, aber drei Arme – North, Middle und South Fiord genannt, obwohl es keine Fjorde im eigentlichen Sinne sind – greifen weit nach Westen in die Bergwelt hinein. In diese Seitenarme schaut man von Aussichtspunkten bei der Fahrt auf SH94 Richtung Norden. Das deutlich kleinere **Te Anau Downs** bietet knapp 30 km weiter Richtung Milford Sound die letzten Unterkünfte vor dem Fjord. Von Te Anau Downs legen Boote Richtung Glade House Wharf am Nordzipfel des Lake Te Anau ab, dem Startpunkt des Milford Track.

Infos

Fiordland i-SITE Visitor Centre: Lake Front Drive, Tel. 03-249 8900, www.fiordland.org.nz.

Fiordland National Park Visitor Centre (DOC): Lakefront Drive, Tel. 03-249 7924, fiordlandvc@doc.govt.nz (s. Aktiv unterwegs S. 436).

Real Journeys Visitor Centre: Lake Front Drive, Tel. 03-249 7416, [fc] 0800 65 65 01, www.realjourneys.co.nz, Sept.–April 6.15–21.15 Uhr, sonst 6.30–20 Uhr. Umfangreiches Ausflugsprogramm für Lakes District, Fiordland und Stewart Island.

Übernachten

Legendäre Pfannkuchen zum Frühstück ▶ **Cosy Kiwi:** 186 Milford Rd, Tel. 03-249 7475, [fc] 0800 249 700, www.cosykiwi.com. B&B mit 7 Zimmern ab 175 NZD.

Ferienhäuser im Fiordland ▶ **Fiordland Holiday Homes:** Tel. 03-249 9018, www.houses2stay.co.nz. Rund ein Dutzend Ferienhäuser und -wohnungen, die meisten in Te Anau, ab ca. 120 NZD, in der Saison Mindestmietzeiten.

Günstig zu Milford Track und Road ▶ **Fiordland National Park Lodge:** SH94, Milford Sound Highway (30 km von Te Anau Richtung Milford), Te Anau Downs, Tel. 03-249 7811, [fc] 0800 500 805, www.teanau-milfordsound.co.nz. Komplex – nur 600 m vom Anleger der Transferboote zum Milford Track (S. 436) – mit Motel-Units ab 110 NZD

aktiv unterwegs

Fiordland Tracks

Tour-Infos

Track-Infos und -Buchungen: Great Walks Booking Desk: DOC Fiordland National Park Visitor Centre, Lakefront Drive, Te Anau, Tel. 03-249 8514, greatwalksbooking@doc.govt.nz, Nov.–April tgl. 8.30–18, sonst bis 16.30 Uhr. Auf http://booking.doc.govt.nz Infos, Buchungsstand, Online-Buchungen.

Geführte Touren & Service: Hollyford Track (Tel. 03- 442 7789, [fc] 0800 832 226, www.hollyfordtrack.com) 3-Tage-Komforttouren auf dem Hollyford Track, 1655 NZD. Kiwi Discovery (37 Camp St, Queenstown, Tel. 03-442 7340, www.kiwidiscovery.com) ›Wir-organisieren-Alles-Pakete‹ für freie Wanderungen inkl. Track-Buchung, Ausrüstungsverleih, Info-Material, Transfers, Unterkunft und Sightseeing vor und nach der Tour auf Milford, Kepler und Routeburn Track ab 750/610/585 NZD. Real Journeys (S. 435) Tageswanderungen auf dem Milford Track 205 NZD; Bootstransfer Te Anau Downs–Milford Track im Sommer 2 x tgl. 75 NZD. Ultimate Hikes (Tel. 03-441 1138, [fc] 0800 768 832, www.ultimatehikes.co.nz) Touren mit hohem Übernachtungskomfort in Lodges, inkl. Verpflegung und Transfers auf Milford (5 Tage je nach Saison und Komfort 1830–3020 NZD) und Routeburn (3 Tage, 1125–1270 NZD) sowie Kombinationen aus Routeburn + Greenstone oder Milford + Routburn und Tageswanderungen auf Milford oder Routeburn (ab 170 NZD).

Track-Transfer: Tracknet (S. 439) und Kiwi Discovery (s. o.) bieten Transfers zwischen Te Anau, Milford, Queenstown und Start-/Endpunkten bekannter Tracks. Info & Track (S. 429) und Glenorchy Information (S. 433) organisieren Transfers zu den Tracks ab Queenstown und Glenorchy. Flugtransfer ab Te Anau zu Dusky und George Sound Track mit Wings & Water Te Anau (S. 438).

Parken: Safer Parking: 48 Caswell St, Te Anau, Tel. 03-249 7198, www.saferparking.co.nz. Ab 9 NZD/Tag; alle Track-Transfer-Anbieter holen hier Gäste ab! Frei abgestellte Autos werden oft aufgebrochen.

Te Anau wirbt für sich als ›Welthauptstadt des Trekking‹. In der Tat finden sich um das Tor zum Fiordland weltbekannte Tracks wie der Milford Track, den die britische Autorin Blanche Edith Baughan schon vor über 100 Jahren als ›the finest walk of the world‹ adelte – seit dem späten 19. Jh. wird er touristisch begangen (S. 442).

Geschickte Vermarktung u. a. über Verknappung des Zugangs durch zwingend vorgeschriebene Hüttenübernachtungen machte ihn zu einem der begehrtesten Landstreckenwanderwege weltweit, oft Monate ausgebucht (1. Juli Buchungsstart für Saison Ende Okt. bis April). Ähnliche Beschränkungen gelten für Kepler und Routeburn Track, auf denen aber auch Zelten in geringem Umfang erlaubt ist. Im Winter reichen auf allen Tracks *Backcountry Hut/Camping Tickets* (15,30/5,10 NZD) ohne Anmeldung, dann werden jedoch oft ganze Tracks oder Abschnitte wegen Lawinengefahr gesperrt.

In den Klammern der folgenden Aufstellung finden sich (Koordinaten in der Faltkarte; Länge; Höhe Start; maximale Höhe; Höhe Ziel; Zeitbedarf):

Great Walk Milford Track (C17; 53,5 km; 200 m; 1073 m; 0 m; 4 Tage): Südbuchenwald, subalpin, Regenwald; Schnee vor allem auf dem 1073 m hohen Mackinnon Pass ganzjährig möglich, ebenso Starkregen im westlichen Abschnitt; neben Teilnehmern geführter Touren, die in eigenen Lodges übernachten, können pro Tag 40 freie Wanderer von Lake Te Anau Richtung Milford starten mit 3 Hütten-Übernachtungen (153,30 NZD); Zelten verboten. Notwendige Bootstransfers ab Te Anau Downs zum Track-Start und vom Endpunkt Sandfly Point nach Milford Sound je 1–2 x tgl. ca. 110 NZD, inkl. Bus ab/bis Te Anau ca. 180 NZD.

Great Walk Kepler Track (C18; 60 km; 150 m; 1400 m; 150 m; 3–4 Tage), alpiner Rundweg – 1988 angelegt – südwestlich von Te Anau; in beide Richtungen begehbar; Hütten oder Camping (51,10 bzw. 15,30 NZD/Nacht). Preiswerte Bustransfers (ca. 6–10 NZD) zu Start/Ziel oder Kepler Water Taxi Te Anau – Brod Bay (Tel. 03 249 8364, ca. 20 NZD; kürzt ca. 2,5 Std. Uferweg ab).

Great Walk Routeburn Track (C17; 33 km; 532 m; 1277 m; 458 m; 3–4 Tage): Südbuchenwald bis alpin; Ostende Routeburn Shelter bei Glenorchy, Westende The Divide an Milford Road; in beide Richtungen gehbar; Hütten oder Camping (51,10/15,30 NZD/Nacht). Transfer s. l.

Greenstone Track (C17/18; 38 km; 530 m; 700 m; 330 m) und **Caples Track** (C17; 30 km; 530 m; 1005 m; 330 m; einzeln je 3 Tage, als Rundtour – auch mit Routeburn kombinierbar – 5–6 Tage): Ostende Greenstone Wharf am Lake Wakatipu, Westende The Divide; Greenstone folgt weitgehend einem Flusstal, Caples überquert den gut 1000 m hohen McKeller Saddle; Hütten und Camping mit Backcountry Tickets noch anmeldefrei, Transfers s. l.

Tracks wie **Dusky** (6–10 Tage) und **George Sound** (3 Tage) im Süden des Fiordland NP und **Hollyford** (verschiedene Varianten 3–8 Tage) im Norden erfordern hohe Transferkosten durch Flüge und Charterboote.

Clemens trägt schweres Gepäck durch den Regenwald des Fiordland

und Backpacker (Bett ab 28, DZ mit Bad ab 75 NZD).

Kiwi Holiday Park mit Seeblick ▶ Te Anau Lakeview Holiday Park: 77 Manapouri – Te Anau Highway, Tel. 03-249 7457, [fc] 0800 4 TE ANAU, www.teanauholidaypark.co.nz. Tracknet-Agentur (s. Transport), DOC Visitor Centre vor der Tür. Stellplätze ab 32–38 NZD, DZ/Hütten ab 68, Apartments und Motel-Units ca. 125–250 NZD.

BBH-Backpacker am Seeufer ▶ Te Anau Lakefront Backpackers: 48–50 Lakefront Dr, Tel. 03-249 8319, [fc] 0800 200 074, www.teanaubackpackers.co.nz. Großer, unruhiger Backpacker mit 100 Betten in Ex-Motel nahe DOC und i-SITE. Trackinfos und Buchungsservice an der Rezeption. Bett ab 25, DZ ab 62 NZD.

YHA-Hostel nahe See und Shops ▶ Te Anau YHA: 29 Mokonui St, Tel. 03-249 7847, www.yha.org.nz. Gepflegt, schöne Gemeinschaftsräume mit Gartenzugang. Bett ab 26, DZ ab 66, mit Bad ab 84 NZD, auch Einzelzimmer.

Essen & Trinken

Alles an einer Straße ▶ Jene Straße, die als **Town Centre** bekannt ist, verlängert die Milford Road quer durch das Zentrum von Te Anau zum Seeufer. Rechts und links Restaurants, Kneipen sowie wichtige Läden für Selbstversorger. **La Toscana** (Nr. 108, tgl. ab 17.30 Uhr) ist seit vielen Jahren ein populärer Italiener (HG um 20 NZD), **The Ranch** (Nr. 111, tgl. ab 12 Uhr) macht tagsüber auf Familienrestaurant mit Burger & Co. und lässt abends zu lautstarkem Entertainment Bier in Strömen fließen. Ein Tipp für tagsüber sind belegte Brötchen oder Sandwiches zum Picknick am Seeufer aus der **Fiordland Bakery** (Nr. 106, tgl. ab 7 Uhr). Ganz vorn an der Ecke zur Lake Front serviert ab ca. 18 Uhr **Keplers Restaurant** (Nr. 5) Kiwiana-Küche mit Lamm, Steaks und Seafood von Lachs bis Languste.

Tipp: Triple Buzz Heli-Hike

So nennt Southern Lakes Helicopters (s. re.) das 185-NZD-Angebot für alle, die alpine Luft schnuppern wollen, aber ohne Gepäck und Übernachtungen und ohne anstrengenden Aufstieg: Flug von Te Anau zur Mt Luxmore Hut (1085 m), gegen Aufpreis auch zum Mt Luxmore-Gipfel (1472 m), Wanderung über den Kepler Track zur Brod Bay (ca. 3–4 Std.) und von dort Wassertaxi nach Te Anau.

Abends & Nachts

Programmkino mit Weinbar ▶ Fiordland Cinema: The Lane, Tel. 03-249 8844, www.fiordlandcinema.co.nz. Im Sommer wird tagsüber bis zu 10 x ›Ata Whenua – Shadowland‹ gezeigt, eine halbstündige Hymne an das Fiordland mit berauschenden Bildern, 10 NZD.

Aktiv

Flightseeing & Track-Transfer ›by air‹ ▶ Air Fiordland: Tel. [fc] 0800 107 505, www.airfiordland.com, ab Flugplatz u. a. zum Milford Sound (70 Min., 340 NZD) oder Doubtful Sound (40 Min. 300 NZD) ohne Landung bzw. zum Milford mit Landung und Bootstour (ca. 4 Std., ab 445 NZD) oder in Kombination mit Bus-Sightseeing (6 Std., ab 470 NZD). **Wings & Water Te Anau:** Lakefront Drive, Tel. 03-249 7405, www.wingsandwater.co.nz. Rundflüge mit Wasserflugzeug ab ca. 95 NZD/10 Min. bis ca. 510 NZD/75 Min. für eine große Rund bis hinunter zum Dusky Sound, Transfers für Dusky und George Sound Tracks auf Charterbasis ca. 1150 NZD/Std. für 4 Pers. plus Gepäck. **Southern Lakes Helicopters:** Lakefront Drive, Tel. 03-249 7167, www.southernlakeshelicopters.co.nz. Kleine Runde über See und umliegende Berge mit Helikopter ab 195 NZD, auch große Flugexkursionen möglich über Doubtful und Dusky Sound mit mehreren Zwischenlandungen ab ca. 770 NZD/90 Min.

Kajakfahren auf den Fjorden ▶ Roco's Milford Kayaks: c/o Adventure Fiordland, 72 Town Centre, Te Anau, Tel. 03-249 8500, [fc] 0800 476 726, www.roscosmilfordkayaks.

com. Sea Kayaking auf Milford inkl. Sightseeing-Fahrt ab Te Anau 165 NZD/11 Std., mit Flug ca. 480 NZD, Kajaktouren ab Milford 3–6 Std., ca. 100–176 NZD, auch Kajak + Wanderung auf dem unteren Teil des Milford Track ca. 100 NZD inkl. **Sea Kayak Fiordland:** Sandy Brown Road, Te Anau, Tel. 03-249 7700, [fc] 0800 200 434, www.fiordlandseakayak.co.nz. 4–5 Std. Milford Sound 135 NZD, mit Transfer ab/bis Te Anau 165 NZD, auch Mehrtagestouren auf dem Doubtful Sound z. B. 2 Tage inkl. Transfer 399 NZD.

Jetboat auf dem Waiau River ▶ Luxmore Jet: Tel. 03-249 6951, [fc] 0800 253 826, www.luxmorejet.co.nz. Bis zum Lake Manapouri (Erw. ca. 100 NZD). Kombinationen Jetboat/Flightseeing im Wasserflugzeug ca. 240 –420 NZD.

›Unhurried‹ Excursion ▶ Trips 'n' Tramps: Tel. 03-249 7081, www.tripsandtramps.co.nz. Busexkursion zum Milford mit vielen Kurzwanderungen (Erw. ab 170 NZD) und Tageswanderung auf bekannten Tracks (ab 95 NZD).

Termine

Kepler Challenge 60 km Mountain Run: an einem Samstag Anfang Dezember hetzen maximal 400 Mountain-Jogger über den Kepler Track (Aktiv unterwegs S. 436), der aktuelle Rekord liegt bei 4 Std. 37 Min. 41 Sek., aufgestellt 2005: Teilnahme früh buchen bei Kepler Challenge Organising Committee, PO Box 11, Te Anau, Fax 03-249 9596, www.keplerchallenge.co.nz.

Verkehr

Busse: Intercity 1 x tgl. ab/bis Christchurch via Dunedin; **Great Sights/AwesomeNZ** Queenstown–Milford mit Zustieg Te Anau; **Tracknet** (Tel. 03-249 7777, [fc] 0800 4 TEANAU, www.tracknet.net) mehrere Abfahrten tgl. zu Start-/Zielpunkten der wichtigsten Tracks (s. Aktiv unterwegs S. 436) sowie überregionaler Linienverkehr u. a. 1 x tgl. Invercargill, bis 3 x tgl. Queenstown und Milford, im Sommer 1x tgl. Queenstown in Kombination mit TSS Earnskow via Walter Peak Station. Zu **Backpacker-Bussen** S. 461.

12 Fiordland National Park ▶ A–C 17–20

Der gesamte Südwesten der Südinsel bildet mit rund 12 500 km² Fläche den Fiordland National Park, Teil der noch größeren Te Wahipounamu – South West New Zealand World Heritage Area. Er schließt alle 14 Fjorde Neuseelands ein, umrahmt von bis zu 2700 m hohen Bergen, modelliert von Gletschern der letzten Eiszeit, die vor rund 15 000 Jahren endete. Die mehr als 1000 m dicken Eismassen kerbten in das Grundgestein U-förmige Täler, in die nach dem Rückzug des Eises das ansteigende Meer eindrang.

Dass sie fälschlich ›Sound‹ und im Süden ›Inlet‹ heißen, Begriffe, die Wasserstraßen und Meeresarmen ganz anderer Art zustehen, muss man als Kapriole der Namensgebung hinnehmen. Es sind Fjorde wie aus dem Lehrbuch. Wie ihre Vettern in der nördlichen Hemisphäre haben sie an der Mündung zum Meer eine Moränenschwelle und erreichen dort nur einen Teil der Wassertiefe wie im Fjordinneren.

So hat der Milford Sound am Dale Point die Schwelle in 80 m Tiefe, während Seekar-

Tipp: Achtung Didymo

Die Süßwassersysteme der Südinsel sind seit 2004 von der eingeschleppten Süßwasseralge ›Didymo‹ *(Didymosphenia geminata)* befallen, deren Spitzname ›Felsschnott‹ alles sagt. Sie überzieht Flussbetten mit glibbrigzähem Schleim. Betroffen ist u. a. der Waiau River bis Te Anau hinauf, wodurch das Fiordland extrem gefährdet ist. Um die Ausbreitung zu bremsen, bestenfalls zu stoppen, gelten im Fiordland National Park strenge Regeln für Wassersportler, Angeler und auch für Wanderer. Informieren Sie sich über den aktuellen Stand beim DOC und beachten Sie Einschränkungen und Verbote. Verstöße können mit Gefängnis bis zu 5 Jahren oder Geldstrafen bis 100 000 NZD geahndet werden. Infos: www.biosecurity.govt.nz/didymo

ten unterhalb des Mitre Peak Wassertiefen von gut 300 m anzeigen und sogar noch wenige hundert Meter vor dem Fjordende werden Tiefen von über 140 m erreicht. Ähnlich der Doubtful Sound: Im Inneren bis 430 m tief, an der Mündung gerade einmal 90 m. Und die Felswände über dem Wasser setzen sich fast überall nahtlos nach unten fort – es geht ohne sonderliche Uferzone in die Tiefe.

Regenwald und Tiefseekorallen

Auf der dem Meer zugewandten Seite des Fiordland gibt man Niederschlagsmengen besser in Metern – 6–9 m im Jahresschnitt – statt in Millimetern an. Was an Regen niederprasselt, sorgt überall, wo die Hänge nicht zu steil sind, für dichtes Grün in einem temperierten Regenwald voller Farn und Moos, Epiphyten und Lianen. Südbuchen – Silver Beach und Red Beach – dominieren. Dort wo der Boden in Tälern etwas mehr Halt gewährt, sind auch Podocarpaceen wie der Rimu vertreten. Meist ist der Boden aber nur eine dünne Schicht auf hartem Fels, über dem sich Pflanzenwurzeln ineinander verflochten haben. Immer wieder kommt es nach Starkregen oder während der Schneeschmelze zu regelrechten Baumlawinen, wenn irgendwo eine Gruppe den Halt verliert.

Speichern kann der Boden große Wassermassen nicht und so lässt jeder Schauer die Hänge aufleben, Wasserkaskaden stürzen hinunter. In allen Fjorden liegt eine mehrere Meter dicke Süßwasserschicht über dem schwereren Salzwasser. Sie ist durch ausgewaschene Pflanzenstoffe dunkel und lichtabsorbierend, ähnelt eher zu lange gebrühtem Tee als frischem Wasser. In der Folge spielt sich das Leben im Fjord weitgehend in den oberen 35–40 m des Salzwassers ab.

Gebannt schauen Taucher wie Wissenschaftler unter Wasser auf die Felswände mit ungewohnten Schwämmen, Muscheln, Seeanemonen, Seeigeln, Seesternen und Korallen. Darunter sind Arten wie die Rote und Schwarze Koralle, die man andernorts nur in Wassertiefen antrifft, in die Hobbytaucher niemals vordringen. Dabei spielt die Schwarze Koralle vor allem Laien einen Streich: Das schwarze Skelett, das ihr den Namen gibt, wird von weißen, anemonenähnlichen Kleinlebewesen überzogen und so sieht man sie immer weiß. Zwei Meeresreservate, darunter die ganze Nordseite des Milford Sound, helfen, dieses einzigartige Biotop zu schützen.

Einblicke in dieses Ökosystem kann man sogar trockenen Fußes erleben: Im **Milford Discovery Centre,** das in der Harrison Cove, einer geschützten Seitenbucht des Milford Sound, fest verankert liegt, steigt man in einem Stahlzylinder über 10 m unter den Meeresspiegel zum Unterwasserobservatorium **Milford Deep** hinab, vor dessen Fenstern hängende Unterwassergärten ungewohnte Tiefseeeindrücke gewähren (S. 444).

Ansonsten tummeln sich in den Fjorden Fellrobben und Delfine, an den Ufern Dickschnabel- und Zwergpinguine. Kleinere, kaum zugängliche Inseln, die frei von Räubern wie Ratten, Nerzen, Possums und Wieseln sind, entpuppen sich als wahre Archen für seltene Vogelarten. Chalky Island im gleichnamigen Inlet ganz im Süden des Fiordland ist eines der beiden verbliebenen Refugien des Eulenpapageis Kakapo (S. 16) auf dieser Erde. Weiter oben in den Bergen sind Keas zu Hause, die schelmischen Bergpapageien. An der Milford Road begegnet man ihnen häufig, denken Sie jedoch immer an die DOC-Regel: Don't feed the Kea.

Jade, Robbenfelle – und Touristen

So abgelegen das Fiordland erscheinen mag, Menschen hat es immer angelockt. Schon James Cook berichtete von Begegnungen mit Maori, die an den Fjorden *pounamu,* neuseeländischen Jade, und das sehr ähnliche *takiwai* fanden. Davon gibt es ein großes Lager an der Anita Bay in der Mündung des Milford Sound, den die Maori nach einem ausgestorbenen Vogel Piopiotahi nennen. Die meisten der bekannten Tracks der Gegenwart gehen auf Pfade aus präkolonialer Zeit zurück, über die die begehrten Steine ins Hinterland transportiert wurden.

Die ersten Weißen, die sich für die Region intensiv interessierten, waren Ende des 18. Jh. Wal- und Robbenjäger. Die wüteten entlang der Küste derart gnadenlos, dass es schon 1805 Versuche gab, die Fänge zu beschränken. Das blieb ohne Wirkung. In den 1820ern waren die Fellrobben im Fiordland annähernd ausgerottet, aber erst seit 1946

Blick in den Doubtful Sound vom Wilmot Pass

besteht ein generelles Jagdverbot. Die Bestände haben sich wieder etwas erholt. Einer der aktivsten Robbenfänger und Fellhändler war ein gewisser John Grono, der den Milford Sound nach dem walisischen Milford Haven in der Nähe seines Geburtsortes benannte, und wie beim Vorbild in Wales nannte er einen der Zuflüsse Claddau River.

Schon in den 1870er-Jahren wurde der Milford Touristenattraktion, Passagierdampfer mit reichen Globetrottern aus dem Empire drehten hier eine Runde, wenn sie von Australien kommend auf dem Weg nach Bluff oder Dunedin Neuseeland erreichten. Der Erste, der sich niederließ, war 1877 der Schotte Donald Sutherland. Eigentlich wollte er Gold suchen. 1880 entdeckte er auf einer seiner Erkundungstouren indes etwas, was ihm dauerhaft Einnahmen brachte und seinen Namen unsterblich werden ließ, jenen 580 m hohen Wasserfall, der viele Jahre als höchster der Welt angesehen wurde: **Sutherland Falls.** Inzwischen wird er je nach Messweise weltweit in diversen Aufstellungen zwischen Rang vier und sieben geführt und sogar im eigenen Land macht ihm **Browne Falls** an einem Seitenarm des Doubtful Sound den Rang der Nummer eins streitig, der wird mit 619 m angegeben, fällt aber nicht so lotrecht und braucht viel Regen, um sich überhaupt zu zeigen.

1888 war jener Wanderweg zum Wasserfall und weiter zum Lake Te Anau präpariert, der jetzt als **Milford Track** weltberühmt ist. Publikationen über die Sutherland Falls in aller Welt machten ihn und den Fjord bekannt, 1891 eröffnete Sutherlands Frau Elisabeth das erste Hotel am Milford, etwa dort, wo heute die Mitre Peak Lodge steht. Das ist zwar eine komfortable Unterkunft, aber wie in alten Zeiten ausschließlich Wanderern vorbehalten, die mit einer geführten Touren über den Milford Track kommen.

Verkehrsregelung im Homer Tunnel

Die Fahrt durch den Homer Tunnel regelt zwischen 9 und 18 Uhr eine Ampelanlage, die bis zu 15 Min. grün zeigt, solange Fahrzeuge in den Tunnel einfahren. Am Morgen gewährt sie lange Grünphasen Richtung Milford, am frühen Nachmittag Richtung Te Anau. Wer antizyklisch fährt, sieht im Extremfall 15 Min. rot! Vor 9 und ab 18 Uhr ist im Tunnel extra Vorsicht nötig, dann ist Gegenverkehr möglich. Für Begegnungen großer Fahrzeuge gibt es zwei *passing bays*.

World Heritage Highway Milford Road ► C 17/18

Als der Milford Sound Touristenziel wurde, wuchs der Wunsch, ihn über Land ohne beschwerliche Kletterpartien zugänglich zu machen. In der Rezession der 1930er-Jahre begann als staatliche Arbeitsplatzbeschaffungsmaßnahme der Bau der bis heute einzigen Straße im Fiordland. Zwar gab es schon 1940 einen Durchbruch, aber der Zweite Weltkrieg stoppte den Ausbau des nach wie vor sehr archaisch wirkenden **Homer Tunnel.** Erst seine offizielle Freigabe 1953 machte die Milford Road auf ganzer Länge befahrbar, 1992 wurde ihr letzter Kilometer asphaltiert. Trotz aller Bemühungen wird die Straße im Winter und Frühjahr immer wieder wegen Lawinengefahr gesperrt – Schneisen im Grün und von Schneeabgängen kahlrasierte, wie verbrannt wirkende Bäume sprechen eine deutliche Sprache.

Im Sommer ist die weitgehend zweispurig ausgebaute Straße jedoch ohne Probleme zu befahren, nur fühlt man sich oft von drängelnden Bussen gehetzt. An den wenigen einspurigen Passagen gibt es ausreichende Buchten für gefahrlose Begegnungen. Die reine Fahrzeit beträgt mit einem Pkw etwas über 2 Std. Um an den bekannten Stopps entlang der Strecke dem täglichen Konvoi der Touren-Busse zu entgehen, fährt man entweder ganz früh von Te Anau los oder erst nach dem Mittagessen. Für einen Ausflug ab/bis Te Anau inklusive Bootstrip sind ungefähr 7 Std. zu kalkulieren. Walks und Tracks (s. u.) von 5 Min. bis 3 Std. Dauer erschließen unterwegs Aussichtspunkte und Natureinblicke.

Das Sightseeing-Potenzial der 119 km zwischen Te Anau und Milford ist auf dem letzten Drittel zum Milford hin deutlich größer als auf den ersten zwei Dritteln, am besten kalkuliert man für beide Abschnitte etwa gleich viel Zeit. Hat man einen Termin z. B. für eine Bootstour, sollte man zwei Zeitfaktoren beachten: den Homer Tunnel (s. Kasten links) und die Entfernung zwischen Parkplätzen und Anleger in Milford.

Walks und Tracks an der Milford Road

So lange die Milford Road dem Ostufer des Lake Te Anau folgt, erscheint über dem See ein imposantes Bergpanorama, die höchsten Gipfel kratzen an der 1900er-Marke. Rechts und links der Straße dominiert auf den ersten 40–50 km Buschland, in dem heimischer Manuka und importierter Ginster um die Vorherrschaft ringen. Vor allem im Frühsommer zeigt sich, wie sehr sich in dieser Region die Lupinen ausgebreitet haben, riesige Flächen werden zu einem Blütenmeer in allen Schattierungen der Farbe Lila.

Mit der Einfahrt in das **Eglinton Valley** gut 45 km nördlich von Te Anau erreicht man den **Fiordland National Park.** Der Wald wird dichter. Da könnte man die **Mirror Lakes** mit ihren Wasserspiegelungen leicht übersehen, aber der breite Parkstreifen an der Straße sorgt dafür, dass man aufmerksam wird. Am Südende des **Lake Gunn** (30–45 Min.) führt ein Lehrpfad durch einen von Moosen und Farnen bewachsenen Zauberwald voller seltener Vögel. An der Wasserscheide **The Divide** erreicht die Straße den mit 532 m niedrigsten Pass über den Hauptkamm der Südalpen. Eine Schutzhütte, The Divide Shelter, markiert den westlichen Endpunkt der Tracks ab/bis Glenorchy; alle Tracktransfer- und Linienbusse halten hier (S. 437).

Kondition und gut 3 Std. fordert der **Key Summit Track,** ein alpiner Naturlehrpfad mit traumhaften Aussichten, der ein Stück dem Routeburn Track in die Berge folgt. Gleich nach The Divide blickt man von **Pops View** auf das immergrüne Walddach des **Hollyford Valley.** Die 16 km lange Hollyford Road zum Startpunkt des Hollyford Track lockt zu einem Abstecher, selbst mit kleinem Zeitbudget kann man sich einen Blick auf die **Lake Marian Falls** (20 Min.) leisten, die in Kaskaden durch den Regenwald sprudeln; der Startpunkt des Walks ist knapp einen Kilometer die Nebenstraße hinunter.

Die Milford Road krabbelt indes wieder bis auf über 900 m in die Berge hinauf, im Norden der Straße ragen in den Darran Mountains die mit knapp über 2700 m höchsten Gipfel des Fiordlands auf. Irgendwann sieht man nur noch eine scheinbar unbezwingbare Felswand vor sich, zum Glück hat sie unten ein kleines Loch, den **Homer Tunnel,** inklusive Lawinenschutz an den Portalen 1270 m lang, unbeleuchtet und tropfend. Wer in Europa Reiserouten nach den Ergebnissen von Sicherheitstests in Tunneln auswählt, ist hier fehl am Platze. Der kurze Naturpfad nördlich des Ostportals stellt die alpine Vegetation vor, insbesondere im Frühsommer beeindruckend.

Nach Westen beginnt schon im Tunnel der Abstieg mit einem Gefälle von 1:10, anschließend hetzt die Straße in Serpentinen zum Fjord hinunter. Der **Chasm Walk** (20–30 Min.) erschließt eine vom Cleddau River in den Fels modellierte, geradezu skulpturenartige Klamm. In Milford angekommen, darf man den leicht zu gehenden **Piopiotahi Foreshore Walk** (15–30 Min.) nicht missen, der vom Parkplatz am Blue Duck Café zum Fjordufer hinunterführt und beste Aussichten auf Mitre Preak und das Bootsgewusel auf dem Wasser verschafft.

Milford Sound ▶ C 17

Der kompakte, enge Milford Sound ist Neuseelands bekanntester Fjord. Die meisten Besucher rollen mit Tourenbussen direkt am **Milford Sound Visitor Centre** vor, dem Terminal für die Ausflugsschiffe, der oft an einer Pendlerbahnhof zur Rushhour erinnert. Ununterbrochen legen Boote ab, die ersten gegen 9, die letzten, die die ganze Nacht draußen bleiben, gegen 16.30 Uhr. Die Boote für den schnellen Blick sind nach knapp 1,5 Std. zurück, andere bleiben bis zu 2,5 Std. auf dem Wasser. Von hier erreicht man auch das 2010 neu gestaltete **Milford Discovery Centre** in der Harrison Cove. Neben Tiefseeerlebnissen im Unterwasserobservatorium **Milford Deep** (S. 440) zeigt eine Ausstellung Naturgeschichte, Geologie und Anfänge des Tourismus im Fiordland. Bei den meisten großen Bootsexkursion kann man sich kurz vor Ende des Ausflugs am Discovery Centre absetzen lassen (+ 36 NZD) und kommt später mit einem Shuttle zum Terminal zurück oder man fährt ausschließlich zum Center (Milford Discovery Pass, 3 x tgl. ca. 90 Min., 54 NZD).

Je nachdem, ob man den Übergang zur offenen See am Dale Point oder am Leuchtturm auf St Anne Point ansetzt, ist der Fjord 12 bzw. 16 km lang. Bis Dale Point säumen ihn die spektakulärsten Felswände, über die Wasserfälle mal herabdonnern, mal ziselieren. Gern steuern Kapitäne die Ausflugsboote unter die 155 m hohen **Sterling Falls,** bis sein Wasser aufs Deck prasselt. Die Sterling Falls gehören zu den permanenten Wasserfällen am Fjord, ebenso die 160 m hohen **Bowen Falls** gleich neben dem Bootsterminal.

Regen oder Wind

Als Wahrzeichen des Milford ragt der 1692 m hohe **Mitre Peak** – so genannt wegen seiner Ähnlichkeit mit einem Bischofshut – gegenüber dem Milford Visitor Centre in den oft verhangenen Himmel. Der Regen sorgt im Zusammenspiel mit der selten ganz verschwundenen Sonne immer wieder für Regenbögen über dieser Szenerie, außerdem vertreibt er einige der Myriaden penetranter *sandflies,* die dieses Paradies zur Hölle machen können. Die Quälgeister, über die schon Entdecker Cook klagte, gehören untrennbar zum Fiordland und wenn Sie dies ohne Insektenschutz prüfen wollen, haben Sie die ersten Stiche nach wenigen Minuten sicher – präparieren Sie sich am besten im Auto oder Bus (auch wenn die Busfahrer das hassen!)

Übrigens hat knallende Sonne für das Mikroklima im Fjord ebenfalls einen Anti-Sandfly-Effekt: Sie erzeugt Wind, den die Blutsauger auch nicht mögen. Die Sonne heizt die gigantischen Felswände so auf, dass die sich daran erwärmende Luft der Physik folgend nach oben steigt. Dieser Kamineffekt entfacht in den engsten Passagen des Fjords einen gewaltigen Luftsog. Fährt man an einem solchen Tag durch den Milford, kann man sich auf Deck der Ausflugsboote kaum gegen den Wind halten und plötzlich, wenn das Boot zur obligatorischen Schleife auf die offene Tasman Sea hinausfährt, verschwindet er von einem Augenblick auf den anderen. Dafür kommen dann jedoch die Sandflies wieder!

Infos

www.milfordroad.co.nz: Hinweise zur Befahrbarkeit der Milford Road; im Winter und Frühjahr wg. Lawinengefahr unbedingt abfragen. Dann kann es am Milford Road Information Kiosk ca. 9 km nördl. Te Anau zu Kontollen kommen, ob Fahrzeuge ausreichend ausgerüstet sind, z.B. mit Schneeketten.

i-SITEs und **DOC Visitor Centre** der Region halten ein Faltblatt zur The Milford Road bereit mit Hinweisen auf Walks und Tracks am Rande.

Autofahrer sollten in Te Anau volltanken, es gibt sonst nur teure **Notfalltankstellen** in Milford am Blue Duck Café (s. u.) und im Hollyford Valley (dort kein Diesel).

Beachten Sie, dass entlang der Milford Rd keine Netzdeckung für Mobiltelefone besteht, ein **Notruftelefon** gibt es am Homer Tunnel!

Übernachten

Schlichter BBH-Backpacker mit Monopolstellung ▶ Milford Sound Lodge: Tel./Fax 03-249 8071, www.milfordlodge.com. Auch Campingareal. Zelt- und Camper-Stellplätze ab 36, Betten ab 27, DZ ab 79 NZD.

Campen an der Milford Road ▶ DOC Campsites: Zehn einfache Campingplätze ohne Stromversorgung, 5,10 NZD/Erw. sind in aufgestellten Boxen zu zahlen; außerhalb dieser Plätze ist Campen entlang der Straße verboten!

Essen & Trinken, Abends & Nachts

Cafeteria am Tag, Bar am Abend ▶ Blue Duck Café & Bar: im Komplex der Mitre

Tipp: Kreuzen durch die Nacht

Auf einer Overnight Cruise schlägt man gleich mehrere *sandflies* mit einer Klappe: Man erlebt zwei der imposantesten Fjorde unserer Erde, den Doubtful oder den Milford Sound, ganz intensiv u. a. beim Seakayaking oder bei einer Ufer-Exkursion mit Tender-Booten. Man spart zudem eine Übernachtung, bekommt vom Nachmittagskaffee bis zum Frühstück gute, deftige Mahlzeiten und man kann die Milford Rd antizyklisch befahren (S. 442). Und ganz wichtig: Selbst an Regentagen klart es in den Fjorden zum Abend hin oft auf – Badezeug nie vergessen! – und auch am frühen Morgen ist das Wetter meist besser als über Tag. Nachts gehen die Schiffe in geschützten Buchten vor Anker und stoppen die Maschinen, dann kann man grandiose Sternenhimmel ohne ›Lichtsmog‹ erleben.

Auf dem Milford Sound bietet die **Milford Wanderer** 40 Betten in Zweibettkabinen im Backpacker-Stil (Okt. bis April tgl. 16.30–9.30 Uhr, 240 NZD/Pers., am Rande der Hauptsaison oft Rabatte). Die **Milford Mariner** spricht mit komfortablen Doppel- und Familienkabinen (Sept.–Mai je nach Sasion 360–515 NZD/Pers.) eher Paare und distinguiertere Urlauber an. Auf dem Doubtful Sound kreuzt die **Fiordland Navigator** von Sept. bis Mai mit gemischtem Publikum, für cas 18 Komfortkabinen (ca. 12–12 Uhr; je nach Saison ca. 520–745 NZD/Pers. inkl. Transfer ab Manapouri) und 36 Kojen in Vierbett-Nischen (275–395 NZD/Pers.) zur Verfügung stehen.

Die Schiffe, die auch Segel setzen können, bieten viel Platz in Gemeinschaftsräumen und haben immer Nature Guides an Bord, die die Natur in den Fjorden und an ihren Ufern erklären. Im neuseeländischen Winter von Mai bis September, wenn das Klima im Fiordland kalte, aber klare und sonnige Tage mit wenig Niederschlag bringt, kreuzt die Milford Wanderer auf 5- bis 7-tägigen Naturerkundungs-Kreuzfahrten, Discovery Cruises, mit maximal 34 Gästen durch sonst kaum zugängliche Fjorde oder durch die Gewässer um Stewart Island mit täglichen Landgängen (ca. 1850–2450 NZD/Pers. in Doppelkabine).

Alle genannten Übernacht-Kreuzfahrten werden von Real Journeys (www.realjourneys.co.nz; Buchungsbüros s. Queenstown, Te Anau und Manapouri) durchgeführt und sind auch mit Bus-Transfer ab/bis Queenstown oder Te Anau buchbar. Kinder zahlen von den genannten Preisen 50 %, jedoch sind Kleinkinder in Sammelkabinen nicht zugelassen.

Die Milford Mariner vor der Einfahrt in den Milford Sound

Peak Lodge direkt am Parkplatz; ganzjährig! Ca. 9–16 Uhr ordentliche Kantinenküche mit Frühstück und Kleinigkeiten, ab 16 Uhr Bar & Restaurant mit Bar-food-Dinner und ab 21 Uhr Kneipenatmosphäre für Touristen und Saisonkräfte.

Lunch-Angebote auf den Ausflugsschiffen: Buffet oder diverse Lunchpakete für europäische wie asiatische Geschmäcker schlagen mit 16–30 NZD zu Buche, müssen aber vorbestellt werden.

Aktiv

Bootstouren ▶ Reine Sightseeing-Touren ca. 90–105 Min., Touren mit Schwerpunkt auf Naturbeobachtung ca. 120–180 Min. Je nach Abfahrtzeit – morgens/abends billiger als mittags – und Dauer ca. 65–92 NZD.

Bootsterminal mit Schalter aller Anbieter am Ende Milford Rd im **Milford Sound Visitor Centre.** Parkplätze ca. 10 Min. Fußweg vor dem Terminal!

Mit relativ übersichtlichen kleinen Booten fahren **Mitre Peak Cruises** (Tel. [fc] 0800 744 633, www.mitrepeak.com) und **Cruize Milford** (Tel. [fc] 0800 500 121, www.cruizemil ford.co.nz). **Real Journeys** (u. a. Queenstown S. 429, Te Anau S. 435) bietet neben klassischen Sightseeing-Fahrten auf großen Boten auch naturbetonte Touren mit Naturguides an Bord kleinerer Schiffe sowie Minikreuzfahrten mit Übernachtung (s. Tipp S. 445). Alle Bootstouren sind inkl. Bus- oder Fluganreise ab Queenstown oder Te Anau buchbar.

Flightseeing ▶ Maschinen, die von auswärts kommend auf dem Milford-Flughafen landen, bieten in der Zeit, in der ihre Gäste auf Bootsexkursion sind, kurze Flüge über den Fjord; den besten Überblick, wer gerade ›vor Ort‹ ist, hat der **Booking Desk** (Tel. 03-249 7931) im Blue Duck Café (s. o.).

Kreuzen und Tauchen ▶ **Tawaki Dive:** Tel. [fc] 0800 TAWAKI, www.tawakidive.co.nz, 4 Std. Kreuzen auf dem Milford Sound mit 2 Tauchgängen, ca. 160 NZD, Miet-Ausrüstung 100 NZD, schnorcheln oder nur zusehen 99 NZD; Transfer ab Te Anau optional +35 NZD.

Doubtful Sound ▶ B 18

Ein Ausflug zum **Doubtful Sound,** mit 40 km Länge immerhin der zweitgrößte Fjord nach dem Dusky Sound, ist keine Ergänzung, sondern echte Alternative zum Besuch des Milford Sound, für Naturliebhaber vielleicht sogar die bessere Wahl. Der Doubtful wirkt zwar auf den ersten Blick weniger spektakulär als der Milford, ist aber mit seinen Seitenarmen so verzweigt, dass seine Wasseroberfläche die des ›Konkurrenten‹ im Norden fast um das Zehnfache übertrifft. Und die höchsten Gipfel ragen über dem Südufer immerhin auch bis auf fast 1700 m auf. Zudem ist er bei näherem Hinsehen abwechslungsreicher: Steilklippen, Inseln, eine Schäre mit Robbenkolonie und kaum eine Fahrt, bei der nicht Große Tümmler, eine der größten Delfinarten in den Weltmeeren, die Schiffe begleiten und irrwitzige Luftakrobatik zeigen – im Doubtful Sound lebt eine Schule von etwa 60 Tieren permanent.

Als Captain Cook 1770 das Fiordland besuchte, bezweifelte er, mit seiner Endeavour in den schmalen Kanälen, mit denen sich der Fjord zum Meer hin zeigt, manövrieren zu können – Cook segelte weiter, aber der Name Doubtful Sound war kreiert. So konnte Don Felipe Bauza, Kartograph eines spanischen Expeditionsschiffes, ein Vierteljahrhundert später ins Detail gehen und im Doubtful so viele Namen spanischer Herkunft vergeben, wie sonst nirgendwo in Neuseeland. Die Insel in der Mündung des Fjords, um die die Ausflugsschiffe regelmäßig herumfahren, trägt seinen Namen, Bauza Island.

Lake Manapouri ▶ B/C 18

Doubtful Sound Exkursionen bestehen immer aus zwei Bootsfahrten. Die erste Etappe vom Anleger Pearl Harbour in **Manapouri** führt quer über den **Lake Manapouri** – für viele Kiwis der schönste Alpensee ihrer Heimat. Er ist gleichzeitig Reservoir für das 850-MW-Wasserkraftwerk **Manapouri Power Station**, das vor allem die Aluminiumhütte im 160 km entfernten Bluff (S. 451) mit Strom versorgt.

Zur Energiegewinnung wird das Gefälle von 178 m zwischen dem Wasserspiegel des

Sees und dem des Fjords genutzt. Von außen sieht man nur eine Umspannstation und Überlandkabel, während die Turbinenhalle, Herzstück des Kraftwerks, sich im Berg in einer künstlichen, 2000 m^2 großen und fast 40 m hohen Höhle versteckt, erreichbar durch einen 2 km langen Versorgungstunnel, in dem bequem Busse in die Tiefe fahren können. Sind die Wassermassen durch die sieben Turbinen geschossen, fließen sie bei Deep Cove, nicht weit vom Anleger der Ausflugsboote, in den Doubtful Sound. Als Abfluss dienen zwei 10 km lange Tunnelröhren, von denen die zweite erst zwischen 1998 und 2002 gebohrt wurde. Das steigerte die Leistung des Kraftwerks um rund 150 MW ohne sichtbare Folgen an der Oberfläche.

Um- und Ausbauten am Manapouri-Kraftwerk sind nämlich ein höchst sensibles Thema: Massive Proteste verhinderten in der ersten Bauphase 1963–71 größere Eingriffe in die Natur. Geplant war, den Wasserspiegel des Lake Manapouri soweit anzuheben, dass er mit dem Lake Te Anau zusammengeflossen wäre. Die Petition zur Rettung des Lake Manapouri, die 264 907 Menschen unterzeichneten, gilt als Geburtsurkunde der grünen Bewegung in Neuseeland. Heute kontrollieren nur kleinere Wehre den Wasserstand beider Seen. Das größte Opfer wurde dem Waiau River abverlangt, früher einer der mächtigsten Flüsse im Lande. Seit sein Wasser den Weg durch die Turbinen nimmt, fließen nicht mehr 440 m^3/Sek. durch sein Bett Richtung Südküste, sondern gerade einmal 12–16 m^3/Sek. und das auch nur, weil die Anwohner des unteren Flusslaufs auf die Barrikaden gingen, um ein Mindestmass an Leben im Fluss zu erhalten.

Besichtigungen des Kraftwerks sind bei Tagesexkursionen zum Doubtful Sound inklusive. Ohne das Kraftwerk wären die Exkursionen kaum denkbar: Für die Fahrt vom See zum Fjord hinunter nutzen die Busse eine in der Bauphase angelegte 20 km lange Piste über den 670 m hohen **Wilmot Pass.** Es ist eine der steilsten Pisten, die von Tourenbussen im Lande befahren werden, und als sie entstand, war sie wegen des schwierigen Terrains eine der teuersten, selbst wenn man es ihr heute nicht mehr unbedingt ansehen kann.

Infos, Aktiv

Real Journeys Visitor Centre: Pearl Harbour, Manapouri, Tel. 03-249 6602, [fc] 0800 65 65 02, www.realjourneys.co.nz, Info- und Buchungsbüro mit umfangreichem Ausflugsprogramm; Exkursionen auf Lake Manapouri und im Doubtful Sound: Lake Manapouri + Kraftwerk + Doubtful Sound, 8 Std., Erw. 295, Kinder 65 NZD, Lunchpakete basic oder üppig (17/25 NZD) müssen vorbestellt werden, sonst an Bord nur Kioskware! Lake Manapouri + Doubtful Sound mit 20-Gäste-Yacht inkl. Lunch ca. 9,5 Std 275/137,50 NZD; Lake Manapouri + Kraftwerksbesichtigung 4 Std., 71/22 NZD. Langzeitparkplätze für Gäste der Overnight-Cruises (s. Tipp S. 445) sind vorhanden.

Übernachten

Zwischen old-fashioned und skurril ►
Manapouri Motels & Holiday Camp: 50 Manapouri – Te Anau Rd, Manapouri, Tel 03-249 6624, www.manapourimotels.co.nz. Etwas Schweiz, etwas Neuseeland, etwas Museum, etwas Holiday Park! Kaum eine Hütte gleicht einer anderen – nur der Blick auf Lake Manapouri ist immer super: Stellplätze ab 32, Hütten 55–65, Apartments 95–125 NZD.

Viel, viel mehr als ein (BBH-)Backpacker ►
Freestone Backpackers: 270 Hillside Road, Manapouri, Tel. 03 249 6893, www.freestone.co.nz. Ein Hüttendorf mit kleinen, kuscheligen Einheiten für 2 bis 4 Personen (ab 60 NZD, mit Bad 75 NZD), eine Backpacker-Lodge (Bett ab 30 NZD) und ein Luxus-Zimmer (ab 120 NZD), wie man es selten in Hotels findet, denn welches Hotel hat schon soooooolch eine Aussicht! Und das Besitzerpaar ist auch einmalig: Jimmy, ein Durch-und-durch-Kiwi und Kerstin, die Frau am Klavier, die irgendwann einmal aus Deutschland kam, hier blieb und allem ihre klassisch, musikalische Note gibt – ein Ort für viel, viel mehr als eine Nacht!

Southland – der Süden der Südinsel

Fette Weiden sind charakteristisch für das Innere des Southland, einsam und archaisch hingegen die Küstenregionen im Westen wie im Osten. Die Southland-Metropole Invercargill bemüht sich redlich, ein provinzielles Image abzustreifen. Vor der Küste wird das Naturparadies Stewart Island immer besser für Besucher erschlossen.

Das Southland ist Bauernland, Viehzucht – Pferde, Rinder, Rotwild, Schafe – spielt eine wichtige Rolle. Die hügelige Landschaft zählt sicher nicht zum Spektakulärsten, was Neuseeland bietet und das Wetter muss man nehmen wie es kommt. Statistisch hängen über keiner Stadt des Landes so oft Wolken wie über Invercargill. Soll man also ins Southland fahren? Muss man die Catlins gesehen haben? Muss man auf Neuseelands ›dritter Hauptinsel‹ Stewart Island gewesen sein? Kein Zweifel, das Southland hat eine besondere, herzliche Atmosphäre – wem der Rummel von Queenstown ein Grauen ist, der wird die Catlins lieben und Stewart Island als Paradies empfinden. Auf keinen Fall aber ist das Southland eine Landschaft, die allein beim Blick aus dem fahrenden Auto fasziniert.

Wer mit einem Zeitbudget von weniger als 21 Tagen auf Neuseelandreise ist, sollte auf diesen Landesteil verzichten und lieber den direkten Seitenwechsel zwischen Te Anau im Fiordland und Dunedin an der Ostküste wählen: Die 290 km über Gore sind in gut 4 Std. zu schaffen und lassen sich mit einem Abstecher zum Nugget Point (S. 459) zu einer schönen Tagesetappe ausdehnen.

Entscheidet man sich für ein intensiveres Kennenlernen des Southland, dann bietet sich die überall gut ausgeschilderte **Southern Scenic Route** an. Die 612 km lange Themen-Route mit hohem Sightseeing-Faktor legt sich um das Southland von Queenstown via Te Anau und Invercargill sowie durch die Catlins bis Dunedin. Sie wird oft als Küstenstraße angesehen, hat aber nur selten direkten Kontakt zum Meer. Broschüren zur Southern Scenic Route gibt es in allen i-Büros, Infos online auf www.southernscenicroute.co.nz und auf der Southland-Homepage www.southland.org.nz.

Zwischen Te Anau und Invercargill ► C 18–D 21

Eilige nehmen zwischen Te Anau und Invercargill die Inlandroute via Lumsden (SH94/SH6). Die Southern Scenic Route via Manapuri, Tuatapere und Riverton (SH99) ist kaum länger, weniger befahren, bietet aber deutlich schönere Landschaftsimpressionen. Von Te Anau bis zur Küste bieten sich immer wieder Blicke auf das Bergpanorama des Fiordland, das hier aber nicht so gewaltig wirkt wie im Norden um den Milford.

In **Clifden** quert die Route den Waiau River auf einer neuen Straßenbrücke, die ältere, eine Hängebrücke von 1899, steht sorgfältig restauriert ein paar Meter flussaufwärts. Schautafeln dokumentieren, wie drastisch das Manapouri-Kraftwerk dem Fluss Wasser abzapft. Ein paar hundert Meter südlich der Brücken zweigt eine nur zum Teil asphaltierte Nebenstraße ab, die sich gut 30 km in den Fiordland National Park hineinschlängelt zum Bergsee **Lake Hauroko.** Zu den abenteuerlichsten Jetboot-Fahrten im Land gehört der

Trip über diesen 463 m tiefen See und den ›steilsten‹ Jetboot-Fluss Neuseelands zum Meer hinunter: Der **Wairaurahiri River** überwindet fast 200 Höhenmeter auf knapp 27 km – da schnellt der Strom auf langen Abschnitten in Klasse 3. Unterwegs sind Stopps zum ›Abkühlen‹ der Nerven üblich, 6–7 Stunden sollte man für Tal- und Bergfahrt kalkulieren, Lunch oder BBQ je nach Anbieter eingeschlossen (ca. 220 NZD): Hump Ridge Jet, Tel. [fc] 0800 270 556, www.wildernessjet.co.nz. Wairaurahiri Jet, Tel. [fc] 0800 376 174, www.wjet.co.nz. Bei beiden sind Kombinationen mit Übernachtung an der Küste oder Wanderungen auf Abschnitten des Hump Ridge Track inkl. Helikopter-Flug möglich.

Tuatapere und seine Tracks

In Tuatapere lebten die Menschen Jahrzehnte vom Holzfällen. Seit es seltener Kahlschlaglizenzen gibt, soll Tourismus neue Einnahmen bringen. Man setzt auf Trekking mit Style. Sogar wenn Sie laufen wollen, Ihr Partner aber lieber lesen und faulenzen möchte, ist das möglich: Sie wandern in drei Etappen die 55 km des **Tuatapere Hump Ridge Track,** und Ihre Begleitung wird im Helikopter, der auch das Gepäck transportiert, von Hütte zu Hütte geflogen. Der Track führt mit dem Südpazifik und Stewart Island im Rücken vom Meer auf fast 1000 m in die Hump Ridge-Berge hinauf, in eine subalpine Welt. Am zweiten Tag geht es wieder hinunter in den dichten Küstenwald.

Dort verlaufen DOC-Tracks entlang der Küste, zum Teil über die Trasse einer Werkbahn, mit der ab 1923 Holz zur Verschiffung aus schwer zugänglichen Abschnitten der Küste geholt wurde. Einbrechende Holzpreise setzten dem Geschäft bald ein Ende. Die Pleite bewahrte ein komplexes Urwaldgebiet mit uraltem Baumbestand, den **Waitutu Forest,** vor dem Kahlschlag. Zu den Relikten der Zeit gehören u. a. Querungen enger Bachtäler wie das **Percy Burn Viaduct,** die größte hölzerne Stelzenbrücke der Welt. In **Port Craig Village,** dem alten Holzarbeitercamp am ehemaligen Verladepier übernachten heute Wanderer.

Für den Tuatapere Hump Ridge Track gibt es verschiedenste Optionen für 3–4 Tage von ›allein gehen und selbst tragen‹ (ab 130 NZD) bis zu geführten All-inclusive-Wanderungen inkl. Gepäcktransfer, Vollverpflegung und komfortabler Unterbringung (4 Tage ab 1395 NZD; Hump Ridge Track, Tel. [fc] 0800 HUMP RIDGE, www.humpridgetrack.co.nz).

Entlang der Südküste

McCracken's Rest Lookout direkt am SH99 bietet beste Aussichten auf die 27 km breite **Te Waewae Bay** und die vorgelagerten Inseln, eine große Schautafel erklärt die Details. Wenn die See nicht zu rau ist, kann man Delfine oder sogar Wale ausmachen.

Riverton ist als regionaler Badeort populär, pittoresk an einer Flussmündung gelegen. Es ist eine kleine Hochburg der Souvenirindustrie, vor allem Schalen der Paua werden hier verarbeitet. **Fiordland Souvenirs** verspricht im Fabrikverkauf Schnäppchen (35 Bath Rd, www.paua.net.nz) und an der Hauptstraße, der Palmerston St, sind der **NZ Gift Shop** (Nr. 166), **Ocean Shell** (Nr. 164) und der **Riverton Paua Shoppe** (Nr. 134) nicht zu übersehen. An der Straße liegt auch das neue Heritage Centre **Te Hikoi – Southern Journey** (Nr. 172, Tel. 03-234 8260, www.tehikoi.co.nz), eine moderne, gelungene Form, die Vergangenheit des Südens, insbesondere seine Besiedlung durch Maori wie Pakeha zu dokumentieren.

Infos

Tuatapere Information Centre: 31 Orawia Rd, Tuatapere. Tel. 03-226 6739, Fax 03-226 6074. i-Büro im **Bushmans Museum** inkl. Ausstellung zum früheren Leben im *bush,* auch Buchungsbüro für Tuatapere Hump Ridge Track. Organisation von Track-Transfers für Tuatapere Hump Ridge Track, Waitutu Track, Dusky Track u.s.w.

Riverton Visitor Information Centre: im Te-Hikoi Centre (s. o.).

Übernachten

Traditionelles Kleinstadthotel seit 1909 ►

Waiau Hotel: 49 Main St, Tuatapere, Tel. 03-

226 6409, www.waiauhotel.co.nz. Die Bar ist auch bei den *locals* populär. DZ ab 100 NZD inkl. deftigem Frühstück.

BBH-Backpacker ▶ Dustez Bak Paka's: 15 Colac Bay Rd, Colac Bay, Riverton, Tel. 03-234 8399, www.dustezbakpakas.co.nz. Neben der urigen Colac Bay Tavern and Dusty's Bar. Auf dem überdachten Hof zwischen beiden Zimmertrakten hat man sogar bei schlechtem Wetter Schutz. Betten im Mehrbettzimmer ab 26, DZ ab 52 NZD. Auch Camping möglich, Stellplätze ab 29 NZD.

Aktiv

Geführte Wanderungen ▶ Kiwi Wilderness Walks/Hike South: Tel. (mobil) 021 359 592, [fc] 0800 SEE KIWIS, www.hikesouth.com. Tracks an der Südküste mit Lodge-Übernachtungen und Jetboot-Transfer über Wairaurahiri River (4 Tage, ab ca. 1795 NZD), Dusky Track geführt (5 Tage Boot *in,* Heli *out* ca. 2000 NZD), auch Waitutu- und Dusky-Pakete für Individualwanderer nur mit Transfers und Hütten sowie Touren auf Stewart Island (S. 457).

Verkehr

Scenic Shuttle (Tel. 03-249 7654, [fc] 0800 277 483, www.scenicshuttle.co.nz) Te Anau 1–2 x tgl. Te Anau – Invercargill via Southern Scenic Route. **Transfers** für Hump Rridge und Waitutu Track organisiert Tuatapere Information Centre (s. S. 449).

Invercargill und Bluff

Schon beim ersten Blick auf eine Neuseelandkarte sieht man, dass Invercargill die südlichste Stadt des Landes ist, aber nicht sofort nimmt man wahr, dass es auch die westlichste ist. Diese Position spielte für die wirtschaftliche Entwicklung eine Rolle, denn Invercargill und der Tiefseehafen von Bluff liegen Australien so nah wie keine andere Stadt Neuseelands. So war hier lange ein wichtiger Anlaufpunkt der Trans-Tasman-Schifffahrt und der Standort der Aluminiumhütte am Tiwai Point bei Bluff, wo australisches Bauxit mit neuseeländischer Energie aus dem Manapouri-Kraftwerk (S. 447) verarbeitet wird, trägt dieser Lage ebenfalls Rechnung.

Invercargill – alles für's ›car‹

▶ B/C 18

Invercargill wirkt größer, als man von einer 50 000-Einwohner-Stadt erwartet. Durch Vieh- und Wollhandel reich geworden, ließen die Stadtväter ab 1856 ihre Stadt nach amerikanischen Vorbildern anlegen. Spätere Generationen stellten koloniale Pracht an die breiten Hauptstraßen: klassizistische Säulenportale und Denkmäler, Kirchen im Stil von Romanik und Gotik sowie ein Stadttheater an der Tay Street im Renaissance-Outfit. Der **Invercargill Heritage Trail** (Plan im i-SITE) bietet dazu einen Rundfahrt-Führer.

Ein Fahrzeug ist hilfreich! Vielleicht liegt es am ›car‹ im Namen, dass der Ort so autogerecht ist, während Fußgänger sich die Füße platt laufen.Über fast einen Quadratkilometer breitet sich der **Queens Park** aus, Invercargills ›innerstädtische‹ Grünanlage mit verschiedenen Themengärten und voller Sportstätten für Golf bis Squash.

Auf der zum Zentrum gewandten Südseite des Parks findet sich unter dem Dach einer modernen, 27 m hohen weißen Pyramide das **i-SITE** sowie das **Southland Museum & Art Gallery.** Maori-Kultur und Siedlungsgeschichte, regionale Kunst, Besonderheiten der Natur sowie die Inseln zwischen Neuseeland und der Antarktis sind Themenschwerpunkte, richtig berühmt ist jedoch das Tuatara House, in dem über 50 Exemplare der vom Aussterben bedrohten Brückenechsen leben und in einem Zuchtprogramm für den Fortbestand ihrer Art sorgen (108 Gala St, Queens Park, Tel. 03-219 9069, www.southlandmuseum.com, Mo–Fr 9–17, Sa/So 10–17 Uhr, gratis). Und übersehen Sie das **Artwork Café** in der Pyramide nicht, es ist besser als die meisten anderen in der Stadt.

Neuseeländische Kunst aller Epochen sammelt die städtische **Anderson Park Art Gallery,** die eine herrschaftliche Villa aus den 1920ern in einem nördlichen Vorort füllt und traditionell im Oktober mit einer Frühjahrsausstellung Furore macht (91 McIvor Rd, Tel. 03-215 7432, tgl. 10.30–17 Uhr, gratis).

Helden für's Image

Trotz gezeigter Größe, innovativer Kraft und politischer Regionalförderung – es gibt sogar eine junge Hochschule, das **Southern Institute of Technology** – hängt der Stadt ein provinzielles Image an. Nicht unschuldig daran ist Rolling Stones-Gitarrist Keith Richards. Er schmähte Invercargill als »the arsehole of the world«, wo »man sein Bett um fünf Uhr nachmittags auf die Straße stellen kann und von nichts gestört wird«. Die Stones hatten wirklich Anfang 1965 einen Gig in Invercargill, gut ein halbes Jahr vor ihrem ersten Welthit ›Satisfaction‹.

Da war es gut für das Selbstbewusstsein, dass 2005 der Film ›The World's Fastest Indian‹ (dt. ›Mit Herz und Hand‹ S. 49) einem Mann aus der Stadt ein cineastisches Denkmal setzte, der Mitte der 1960er seine größte Zeit hatte. Burt Munro (1899–1978), ein knorriger Southlander, den Superstar Anthony Hopkins spielt, bricht 1962 schon im Rentenalter von Invercargill zu den Salzseen von Utah auf, um mit seiner frisierten Indian Geschwindigkeitsweltrekorde zu fahren, einige bestehen bis heute. Sein Trainingsgelände war der kilometerlange **Oreti Beach** westlich von Invercargill. Noch mit 76 Jahren stellte Munro dort einen neuseeländischen Strand-Rekord mit 218 km/h auf.

Einen Mann, im nahen Riverton geboren, reklamiert Invercargill auch als Sohn der Stadt und hat nach ihm die Journalistenschule ihres **Southern Institute of Technology** benannt, die Peter Arnett School of Journalism. Peter Arnett wurde durch seine CNN-Berichte aus dem unter US-Beschuss liegenden Bagdad und durch seine kritische Haltung gegen die gesteuerte Erfolgsberichterstattung der US-Militärs weltbekannt.

Bluff ► B/C 18

Bluff, 30 km südlich von Invercargill, präsentiert sich touristisch als südlicher Endpunkt des State Highway 1. Und wie am 1401 km entfernten Gegenpol Cape Reinga (S. 148) steht auch in Bluff am **Stirling Point** ein Mast mit Hinweisschildern in alle Welt. Wohl gemerkt: Der südlichste Punkt der Südinsel ist hier nicht, der liegt auf Slope Point in den Catlins (S. 458). Am Sterling Point gibt es im Restaurant Land's End (s. unten) zur Fangsaison natürlich die Spezialität, für die Bluff bekannt ist: Bluff Oysters, delikate Tiefseeaustern. Im Mai werden sie im Ort auch mit einem kulinarisch-künstlerischen Austernfestival gewürdigt. Und natürlich ist Austernfang Thema im Bluff **Maritime Museum** am Hafen, nicht weit vom Anleger der Fähren nach Stewart Island. Die Monica, ein typisches Fischerboot für den Austernfang, wurde neben dem Museum auf Land gesetzt und kann besichtigt werden (227 Foreshore Rd, Tel. 03-212 7534, Mo–Fr 10–16.30, Sa/So 13–17 Uhr, 2 NZD).

Beste Sicht auf die Foveaux Strait, die Meerenge zwischen Südinsel und Stewart Island, bietet der 267 m hohen **Bluff Hill,** auf den die Flagstaff Road führt. Oben ist eine Aussichtsplattform; Schautafeln erzählen von der Natur und der Geschichte des Ortes. James Cook fehlte übrigens der Überblick: Er zeichnete Stewart Island unter dem Namen Cape South landfest auf seine Karten.

Infos

Invercargill i-SITE Visitor Centre: 108 Gala Street, Queens Park, Victoria Avenue, Tel. 03-211 0895, www.invercargill.org.nz.

DOC Southland Conservancy Office: 33 Don Street, Invercargill, Tel. 03-211 2400, invercargill@doc.govt.nz.

Übernachten

Denkmalgeschütztes Hotel mit viktorianischem Charme ► Victoria Railway Hotel: 3 Leven St, Invercargil, Tel. 03-218 1281, [fc] 0800 777 557, www.vrhotel.info. Sehr zentral und sehr nostalgisch: von 1896, aber 2004 respektvoll restauriert. DZ 150–195 NZD, Frühstück extra.

Am Ende der Straße steht ein Haus am Meer ► Land's End – The Little Inn By The Sea: 10 Ward Parade, Bluff, Tel. 03-212 7575, www.landsend.net.nz. Das Haus am Südende des SH1 hat 7 Zimmer mit Bad ab 165 NZD. Im Restaurant hinter Panoramafenstern mit Meerblick dominieren Früchte des Meeres die Karte, von Fish & Chips bis zu frischen Austern zur Fangsaison. HG um 30 NZD.

Kein romantischer Altbau, aber ordentlicher Backpacker ▶ **Tuatara Lodge Backpackers:** 30–32 Dee St, Invercargill, Tel. 03-214 0954, www.tuataralodge.co.nz. Kompetente und sehr hilfsbereite Mitarbeiter. Bistro im Haus tgl. ab ca. 7.30 Uhr. Bett ab 28 NZD/Pers, DZ – teils mit Bad – ab 70 NZD.

Im Grünen vor der Stadt ▶ **Invercargill Top 10 Holiday Park:** 77 McIvor Rd (Nahe SH6 ca. 6,5 km nördl. des Zentrums), Invercargill, Tel. 03-215 9032, [fc] 0800 486 873, www.invercargilltop10.co.nz. Stellplätze ab 38, Hütten und Apartments 78–115 NZD.

Essen & Trinken, Ausgehen

Junge neuseeländische Küche ▶ **Duo Restaurant:** 16 Kelvin St, Invercargill, Tel. 03-218 8322. Der Eingang ist leicht zu übersehen, aber das Suchen lohnt: Im Fokus stehen lokale Produkte, Fisch natürlich, aber auch Lamm und Zuchtwild, hier essen *locals,* wenn es was zu feiern gibt oder sie sich Gutes gönnen wollen. HG abends um 35 NZD.

Echt gediegene Kiwi-Küche ▶ **Paddington Arms:** 220 Bainfield Rd, Invercargill, Tel. 03-215 8156. Ein ordentliches Stück Fleisch, Kartoffeln, viel Soße – so mag man es im Süden, *pies* wie in alten Zeiten gibt's auch, ebenso Fisch und Muscheln. HG ca. 20–35 NZD.

Irisches Bier und deftiges bar food ▶ **Waxy O'Shea's Irish Pub:** 90 Dee Street, Invercargill, Tel. 03-214 0313. Ja, ja, ja, es ist ein Klischee-Irish-Pub, aber immerhin – nach Eigenwerbung – der südlichste auf dem Globus und sehr munter mit Livemusik meist Do bis Sa. Die Küche ist ordentlich, wenn man Klassiker der deftigen Art mag, wie dickflüssiges *Seafood Chowder,* dick belegte B.L.T. Sandwiches oder dicke Würstchen mit Kartoffelbrei – *Bangers & Mash!* HG ca. 15–30 NZD.

Verkehr

Intercity je 1 x tgl. ab/bis Te Anau und Gore (dort Anschluss ab/bis Christchurch via Dunedin), Fr/So auch ab/bis Dunedin direkt. **Atomic Shuttles, nakedbus.com** tgl. ab/bis Dunedin; alle Busse Invercargill–Dunedin via Gore, Balclutha und Dunedin Airport. **Tracknet** (S. 439) ab/bis Te Anau und Queenstown. **Backpackerbusse** nach Te Anau, Queenstown und Dunedin via Catlins (s. S. 461).

Flughafen 3 km vom Zentrum. Air New Zealand Link mehrmals tgl. ab/bis Christchurch und Wellington.

Fähr- und Flugverkehr mit Stewart Island S. 458.

13 Stewart Island

▶ C 20/21

Stewart Island steht für Abgeschiedenheit und Einsamkeit: In Richtung Süden ist Antarktika der nächste Nachbar. Die Insel ist 1683 km² groß, 85 % davon bilden seit 2002 den Rakiura National Park. In **Oban** an der Halfmoon Bay leben die meisten der knapp 400 Insulaner. Nur etwa 30 Kilometer Straße, meist Schotter, stehen rund um Halfmoon Bay zur Verfügung.

Lassen die Quoten es zu, fangen Fischer Langusten, Austern und Blue Cod, sicherer sind Einnahmen aus Aquafarmen, in denen Green Lip Mussels und Lachs heranwachsen, experimentiert wird mit Pauas. An Arbeit vergangener Tage wie den Wal- und Robbenfang erinnern Relikte an vielen Buchten, vor allem entlang der Küste des Paterson Inlet. Dort gab es in den 1920ern und 30ern eine Versorgungsstation für norwegische Walfänger, die bis zur Antarktis operierten.

Stewart Island hat zwei Maori-Namen: *Rakiura,* ›Land des glühendes Himmels‹, geht auf die grandiosen Sonnenuntergänge ein und auf das Südlicht Auroa Australis, das man in der kalten Jahreszeit gelegentlich sieht. *Punga o Te Waka a Maui,* ›Ankerstein von Mauis Kanu‹, bezieht sich auf die Mythologie, in der Maui die Insel als Ankerstein benutzt, an der er sein Kanu, die Südinsel, festkettet, während er den Fisch, der dann zur Nordinsel wird, angelt.

Die Landschaft

Von Gletschern der Eiszeit geformt, zeigt die Landschaft mehr Rundungen denn schroffe Gipfel. Aus den immergrünen Inselwäldern heben sich ein paar Gipfel heraus – alle auf Seitenwegen der Insel-Tracks zu besteigen. Aber mehr als die Berge interessieren die Küsten, davon hat Stewart Island rund 750 km.

Auf der bewohnten Ostseite ragen große und kleine Buchten ins Land, allen voran das 16 km lange **Paterson Inlet** mit Ulva Island als größter von rund 20 Inseln. Als wichtigster Zufluss des Inlet entwässert der Freshwater River die sumpfige Ruggedy Flat im Nordwesten. Die Flut staut ihn regelmäßig so auf, dass Wassertaxis flussaufwärts bis Freshwater Landing fahren können. Im Westen wechseln sich raue Küstenabschnitte mit grandiosen Sandbuchten ab. Die **Mason Bay** spannt sich sichelförmig über 15 km. Zwar treibt der ständige Westwind den Sand kilometerweit landeinwärts, aber der Strand ist bei Niedrigwasser breit und fest genug als Landebahn für kleine Flugzeuge.

Das Wetter

Stewart Island ist für seinen Regen bekannt. Laut Statistik fällt er 220 Tage im Jahr, zum Glück lieber in Schauern, selten als Dauerregen. Die Sonne lässt sich fast jeden Tag sehen, auch an wolkenlosem Himmel, und das manchmal der Statistik zum Trotz mehrere Tage ununterbrochen. Für die Insulaner bringt der Regen inzwischen sogar Geld: Zur Finanzierung des Gemeindezentrums mit Bibliothek und Sporthalle kam der Geschäftsführer auf die Idee, die großen Dachflächen des Gebäudes als Regenwasser-Sammelanlage zu nutzen. Das Wasser wird gefiltert und in Flaschen gefüllt. Die Menge, die vom Himmel kommt, würde für mehrere Millionen Flaschen pro Jahr reichen, abgefüllt werden aber nur rund 20 000, sonst würde die Abfüllanlage das ganze Gemeindezentrum füllen. Bei Tests von verschiedenen Trinkwassern aus ganz Neuseeland schlug die Marke ›Stewart Island Rain‹ mehrfach alle Quellwasserkonkurrenten.

Die Fauna

Stewart Island steht für Begegnungen mit seltenen Vögeln vom kleinen neugierigen Stewart Island Robin auf Waldspaziergängen bis zu verschiedenen Albatross-Arten vor den Küsten. Sogar der Eulenpapagei **Kakapo** hatte im Südwesten der Insel sein letztes Wild-Refugium, ehe er zur Arterhaltung auf eine vorgelagerte Insel evakuiert wurde (S. 16). Der sonst seltene Waldpapagei **Kaka,** ein Vetter der Kea aus den Bergen, ist dagegen sogar in den Gärten von Oban zu sehen. Und die endemische **Woodpigeon,** die Maori-Fruchttaube, gedeiht kaum irgendwo sonst so kräftig wie hier.

Alle jedoch stehen im Schatten des **Kiwi.** Nirgendwo im Lande sind die Chancen so groß, die Ikone der neuseeländischen Fauna in freier Wildbahn zu erleben, zumal die ausschließlich hier lebende Unterart, **Stewart Island Tokoeka,** als Einzige der Kiwi-Familie tagsüber etwas aktiv ist. Das ist aber relativ, denn Sonne mag auch dieser Kiwi nicht. Ist einer am Tage unterwegs, dann im Unterholz. Entsprechend beginnt auch auf Stewart Island Kiwi-Watching erst mit der Dunkelheit.

Der Stewart Island Tokoeka ist die am wenigsten gefährdete Kiwi Art überhaupt, denn auf der Insel fehlen die drei übelsten Kiwi-

Tipp: Kiwi-Beobachtung

Lizenzen zur Kiwi-Beobachtung besitzen drei Unternehmen. Nur **Bravo Adventure Cruises** (Tel./Fax 03-219 1144) bietet Abendtouren zur Halbinsel The Neck, die ohne Übernachtung auskommen. Dieses Kiwi-Watching ist heißbegehrt und oft über Monate ausgebucht. Ornithologen reservieren sicherheitshalber Plätze für mehrere Tage hintereinander, denn witterungsbedingt fallen immer wieder Touren aus. In der Folge werden oft Plätze kurzfristig frei, meist dann, wenn an Tagen zuvor alle Fahrten stattfanden. Deshalb lohnt es immer, auf der Warteliste zu stehen. Die ca. 130 NZD für die Tour werden immer erst bei Abfahrt fällig!

Stewart Island, Insel der großartigen Sonnenuntergänge

Killer: Frettchen, Hermelin und Wiesel. Schätzungen gehen von rund 20 000 Kiwis auf Stewart Island aus, nicht aufgrund von Zählungen, sondern durch Hochrechnung, wie viele Territorien der extrem revierbewussten Vögel auf die Insel passen.

Der niedliche Kiwi ist nämlich ein Krawallbruder, Revierkämpfe gehen mitunter sogar tödlich aus. Und dabei gelten die Kiwis von Stewart Island noch als die geselligsten, hin und wieder sieht man hier kleine Gruppen mit Tieren verschiedener Generationen – andernorts würden da schon die Krallen gewetzt. Diese Familienbande und die bei Kiwis anderer Regionen nicht übliche gemeinsame Brutpflege, die die ständige Präsenz eines Elternteils am Nest gewährleistet, sehen Ornithologen als einen Grund für den relativ sicheren Kiwi-Bestand auf Stewart Island an.

Ulva Island

Flora wie Aviafauna erlebt man nirgendwo so hautnah wie auf **Ulva Island**. Die 275 ha große, von Naturlehrpfaden und Wanderwegen überzogene Insel ist ein offenes Naturreservat (tgl. von Morgen- bis Abenddämmerung, keine Übernachtungen erlaubt). 1992–96 säuberten DOC-Mitarbeiter und freiwillige Helfer die Insel von importierten Räubern, vor allem von Ratten. Wenn Sie bei der Ankunft am Pier oder im Gebüsch hinter allen Stränden Fallen sehen, dann nur, weil sich fast in jeder Saison mindestens eine Ratte als blinder Passagier mit privaten Booten hier einschleicht, alle potenziellen Landeplätze sind deshalb gesichert. So darf nur ein Räuber mal ein Vogelei oder einen kleinen Vogel wildern: Das braune Waldhuhn **Weka.** Da es hier heimisch ist und zum Biosystem gehört, hat es die Lizenz zum Töten.

Die Wekas auf Ulva Island kennen bei Menschen praktisch keine Fluchtdistanz, fast meint man, sie wollten betteln. Füttern sie aber weder Wekas noch andere Vögel! Auch der **Stewart Island Robin,** die lokale Unterart des Langbeinschnäppers, kommt gern auf Tuchfühlung. Machen Sie ihm eine Freude und kratzen etwas Boden auf, dann sucht er sich schon was zu picken. Inzwischen sind mehrere gefährdete Arten aus anderen, nicht raubtierfreien Gebieten auf Ulva Island ausgesetzt worden, darunter der **Saddleback,** der Sattelstar, mit seinem charakteristischen braunen Sattel auf dem Rücken.

Auch die Pflanzenwelt dankte die Vertreibung von Ratten und Possums mit kräftigem Wachstum, einige verschwundene Spezies konnten wieder ausgepflanzt werden. Der Star der Flora ist ein unscheinbarer, etwa 10 cm langer Stengel mit sehr dunkelgrünen, wie gewachst wirkenden Blättern: **Tmesipteris** ist ein lebendes Fossil, an dem schon die Dinos knabbern konnten.

Die Wassertaxis und Ausflugsboote landen am Pier der **Post Office Cove.** Ulva Island lag Ende des 19. Jh. mitten im wichtigsten Siedlungsgebiet von Stewart Island, dem Paterson Inlet, und da war es nicht abwegig, hier das zentrale Postamt zu etablieren, auch wenn auf der Insel selbst nur drei Menschen lebten. Kam das Postboot vom Festland, hisste Postmeister Traill oben auf dem Flagstaff Point für alle sichtbar eine Flagge und die Post konnte abgeholt werden – jedes Mal ein wichtiges, soziales Ereignis für die sonst sehr isoliert wohnenden Menschen. 1923 wurde das Amt geschlossen.

Über die Besiedlungsgeschichte von Maori wie Weißen und die wilde Walfang-Epoche informiert das **Rakiura Museum** in Oban (9 Ayr St, Mo–Sa 10–13.30, So 12–14 Uhr).

Tipp: Bezahlen und Telefonieren

Kreditkarten werden auf Stewart Island beim abendlichen Bier wie beim Bezahlen von Outdoor-Aktivitäten akzeptiert, Bargeld bekommt man allerdings weder auf der Insel noch in Bluff, die nächsten Banken und Geldautomaten findet man in Invercargill. Auch nur unter idealen Bedingungen bekommen **GSM-Mobiltelefone** Netz vom Festland, auf der Insel selbst gibt es keinen Transmitter.

Infos

Oban Visitor Centre: 12 Elgin Terrace (der rote Schuppen an der Zufahrt zum Anleger), Half Moon Bay, Stewart Island, Tel. 03-219 0056, ovc@sie.co.nz.

Rakiura National Park Visitor Centre (DOC): s. Aktiv unterwegs S. 456.

Übernachten

Eine Regel sollte man beachten: immer erst Unterkunft, dann Transport buchen!

Apartments über Oban ► **Bay Motel:** 9 Dundee St, Halfmoon Bay, Tel. 03-219 1119, www.baymotel.co.nz. Ab 160 NZD, Frühstück optional 11 NZD/Pers.

Das einzige Hotel am Platze ► **South Sea Hotel:** Tel. 03-219 1059, www.stewart-island.co.nz. Traditionshotel direkt am Hafen, die Zimmer nostalgisch und sauber, Dusche/WC auf dem Gang. DZ ab 85, mit Meerblick 110 NZD. Motel-Apartments in modernem Nebengebäude ab 159 NZD.

Funktional und mit viel Platz ► **Stewart Island Backpackers:** Ayr St, Tel. 03-219 1114, backpackers@stewart-island.co.nz. Größter

aktiv unterwegs

Stewart Island – kleine Gänge, legendäre Tracks

Tour-Infos

Dauer: Vom 15-Min.-Abendspaziergang bis zum 12-Tage-Outdoor-Abenteuer

Infos/Buchungen: Rakiura National Park Visitor Centre (DOC): Main Rd, Halfmoon Bay, Stewart Island, Tel. 03-219 0009, rakiura vc@doc.govt.nz.

Übernachten an den Tracks: Für die Hütten am Great Walk Rakiura Track werden 20,40 NZD/Erw. berechnet, für Camping dort 5,10 NZD. Hütten am North West Circuit und Southern Circuit 5,10 NZD, dort gelten auch DOC-Backcountry Hut-Pässe.

Tipp: Nie Touren mit knappem Zeitbudget planen, denn hier herrschen andere Regeln als in perfekt organisierten Tracking-Regionen wie um Te Anau.

Die unbewohnten Teile von Stewart Island werden durch viele Kilometer einsamer Tracks erschlossen, von denen je nach Wetterlage geschwärmt oder gejammert wird. Da stolpern Wanderer über Kiwis, andere versinken fast bis zum Scheitel im Schlamm. Immer längere Abschnitte werden mit Schotter oder Planken präpariert und mit Flugzeug- und Schnellboottransfers lassen sich selbst entlegene Etappen auf Tagestouren erwandern. 36 km des Track-Netzes auf der Insel gehören zum landesweiten Netzwerk der Great Walks. Das DOC hält Faltblätter bereit und verkauft Hütten- bzw. Campingtickets.

Kleine Gänge in Oban: Tageswanderungen erschließen die Umgebung von Halfmoon Bay sowie Ulva Island. Ein Muss ist der Gang zum Sonnenuntergang auf den Observation Rock (15 Min. ab Zentrum). Ein 2-Std.-Programm wäre: Shuttle-Transfer zum Ringaringa Beach. Von dort zum Wohlers Monument, das an einen deutschen Missionar erinnert, der im 19. Jh. 40 Jahre mit den Maori auf der Insel lebte und arbeitete und sich dabei sehr um den Ausgleich zwischen ihnen und den Pakeha bemühte. Vom Monument zurück zur Deep Bay und von dort durch den Küstenwald zur Golden Bay mit mehreren Auf- und Abstiegen. Dann die Golden Bay Road bis zum Sportplatz und über den Fuchsia Walk noch einmal durch dichten Wald ins Zentrum zurück.

Great Walk Rakiura Track. Der Zugang in den nördlichen und mittleren Teil des Rakiura National Park erfolgt üblicherweise über die Lee Bay nördlich Oban. Bis dorthin ist Shuttle-Transfer möglich. Der Eingang in den Nationalpark führt durch eine überdimensionale Ankerkette – Visualisierung der Legende von Maui und dem Ankerstein. Der Great Walk Rakiura Track – der am wenigsten begangene im ganzen Land – verbindet auf gut präparierten 36 km die offene Küste der Foveaux Strait über einen 300-m-Pass im Regenwald mit der Küste des Patterson Inlet. Üblicherweise wird er mit zwei Übernachtungen gegangen, Hütten gibt es an beiden Küsten. Mountain-Jogger laufen den Track als Tagestour.

Große Runden für harte Hiker: Der **North West Circuit Track** – volle Länge 125 km, 10–12 Tage – folgt meist der Küste, der **Southern Circuit Track** – volle Länge 105 km, 6–9 Tage – erschließt mehr das Innere. Beide Tracks lassen sich zu einem 180 km Abenteuer, auf dem man bis zu 18 Tage unterwegs ist, verbinden. Es gibt jedoch verschiedenste Varianten, mit Wassertaxis ab/bis Freshwater Landing oder mit Flugtransfer ab/bis Mason Bay, die diese Langstecken abkürzen. Stewart Island Flights (S. 458) bietet eine grandiose Coast to Coast-Option für einen Tag: Flug von Oban zur Mason Bay, 3–4 Std., 15 km Wanderung bis Freshwater Landing, von dort Wassertaxi zurück nach Oban. Alle Transfers sind tidenabhängig – auch das Flugzeug braucht Niedrigwasser für die Strandlandung.

Backpacker, alle Zimmer mit Openair-Zugang in Seitentrakten. Bett im Mehrbettzimmer ab 25, Einzel 40, DZ 55 NZD, auch Platz für Zelte, oft Gruppen und Schulklassen.

Viele kleine Privatpensionen ▶ **Oban Visitor Centre** (s. S. 455) und **i-SITE Invercargill** (s. S. 451) vermitteln Privatzimmer.

DOC-Hütten: s. Aktiv unterwegs S. 456.

Essen & Trinken

Stewart Island Hummer und mehr vom Meer ▶ **South Sea Hotel:** (s. S. 455) Deftiges Bar-Food im Pub und im Restaurant vom Frühstück bis zum Dinner anspruchsvolle Kiwi-Küche, in der ein ausgewanderter Sachse das Zepter schwingt. Fangfrischen Fisch gibt's immer, aber auch Fleischgerichte. HG ab ca. 20 NZD, Crayfish ab ca. 50 NZD. Versuchen Sie unbedingt einen Tisch hinter der Panoramascheibe mit Meerblick zu reservieren!

Mehr als für den kleinen Hunger ▶ **Justcafe:** Main Rd. Tel. 03-219 1422, ›Just Cafe‹ ist untertrieben, es gibt Cakes und Muffins und ausgezeichnete Toasts für den kleinen Hunger – nebenbei kann man E-Post erledigen, originell, kommunikativ, preiswert. Und fragen Sie Britt nach dem Wellnessangebot auf der Insel – Massage, Reiki und diverse Bäder inklusive einem urigen, warmen Salzwasserbad unter – fast – freiem Himmel.

Einkaufen

Fürs tägliche Leben ▶ **Four Square,** der Minimarkt am Hafen (tgl. ab 7.30 Uhr), hat das nötigste für Selbstversorger, aber auch Basic-Austattungen für Wanderungen, Angeln u.s.w.

Souvenirs ▶ Lokales Kunsthandwerk findet man in zwei Läden an der Main Rd, so **Fishing Line Jewellery** im Justcafe (s. o.) und ein paar Meter weiter noch **The Fernery Gallery.**

Abends & Nachts

Munter ›til late‹ ▶ **South Sea Hotel Bar:** (s. o.) Schauen Sie zu später Stunde in die Bar des South Sea Hotel, dort kann es im Sommer ganz schön munter zugehen, vielleicht spielt sogar eine Band, frei nach dem Motto: Wir leben auf Stewart Island in anderem Rhythmus, aber nicht hinter dem Mond.

Tipp: Kai Kart

Im dem Imbisswagen vor dem Museum ist eine deutsche Auswanderin die Chefin. Sie macht hervorragende Fisch- und Muschelgerichte und hat sogar einen Gästetisch fürs *dine-in* (HG 15–25 NZD, keine Kreditkarten!). Wenn Sie aber ganz im Stewart Island-Stil dinieren wollen, dann besorgen Sie sich schon am Nachmittag eine Flasche Wein, holen rechtzeitig vor Sonnenuntergang im Kai Kart eine Portion Fish & Chips (ab 9 NZD) und gehen auf den Observation Rock. Vergessen Sie jedoch die Mittel gegen Sandflies nicht, die haben um diese Zeit auch Hunger.

Aktiv

Wandern mit Chancen, Kiwis zu sehen ▶ **Kiwi Wilderness Walks:** (S. 450). Inkl. Transfers und Übernachtungen ab Invercargill z. B. 4 Tage Rakiura Track ca. 1300 NZD, 5 Tage Northern Circuit ca. 1950 NZD.

Stewart Island für alle ▶ **Real Journeys:** [fc] 0800 000 511, www.realjourneys.co.nz. Ticketbüro auf dem Anleger oder im Oban Visitor Centre (s. S. 455), Buchungen über alle Real Journeys-Büros u. a. in Queenstown und Te Anau. Sightseeing für jedermann mit Bootstouren inkl. Landung auf Ulva Island (2,5 Std, 85 NZD), Mini-Busrundfahrt (1,5 Std., 46 NZD), Taxi-/Shuttle-Dienst. Mountainbike-, Scooter- und Autoverleih (ca. 40/70/ab 115 NZD/Tag). Nicht irritieren lassen: Auch der alte Name ›Stewart Island Experience‹ wird auf der Insel noch lange gebräuchlich sein (www.stewartislandexperience.co.nz).

Natur- und Vogelbeobachtungstouren ▶ **Ulva's Guided Walks:** Tel. 03-219 1216, www.ulva.co.nz. Wie passend, dass die Frau, die die Touren zur Insel Ulva organisiert, auch noch wie das Ziel heißt: Ulva. 1–2 x tgl. ca. 4 Std. inkl. Bootstransfer 110 NZD.

Transport und geführte Touren ▶ **Wassertaxis:** Ab Golden Bay (ca. 15 Min. zu Fuß ab Zentrum) u. a. zur Vogelinsel Ulva Island (h/z ca. 25 NZD) oder zum Track-Gateway Freshwater Landing (55 NZD). DOC und Visitor Centre (s. S. 455) kennen aktuelle Anbieter und ihre Fahrpläne.

Verkehr

Fähre: Bluff–Stewart Island 2–4 x tgl. 1 Std., **Real Journeys** (s. S. 457) ab Bluff Terminal, Foreshore Rd, Tel. 03-212 7660, [fc] 0800 000 511, www.realjourneys.co.nz, pro Weg ca. 70 NZD/Erw., 35 NZD/Kinder, Shuttle zur Fähre ab/bis Unterkünften in Invercargill ca. 1 Std. 22/11 NZD, in Bluff bewachte Parkplätze openair oder indoor, auch Kombi-Tickets ein Weg Fähre, ein Weg Flug.
Flüge: mind. 3 x tgl. 20 Min. ab Invercargill **Stewart Island Flights,** Invercargill Airport, Tel. 03-218 9129, www.stewartislandflights.com, h/z Erw. 190 NZD, Rabatte für Senioren, Studenten, auf YHA- oder BBH-Karten und auf Stand-by-Basis. Sightseeing- und Track-Transfer-Flüge (Strandlandungen) ex Invercargill oder ex Oban (Ryan's Creek–Stewart Island Airfield). **Rakiura Helicopters,** 151 Main Road, Oban, Tel. 03 219 1155, www.rakiurahelicopters.co.nz, Stewart Island–Festland ab 265 NZD/Strecke, Sightseeing- und Track-Transfers ex Oban ca. 90–600 NZD, immer mit mind. 4 Pers. an Bord.

Zwischen Invercargill und Dunedin ▶ D–F 19/20

Das ländliche **Gore** an der Inlandsroute (SH1) ist ein Mekka der Forellenangler, da fehlt natürlich nicht die überdimensionale Forellenskulptur in einem kleinen Park neben der Zufahrt zur Brücke über den Mataura River. Nur Schritte entfernt steht eine Gitarrenskulptur für die zweite Leidenschaft in der Stadt: Country & Western-Musik. Außerdem machte Gore zu Zeiten einer regionalen Prohibition im frühen 20. Jh. als Hochburg illegaler Schnapsbrennerei Furore, ein Thema, dem sich das **Hokonui Moonshine Museum** widmet, das sich mit dem **Gore Historical Museum** und dem i-SITE das **Hokonui Heritage Centre** teilt (Hokonui Dr/Norfolk St, Tel. 03-203 9288, Kernzeit tgl. 9.30–15.30 Uhr, 5 NZD). Einen Block weiter gibt die **Eastern Southland Art Gallery** dem kulturellen Angebot eine künstlerische, aber wahrlich nicht provinzielle Note (14 Hokonui Drive, Tel. 03-208 9907, Mo–Fr 10–16.30, Sa/So 13–16 Uhr).

Am **Old Mandeville Airfield,** 15 km westlich Gore am SH94, nehmen tollkühne Männer in ihren fliegenden Kisten aus den Kindertagen der Fliegerei Passagiere mit, so in einer Tiger Moth, einem offenen Doppeldecker aus den 1930ern (Croydon Air Services, Tel. 03-208 9755, www.croydonaircraft.com, Rundflüge ab 95 NZD). Natürlich schwelgt auch das ›Flughafenrestaurant‹ **The Moth** in Flugzeugnostalgie – aber was es zu essen und zu trinken gibt, ist keine Flugzeugkost. Das Knowhow in Sachen Oldtimer steuert die **Croydon Aircraft Company** bei, die für Kunden aus aller Welt Oldtimer der Lüfte restauriert, Werkstätten können besichtigt werden.

Infos

Gore i-SITE Visitor Centre: Hokonui Dr/Norfolk St (im Hokonui Heritage Centre), Gore, Tel. 03-208 9288, www.gorenz.com.

Langsame Alternative: durch die Catlins

An der Küste haben die dünn besiedelten Catlins mit einsamen Sandstränden und waldüberzogenen Hügeln das Image eines Geheimtipps zwar abgeschüttelt, bleiben aber eher Ziel für Naturliebhaber mit Sinn für Details, denn für Freunde des Spektakulären. Und wer hier Action sucht, hat sich völlig verfahren. Viele Orte, die auf Landkarten auftauchen, nimmt man in der Realität kaum wahr, es sind Streusiedlungen, das macht die Orientierung nicht leicht. Zudem führt SH92 – hier identisch mit der Southern Scenic Road – nur als verbindende Hauptstraße durch die Catlins, viele Sehenswürdigkeiten liegen indes an kleinen Nebenstraßen, mal Sackgassen, mal alternative Routen.

Zum echten Südkap

Östlich Invercargill durchfährt man eine flache Ausgleichsküste mit haffähnlichen Flussmündungen und bekommt so einen Eindruck von der sumpfigen Landschaft, in die die ersten Siedler ab Mitte des 19. Jh. ihre Stadt bauen mussten. Zwischen Fortrose und Niagara – ein Witzbold gab einem unscheinbaren Wasserfall einen großen Namen – ist der **Catlins Coastal Heritage Trail** (Faltblatt bei umliegenden i-SITEs) über Otara und Waikawa spannender und mehr ins Detail gehend, als die Southern Scenic Route: Ein Leuchtturm markiert **Waipapa Point** seit 1884. Dort mussten erst 131 Menschen an Bord der SS Tararua bei der opferreichsten Schiffskatastrophe Neuseelands sterben, damit endlich vor dem gefährlichen Riff gut einen km vor der Landzunge gewarnt wurde.

Slope Point, die nächste Landzunge im Westen, ist ein Geo-Eckpunkt: Bei 46° 40' 40" Süd endet die Südinsel – 4803 km vom Südpol entfernt, wie ein Wegweiser auf dem meist windumtosten Flecken anzeigt. An der **Curio Bay** tauchen bei Ebbe Reste eines vor 160 Mio. Jahren von Lava verschütteten und dann versteinerten Waldes aus dem Meer auf, während in der benachbarten Porpoise Bay eine Schule Hector-Delfine lebt. Naturschützer bitten, dass man sie nur vom Ufer aus beobachtet. Wer trotzdem ins Wasser geht, sollte auf keinen Fall auf die Tiere zuschwimmen, wenn sie Kontakt wollen, kommen sie von sich aus.

Cathedral Caves bis Purakanui Falls

Ein Höhlensystem am Waipati Beach trägt nicht zu Unrecht den Namen Cathedral Caves: Vom bewachten Parkplatz führt ein 20-Min.-Weg durch dichten Wald und ein kurzes Stück über den Strand zum Haupteingang, der durchaus einem Kirchenportal ähnelt. Zur Besichtigung hat man ein Zeitfenster von gut einer Stunde vor und nach Niedrigwasser (Zeiten auf www.cathedralcaves.co.nz, Erw. 5 NZD inkl. Parken).

An der Tautuku Bay geht SH92 endlich einmal auf Tuchfühlung zur Küste, über dem Ostende der Bucht, dort wo die Straße über den Florence Hill schwingt, gibt es den besten Blick. Das Dorf **Papatowai** oberhalb der malerischen Mündung des Tahakopa River bietet Einkaufs- und Übernachtungsmöglichkeiten. Am flachen Ostufer der Flussmündung führt ein Plankenweg zum Strand, wo Archäologen einen Lagerplatz aus der Moa-Jäger-Epoche ausgegraben haben (etwa 40 Min.).

Highlight unter den Wasserfällen der Catlins sind die romantischen Purakaunui Falls mit ihren verzweigten Kaskaden, ein immer wiederkehrendes Postkartenmotiv und damit ein Wahrzeichen der Catlins (ab Parkplatz ca. 20 Min.).

Rund um Nugget Point

Am Ufer der einsam, archaischen **Cannibal Bay** und an der **Surat Bay** östlich des Städtchens Owaka leben seltene Hooker's Sea Lions. Sie sind an beiden Stellen leicht zu treffen, faszinierend zu beobachten, aber nicht ungefährlich: Halten Sie Abstand und gehen Sie nie zwischen Tiere und Meer. Lautes Brüllen heißt: Hau ab, sonst beiß ich. Lassen Sie es nicht darauf ankommen, die Tiere sind auch auf Land schnell.

Landschaftlicher Höhepunkt ist **Nugget Point.** Auf einem steilen Landvorsprung thront 133 m über dem Meer ein Leuchtturm, bis zu einem halben Kilometer vor der Küste ragen Felsspitzen aus dem Wasser. Am Ufer und auf den Felsen tummeln sich regelmäßig Fellrobben, See-Elefanten ziehen in ihrer einzigen Kolonie auf dem neuseeländischen Festland Junge groß, und auch Hooker's Sea Lions lassen sich manchmal sehen. Am Strand der **Roaring Bay** kurz vor Nugget Point kommen am späten Nachmittag Yellow Eyed Pinguins an Land – ab ca. 15 Uhr sollten Sie nur noch den Beobachtungsstand benutzen!

Infos

Catlins Information Centre: 10 Campbell Street, Owaka, Tel. 03- 415 8371, www.catlins.org.nz, www.catlins-nz.com, inkl. Ausstellung.

Übernachten

Unterkünfte in den Catlins sind oft klein, meist individuell, gelegentlich altbacken. Farmstays sind häufig. I-SITE Balclutha und Catlins Information Centre vermitteln.

Durch und durch ökologische Ferienhäuschen ▶ Mohua Lodges: 744 Catlins Valley Rd, Owaka (15 km westl.), Tel. 03-415 8613, [fc] 0800 CATLINS, www.catlinsmohuapark.co.nz. Der Öko-Veranstalter Catlins Wildlife Trackers (s. Aktiv) bietet vier im Wald gelegene Öko-Ferienhäuser – ein Traum für Naturliebhaber und Individualisten – sowie ein komfortables Sommerhaus in Papatowai über der Küste, alle 155 NZD, bei nur einer Übernachtung Zuschlag!

BBH-Backpacker bei den Seelöwen ▶ Surat Bay Lodge: Newhaven, Surat Bay, Owaka (ca. 5 km südöstl.) Tel. 03-415 8099, www.suratbay.co.nz. Einfach, aber super gelegen am Mündungsdelta des Catlins River, nur einen kurzen Gang durch die Dünen von der Seelöwen-Kolonie an Surat Bay entfernt! Mountainbike- und Kajakverleih. Bett ab 26, DZ ab 62 NZD.

Camping ▶ Freies Campen ist nur mit Wohnmobilen erlaubt, die 3 Tage Abwasser auffangen können. Nach der Regel: No Toilet = No Camping ist ansonsten die Benutzung von Campingplätzen Pflicht! Die sind weniger aufgerüstet als in anderen Landesteilen, dafür etwas preiswerter. Hier von Nord nach Süd: **Kaka Point Camping Ground** (03-412 8818, www.kakapointcamping.co.nz, nahe zum Nugget Point), **Pounawea Motor Camp** (Tel. 03-415 8483, www.catlins-nz.com/pounawea-motor-camp, an der Mündung des Catlins River), **Newhaven Holiday Park** (Tel. 03-415 8834, www.newhavenholiday.com, an der Surat Bay mit Robben und Seelöwen) und der derzeit modernste, aber auch teuerste Platz **The Whistling Frog Café, Accomodation & Holiday Park** (29 Rewcastle Road, Chaslands Highway,

Einsame Küsten locken Naturliebhaber in die Catlins

Tel. 03-415 8338, www.catlinsnz.com) nahe Cathedral Caves.

Einkaufen

Einkaufsmöglichkeiten sind in den Catlins rudimentär, gut in Owaka, minimal in Papatowai. Selbstversorger kaufen besser in Balclutha oder Invercargill ein.

Aktiv

Mehrfacher Öko-Tourismus-Preisträger ►
Catlins Wildlife Trackers Ecotours: 5 Mirren St, Papatowai RD 2, Owaka, Tel. 03-415 8613, [fc] 0800 CATLINS, www.catlins-ecotours.co.nz. Sehr engagiert geführte Natur-Erlebnis-Touren mit drei Übernachtungen inklusive hervorragenden Mahlzeiten für ca. 660 NZD. Unabhängiger Zwei-Tage/26 km-Walk mit origineller Übernachtung in einem umgebauten Bus – Catlins Top Track – schon für 45 NZD (s. a. Übernachtungen).

Verkehr

Der **Bottom Bus** fährt im Uhrzeigersinn Queenstown–Dunedin–Catlins–Invercargill–Te Anau–Queenstown (Catlins-Abschnitt 175 NZD, ganze Runde 250 NZD) und der **Catlins Coaster** gegen den Uhrzeigersinn Dunedin–Invercargill–Catlins–Dunedin mit Anschlüssen aus Te Anau und Queenstown in Invercargill (Catlins-Abschnitt 175 NZD, ganze Runde ab/bis Dunedin 210 NZD). In den Catlins werden zahlreiche Sightseeing-Stopps eingelegt, Stop-over sind überall erlaubt: Buchungen und Infos für beide: Tel. 03-477 9083, www.travelheadfirst.com.

Balclutha bis Dunedin

In Balclutha treffen die Inlandsroute über SH1 und die Küstenstrecke durch die Catlins zusammen. Eine wuchtige, sechsbogige Brücke markiert in der Kleinstadt den traditionsreichen Übergang über den Clutha River, den längsten Fluss der Südinsel, der im Lake Wanaka seinen Ursprung hat (S. 407). Auch wer nicht die Route durch die Catlins wählt, sollte einen Abstecher zum Nugget Point (S. 459) machen, der Weg dorthin einfach zu finden: Suchen Sie sich ab Balclutha immer die Nebenstraße, die dem Clutha-Ufer bzw. der Küste am nächsten ist.

Nördlich Balclutha *swingt* SH1 durch eine Rolling-Hills-Landschaft und passiert 30 km südlich von Dunedin den Airport der Stadt. Dann Vorsicht: Auf dem Motorway südlich Dunedin wird gern und ausgiebig geblitzt! Eine Alternative zur Raserei auf SH1 ist der kaum längere, aber zeitaufwendigere Abschnitt der Southern Scenic Road, die gut ausgeschildert zwischen Waihola und Dunedin zur Küste schwenkt, den Taieri River nahe seiner Mündung auf einer großen Brücke überquert und durch Brighton, wo an schönen Sommertagen halb Dunedin am Strand liegt, sowie nah am Tunnel Beach (S. 393) vorbei in die Stadt mit dem Schottenimage führt.

Info

Clutha i-SITE Visitor Centre: 4 Clyde St, Balclutha, Tel. 03-418 0388, www.cluthadistrict.co.nz.

Die Marlborough Sounds

Kapitel 5

South Island – der Norden

Die erste oder letzte Begegnung mit der Südinsel ist für das Gros der Neuseeland-Rundreiser die Fährfahrt durch den Queen Charlotte Sound und den Tory Channel. Mag es draußen auf der Cook Strait wie so oft stürmen und brodeln, die ruhige Fahrt durch die engen, von grünen Hängen gesäumten Wasserarme des Marlborough Sound versöhnt: Es ist eine der schönsten Fährpassagen der Welt.

Im Norden der Südinsel ist Lifestyle Programm: Aus zwei großen Weinregionen, Marlborough und Nelson, kommen gute Tropfen. Hand in Hand mit den Winzern verwöhnt eine anspruchsvolle Gastronomie die Gäste. Aktiv zu sein ist ebenfalls kein Problem: Mit dem Queen Charlotte Track und dem Abel Tasman Coast Track stehen zwei Wanderwege jedem offen, unabhängig vom Fitnesslevel. Für ganz Fitte gibt es den Heaphy Track, den Great Walk ohne Nebenausgang durch den Kahurangi National Park – bis zu sieben Tage Wildnis hautnah.

Eine Tour in die Marlborough Sounds sollte man mit zwei Übernachtungen in Picton oder Havelock flankieren. An den Bays erfordern Ausflüge in den Abel Tasman National Park oder an die Golden Bay und an das Nordkap der Südinsel jeweils einen, besser zwei weitere Tage. Weinliebhaber, Wassersportler und Wanderfans finden viele Gründe für mehr Extratage. Wer indes auf die Region verzichten will, erreicht von der Fähre in gut 2 Std. Kaikoura oder in etwa 4,5 Std. die West Coast.

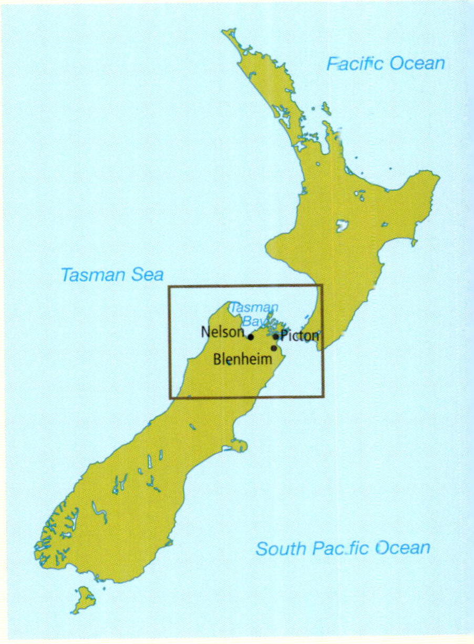

Auf einen Blick

South Island – der Norden

Sehenswert

WoW – World of Wearable Art: Die Welt überdrehter, irrer, extravaganter Fantasiekostüme – Kunst auf den Leib geschnitten (S. 476).

14 **Abel Tasman National Park:** Dichtes Grün, goldgelbe Strände, malerische Buchten (S. 481).

The Grove Scenic Reserve: Eine Installation von der Natur geschaffen, Urwald überwuchert Karstskulpturen – und wir Menschlein dürfen hindurchwandeln (S. 486).

15 **Cape Farewell und Farewell Spit:** Atemberaubende Küstenvielfalt an der Nordspitze der Südinsel (S. 489).

Schöne Routen

Im Norden der Südinsel ist die Routenauswahl gering, will man die Region in eine Neuseeland-Rundreise einbauen.

Von Picton zur Westcoast: Typisch ist die Fahrt Picton–Nelson–Motueka–Abel Tasman National Park–Motueka–Murchison–Westport, um an die West-Coast-Route anzuknüpfen (ab S. 350), 460 km kommen dabei zusammen, Verlängerung in die Golden Bay ist möglich (S. 467).

Von Picton Richtung Canterbury: 160 km schlagen entlang der Ostküste zwischen Picton und Kaikoura für den Anschluss nach Canterbury (ab S. 317) zu Buche (S. 471).

Meine Tipps

Mit dem Postmann auf Tour: Auf dem ›mailboat run‹ in entlegene Seitenarme und Buchten der Marlborough Sounds mit einsamen Höfen, kleinen Siedlungen und schwimmenden Arbeitsplätzen und dazu Begegnungen mit spannenden Geschichten und gespannten Gesichtern – was bringt das Postboot wohl (S. 470)?

Mussel Inn: In der Kultkneipe an der Golden Bay kann man Neuseelands bestes Bier und stimmungsvolle Club-Konzerte genießen, aber wer fährt später zur Unterkunft zurück (S. 487)?

Sans Souci Inn: Reto und Vera kommen aus der Schweiz und haben im Badeort Pohara Beach ein kleines Paradies geschaffen mit mediterranem Flair und großem ökologischem Bewusstsein. Abends verwöhnen sie ihre Gäste mit ihrer ganz modernen Interpretation von Hausmannskost (S. 487).

aktiv unterwegs

Wharariki Beach und Hill Top Walk – *my favourite walk:* Ich will nichts beschönigen, die Nordspitze der Südinsel ist meist windumtost, darüber hinaus vereint der Hill Top Walk einen der spektakulärsten Strände des Landes mit einer abwechslungsreichen 3-stündigen Klippenwanderung (S. 490).

Heaphy Track – der lange Great Walk: Neuseelands längster Great Walk zeigt so viel Vielfalt von Flora und Fauna wie kein anderer der großen Tracks im Lande (S. 494).

Marlborough

In der Maori-Mythologie sind die Marlborough Sounds Schnitzwerk eines versunkenen Kanus der Götter, für Wissenschaftler ein überflutetes Faltgebirge. Eines aber sind sie auf keinen Fall, obwohl sie wie eine sonnenverwöhnte Version davon wirken: Fjorde. Würde denn auch eine Fjordlandschaft zur ertragreichsten Weinregion eines Landes passen?

Die Region Marlborough hat zwei sehr unterschiedliche Gesichter: Die Sounds mit Picton als großem und Havelock als kleinem Touristenzentrum bieten viel Wassersport, Fahrten mit Postbooten und Naturbeobachtungen. Sogar Wale zeigen sich manchmal. Gerade einmal zwanzig Minuten mit dem Auto von Picton oder Havelock entfernt steht man nördlich Blenheim mitten zwischen Weinreben. Dieses Marlborough ist eines der großen Weinanbaugebiete der südlichen Hemisphäre und vor allem für seine jungen, frischen Weißweine bekannt.

Marlborough Sounds

Von bewaldeten Berghängen bedrängt, wirken die verzweigten Sounds wie sonnenverwöhnte Fjorde. Aber hier formte kein Eiszeitgletscher, sondern der Anstieg des Meeresspiegels überflutete Flusstäler eines von den Erdkräften aufgefalteten Gebirges.

An vielen Buchten ziehen sich kleine, schmale Strände entlang, dahinter ein paar Häuser. Es gibt sie noch, Menschen, die in den Sounds wirklich leben, Farmen betreiben, fischen oder auf den Muschelfarmen arbeiten. Und es gibt die Kinder der Sounds, die per Funk, Internet und Post am Schulunterricht teilnehmen, zum Spielen bei Nachbarkindern mit dem Boot fahren müssen und zu denen der Weihnachtsmann statt mit dem Schlitten mit dem Schiff kommt.

Auf der anderen Seite exquisite Ferienhäuser, schnittige Motor- und Segelyachten und paradiesische Resorts, in denen gestresste Großstädter für ein paar Tage oder Wochen aussteigen – die Schönen und Reichen aus Wellington fliegen gern mit dem Helikopter direkt ein. Aber keine Sorge, es gibt auch Backpacker-Unterkünfte und bezahlbare Bootdienste. Und wer fit ist, wandert in die Welt der Sunde hinein.

Queen Charlotte Sound

► K 11/12

Der Queen Charlotte Sound ist der touristisch am besten erschlossene Sund. Kaum eine Bucht, die nicht mit einer Unterkunft oder einem privaten Refugium belegt ist. Yachten, Wassertaxis und Tourenboote wuseln über die Wellen, dazwischen folgen Fähren ihrem Kurs zwischen Nord- und Südinsel (S. 288). Sie benutzen als Abkürzung zwischen Queen Charlotte Sound und Cook Strait den schmalen **Tory Channel.** Wo der vom großen Sund abzweigt, erinnert **Dieffenbach Point** an den in Gießen geborenen Naturwissenschaftler Ernst Dieffenbach, der in den 1830er-Jahren die Marlborough Sounds erforschte.

Nirgendwo in Neuseeland lässt sich ›Tourismus‹ so weit zurückverfolgen wie an **Ship Cove** im äußeren Queen Charlotte Sound. Auf allen drei Reisen gönnte James Cook sich und seiner Mannschaft in der kleinen Bucht Erholungstage. Ein wuchtiger Obelisk erinnert an die Besuche, die benachbarten Buchten tragen die Namen von Cooks Schiffen ›Endeavour‹ und ›Resolution‹. Vor Ship Cove liegt **Motuara Island,** ein offenes Vogelreservat. Zu jedem Besuch gehört ein Gang zum Inselgipfel. James Cook hisste dort Ende Januar 1770 den Union Jack, um britischen Anspruch auf die Südinsel zu proklamieren. Von der Aussichtsplattform sieht man im Norden die Landspitze **Cape Jackson,** davor eine Klippe mit einem Leuchtfeuer. Durch die 460 m schmale Passage steuerte am 16. Februar 1986 ein laut späterem Untersuchungsbericht überarbeiteter Lotse die ›Mikhail Lermontov‹, ein in Wismar gebautes Kreuzfahrtschiff unter russischer Flagge. Felsen unter der Wasserlinie schlitzten den Rumpf auf. Der Versuch, das Schiff im Port Gore sanft auf einen Strand zu setzen, scheiterte. Der Riese liegt jetzt in rund 25 m Tiefe auf dem Grund der Bucht als populäres, aber gefährliches Ziel für Sporttaucher: Die Havarie forderte das Leben eines Besatzungsmitglieds, alle anderen 739 Menschen wurden wohlbehalten von Bord geholt – im Wrack starben jedoch schon drei Hobbytaucher.

Dem Sound folgt zum Teil am Westufer, zum Teil als Kammweg hoch darüber der **Queen Charlotte Track,** der beliebteste Wanderweg der Region. Er wird rund ums Jahr begangen, von März bis November ist er zudem für Mountainbiker freigegeben. Vom Track führen immer wieder Seitenwege zum Wasser, zu Unterkünften, Cafés und Bootsanlegern.

Rund um den Track hat sich ein munteres Transfer-Business mit Wassertaxis etabliert, denn nur ein Bruchteil der Menschen, die auf dem Track wandern, gehen die ganzen 71 km (3–5 Tage) von Ship Cove bis Anakiwa. Viele picken sich zwei oder drei Tagesetappen (in der Regel 4–5 Std. bei mäßigem Tempo) heraus, die meisten sogar nur eine. Gut geeignet für eine Tageswanderung ist die Etappe von Ship Cove bis zur Furneaux Lodge am Endeavour Inlet (ca. 15 km, 3–5 Std.) oder von dort 12 km (3–4 Std.) auf dem flachsten Teilstück um das Inlet zur Punga Cove. An beiden Endpunkten kann man in Cafés auf das Boot warten (der Track im Web: www.qctrack.co.nz).

Picton ► K 12

Picton ist mit knapp 4000 Einwohnern der größte Ort in den Marlborough Sounds und trotz des großen Fährterminals recht ansehnlich, denn Bereitstellungsflächen und Rangieranlagen liegen abseits. Gute Aussichten auf das Hafentreiben bietet die Hügelkette **The Snout** nordöstlich des Zentrums. Eine Straße führt von Osten hinauf, außerdem Fußwege ab Picton Marina.

Das Zentrum von Picton wirkt modern, viel alte Bausubstanz wurden unter Hinweis auf mangelnde Erdbebensicherheit abgerissen. Eine ›Gedenktreppe‹ für die Gefallenen der Weltkriege führt in der Verlängerung der Haupteinkaufsstraße aus der Innenstadt in den Foreshore Park hinunter, zu einer Palmenpromenade vor einem winzigen Strand, zum i-SITE und zum originellen **Kiwi Mini Golf** (Tel. 03-573 7136; ab 9 Uhr). Neben der Treppe dokumentiert das **Picton Museum** u. a. die Kolonialzeit und den Walfang in der Cook Strait (9 London Quay, Tel. 03-573 8283, tgl. 10–16 Uhr, 4 NZD).

Im **Edwin Fox Maritime Centre** bemüht sich ein Verein, den Rumpf der ›Edwin Fox‹ zu erhalten, und dokumentiert die wechselhafte Geschichte des Schiffs vom Truppentransporter in den Krimkriegen und Auswandererschiff nach Neuseeland bis zum aufgedockten Kühlhaus und Kohlenlager. Der 1853 in Kalkutta aus Teakholz gebaute Segler gilt als eines der ältesten ›erhaltenen‹ Holzschiffe der Welt, auch wenn kaum mehr als der Rumpf geblieben ist (Dunbar Wharf, Tel. 03-573 6868; tgl. 9–17 Uhr, 10 NZD). Nebenan zeigt **Eco World** in Aquarien und Terrarien Getier aus den Meeren Neuseelands, darunter kleinere Haie und recht große Rochen – eine echte Familienattraktion (Dunbar Wharf, Tel. 03-573 6030, tgl. Okt.–Apr. 10–20, sonst 11–17, Fütterung 11 u. 14 Uhr, Erw. 20 NZD, Kinder 10 NZD, Familientickets).

Infos

Marlborough i-SITE Visitor Centre: The Foreshore, Tel. 03-520 3113, www.destinationmarlborough.com, im Sommer auch mit DOC-Buchungs-Desk und DOC-Mitarbeitern.

Übernachten

Nah zu Zentrum und Marina ▶ Picton Top 10 Holiday Park: 70–78 Waikawa Rd, Tel. 03-573 7212 oder [fc] 0800 277 299, www.pictontop10.co.nz. Komfortabel, Stellplätze 36–42 NZD, Hütten/Apartments 60–145 NZD.

BBH-Backpacker ▶ The Villa Backpackers Lodge: 34 Auckland St, Tel. 03-573 6598, www.thevilla.co.nz. Mehrere Gebäude, alles um netten Innenhof gruppiert. Bett ab 23 NZD/Pers., DZ ab 54, mit Bad 68 NZD.

DOC-Campground am Wasser ▶ Momorangi Bay: Queen Charlotte Dr, (13,5 km westl. von Picton), Tel. 03-573 7865. Stellplätze ab 24,40, mit Soundblick und Strom 28,60, Hütten ab 40,80 NZD.

Ein Kunstparadies zwischen Bush und Sound ▶ Lochmara Lodge: Lochmara Bay, Queen Charlotte Sound, Tel. 03-573 4554, www.lochmaralodge.co.nz. Nur mit dem Boot ab Picton oder über den Queen Charlotte Track zu erreichen. Café vom Frühstück bis Dinner auch für Tagesbesucher, Kunstgalerie mit arbeitenden Künstlern und Skulpturenpark sowie privatem Naturpark. Da wird das Übernachten fast zur Nebensache: funktionale DZ ab 90 NZD, komfortable Chalets ca. 240–280 NZD.

Hier machte schon James Cook Urlaub ▶ Punga Cove Resort: Camp Bay, Endeavour Inlet, Tel. 03-579 8561, www.pungacove.co.nz. Von Zimmern im Backpacker-Stil (DZ ab 84 NZD) bis zur Luxus-Suite (440 NZD). Restaurant mit Traumblick aufs Wasser tagsüber HG ca. 15–22, Dinner um 40 NZD.

DOC-Campsites ▶ Rund 40 einfache Camping- und Zeltplätze betreibt das DOC in den Marlborough Sounds. Meist zahlt ein Erw. 6,10 NZD, Voucher und Infos beim i-SITE/DOC in Picton (s. Infos).

Essen & Trinken

Café, Bar, Restaurant und Superblick ▶ Le Café: London Quay, Tel. 03-573 5588, www.lecafepicton.co.nz. Vom Frühstück bis zum Dinner (HG ab 25 NZD) und auch noch das ein oder andere Glas Wein oder Bier am späteren Abend werden hier serviert. Die Fisch- und Muschelgerichte sind spitze und dazu der Blick auf Marina, Fährhafen und Sounds – ein Muss in Picton. Clubkonzerte!

Lifestyle in den Sounds ▶ Gut essen und trinken kann man auch bei Wanderungen oder Bootstouren in der **Furneaux Lodge** (S. 467), im **Punga Cove Resort** und in der **Lochmara Lodge,** die sogar Frühstücks-, Lunch- und Dinner-Arrangements inklusive Bootstransfer ab/bis Picton anbietet (s. Übernachten).

Trinken und Lunchen auf Weingütern ▶ The Sounds Connection: 10 London Quay, Picton, Tel. 03-573 8843, [fc] 0800 PICTON, www.soundsconnection.co.nz. Rundfahrten mit Weinproben 1/2 Tag 65, ganzer 89 NZD.

Aktiv

Sea Kayaks ▶ Werden von vielen Unterkünften in den Sounds zur Verfügung gestellt. Aktuelle Verleiher und Anbieter geführter Touren kennt das i-SITE.

Bootstouren und Queen-Charlotte-Tracktransfers ▶ 1 Tag ab/bis Picton inkl. 1–5 Std. Wanderung auf dem Track 75–100 NZD, optional Gepäcktransport zwischen Unterkünften während der Besitzer wandert u. a. mit **Beachcomber** (S. 470), **Cougar Line** (Waterfront, Picton, Tel. 03-573 7925, [fc] 0800 50 40 90, www.cougarlinecruises.co.nz) und **Endeavour Express** (Waterfront, Tel. 03-573 5456, www.boatrides.co.nz).

Naturerkundung und Delfinschwimmen ▶ Dolphin Watch Ecotours: Foreshore, Tel. 03-573 8040, www.naturetours.co.nz. Delfine beobachtet man fast immer (100 NZD), oft kann man auch mit ihnen schwimmen (150 NZD). Bei den Touren zum Vogelreservat Motuara Island (100 NZD) sind nicht nur Ornithologen von den zutraulichen Vögeln fasziniert, und bei Besuchen an der Ship Cove atmet man etwas Weltgeschichte und darf ein Stück wandern (100 NZD).

Breites Outdoor-Programm ▶ Wilderness Guides: 3 Auckland St, Picton Railway Station, Tel. 03-573 5432, [fc] 0800 266 266, www.wildernessguidesnz.com. Geführte oder individuelle Wanderungen auf Queen Charlotte Track mit Unterbringung von *basic* bis luxuriös, z.B. 4 Tage Gourmet-Wanderung auf dem Queen Charlotte Track mit Lodge-Unterkünften ca. 1550 NZD/Pers. Auch Kajaktouren und -verleih.

Verkehr

Bahn: TranzCoastal S. 326.
Busse: u. a. **Intercity, Atomic Shuttles, nakedbus.com** ab Fährterminal nach Christchurch und Nelson/Golden Bay.
Fähr- und Flugverkehr zur Nordinsel: S. 288.

Nebenstraßen in den Sounds

► J/K 11/12

Es ist zwar nicht so stilecht wie mit einer Bootstour, aber man kann die Sounds auch auf der Straße erkunden. Zwischen Picton und Havelock schlängelt sich der **Queen Charlotte Drive** mit vielen Aussichtspunkten erst am innersten Arm des Queen Charlotte Sound entlang, dann wechselt er hinüber zum Mahakipawa-Arm des Pelorus Sound. Der Drive ist zwar nur 35 km lang, aber man kurvt gut eine Stunde, mit allen Stopps kann man sich leicht einen halben Tag vergnügen. *Locals* und Eilige fahren lieber die 20 km längere, aber schnellere Strecke SH1/SH62/SH6 durch das Wairau Valley.

Ein ganz anderes Kaliber, was Kurven und Zeitaufwand angeht, ist die **Kenepuru Road,** die zwischen Picton und Havelock vom Queen Charlotte Drive abzweigt: Rund 70 km – gut 2 Stunden ab Linkwater – windet sie sich als Sackgasse um den Kenepuru Sound bis Hopewell. Noch spektakulärer der Abzweig über Pässe und Bergkämme am Mt Strokes vorbei, dem höchsten Berg in den Sounds (Gipfeltrack), bis zur **Titirangi Bay,** der versteckten Schönheit mit dem besten Sandstrand von Marlborough.

Touristisches Niemandsland betritt man indes nicht: Immer wieder stößt man auf Restaurants und Unterkünfte wie das traditionsreiche **Te Mahia Bay Resort** (Tel. 03-573 4089, www.temahia.co.nz; ca. 20 km ab Linkwater), das **Meersburg B&B** eines deutschen Auswandererpaares (Tel. 03-573 4565, www.meersburgnz.com; 22 km) oder das **Portage Resort Hotel** (Tel. 03-573 4309, www.portage.co.nz; 30 km). Außerdem besteht mehrfach Zugang zum Queen Charlotte Track.

Ähnlich kurvenreich und mit langen Schotterpassagen, aber deutlich einsamer verbindet die **Port Underwood Road** Picton mit dem Wairau Valley an der Cook Strait entlang, eine Alternative zum SH1 für Freunde rauer, einsamer Küstenlandschaften, gut 35 km länger als die Hauptstraße. Port Underwood war im 19. Jh. Basis für viele Walfänger, die in der Cook Strait operierten.

Havelock ► J 12

Havelock versteckt sich am Ende des größten Sundsystems, des über 50 km ins Land greifenden Pelorus Sound und seines Ablegers Kenepuru Sound. In dem Städtchen bekam der Atomphysiker und Nobelpreisträger von 1908 Ernest Rutherford erstes Wissen eingepaukt, seine alte Schule dient inzwischen als Backpacker. Havelock mauserte sich in den letzten Jahren zu einem munteren Touristenort mit maritimem Flair, dazu trug der Ausbau der Marina viel bei, aber auch ein Produkt: Muscheln. Draußen in Buchten und Sunden des Pelorus Sound und seiner Nebenarme hängen Tausende dicker Taue von

Tipp: Muscheln, nichts als Muscheln

In der Muschelmetropole Havelock muss man einmal frische Green Lip Mussels essen, gedämpft – *steamed* – oder gegrillt. In Restaurants wie im angesagten **Slip Inn Cafe and Wine Bar** (Tel. 03-574 2345) unten an der Marina oder im urigen **Mussel Pot** (Tel. 03-574 2824) an der Hauptstraße, unter dem überdimensionalen Muscheltopf auf dem Dach zahlt man rund 18–20 NZD für die Portion. Wer sie selbst zubereiten will, hier mein ›*basic*‹ Rezept für unterwegs: Großen Topf ca. 1/3 mit leicht gesalzenem Wasser füllen und zum Kochen bringen. Sahne, Wein, Knoblauch hinzugeben, Muscheln hineinwerfen. Sie sind nach 3–4 Min. fertig, sobald sie aufgehen. Auf keinen Fall zu lange kochen, dann werden sie gummiartig! Wichtig: Vor dem Kochen die geöffneten, nach dem Kochen die geschlossenen Muscheln aussortieren!

Tipp: Mit dem Postmann auf Tour

Selten geht Nützliches eine so schöne Symbiose mit Angenehmem ein wie bei den ›Mail Boat Runs‹: Postschiffe, längst zu bequemen Sightseeing-Booten mit Salon und Sonnendeck mutiert, fahren mehrmals pro Woche auf wechselnden Routen die verzweigten Marlborough Sounds ab, um Bewohner von Mini-Siedlungen, abgelegenen Höfen, einsamen Schafstationen oder schwimmenden Muschelfarmen mit Post, Lebensmitteln und Haushaltswaren zu versorgen. Meist kündigen sich Postboot-Skipper bei der nächsten Anlaufstelle per Funk an, sodass fast immer ein Empfangskomitee auf den Anlegern bereitsteht, oder sie wecken verschlafene Stationen und Siedlungen mit dem Schiffshorn. Schnelle Handgriffe und gezielte Würfe lassen Postsäcke und Kisten zwischen Steg und Boot wechseln, gelegentlich steigt ein Passagier zu oder aus – die Postboote sind auch Nahverkehrsmittel.

Es sind nicht nur Rentner oder sonnengegerbte Aussteiger, die an den Anlegern warten, oft stehen Kinder bereit, um Schulunterlagen abzuholen. Das System der Correspondence School erlaubt ihnen, zu Hause zu lernen: Unterlagen und Arbeitsbögen kommen per Boot, Kontakte zu Lehrer oder Lehrerin laufen über das Internet oder Funk.

Mail Boat ab Picton tgl. gegen Mittag zu Zielen im Tory Channel und im äußeren Queen Charlotte Sound: Beachcomber, The Waterfront, Picton, Tel. 03-573 6175, [fc] 0800 MAIL BOAT, www.mailboat.co.nz. Mail Boat Run ca. 4,5 Std., 89 NZD, auch Bootsexkursionen und Queen Charlotte Track Transfer. Ab Havelock Di, Do und Fr um 9.30 Uhr auf wechselnden Routen durch das größte Sundsystem. Das Boot ist ca. 6 Std., Fr bei der Fahrt in die Outer Sounds meist 8 Std. unterwegs: Pelorus Mail Run, Tel. 03-574 1088, www.mail-boat.co.nz, 128 NZD.

einem Netz aus Seilen und Schwimmkörpern zum Meeresboden hinab. An diesen wachsen die unseren Miesmuscheln ähnlichen, aber wesentlich größeren Green Lip Mussels.

Von der **Kaiums Bay,** Havelock gegenüber am anderen Ufer (auf der Straße ca. 35 km), beginnt der 27 km lange **Nydia Track** durch dichten Küstenwald und über zwei Pässe via Nydia Bay zum Tennyson Inlet, üblicherweise in zwei Tagen erwandert oder in einem Tag mit dem Mountainbike bezwungen.

Infos

Havelock Info Centre: 46 Main Rd, Havelock (im YHA), Tel. 03-574 2104, www.havelockinfocentre.co.nz. Auch Buchungen für Aktivitäten, Transfers und Übernachtungen für Nydia Track.

Übernachten

BBH-Backpacker mit Top-Rating ▶ **Hopewell:** Double Bay, Kenepuru Sound, Tel. 03-573 4341, www.hopewell.co.nz. Wird seit Jahren im BBH-Rating immer wieder zu einem der besten Backpacker Neuseelands gewählt, auf der Kenepuru Road (S. 469) dauert die Anfahrt gut 2 Std., mit dem Boot ist es nur ein Katzensprung ab Te Mahia (60 NZD h/z, Parkplätze vorhanden) und mit dem Wasserflugzeug ab Picton eine grandiose Flightseeing-Alternative (ca. 280 NZD/Flug bis 4 Pers.). Vor Ort gibt es einen hauseigenen Strand und viele Möglichkeiten, den Tag aktiv, gesellig oder kulinarisch zu genießen. Bett im Mehrbettzimmer ab 35 NZD, DZ ohne Bad 90, mit Bad 120 NZD, auch Hütten für bis zu 6 Pers.

Einfach, aber mit netter Atmosphäre ▶ **Rutherford YHA:** 46 Main Rd, Havelock, Tel. 03-574 2104. Ehemalige Schule des Nobelpreisträgers Ernest Rutherford, in der jeder Gast ein halbes Dutzend frische Muscheln gratis bekommt! Bett ab 22 NZD/Pers, auch DZ ab 58 NZD.

Verkehr

Busse: In Havelock halten alle Bus- und Shuttle-Dienste Picton/Blenheim–Nelson.

Der Westen der Sounds

► J 11/12

Die **Pelorus Bridge** überspannt den tief in einen Canyon eingegrabenen, von altem Wald gesäumten Pelorus River. Die Brücke nutzen trotz aller Warnhinweise Übermütige als Plattform für Sprünge in den Flusslauf, in dem es auch schöne Badeplätze gibt. Ein ›Scenic Reserve‹ wird von Spazierwegen erschlossen und das DOC betreibt ein Visitor Centre sowie einen gut ausgestatteten Campingplatz (Tel. 03-571 6019, Stellplätze ab 20,40 NZD).

Nördlich **Rai Valley** biegen Individualisten in den touristisch wenig erschlossenen, aber landschaftlich eindrucksvollen Nordwesten der Marlborough Sounds zu anspruchsvollen Tracks (Nydia, S. 470), Mountainbike-Routen und Kajakrevieren ab. 65 km sind es über die nur auf den ersten Kilometern asphaltierte **Crossiles Road** bis **French Pass** am Sund zwischen Festland und D'Urville Island. Die Straße hangelt sich auf langen Strecken über einen schmalen Höhenrücken mit beeindruckenden Aussichten. Das DOC unterhält in der Region einfache Campingplätze, gern genutzt von Wassersportlern. Ein Refugium für Aussteiger auf Zeit ist das **D'Urville Island Wilderness Resort** (Catherine Cove, D'Urville Island, Tel. 03-576 5268, www.durvilleisland.co.nz, Ferienhütten ab 110 NZD) auf der gleichnamigen Insel. Gäste ohne eigenes Boot können ab French Pass ein Wassertaxi nutzen (ca. 70 NZD).

Weinregion Marlborough

Rund um Blenheim ► K 12

Blenheim ist zwar die größte Stadt der Region, aber die meisten Touristen lassen sie links liegen. Die Weine locken weiter nördlich in die flachen **Wairau Plains** und auf Güter um **Renwick** im Osten. Von der Rapaura Road (SH62) ziehen sich Rebstöcke rechts und links, so weit das Auge reicht. Man kann es kaum fassen, dass hier bis in die 1970er-Jahre fast nur Apfel-, Kirsch- und andere Obstbäume standen. In vier Jahrzehnten entwickelte sich dank des idealen Bodens und des perfekten Klimas Neuseelands produktivstes Weinanbaugebiet mit rund 10 000 ha Anbaufläche. Hauptwein ist nach wie vor der Sauvignon Blanc – fast 60 % – aber auch Chardonnay und Riesling werden gekeltert. Trendy und volumenmäßig schon die Nummer zwei ist Pinot Noir, mit dem Marlborough beweist, dass es auch Rote in Spitzenqualitäten liefern kann.

Natürlich gibt es Massenweine wie vom Großproduzenten **Montana** oder Kultweine wie von der **Cloudy Bay Winery,** die längst vom französischen Moet Hennessey-Imperium geschluckt wurde (Jacksons Rd, Wairau Plains, Blenheim, Tel. 03-520 9140, www.cloudybay.co.nz, tgl. 10–17 Uhr). Aber die meisten Weingüter sind kleine bis mittelgroße ›Boutique Wineries‹. Viele verkaufen ab *cellar door*, Weinprobe inklusive. Flaschen kosten meist zwischen 20 und 40 NZD. Einige Weingüter servieren Lunch, wenige Dinner (Plan mit Öffnungszeiten in den i-SITEs).

Ein Muss ist bei jeder Weintour das ›Weindorf‹ **The Vines Village**, wo Weinproben gern in betont lockerer Atmosphäre inszeniert werden, außerdem gibt's Likörchen der Destillière Prenzel, edle Olivenöle aus der Region und ein paar Souvenirshops. In Shelly's Café können sich derweil zwei Personen an der berühmten Village Platter (ca. 40 NZD) mit kleinen Leckereien aus Fisch und Fleisch stärken (193 Rapaura Rd, Tel. 03-572 7170, www.thevinesvillage.co.nz, tgl. 10–17 Uhr).

Infos

Marlborough i-SITE Visitor Centre: Blenheim Railway Station, Tel. 03-577 8080, www.destinationmarlborough.com. Zum Weinland: www.wine-marlborough.co.nz.

Übernachten

Stylisch wohnen im Weinland ► Marlborough Vintners Hotel: 190 Rapaura Road, Blenheim, Tel. 03-572 5094, [fc] 0800 MVH 190, www.mvh.co.nz. Moderne Architektur und solides Design bei der Ausstattung – das ist Lifestyle zwischen den Weingütern, Apartments ca. 340 NZD.

Das Verbotene reizt: Wasserspringer an der Pelorus Bridge

Stilvoll wohnen auf einem Weingut ▶ **Stonehaven Homestay:** 414 Rapaura Rd, Blenheim, Tel. 03-572 9730, www.stonehaven homestay.co.nz. B&B DZ 185–288 NZD – Rabatt bei Barzahlung! 3-Gänge-Dinner optional, ca. 70 NZD.

Essen & Trinken, Einkaufen

Eines der besten Restaurants im Lande ▶ **Herzog Estate:** 81 Jeffries Road (Seitenstraße der Rapaura Rd), Blenheim, 03-572 8770, www.herzog.co.nz. Fast am Ufer des Wairau River auf dem Weingut von Hans und Therese Herzog, die schon mit ihrem Restaurant Taggenberg bei Zürich in ihrer alten Heimat eine Gastro-Perle schufen, fusionieren europäisch-mediterrane Kochkunst mit feinen neuseeländischen Rohwaren. Ihr Team verstärken sie immer wieder mit europäischen Sterneköchen, da redet man eigentlich nicht über die Preise – die Rechnung für ein großes Dinner zu zweit mit passenden Weinen liegt im mittleren dreistelligen Bereich. Okt.–Mai Di–So, Hochsaison auch Mo Dinner ab 18.30 Uhr; mittags preiswerteres Lunch-Bistro. Und wer es mag, findet zum Abschluss in Herzogs Humidor bestimmt seine Lieblings-Havana. Weinverkauf Mo–Fr 9–17, Sa/So 11–16 Uhr.

Mein Favorit in Marlborough ▶ **Wairau River Wines:** Rapaura Rd/SH6, Wairau Plains, Blenheim, Tel. 03-572 9800, www.wairauriver wines.co.nz, tgl. 10–17 Uhr. Mit guten Weinen, interessanten Weinsouvenirs und bezahlbarer mediterraner Lunch-Küche.

Termine

Wine Marlborough Festival am 2. Samstag im Februar auf dem Gelände des Brancott Estate südlich Renwick. Einen Tag lang wird das Beste, was Keller und Küche der Region bieten, aufgetischt (Tickets ca. 50 NZD), dazu Musik und Verkaufsstände. Am Freitag vor dem Festival gibt es einen Gourmet-Markt in Blenheim, am Sonntag einen Tag der offenen Tür auf vielen beteiligten Weingütern. Infos zum Festival www.wine-marlborough-festi val.co.nz.

Verkehr

Bahn und Busse: Der TranzCoastal (S. 326) sowie alle Fernbusse zwischen Picton und Christchurch bzw. Nelson stoppen an Blenheim Station/i-SITE.

Flug: Flughafen 6 km westl. Cook Strait Flüge nach Wellington (S. 289), **Air New Zealand Link** mehrmals tgl. nach Auckland, Christchurch und Wellington.

Von Blenheim nach Kaikoura

▶ J/K 12/13

SH1 verbindet Blenheim nach Süden am Pazifik entlang mit der Walmetropole Kaikoura (S. 321) und geht dabei immer wieder in Tuchfühlung zum Meer und zur Bahnline Picton–Christchurch (S. 326).

Südlich Seddon schwenkt die Straße landeinwärts, um Neuseelands Salzsee **Lake Grassmere** auszuweichen, eine flache Wasserfläche von rund 40 km^2 (je nach Trockenheitsgrad und Fluthöhen +/– 5 km^2). Auch wenn das Gewässer einen ›Lake‹ im Namen trägt, ist es genau genommen ein Salzwasser-Haff. Geringer Wasseraustausch, kaum Süßwasserzuflüsse und wenig Niederschlag kombiniert mit austrocknenden Nordwestwinden sind ideal zur Meersalzgewinnung. Seit 1943 wird dies industriell genutzt. Nur wartet man heute nicht mehr, dass Springfluten Lake Grassmere mit Salzwasser überfluten, sondern pumpt Meerwasser nach Bedarf in angelegte Trocknungsteiche, in denen bis zu 70 000 t Salz pro Jahr gewonnen werden.

Eine alternative Route für Geländefahrzeuge Richtung Canterbury zweigt schon nördlich Seddon am Nordrand des weiten **Awatere Valley** nach Südosten ab und erreicht über Neuseelands größte Viehfarm, die Molesworth Station, die Region am Thermalort Hanmer Springs (S. 319).

Tipp: Schweizer Önologie im Marlborough

Georg Fromm, Schweizer Weinbauer in vierter Generation, gründete die Fromm Winery am Südostrand von Renwick mit dem Ziel, die idealen Bedingungen im Marlborough und das Knowhow Schweizer Winzer für die Produktion von Spitzenweinen zu vereinen. Auch nach seinem Rückzug arbeitet die Winery unter Schweizer Leitung weiter in seinem Sinne und nach seinen hohen ökologischen Standards. Außerdem blieb Chefönologe Hätsch Kalberer dem Haus verbunden. Fromms Pinot Noir zählen zu den besten Neuseelands, das Gut gilt als Trendsetter bei dieser Rebe im Marlborough. Eine weitere Spezialität sind leichte Rieslinge mit wenig Alkohol – ideal für heiße Sommertage.

Fromm-Weine werden in Handarbeit gemacht und – so verspricht man – auch zukünftig verkorkt und nicht verschraubt, was selbst bei Spitzenweinen in Neuseeland inzwischen üblich ist. Neben jungen, frisch zu trinkenden La Strada-Weinen werden edle Terroir-Weine mit langem Lagerpotential aus Einzellagen unter den Labeln Fromm Vineyard, Clayvin Vineyard und Brancott Valley gekeltert (Godfrey Rd, Renwick, Tel. 03-572 9355, www.frommwinery.co.nz, Weinproben Okt.–April tgl. 11–17, sonst Fr–Sa 11–16 Uhr).

Bays und Berge um Nelson

Sonnenverwöhnte Strände an den Bays. Windumtoste Wanderdünen auf Farewell Spit. Steile Skipisten rund um die Nelson Lakes. Kiwis, Keas und Kakas im Kahurangi National Park. Genuss aus Keller und Küche um Nelson und Mapua. Aussteiger-Lifestyle um Takaka und Collingwood.

Die Stadt Nelson sowie Tasman und Golden Bay genießen, von Bergketten im Westen geschützt, ein sonnenverwöhntes, mildes Klima. Das lockt Lifestyle-Immigranten aus aller Welt. Die vielen Künstler und Kunsthandwerker rekrutieren sich aus Kreisen kreativer Aussteiger, die es in den letzten Jahrzehnten aus ganz Neuseeland, aber auch aus Europa an die Bays zog, darunter viele Deutsche. Das hat Tradition: In den Hügeln um Upper Moutere – einst St. Pauli Dorf – wurden in den 1840ern systematisch Einwanderer aus Norddeutschland angesiedelt.

Nationalparks

Magnet für Überseetouristen ist der Abel Tasman National Park. Fast eine Viertelmillion Besucher wandern jedes Jahr auf dem Coast Track. Die Küste drängt die Bergregionen im Hinterland etwas aus dem Blick. Schon der Abel Tasman National Park lockt *caver* in seine Kalksteinhöhlen (S. 485) am Takaka Hill. Der Kahurangi National Park (S. 493) begeistert Botaniker und Ornithologen mit selbst für neuseeländische Verhältnisse ungewohnter biologischer Vielfalt. Und im Nelson Lakes National Park erreichen Ausläufer der Southern Alps Höhen von über 2300 m, ein Revier für grandiose Bergwanderungen und von Ende Juni bis Oktober auch für Wintersport.

Wespen und Vandalen

So paradiesisch die Region anmutet, sie ist nicht ohne Plagen: Zwei Wespenarten, die Gemeine und die Deutsche, kamen versteckt in Warenladungen ins Land und verbreiten sich seit Mitte des 20. Jh. gerade hier explosionsartig. Besonders betroffen sind die Südbuchenwälder. An den Stämmen der Bäume liefern ihnen Läuse mit Honigtau reichlich Nahrung. Früher nutzten dies heimische Vogelarten, deren Bestände durch die Nahrungskonkurrenz merklich zurückgehen. Wie in Europa gibt es Jahre mit sehr vielen, mal mit weniger Wespen, wer auf Stiche allergisch reagiert, sollte jedoch immer ein Antihistaminikum griffbereit haben. Das DOC bekämpft Wespen großflächig (S. 18).

Ein weiteres Problem sind Fahrzeugeinbrüche und Vandalismus auf abgelegenen Parkplätzen an Nationalparkzugängen, u. a. am Flora Car Park südwestlich Motueka und am Mt Robert Car Park bei St Arnaud. Besser nutzt man Stellplätze in umliegenden Orten und greift auf Tracktransfers zurück.

Übernachten

Hütten und Camping in allen drei Nationalparks ▶ DOC Great Walks Helpdesk Nelson: Tel. 03-546 8210, http://booking.doc.govt.nz. Buchungen u. a. für Abel Tasman Coastal Track, Heaphy Track und Nelson Lakes National Park. Auch i-SITEs der Region helfen DOC-Unterkünfte zu buchen, in der Regel gegen geringe Gebühr.

Verkehr

Nelson ist Verkehrsknoten des Fernverkehrs mit dem Regionalverkehr zum Abel Tasman Nationalpark, dort abgestimmt auf Boots-Abfahrten/Ankünfte, sowie 1–2 x tgl. bis Takaka (32 NZD) an der Golden Bay und zum Ostende des Heaphy Track (ca. 55 NZD). Darüber hinaus bedienen Shuttle-Busse Tracks in den Nationalparks, meist auf Basis von mind. 4 Fahrgästen pro Tour. Dann kosten Hin- und Rückfahrt zum Heaphy Track (aktiv unterwegs S. 495) ab/bis Nelson ca. 150 NZD, mit Flugtransfer ca. 350 NZD, preiswerter sind Bus/Flug-Pakete zum Heaphy ab/bis Takaka (ab 200 NZD). Alle Anbieter organisieren auch Gepäckaufbewahrung und sicheres Parken.

Linienverkehr ▶ Abel Tasman Coachlines: Tel. 03-548 3290, www.abeltasmantravel.co.nz. Fahrplan abgestimmt auf Intercity-Busse ab/bis Nelson.

Heaphy-Spezialisten ▶ The Heaphy Bus (www.theheaphybus.co.nz) und **Trek Express** (www.trekexpress.co.nz, beide Tel. 03-540 2042, [fc] 0800 128 735) von Nelson zu beiden Enden des Heaphy (ca. 150 NZD h/z) und zu weiteren Tracks, bedient aber auch bewohnte Gebiete zwischen Nelson und Collingwood (max. 45 NZD).

Shuttles für alle Wege ▶ Nelson Lakes Shuttle: St Arnaud, Tel. 03-521 1900, mobil 021 490 095, www.nelsonlakesshuttles.co.nz. City to City Shuttles u. a. ab/bis St Arnaud, Blenheim, Kaikoura, Nelson, Picton und West Coast. Track-Transfer für alle Nationalparks der Region, umfangreichster Service für Nelson Lake NP. Betreiber Peter Kemp ist ein wandelndes Track-Lexikon und berät Kunden ausführlich!

Fliegen zum Wandern ▶ Abel Tasman Air: Tel. 03-528 8290, [fc] 0800 30 45 60, www.flytasmanbay.co.nz. **Remote Adventures Scenic Flights:** Tel. 03-525 6167, www.remoteadventures.co.nz. Beide Heaphy-Transfers, Sightseeing- und Taxiflüge u. a. zur Awaroa Lodge.

Nelson ▶ J 12

Cityplan: S. 479; **Karte:** S. 478/479

Nelson mit heute annähernd 45 000 Einwohnern durfte sich 1858 als zweiter Ort Neuseelands Stadt nennen. Mit Richmond – ca. 11 000 Einwohner – fast nahtlos zusammengewachsen, bildet es das wirtschaftliche wie touristische Zentrum der Region an Tasman und Golden Bay. Im Umland sorgen Obst-, Tabak-, Hopfen und Weinanbau für Arbeitsplätze, ebenso das Meer: Port Nelson ist Neuseelands wichtigster Fischereihafen. Der wird von der offenen Tasman Bay durch die fast 15 km lange, schmale Dünennehrung **Boulder Bank** abgeschirmt, die nördlich der Stadt ein breites Watt vor der Küste bildet. Die Nehrung behinderte Anfang des 20. Jh. die Entwicklung des Hafens massiv, sodass 1906 ein Durchbruch mit neuer Fahrrinne geschaffen wurde, dabei entstand die Düneninsel **Haulashore Island** 1.

Nelsons Fischer beliefern auch zahlreiche Restaurants der Stadt, Austern sind eine Spezialität. Die muntere Café-, Kneipen- und Restaurantszene ist in der Innerstadt an der verkehrsberuhigten Trafalgar Street und an der Hardy Street zu Hause. Eine Restaurantzeile mit maritimem Touch findet man im pittoresken Hafenviertel am Wakefield Quay.

Neuseelands Mittelpunkt

Am besten verschafft man sich zuerst den ultimativen Überblick über City und Umland: Vom Sportplatz am **Botanical Reserve** 2 östlich des Zentrums zieht sich ein Gewirr von Naturlehrpfaden den Botanical Hill hinauf, unterwegs kann man u. a. den südlichsten Kauribaum des Landes sehen in den 1940ern angepflanzt und noch recht unscheinbar. Auf dem Gipfel wartet eine Skulptur, die das ›**Centre of New Zealand**‹ markieren soll. Geografisch stimmt das zwar nicht ganz, doch der Weg lohnt wegen der grandiosen Sicht. Je nach Fitness und Wegewahl braucht man 30–60 Min. für Auf- und Abstieg.

In einer Grünanlage am Nordrand von Nelson bewahrt das Freilichtmuseum **Founders Park** 3 die Kolonialgeschichte der Stadt mit alten Häusern, die im Zentrum ab- und hier wieder aufgebaut wurden, sowie mit einigen zeittypischen Nachbauten (87 Atawhai Dr, tgl. 10–16.30 Uhr, Erw. 7,50 NZD, Familientickets). In der Innenstadt findet man indes nur wenig aus alter Zeit, die Stadt wirkt recht modern, das gilt auch für die **Kathedrale** 4 am oberen Ende der Trafalgar Street. Ab 1925 wurde fast ein halbes Jahrhundert lang an ihr gebaut, ohne einen klaren Stil zu finden.

1867 bis 1891 war Andrew Suter Bischof in Nelson. Der Kunstliebhaber hinterließ den Grundstock für die Kunstgalerie mit Werken von der Kolonialzeit bis zur Gegenwart, die heute seinen Namen trägt, **The Suter – Te Aratoi o Whakatu** 5, und im Suter Park Café am Rande des Queens Garden auch leibliche Genüsse befriedigt (208 Bridge St, Tel. 03-548 4699, www.thesuter.org.nz, tgl. 10.30–16.30 Uhr, Erw. 3 NZD).

Das im Oktober 2005 in moderne Ausstellungsräume im Zentrum gezogene **Nelson Provincial Museum** 6 dokumentiert mit frischen Konzepten die Kolonialzeit sowie Kultur und Geschichte der Maori und kann dabei auf eine der größten Sammlungen historischer Fotos im Lande zurückgreifen (Trafalgar St, Ecke Hardy St, Tel. 03-547 9740, www.museumnp.org.nz, Mo–Fr 10–17, Sa/So 10–16.30 Uhr, 5 NZD). Mit dem Umzug kam das Museum zurück zu seinen Anfängen, denn an dieser Stelle stand 1842 überhaupt das erste Museum in der jungen Kolonie.

Die südlichen Vororte

Zur Fahrt vom Zentrum nach Süden ist die Strecke am Meer entlang über den **Wakefield Quay** der schönste, aber auch oft verstopfteste Weg aus der Stadt heraus. Am ersten Kreisverkehr kann man nach Westen zum **Tahunanui Beach** 1 abbiegen, ein familienfreundlicher Sandstrand mit Dünen. In der Saison ist es hier richtig voll, ein Fun Park mit Spaßbad sorgt für zusätzliche Anziehung.

Neben der Zufahrt vom SH6 zum Nelson Regional Airport ist das WOW zu Hause. Das Kürzel steht für **World of Wearable Art** 7 und meint extravagante, oft völlig überdrehte Fantasiekostüme. Sie werden jedes Jahr für die World of Wearable Art Show produziert. Ein Trauma für Nelson: Die Show wurde in der Stadt geboren und zum Aushängeschild für ihre Kulturszene. Doch 2005 ließen sich die Macher mit viel Geld nach Wellington locken. Nelson blieb das Museum mit den Modellen. Die werden ergänzt durch aufgestylte Traumautos (95 Quarantine Rd, Annesbrook, Tel. 03-548 9299, www.wowcars.co.nz, tgl. 10–17 Uhr, Erw. 22 NZD, Familientickets).

Im Vergleich dazu präsentiert das **Broadgreen House** 8 im Stadtteil Stoke geradezu lieblich, wie gutsituierte Kolonialisten im 19. Jh. lebten (267 Nayland Rd, tgl. 10.30–16.30 Uhr).

Infos

Nelson i-SITE Visitor Centre: Tel. 03-548 2304, www.nelsonnz.com. **DOC Nelson Regional Visitor Centre:** Tel. 03-546 9339, nelsonvc@doc.govt.nz. Beide unter einem Dach im Millers Acre Centre, 79 Trafalgar St.

Übernachten

Modernes Businesshotel ► **Rutherford Hotel Nelson** 1: Trafalgar Square, Tel. 03-548 2299, [fc] 0800 437 227, www.rutherfordhotel.co.nz. Ein Da-kann-man-nichts-verkehrt-machen-aber-auch-keine-Überraschung-erwarten-Hotel, mitten in der Stadt. Flexible Preise ca. 155–750 NZD, auch Familienzimmer für bis zu 6 Pers.; nicht alle Tarife mit Frühstück. 2 Restaurants sowie Bar und Café im Haus.

Toskana-Stil bei deutschen Gastgebern ► **Beachside Villas** 2: 71 Golf Rd, Tahunanui, Tel. 03-548 5041, [fc] 0800 623 023, www.beachsidevillas.co.nz. Apartments in einer Villa im Toskana-Stil mit Pool am Rande des Zentrums, aber nah gelegen zu Flughafen, WOW-Museum, Tahunanui-Strand, Golfplatz und den Restaurants am Wakefield Quay. DZ ca. 140–260 NZD, Familienzimmer, deutsches Frühstück mit hausgebackenem Brot optional.

Zentral, modern, 5 Sterne ► **YHA Nelson Central** 3: 59 Rutherford St, Tel. 03-545 9988, www.yha.co.nz. Der beste Backpacker der Stadt. Bett ab 30 NZD, DZ ab 78 NZD, auch Familienzimmer.

Kiwi Holiday Park am Tahunanui Beach ► **Tahuna Beach Holiday Park** 4: 70 Beach Rd, Tahunanui, Tel. 03-548 5159, [fc] 0800 500 501, www.tahunabeachholidaypark.co.nz. In NZ-Ferienzeiten sehr munter. Stellplätze ab 34 NZD, Hütten und Apartments 50–110 NZD.

Essen & Trinken

›Fine dining‹ in nostalgischem Ambiente ▶ **Hopgood‘s Restaurant & Bar** 1: 284 Trafalgar St, Tel. 03-545-719, www.hopgoods.co.nz. Mo–Sa Dinner, Do/Fr auch Lunch. Küche und Keller bedienen sich an dem, was die Region bietet und das ist Weltklasse bei Fisch, Fleisch und Wein ebenso wie bei Salaten und Gemüse aus Ökoanbau. Derzeit *die* ›Ess‹-Adresse der Stadt, HG um 35 NZD

Über dem Meer ▶ **The Boat Shed Café** 2: 351 Wakefield Quay, Tel. 03-546 9783, www.boatshedcafe.co.nz. Die Küche erfüllt – meist – hohe Ansprüche und die Lage auf hohen Pfeilern über dem Wasser mit Blick Richtung Golden Bay und die Bergkulisse am Horizont ist in Nelson nicht zu toppen. Austern – ca. 20 NZD das halbe Dutzend – sind eine Spezialität, sonst liegen die HG um 30 NZD. Reservieren!

Biergarten mit deutscher Küche ▶ **Kraut's German Eatery** 3: 20 Tahunanui Drive, Tahunanui, Nelson, Tel. 03-546 4787. Spätzle, Thüringer Bratwurst, Schnitzel, Haxen, Rouladen und ›Berliner Bengel‹, die Down-under-Variante einer Curry Wurst zu Preisen ab ca. 15 NZD.

Einkaufen

Wegbeschreibungen zu Studios, Ateliers, Galerien von Künstlern und Kunsthandwerkern sowie zu Weingütern gibt’s im i-SITE. Weinproduzenten im Web: www.wineart.co.nz.

Nelsons bestens sortierter Weinladen ▶ **Casa del Vino** 1: 214 Hardy Street, Nelson, Tel. 03-548 0088, www.casadelvino.co.nz. Wer Wein, aber nicht das Rundfahren zu den Weingütern liebt, der schaut hier vorbei.

Kult mit Glasperlen ▶ **Bead Gallery** 2: 18 Parere St & Richmond Mall, Tel. 03-546 7807, www.beads.co.nz.

Wochenmarkt ▶ **Nelson Market** 3: Samstags 8–13 Uhr auf dem Montgomery Square mit dem, was Bauern produzieren, aber auch mit Nippes und Kunsthandwerk.

Skandinavisch geprägte Glaskunst ▶ **Höglund Art Glass** 5: Lansdowne Rd, Richmond, Tel. 03-544 6500, ca. 5 km westl. Richmond, www.hoglundartglass.co.nz, tgl. 9–17 Uhr. Hier kann man im Sommer meist beim Glasblasen zuschauen und natürlich Glas in der Galerie kaufen – konsequent auf Besucher eingestellte Show-Werkstatt.

Tipp: Hansen Ring contra The One Ring™

Dort wo in Nelsons Zentrum die Trafalgar Street den Selwyn Place kreuzt, liegt der Juwelierladen **Jens Hansen** 4 (320 Trafalgar Square, Tel. 03-548 0640). Jens Hansen folgte immer den Designidealen seiner dänischen Heimat mit einfachen, klaren Formen. 1999 fertigte er kurz vor seinem Tod einen Satz schlichter Ringe, teils in Gold, teils überdimensioniert in Stahl, was man eben so als Requisiten für einen epochalen Film braucht. Peter Jackson persönlich war der Auftraggeber, dessen Ehering soll Pate gestanden haben. Jens Hansens Ring wurde wenig später zum berühmtesten der Welt: The One Ring™ in der Filmtrilogie ›Der Herr der Ringe‹. Jens Hansen erlebte seinen Ring nicht mehr auf der Leinwand, seine Söhne produzieren ihn indes weiter, passgenau für Hobbits, Elben oder kräftigere Gefährten – von der einfachen Version in Silber für 175 NZD über diverse Goldversionen bis zur Edelausgabe in Platin für rund 5000 NZD. Da die Hansens als Designer des Originals aber keine teure Lizenz für den The One Ring™ mit Inschrift bei der Filmfirma erwerben wollten, stellen sie Replikate des Rings her, der im Film zu sehen ist. Ihre Ringe besitzen daher wie das Original keine Inschrift, die wurde im Film erst digital eingefügt. Mehr zum Streit der Ringe: www.jenshansen.com.

Aktiv

Familiengerechter Abenteuerspielplatz ▶ **Happy Valley Adventures** 2: 194 Cable Bay Rd, Hira (ca. 12 km nördl. SH6 Richtung Cable Bay), Tel. 03-545 0304, www.happy

Tasman Bay und Nelson

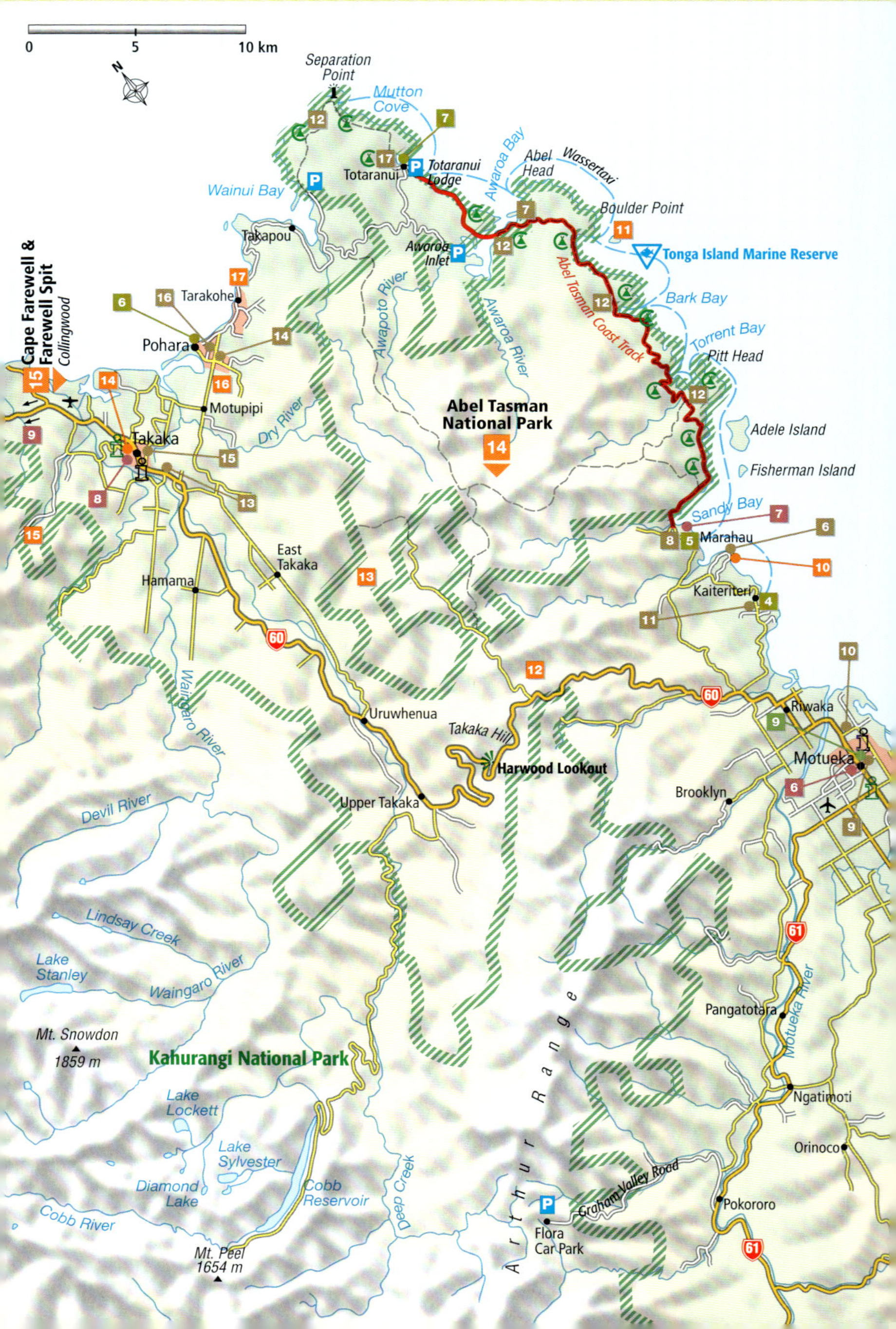

Queen Elizabeth II Dr
Trafalgar Park
Maitai River
Neale Park
Wainui St
Sovereign St
Weka Street
Elliott St
Cambria Street
Trafalgar St
Collingwood Street
Grove St
Grove Street
Tasman Street
Ajax Ave
Shakespeare Walk
Halifax St
Atomic Shuttles, nakedbus.com
Riverside Walk
Achilles Ave
Street
Halifax St East
Wakatu Ln
New St
Vanguard
Bridge Street
Intercity & Abel Tasman Coachlines
Bridge Street
Hardy
Trafalgar
Street
Alma St
Queens Gardens
Foot-bridge
Hardy Street
Selwyn Pl
Hope St
Rutherford St
Nile St West
Trafalgar
Square
Sussex St
Street
Domett Street
Nile Street East
Street
Alton
Tasman Street
Examiner St
Trafalgar Street
Shelbourne
Collingwood Street
Manuka Street
Bonte St
0
250
500 m
Whangamoa Head
Marlborough, Picton
Delaware Bay
Pepin Island
Cable Bay
Glenduan
Hira
Wakapuaka
Tasman Bay
Boulder Bank
siehe Detailkarte
Maitai River
Bryant Range
Nelson
Port Motueka
Kina
Tasman
Lower Moutere
Ruby Bay
Braeburn
Mapua
Harakeke
Bells Island
Beasts Island
Waimea Inlet
Stoke
Himmelsfeld
Bronte
Richmond
Roding River
Redwood Valley
Neudorf
Upper Moutere
Serpentine River
Brightwater
Wakefield

Tasman Bay und Nelson

Sehenswert
1 Haulashore Island
2 Botanical Reserve/Centre of New Zealand *
3 Founders Park
4 Kathedrale *
5 The Suter – Te Aratoi o Whakatu *
6 Nelson Provincial Museum *
7 World of Wearable Art
8 Broadgreen House
9 Mapua
10 Tonga Island
11 Split Apple Rock
12 Ngarua Caves
13 Harwood's Hole
14 Golden Bay Museum & Gallery
15 Waikoropupu Springs
16 The Grove Scenic Reserve
17 Abel Tasman Memorial

Übernachten
1 Rutherford Hotel Nelson *
2 Beachside Villas
3 YHA Nelson Central *
4 Tahuna Beach Holiday Park
5 Mapua Leisure Park
6 Split Apple Retreat
7 Awaroa Lodge & Café
8 Abel Tasman Marahau Lodge
9 Hat Trick Lodge Backpackers
10 Motueka Top 10 Holiday Park
11 Kaiteriteri Beach Camp
12 DOC Hütten im Abel Tasman NP
13 Eatery On The Rock Motel & Restaurant
14 Sans Souci Inn
15 Kiwiana
16 Pohara Beach Top 10 Holiday Park
17 Totaranui DOC Campground

Essen & Trinken
1 Hopgood's Restaurant & Bar *
2 The Boat Shed Café
3 Kraut's German Eatery
4 Petite Fleur at Seifried Estate
5 Wharfside Restaurant and Bar
6 The Gothic
7 Park Cafe
8 Wholemeal Cafe
9 The Mussel Inn

Einkaufen
1 Casa del Vino *
2 Bead Gallery *
3 Nelson Market
4 Jens Hansen Gold & Silversmiths *
5 Höglund Art Glass – International Glass Centre
6 Neudorf Vineyards
7 Himmelsfeld Vineyard
8 The Smokehouse
9 Motueka Sunday Market

Aktiv
1 Tahunanui Beach
2 Happy Valley Adventures
3 Rabbit Island
4 Kaiteriteri (Strand, Wassertaxis, Seakayaking)
5 Marahau (Wassertaxis, Seakayaking)
6 Pohara (Strand)
7 Totaranui (Strand)

* Detailkarte Nelson

valleyadventures.co.nz. In großem Naturgelände, das man mit Quadbikes erkunden oder angeschnallt im Skywire – einer Fusion von Sessellift und Achterbahn (85 NZD) – überfliegen kann. Familien- und Kinderrabatte!
Sightseeing und Lifestyle ▶ Bay Tours: Tel. 03-548 6486, [fc] 0800 229 868, www.baytoursnelson.co.nz. ›Art und Wine Tours‹ 1/2 Tag ab 78 NZD, voller Tag Sightseeing-Exkursionen ab ca. 130 NZD, oder große ›Gourmet Wine Tour‹ inkl. Weingüter und Lunch ca. 220 NZD – alle mit Abholung an der Unterkunft.

Termine

In die Reisesaison fallen zwei Events: das traditionsreiche **Nelson Jazz & Blues Festival** Anfang Januar (www.nelsonjazzfest.co.nz) und ein angesehenes **Kammermusik-Festival** Ende Januar/Anfang Februar (www.music.org.nz).

Verkehr

Busse: InterCity, Atomic Shuttles und **nakedbus.com** fahren tgl. ab/bis Picton und West Coast, **Atomic Shuttles** verkehrt auch ab/bis Christchurch via Lewis Pass oder Blenheim (umsteigen). Regionaler Busverkehr s. S. 374.
Flug: Nelson Airport südl. der City (Shuttle ca. 15 NZD) mit vielen Flügen über die Cook Strait (S. 289), **Air New Zealand Link** auch ab/bis Auckland, Christchurch, Napier, Rotorua, New Plymouth und Wellington.

Nelson bis Motueka

► J 12

Karte: S. 478/479

Die Waimea Plains und die Moutere Hills sind sonnenbeschienen – rund 2600 Stunden im Jahr – und damit ideal zum Weinanbau. Hier ließen sich in den 1840ern viele deutsche Auswanderer nieder. Ihre erste Siedlung Sankt Paulidorf wurde von der Geschichte geschluckt, während Neudorf, Standort des international renommierten Weingutes **Neudorf Vineyards** 6 (Tel. 03-543 2643, www.neudorf.co.nz, Shop Sommer tgl. 10.30–17, sonst Mo–Fr 10–15 Uhr) die deutschen Wurzeln bis heute noch im Namen zeigt, ebenso wie Himmelsfeld, wo Familie Egger Mitte des 19. Jh. Land bekam. Der Hof ist – deutsche Verbundenheit zur Scholle im sonst so mobilen Neuseeland – in fünfter Generation im Familienbesitz und seit 1991 bauen die Eggers auf ihrem **Himmelsfeld Vineyard** 7 vielfach prämierten Wein an, vor allem Chardonnay und Sauvignon Blanc (Gardner Valley Road, Upper Moutere, Tel: 03-543 2223, www.himmelsfeld.co.nz, Proben und Verkauf im Sommer tgl., im Winter auf Anfrage).

An der Küste schirmt **Rabbit Island** mit 15 km langem Badestrand 3 das Waimea Inlet vom offenen Meer ab. Am westlichsten Arm dieses Wattgebietes trennt sich der 2011 fertig gestellte, neue SH60 von seiner alten Trasse an der Küste, die jetzt als Ruby Coast Scenic Drive zum Bummeln einlädt. Das Fischerdorf **Mapua** 9, das auf einer Halbinsel in das Waimea Inlet hineinragt, ist ein Badeörtchen mit viel Kunsthandwerk und Kulinaria sowie dem kleinen Aquarium **Touch the Sea** (8 Aranui Rd, tgl. 10–17 Uhr, Erw. 8,50/Kinder 5 NZD). Vater des Aufstiegs von Mapua zum Trendy Place war in den 1990ern die Fischräucherei **The Smokehouse** an der Mapua Wharf (s. u.)

Übernachten

Holiday Park mit FKK-Option ► Mapua Leisure Park 5: 33 Toru St, Mapua, Tel. 03-540 2666, www.mapualeisurepark.co.nz. Direkt am Traumstrand von Mapua, im Febr./März FKK-Campingplatz. Stellplätze 32, Hochsaison 48 NZD, Hütten u. Apartments 47/58–123/147 NZD. Auch ein kleines Café mit mediterranen Leckereien am Strand.

Essen & Trinken

Weingut mit Restaurant ► Petite Fleur at Seifried Estate 4: SH60/Redwood Rd, Appleby (8 km westl. von Richmond), Tel. 03-544 1555, www.petitefleur.co.nz. Ein deutscher Chefkoch sorgt für kulinarische Genüsse, Spezialität sind platter für zwei mit allerlei marinierten und geräucherten Leckereien vorzugsweise aus dem Meer (Lunch im Sommer tgl., im Winter nur an Wochenenden). Dazu gibt's die frischen Weißweine des Seifried Estate (www.seifrieds.co.nz), das der Österreicher Hermann Seifried in den 1970er Jahren aufgebaut hat. Auch Weinproben und -verkauf.

Traumlage direkt am Wasser ► Wharfside Restaurant and Bar 5: Mapua Wharf, Aranui Road, Mapua, Tel. 03-540 2028, www.wharfsidemapua.co.nz. Die schönsten Plätze auf der Terrasse zum Wasser hin sind begehrt. Die Küche serviert vom deftigen Frühstück ab 9 Uhr – u. a. feinstes Egg Benedict – über leichte Lunchkost bis zum Dinner mit vielen Produkten aus der Region, HG um 30 NZD.

Einkaufen

Räucherei und Delikatessenladen ► The Smokehouse 8: Mapua Wharf, Shed 2, Aranui Road, Mapua, Tel. 03-540 2280, www.smokehouse.co.nz. Spezialität sind Fisch und Muscheln herzhaft mariniert und dann über Manukaholz geräuchert.

14 Abel Tasman National Park ► H/J 11

Karte: S. 478/479

Der nur 23 000 ha große **Abel Tasman National Park,** 1942 zum 300. Jahrestag des Besuchs von Abel Tasman (S. 27) eingerichtet, zieht sich durch Wald- und Buschland bis zu den Höhen des Takaka Hill hinauf. Wahrgenommen wird er in erster Linie aber mit seinem Küstenstreifen: goldgelbe Sandstrände an malerischen Buchten, voneinander getrennt durch Felsnasen und Klippen. Tief ins Land greifende Watt-Lagunen machen bei Ebbe Abkürzungen für Wanderer frei, die auf dem Abel Tasman Coast Track unterwegs sind. Der populäre Küstenwanderweg wird üblicherweise mit zwei oder drei Übernachtungen gelaufen, oder man pickt sich eine Tagesetappe heraus: Boote steuern ab Kaiteriteri und Marahau praktisch alle Strände mit Zugang zum Track an und machen verschiedenste Kombinationen möglich. Ganz Fitte schaffen die 38 km von Totaranui bis Marahau auch an einem Tag – vorausgesetzt, die Tiden passen!

Tonga Island

Die Gewässer um die Mini-Insel **Tonga Island** 10 bilden ein Meeresreservat für Pelzrobben, mit denn man sogar schwimmen darf (S. 484). Ansonsten ist das Meer vor dem Park ideal für Sea Kayaking, vor allem der südliche Abschnitt zwischen Onetahuti Bay und Marahau. Und keine Sorge: Wird der Wellengang zu stark, holen Verleiher ihre Kunden samt Kajak mit Motorbooten zurück.

Motueka, Kaiteriteri, Marahau

Motueka ist Hochburg des Tabak- und Hopfenanbaus in Neuseeland, aber auch Obst und Wein kommen von Plantagen, die sich hinter hohen Hecken vor Wind schützen. Die Kleinstadt ist ein Oberzentrum für die Region bis zur Golden Bay, entsprechend gut kann man einkaufen und ausgehen. Touristisch ist Motueka Anlaufstelle und wichtiger Übernachtungsort für Besucher des Abel Tasman National Park mit sehr kompetentem i-SITE (s. S. 483).

Sommerfrische mit großem Campingplatz ist **Kaiteriteri** 4. Vor der Siedlung schwingt sich ein langer Strand eine Bucht entlang, eine Flussmündung dient Familien als Planschbecken, hinter der Promenade servieren Restaurants auf großen Außenterrassen. Am Ortseingang warten bunte Buchungsbuden der Wassertaxi- und Seakayak-Anbieter auf Kunden, vom Strand starten dann ihre Touren in den Nationalpark. Der felsige Aussichtspunkt Kaka Point, einst Standort eines Maori Pa, markiert das Nordende der geschützten Bucht. Zweiter großer Startplatz in den Abel Tasman National Park ist **Marahau** 5: Hier breitet sich vor dem Ufer ein weites Sandwatt aus, so dass Passagiere der Wassertaxis mal auf Leiterwagen hinter Treckern zu den Booten hinausgebracht werden, mal wird das ganze Boot mit Insassen auf einem Trailer ins tiefe Wasser geschleppt.

Aussicht vom Abel Tasman Coastal Track

Auf Höhe des Park Café (s. S. 484), dort, wo der Abel Tasman Coast Track seinen südlichen Zu- bzw. Ausgang besitzt, ist ein Vogelschutzgebiet in der tidenabhängigen Halbwelt aus Land und Meer auf einem gut präparierten Fußweg leicht zugänglich.

Zwischen Kaiteriteri und Marahau liegt ein Wahrzeichen der Region am Ufer: **Split Apple Rock** 11, ein großer runder Felsen, in der Mitte wie von einem Axtschlag gespalten, der vom Wasser aus am besten zu sehen ist.

Infos

Abel Tasman Tourist Information/Motueka i-SITE: Wallace St, Motueka, Tel 03-528 6543, www.motuekaisite.co.nz. Bucht auch DOC-Hütten im Nationalpark.

Motueka Area Office (DOC): King Edward St/High St, Motueka, Tel. 03-528 1810, motuekaao@doc.govt.nz.

Übernachten

Luxus zum Wohlfühlen ▶ **Split Apple Retreat** 6: 195 Tokongawa Drive, Motueka, Tel.

03-527 8377, www.splitappleretreat.com. Ein Hauch edelstes Japan weht durch Räume, Küche und Konzept – wer hier logiert, wird rundum betreut an Leib und Seele, das hat seinen Preis: Relax-Paket je nach Raum und Saison ca. 920–1320 NZD. Und noch was: ›Children are not allowed‹, es sei denn, man mietet die ganze Lodge exklusiv ab ca. 5500 NZD die Nacht.

Wohnen und speisen wie im Paradies ▶ **Awaroa Lodge & Café** 7: Awaroa Bay, Abel Tasman National Park, Tel. 03-528 8758, www.awaroalodge.co.nz. Aus der Zeit vor Gründung des Nationalparks gibt es noch Privatbesitz-Enklaven wie diese hippieske Luxuslodge mit paradiesischen Zügen, die nur zu Fuß, per Boot oder Flugzeug erreichbar ist. DZ, Suiten und Familienzimmer kosten je nach Saison 295–495 NZD. Das Café-Restaurant mit idyllischem Gartenlokal kann Gourmetansprüchen gerecht werden, allerdings ist es an schönen Wandertagen restlos überlaufen.

Überschaubare Ferienanlage ▶ **Abel Tasman Marahau Lodge** 8: Marahau Beach, R.D.2 Motueka, Motueka, Tel. 03-527 8250, www.abeltasmanmarahaulodge.co.nz. Komfortable Apartments – je nach Größe und Saison ca. 130–260 NZD – in freistehenden Häusern nicht weit vom Meer und südlichen Nationalparkzugang.

BBH-Backpacker mitten in Motueka ▶ **Hat Trick Lodge Backpackers** 9: 25 Wallace St, Motueka, Tel. 03-528 5353, www.hattricklodge.co.nz. Modern, zentral, direkt gegenüber dem i-SITE und speziell als Backpacker gebaut. Betten ab 24 NZD, viele DZ mit und ohne Bad ab 56/64 NZD.

Zentral und mit Swimmingpool ▶ **Motueka Top 10 Holiday Park** 10: 10 Fearson St, Motueka, Tel. 03-528 7189, www.motuekatop10.co.nz. Stellplätze ab 40, Hütten und Apartments 50–160 NZD.

Fast am Strand ▶ **Kaiteriteri Beach Camp** 11: Kaiteriteri-Sandy Bay Rd, Kaiteriteri, Tel. 03-527 8010, www.kaiteriteribeach.co.nz. 440 Stellplätze ab ca. 34 NZD, wenige preiswerte Hütten nur durch eine Straße vom Strand getrennt. Auch Restaurants und Cafés – ideal für Bootstouren in den Abel Tasman NP.

Ganzjährig buchungspflichtig ▶ **4 DOC-Hütten** 12 (35,70 NZD ab 18 Jahre, darunter gratis) und **18 DOC-Zeltplätze** (12,20 NZD) am Abel Tasman Coast Track; Buchungsoptionen S. 474.

Essen & Trinken

Glückselige Momente ▶ **The Gothic** 6: 208 High St, Motueka, Tel. 03-528 6699. Restaurant in Ex-Kirche mit göttlicher Küche. HG zum Dinner ab ca. 25 NZD.

Für die Stärkung nach dem Track ▶ **Park Café** 7: Tel. 03-527 8270. Am südlichen Parkausgang in Marahau kann man von morgens bis abends Leib und Magen nach Stunden oder Tagen auf dem Track mit kühlen Drinks und gutem Essen versöhnen. Trotz der außergewöhnlichen Lage moderate Preise – der Seafood Chowder à la Park Café richtet auch den schwächsten Wanderer wieder auf!

Einkaufen

Bunter Bauern- und Trödelmarkt ▶ **Motueka Sunday Market** 9: Parkplatz neben dem i-SITE, So 8–13 Uhr. Öko-Produkte aus der Landwirtschaft, Kunsthandwerk, etwas 2nd-Hand ... Kaffee- und Essstände gibt's auch!

Aktiv

Buchungsbuden/-shops ▶ An der Ortseinfahrt von **Kaiteriteri** 4 und in **Marahau** 5 entlang der Uferstraße. Anbieter sorgen gern für sichere Parkplätze, wenn man mit dem eigenen Wagen kommt, oder helfen beim Transfer ab Nelson und Motueka.

Schwimmen mit Robben ▶ **Abel Tasman Seal Swim:** c/o Abel Tasman Kayaks s. r., www.sealswim.com. Schwimmen mit den Robben von **Tonga Island** 10 ab 5 mit Wassertaxi, 179 NZD.

Seakayaking ▶ Sea Kayaks werden stunden- (ab 30 NZD) oder tageweise (ab 65 NZD) verliehen, ab dem 2. Tag gibt es deutliche Preisnachlässe, z. B. 175 NZD für 5 Tage. Geführte Halb- oder Ganztages-Touren kosten ab ca. 115 bzw. 195 NZD zum Teil mit Wassertaxi-Transfers oder Wanderabschnitten. Mehrtägige Touren inkl. Camping (Tagespreis ca. 225 NZD) oder Lodge-Übernachtung (Tagespreis ca. 400–500 NZD) bieten u. a.: **Abel Tasman Kayaks:** Tel. 03-527 8022, [fc] 0800 SEA KAYAK, www.abeltasmankayaks.co.nz, geführte Ein- und Mehrtagestouren, viele deutschsprachige Mitarbeiter, ab 5. **Abel Tasman Freedom Kayaks:** Tel. 03-527 8340, [fc] 0800 HIRE KAYAK, www.oceanriver.co.nz, Kajak-Verleih ab 5. **Kaiteriteri Kayak:** Tel. 03-527 8383, [fc] 0800 2 KAYAK, www.seakayak.co.nz, Touren und Kurzzeitleihe ab 4. **Marahau Sea Kayaks:** Tel. 03-527 8551, [fc] 0800 KAYAKS, www.msk.co.nz, Touren und Verleih ab 5.

Wassertaxis und Transfer zum Abel Tasman Track ► Wassertaxis je nach Ziel im Nationalpark verlangen für die einfache Fahrt ca. 30–45 NZD, Transfer zwischen zwei Buchten kostet ab 20 NZD, Exkursionen ab ca. 55 NZD/halb- oder ca. 75 NZD/ganztägig, 3-Tages-Pässe für unbegrenzte Wassertaxi-Fahrten bekommt man ab 145 NZD. Merken Sie sich, bei welchem Wassertaxi Sie gebucht haben, oft kommen mehrere Boote zeitgleich an einen Strand, um Passagiere aufzunehmen: **Abel Tasman Aquataxi:** Tel. 03-527 8083, [fc] 0800 AQUA TAXI, www.aquataxi.co.nz, ab 4 und 5. **Abel Tasman Sea Shuttle:** Tel: 03-528 9759, [fc] 0800 SEA SHUTTLE, www.abeltasmanseashuttles.co.nz, 2–5 x tgl. ab 4, Hochsommer 2 x tgl. ab 5, morgens auch je 1x ab Nelson und abends zurück. **Marahau Water Taxis:** Tel. 03-527 8176, [fc] 0800 80 80 18, ab The Abel Tasman Centre in 5. **Wilson's Abel Tasman Experiences:** Tel. 03-528 2027 [fc] 0800 ABEL TA, www.abeltasman.co.nz, ab 4. Das älteste Unternehmen mit dem größten Boot – ideal für Nur-Boot-Exkursion – und dem umfangreichsten Programm im Park; auch Seakayak-Verleih und All-inclusive-Pakete mit Unterkunft in eigenen Lodges im National Park.

Verkehr

Linienbusse ab/bis Nelson via Motueka S. 474.

Golden Bay ► H 11

Karte: S. 478/479

Die nördliche der Bays trägt den einladenden Namen Golden Bay – Erinnerung an einen frühen Goldrausch. Glück für die Vermarktung, denn Entdecker Abel Tasman gab der Bucht einen Namen, der kaum so werbewirksam ist: Mörderbucht (S. 28).

Wer nicht einen der Wanderwege durch den Kahurangi oder den Abel Tasman National Park nutzt, hat für An- und Abreise zur Golden Bay nur die **Takaka Hill Road,** SH60, zur Wahl. Sie entstand wie viele aufwendige Infrastrukturmaßnahmen im Lande während der 1930er-Depression als Arbeitsplatzbeschaffungsmaßnahme. Mit Kurven und Serpentinen klettert sie auf fast 800 m hinauf, ist jedoch inzwischen so ausgebaut, dass die Fahrzeit zwischen Motueka und Takaka unter einer Stunde liegt. Dabei verleiten immer wieder grandiose Aussichten zu Stopps, an den schönsten Stellen gibt es Halteplätze: Richtung Süden schaut man in das Riwaka Valley, auf die Obstplantagen um Motueka und auf die Tasman Bay, im Westen auf die Bergketten des Kahurangi National Park und am Nordrand des Gipfelplateaus – kurz bevor es nach Takaka hinab geht – in das weite Tal des Takaka River und auf die Golden Bay!

Höhlen im Marmorberg

Der **Takaka Hill** besitzt Neuseelands einzige nennenswerte Marmorvorkommen, manch repräsentative Fassade im Land ist damit verkleidet, so beispielsweise das Parlament und das Regierungshaus in Wellington. Aber auch ohne die Steinbrüche ist der Berg löchrig, von Höhlen durchzogen. Ganze Flüsse verschwinden und tauchen an tieferen Stellen wieder auf.

Fast auf Passhöhe kann man die Tropfsteingebilde der **Ngarua Caves** 12, auf Führungen sehen, außerdem einige in der Höhle gefundene Moa-Skelette (Tel. 03-528 8093, im Sommer tgl. von 10–17 Uhr Führungen 45 Min./15 NZD). Die flugunfähigen Vögel dürften durch Löcher – *tomo* – in den Höhlendecken gestürzt sein, heute noch gefährliche Fallen für Wanderer und Schafe, die sich abseits markierter Pfade über den Takaka Hill bewegen.

Nördlich der Ngarua Caves zweigt vom SH60 die Piste nach Canaan ab, von deren Ende ein Track von ca. 45 Min. zu **Harwood's Hole** 13 führt, der größten Höhle in der Region und mit rund 180 m lotrechter Tiefe das tiefste Loch seiner Art südlich des Äquators. Harwood's Hole ist jedoch nur erfahrenen ›Cavern‹ vorbehalten, immer wieder werden aufwendige Rettungen nötig, wenn Laien versuchen einzusteigen. Vom Parkplatz, an dem der Höhlen-Track startet, besteht auch Zugang zu den Inland-Tracks des Abel Tasman National Park und zur Mountainbike-Abfahrt über den Rameka Track nach Takaka hinunter, ein alter Pfad zur Golden Bay aus der Zeit vor dem Straßenbau.

Die **Golden Bay** lebt seit langem mit dem Image eines Hippie-Refugiums. In der Tat weht manchmal ein Hauch Woodstock um die Nasen der Besucher, aber zu den Hippies, den Aussteigern, den Künstlern und Lebensgenießern gesellen sich immer mehr moderne Lifestyler, deren Edelresidenzen für einen ›Ausstieg auf Zeit‹ vielerorts zu sehen sind, vor allem in Meerblick-Lagen.

Takaka

An der großen Straße von **Takaka**, der Commercial Street, bestätigt sich das Image der Region. Hier findet man u. a. einen hervorragend sortierten **Bio-Laden,** der auch gutes Vollkornbrot führt, und das weit über die Golden Bay bekannte **Wholemeal Cafe** 8 (S. 489) mit ›organisch‹ angehauchter Küche. Das **Golden Bay Museum & Gallery** 14 im ›historischen‹ Postamt von Takaka kommt nicht umhin, neben Regionalgeschichte die Arbeiten der vielen Künstler und Kunsthandwerker dieser Region zu präsentieren (Commercial St, Tel. 03-525 6268, tgl. 10–16 Uhr, gratis).

5 km westlich Takaka quellen aus den **Waikoropupu Springs** 15 – bekannter in der Kurzform Pupu Springs – pro Sekunde bis zu 21 m^3 Wasser, in fünf Sekunden entspricht das dem statistischen Jahresverbrauch eines deutschen Zweipersonen-Haushalts. Damit gehören die Waikoropupu Springs zu den 100 wasserreichsten Quellen der Welt. Komplizierte Tests zeigten, dass das Wasser etwa einen halben Tag zuvor im Takaka River oben in den Bergen versickert. Über unterirdische Verbindungen mischt sich auch Salzwasser aus dem nahen Meer in das Quellwasser. Ein romantischer Bush-Walk führt durch das Quellgebiet. Aufgrund der Schutzmaßnahmen gegen die Didymo-Alge (S. 439) ist wohl auf längere Sicht jeder Kontakt – Baden, Tauchen, selbst Auffüllen von Wasserflaschen – mit dem Wasser untersagt.

Zum Nordeingang des Abel Tasman NP

Um Takaka bildet das Kalkgestein, wo es an die Oberfläche tritt, skurrile, manchmal spektakuläre Formationen. Im **The Grove Scenic Reserve** 16 bei Clifton im Osten der Stadt wird ein solcher Kalkhorst von der ursprünglichen Flora der Region zu einem bizarren, archaischen Felsengarten überwuchert. Man kann die Gegend auf einem Rundweg in ca. 20 Min. erkunden.

Weiter nach Osten erreicht man über den Abel Tasman Drive den Badeort **Pohara** mit seinem langen, flach abfallenden Strand. Auf der Landspitze oberhalb des Tarakohe Harbour – die Industrieruinen neben der Straße sind Reste eines alten Zementwerks – erinnert das **Abel Tasman Memorial** 17 an den tragischen Besuch des holländischen Entdeckers etwa an dieser Stelle (S. 28).

Vom Ende der **Wainui Bay** windet sich eine schmale, unbefestigte Straße in die dicht bewaldeten Hügel. Ungeübten Fahrern mit Campervans ist dieser Weg nicht zu empfehlen. Die Piste bildet die Zufahrt in den Norden des Abel Tasman National Parks und teilt sich später in einen Abzweig zum populären **Totaranui Campground** 17 des DOC an einem der goldenen Strände 7 (Foto S. 11) und einen zum Mündungsdelta des Awaroa River. Von beiden Endpunkten kann man zu Ausflügen auf den Abel Tasman Coast Track aufbrechen, beispielsweise zur **Awaroa Lodge** 7 (S. 484). Dabei muss die Mündung

Tipp: Mussel Inn – und wer fährt?

In Onekaka zwischen Takaka und Collingwood ist **The Mussel Inn** 9 am SH60 ›weltberühmt‹. Die Kultkneipe an der Golden Bay ist ein Magnet und Treffpunkt auch für *locals* mit meist grandioser Stimmung drinnen im einzigen, rustikalen Gastraum ebenso wie draußen im Biergarten. Dass die soliden Tische bei Konzerten als Tanzfläche herhalten, ist nicht unüblich.

Wenn es nachts noch kühl ist, brennt der Kamin oder – sobald man draußen sitzen kann – ein Lagerfeuer unter freiem Himmel. Das Essen (HG am Abend ca. 25–30 NZD) ist deftig, aber durchaus pfiffig, Muschelgerichte sind Spezialität. Dazu gibt es regionale Ökoweine oder Lager-, Stout-, Ale-, Bitter- oder Weizen-Biere aus der hauseigenen Mikrobrauerei, einige recht gewöhnungsbedürftig: Das herbe Captain Cooker Manuka Beer setzte sich schon gegen mehr als 200 Konkurrenten als bestes Bier Neuseelands durch, das 10-prozentige Monkey Puzzle ist belgischen Klosterbieren nachempfunden (aber für Autofahrer tabu) und das Heatrash Chili Beer ist mit seiner Chili-Schote eine recht scharfe Sache.

Auf dem Programm stehen donnerstags in der Regel Poetry Slam oder Quiz, freitags und samstags Live-Musik mit viel Folk, Jazz, Latin, Reggae oder R&B, aber auch schon mal Hip-Hop und Klassik. Der Popularität des Mussel Inn ist es zu verdanken, dass selbst bekanntere Musiker auf die Bühne kommen, obwohl der Raum mit seiner Club-Atmosphäre ab 60 Zuhörern voll erscheint und bei 120 seine Kapazitätsgrenze erreicht – aber vor den Fenstern kann man gut mithören. Alle, die hier spielen, müssen eigene Songs auf Lager haben und ihre Instrumente noch selbst beherrschen, elektronische Mogelpackungen und Cover Bands sind verpönt. Nur ist der Erfolg manchmal so groß, dass der Charme in der Hauptsaison unter der Menge der Gästen deutlich leidet (Tel. 03-525 9241, www.musselinn.co.nz).

Ein Problem ergibt sich aus der Lage 15 km nördlich von Takaka und 10 km südlich von Collingwood: Wer fährt zurück zur Unterkunft? Taxis und Shuttles in der Region haben spezielle Mussel Inn-Tarife und wer selbst fahren will, für den gibt's die Biere als ›Weasel's‹ verdünnt – mit nur 2 % Alkohol.

des Awaroa River gefurtet werden, was allerdings nur von ca. 90 Min. vor bis 120 Min. nach Niedrigwasser möglich ist.

Totaranui ist für viele Wassertaxis der nördlichste Stopp im Abel Tasman National Park. Der Teil des Coast Track, der weiter in den Norden zur Mutton Cove und um Separation Point bis zur Wainui Bay führt, wird deutlich seltener begangen als alle südlichen Abschnitte.

Infos

Golden Bay i-SITE Visitor Centre: Willow St, Takaka, Tel. 03-525 9136, www.goldenbaynz.co.nz, www.nelsonnz.com.

Golden Bay Area Office (DOC): 62 Commercial St, Takaka, Tel. 03-525 8026, goldenbayao@doc.govt.nz.

Übernachten, Essen & Trinken

Gutes Essen, schöner Wohnen ▶ Eatery On The Rock Motel & Restaurant 13**:** 2086 Takaka Valley Highway, Takaka, Tel. 03-525 8096, www.eateryontherock.co.nz. Am Ortsrand von Takaka wohnt man auf einem Naturgelände zwischen Kalkstein-Formationen in komfortablen freistehenden Häuschen (je nach Saison 125–185 NDZ), Frühstück gibt's optional serviert im Restaurant oder auf der eigenen Terrasse, ebenso solide-deftige Kost möglichst von lokalen Produzenten zum Abend (Jan./Febr. tgl., sonst Di–Sa HG um 30 NZD).

Ökologisch Wohnen und Schlemmen ▶ Sans Souci Inn 14**:** 11 Richmond Rd, Pohara, Tel. 03-525 8663, www.sanssouciinn.co.nz. Ein Schweizer Ehepaar hat ein Para-

Von Meeresströmungen modelliert: die Sandzunge Farewell Spit

dies mit mediterranem Flair und großem ökologischen Bewusstsein geschaffen, nur 2 Min. vom Pohara Beach. DZ ab 110 NZD, auch Familienzimmer. Bestens ausgestattete Gästeküche, Frühstück und Dinner optional, abends ein täglich wechselndes Gericht inkl. Starter und Dessert für rund 30 NZD und das nicht nur für Hausgäste! Okt.–Ostern tgl. sonst Fr–So, unbedingt reservieren!

BBH-Backpacker mit Flair ▶ Kiwiana 15: 73 Motupipi St, Takaka, Tel. 03-525 7676, kiwianabackpackers@hotmail.com. Immer tolle Atmosphäre, einladender Garten, große Sonnenterasse mit Whirlpool, das Zentrum nicht weit und Räder um hinzufahren kann man kostenlos nutzen. Besitzerin Jules ist eine Kennerin der Region und berät ihre Gäste gern – ein echtes ›home away from home‹. Bett ab 25, DZ ab 60 NZD.

Familiencamping an kinderfreundlichem Strand ▶ Pohara Beach Top 10 Holiday Park 16: Abel Tasman Drive, Pohara, Tel. 03-525 9500, www.poharabeach.com. Bestens ausgestattet, Stellplätze je nach Saison und Meerblick 36–46 NZD, verschiedenste Hütten und units von ca. 60–160 NZD.

Populär bei Kiwi-Familien ▶ Totaranui DOC Campground 17: 32 km östl. Takaka, Tel. 03-528 8083. Basic ausgestattet – kein Strom! – an einem großartigen Strand.

Erw. 12,50 Kinder 6,50 NZD, 10. Dez.–10. Febr. Buchungspflicht!

Ikone der Öko-Küche ▶ Wholemeal Cafe 8: 60 Commercial St, Takaka, Tel. 03- 525 9426. Öko-Food vom Frühstück über Snacks bis zum Dinner (HG unter 30 NZD); aus den diversen ›Wholemeal Cafe Cookbook‹-Ausgaben kann man nachkochen.

Aktiv

Badestrände: Wo immer man ans Meer kommt, findet man meist schöne, kinderfreundliche Sandstrände, den populärsten in **Pohara 6**, grandios, aber schwerer zu erreichen, der von **Totaranui 7**.

Verkehr

Regionaler Verkehr: S. 474.

15 Cape Farewell und Farewell Spit ▶ H 10/11

Man muss sich an dieser Stelle nicht gleich von Neuseeland verabschieden wie James Cook 1770 zum Ende seines ersten Besuchs im Lande, was dem Nordkap der Südinsel und der markanten Dünennehrung im Osten zu ihren Namen verhalf. Wüstengleich und von Meeresströmungen pro Jahr mit fast 4 Mio. m^3 frischem Sand versorgt, schiebt sich die Landzunge Farewell Spit schon über 30 km wie eine Sichel ins Meer und wächst und wächst und wächst – in der Sprache der Maori heißt sie treffend ›onetahua‹, angehäufter Sand. Sie schirmt die Golden Bay von der offenen Tasman Sea ab. Der oft üppige Westwind treibt den Sand zu Wanderdünen zusammen und diese bis zu 30 m im Jahr vor sich her. Spannende Biotope entstehen in den Senken zwischen den Dünen: Nach kräftigen Schauern sind sie mit Regenwasser gefüllt, in Trockenperioden gleichen sie Wüsten, und bei Springtiden und Stürmen laufen sie mit Salzwasser voll. Wrackteile von Schiffen, die an der flachen, unwirtlichen Küste immer wieder havarierten, tauchen gelegentlich aus dem Sand auf, irgendwann verschwinden sie wieder darunter.

Der Zugang auf Farewell Spit ist beschränkt: Am offenen Meer darf man 4 km weit auf die Halbinsel, am Ufer der Golden Bay nur 2,5 km. Alles darüber hinaus sieht man auf geführten Exkursionen mit 4WD-Bussen. Deren Abfahrtzeiten sind von Ebbe und Flut abhängig, frühesten um 6 Uhr morgens, spätestens um 15 Uhr geht's in Collingwood los, Zustieg in Puponga ist möglich. Wem sehr an dieser Tour gelegen ist, sollte früh die Abfahrzeiten der beiden Anbieter studieren (S. 492/93), denn es gibt Tage, an denen die Tiden überhaupt nicht passen und dann nicht gefahren wird!

Nach einem Blick auf das Watt und seine Vögel vor dem Inner Beach queren die Busse

aktiv unterwegs

Wharariki Beach und Hilltop Walk – *my favourite walk*

Tour-Infos

Start: Wharariki Beach oder Farewell Spit Visitor Centre, in beide Richtungen gehbar.

Dauer: Ca. 3 Std. Wanderung, Wharariki Beach ca. 1–2 Std. extra

Terrain: Hügeliges Grasland über Steilklippen, am Wharariki Beach Sanddünen und Strand.

Infos: i-SITE Takaka S. 487, Farewell Spit Visitor Centre S. 492. DOC-Broschüre ›Farewell Spit and Puponga Farm Park‹ mit Wegskizze für alle Wanderungen in der Region ist ein Muss!

Gegenrichtung: Während der Saison ist es leicht zwischen den Parkplätzen am Wharariki Beach und am Farewell Spit Visitor Centre einen ›Lift‹ zu bekommen, am besten vor dem Walk, sodass man dann zum Auto zurück läuft.

Zwei Faktoren sollten in die Tour-Planung einfließen: Wind und Tidenstand. Da es in dieser Ecke Neuseelands oft kräftig von Westen bläst, hat man den Wind im Rücken, wenn man vom Wharariki Beach zum Visitor Centre läuft und man geht lange mit Blick auf die imposante Landzunge Farewell Spit zu (Foto S. 488).

Für die Erkundung des **Wharariki Beach** sollte man 1–2 Std. reservieren. Ich versuche immer ca. 90 Min. vor Niedrigwasser dort zu sein. Die Tiden gewähren nur ein kleines Zeitfenster, abhängig von Windrichtung und Mondstand, um über den flachen Strand in den Westen der Bucht zu laufen. Dort hat das Meer im Laufe der Jahrtausende Höhlen und Tore ins Gestein modelliert und nur von dort zeigt sich die wahre Erhabenheit dieses Ortes, wenn man plötzlich das große Tor in Archway Islands in ganzer Breite durchschauen kann. Zwischen Felsen und in Höhlen trifft man oft kräftige Fellrobben – halten Sie Abstand und versperren Sie ihnen nie den Weg ins Wasser!

Sollte doch einmal auflaufendes Wasser den Rückweg am Strand versperren, führt ein ›Notausgang‹ ins Hinterland zum **Wharariki Farm Track** und darauf wieder nach Osten. Auch der normale Weg zum Wharariki Beach verändert sich permanent, weil sich eine breite Wanderdüne durch den Hinterhof des Strandes schiebt.

Da ist es manchmal sogar schwierig, den Start des **Hill Top Walk** zu entdecken, der die grünen Hänge im Osten der Bucht hinauf strebt. Hat man ihn gefunden, kann man ihm gut folgen, denn er orientiert sich lange mit

die Landzunge zum rauen Ocean Beach und stoppen am Fossil Point mit Fossilien in den Felswänden und immer ein paar Robben im Sand davor. Highlight ist die anschließende 30 km lange Fahrt mit vielen Stopps über den breiten Strand zur Ex-Leuchtturmwärtersiedlung nahe der Spitze der Landzunge. Dort wird je nach Tageszeit Lunch- bzw. Kaffeepause gemacht und man darf den Leuchtturm näher in Augenschein nehmen: Mit einer Leuchtkanzel 29,5 m über dem Boden auf einem offenen Stahlgerüst entstand er 1897 als Ersatz für einen hölzernen Vorgänger, der nur 30 Jahren dem ständigen Wind und dem aufgepeitschten Sand standhielt. Drei Wärter betreuten das Licht, lebten mit ihren Familien in kleinen Höfen um den Turm und versorgten sich mit Gemüseanbau und Viehzucht weitgehend selbst. Reste ihrer Gärten und damals zum Windschutz angepflanzten Bäume bilden eine grüne Oase, die von Ferne oft wie eine Insel im Meer wirkt. Der Mutterboden, in den die ersten Pflanzen gesetzt wurden, kam auf Pferderücken. 1984 ging der letzte Leuchtturmwärter in Pension, seitdem kontrolliert eine Zentrale in Wellington das au-

etwas Sicherheitsabstand zur Klippenkante am Küstenverlauf.

Das spektakuläre **Cape Farewell** (S. 489) und das Leuchtfeuer **Pillar Point** sind Highlights, dann schwenkt der Weg landeinwärts zum Old Man-Felsen und peu à peu über die Weiden der vom DOC betriebenen **Puponga Farm** zum **Farewell Spit Visitor Centre** auf der Südseite der Landzunge. Die Bullen, deren Weiden auf dem Farmgelände man manchmal kreuzen muss, können Stadtmenschen schon mal nervös machen, sie sind aber harmlos.

Leider gibt es am Ostende der Klippen keinen Abstieg zu **Fossil Point** und **Ocean Beach.** Möchte man dorthin, muss man die Halbinsel in flachem Gelände westlich des Visitor Centre noch einmal queren (1 Std. h/z).

tomatisierte Licht – brennt die Birne durch, kommt der Servicetechniker mit dem Helikopter.

Vogelparadies und Walfalle

Etwa zu der Zeit, als die Leuchtturmwärter gingen, kamen die ersten Basstölpel, die sonst felsige Klippenküsten bevorzugen, hier aber auf flachen Sandbänken nisten, die bei Springfluten sogar überspült werden. Trotzdem zählt man inzwischen rund 3000 Paare, und die *gannets* sind nicht allein: Farewell Spit ist ein bedeutendes Vogelschutzgebiet mit unübertroffener Vielfalt – 103 Arten wurden registriert – und großen Populationen. Vor allem das weite Wattgebiet südlich der Nehrung ist Heimat- und Rastplatz Tausender von Wat- und Seevögeln. Hier trifft man von September bis März Zugvögel, denen man die andere Hälfte des Jahres an den Küsten der nördlichen Hemisphäre begegnet, darunter Pfuhlschnepfen und Knot mit jeweils 20 000 bis 30 000 Exemplaren.

Was für die Vögel ein Paradies ist, wird für Wale oft eine tödliche Falle, wenn sie bei ihrer Reise durch die Cook Strait auf Abwege kommen. In dem flachen Wasser südlich der Farewell Spit-Nehrung funktioniert ihr Orientierungssinn nicht, bei Ebbe liegen sie dann auf dem Trockenen und haben kaum Überlebenschancen. Oft sind die in Herden lebenden Grindwale Opfer: 1991 wurden bei der größten Massenstrandung seit Menschengedenken 325 Tiere gezählt. Ein Grindwal-Skelett steht vor dem Farewell Spit Visitor Centre bei Puponga.

Wharariki Beach

Von Puponga führt eine Schotterpiste im Hinterland der Küste 6 km nach Westen. Nördlich der Straße erkennt man in den Felsen das Gesicht des alten Mannes, der der Hügelkette den Namen **Old Man Range** gab. Zum 161 m hoch gelegenen Aussichtspunkt am Pillar Point Light führt eine extrem holprige Piste – nichts für PKW, aber Mountain-Biker mögen das. Rau, jedoch fahrbar ist der Feldweg zum Cape Farewell, dem Nordkap der Südinsel, mit markantem Felsentor. Am Ende der Wharariki Road sind es vom Parkplatz ca. 20 Min. über einen schmalen Pfad durch Farmland und etwas Wald zum **Wharariki Beach,** einem der schönsten Flecken Neuseelands – wenn nur der Wind nicht wäre (s. Aktiv unterwegs S. 490).

Puponga, Westhaven und Collingwood

Dem kleinen **Puponga** ganz im Norden sieht man kaum an, dass es bis 1974 eine Grubenstadt war. Im Hinterland wurde hochwertige Kohle abgebaut und per Werkbahn zur Verladung an den Hafen des Ortes gebracht.

Westhaven – auch Whanganui Inlet – ist ein von der Westküste weit ins Land reichender, tidenabhängiger Meeresarm, beliebt bei Sea-Kayakern. Das Gebiet ist landschaftlich eine Perle, touristisch jedoch wenig erschlossen, eine Rundfahrt zeitaufwendig, zumal das Wegenetz kaum asphaltiert ist. Ein österreichischer Auswanderer baut streng nach Feng-Shui-Regeln in dieser Einsamkeit eine Luxuslodge für Wellness-Aufenthalte – Ende 2011 soll **Westhaven Retreat** öffnen (Tel. 03-524 8254, www.westhavenretreat.com).

Ausgangspunkt für alle Erkundungen im äußersten Norden der Südinsel und nordöstliches Tor zum Kahurangi National Park ist **Collingwood.** So verschlafen der Ort heute wirken mag, ab 1856 war es für kurze Zeit Mittelpunkt eines brodelnden Goldrauschs im nahen **Aorere Valley.** Einige Lokalmatadore träumten, ihr Nest zur Hauptstadt der jungen Kolonie zu machen – aber nach nur drei Jahren waren die Goldlager ausgebeutet, die Karawane der Glückssucher zog weiter und es kehrte wieder Ruhe an der Golden Bay ein. Relikte des Booms sind jedoch erhalten und locken ebenso wie ungewöhnliche Kalksteinformationen oder die spektakulären Tropfsteinhöhlen Te Anaroa Caves zur näheren Erkundung des Aorere Valley (Tel. 03-524 8698, [fc] 0800 TE CAVE, 526 Plain Road, Rockville, www.teanaroacaves.co.nz. Führungen ca. 1,5 Std. meist 12.30 Uhr, NZ-Ferien auch 10.30 und 14.30 Uhr oder nach Vereinbarung, 20 NZD, Familientickets). Durch das Tal erfolgt auch die Zufahrt zum Heaphy Track.

Infos, Essen & Trinken

Privat betriebenes i-Büro und Café ▶ **Farewell Spit Visitor Centre/Paddle Crab Kitchen:** Puponga, Tel. 03-524 8454. Hinter Panoramascheiben oder auf der Terrasse werden Lunchgerichte, Café und Kuchen serviert – bei meinem letzten Besuch leider ziemlich lustlos. Die Aussicht entschädigte für viel, und Mängel können sich auch schnell wieder zum Guten wandeln!

Übernachten

Ökologischer BBH-Backpacker ▶ **The Innlet:** Main Rd, Pakawau (11 km nördlich Collingwood an der Straße zum Cape Farewell), Tel. 03-524 8040, http://goldenbayindex.co.nz/theinnlet. Traumhaft! Zimmer auf mehrere Gebäude verteilt, mitten im Grünen, der Garten halb *bush*, halb Ziergarten. Betten ab 27 NZD, DZ ab 62 NZD, Hütten/Apartments 80–180 NZD. Beliebt, früh buchen!

Aktiv

Das Original – Farewell Spit ab Collingwood ▶ **Farewell Spit Eco Tours:** Tasman

St, Collingwood, Tel. 03-524 8257, [fc] 0800 808 257, www.farewellspit.co.nz. Einer der ältesten Exkursions-Anbieter im Land: Seit 1946 fährt das Familienunternehmen zum Leuchtturm auf Farewell Spit, ursprünglich, um Wärter und deren Familien zu versorgen. Landzunge und Leuchtturm ab Farewell Spit Gate (unterhalb Farewell Spit Visitor Centre) ca. 4,5 Std./115 NZD, inklusive Cape Farewell ab Collingwood ca. 6,5 Std./125 NZD, Leuchtturm und Basstölpelkolonie 6,5 Std./ 140 NZD.

Farewell-Spit-Touren ab Pakawau ▶ Farewell Spit Nature Experience: Pakawau, Golden Bay, Tel. 03-524 8992, [fc] 0800 250 500. Ab Farewell Spit Visitor Centre Landzunge und Leuchtturm 4 Std./95 NZD, ab Old School Café ca. 12 km nördl. Collingwood inkl. Pillar Point 6 Std./115 NZD.

Kahurangi National Park

▶ H/G 11/12

Seit den 1960ern stehen große Gebiete im Nordwesten der Südinsel unter Naturschutz, 1996 wurden sie als Kahurangi National Park mit über 4500 km^2 der zweitgrößte Nationalpark in Neuseeland. Im Norden liegen die Grenzen wenige Kilometer hinter der Küste am Cape Farewell, im Süden stoßen die Ausläufer an den SH6 vor den Toren von Murchison. Der Name Kahurangi aus der Maori-Sprache erscheint programmatisch: ›Besitz in der Erinnerung‹. Während der letzten Eiszeit blieben hier große Flächen eisfrei und damit ein Refugium für Flora und Fauna.

Beim **Botanizing,** wie der Kiwi-Slang das Pflanzenbestimmen nennt, finden Biologen in verschiedenen Vegetationszonen vom Südbuchenwald im Osten über Tussock-Ebenen und fast pflanzenlose, subalpine Höhenlagen bis zum gemäßigten Regenwald der Westküste, der durch die vielen Nikau-Palmen fast schon tropisch wirkt, so viele endemische Pflanzenarten wie nirgendwo sonst in Neuseeland.

Die alpine Flora des Landes ist fast komplett vertreten. Zudem bildet der Park für etliche Pflanzen, die vornehmlich auf der Nordinsel zu Hause sind, das südlichste Verbreitungsgebiet. So entstehen wiederum Habitate für bedrohte einheimische Tiere und Insekten. Die bekanntesten sind die Kiwis, hier im Nationalpark der Great Spotted Kiwi, die größte Unterart. Man trifft ihn zwar selten, hört seine Rufe aber oft in der Nacht. Dass er in relativ großer Zahl – geschätzt ca. 17 000 Tiere – existiert, verdankt er zum einen seiner Größe und Kraft, mit der er sich schon relativ jung gegen Feinde zur Wehr setzen kann, zum anderen seinem rauen Lebensumfeld, in dem sich die üblichen Verdächtigen – wildernde Hunde, Katzen, Wiesel und Frettchen – nicht gerade wohl fühlen. Keine andere Kiwi-Art siedelt in so großen Höhen.

Zu den anderen Vogelarten, die im Lande selten, im Kahurangi National Park jedoch relativ gut vertreten sind, gehören die nachtaktive Saumschnabelente Blue Duck, das aufdringliche Waldhuhn Weka, der krächzende Waldpapagei Kaka, der zutrauliche bis neugierige Langbeinschnäpper South Island Robin, der Neuseeland-Glockenvogel Bellbird und als Gesangskünstler der Priestervogel Tui sowie der nachts oft zu hörende Kuckuckskauz Morepork. Der Park ist zudem der letzte bedeutende Lebensraum der Powelliphanta-Schnecke, einer archaischen, würmerfressenden Schneckenart, deren wunderschön glänzendes Gehäuse bis zu einem Durchmesser von 10 cm wachsen kann. Aber Finger weg: Die Schnecke ist mit allen ihren Unterarten – rund 20 leben nach DOC-Angaben im Nationalpark – strengstens geschützt, das schließt auch gefundene Gehäuse ein.

Der Kahurangi National Park ist von vielen Seiten zugänglich. Straßen und Pisten biegen vom SH60 zwischen Motueka und Takaka, vom Motueka Valley Highway SH61 und vom SH6 um Murchison ab sowie an der Westküste vom Karamea Highway SH67 (S. 559). Praktisch an allen Wegenden – meist Schotterpisten – gibt es Parkplätze, an denen Walks und Tracks beginnen.

Populär für Tagestouren sind der auf über 900 m gelegene **Flora Carpark** am Rande der Mt Arthur Tablelands (ca. 35 km ab Mo-

aktiv unterwegs

Heaphy Track – der lange Great Walk ▸ H/G 11

Tour-Infos

Start: Brown Hut westl. Collingwood (S. 492)
Ziel: Kohaihai Shelter nördl. Karamea (S. 353)
Länge: 78,4 km
Dauer: 4–7 Tage
Terrain/Schwierigkeit: 25 km flache Küstenstrecken im Westen, sonst Bergtour auf subalpine 915 m im Osten.
Ausrüstung: sollte zu praller Sonne und im Durchschnitt einem Regentag mit kalten Westwinden passen; Packliste in der DOC-Broschüre zum Track.
Übernachtungen: Alle 7 Hütten (Erw. 30,10 NZD) und 9 Zeltplätze (12,20 NZD) sind buchungspflichtig (S. 474).
Infos: i-SITEs und DOC Visitor Centre in Nelson (S. 476), Motueka (S. 483), Takaka (S. 487) und Westport (S. 358). Pflichtlektüre ist DOC-Broschüre ›Heaphy Track‹, die und andere Track-Broschüren gibt's in i-SITEs oder online auf www.doc.govt.nz (über Search-Funktion leicht zu finden).
Track-Transfers: S. 475; Start und Ziel trennen 465 km auf der Straße

Zwischen Golden Bay und West Coast zog sich schon in präkolonialer Zeit ein Jade-Handelsweg. Funde belegen auch Siedlungen von Moa-Jägern an Flussmündungen im Westen des Kahurangi National Park. 1846 suchten der exzentrische Charles Heaphy, Maler, Landvermesser und Entdecker und sein Kollege Thomas Brunner im Gebiet des heutigen Nationalparks eine neue Verbindung zwischen Nelson und der West Coast, diesmal ging es um Gold. Nicht belegt ist, ob sie genau jenen Weg entdeckten, der heute Heaphys Namen trägt.

Mit der Einrichtung des Kahurangi National Park in den 1980ern erwachte der Heaphy Track zu neuem Leben. Zugänge vom Aorere Valley westlich Collingwood – Track-Transfers fahren bis Brown Hut – und an der Mündung am Kohaihai River nördlich Karamea (S. 353) markieren seine Eckpunkte. Als längster Great Walk wird er meist von Ost nach West in vier bis sieben Tagen gelaufen, die Gegenrichtung ist möglich, hat aber mehr Anstiege. Vom Osten bietet nur der erste Wandertag eine Bergetappe mit rund 700 Höhenmetern zum 915 m hoch gelegenen Flanagans Corner Aussichtspunkt hinauf. Hobbybotaniker sollten Extratage einplanen: Der Heaphy quert Landschaftstypen vom subalpinen High Country in Höhenlagen bis zum Regenwald auf Meereshöhe an der West Coast und ist der ›botanischste‹ aller Great Walks.

Der Heaphy ist der bekannteste, aber nicht der einzige Wanderweg: Insgesamt erschließt ein Track-Netz von fast 600 km den Kahurangi National Park. Noch nicht buchungspflichtig, aber was Wegequalität und Höhenprofil angeht herausfordernder, sind der **Wangapeka Track,** der auf zwei Pässen 1009 m und 1067 m in die Berge hinaufklettert, und seine Querverbindung zum Cobb Valley, der über 90 km lange **Leslie Karamea Track.**

Wer sich in diese Wildnis nicht allein traut, kann sich von qualifizierten Guides führen lassen oder wenigstens die ganzen Formalitäten vom Transfer bis zum Buchen der Hütten in professionelle Hände legen: **Bush & Beyond Guided Walks** (Tel. 03-528 9054, www.bushandbeyond.co.nz) bietet 6 Tage Heaphy-all-inclusive für ca. 1600 NZD, außerdem geführte Ein- und Mehrtagestouren auf dem Heaphy und anderen Tracks oder für Genießer Tageswanderungen ab komfortablen Unterkünften im Park für 2 bis 5 Tage (ca. 575–1200 NZD). **Kahurangi Guided Walks** (Tel. 03-525 7177, www.kahurangiwalks. co.nz) ›macht‹ den Heaphy in 5 Tagen all-inclusive für ca. 1300 NZD, aber auch andere Tracks im Kahurangi und Abel Tasman National Park sind im Angebot.

tueka; Zufahrt von SH61 über Graham Valley Rd) und die Piste in das **Cobb Valley** zum über 800 m hoch gelegenen Stausee **Cobb Reservoir.** Diese Piste ist bis zum Wasserkraftwerk auf halber Strecke asphaltiert, dann aber eine schmale Passstraße (ca. 30 km/ 1,5 Std. ab Takaka bzw. Motueka, Abzweig vom SH60 bei Upper Takaka).

St Arnaud und Nelson Lake ► H 12/13

In etwa 60–90 Min. von Nelson via SH6 und gut ausgebauten Nebenstraßen ebenso wie von Picton oder Blenheim über SH63 durch das Tal des Wairau River ist der dritte Nationalpark der Region zu erreichen, der gut 1000 km² große **Nelson Lakes National Park.** Er schließt mit der St Arnaud Range und den Spenser Mountains nördliche Ausläufer der Southern Alps ein und erreicht auf einigen Gipfeln im Osten Höhen von über 2300 m. Touristenmagneten des Parks sind zwei von Gletschern der letzten Eiszeit hinterlassene, von dichtem Südbuchenwald umsäumte Bergseen, der wilde, weitgehend naturbelassene Lake Rotoroa im Westen und der für Wassersport gut erschlossene Lake Rotoiti. Alle Seen und umliegenden Flüsse sind bei Anglern wegen ihrer Forellen beliebt.

St Arnaud, Versorgungs- und Übernachtungsort des Parks, lockt im Sommer Wanderer, im Winter Skifahrer. Die Zufahrt zum ehemaligen Skigebiet am Mt Robert (5 km ab St Arnaud, Schotter) dient als Tor zu subalpinen Ein- oder Mehrtageswanderungen oberhalb der Waldgrenze, grandiose Aussichten garantiert. Die alpine Stimmung der Region spürt man indes schon bei kurzen Spaziergängen an der Kerr Bay und bei einer Wanderung um die Brunner Peninsula, die südlich des Dorfes in den Lake Rotoiti hineinragt (ca. 1–1,5 Std.). Für weitere Walks und zum Teil anspruchsvolle Mehrtages-Tracks in der Bergwelt der Region hält das DOC Visitor Centre in St Arnaud Faltblätter bereit.

Im Mai 2004 bekam der National Park eine weitere Attraktion zurück: Im Rahmen des **Rotoiti Nature Recovery Project** wurden Great Spottet Kiwis aus dem Kahurangi National Park in die vom DOC durch rigorose Schädlingsbekämpfung etablierte ›Festland-Insel‹ am Ufer des Lake Rotoiti an der Kerr Bay umgesiedelt. 2006 entdeckten die Ranger dann die erste Küken. Die Rufe der Kiwis hallen jetzt immer häufiger über den See und weitere Kiwi Paare sollen in die Region umgesiedelt werden, in der sie früher schon heimisch waren. Das Gebiet des Rotoiti Project ist frei zugänglich, Rundwege sind angelegt (15 Min. bis 1,5 Std.).

10 km nordöstlich St Arnaud zweigt die Rainbow Valley Road vom SH63 nach Süden ab, Zubringer zur **Rainbow Ski Area** und zur 4WD-/Mountainbike-Piste Richtung Hanmer Springs (S. 319).

Infos

Nelson Lakes Visitor Centre: View Road, St Arnaud, Tel. 03-521 1806, starnaudao@doc.govt.nz, tgl. mind. 8–16.30 Uhr. Ausstellung zum Park.

Übernachten, Essen & Trinken

Ein originelles Landgasthaus aus den 1880ern ► Tophouse: 68 Tophouse RD, 9 km östl. St Arnaud nahe SH63, Tel. 03-521 1848, www.tophouse.co.nz. Einst standen Landgasthöfe wie dieses an allen Reiserouten im Abstand eines Tagesritts, nur wenige sind erhalten, kaum eines so authentisch wie hier. DZ im Haupthaus mit Frühstück 135 NZD, gut ausgestattete Hütten mit Aussicht ab 135 NZD. Das Restaurant serviert deftige Lunches, nachmittags traditionelle ›Devonshire Teas‹ und abends 4-Gänge-Menüs auf Vorbestellung, u. a. mit gejagtem Wild, darunter gern auch neuseeländisches Wildschwein, Nachkömmlinge jener Hausschweine, die der Crew von Captain Cook ausgebüxt sind – ihr Spitzname deshalb Captain Cooker.

Von basic bis Motel-Standard ► Travers-Sabine Lodge/Nelsen Lakes Motels: St Arnaud, Tel. 03-521 1887, www.nelsonlakes.co.nz. Im Backpacker Bett 26, DZ 62 NZD, Apartments im Blockhausstil ab 115 NZD, Hütten ab 135 NZD.

Die Buller Gorge Swingbridge, längste Ein-Personen-Hängebrücke Neuseelands

DOC-Campingplätze ▶ **Lake Rotoiti Kerr Bay Campsite:** Stellplätze 10,20 NZD/Pers., mit Strom 12,20 NZD. **West Bay campsite:** alle Stellplätze ohne Strom 12,10 NZD. Lake **Rotoroa Campsite:** klein und einfach, 4 NZD. Buchungen S. 474 oder DOC St Arnaud, Tel. 03 521 1808.

Verkehr

Nelson Lakes Shuttle Service: S. 475 u. a. Zubringer St Arnaud–Kawatiri Junction für Fernbusse Nelson–West Coast (ab 20 NZD).

SH6 zwischen Tasman Bay und West Coast ▶ J–G 12

Die Fahrt zwischen Tasman Bay und der West Coast nimmt 3–4 Std. in Anspruch, SH6 verbindet Nelson und Westport direkt (230 km). Ähnlich gut ausgebaut und nur wenig länger ist SH61 durch das Tal des Motueka River als Zubringer zwischen Motueka und SH6. Je weiter im Westen, desto imposanter wird das Flusstal des **Buller River.** Die Erdkruste unter der Region ist instabil und so sieht man von Beben ausgelöste Erdrutsche und Geländeverschiebungen an vielen Stellen der **Buller Gorge.** Der Buller River selbst sowie seine Zuflüsse Glenroy, Gowan, Mangles, Maruia, Matakitaki und Matiri bilden ein international bekanntes Revier für Wildwasser-Kanuten. Das 750-Einwohner-Dorf **Murchison** gilt folglich als Eldorado für Kajakfahrer und Rafter.

Murchison entstand mit dem Goldrausch in der zweiten Hälfte des 19. Jh., litt 1929 wie kein anderer Ort der Region unter einem Erdbeben der Stärke 7.8 und wurde fast vollständig zerstört. Das **Murchison District Museum** im ehemaligen Postamt befasst sich mit dem Beben ebenso wie mit der Goldgräbergeschichte des Ortes (60 Fairfax St, Tel. 03-523 9392, tgl. 10–16 Uhr, Spende wird erwartet).

SH65 stellt ca. 11 km westlich Murchison eine Verbindung zur Lewis Pass Road her (S. 326) – die schnellste Verbindung, wenn man vom Nordwesten aus nach Christchurch reisen will. Auch wenn die West Coast das Ziel ist, lohnt hier ein 10 km Abstecher zu den **Maruia Falls:** Vielleicht stürzen sich gerade geübte Kajakfahrer den ansehnlichen, 10 m hohen Wasserfall hinunter, der erst mit dem Erdbeben 1929 durch eine Verwerfung entstand.

Gut 3 km südlich der Kreuzung SH6/SH65 kann man im **The Buller Gorge Swingbridge Adventure & Heritage Park** auf Neuseelands längster Ein-Personen-Hängebrücke den Buller River überqueren, am anderen Ufer führen markierte Wege zu Relikten der Goldgräberzeit, zur White Creek Faultline, einer 5-Meter-Verwerfung vom Beben 1929, und zu den Ariki Falls, in denen man oft Kajakfahrer sieht. Auf dem Rückweg kann man den Fluss sitzend oder bäuchlings überfliegen, eingehängt in ein spezielles Geschirr der ›Comet Line‹, dem modernen Nachfahren eines ›Flying Fox‹, wie die Hängekörbe genannt wurden, mit denen die Siedler früher einmal die Flüsse überquerten (Tel. 03-523 9809, [fc] 0800 BULLER, www.bullergorge.co.nz, 5 NZD/Erw., Cometline 30 NZD, Jet Boat 85 NZD).

Infos

Murchison Information Centre: 47 Waller St, Murchison, Tel. 03-523 9350, Murchison@NelsonNZ.com.

Aktiv

Im Ort mehrere White Water-Anbieter mit Buchungsbüros, u. a.:

White Water ► **Ultimate Descents NZ:** 51 Fairfax St, Murchison, Tel. 03-523 9899, [fc] 0800 748 377, www.rivers.co.nz. White Water Rafting und Kayaking, Halbtagstour ab ca. 130 NZD, Ganztagstour ca. 240 NZD, auch familienfreundliche Varianten ebenso wie Extrem-Rafting an der West Coast zum Teil mit Helikopter-Transfers (1–5 Tage ca. 500–1750 NZD).

Verkehr

Intercity, Atomic Shuttles und **nakedbus.com** stoppen zwischen Nelson und der West Coast in Murchison, **Atomic Shuttles** auch auf der Route Nelson–Christchurch.

Westport oder Greymouth? ► G 12

SH6 folgt ab **Inangahua,** einem 1968 durch ein Erdbeben der Stärke 7,0 zerstörten Dorf, dem Buller River durch die immer enger werdende Lower Buller Gorge Richtung Westport, der wichtigsten Stadt im nördlichen Abschnitt der West Coast. An einigen Stellen ist der State Highway – auf eine Spur verengt – regelrecht in die Felsen über dem Fluss gefräst. Weiter Richtung Westport liegt dann das Hauptquartier der **Buller Adventure Tours** (S. 358) an der Straße, die Jetboat-Touren auf dem Fluss machen – mal eine andere Perspektive als von der Straße.

Wer auf den Norden der West Coast verzichten will, wählt ab Inangahua die schnellere Route über SH69/SH7 via Reefton (S. 327) und durch das Grey Valley direkt nach Greymouth, die Strecke verläuft auf langen Abschnitten direkt neben der Bahnlinie, auf der die West Coast-Kohle zur Verladung Richtung Lyttelton rollt.

Register

Abel Tasman National Park 481
Abseiling 82
Ahipara 147, 148
Ahuriri Conservation Park 349
Ahuriri River 349
Akaroa 312
Alans Beach 399
Alexander III., Zar 412
Alexandra 405, 410, **412**
Alexandra, dän. Prinzessin 302, 412
Alfred, Prinz 214
All Day Bay 389
Alpine Pacific Triangle 317
Alpine Springs 339
Amberley 317
Andersen, Ian 388
Angeln 84
Anita Bay 440
Aoraki s. Mt Cook
Aoraki Mt Cook Airport 344
Aoraki Mt Cook National Park 370
Aoraki Mt Cook Village 344
Aorangi Island 163
Aorere Valley 492
Apotheken 99
Arahaki Lagoon 222
Arahura River 364
Aranga Beach 144
Arbeiten 92
Architektur 44
Ariki Falls 497
Arnett, Peter 451
Arrow River 423
Arrowtown 423
Arthur's Pass 329
Arthur's Pass National Park 330
Arthurs Point 425
Ärzte 99
Ashburton 334
Atene 242
Athfield, Ian 44
Aubert, Suzanne 242
Auckland 110
Aupouri Peninsula 148
Avon River 302, 303
Awakino River 194
Awanui 148
Awaroa River 486
Awatere Valley 473

Backpacker 59, 79
Baden 84
Bahn 76
Balclutha 461
Ballonfahren 85
Banks Peninsula 312
Banks, Joseph 256
Bannockburn 410, 413
Bathe Brandon, Constance de 401
Baughan, Blanche Edith 436
Bauza Island 446
Bauza, Felipe 446
Bay of Islands 152
Bay of Plenty 246
Baylys Beach 142
Bealey Spur 330
Behinderte 61
Benmore Dam 384
Bergsteigen 85
Bertarelli, Ernesto 40
Beyers, Georgina 38
Birchwood Station 349
Black Reef 263
Blackball 328
Blake, Peter 40
Blanket Bay 433
Blenheim 288, 321, 471
Blue Lake 412
Bluff 451
Bob's Peak 427
Bolger, Jim 23
Botschaften 93
Boulder Bank 475
Bowen Falls 444
Box Canyon Cave 352
Breakhead 357
Bream Bay 164
Brenton, George 38
Brickell, Barry 170
Bridal Veil Falls 188
Bridge to Nowhere 241
Broad Bay 401
Brod Bay 438
Brodie, Ian 49
Broken River 336
Browne Falls 442
Brunner Peninsula 495
Brunner, Thomas 494
Buller Gorge 327, **497**
Buller River 355, **496**
Bulls 204
Bungee Jumping 82
Burkes Pass 339
Burnett, James 353
Burnetts Face 357
Burns, Robert 393
Burns, Tom 393
Busby, James 28
Bush Creek 423
Bushy Beach 384
Butcher's Pool 225
Butterworth, Brad 40
Buttler, Samuel 337

Cable Bay 151
Cambridge 208
Campbell, John Logan 111, 123
Camping 78, 96
Campion, Jane 46, 57
Cannibal Bay 459
Canterbury Plains 294, 296, 310, 329
Cape Egmont 201
Cape Farewell 489
Cape Foulwind 355
Cape Jackson 467
Cape Kidnappers 263
Cape Maria van Diemen 149
Cape Palliser 269
Cape Reinga 148
Cape Rodney 131
Cape Terawhiti 288
Caroline Bay 334
Cascade River Valley 378
Cass Bay 311
Castle Hill Scenic Reserve 330
Castle Point 268
Castle Rock 172
Cathedral Caves 459
Cathedral Cove 174
Catlins 458
Cavalli Islands 151
Cave Creek 359
Cave Stream Scenic Reserve 330
Cavell, Edith 425
Central Otago 404, **410**
Central Plateau 208
Chalky Island 440
Chandler, Pete 189
Charleston 358
Chatham Island 27, **308**
Chidgey, Catherine 46
Christchurch 44, **294**
Claddau River 442
Clarence River 321
Clark, Helen 22, 35
Clarks Junction 409
Clay Cliffs 349
Cleave, Paul 57
Cleddau River 443
Clifden 448
Clifton 263
Clothier, Steven 210
Clutha River 379, 406, 412, 461
Clyde 411, 413
Clyde Dam 407, 412
Cobb Valley 495
Collingwood 492
Colville 171
Connells Bay 137
Cook Bluff 173
Cook Islands 23
Cook Strait 14, **288**
Cook, James 26, 28, 34, 148, 151, **168,** 173, 252, 288, 312, 440, 451
Cooks Bay 173
Cooper, Ian 370
Coromandel Peninsula 165
Coromandel Range 165, 171
Coromandel Town 169
Coronet Peak 425
Corsair Bay 311
Cousteau, Jacques 163
Coutts, Russell 40
Craigiburn 336
Crasy Paving Cave 352
Cromwell 406, 410, 413
Crowe, Russell 47
Crown Range 419
Curio Bay 459

D'Urville Island 471
Dale Point 439
Dame Kiri Te Kanawa 256
Dame Te Atairangikaahu, Maori-Königin 13, 35, 182
Dannevirke 267
Dansey's Pass 409
Dargaville 142
Dart River 433
Dawson Falls 199

Der Haupteintrag ist **fett** hervorgehoben.

Dawson, Neil 295
Deep Bay 456
Deep Cove 447
Deep Water Cove 152
Deepdell Creek 409
Denniston 353
Denniston Plateau 356
Devil's Punchbowl Falls 331
Devonport 129
Diamond Lake 418
Dieffenbach Point 288, 466
Dieffenbach, Ernst 466
Diplomatische Vertretungen 93
Dobson, Arthur Dudley 329, 332
Doubtful Sound 440, 445, **446**
Doubtless Bay 151
Douglas Swingbridge 374
Drogen 93
Duff, Alan 48, 57
Dundle Hill Walk 190
Dune Lake 377
Dunedin 44, **392**
Dunstan s. Clyde
Dunstan Mountains 413
Duntroon 385

East Cape 254
East Island 254
Eastland 250
Edward VII., König 412
Edward, Prinz 302
Eglinton Valley 443
Egmont National Park 198
Einreise 68
Einwohner 12
Elektrizität 93
Elizabeth II., Queen 13, 22
Erewhon 337
Erua Moana Lagoon 362
Essen 50

Fähren 77
Fahrzeugkauf 72
Fairlie 339
Fallschirmspringen 82
Farewell Spit 489
Fauna 15
Feiertage 42
Feraud, Jean Desire 410
Ferienhäuser 81
Film 47
Filmen 93
Finn, Neil 47, 184
Finn, Tim 47, 184
Fiordland 436
Fiordland National Park 370, 434, 436, **439,** 443
Firth of Thames 166
FKK 93
Fletcher Bay 171
Fliegen 77
Flightseeing 64
Flora 15
Forest Creek 337
Fotografieren 93
Foveaux Strait 451
Fox Glacier 371, **374**
Fox Glacier Township 374
Fox River 359, 374
Fox, Michael J. 48
Frame, Janet 46, 57
Frankton 434
Franz Josef Glacier 371
Franz Josef I., Kaiser 373
Franz Josef Village 373
French Bay 311
French Pass 471
Frenchman's Point 410
Freshwater River 453
Fromm, Georg 473
Fuemana, Pauly 47

Gabriels Gully 408
Galway Beach 376
Garston 434
Gee, Maurice 49
Gefahren 99
Gentle Annie Road 244
Geologie 14
Geraldine 337
German Bay s. Takamatua Bay
Geschichte 26
Gesundheit 99
Gewichte 94
Gibbston Valley 413
Gillespies Beach 375
Gisborne 256
Glendhu Bay 416, 418
Glenorchy 433
Glenroy River 497
Glentanner 344
Goat Island 131
Godley, John Robert 297
Golden Bay 485
Goldfields Historical Reserve 406
Goldie, Charles Frederick 46
Golfen 85
Gondwana, Urkontinent 14
Gore 458
Gorge Creek 408
Gowan River 497
Grace, Patricia 46
Great Barrier Island 138
Greendale Falt 296
Greenstone River 364
Grey River 328, **362**
Grey, George 362
Greymouth 328, **361**
Grono, John 442
Gumdiggers Park 148

Haast 377
Haast Pass 378, 416
Haast River 377
Haast, Julius von 353, 373
Hackett, AJ 424
Hahei **172,** 174
Halfmoon Bay 456
Hamilton 183
Hamilton, Bill 24
Handicap 61
Handy 101
Hanmer Springs 319
Hansen, Jens 477
Harrison Cove 440
Harwood's Hole 486
Hastings 44, 261
Haulashore Island 475
Haupara Point 253
Hauraki Gulf 135
Hauraki Plains 165
Havelock 469
Havelock North 263
Hawera 201
Hawke's Bay 44, **259**
Heaphy, Charles 494
Heathcote River 303, 305
Hector 353
Heiraten 94
Helensville 134
Hells Gate 221
Heyerdahl, Thor 27
Hibiscus Coast 131
Hicks Bay 253
Hillary, Edmund **33,** 184, 344, 347
Hilltop 312
Himmelsfeld 431
Hinehopu 221
Hipua Steaming Cliffs 231
Hirakimata 138
Hiruharama 242
Hobson, William 28, 118, 157, 311
Hochstetter, Ferdinand 373
Höchstgeschwindigkeit 75
Hokianga Harbour 146
Hokitika 364
Hollyford Valley 443
Honeycomp Cave 353
Hopewell 469
Hopkins, Anthony 49, 451
Hopping, Allan 173
Horonuko Te Heuheu Tukino IV 231
Horowhenua 204
Hot Water Beach **172,** 174
Houhora Harbour 148
Hulme, Juliet 48
Hulme, Keri 46, 57
Huntly 182

Ida Valley 412
Ihimaera, Witi 47, 57
Inangahua 497
Invercargill 450
Island Saddle 321
Iwikau Village 237

Jackson Bay 377
Jackson Head 378
Jackson, Peter 48, 209, 272, 433, 477
Jacksons 333
Jagen 85
Jerusalem s. Hiruharama
Jetboating 83

Register

Ka Roimata o Hinehukatere s. Franz Josef Glacier
Kahakaharoa 147
Kahurangi National Park 493
Kaiaua 165
Kaikoura 321
Kaimai Range 246
Kaipara Harbour 134, 143
Kaitaia 148
Kaiteriteri 482
Kaiti Beach 256
Kaitoke Beach 138
Kaitorete Spit 312
Kaiums Bay, 470
Kaka Point 482
Kakanui 389
Kapiti Coast 205, 272
Kapiti Island 18, 205
Karamea 352
Karamea River 352
Karangahake Gorge 177
Karekare Beach 133
Karikari Peninsula 151
Karten 57
Katikati 246
Katiki Point 390
Kauaeranga Valley 168
Kauri Coast 141
Kawaka 162
Kawarau Bridge 411, 422, 424, 426
Kawarau Gorge 410, 413
Kawarau River 406, 411, 413
Kawau Island 131
Kaweka Forest Park 244
Kaweka Range 244
Kawerau 221
Kawhia 188
Kelly, Kaye 57
Kelvin Heights 434
Kenepuru Sound 469
Kennedy Bay 171
Kerikeri 153
Kerosene Creek 225
Kerr Bay 495
Key, John 13, 21, 22, 35
Kildare Hill 412
Kinder 60
King Kapisi 47
King, Jonathan 49
Kingston 434
Kiri Te Kanawa 47
Kiwi Coast s. Bay of Plenty
Knights Point 376
Kohaihai River 494
Kohi Point 249
Kohukohu 147
Koriniti 243
Korowai Torlesse Tussockland Park 329
Koutu 146
Kowhai Coast 131
Krankenversicherung 99
Kreditkarten 97
Kriminalität 94
Kulinarisches Lexikon 53
Kultur 44
Kumara 364
Kumara Junction 333, 364
Kunst 44
Kupe, Entdecker 26, 151
Kyeburn 409

Lady Knox Geyser 225
Lake Benmore 384
Lake Brunner 333
Lake Clearwater 337
Lake Coleridge 336
Lake Dunstan 407, 413
Lake Ellesmere 312
Lake Ferry 269
Lake Forsyth 312
Lake Grassmere 330, 473
Lake Gunn 443
Lake Hauroko 448
Lake Hawea 349, 379, 416
Lake Kaniere 365
Lake Karapiro 208
Lake Mahinapua 366
Lake Manapouri 435, **446**
Lake Mangamahoe 198
Lake Marian Falls 443
Lake Matheson 375
Lake Moeraki 376
Lake Ohakuri 225
Lake Ohau 349
Lake Onoke 269
Lake Pearson 330
Lake Pukaki 341, 343
Lake Ritoehu 221
Lake Rotoaira 232
Lake Rotoiti 221, 495
Lake Rotomahana 225
Lake Rotoroa 495
Lake Ruataniwha 341
Lake Sumner Conservation Park 326
Lake Taupo 227, 230
Lake Te Anau 434, 443
Lake Tekapo 339
Lake Waikaremoana 223
Lake Wakatipu 428, 433
Lake Wanaka 379, 407, 416
Landsborough, Stuart 417
Lange, David 32
Langs Beach 164
Lark, Sarah 57
Larnach, Eliza 401
Larnach, Kate 401
Larnach, William 401
Laureen, Anne 57
Lawrence 406, 408
Lawson, Robert Arthur 395
Le Bons Bay 312
Lee, Robert 177
Lewis Pass 326
Lindauer, Gottfried 46
Lindis Pass 416
Literatur 46, 57
Little Barrier Island 135
Little River 312
Little Wanganui River 353
London s. Ranana
Look Out Road 144
Lübcke, Hildegard 402
Lübcke, Ralf 402
Luckner, Graf 311
Lye, Len 46
Lyttelton 309

Macetown 423
Mackenzie Basin 342
Mackenzie Country 338
Mackenzie Pass 339
Mackenzie, James 339
Macraes Flat 407, 409
Mahia Peninsula 258
Main Divide 378, 416
Makarora 379
Makatote River 238
Maketu 246
Manapouri 446
Manawatu 204
Manawatu River Gorge 268
Mangapohue Natural Bridge 189
Mangatainoka 268
Mangawhai Harbour 164
Mangawhero Falls 240
Mangles River 497
Mangonui 151
Mansfield Beauchamp, Kathleen s. Mansfield, Katherine
Mansfield, Katherine 46, 57, 280
Manu Bay 185
Manuherikia River 412
Manukau 110
Maori 26, 36, 43, 44, 103
Mapua 481
Marae 43
Marahau 482
Marakopa 194
Mararora River 434
Marine Reserve Goat Island 131
Marlborough Sounds 466
Marokopa Falls 189
Martha Hill 177
Martinborough 269
Maruia River 327, **497**
Maruia Springs 327
Mason Bay 453
Maße 94
Masterton 268
Matakana Coast 131
Matakitaki River 497
Matakohe 141
Matamata 209, 210
Matapouri Bay 163
Matauri Bay 152
Mateparae, Jerry 13
Matiri River 497
Matukituki River 418
Mauao 247
Maungatautari Ecological Island 210
Maungawhau s. Mt Eden

Der Haupteintrag ist **fett** hervorgehoben.

Maut 75
Mavora Lakes 432
McCahon, Colin 46
McCombie, John 177
McKenzie, Colin 48
McKenzie, John 391
Medien 94
Medlands Beach 138
Mercer 182
Mercury Bay 173
Methven 336
Middlemarch 409
Mietfahrzeuge 70
Mihi Bridge 225
Milford Deep 440
Milford Sound 439, **443,** 445
Minginuis 222
Miranda 166
Mirror Lakes 443
Mitchells Gully Gold Mine 357
Mitre Peak 444
Moeraki 390
Mohaka River 258
Mokau 195
Mokihinui River 353
Molesworth Station 320
Morere 258
Moria Gate Arch 352
Moriori 27
Motu River 253
Motuara Island 467
Motueka 482
Motueka River 496
Motukokako s. Piercy Island
Mount Maunganui 247
Moutere Hills 481
Mt Arthur Tablelands 493
Mt Aspiring National Park 370, 418
Mt Bruce 268
Mt Cargill 391
Mt Cheeseman 336
Mt Cook 344
Mt Damper Falls 200
Mt Eden 27, 122
Mt Haszard 224
Mt Hikurangi 254
Mt Hobson s. Hirakimata
Mt Hutt 336
Mt Iron 416
Mt John 340
Mt Kariori 185
Mt Luxmore 438
Mt Maungatautari 18, 210
Mt Moehau 171
Mt Ngauruhoe 49, 233, **235**
Mt Nicholas 434
Mt Ollivier 347
Mt Olympus 336
Mt Paku 176
Mt Pureora Walking Track 193
Mt Robert 495
Mt Rochfort 357
Mt Ruapehu 233
Mt Strokes 469
Mt Sunday 49, 337
Mt Taranaki 194, **198**
Mt Tarawera 224
Mt Tasman 342
Mt Tongariro 233, **236**
Mt Tuteremoana 205
Muldoon, Robert 32
Mulgrew, June 33
Mulgrew, Peter 33
Müll 87, 96
Munro, Burt 49, 451
Murchison 497
Muriwai 134
Murupara 222
Musik 47
Mutton Cove 487

Nachtleben 91
Napier 44, 259
Naseby 409
Neill, Sam 47, 49, 411
Nelson 46, 475
Nelson Lakes National Park 321, 495
Neudorf 481
Nevis Canyon 424
Nevis River 423
New Plymouth 195
Ngarua Caves 485
Ngaruawahia 183
Ngarunui Beach 185
Ngawi 269
Nicholl, William 177
Nikau Cave 185
Nile River Caves 358
Ninety Mile Beach 147, **148**
Niue 23
Norgay, Tashi 33
Norgay, Tensing 33
Norsewood 267
North Canterbury 317
North Cape 148
North Shore 110, 129, **130**
Northland 140
Notruf 99
Nugget Point 384, 459

Oakura 201
Oamaru 44, 384, **385**
Oaonui 201
Oban 456
Ocean Beach 491
Öffentliche Verkehrsmittel 76
Öffnungszeiten 95
Ogle, Nigel 201
Ohakune 239
Ohau Station 342
Ohiwa Harbour 249
Ohope 249
Okains Bay 312
Okarito 367
Okarito Lagoon 369
Okiato 158
Oldfield, Mike 47
Omapere 146
Omarama 349
Onekaka 487
Oneroa 137
Oneroa Bay 158
Onetangi Beach 137
Ongarue River 194
Oparara River 352
Ophir 412
Opononi 146
Opotiki 252
Opoutere 176
Opunake 201
Orakei Korako 225
Oreti Beach 451
Orewa 131
Otago Harbour, 391
Otago Peninsula 384, 398
Otehei Bay 152
Otira Gorge 332
Otorohanga 184
Oturehua 412
Oxford s. Tirau

Paekakariki 205
Paihia 156
Pakeha 28, 36
Palm Beach 137
Palmerston 391
Palmerston North 204
Pancake Rocks 359
Pannenhilfe 73
Paparoa National Park 328, 359
Papatowai 459
Paradise 433
Paragliding 82
Parakai 134
Paraparaumu 205
Parker, Pauline 48
Paterson Inlet 453, 455
Pauanui 176
Pearse, Richard 334
Peel Forest Park 337
Pelennor 342
Pelorus River 471
Pelorus Sound 469
Penguin Place 384, 399
Perano Head 288
Perry, Anne 48
Peters Look 344
Peters Pool 374
Picton 288, 467
Piercy Island 152
Piha Beach 133
Pilots Beach 399
Piopiotahi s. Milford Sound
Pipiriki 241
Piripiri Caves 189
Pitt Island 310
Pleasant Point 335
Pohara 486
Politik 21
Poolburn Reservoir 412
Poor Knight Islands 162
Pops View 443
Port Chalmers 391
Port Charles 171
Port Craig Village 449
Port Fitzroy 138
Port Underwood 469
Porters Hights 336
Porters Pass 329
Post 101
Post Office Cove 455
Potatau Te Wherowhero, Maori-König 13
Pouakani Forest Totara Reserve 193
Poverty Bay 257
Preise 97
Puhoi 131
Pukeatua 210
Pukeiti Park 201

Pukekura 367
Pukenui 148
Pukerangi 404
Puketapu 391
Pukeuri 385
Punakaiki 359
Punga o Te Waka a Maui s. Stewart Island
Puponga 492
Pureora Forest Park 193
Putangirua Pinnacles 269
Putangirua Scenic Reserve 269

Queen Charlotte Sound 288, 466
Queen Elizabeth Park 205
Queenstown 426

Rabbit Island 481
Radfahren 73
Radio 57
Rafting 83
Raglan 185
Rai Valley 471
Rainbow Station 321
Rainbow Valley 495
Rainbow Warrior Memorial 152
Rakaia 334
Rakaia River 336
Rakiura s. Stewart Island
Rakiura National Park 456
Ranana 242
Ranfurly 409
Rangitaiki River 222
Rangitata River 337
Rangitikei 204
Rangitikei River 244
Rangitoto-Insel 122
Rapaki Bay 311
Rapaura Watergardens 172
Raspberry Creek 418
Rauchen 95
Rawene 146
Read, Gabriel 406
Reefton 327
Reisekasse 97
Reiseplanung 58
Reisezeit 98
Reiten 86
Renwick 471, 473
Reporoa 225
Richards, Keith 451
Richter, Anke 57
Riko Riko Cave 163
Ringaringa Beach 456
Ripapa Island 311
Riverton 449
Roaring Bay 384, 459
Rochfort, John 353
Rock and Pillar Range 409
Rocky Hill 418
Ross 366
Rotorua 44, **211**
Routenplanung 58
Roxburgh 408
Ruahine Ranges 204
Ruakuri Scenic Reserve 191
Ruapuke Beach 187
Ruawai 142
Ruby Coast 481
Rugby 38
Ruggedy Flat 453
Rundflüge 64
Rundreisen 61
Russell 157
Rutherford, Ernest 299, 469

Salomon, Tommy 308
Sand Tobogganing 84
Sandfly Bay 384, 398
Sandy Bay 162
Sandymount 399
Sankt Paulidorf 481
Scott, Robert F. 297, Scotts Beach 352
Scribe 47
Seabird Coast 166
Sebold, Alice 49
Seddon, Richard John 364
Seddonville 353
Segeln 40, 87
Shackleton, Ernest 304
Shag Point 391
Shakespeare Cliff 173
Shantytown 363
Sheppard, Kate 298
Ship Cove 466
Ship Creek 376, 377
Shotover River 406, 423, 425
Siberia Valley 379
Sicherheit 99
Sinclair, Harry 48
Skifahren 88
Skippers 425
Skippers Canyon 425
Slang 102
Slope Point 459
Snowboardfahren 88
Sonnenschutz 99
South Canterbury 334
South West New Zealand World Heritage Area 370, 439
South, Rebecca 409
Southern Alps 334
Souvenirs 89
Spielberg, Steven 49
Split Apple Rock 483
Sport 82
Sprache 12
Sprachführer 102
Sprachschulen 96
Springfield 329
Springs Junction 327
St Arnaud 495
St Bathans 412
St Benedict's Caverns 191
St Clair 397
St Kilda 397
St. Paul's Rock 151
Sterling Falls, 444
Stevens, Jesse 409
Stewart Island 452, 456
Stirling Point 451
Stockton 353
Stoney Batter Historic Reserve 137
Stony Bay 171
Stratfort Plateau 199
Strath Taieri-Ebene 409
Surat Bay 459
Surville Cliffs 148
Surville, Jean-François-Marie de 148, 151
Sutherland Falls 442
Sutherland, Donald 442
Sutherland, Elisabeth 442
Swing und Swoop 82
Sydney, Grahame 46

Ta Kaha 253
Tahakopa River 459
Tahore Saddle 201
Tahunanui Beach 476
Tahurangi Peak 233
Taiaroa Head 398, 399
Taieri River 404
Taihape 244
Taipa 151
Tairua 176
Takaka 486
Takamatua Bay 312
Tama Lake 234
Tamahori, Lee 48
Tangiwai 240
Tanken 75
Tapuae-o-Uenuku 321
Taramakau River 364
Taranaki 194
Taranaki Falls 235
Taranaki, James 147
Tararua 267
Tararua Ranges 204
Tarawera Falls 221
Tasman Glacier 346
Tasman Sea-Küste 182
Tasman Valley 346
Tasman, Abel Janszoon 26, 34, 288, 367, 481, 485
Tauchen 88
Taumarunui 194
Taupiri 182
Taupo 226
Tauranga 246
Tauranga Bay 355
Tauroa Peninsula 147
Tautuku Bay 459
Taylor, Richard 299
Te Anaroa Caves 492
Te Anau 434
Te Araroa 252
Te Awamutu 184
Te Awara 29
Te Heuheu Tukino IV, 233
Te Kooti 184, 252
Te Mahia Bay 469
Te Mata Peak 263
Te Paki Stream 148
Te Puia o Whakaari s. White Island
Te Puia Springs 254
Te Puke 249
Te Rauparaha 205
Te Reo Maori 103
Te Urewera National Park 222, 258
Te Waewae Bay 449

Der Haupteintrag ist **fett** hervorgehoben.

Te Wahipounamu 370, 439
Te Werahi Beach 149
Te Whanganui-A-Hei Marine Reserve 173
Telefon 100
Thames 168
The Divide 443
The Neck 453
Three Mile Lagoon 369
Thunder Creek Falls 379
Tiki Taane 47
Tikitiki 254
Timaru 334
Tirau 210
Tiritiri Matangi Island 18, 135, 136
Titirangi Bay 469
Tiwai Point 450
Toiletten 96
Tokaanu 231
Tokatea Lookout 171
Tokelau Islands 23
Tokomaru Bay 254
Tolaga Bay 254
Tonga Island 482
Tongaporutu River 195
Tongariro National Park 233
Tongariro River 230
Tory Channel 288, 466
Totara Estate 389
Totaranui 487
Touristenbüros 56
Treble Cone 418
Trinkgeld 96
Trounson Kauri Park 18, 143
Tryphena 138
Tuatapere 449
Tuheita Paki, Maori-König 13, 35
Tukino Ski Area 231
Tunnel Beach 398
Turanganui River 257
Turangi 231
Turnbull, Alexander 280
Tutukaka 163
Tutukau Gorge 226
Twain, Shania 416
Twizel 341

Ulva Island 454
Unfallversicherung 99
Unterkunft 78
Upper Rangitata Valley 337
Urupukapuka 152
UV-Strahlung 99

Verkehrsregeln 75
Versicherungen 99
Victoria, Queen 29, 214
Völkner, Carl Sylvius 252

Wai-O-Tapu 225
Waiapu River 254
Waiau s. Franz Josef Village
Waiau Falls 172
Waiau Kauri Grove 172
Waiau River 435, 447
Waiharara 148
Waiheke Island 135
Waihi 177, 231
Waihou River 165, 168
Waikanae 205
Waikanae Beach 257
Waikare Inlet 158
Waikato 182, 185
Waikato River 182, 225, 227
Waikawau 195
Waikawau Bay 171
Waikino 177
Waikite Valley 225
Waimakariki River 330
Waimangaroa Gorge 357
Waimangu Volcanic Valley 224
Waimate 335
Waimea Plains 481
Wainui Bay 486
Waiouru 240
Waipapa Point 459
Waipapakauri Beach 148
Waipara Valley 317
Waipoua Forest 144
Waipoura Kauri Forest 141
Waipu 164
Waipukurau 266
Wairaka 249
Wairau River 321
Wairau Valley 469
Wairaurahiri River 449
Wairere 147
Wairoa 258
Waitakere Ranges 133
Waitaki Hydro Scheme 341
Waitaki River 335
Waitaki Valley 384
Waitangi 308
Waitangi National Reserve 156
Waitangiroto River 367
Waitati 391
Waititi, Taiki 49
Waitohi 335
Waitomo 189
Waitonga Falls 240
Waitutu Forest, 449
Waiuta 328
Waiwera 131
Wakefield, E. G. 28, 272
Wakefield, William 272
Walden, Laura 57
Walter Peak Station 428, 432, 434
Wanaka 416
Wandern 86
Wanganui 202
Warkworth 131, 164
Wassersport 87
Wedderburn 412
Wellensurfen 88
Wellers Rock 399
Wellington 44, 271
Welsch, Fran 48
West Coast 350
Westenra, Hayley 47
Westhaven 492
Westland National Park 370
Westport 355
Wetter 98
Whaingaroa s. Raglan
Whakapapa Village 236
Whakatane 249
Whale Bay 162, 185
Whanarua Bay 253
Whangaehu River 240
Whangamata 176
Whangamomona 200
Whanganui National Park 241
Whanganui River 194, 202, **241**
Whangaparaoa Bay 253
Whangaparapara 138
Whangarei 163
Whangaroa 15[illegible]
Wharariki Beach 490, 492
Wharekawa Harbour 176
Wharerora Beach 205
Whataroa 367
Whirinaki Forest Park 222
White Cliffs 195
White Creek Faultline 497
White Island 251
Whitianga 173
Wilkin River 379
Williams, Andrew 172
Williams, Sue 172
Wilmot Pass 447
Winslet, Kate 48
Wirtschaft 23
Woodpecker Bay 359
Woodville 268

Young Nick's Head 257

Zeitverschiebung 96
Zeitzone 12
Zoll 69
Zorbing **84,** 216

Abbildungsnachweis
Bildagentur Huber, Garmisch-Partenkirchen: Titelbild (Damm)
DuMont Bildarchiv, Ostfildern: S. 1 re., 2 u., 3 (3x), 4 o., 5 o., 5 M., 6 o., 20, 39, 51, 74, 86, 104/105, 106, 149, 178, 180 re.,192, 222/223, 279, 360/361, 363, 375, 380, 437, Umschlagklappe vorn (Emmler); 4 u., 45, 240/241 (Fotoagentur Argus)
Getty Images, München: S. 314/315 (Lonely Planet/Banagan)
Klüche, Hans, Bielefeld: S. 1 li., 1 M., 2 o., 5 u., 6 u., 7 (3x), 11, 17, 22, 31, 37, 54/55, 62/63, 73, 81, 83, 89, 91, 108 (2x), 119, 124, 136, 142, 144/145, 157, 161, 169, 170, 175, 180 li., 186/187, 196/197, 200, 206/207, 2010/211, 217, 226, 232, 238/239, 251, 252/253, 255, 262, 264/265, 267, 274/275, 289, 292 (2x), 305, 310/311, 319, 330/331, 332, 340, 344/345, 346, 354, 373, 382 (2x), 388, 390, 392/393, 400, 408, 410/411, 417, 424, 427, 430, 445, 454, 460/461, 462, 464 re., 472, 488/489, 496
laif, Köln: S. 368/369 (Emmler); 441 (Westrich)
Look-Foto, München: S. 8/9, 132/133, 298/299, 324/325, 464 li., 482/483 (Johaentges); 112/113 (Leue); 290 (Woth)

Kartografie
DuMont Reisekartografie, Fürstenfeldbruck

Umschlagfotos
Titelbild: Milford Sound mit Mitre Peak, Fiordland National Park
Umschlagklappe vorn: Mackay Falls am Milford Track

Hinweis: In Neuseeland werden offiziell zwei Amtssprachen gesprochen, Englisch und Maori. Es entspricht der gegenseitigen Achtung der neuseeländischen Volksgruppen, dass in offiziellen Schriften, auch in touristischen Broschüren des Department of Conservation/Te Papa Atawahi, Namen in beiden Sprachen nebeneinander genannt werden, so wie beim höchsten Berg des Landes, dem Aoraki Mt Cook. In diesem Buch verwenden wir aus Gründen der Übersichtlichkeit vornehmlich die englischen Namen, und die Doppelnamen nur dann, wenn sie wie im Fall des Aoraki Mt Cook in den täglichen Sprachgebrauch eingegangen sind.

Über den Autor: Hans Klüche lebt und arbeitet als Fotograf, Buchautor und Journalist in Bielefeld, wenn er nicht gerade in seinen Lieblingsdestinationen auf Reisen ist: Nordeuropa und Neuseeland. Der Inselstaat am anderen Ende der Welt ist ihm seit dem ersten Besuch Anfang der 1990er-Jahre zur zweiten Heimat geworden. Der Fotograf Hans Klüche veröffentlicht weltweit in Reisebüchern, Bildbänden und Magazinen und zeigte seine Bilder in Fotoausstellungen in Deutschland und den USA. Der Autor Hans Klüche schrieb für den DuMont Reiseverlag in dieser Reihe das ›Reisehandbuch Dänemark‹ und in der Reihe ›Reise-Taschenbuch‹ die Titel ›Neuseeland‹ und ›Dänemark Nordseeküste‹ sowie den Reiseführer ›DuMont direkt Kopenhagen‹.

Lektorat: Hans E. Latzke, Bärbel Döring

Hinweis: Autor und Verlag haben alle Informationen mit größtmöglicher Sorgfalt geprüft. Gleichwohl sind Fehler nicht vollständig auszuschließen. Alle Angaben erfolgen ohne Gewähr. Bitte schreiben Sie uns! Über Ihre Rückmeldung zum Buch und über Verbesserungsvorschläge freuen sich der Autor und der Verlag:
DuMont Reiseverlag, Postfach 3151, 73751 Ostfildern, E-Mail: info@dumontreise.de

1. Auflage 2011

Grafisches Konzept: Groschwitz, Hamburg
Printed in Germany